过去与现在文丛

Past and Present

卡尔霍恩文集

〔上〕

——政 论——

［美］约翰·C.卡尔霍恩　著
林国荣　译

GUANGXI NORMAL UNIVERSITY PRESS
广西师范大学出版社
·桂林·

图书在版编目（CIP）数据

卡尔霍恩文集：全 2 册 /（美）卡尔霍恩著；林国荣译. —桂林：广西师范大学出版社，2015.6
（过去与现在文丛）
ISBN 978-7-5495-5844-5

Ⅰ. ①卡… Ⅱ. ①卡…②林… Ⅲ. ①卡尔霍恩，J.C.（1782～1850）—文集 Ⅳ. ①B712.49-53

中国版本图书馆 CIP 数据核字（2014）第 196721 号

广西师范大学出版社出版发行
（广西桂林市中华路 22 号　邮政编码：541001
网址：http://www.bbtpress.com）
出版人：何林夏
全国新华书店经销
广西大华印刷有限公司印刷
（广西南宁市高新区科园大道 62 号　邮政编码：530007）
开本：889 mm × 1 240 mm　1/32
印张：22.875　　字数：470 千字
2015 年 6 月第 1 版　　2015 年 6 月第 1 次印刷
印数：0 001~5 000 册　　定价：79.00 元（上下册）

“过去与现在”文丛总序

历史乃以事实为诉求，事实当中涵养着无限的复杂性，也包容了无穷多的信念和视野。毫无疑问，这就是史学的核心所在。对此，本雅明在“历史新天使”的意象剖析中给出了充分的揭示：“双眸闪亮，嘴巴张开，挥动羽翼……脸向过去。在我们能感受到事件之链条的地方，那天使见证的却是一场独特的大灾难，持续堆积碎片残骸，抛到他脚前。天使似乎想要停留，唤醒死者，把碎片修补完整。但是天堂正刮来一阵风暴，已经捉住他的翅膀，风暴如此之强悍，以至于天使不能够再靠近他们。”

实际上，历史和史学也正是依托这个进程，让人类与自身历史之间的关系远离了英雄史诗、善恶斗争以及对错冲撞之类的戏剧式原始画面；确切地说，就是远离一切的激情以及一切植根于激情和本能的廉价观念，转而接纳植根于必然性的形势、纠结难辨的事件、面对根本性困境的人类以及无可避免地相继落入绝望境地的各个党派，无论参与其中的人自认秉持了何等合理且良好的意向。正如阿克顿勋爵所论：“世人对人物、党派、体系的评判，一般而言，都是以其最低点作为评判基准的。这样的基准是没有任何缓和余地的，这也是历史学家的职责所在。假如没有一个真正坚实的基准作为评判标尺，那么谴责腐败、虚伪、叛国或者叛党，将会变得毫无意义可言，最终也将使得道德和历史分道扬镳。”并不是一切人都希望从历史当中消除错误，因为所有的错误都并非无关紧要；这就使得我们这些以事实为诉求的人们不得不将自己的意志植根于准则。我们的准则必须排除对永恒复仇的恐惧，拒绝感激救赎，即便这救赎是命定的，更要提防将过去和未来的群体荣耀当作酬劳。

历史和道德的结合点乃在于人自身的理智当中。因此，这样的结合点必然是拒绝一切超个体、非理性的观念或者实体的。“过去与现在”文丛旨在寻求并解析这样的结合点。对这样的结合点，基佐是有平实之论的：

“无论时代如何，人们都致力对他们眼中的正当权力施加限制。任何力量，即便赋有至高权能之正当性，人们也都不会放纵此种正当性发育到极致程度。土耳其禁卫军时而会为苏丹的绝对权能效力，时而也会消除此种绝对权能。在至高权能乃为民主集会把持的民主政体当中，人们也同样对此种至高权能施加限制并展开抵抗，历来如此。一切奉行绝对原则的统治形态，绝对原则本身也总是遭遇抗击，历来如此。此种普遍的抵抗力量渊源何处？倘若只是看到事情的表面，人们也许会说，这只不过是权力斗争而已。权力斗争是存在的，这一点毫无疑问，不过，还有另一种更为恢宏的因素也如影随形地伴随左右；确切地说，那是一种对正义和理性的本能感受，此种感受乃寓居一切人的心灵当中。僭政历来都会遭遇抵抗，无论是个别人的僭政，还是民众的僭政，抵抗力量之渊源不仅仅在于权力意识，更在于人类在对错问题上的情操。正是此种对正义和正当的意识，确切地说，正是此种对独立于人之意志的规则的意识，终有一天会唤醒人类并襄助人类去抵抗一切的僭政，尽管此种意识往往隐身于晦暗的幽光当中，但它永远都是强有力的。僭政，无论采取怎样的名称，也无论采取怎样的形态，都绝无可能避开人类内心这强有力的情操所唤起的力量。人性的声音已然给出了自己的宣示：如果有谁认为至高权能之正当性乃寓居于人身，那么无论是一人之身、众人之身还是全体之身，这都将是邪恶的谎言。”

“过去与现在”文丛编委会

2015年4月1日

目 录

导读

通向罗马之路

刘仲敬

礼失求诸野，意思就是，文明边缘地区的演化慢于中心地区，更容易保存宪法的原始形式。日本神社之于周汉古礼、李氏朝鲜之于宋儒都是这样的例证。我们今天如果寻访普通法的原始形式，最适当的地方不在英格兰或新英格兰的名都古城，而在美国中西部的乡镇。莎士比亚时代的温切斯特在内布拉斯加，怀特菲尔德时代的美国在德克萨斯。正因为如此，美国才能以英格兰古老法统的保卫者自居。她复辟了否定主权概念的都铎宪法，暂时击退了威斯敏斯特危险的创新。

英格兰经过内战的洗荡和列强竞争的考验，已经发现了霍布斯主义的妙用，准备适当改造国内宪制，争取在爪牙见血的世界上出人头地。然而，历史的步伐在新大陆慢了不止半拍。新诞生的美国拷贝了都铎英国的国际地位和地缘形势。只有列强遗忘、海洋保护的世外桃源才能安心享受没有常备军的自由。都铎宪法的奥义在于:她的政府只有几百名仪仗队性质的军队,自耕农以上的阶级几乎家家自备武器;中央的强制力取决于号召各郡民兵自费勤王的声誉;地方政权掌握在法官手中,法官由自掏腰包的乡绅担任;税收由乡绅和商人自己确定,自己征收。有产阶级如果决定饿死政府,运用国会都是多余的。他们只要自己低估产业的价值,然后通过自己的陪审团宣布逃税无罪就行了。没有人把无产阶级当回事。人们不假思索地假定:他们当然会拥护本乡本土的“天然统治者”,也就是供应下议院议员的绅商阶级。在这样的国家,政治斗争经常以法律诉讼的形式进行。因此,律师在国会议员中所占的比例格外高也就不足为奇了。

只要将“都铎”换成“美国”,前面的描述就可以一字不改地适用于南北战争前的美国。华盛顿将军和弗吉尼亚绅士的世界体现了最纯粹、最原始意义上的“地主资产阶级统治”,遗风余韵延及第一次世界大战前夜。我们不难理解,为什么薛福成一类儒生和外交官游历海外时会将美国称为“唐虞三代之治”——这是一个美好、淳朴而脆弱的世界,似乎仅仅属于历史的黎明。他们预见到,或迟或早,人类固有的腐败和野心终将侵入这片乐园。那时,“文武(周公)之道”将会取代“尧舜(上古)之道”。也就是说,辛辛那图斯的罗马内在地孕育了恺撒的罗马。犹如热力学第二定律,这一过程是不可逆的。

显然,国父们和弗吉尼亚绅士并不相信这些。或者不如说,他们相信相反的天命,相信大洋比海峡更加友善,相信并希望旧大陆的命运永远不会追上新大陆。他们畏惧权力的毒汁与美味,甘愿将帝国的荣耀和负担留给不列颠的兄弟民族,梦想为子孙留下田园牧歌宁静而乏味的幸福。否则,他们为什么要抗拒帝国议会的课业呢?身为乔治国王的臣民,他们已经搭上了帝国的便车,而威斯敏斯特索取的一切,都是争雄世界的必要准备工作。

可敬的国父们赢得了战役,却输掉了战争。美国像约拿一样,虽然远走大洋对岸,仍然没有逃出天命的手掌心。华盛顿—李家族击败了懒散的贵族格兰维尔和快乐的喜剧家柏高因,却输在阴郁的清教徒神学家林肯手中。耶和华的长臂只给古老的英格兰多留了七十年“美好的旧时光”,就把费尔法克斯的纳斯比宝剑交给了格兰特将军。南北战争将不太情愿的美国推出了原有的轨迹,缓慢而确凿地送进了造就帝国的生产线,最终将大英帝国的负担放在她的肩上。然而,她当初的独立就是为了逃避这种使命。

美国的罗马天命揭示以后,浅薄的富强爱好者才开始对新人陆产生势利的兴趣。他们在国父遗教中寻找大国的秘诀,犹如在伊丽莎白身上寻找大英帝国的蓝图。其实,这两位典范人物恰好代表了相反的历史路径:酷似瑞典王国的小英格兰、酷似瑞士联邦的小美利坚。伊丽莎白在她有生之年,最讨厌战争和军费开支。大众文化把她塑造成英雄和征服者,历史却发现她通常以小气鬼、胆小鬼和战争受害者自居。她习惯以女性身份为挡箭牌,推卸朋友和敌人奉送的“光荣之路”。华盛顿的遗教就是珍惜隐士恬淡的幸福,坚决抵制大国政治的危险诱惑。朋友称他为辛辛那图斯,他却以小加图自居。这两位罗马人的寓意显而易见:征服(更不要说被征服)乃是共和国宪制败坏的主因,小加图的朋友就是恺撒的敌人。然而,如果共和国能够谨守辛辛那图斯的淳朴传统,则小加图不必牺牲,恺撒也根本不会出现。吊诡之处在于,正因为伊丽莎白和华盛顿这样的人物像母鸟呵护鸟蛋一样,尽量推迟却无法阻止本国踏上罗马之路,他们的国家才能保存更加充沛的元气,以基本盘的丰厚弥补技巧的不足。他们的成功和失败都神秘地指向同样的目的地,这样的契合绝不是最巧妙的人谋所能实现的。罗马之路通常等价于天命,部分原因在此。没落民族过早滥用了自己的资源,不是没有代价的;他们的谋略家经常有"机关算尽太聪明""天亡我也"的悲哀。

克伦威尔和林肯是某些不合时宜法律的破坏者,却并不是法统的破坏者。他们是负有使命的僭主,却不是寻常的野心家。他们是天命差来的啄木鸟,负责啄破蛋壳解放羽翼初成的雏鹰,打开横绝四海的道路。他们兼护法者与守法者于一身,留下了暧昧而尴尬的双面神形象。共同体通过塑造传统来塑造自己的体质——体质就是广义的宪制,也是狭义宪制的土壤和背景。众国父和众忠臣的遗产有其确定地位,双面神的遗产似乎更适合被遗忘和被遮蔽。

在华盛顿和林肯之间,都铎宪法在美洲度过了最后的小阳春。辛辛那图斯的美国产生了自己的两位加图:卡尔霍恩和斯蒂芬斯。他们都将自己的遗嘱留给未来,但他们两人又有显著差异。在卡尔霍恩的著作中,你会看到另一个洛克。或者更正确地说,你会看到一位超越自我和历史之外的世界公民。你会不由自主地相信:自然的法则和人性的法则都是永恒和普遍的,由此推出的宪法理论至少像欧几里得和牛顿的定理一样放之四海而皆准。作者本人是谁,这不重要。作者的祖国是什么,这也不重要。从根本上讲,个别和具体的经验事实都只具备几何学教科书例题的重要性。你可以随意选择历史事实,都不会改变定理的证明。你从作者的态度就能看出,他是胜利者,而且他相信胜利不是因为他本人,而是因为普遍规律自然会伸张自己的正义。在斯蒂芬斯的著作中,你会看到另一个塔西陀。他同样像亚里士多德和洛克一样相信,他的宪法理论至少像柏拉图的原型一样放之四海而皆准。从内容上看,他的宪法理论和卡尔霍恩没有多大区别;但他也像波提伊乌斯一样相信,普世理论的正确性只具备柏拉图性质。也就是说,理念世界原本就不能适用于每况愈下的现实世界。他从来不想恢复辛辛那图斯或华盛顿的盛世,只想澄清具体的事实:国父们预见的恺撒主义最后还是来了,就人性弱点而言并不意外。南方已经尽了最大的努力来阻止,子孙后代不能将撕毁华盛顿遗嘱的责任放在他们身上。

简而言之,卡尔霍恩阐述的政体乃是托克维尔意义上的纯民主共同体。他对权力来源的看法和光荣革命时代的理论家没有实质性差异,可以视为十八世纪思想的孑遗。南北战争前的美国比十九世纪的欧洲更好地体现了他们共同的祖先,始终不足为奇。他对政体形式的看法非常类似杰斐逊,只是更多体现了某些关系到南卡罗莱纳的问题。他的感情和人格正如华盛顿将军和平尼克将军,是罗马式和加图式的。在爱国(州)者一词的本义上,他是一位真正的爱国(州)者。他的宪法解释为联邦设计了一种混合政体,为各州设计了一种民主政体。智慧在联邦,力量在各州。机器在联邦,需要精巧的平衡;生命在各州,需要完整的元气。他为前者准备了"组织良好的政府",为后者保存了"团结一致的人民"。如果南卡罗莱纳"适时且明智的妥协""能够作为范例而得到其他州的效仿,并最终成为整个联邦体制的范例,那么各州政府,尤其是各州的联合政府,也就能够在同样的和谐一致中安居了"。

这种方案类似 1848 年宪法设计的瑞士联邦和米奇湖协议设计的双语加拿大。地方自治体并未从中获得更多权力,联邦却因此失去了众多可能性。俾斯麦和恺撒在这种宪制中没有大显身手的机会,南方将享有魁北克式超过其人口比例的权力。一个加拿大式的美国很容易在外交上依附大英帝国,犹如真实历史路径中的加拿大在外交上依附美国。没有林肯的鲜血仲裁,就不会有威尔逊、罗斯福和小布什的革命性外交。这样一个美国仍然会以其经济、军事资源支持英国,却不会强迫英法帝国撤出有色人种地区。在这种"未曾发生的历史"中,缺乏国家传统的部落民几乎没有独立建国的机会。大多数边缘国家将会长期掌握在袁世凯、迪亚兹一类威权统治者手中,因为他们比大众民主产生的统治者更乐于维护私有财产和条约体系。南方即使没有经过内战,也没有多少机会在巴西帝国废奴、皇家海军剿匪的 1880 年代继续维持奴隶制;但是,没有突然破产的大庄园阶级将会塑造某种酷似西印度群岛的经济关系和种族关系。

然而,这一切真正可能吗?如果我们考虑到弗里蒙特实在是克伦威尔的精神兄弟,就会怀疑法统的力量能否超过热忱。林肯在民间神学家当中已经是相当尊重宪法的类型了,对他们来说废奴就是公义和邪恶的对决。林肯公开主张承认最高法院有利于奴隶制的判决,同时不放弃今后继续争取废奴的判决。正因为如此,他才能争取"维护联邦、不太介意废奴或蓄奴"的大多数。北美清教徒有可能产生不了林肯的手腕,却不大可能产生不了第二个普莱德上校。一个只有弗里蒙特、没有林肯的美国很可能使南方和"维护联邦、不太介意废奴或蓄奴者"长期结盟执政,而北方激进派很可能变成首先退出联邦的一方,正如他们在 1812 年的尝试。

黑人为"团结一致的人民"留下了致命的缺口,却将"组织良好的政府"变成了恺撒的苗圃。林肯以后的历史路径跟南方的爱国者开了一个大玩笑,或许是为了显示天意,为"新教徒的罗马"安排了比"哲学家的罗马"更加神秘莫测的天命。南方用种族隔离的膏药暂时封闭了缺口,天命却将这块膏药变成了白头鹰破壳而出的通道。

种族隔离本质上属于社区政治,而非全国政治或国际政治,一开始就跟州权和小共同体权利互为表里。在宪法意义上,种族隔离是多数暴政在种族问题上的体现。在卡尔霍恩阐述的纯民主共同体内,少数族群基本上没有修改宪制或推翻多数派政策的机会。因此,黑人地位始终与联邦权力共进退。联邦权力的扩张就是黑人地位的上升,反之亦然。历史上,联邦权力(尤其是行政权力)经历了南北战争、新政和冷战三次大规模扩张,最后一次规模最大,时间最长。黑人民权运动在冷战时期取得了最大的进展,信非偶然。然而,我们并不能因此忘记老辉格党(反杰克逊党人)和斯蒂芬斯的警告:“行政官篡权”乃是恺撒主义的先声,内在地蕴含侵犯地方自治和结社自由的危险倾向。保守派在林肯和罗斯福身上看到了恺撒的苗头,他们的担心并非空穴来风。地方自治是美国民主的真正基石,盎格鲁新教徒本能地憎恶拉丁式“经过公民投票批准的中央集权”。只有在战争和国家安全的危险极为迫切的情况下,公众才会以较为宽容的态度对待中央政权的干涉。

制度(system)是一个含义宽泛的词,同时包括了法律规范和社会习俗的内容。两者之间存在广泛而模糊的重叠区域。前者可以通过立法废除,或者本身就是违宪的。后者乃是自由社会的必要之恶,社会偏见的自然体现。不同族裔即使仅仅存在风俗和偏好的差异,早晚也会形成社会地位不等的团体。国会制定移风易俗的法律,无异于将罗马教皇和宗教裁判所的权力授予自身。联邦政府越过自治社区实施社会工程,无异于在和平时期行使战争权力。依据十九世纪的宪法解释,联邦政府在冷战时期行使的许多权力都是违宪的。在废除强制种族隔离和实施强制种族平等之间,边界模糊,解释混乱,很容易从一种错误跳跃到另一种错误。强制穆斯林女性揭去面纱、强制满族人剪去辫子,到底是维护平等,还是侵犯自由?答案很大程度上取决于立场。废除种族隔离(desegregation)也是这样的问题。

冷战给美国公众带来了新的立场,一种正邪不两立的十字军世界观。“自由和暴政的斗争构成当今世界的背景,种族歧视的问题必须在这种背景下重新审视。”(Brief for the United States as Amicus Curiae, Brown v. Board of Education)维护自由世界的斗争需要扩大联邦政府的权力,理论解释的纠葛必须让位于现实政治的亟需。麦卡锡主义清洗共产主义渗透和打击种族隔离制度,同样都是保卫自由的非常措施(necessary),并不像表面上那样矛盾。杜鲁门总统解释说:“自由世界必须保存和加强其道德资源,正如其物质资源……如果我们想要唤醒全世界人民,他们的自由已经岌岌可危;如果我们想要恢复某些国度人民的希望,他们的自由已经丧失;如果我们想要完成美国的应许,期盼属于我们自己;我们就必须纠正美国民主实践当中仍然存在的不完美之处。我们知道方法。我们只欠决心。”(Truman: Message to the Congress)

合众国根据自己的形象,成立了联合国,体现了威尔逊主义的核心概念:“山巅之城”理应是世界的楷模。然而,种族歧视问题玷污了美国的道德形象。苏联在宣扬资产阶级民主伪善性的时候,从来不会忘记开发这个富矿。对于浸透了清教精神的冷战斗士而言,这不是小事。在威尔逊和国联成立的时代,关于邮政的地方性问题远比欧洲和平和世界秩序的分量更重。在麦卡锡和冷战的时代,相对于其他所有列强,美国地方性政治相对于国际政治的分量仍然是最重的,但已经不如三十年前分量重。我们如果将民权运动的术语翻译成党派政治的术语,就会产生以下的译文:在杜鲁门政府和艾森豪威尔政府的天平上,州权党人的威胁和南部参议员的政治资源并不总能压倒冷战政治的重量。向海外推销民主价值的美国外交官才是国内民权运动的最佳盟友,民权运动和反共斗争都是冷战布局的一部分。我们如果忽略了这个前提,就会过高估计民权运动本身的政治分量。

美国国务院对苏联的宣传战略非常敏感,恰好发挥了放大种族问题的作用。苏联报刊经常收集美国左翼媒体和地方小报涉及种族歧视的零星报道,教育本国人民,鼓动亚非拉有色人种。这些报道在美国的读者不多、分量不大,但一旦经过苏美两国宣传和外事部门的辑录、整合和分析,就能以小搏大,引起美国最高层的重视。虽然民权活动家目标不同,但也并不是不精通这种技术。有色人种国民协进会(NAACP)向联合国请愿,主要目的在于引起联邦政府的尴尬和不安,借助联邦行政当局向司法系统和地方政府施加影响。(CIVIL RIGHTS CONGRESS, supra note 209, at vii, xiv-xvi; N.Y. Times, Dec. 18, 1951, at 13, col. 3.)自南北战争以来,后两者一直是黑人权力的主要障碍。

《向世界申诉》的大部分内容是美国社会针对黑人的刑事犯罪、社会偏见和玩忽职守行为,包括一百五十三起谋杀案、三百四十四起其他案件和1945—1951年期间的其他弊端。他们将黑人居住区称为"犹太隔离区"(ghetto),将黑人区高发的刑事案件和低下的经济待遇归咎于"政府各分支持续、有意和一致造成的结果",这完全没有说服力,因为同样的逻辑肯定能证明"政府各分支持续、有意和一致造成"了华人社区恶劣的体育成绩和爱尔兰社区严重的酗酒纪录。请愿书所谓"可怕的不义"就是:"惨无人道的黑人'犹太隔离区'(ghetto),南部的棉花地,种族斗殴的大量死亡纪录,人为扭曲造成的早夭、贫困和疾病。"如果他们认为这些社会弊端违反了《联合国宪章》,就很难避免以下的推论:伦敦贫民窟、苏格兰高地牧羊人和低地佃户、莫斯科的高加索社区全都违反了《联合国宪章》。任何政府除非享有侵犯私有财产的武断权力,根本不可能保障社会意义而非权利意义上的平等。协进会在当时和以后都没有表现出移居苏联的愿望,他们的修辞只能视为扩大影响的政治策略。

这种策略的目的无疑是利用反纳粹战争的剩余资源,在法律上却是纯粹的胡说八道。美国政府从未强迫黑人集中居住,犹如纳粹政府对待犹太人。居住区源于黑人的贫困和白人邻居的社会性偏见,当时和以前的政府对这两者都没有干涉的权力。从宪法的角度看,他们实际上是在要求:中央政府扩大干预社会的力度,更加明确地指向有利于黑人的肯定性行动,而非仅仅维护没有特定对象的一般性法律规范。(CIVIL RIGHTS CONGRESS, supra note 209, at 58-187.)由此即可看出:黑人权利运动和美国宪法原则的张力其来已久,绝不像图解化的"白人压迫黑人、黑人争取平等"那么简单。虽然南北战争前后的黑人问题主要是法律歧视问题,但新政以后的民权运动大体上已经转化为社会歧视问题。民权(civil right)一开始就是设计巧妙的宣传术语,将特殊群体的权力诉求包装为普遍性权利诉求,无疑可以最大限度地发挥统战作用。权利本身就蕴含着正当性的概念,而权力并非如此。

苏美竞争给亚非拉国家的舆论增加了额外的分量。在孤立主义时代,美国对此没有多少关注。这些国家拥有世界大部分人口,自己是有色人种或混血人种,没有新教、普通法和个人主义的历史背景,没有产生和维持复合共和政体的能力和经验。他们很难理解:种族歧视不是东方人熟悉的那种征服者对臣民的暴政,而是个人自由与机会平等、国家利益与地方自治、行政权力与司法权力寻找平衡点过程中的额外成本。只有珍视自由传统的共同体才会出现这种问题,承担这种代价。在统治者随时可以用一纸行政命令产生平等或消灭平等的地方,国民和知识分子都很难理解平衡多种正当权利的复杂性和难度。他们只能看到现象和结果,将黑人在美国的弱势地位和自己在世界的弱势地位联系起来。因此,他们很容易充当苏联宣传的回声。美国外交官自然会发现:重新塑造美国民主的道德形象,已经变成了冷战外交的关键问题。美国宪制不再仅仅属于美国人,已经开始享有罗马法对罗马世界的权威和责任。反过来,罗马的传统同样难逃海外世界的侵蚀。

1951 年,美国新闻处编撰了宣传小册子《美国生活中的黑人》。该书的构想不是掩饰种族歧视的过去和现状,而是强调黑人地位的不断改善。此书将"国民和解、清算历史"解释成民主制度的重大优越性,是极权主义政体绝对做不到的。这种宣传的档次确实明显高于僵硬的苏联宣传,但仍是迎合读者而非热爱真理的产物。苏联人倾向于歇斯底里的攻击和胡搅蛮缠的否认,用"帝国主义造谣"做万能挡箭牌,以嫉妒、猜疑和误解为养料,经常使读者仇恨西方,却很少使读者喜欢苏联。美国外事人员大多是粉红色知识分子,来自产生谢伟思(John S.Service)和阿尔杰·希斯的同一个精神苗圃,自身就是本国更保守势力的猜忌对象。他们描绘的美国民主部分反映了新政左派的希望与理想,部分迎合了第三世界西化知识分子和半知识分子读者的进步速成心理,并不能阐明美国宪法体制和种族问题的复杂性。最重要的是:这些材料体现了某种费边社会主义的价值观,并不强调个人主义和新教信仰,反而鼓吹物质财富和社会进步。这不是美国的真正精神,而是美国的统战策略。这部小册子无意中泄露,美国政府扶助弱势群体的福利标准已经明显优于苏联集团和第三世界精英阶级的生活水准,由此产生的效果大大超过了刻意宣传的民主和公正形象。落后国家的精英往往在这种宣传的影响下,倾向于模仿浅层次的社会政策,无视美国精神和美国宪制的传统和根源。由此造成的许多失败最终又变成了不利于美国的宣传材料,但这种后果在冷战初期还来不及暴露。

美国国务院相信,民权运动的成功对美国外交和宣传极为有利。黑人活动家马克斯·耶根博士前往尼日利亚宣传非洲独立,拉各斯的美国新闻处极力造势、充分曝光。耶根用他的家族史证明:“黑人享有的权利与特权不断扩展,他的祖父从来梦想不到。”(Dispatch No. 27, from American Consul, Lagos, Nigeria, to Department of State)更重要的是,他的反共立场非常符合冷战的需要。“美国黑人作为群体,抵制共产主义为‘邪恶势力’……所有共产主义者都是潜在的本国间谍……我的人民选择美国民主,因为他们相信民主能够提供完全平等的机会。”(Dispatch No. 27, from American Consul, Lagos, Nigeria, to Department of State)两位听众问他:共产主义者是不是黑人民权运动的战斗领袖?共产主义者毁弃了他们对美国黑人的承诺,美国宪法能实现承诺吗?耶根用他的亲身经验表示:共产主义者只想利用黑人做政治人肉盾牌,并不在意他们的真实利益;美国的应许才是可靠的。

美国的应许本质上是清教徒的概念,仅仅属于“美洲的以色列人”,非但不是普世价值,反倒是教友共同体的排他性标识。科顿·马瑟和爱德华兹不会认为美洲是上帝为外道和蛮族准备的避难所。现在,新政自由主义者将应许的概念世俗化、物质化。后来,冷战自由主义者又将美国公民独享的应许变成了全人类的普世价值。这是一场各取所需的政治游戏。美国黑人的力量不足以赢得地方性政治的胜利,却足以构成外国颠覆势力的争取对象。日本曾经试图建立某种有色人种的统一战线,以美国黑人为假想的炮灰。苏联以更加危险的形式,推行同样的阴谋。民权运动能够堵塞美国社会的潜在漏洞,完成美国价值的自我塑造,在海外同时打击共产主义和殖民主义,为威尔逊的理想世界铺平道路。为此,在宪法解释方面付出若干代价,似乎并非不值得。

代价不是单方面的,联邦政府的承诺不是免费午餐。民权活动家巧妙地利用了冷战给美国带来的压力,使自己承担了反共十字军的义务。有色人种国民协进会(NAACP)采取的立场可以称为“统战自由主义”,给延续至今的美国中左派政治传统留下了深刻的印记。他们的地位非常接近于保卫罗马的蛮族将领:不完全是罗马人，但很可能同化为罗马人；为罗马抵御蛮族入侵，但自己也可能变成蛮族入侵罗马的先锋。曼宁·马拉博断言：协进会已经变成了“麦卡锡主义的左翼”。1950年，协进会确实成立了调查共产主义渗透的委员会。协进会领导沃尔特·怀特宣布：“我们不想在协进会内部搞迫害，但我们想确保没有共产党人从中操纵。”（Resolutions of the NAACP annual conference, June 23, 1950）从此以后，地方分会必须向全国总部报告每一次共产党渗透的企图。这种担心不是空穴来风。协进会西海岸地区秘书报道：1945年以后，加利福尼亚里士满分会就在共产党人影响之下。1946年，旧金山分会支持共产党候选人竞选加州州长。

杜博伊斯相信，协进会已经将自己“绑在杜鲁门的战车上”。无论如何，杜鲁门是第一位在协进会年会上致辞的总统。他成立了总统的民权委员会，将民权运动引入冷战的轨道。“种族歧视与美国生活方式不能相容”本身就是套用麦卡锡主义的语言：“共产主义与美国生活方式不能相容。”协进会领导沃尔特·怀特赞扬总统直言不讳地提出了保障民权的实际措施，将废除种族隔离纳入了美国政府的日程表。不难理解，协进会领导人愿意支持杜鲁门的外交政策。他们在1948年大选中倒向现任政府，将华莱士和协进会的无党派传统政策一起牺牲了。

这是赤裸裸的现实政治。杜鲁门的胜利就是民权运动的胜利，华莱士至多只是抗议的姿态。协进会已经发展到成熟的阶段，更关心通过交易分享果实。他们知道：冷战构建了战后民权运动的基本格局，也限制了他们的发展方向。根据沃勒斯坦的概念，他们已经变成了既成体制的一部分。民主体制的内部斗争是一回事，保卫民主和颠覆民主的善恶二元斗争又是另一回事。如果协进会掌握不了内部矛盾和敌我矛盾的原则性区别，民权运动的大好机会就会转瞬即逝。他们并不希望自己落到老朋友杜博伊斯的下场，后半辈子仅仅依靠《工人日报》寥寥无几的读者支持。杜博伊斯日益陷入孤独和愤怒当中，一再公开赞美苏联，合乎逻辑地主张：在美国政治体制的基本框架内，种族-社会平等问题不可能从根本上解决。如果苏联欢迎他移民，就会使他丧失统战价值；如果在舆论上支持他，就会使他更加孤立。怀特却一再接受国务院的委托，在全世界各地旅行，实际上充当了“美国进步论”的活动广告。他所到之处，无不像马克斯·耶根一样告诫听众：民主有自我改善的无限潜力，苏联的甜言蜜语只是包藏祸心的特洛伊木马。

在整个二战和大部分冷战期间，外因压倒了内因。1946 年，国务卿艾奇逊致信公平就业委员会，详细解释外交政策和种族歧视的关系。美国歧视少数群体的报道毒化了美国和其他国家的关系，散播了猜忌和憎恶的气氛。他建议公私并举，有效地消除歧视。后来，民权委员会将这封信放进了自己的报告。他们继续用威尔逊主义的语言论证积极推进民权运动的必要性。“我国外交政策意在广泛和积极地影响全世界的进步。甚至我国和外国的极端政治分歧都不能妨碍这个目标，国内的民权缺陷却构成了严重的障碍……我们不能逃避事实，国内民权的缺失已经造成了世界性政治后果……我们不能忽视世界对我国或我国民权纪录的看法,否则民主的胜利并非不可避免。”(PRESIDENT’S COMMITTEE)国际关系塑造国内宪制,是旧大陆的正常状态,在美国人看来却是不无遗憾的新现象。

在杜鲁门政府的期待下,最高法院重新解释宪法的时机日益成熟。在“谢利对克莱默案”中,法院根据法律平等保护原则,宣布种族限制性契约违宪,具有重大的象征意义。这将使种族平等构成美国民主原则的一部分,杜国际舆论悠悠之口,在文化冷战中争取有利地位。司法部为了支持重新释宪,引用国务院的观点:美国由于国内的种族歧视,在对外关系上处境尴尬。种族平等本质上属于集体主义概念,与个人主义的独立和平等相差甚大;但在反共统一战线的意识形态笼罩之下,这些次要分歧似乎可以忽略不计。种族歧视威胁到美国担任自由世界领袖的资格,这才是美国精英阶级的首要关注点。五十年代初,国会(包括民主党在两院的领袖)对杜鲁门政府的态度不如法院友好;但康涅狄格州参议员威廉·本顿仍然支持公平就业法案,因为理顺种族关系有利于国家安全。这个理由在当时非常必要,因为“公平就业”的真正含义就是限制契约自由、侵犯财产权,两者都是盎格鲁传统和资本主义制度的基石,只有存亡攸关的重大理由才能说服美国人改变主意。早在十七世纪,奥兰治亲王就坚持说:业主有权根据自己的偏见选择仆人和代理人,国会不应立法干预。业主的歧视不会损害任何人的天然权利,因为被歧视者对自己的产业同样可以当家做主。汉普登议员、长期国会和法兰西立法议会的财产权理论跟他相同,新政自由主义的社会和谐观明显更接近劳德大主教的社群主义理论。

在民权运动的大部分历史上,司法机构远不如行政机构激进。冷战时期,内政机构远不如外事机构激进。麦卡锡对国务院的怀疑超过了其他任何政府部门,并不是偶然的。整个 1950 年代,美国新闻处不断鼓吹种族隔离违宪论。在交通和学校的去种族隔离过程中,司法部习惯向国务院索取他们需要的种族歧视负面材料。可见,国内政治斗争的宣传机器远不如国际冷战斗争的宣传机器精密完备。司法部首先挑战惯例,法院随后重新解释宪法原则,然后外事部门将法院的新解释加工为宣传材料,反过来论证美国体制的公正和开明,以衬托苏联的专横和压制。东欧人和亚非拉的读者和听众关注美国民主的承诺,甚至超过民权活动家。冷战的天平更多地掌握在他们手中,美国外交官争取他们的愿望不会低于苏联情报官渗透黑人团体的愿望。早在布朗案的判决下达以前,全世界的目光就已经对准美国最高法院。大多数评论都是从冷战角度出发的,很少有人关心宪法问题本身,甚至最高法院本身也不是"美国内政不得干涉"的信徒。首席法官沃伦本人就相信:冷战是一场理念的战争,司法系统在其中扮演了重要的角色。休·布莱克法官曾经表示,不明智的判决会给海外敌人提供伤害美国的武器。威廉·道格拉斯法官在《奇异的土地和友善的人民》当中写道,种族歧视损害了美国和亚洲人民的良好关系。

"布朗对教育委员会案"尘埃落定,国务院扬眉吐气。他们没有浪费时间,立刻以法院判决为武器,反击苏联的煽动。判决颁布仅仅一小时,美国电台就向东欧发布新闻直播。随后发布的新闻分析宣称,民主程序产生的法律不同于暴民统治或独裁专政。新闻产生的舆论效果恰好符合美国政府的希望,全世界各地普遍表示赞赏。共和党全国委员会声称:"国内的平等是自由的武器……有助于保障自由世界的事业。"(Republican National Committee, News Release, May 21, 1954)《旧金山纪事报》欣慰地表示:判决会给南美、亚洲、非洲带来更大的冲击,给美国带来持久的荣誉和利益;有色人种占了全世界人口的大多数,判决会将光明和希望带给他们。《匹兹堡信使报》相信:铁幕背后的煽动家终于不得不闭嘴了;亚洲和非洲的亿万有色人种将会看清,理想主义和社会道德在美国占了上风。《纽约先驱论坛报》宣称:美国本着良心和最深刻的信念,界定了基本法。这些"第四权"机构似乎认为:美国宪法同时也是全世界的宪法,对国内各州和世界各国一视同仁;最高法院是自由欧洲电台和美国新闻处的姊妹机构,有责任实现解放全人类的应许。从逻辑上讲,这些观念比罗马帝国和大英帝国更加帝国主义;从事实上讲,这些观念势必授予美国干涉全世界的无穷动机和无限权力。

只有南方各州发出了愤怒的吼声,令人回想起"卡尔霍恩叛乱"反对"杰克逊暴政"的峥嵘岁月。佐治亚州长赫尔曼·塔尔马吉抗议说:布朗案判决"将我们的宪法贬为废纸一张"。(N.Y. Times, May 18, 1954)他指责说:迁就苏联的攻击,本身就是洗脑的成功。"我们的国家因为忌惮身后的共产主义者,已经做了太多的事情。谁在乎赤色分子说什么?谁在乎《真理报》印什么?

……布朗案判决意味着攻击《权利法案》的行动,只对共产主义者及其同路人有利。”(H. TALMADGE: You and Segregation)从技术上讲,塔尔马吉没有看错,外交斗争已经严重扭曲了国内政治,甚至司法部都变成了国务院的冷战代理人。然而,美国宪制不受国际政治影响的时代已经结束了。杜鲁门和艾森豪威尔知道他们在做什么,知道苏联不是可以视而不见的纸老虎,知道美国民主的延续有赖于全球民主事业的成败。自由的幸存离不开罗马式强权的保护,这是冷战留给美国和世界的最大悖论。今天,我们仍然生活在这个悖论的后果当中。

从某种意义上讲,苏联部分地实现了他们的目标。他们没能在正面斗争中取胜,却成功地创造了奥威尔式“新语”。他们修改了民主的定义,加入了许多严重违背新教教义和个人主义原则的内涵。他们像某些业已灭绝的逆转录病毒一样,将自己的基因片段插进了人类基因组。在民权运动的起点,私人和社团的自愿契约不受限制。(也就是说:如果当事各方自己愿意,可以在契约中加入排斥特定对象的条款。政府和局外各方无权干涉。)在民权运动的终点,公立机构和学校普遍设置了以种族而非个人为基础的保障名额。我们不可能看不到:倘若以光荣革命确定的业主财产权和自治法人团体权利为衡量标准,民权运动和詹姆斯二世的政府一样武断。从普通法的角度看,詹姆斯国王强制圣公会和枢密院接纳天主教徒、爱尔兰新教社区不得排斥天主教徒的政策和美国政府强制公立学校接纳黑人、白人社区契约不得禁止邻居卖房给黑人的政策是一模一样的。十七世纪的英国辉格党人如果起死回生，一定会将最保守的美国共和党人称为专制主义者和契约自由的破坏者。然而，当年的“武断”在二十世纪已经改称为“进步”。

德雷克·贝尔提出：1950年代的民权运动是白人和黑人合作的结果。白人抛弃种族隔离，部分基于外交政策方面的考虑，部分基于压制黑人种族主义的考虑。没有这种方式的跨种族合作，布朗案永远不会成为现实。美国司法部门的文件告诉我们，冷战价值观的影响何其深远：“合众国正在尝试向全世界所有国家、所有种族、所有肤色的人民证明：自由民主乃是人类迄今设计的最文明、最安全政体。”（Brief for the United States as Amicus Curiae at 6, Brown v. Board of Education, 347 U.S. 483）美国和全世界的报纸欢呼：布朗案“痛击了共产主义”。（See N.Y. Times, May 18, 1954, at 19, col. 4.）民权运动其他各方的论证同样弥漫着冷战的精神，甚至将种族主义称为非美意识形态——这顶帽子原本是麦卡锡主义者为苏联间谍准备的。罗伊·威尔金斯将美国民主的胜利和种族平等的胜利捆绑在一起。（Wilkins: Undergirding the Democratic Ideal, 58 THE CRISIS 647, 650）这是极为明智的营销策略，因为美国在冷战中的实力地位、美国民主在意识形态斗争中的实力地位都比黑人在地方性政治中的实力地位强大。

美国意识形态以个人主义为核心，强调个人自由、权利平等和机会均等；但机会均等和个人自由并非没有潜在的张力。如果机会均等需要国家强制才能保障，是否证明个人自由理应为平等让步？个人偏见和个人偏好是个人自由的必然结果和必要成分，是否需要国家强制纠正或教育？如果国家有权以武力纠正偏见，美国真有权利反对苏联的政治迫害吗？集中营的正当用途本来就是实施强制教育，改造苏联公民的错误认识。或许，美国人只能抱怨他们的教育方法不够科学？这些问题触及权力与正当性的神秘核心，不是浮泛的民主宣传辞令所能权衡的。美国的主流媒体宣称，布朗案实现了民主的胜利；然而，更加准确的描绘应该是：在美国主流价值观当中，个人自由和社区自治向国家利益和社会平等作出了重大让步。这种价值观包含多种成分，民主只是一个笼统含混的称谓。这项判决产生的后果异常复杂，并非全都属于正面现象，目前还不能轻易判断故事的结局。

小石城事件是布朗案判决的第一波后续反应，艾森豪威尔政府派军队强制地方学校实施种族混合。根据近代西方甚至中古欧洲的基本法理论，这种做法就是骇人听闻的武断暴政。问题不在于自治市镇是否歧视和排斥少数派群体（大多数市镇都做过更严重的事情），而在于中央政府居然敢在和平时期让常备军和民兵武装对峙，不惜以校园（幸好还不是医院）为假定的战场。中央是否有权撤销自古沿袭的地方惯例和特许权，一向都是极有争议的问题。西班牙和法兰西的绝对君主国都不敢声称她们有这种权利。普鲁士军队占领汉诺威和汉堡都没有发生这样的事情，而民主的美国却发生了。十九世纪的美国总统不可能如此冒犯多数派的偏见和地方主义的偏见而不危及自身地位，更没有强大的官僚机构和常备军可供调遣。在和平时期维持文武大军，本身就是冷战造成的变局。汉密尔顿曾经担心国父们设计的宪法过分削弱了行政权力,使总统发挥不了英国立宪君主的平衡作用;但冷战产生的“帝王总统”已经在阿肯色州行使了亨利八世和伊丽莎白一世从来不敢想象的权力,却没有像詹姆斯二世一样遭到迅速的惩罚。这位国王最后派兵进驻伦敦市的时候,市镇当局正在抗拒国王和枢密院的命令,纵容新教多数派暴民焚烧和洗劫天主教堂,其中包括外国使节和侨民的教堂。

美国新闻处既不在乎共和与州权,也不在乎伦敦市或小石城的古老惯例,他们的任务是证明苏联虚伪而专制,美国坦诚而进步。多种权利的冲突不是好故事,正义战胜邪恶才是好故事。艾森豪威尔为他们提供了一个好故事,美国英雄旗帜鲜明地站在民主和进步一边。总统其实并不支持布朗案的判决,甚至后悔提名沃伦大法官;但他仍然不惜以如此危险而可疑的方式执行判决,因为苏联的磨坊在全世界散布美国“种族恐怖主义”的谣言。他对苏伊士危机的决断出于类似的考虑:如果不能同时制裁英法两国,反对苏联入侵匈牙利的抗议就会师出无名。美国的正义形象如此重要,甚至真相和利益都要为此牺牲。小石城事件和苏伊士危机是总统对有色人种和第三世界的统战宣言,保证美国和种族歧视、殖民主义划清界限。冷战自由主义以自身为苗圃,孕育了肯尼迪、约翰逊和麦高文,孕育了激荡的六十年代;在后者的衬托下,艾森豪威尔的形象反倒显得保守,甚至很像一位崇尚无为而治的小政府主义者。

肯尼迪在任期第一年结束时,将民权方面的成就列入“主要外交措施”。政府的外交活动包括“消除美国的种族隔离,这已经在海外产生了有利的影响”。(Battle to Dutton, September 19, 1961, Folder: Foreign Policy, 4/1/61－10/8/63, Papers of Theodore C.Sorensen, Subject Files, 1961－64, box 34, Kennedy Library.)民权运动继续采取行之有效的老办法:首先在地方上引起冲突,然后迫使联邦政府为顾忌国际舆论影响而干预。总统清楚他们的谋略,要求民权顾问哈里斯·沃福德制止他们,因为维也纳高峰会议即将举行,种族冲突会使他在赫鲁晓夫面前感到难堪。沃福德说,总统非常愿意支持任何美国人维权,只要时间不在 1961 年春。美国新闻处秉其一贯做法,将种族问题列为美国国际形象的最大污点。

1962 年 9 月,肯尼迪照抄艾森豪威尔的脚本,派军队进驻密西西比大学,强迫他们接受黑人学生。全世界中左派媒体(也就是苏联集团以外的绝大多数媒体)一起发出胜利的欢呼。《卫报》表示,联邦政府值得信赖,正如密西西比州不可救药。肯尼亚、利比亚、加纳、苏丹的赞扬使美国新闻处感激淋漓,因为广大的非洲统战对象终于接受了“民主的胜利”解释框架。美国新闻处收集了全世界媒体对密西西比事件的报道,继续强调种族偏见是美国形象的主要污点。密西西比事件与小石城事件非常相似,肯尼迪早就想证明自己的手段比艾森豪威尔更高明,为此,美国新闻处为他做了一项专题,证明联邦政府的干涉有助于提升美国的正面形象。

摩洛哥《国民报》希望,美国黑人以后再也不会因歧视而伤心。该王国曾作为非洲最大的黑奴贩子和第二大奴隶贩子,对这方面的问题无疑最有发言权。革命的阿尔及尔人曾作为非洲最大的奴隶贩子和白奴贩子、美国海员的抢劫者和奴隶主,不会忘记在殖民主义强制下废除奴隶制的国耻,他们在苏联的资助下,原本瞧不起一切和平解放有色人种的途径,无论来自美国人还是非洲人。但如果我们相信施莱辛格的说法,甚至连他们都感动了,以致在三星期后拒绝给飞向古巴的苏联飞机加油。当然,其他人认为:正在封锁古巴的美国海军起了更大的作用。(因为三星期后就是古巴导弹危机,在这时候帮助苏联硬闯封锁线是很容易遭到误炸的。)本·贝拉对纳粹和苏联的反殖理论都有很深的造诣,长期从事无差别袭击的游击战争,赶走了自己的老朋友和老领导,不大可能像林达和龙应台那样容易感动。

1963年,海尔·塞拉西皇帝在亚的斯亚贝巴主持非统组织会议。他希望在这次会议上获得非洲领袖资格,建立在苏美之间左右逢源的第三势力。埃塞俄比亚特别适合这个角色,因为她是唯一没有遭到帝国主义奴役的非洲文明古国。也就是说,她将奴隶制坚持到第二次世界大战。她成功地挫败了国际联盟干涉内政的企图,拒绝将废奴和入盟挂钩,最终创造了成功入盟的外交胜利。意大利法西斯入侵埃塞俄比亚以后,单方面废除奴隶制,引起了国际联盟的调查。后者公正地宣称:该国虽然存在奴隶制,但奴隶的处境不算坏,意大利的入侵理由并不充分。现在,皇帝陛下感到:干涉美国内政乃是提高国际声望和争取更多美援的捷径,因为国务院愿意为非洲人的正面看法付出高价。伯明翰事件符合他的需要,也符合肯尼迪和国务院的需要。数千名民权活动分子抗议亚拉巴马州的顽固立场,一如既往地希望联邦政府干涉。非洲领袖的声援虽然纯属姿态,却足以引起爱德华·科里大使和迪安·腊斯克国务卿的重视,方便肯尼迪做他早就打算做的事情:证明他比共和党更善于处理民权问题。乌干达总理奥博特积极附和皇帝,表示非洲黑人和美国黑人的自由和独立不可分割。这正是国务院想说和想听的话。不久,皇帝派军队屠杀了数万名本国黑人抗议者,然后被门格斯图领导的叛军杀害。总理派他的军官阿明屠杀本国最大部族巴干达人,然后被阿明赶走。门格斯图和阿明杀掉了更多独立的非洲人,并没有损害美国和非洲的民权事业;因为屠杀是忌惮的结果,而忌惮则是尊重的证明。相反,正如腊斯克所说:伯明翰警察放狗驱赶和摁倒示威者的照片证明,他们不尊重黑人,国际影响极为恶劣。

总统的着眼点更为远大,一切都要为推倒柏林墙服务。"我们今天向全世界承诺,改善和保护所有希望自由者的权利。我们派遣美国人去越南和西柏林,不能只派白人。"(John F. Kennedy, "Radio and Television Report to the American People on the Civil Rights," June 11,1963)盎格鲁传统意义的自由一向将天主教世界(以及本国天主教徒)排除在外。十九世纪自由主义的普遍性仅限于文明世界,从来没有考虑将非欧洲民族包括在内。冷战自由主义是人类历史上第一种普世自由主义,像雅典民主一样离不开帝国主义和群众大军的支持。如果没有国家利益和全民战争的需要,纳税有产阶级没有理由为大众民主牺牲绝对财产权。肯尼迪策划的《民权法案》除保护投票权的条款以外,全都属于长期国会所谓的武断权力,每一项都扩大了行政分支的权力。司法部的常规介入使私人案件的起诉权转入国家手中,严重损害了普通法体系隔离国家和社会的藩篱,扩大了行政分支的自由裁量权。联邦资助条款开启了逆向种族歧视的滥觞,通过变相的委托立法削弱了国会的财政特权。总统演说将冷战和民权捆绑在一起,国务卿游说以国际影响为主要论据。

在这样的背景下,民权领袖开始策划向华盛顿进军。肯尼迪政府和主要媒体事先早已得知他们的计划,经过多次沟通,传递了温和、进步和反共的期待。如果他们没有落到埃塞俄比亚示威者的下场,一方面是因为美国宪法确实不允许肯尼迪做海尔·塞拉西皇帝,另一方面也是因为,从大方向上看,游行者本来就是肯尼迪政府的助手而非敌人。他们并不打算借助社会力量反对政府,反而指望政府更加积极地干涉,以消除社会偏见。媒体的基调是两种命运的对照:一方是自由社会改善和发展的无限可能性,另一方是专制压迫的万马齐喑。游行两天前,美国新闻处就已经部署了宣传计划。然而,最大的宣传机会来自肯尼迪本人的意外身亡。达拉斯刺杀案将肯尼迪定格为民权和进步的领袖,美化了他的“精英政府”,将他大部分错误的责任转移到约翰逊总统的头上。重案处理的平静、公开以及权力转移的坦诚、有序,和克里姆林宫的神秘、封闭形成鲜明的对照,提供了另一项有利于美国的宝贵宣传点。约翰逊政府继续推进肯尼迪的民权计划,肯尼迪本人的死亡反而降低了法案通过的难度。从后人的视角看,1964年国会和沃伦最高法院都具备三重里程碑的意义:民权运动的转折点、国家主义的转折点、美国宪制世界化的转折点。从内战到冷战，一个瑞士式的美国逐步演化成一个罗马式的美国。每一次都以黑人为直接和表面的理由，而长远和深刻的后果将会落在全世界头上。

新保守主义收割了冷战自由主义播种的庄稼，有其内在的理由。民权运动不可逆地改变了共同体的边界条件，确定了群众民主和强势政府。二者虽然不是帝国的充分条件，无疑已在必要条件之列。内政和外交的混合、美国宪制与世界秩序的混合同样已经发展到不可逆转的地步，并不在柏林墙倒塌的地方止步，将万国纳入了日益扩大的漩涡。卡尔霍恩的设计如果还能存在，大概只能像哈德良皇帝的雅典、美国卵翼的维京群岛一样，构成世界秩序的一角珍玩，却不会具备动力或枢要的功能。历史能够战胜法则，这是所有晚期民族的痛苦经验。法则不会颠覆，却会因其完美而不再属于此岸世界。欧几里得定理的正确和自洽不会保障现实建筑物不再摇摇欲坠。小阳春时代的理论家没有意识到这一点，将全部精神用在超越历史的理论模型当中，而历史却从他们遗漏的角落中涌出，将他们淹没。他们最终落入历史珍玩馆，根本原因在此。然而，这种具体和偶然的低级因素无损于他们的伟大。

如果有朝一日，文明的季候再次造就了具备恰当理解力的公众，他们就会像睡美人一样复活，依然栩栩如生。

这就是卡尔霍恩的命运。

论政府

要对政府的性质和目标有个清晰且公正的概念，就必须正确理解我们本性的构造或者法则，而政府正是扎根其中的；或者不妨更充分、更准确地说，若没有关于我们本性的法则，政府就不会存在，而有了这样的法则，政府也就必然存在了。没有法则，政府科学就不可能获得任何牢固的基础，如同没有对物质世界的构成或者法则的理解，就不可能为天文学奠定基础一样，构成太阳系的各个天体正是依据这样的法则彼此互动的，而且同样的法则也将各个天体维持在各自的区域内。因此，需要考虑的第一个问题就是，我们本性中究竟是什么样的构造或者法则使得政府不可或缺，并且使政府之存在成为必然？

在这个问题上，我认为不争的事实就在于，人就其构造来讲乃社会性的存在。人的种种倾向和需求，无论是身体方面的，还是道德方面的，都无可抗拒地推动着人与同类的联合。因此，在任何时代和任何国家，都不可能找到处于非社会状态的人。确实，人不可能在非社会状态中存在。即便有谁可以在非社会状态中存活下去，也只有在社会状态中才能获得道德和理智机能的充分发展，也就是说，只有在社会状态中，人才能在存在的阶梯上将自我提升到远远超越野兽的层面。

我认为另一项不争的事实在于,一方面,人如此构造起来,使得社会状态无论对于人自身的存在,还是对于人自身各种机能的充分发育都必不可少;另一方面,社会状态就其自身而论,若没有政府也是无法存在的。这一看法是有普遍经验作为支撑的——在任何时代以及任何国家,都不可能找到任何一个团体或者共同体,无论文明还是野蛮,是完全没有政府的。

既已认定我们本性中的这些无可置疑的现象,我也就不需要给出进一步的评说,接下来应当着手考察那项有着首要意义且十分重要的问题:在我们的本性当中,究竟是什么样的构造既使得人与同类进行联合,也使得社会在没有政府的情况下无法存在下去呢?

答案乃在于这样一个事实(和前述两项事实一样,这一事实也是无可争议的):一方面,人是为着社会状态而生,因此人之构造能够对那些影响他人之因素进行感受,同样也能对影响自我之因素进行感受;另一方面,人之构造对于直接影响自身的因素有着更强烈的感受,相形之下,对那些通过他人而间接影响自身的因素的感受则不会那么强烈,或者换句话说,人之构造,使得人的直接的或者个人性的情感要强过同情性的或者社会性的情感。在此,我有意识地避免将“自私情感”这样的表达应用于前者身上,因为在通常的用法中,“自私情感”暗示着,就个人的情感而论,过分的个人情感胜过了社会情感,因此,也就造成了贫乏和邪恶的东西。我的目的是要排除此类推论,并将我的考察仅仅限制在那些有可能对我所探讨的主题产生影响的事实上面,视之为关系到我们本性的单纯现象。这一切都是人自身的构造使然,就如同重力现象或者物质世界的其他现象那样无可置疑。

作出个人情感胜过社会情感的断言,倒并不是要否认在某些特殊的环境中,也会有那么一些事例揭示出社会情感超越个人情感的情形,比如母亲和婴儿之间的关系,这样的情形也可能是因为教育和习惯的力量胜过了人之特定的构造。不过,这样的事例为数极少,通常可以视为特殊之例。此类事情确实给人们带来了深刻印象,不过这样的事例一旦发生,也就提供了最强有力的证据,证明此类事例是我们所深刻理解的普遍人性法则的例外,这就如同物质世界的一些次要力量很显然也构成了重力法则的例外情形一样。

不妨更进一步来说,此种现象并非仅仅是人之本性的现象,也是所有生命体都会有的现象,就我们的知识范围所及,整个有生命体的世界莫不如此。确实,正是同自我保存这一伟大法则的本质性联结,贯穿了生命体的全部感受,从人类到最低级和最微不足道的爬行动物或者昆虫类都是如此。不过,自我保存的力量在人类身上表现得最强烈。在安全和富足的状态中,若辅以高等的理智和道德教养,人的社会情感将会获得巨大的扩张和力量。但是,这种力量还不至于强大到可以压制生命体的此种普遍性和本质性的法则。

我们本性的构造,使得我们对于直接影响我们的事物的感受要强过对于经由他人而间接影响我们的事物的感受,这必然导致个人之间的冲突。由此,每个个体都将更多地关注自身的安全或者幸福,而非他人的安全或者幸福;当冲突发生的时候,人们都为着自身的利益而牺牲他人的利益。因此,也就有可能导致个人同个人之间的普遍冲突状态,怀疑、妒忌、愤怒以及仇恨这样彼此联结的激情也伴随左右,并由此产生了傲慢、欺骗和残忍。假如不借助某种控制性力量予以约束,最终将会导致普遍的争斗和混乱状态,并摧毁社会状态,同时也将毁灭社会状态予以规范的种种目标。这种控制性力量就是政府,无论在于何处,也无论由谁来实施。

由此不难得出结论,人就其构造而言已然使政府成为必需之物,否则社会便难以存在;同样,人就其构造而言已然使社会成为必然之物,否则个人也无法存在,遑论个人机能的完善。同时亦可以得出结论,政府之缘起乃扎根于人类本性的双重构造当中:同情式的或者社会性的情感是政府的远因,个体性的或者直接性的情感则是政府的近因。

如果人之双重构造中的任何一端有所不同,比如说,人依其本性便不具备社会性,在创生之时就没有同情式的感情,其安全和存在也独立于他人,或者说,如果人在创生之际对于影响他人的东西的感受程度超越了对影响自身的东西的感受程度(如果这是可能的话),或者人对这两种事物的感受力是同等的,那么情形就很明显了,无论在哪种情况下,政府都没有存在的必要,当然也不会有政府存在。

尽管社会和政府由此紧密联结并彼此互为依靠,不过在二者当中,社会的分量更重。在事物秩序中,社会是第一性的,就政府和社会各自的目标而言,社会的目标享有更高的尊严:社会的目标是保存并完善人类,因此其地位是首要的;政府的目标则是第二性的和附属性的,这个目标就是保存并完善社会。不过对于人类的存在和福祉来说,这两项目标都是不可或缺的,也同样都是出自神圣令谕。

我曾说过,假如人之构造真的有可能让人更强烈地感受到影响他人之物而非影响自身之物,或者说对两者拥有等同的感受力,那么,必然的结果就是,所有的个性都将丧失,随之而起的便是无止境的和无可救药的失序和混乱。毕竟,人对于自身的那种更强烈的感受或者情感,辅以对他人的那种更为微弱并且次要的感受或者情感,就人有限的理性和机能而论,是否真的就是一种于人的保存和存在所必需的构造,这一点完全值得怀疑。但假如情形翻转过来,人之情感和感受于他人较之于自己更为强烈或者同等强烈,对个人而言,在同一时刻,强烈地介入到周围所有的冲突情感当中,这当然会造成自我的遗忘,同时也将忽略掉同自身息息相关的所有东西,转而过分殷勤地介入到他人的事务当中;而他人的事务,是人自身的有限理性和机能既无力恰当理解也无法恰当处理的。就我们所见,此种事态将会导致无止境的失序和混乱,对人类的毁灭力量并不亚于无政府状态,而且,此种事态是无法补救的,因为政府在这种情况下是不可能存在的。即便政府仍有存在的可能,政府的目标也会遭到颠倒:自私必将获得鼓励,善意则消沉下去。个人必将因种种报偿而更加自私,而种种惩罚则会对个人施以阻力,以免其变得过于仁慈;且此种境况中的政府也将对事态提供助力——尽管依据假设,政府成员对于自私应当抱有最大的厌恶,对于善意则应当抱有最高的敬仰。

对整体的照看和监督,此种职责只能归属于万物的创造者;他是无限的存在。造物主,自有其无限的智慧和善意,他已经借此给生命存在物分配了各自的境况和恰当的功能,赋予了所有生命存在物以情感、本能、能力以及种种机能,这些也都是最能同各种生命存在物的境况形成契合的。对于人类,造物主已经给予了社会和政治状态,此种状态是最适合培养人类的伟大能力和机能的,包括理智方面和道德方面。造物主已经将这一切赋予了人类;相应地,造物主如此构造人类,不仅是为了推动人类进入社会状态,而且也是为了让政府成为人类之保存和福祉所必需的东西。

尽管政府的目标是保护并保存社会,但政府自身也会产生很强的失序倾向,并很有可能会滥用自身的权力;人类全部的经验以及历史的每一页都为此提供了证明。这其中的原因同样存在于我们本性的构造当中,正是这样的构造使得政府不可或缺。政府必然要拥有权力,否则便无法压制暴力并维持秩序;但这样的权力是无法针对自身执行的,必须要有人来监管这些权力。尽管这些人同其他人并无不同,个人的情感在这些人身上也是要比社会情感更为强大,但必须授予这些人以权力去阻止政府对他人的不公和压制,因为若不对政府的权力进行防范,手握权力之人就会将这些权力转变为对共同体其他人进行压制的工具。对此类权力实施阻滞的东西,不论我们怎么称呼它,在最宽泛的意义上理解,也就是所谓的"宪政",且这种宪政是运用于政府的。

宪政之缘起同样存在于我们的本性当中,因此,它乃因应于政府,就如同政府因应于社会那样;而且,如同社会的目标会因为缺乏政府而遭到挫败一样,政府的目标也将会因为缺乏宪政而遭遇极大的挫败。不过,它们之间在一个显著的环节上是有差异的。构造一个政府其实并非难事,甚至不是一桩选择之事,无论政府是否应当存在,如同呼吸一样,这样的事情是不可能取决于我们的意愿的,所有共同体都无法避免这样的必然性,都必须以这样或那样的方式接受政府。而宪政的情形则完全不同:一方面,宪政并非必然性之事,塑造一种名副其实的宪政是人类所面临的最艰难的任务之一;另一方面,要塑造完美的宪政,也就是说,能够对政府的压制和滥权倾向进行完整的抵制,并迫使政府严格遵循自身的伟大目标,这项任务迄今可说是仍远远超越了人类的智慧,很可能以后也都永远是这样的局面。由此,便导致了宪政和政府的另一项显著差异:宪政是人类的发明,而政府则是出于神意的规定。人所能做的工作就是对造物主的无限智慧所规定的东西进行完善,这是人类的自我保存所必需的。

依据上述评论,我接下来要考察一个重要而且困难的问题:如何对政府的压制和滥权倾向形成抵制,或者换种更为充分的表达方式,如何阻止那些身负政府权力之人将权力用作自我扩张而非保护和保存社会的手段?设置一种更高的权力来对政府以及操控政府之人形成控制,这种做法不可能达成目标。此种做法只不过是改变了权力的基座而已,事实上还是会使此种更大的权力演变成政府,因为就那些对权力实施监控的人而言,他们也有着同样的倾向,意图将手中的权力扭曲为自我扩张的工具。而限制这种限制政府的权力,使之弱化到无法成为滥权工具的地步,此种做法也无法达成目的,因为,若不创造一种高于政府的权力让政府遵守权力方面的限制,便很难限制政府权力。即便不考虑这中间的困难,下述的反对意见也是很充分的:设若权力限制的做法可以操作起来,政府原本的目标也将因限权而遭到挫败,因为一个过于孱弱的政府是无法保护和保存社会的;而且为实现此目的所必需的那些权力日后也足以一直成为监控政府之人实施自我扩张的工具,而代价就是共同体的其余组成部分。

要估量一下究竟多少权力才能确保政府达成其目的,就必须估量一个共同体若要抵御内外危险必须拥有多少权力:政府必须有能力驱逐外来的攻击,同样也必须有能力镇压内部的暴力和混乱。一定不能忽略的是,人类种族并非包容在单个的社会或者共同体当中。人类的有限理性和种种机能,语言、习惯、追求、处境以及情感的巨大多样性、交往的困难,这一切再加上众多其他的原因,已然发挥了作用,塑造出数量巨大的单个共同体,且它们都彼此独立行动。这些共同体之间如同个人之间,也存在同样的冲突倾向,这都扎根于人类本性的构造当中;而且共同体之间的冲突较之个人之间的冲突要更为强烈,因为不同共同体之间的同情式情感或者社会性情感不会像共同体内部个体之间的类似情感那样强烈。共同体之间的冲突倾向确实非常严重,这已经导致了相邻共同体之间几乎从未间断的战争,人们借助战争进行劫掠和征服,或者寻求复仇,无论这仇恨是真实的还是想象的。

这样的事态只要持续下去,危机就会到来,而共同体在危机中不得不动用全部的力量和资源进行自我保卫:一旦共同体的生存遭到威胁,所有其他的考虑都得让位。自我保存乃至高的法则,于共同体于个人都不例外。这就是阻止政府享有针对国家力量和资源的充分支配权所招致的危险。因此,限制政府权力以便使之同保护和保存共同体的目的协调起来,也将遭遇巨大的困难。由此,前面的问题就再次浮现出来:究竟通过怎样的办法才能在不剥夺针对共同体资源的充分支配权的前提下阻止政府滥用权力呢?

这个问题包含了诸多困难。从遥远的时代起,智慧和善良的人们就一直在尝试解决这些困难,不过,迄今也只是取得了部分的成功。为达成这方面的目的,人们在各自的理智和文明阶段诉求于众多的机制。人类就是从中跋涉而来,同时也为此经历了不同的政府形式,众多的机制都运用到不同形式的政府身上。迷信、仪式、教育、宗教以及诸多的组织安排既体现在政府方面,也体现在共同体方面,这一切所提供的助力都是人们一直以来所诉求的。在文明曙光初开之时,在埃及人、印度人、中国人以及犹太人的制度当中,都能够找到此类机制中最引人瞩目的例子,无论机制本身的智慧以及实施这些机制时所展现的技巧,还是这些机制所产生效力的持久性,都是值得重视的。远古时代,智慧的分布极为不均衡,宪政建设方面所能提供的单薄材料,可说是借助完美的智慧和技巧而运用起来的。公正地说,人类在文明和智慧方面所取得的后续进展,都可溯源于此类宪政机制的成功实施,我们今天所享受的正是文明和智慧之进展所带来的福利。所谓宪政,也就是能够对政府强烈的失序和滥权倾向形成抵制并赋予政治制度以稳定性的东西。没有宪政,也就谈不上进步或者恒久的改进。

要回答当前所考察的这个重大问题,实际上用不着详细考察那些声名卓著的政府为了抵制失序和滥权倾向而采取的种种办法,也用不着在最为宽泛的意义上来处理宪政问题。我的提议要有限得多,那就是解释一下政府必须依据怎样的原则来塑造,才能借助其内部结构,或者用一个单独术语来说就是机制,来抵抗滥权的倾向。这种结构或者机制,也就是我所要论及的严格意义上和更为通俗意义上的宪政,正是这样的结构或者机制将所谓的宪政政府同专制政府区别开来。我随后也正是在此种严格和通俗的意义上使用“宪政”一词。

那么政府必须如何建构,才能借助自身的机制来抵制那些立法和执法之人对服法人群的压制倾向呢?这是接下来要关注的问题。

只有一个办法有可能达成此项目的,那就是提供一种机制以让被统治者有办法对统治者的压制和滥权倾向实施成功抵制。只有权力才能抵制权力,一种倾向只能用另一种倾向进行抵制。实施权力之人和服从权力之人,也就是统治者和被统治者,其间乃针锋相对的关系。人类本性的构造,使得统治者倾向于压制被统治者,而对政府自身的目的无所顾忌;不过,同样是人类本性的这种构造,也将同等地引导被统治者进行抵制,只要他们能够获得进行和平、有效抵抗的手段。这样一种机制将为被统治者进行系统、和平的抵制行动提供手段,以抗拒来自统治者的压制和滥权行为,因此,这种机制对于宪政政府的塑造而言,既是第一步,也是不可或缺的一步。若要达成此种目标,就只能借助或者通过选举权。所谓的选举权,也就是被统治者定期选择统治者并使之对统治行为负责的权利。统治者对于被统治者的责任经由选举权而得以实现,这样的责任是宪政政府创建过程中不可或缺的首要原则。若这一权利得到恰当护卫,而人民也得到充分启蒙,能够理解自身的权利和共同体的利益,同时也能够恰当理解那些奉命立法与执法之人的动机和行为,那么给予选民有效的权力去控制选举出来的人,这就足够了。

之所以将选举权视为不可或缺的首要原则,是因为许多人都认为选举权本身就足以塑造出宪政政府了。这种看法大错特错，而且很危险。正是此种错误看法，作为原因之一，解释了为什么塑造宪政政府的众多尝试极少有获得成功的，也解释了为什么那些一度获得成功的尝试也极少有持久力。此种错误看法不仅导致了塑造宪政政府过程中的错误，也导致了一度因运气而获得成功的尝试最终都遭遇颠覆。选举权本身，无论获得何等良好的防护，也无论人民接受了何等的启蒙，都是远远不够的，如果没有其他条款的协助，政府最终还是会走向专制，这就如同将政府置于不负责任者的手中，压制和滥权的倾向起码同专制政府是一样强烈的。我接下来就要解释这件事情。

选举权，就其自身而论，所能做的不过是让选民能够完全控制被当选者的行为。若做到这一点，选举权就算是尽到了职责。这就是选举权的目标，这个目标一旦达到，选举权的目标也就实现了。无论人民获得了何等程度的启蒙，也无论选举权获得了何等范围的扩展以及何等良好的防护，选举权能做的就是这些了。就总的效果而言，设若选举权获得了最为成功的实施，也无非是让当选者成为选民的真正的和忠实的代表；若没有选举权，则很可能导致不负责任的统治者上台。由此，选举权能够将政府转化成一个代理机构，将统治者转化为代理人，从而剥夺政府对于主权的所有主张，并以无害于共同体的方式保留政府。不过，很显然，选举权在造就这些变化的同时，也在实际上将针对政府的实际控制权从立法者和执法者之手，转移到作为一个整体的共同体身上，由此，也就将政府的权力同样完整地置于共同体的民众之手,仿佛民众真的在举行集会并亲自进行立法和执法的工作,而用不着代表或者代理人的干预一样。这种工作进行得越是完善,也就越能完善地达成目标;不过,若真如此,则改变的只不过是权力的基座,而根本无助于对政府的压制和滥权倾向形成抵制,哪怕是最起码程度的抵制。

假如整个共同体拥有一致的利益,共同体内某个部分的利益一旦受到政府行动的影响,那些压制这个部分并使之贫困的法律,必然也会对所有其他的部分形成压制,同样地使所有其余部分贫困化,或者反过来说也是一样的情形。那么,选举权,就其自身而言,就当然足以对政府的压制和滥权情形形成抵制,仅仅选举权当然也就足以塑造出一个完善的宪政政府。若可以将所有人的利益设定为一致,那么就政府的行为而言,所有人在立法和执法问题上也都将拥有类同的利益。于此,在立法者和执法者的人选问题上,所有的纷争都将消散,留存下来的唯一问题就是:谁是最合适的,谁最富有智慧,谁最能够理解共同体的共同利益?一旦这个问题得到决断,那么选举本身就会顺畅进行,不会产生党争。因为没有谁会汲汲于推进自身的特殊利益而不考虑他人的利益,并因此而去选择一个自己偏爱的人。

但是,这一切都并非实情。相反,在共同体纷繁复杂的利益格局中,将政府的行动予以均等化,此乃最困难的工作。世间最容易的事情莫过于滥用手中权力,使之成为扩张并增加特殊利益的工具,并同时对共同体其余部分的利益进行压制且使之贫困化。此种行为同样可以很容易地进行法律上的操作,并以普遍性的术语进行措辞,使之表面上看起来都是公正且平等的。此类情形并非某些共同体所特有,所有共同体都是如此,无论大小、贫富,也无论目标、物产以及文明程度。当然也存在差异,那就是,国家越是幅员宽广、人口众多,人民的境况和目标越是多样化,人民自身越是富有、奢华和具有差异性,也就越难以对政府行为实施均等化。因此,共同体的某个特殊部分也就越是容易滥用权力对他人形成压制和掠夺。

如果这就是实情,那么必然会导向如下结果:选举权,既然将针对政府的控制权置于共同体手中,也就必然导致共同体内部各个利益集团之间的冲突,每个利益集团都竭尽所能地据有权力,使之成为保护自我并防范他人的手段,或者成为推进自身利益的手段,而不考虑他人利益。这一切也都扎根于我们本性的构造当中,也正是基于这样的构造使得政府成为不可或缺之物。各个利益集团为达成目的,势必会彼此争斗以获取多数,唯此方能掌控政府。假如没有哪种利益可以单凭自身就强大到获取多数的地步,那么利益最为类同的利益集团之间就会形成联盟,彼此相互让步,直至获得足够的数量以达成多数地位。这个过程会是缓慢的,达成一个紧密且组织化的多数需要大量时间;不过此种多数迟早都会形成,甚至不需要预先的协作或者设计,此乃我们本性的原则或者构造所发挥的效能使然,而政府本身也正是缘起于此。一旦多数得以形成,整个共同体就会分裂为两大派系:多数派和少数派。双方会发生不间断的斗争,一方是为了保持多数,另一方则是为了获取多数,并由此来掌控政府以及政府的资源。

确实,共同体内部各个利益集团或者组成部分之间的冲突倾向如此根深蒂固,以至于此种倾向将会在政府本身的行动中扎下根来,即便我们能够找到这样一种共同体,在其中,人民的目标完全一致,生活境况也完全一样,并且在各个方面的处境都不存在境遇上的不平等或者利益上的分歧。掌控政府权力,并由此掌控权力所给予的荣誉和报酬,这一切能够带来种种优势地位,即便排除所有别的考虑,仅仅这一点就足以将一个共同体分裂为两大敌对阵营,即使是刚才所说的那种共同体也无法幸免。

假如可以排除所有别的考虑,对此类优势地位的整体力量形成一个公正的评估,就不能忘记:政府若要实现其原初目的,尤其是自我保护以对抗外来攻击,就当前的世界形势而言,就必须拥有足以召请共同体资源的权能,并随时准备在任何可能的紧急时刻对共同体资源施以迅速的支配权。为此目的,就需要巨大的建制,无论是民事的还是军事的(这其中包括海军,只要形势所迫,就不得不建设一支海军),并为此类建制提供所有必要的手段,以采取迅捷且有效的行动,比如要塞、舰队、军队、火药库、枪械以及各种武器,同时也要配备训练有素的武装力量,一旦形势需要,就可以有足够的人员凭借其技术和精力来运用这些装备。拥有此等建制的政府,其行政和管理工作必定需要数量巨大的雇员、代理人和官员,其中许多人必定身负高等的责任委托,身居高位,拥有相当的影响力和裙带资源。为了满足必要的开销,就必须筹集并发放巨额的款项,为此目的,就必须征收重税,税收的征收和发放工作则需要大量的职员。这一切都必定会将一定数量的荣誉和物质资源置于政府的掌控之下，足以深深刺激起贪婪者的野心和渴望，并导致敌对派系的形成以及暴力性的派系冲突和斗争，以获取政府的控制权。纯粹的选举权则使得此种邪恶无可救药，无论选举权本身经过怎样的调整或者仔细的护卫，也无论人民经历过何等程度的启蒙，其中原因乃在于这样的事实：就政府所掌控的荣誉和物质资源以及政府的财政行为而论，这都是无法予以均等化的。造成这种情况的原因也是显而易见的。政府所掌控的荣誉和物质资源，无论何等巨大，都只能落入少数人之手——与之相对的则是共同体全体的成员人数，而且还有大批量的人在寻求参与到政府的裙带资源体系当中。不过，即便不考虑这一点，也仍然有某种原因使得不可能对政府在财政行为所及的领域中实施均等化，接下来我将对此给出解释。

政府的代理人和雇员，尽管是相对少数，不过也在共同体当中构成了一个组成部分，是税收收入的排他性接受者。无论以税收形式从共同体身上攫取多少资金，这些资源只要不丢失，都将以支出或者开销的形式落入这些人之手。支出和税收是政府的两大财政行动，两者是彼此关联的。以税收名义从共同体攫取到的收入，以支出的名义转移到了作为接收者的那部分人手中。但是，既然这些接收者仅仅是共同体的一个组成部分，若将这两大财政过程合并起来加以考虑，就不难看出，政府的财政行为在纳税人和税收收入接收者之间是不均等的。然事情也只能如此，除非以税收形式从每个个体身上攫取到的收入，都能以支出形式返还给个人；若如此，则政府的整个财政过程将会是无效的，而且是荒谬的。若单从支出的角度考虑,税收确实是可以实现均等化的,即便这项工作也并非易事;如果把税收和支出的过程合在一起考虑,那么税收是没有可能实现均等化的。

倘若这就是事情所在,那么如下结论将是不可避免的:共同体中总会有某些群体,其赋税额度会超过用在他们身上的支出额度;同时也会有另一些群体所得到的支出额度会超过他们的赋税额度。由此也就很明显了,若将整个过程进行加总考虑,税收就其效果而论,在所获支出额度超过赋税额度的那些群体身上,乃意味着一种恩赐;而对于那些赋税额度超过所获的支出额度的群体来说,所谓税收实际上也就是一种负担,而非恩赐。这样的结果是无可避免的。过程自身的性质注定了这一点,就公共服务而言,无论税收负担进行何等平等的分摊,支付工作以何等公平的方式进行,都无可避免。

在得出这个结论之时,我们设定了一个前提:支出是在共同体内部进行的。一旦税收收入来自贡赋形式或者用于国外的开销,那么作此设定的诸多原因也就不再适用了。在这两种情形中,负担将落在全体身上,并同各个群体各自的税负额度成比例。

共同体中有一个群体是作为公职人员获取工资的,或者是作为政府雇员因执行政府工作而获取报酬的,这些群体还有可能通过多种供给形式获得报偿;这也包括了任何其他形式的公务人员。这些群体并非以无偿形式获得报偿,对这些群体来说,政府支出同样也是一种恩赐。正是通过此种支出渠道,政府得以将额外的、通常也是非常有利可图的和荣誉性的职位提供给共同体的某些群体。不过,通过支出而创造这样一个雇员阶层,实际上等于是将政府支出馈赠给这个群体。这是一种持久得多的持续性的福利,较之均等额度的无偿捐赠,此种做法对于这些群体的财富和人口的贡献也要大得多。因此,从所获得支出额度超过税负额度这个意义上而言,完全有理由将之视为一种恩赐。而对于那些税负额度超过所获得支出额度的群体而言,情况则正好相反,有利职位将会发生同等程度的缩水,人口和财富则相应地缩减。

由此,政府非均等化的财政行为就必然会将共同体分割为两大阶层:一个阶层实际上是由那些缴纳税负并且独力承担养活政府这一负担的群体构成;另一个阶层则是税收收入的接收者,并且通过政府支出,这个群体实际上是由政府供养的。不妨简单点说,共同体将因政府的财政行为而分裂为纳税人和税收消费者两大阶层。

考虑到政府的财政行为以及与此相连的政治政策过程,此种境况的影响实际上是将两大阶层置于敌对状态当中。毕竟,税收和支出的额度越大,一个阶层之所得和另一个阶层之所失也就越大;反之亦然。由此,政府的政策越是汲汲于增加税收和支出,也就越容易得到一个阶层的赞成和另一个阶层的反对。

税收和支出的每一次增加,其效果都将是使一个阶层变得更为富有和强大,同时让另一个阶层变得更为贫穷和软弱。确实,此种局面有可能发展到这样一种程度:仅凭政府的财政行动就足以使共同体的某个阶层或者群体上升到财富和权力的神位,而另一个阶层或者群体则堕入贫困者和依附者的可悲境地;仅仅凭借政府支出,也可以造成这样的局面,即便在收入税方面予以均等化处理。如果这就是税收和支出的效果,那么即便将政府财政行为限制在正当的目标之上,比如为公共事业进行征税,人们也不难在一些问题上形成看法。比如,共同体的一个部分何以遭到压制,而另一个部分则在其受压制的损失上获得提升,这一切都是因为政府系统地滥用了税收和支出的权力,借此来扩张并巩固共同体的一个部分,而以牺牲另一个部分为代价。此种方法若不加以阻止,就必定会得到应用,此乃扎根于人的本性构造当中。这注定了人们将以此种方式来使用税收和支出,由此就必然造成两大派系的分裂局面,并导致两者之间为获得政府控制权而发生暴力冲突和斗争。这样的冲突和斗争,出于同样的原因,也是注定了的。

同样可以肯定的是,所有这一切因素都将导致一个时期内的多数派统治者的压制和滥权倾向,如同一个不依托选举权的不负责任的统治者所做的那样。确实,没有理由认为后者会滥权而前者却不会,毕竟滥权的动力对二者都是一样的。占据主宰地位的多数派实际上正是通过选举权——一种控制性的、统治性的和不负责任的权力——成为统治者,而立法和执法之人实际上则不过是这个多数派的代表和代理人而已。

当然,前者将会构成共同体的多数,不过这一事实并不能对压制和滥权倾向形成抵制,因为这样的倾向乃扎根于人类本性的构造当中,而这一点并不会因为操控政府权力的人数的改变而有所改变。无论人数多少,多数派还是少数派,都同等地分享了构成政府权力的每个个人的本性;并且,就如同在个体身上,个人性情感要比社会性情感强大那样,每个人都和他人一样,都具备进行压制和滥权的倾向。这样的原因适用于任何形式的政府,无论是一个人的政府,还是少数人或者民众形式的政府。在任何政府形式中,都必然存在统治者和被统治者,一个统治集团和一个臣属集团。有统治者就有被统治者,有被统治者就有统治者。在所有的政府形式中,两个集团之间的关系都是一样的,就统治集团而言,也都具备同样的压制和滥权倾向。当多数成为统治集团之时,重要的并非如何实施权力,无论是民众的直接统治,还是通过代表或者代理人进行间接统治。在此种情形中,少数将会成为被统治者,这和贵族政体中的民众或者君主政体中的臣民的境况并无二致。在这个问题上,唯一的差异在于,在多数统治的政府当中,少数成为多数,而多数则成了少数。是选举权造就了此种局面,由此,便可以不借助强力和革命来改变彼此的相对位置。不过,就其自身而论,任期方面的不确定性,不足以对内在于政府当中的压制和滥权倾向形成抵制;相反,任期方面极大的不确定性,连同此种政府形式之下执政党的变迁必定会引发的党争,更有可能加强而非削弱压制倾向。

单单是选举权,若不辅以其他条款,是无法对政府的压制和滥权倾向形成抵制的。既如此,接下的问题便是:究竟需要怎样的辅助条款呢?这个问题需要最为严肃的对待,毕竟,在有关政府科学的所有问题当中,这个问题包含着一项最为重要但也最不为人了解的原则;即便人们对此有所了解,在实践中也是最为困难的。我们不妨着重指出,正是这一原则构筑了宪政,即那种严格和限定意义上的宪政。

如上文所述,有一点是很明显的,这样的辅助条款必须是经过精心设计,能够阻止任何一种利益或者利益的联合将政府权力用作牺牲他人并自我扩张的手段。但糟糕就糟糕在这里:它在多大程度上阻止或者未能阻止政府的压制和滥权倾向,也将以同样的比例决定在多大程度上达成原初的目标。要对结果有所保证,就只有一种模式可以采纳,那就是进行约束或者限制。只有这种模式才能非常有效地阻止任何利益或者利益联盟获取排他性的政府控制权,并最终将任何以此目标为指向的企图迫入无望境地。同样,也只有一种模式可以达成这一目标,那就是接纳共同体当中每种利益集团或者每个群体的感受。只要政府行为不公正地并且有害地影响到这些利益集团或者群体,具体的采纳方式应当单独进行,并由相关利益集团或者群体自身的多数来进行表达,或者也可以通过其他的方式进行表达,只要这种方式能够做到公正。同时,政府在采取或者维持行动时,应当获得各个相关利益群体的同意,而这一点同样也只能通过一种方式来达成,那就是在政府当中(或者必要时候在共同体当中)构造一种机制,能够对政府权力进行区分和分割,在立法和执法事务上经由恰当的部门赋予各个分支或者利益群体以应有的权能,或者就执法事务赋予其否决权。只有通过这样一种机制,才能使各种利益群体的同意成为政府行动的必要前提,才有可能在政府采取行动过程中，让各种利益集团获得有效的权力对政府行为进行遏制；并且，也只有通过类似的机制，一个由不同利益、规则、阶层或者群体组成的共同体才能够获得保护，在不需要全体一致同意的情况下，通过阻止政府采取或者维持行动，来遏制它们之间的所有冲突和争斗。

这样一种机制，同选举权结合在一起，事实上也就构成了宪政政府的诸多元素。选举权使得立法者和执法者对他们的权能所影响之人负有责任，阻止统治者对被统治者实施压制；约束和限制机制则使得任何一种利益或者利益联盟以及阶层、团体和群体都不可能获得排他性的控制权，由此也就阻止了任何一种势力对他人形成压制。有一点很清楚，不管怎么说，压制和滥权必然源自某个集团，它不可能来自他处。因此，选举权和恰当的机制这两项元素联合起来，就足以对政府的压制和滥权倾向形成抵制，并且能够对政府施以约束，使其致力于原本的伟大目标。

在得出这个结论的过程中，我设定的前提是约束和限制机制是完善的，各个利益集团、群体以及阶层也都经受了充分的启蒙，能够理解此种机制的性质和目标，并且能够凭借恰如其分的理智来实施选举权。在这两个环节上并非不可能存在缺陷，缺陷达到怎样的程度，政府就将在同样的程度上遭遇挫败而无法达成目标。不过，这倒并不构成对那些原则所包含的真理的指摘。将原则化约为恰当的形式，并将其付诸实践，在这个过程中，所有的基础原则都会经历困难，但这些原则却不会因此丧失其真理性，也不会丧失其价值。在机制是完美的情况下，各个利益都能获得真实且充分的表达,当然,整个共同体的利益也就因此获得了真实且充分的表达。塑造一种完美的机制,这当然是困难的,甚至可说是不可能的。不过,尽管如此,即便这种机制不能接纳每种利益和所有利益的感受,而只是接纳了一些庞大且突出的利益,它也仍然能够在极大的程度上实现宪政的目标,尽管不能说是完全实现。毕竟,在此种情形中,依然需要共同体中的庞大群体去附和或者默许政府的行动,因此,遭到政府行动劫掠的人数将会非常之少,而获得扩张的人数则会非常巨大,使得相关利益者无法获得足够的动力去采取压制和滥权行动。确实,不管此种机制何等不完善,它都必定能够或多或少地削弱压制和滥权的倾向。

综上所述,不难推断出,此种机制的效果并非对选举权的分量形成取代或者削弱之势;相反,此种机制的效果是对选举权加以襄助和完善。选举权的目标所在,正是将共同体的感受集合起来;越是能够充分且完美地达成此一目标,选举权自身也就越是能够充分且完美地实现其目标。不过,选举权就其自身而论,所能做到的不过是收集绝大多数人的感受,确切地说,即更强大的利益集团或者利益联盟的感受,并设定这就是共同体本身的感受。因此只有借助恰当的机制,选举权才能够将整个共同体的感受收集起来。所谓整个共同体的感受,也就是每个利益群体和所有利益群体的感受:就单个利益群体而论,这是通过群体自身的恰当机构达成的;就整个共同体而论,则是通过所有利益群体机构的联合达成的。这才真正称得上是整个共同体的感受。毕竟,无论各个利益群体内部存在怎样的分歧,在政府行为问题上,所有群体都有着同样的兴趣，因此，各个群体自身的多数或者恰当的机构将会充分并且真实地代表群体成员的感受，尤其是在针对其他利益群体的时候。简言之，单个利益群体的个体成员在面对其他利益群体时，是可以充分信任本群体的多数或者恰当机构的。

由此便不难得出结论，共同体感受的收集乃经由两种不同的模式进行：一种模式是全然依靠选举权；另一种模式则是经由恰当机制调节之后的选举权。两种模式都收集了共同体中多数人的感受。不过，单纯的选举权仅仅考虑数量，将整个共同体作为一个单位来看待，仿佛真的具备单一的共同利益。由此，这种方式将共同体中绝大多数人的感受收集起来，并将之视为整个共同体的感受。与之相反，另一种模式既考虑利益群体也考虑数量，将共同体视为由不同和彼此冲突的利益群体构成之物，至少从政府行动的角度来看就是如此。因此，此种模式会通过各个利益群体自身的多数或者恰当的机构，来收集各个利益群体的感受，同时也收集所有利益群体的联合感受，并将这样收集起来的感受作为整个共同体的感受。前一种方式，我称之为数量上的或者绝对的多数(the numerical or absolute majority)；后者我则称之为复合的或者宪政的多数(the concurrent or constitutional majority)。之所以称之为宪政的多数，是因为此种多数在任何宪政政府中都是一项本质性的要素，无论宪政政府的具体形式为何。从政治角度来看，两种多数之间的差异可谓巨大，若将两者混同起来，将会导致巨大的错误，而这些错误有可能是致命的。然而，两者之间的差别一直以来都遭到人们全然的忽视,以至于当"多数"这个术语出现在政治论辩语境当中时,意思完全是指数量上的多数,仿佛除此之外便没有别的意思了。除非人们能够辨识出这样的差别,并且能够更好地予以理解,否则在构筑恰当的宪政政府之时,就会继续存在巨大的犯错空间,尤其是在构筑大众民主的宪政政府之时。同样,在宪政政府已经恰当构筑起来的情形中,若要维持这样一个政府,也会存在极大的犯错可能性。倘若人们仍然不能辨识上述区别并予以更好地理解,已经构筑起来的宪政政府仍然会有极大的可能性首先堕落成数量多数的统治,最终则会蜕化成某种形式上的专制政府。为了表明此种局面乃为实情,同时也为了更为清晰地呈现两种多数之间的区别,以便能够就人们的忽视所带来的危险进行防护,我接下来会就此问题进行更为详尽的阐述。

此种忽视态度自然会导致一系列的错误,其中首要的错误便是将数量多数混同为人民,混同的程度已经到了将两者视为同一的地步。这样的结果是必然会出现的,因为人们都将数量上的多数视为唯一的多数。所有人都承认,民治政府,或者说民主,就是人民的政府——毕竟语词本身就喻示了这一点。一个完美的民主政府应当囊括共同体每个成员或者每个公民的同意。但是,依据一些人的观点,这在实践上是不可能的,这些人将数量上的多数视为唯一的多数,除此之外,他们便觉得没有其他办法可以采集人民的感受。于是,他们便只能将数量上的多数视为民治政府唯一的真实基础，借此同贵族政体或者君主政体形成对峙。既然思考局限于此，他们接下来便只能在效果上将数量上的多数视为整体的人民，也就是说，将人民中的绝大多数视为全部，将绝大多数的政府视为全体的政府。数量多数和宪政多数也正是由此遭到混同的，而整体中的一个部分则被视同整体。同样的原因也使得他们将全部的权利、权力以及豁免权都赋予了这个数量上的多数，而这些东西原本是属于全体人民的。最为重要的是，自由地建立并撤销政府这一至高的主权权威也归于这个数量上的多数了。

将两种多数混同，并认为数量多数是唯一的多数，此举所造成的后果可谓一个重大错误，较之任何其他因素都更强有力地阻碍了一个民治的宪政政府的形成，并且在这样的政府已经形成之际，对之施以摧毁性的力量。此一错误所导致的结论认为，在宪政政府的塑造和创建过程中，最为必要之事乃选举权，并且要求依据人数为共同体的各个组成部分分配政府代表。假如数量多数真的就是人民，真正意义上的数量多数就是真正意义上的人民，那么一个如此构造的政府势必就会是一个民治的宪政政府的真正和完美的典范，任何的偏离都会对其优越性造成折损。不过，这一切都并非实情。数量多数并非人民，相反，它只是人民的一个组成部分；因此，如此构造的政府也并非民治政府的真正的和完美的典范，相反，这样的民治政府仅仅意味着一部分人对另一部分人的统治，也就是多数对少数的统治。

然而，有关宪政政府之真正要素的此种错误观念并没有到此为止。有些宪政政府出于环境所带来的好运气而得以正确地建立,但是在什么样的方式能够最有效地保存并巩固一个宪政政府这个问题上,此种错误观念还导致了其他一些同类错误和致命的观念。毕竟,那些身陷此种错误当中的人,都认为宪政机制对于数量多数的意志所施加的限制就是对人民的意志施加限制,因此,他们认为这样的限制不但毫无用处,而且也是错误的和灾难性的。也因此,他们都致力于摧毁宪政机制,并幻想着政府会因此而更为民主。

这些就是混同两种多数并将数量多数视为唯一多数所造成的一些后果。由此便不难理解,为什么极少有民治政府会得到恰当的建构,以及为什么在这些极少数构建起来的民治政府中,能够经久存活下来的又如此之少。只要此类错误仍然盛行,这样的局面就不会改变。

此外,还有另一项性质类似的错误,其影响力对于同样的恶果也贡献良多。这是一种盛行的观念,认为一部包含了政府限权条款的成文宪法,就其本身而论就足以对数量多数的压制和滥权倾向形成抵制,用不着任何宪政机制的襄助。诚然,将政府分割成多个部门并使其相互独立,这样的做法还是必要的。

成文宪法当然有着众多的优势,而且这些优势也都是相当可观的。不过,若因此认为仅仅将限权条款插入宪法条文当中,而不给予限权条款所保护的对象以手段来强制权力的顺服,就足以阻止占据多数地位的执政党进行滥权行为,此乃一项重大错误。作为执政党,人们都会偏爱宪法给予的权力而反对宪法的限权条款,这一切同样扎根于人的构造当中,也正是人的构造使得政府成为必然之物,否则社会便无法获得保护。作为占据多数地位的统治性政党,他们并不需要此类条款来保护自身,票箱本身就已经对他们形成了宽厚的保护,除此之外,他们并不需要更多的东西。他们将很快意识到此类限权举措并非必要,而且也都并不恰当,因此,他们都致力于规避限权条款,并尝试增加自身的权力和影响。

少数派,或者说弱势一方,则会采取相反的路向。他们认为限权条款对于自身针对多数党的自我保护而言,是本质性的,由此,他们会致力于捍卫并拓展限制条款,同时限制并削减政府权力。但是,如果他们并未获得迫使多数党服从限权条款的手段,那么留待他们的最后诉求就是对宪法进行严格的建构,确切地说,此种严格建构起来的宪法将把政府权力限制在宪法一词的含义所能容忍的最狭窄范围内。

对此,多数党会提出一种宽和的宪法予以反对,据此对宪法的授权语词进行尽可能宽泛的解释。这实际上是两种宪法建构方式的对抗:前者要尽可能地削减政府权力,后者则要尽可能地扩张政府权力。但是,设若一方拥有全部的政府权能来推进自身的宪法建构,而另一方则被剥夺了实施自身宪法建构的全部手段,那么少数党的严格宪法建构同多数党的宽和宪法建构之间的对抗又有何意义可言呢?竞争既如此不平等,结果也就可想而知了,遭到压制的将会是限权派。限权派一开始也许会赢得一些尊重,在阻止政府侵权的道路上也能做点事情。不过,随着竞争的进展,人们会逐渐将其视为纯粹的抽象论者。确实,假如限权派真的愚蠢到认为通过诉求理性、真理、正义或者宪法义务,就能够成功阻止掌握着票箱和国家物质资源的政党,“抽象论者”这一称谓则可说是击中要害。毕竟,这些人就其自身而论,要发挥足够的影响来遏制权力之手,此种情况之下,对于社会的保护来说,政府不再成为必要之物,同时也就不再需要宪政来保护政府免遭滥权之害了。由此,这场竞争终结之际也就是宪法颠覆之时,要么是由宪法建构这一颠覆性过程来完成,因为这样的宪法建构使得宪法的含义担负着最大可能的怀疑;要么就是通过在实践上用政党惯例来取代宪法条款而完成,也可能是到最后,在没有任何别的手段可以服务此种目的的情况下,干脆将宪法抛开不顾。无论是哪条道路,限权条款最终都会遭到取消,政府将由此转入非限权体制。

仅仅将政府部分予以拆分,使之彼此互为独立部门,此种做法不足以阻止上述结果的发生。这样的拆分也许会在相当程度上推进政府运作,并确保政府在行政之际会有更大程度的谨慎和小心。但是,既然政府的各个部门,当然包括整个政府在内,都在数量多数的控制之下,那么有一点就非常清楚而用不着解释了:单纯在代理人或者代表中间进行权力分割,很难或者根本就不会对政府的压制和滥权倾向形成抵制。要形成抵制,就必须再进一步,让政府的各个部门成为共同体不同利益团体或者群体的机构,同时还要赋予各个机构针对其他机构的否决权。此举的效果实际上是将政府形态从数量多数改造成复合多数。

只要两种多数之间的区分仍然遭到忽视，只要那种认为成文宪法辅以相应的限权和分权条款就足以对数量多数的滥权倾向形成抵制的观念仍然盛行，就很难塑造并保存一个民治的宪政政府。此种原因我已经作出了解释，接下来我将更为充分地解释一下为什么复合多数在宪政政府的塑造过程中乃不可或缺之物，以及为什么数量多数本身在任何情况下都将造就出专制政府。

从复合多数的角度来理解共同体，由此带来的必然结果就是给予共同体的每个利益团体或者群体以针对其他利益团体或者群体的否决权。这一点前文已有解释。正是各个团体或者群体相互冲突的利益之间的这种相互否决权，赋予了各个团体或者群体自我保护的手段，并且，只要他们的利益能够得到稳靠的地位，就能够将每个团体或者群体的权利和安全置于自身的保护之下。若非如此，就无法对群体或者团体利益之间天然的冲突倾向形成系统、和平和有效的抵制；若非如此，就不可能存在宪法。这是一种否决性的权力，一种阻止或者遏制政府行动的权力，无论我们怎么称呼它，否决、干预、取消或者制衡，它实际上都形成了宪政。那些称谓只不过是此种否决权的不同名称而已。无论其形式为何，无论其名称是什么，它都源自复合多数。没有复合多数，也就不可能存在否决权；没有否决权，也就不会有宪政。对于所有的宪政政府而言，此一断言都是真实的，无论宪政政府采取何种形式。确实，正是此种否决权造就了宪政，而积极权能则造就了政府。后者是一种行动权力，前者则是阻止或者遏制行动的权力。

两者的联合便造就了宪政政府。

不过,鉴于没有否决权就不会有宪政,没有复合多数就不会有否决权,必然的结论就是:若数量多数单独控制了政府,就不会有宪政;鉴于宪政意味着限权,当然也就无法同单一的或者排他性的权力观念取得融合。因此,数量多数,若不辅以复合多数,在任何情况下都将造就专制政府。

确实,排除否决权并造就专制政府的正是此种单一或者独一的权力,掌握权力的人数并非问题的实质所在。数量多数同一人专制之政府或者少数人专制之政府都是同样真实意义上的单一权力,并且同样完整地排除了否决权。只不过,前者是民主或者民治形式的专制政府,而后者是君主制或者贵族制形式的专制政府。因此,数量多数同君主制或者贵族制都有着同样的压制和滥权倾向。

确实,宪政政府,无论具体形式为何,彼此之间在结构和性质上的类似程度要远远超出它们各自同专制政府之间的类似程度,即便它们的阶层归属是一样的。所有的宪政政府,无论归属哪个阶层,都是通过部分来理解共同体的,每个部分都拥有自身的合适机构,并且都是从全体组成部分的角度来看待整体的。它们都立足于选举权、统治者的责任之上,无论是直接的还是间接的。与此相反所有的专制政府,无论形式为何,都是将权力集中于不受控制和无责任担当的个人或者团体之手,人们是从权力拥有者之意志的角度来看待共同体的。因此,各种政府形式之间的那条伟大且宽广的分界线并不在于一人政府、少数人政府或者多数人政府之间,而在于宪政政府和专制政府之间。

此种区分可以推导出另一项区分,这项区分尽管在性质上处于次要地位,不过也仍然非常强烈地标示出这些政府形式之间的区别。我指的是这些政府形式各自的防护原则,也就是它们各自借以获取支持和捍卫的原则。这样的原则,在宪政政府中就是妥协,在专制政府中就是强力。接下来我将对此作出解释。

前文已经表明,同样的人类构造,若不加阻止,就将导向统治者对被统治者的压制,另一方也将以同等的力量和确定性引导被统治者抵抗压制,只要他们拥有进行和平和成功抵制的手段。但是,专制政府,无论何种形式,都剥夺了被统治者抵抗权威的手段,只留下强力,因此,当然也就不会给被统治者留下更多的选择,要么在艰难中逆来顺受,要么就只能诉诸强力推翻政府。然而,诉求强力的梦想必然使政府以强力对强力以求自我保护,因此,强力也就必然成为所有此类政府的防护原则。

与此相反,复合多数的政府,其宪政机制是完善的,于是就排除了压制的可能性,因为各个利益集团、群体以及团体,在阶层状态稳定的情形中,都获得了自我保护的手段,它们都可通过否决权来对抗所有意在牺牲他人以推进自身利益的举措。由此,也就使得各个利益集团、群体或者团体都避免采取任何牺牲他人来推进某个或者某些团体之繁荣的举措,实情就是如此。最终,此种宪政局面会迫使人们联合起来,采纳那种能够推进全体繁荣的举措,此乃避免政府行动中断的唯一办法,于此,方可避免所有恶中最大的恶,也就是无政府状态。在复合多数的政府中,只有此种得到授权的和有效的抵抗,才能阻止压迫,避免诉求强力这一必然性。妥协而非强力也正是由此成为复合多数政府的防护原则。

严格地说,更正确的做法是将宪政政府的防护原则溯源于必然性,是必然性迫使各个利益集团、群体或者团体走向妥协,并将妥协作为推进各自繁荣并避免无政府状态的唯一门径,而妥协本身则并非目的所在。与避免无政府状态相比,没有任何其他必然性更为紧急和迫切。这就如同政府之所以为必然之物,就是为了保存社会,这其中的必然性程度丝毫不亚于强迫服从的必然性。一旦溯源于此,那么人民的声音,就是为着避免一切灾难中的这种最大的灾难的必然性而发,人民的声音将通过政府的各个机构进行表达;而这样一个政府,其构造是能够用以压制所有派性的和自私的利益的,同时也应当能够在共同福祉的框架下,就整个共同体的感受进行充分和忠实的表达。于此,将人民的声音称为上帝的声音,也就并非不虔敬之举;若不这么称谓,那才是不虔敬之举。

我曾指出,强力是专制政府的防护原则,妥协是宪政政府的防护原则。于此,我设定的前提是这两种政府形式各自都处于其完美状态;但毫无疑问,事实上极少或者根本就没有什么政府可以专制到毫无约束,也不会有哪个政府具备完美的组织机构足以充分且完整地体现整个共同体的声音。这就是实情。因此,所有的政府在实践上必定都会或多或少地偏离他们各自所支持和捍卫的原则;至于更多的是依靠人们的支持还是依靠强力或者妥协,这取决于在各自的组织形式当中,究竟是专制因素占据主导地位还是宪政因素占据主导地位。

前文曾指出，专制政府排除了抵制权威的几乎所有手段，只留下强力，不过我并未忽略数量多数的政府的情形，因为这样的政府显然是一个例外。确实，在数量多数的政府中，处于少数地位和服从地位的派别是有权利对占据多数地位和主导地位的派系进行反对和抵制的，票箱为他们的反对和抵抗提供了手段。他们可以通过票箱来翻转形势并取代多数派的地位，只要他们能够获得多数票。不过，同样真实的是，这只不过意味着两个派系之间相对地位的变换而已。少数派和服从派会变成多数派和主导派，他们也有着同样的滥权倾向并且同样会获得绝对权威；多数派和主导派也会变为少数派和服从派，并拥有同样的权利通过票箱进行抵抗，如果获得成功，他们就会再次将相对关系予以翻转，但效果不会发生改变。然而，此种事态必定只是暂时的，两个派系之间的冲突迟早会发生转移，从诉求票箱向着诉求强力发展。这是我接下来要解释的问题。

在数量多数的政府中，两个派系之间的冲突必然会沉淀为政府荣誉和资源的争夺战，每一方都会为了达成此一热切欲望当中的目标，而在争斗过程中诉求最能达成目标的手段。这样的手段只要为一方所采纳，无论手段本身如何为人们所不齿，都会因此获得优势，于是这就迫使另一方也如法炮制。在此种情形之下，要获得成功，就一定要避免分裂并保持团结，因此，由于内在于此类政府之本性中的因素所致，每一方都遭受着轮流的迫力，为了确保胜利而诉求种种举措,将自身行动的控制权集中在越来越少的一些人手中。斗争越是暴烈,此种趋势也就越是强烈。在时间进程中,此种趋势必然导向政党组织,同时也导向政党委员会以及政党纪律,这一切最终都会将政府手中的荣誉和资源转化为政党劳务的奖励手段,借此来确保党员的忠诚以及热情的增长。这一切因素联合起来所造成的效果,即便在这一进程的早期阶段其有害的影响力没有那么大的时候,也都会将两大派系的控制权转交到各自的多数派手中。因此,政府本身,实际上处于主导政党内部多数派的控制之下,而非整个共同体的多数派的控制之下。这也都是此种政府形式的理论使然。由此,政府便在这一进程的初始阶段演变为少数而非多数的政府,通常来说,这样一个少数,顶多也只是涵盖了整个共同体人口的四分之一。

不过,考虑到权力的集中,这一进程不会到此为止,政府将会逐渐从政党的多数派手中落入政党领导人手中。随着斗争日趋激烈,政府手中的荣誉和资源便成为一切的目标所在。在这个阶段,原则和政策将会在选举运动中丧失其全部的影响力,诡计、虚假、欺骗、谩骂、欺诈以及对共同体中最低和最无价值人群之欲望的诉求,将会取代健全理性和智慧论辩的位置。在这一切完全腐化并败落了共同体之后,在政党的一切手腕和计谋已然用尽之后,政府将会在连绵不断的选举运动中,在两个分裂派系之间震荡(毕竟,政党终究是要演变为这样的分裂派系的),双方都无法保持权力超过一个固定的期限。毕竟,政府手中的职位和裙带资源将会因为猎取者人数过多而捉襟见肘,鉴于这些职位和裙带资源就是猎取者的唯一目标，于是竞争中的失意者会在下一次大选中投身敌对阵营，以期在下一个权力轮回中取得更大的成功。此类震荡将会一直持续下去，直到最后混乱、腐败、失序和无政府状态导向了人们对强力的诉求，最终的结果便是人们以政府之名寻求一场革命。这必定就是数量多数政府的宿命所在，简言之，这也就是数量多数政府必定要经历的过程，常规的事件过程最终将以革命收场。

这个变迁过程或快或慢，这取决于环境。国家的人口越多，幅员越广，气候、物产以及人民的追求和性格越是多元，其境况越是富裕、精致并越是带有人为特性，收入和支出的数量越是巨大，共同体就越是难以适应这样的政府，因而转变的速度也就越快。另外，在小规模的共同体中，在其存在的早期阶段，这样的进程是缓慢的，毕竟小共同体的收入和支出规模都很小，人口当中的习惯也很淳朴，只要人民的理智程度足以恰当实施选举权，并对规约立法议程的那些必要规则有着足够的熟悉。若人民仍然处于这样的境况当中，那么这可能就是唯一适合人民的民治政府形式，任何其他的政府形式不仅过于繁杂和笨重，而且对于防范压迫来说也未必就是必要的。毕竟，在此种境况中，滥权的动力是相当孱弱的。因此，原有宗主国是宪政政府的殖民地的，一旦获得独立，通常都会采纳建基于数量多数的政府形式。但是随着人口的增长和财富的积累，最重要的是，随着收入和支出演变出巨大的规模，此种政府形式也必定会越来越无法适应社会状况。假如不能同时转变成复合多数政府，那它们最后便只能以诉求强力而收场,并由此带来政府结构和性格的巨大变迁。而最有可能的,就是转变成专制形式的君主制,这是接下来要解释的。

确实,这就是民治政府同强力的抵牾之处。所谓强力,更确切地说,就是军事力量。双方的矛盾如此之大,以至于此类政府为了捍卫其权威而诉求强力之际,作为必然的后果,所改变的不仅仅是政府的形式,而且也将政府本身向着相反的方向转变,最终转变成绝对君主制。两种政府恰是正相反对的两个极端。就其性质而论,民治政府的控制权乃在于多数手中;相比之下,军事力量,若要有效,就必须置于一人之手。在数量多数的政府中,一旦两大派系在霸权争夺战中诉求强力,无论是谁,只要能手握胜利派系的命令权,也就控制了政府本身。因此,在这样的争斗中,最终胜出的派系通常都将在强力操控者身上找到一个主人,而共同体的绝大多数人也都乐于在他治下寻求保护,以防范往日里两大腐化派系之间不知停息的骚乱和暴力斗争。这样的派系斗争在寻求权力之际,不过是将权力作为保证政府荣誉和资源的手段。

出于同样的原因,在贵族制政体中也存在同样的倾向,使得贵族政体终结于君主制形式的专制政府。不过在贵族政体中,此种倾向的强度则绝不会如此强大。毕竟,军事力量同贵族制元素之间的矛盾,并不像它同民主政府之间的矛盾那么强烈。

对此问题可以采取一种更为宽泛的立场。确切地说,在任何形式的宪政政府中都存在蜕化成各自的专制形式的倾向,而且在所有的专制政府当中,也都存在蜕化成君主制形式的倾向。但是,在民主形式的宪政政府身上,向着专制形式蜕化的倾向较之其他两种政府形式都要强烈得多。造成这种局面的原因有很多,其中最重要的原因就在于,宪政政府同贵族制或者君主制政府的专制形式之间的区别,要远远超过种种民主政府形式之间的区别。由此,便使得贵族制或者君主制当中的各个团体或者阶层对于自身权利所遭受的侵犯保持着更为嫉恨和警醒的态势,在抵抗集权企图的道路上也表现得更为果断和坚韧。与之相反,两种民治政府形式之间的界线则根本没有得到人们的完整理解,由此而使得宪政政府忠实且热忱的朋友总是不能时刻警惕并遏制蜕化成专制政府的倾向。他们不仅以赞许的态度看待这种倾向,而且还竭尽所能地为之增添助力,徒劳地希望此举能够使得政府更为完善、民主。数量多数通常都应当是宪政民主的要素之一,不过若使之演变成唯一的要素,意图借此完善宪政并使政府更趋于民主,此乃最为重大也最为致命的政治错误之一。

复合多数政府相对于数量多数政府有着很多优势,其中的一项优势强烈地表明复合多数政府具有更强的民治性格。这项优势就是,复合多数政府可以安稳地容纳选举权的大幅度扩张。在复合多数政府中,选举权是可以安全地扩张到普遍选举权的地步的。确切地说,每个成年男性公民都可以获得选举权,极少会有例外。然而,在数量多数政府中,若对选举权进行如此程度的扩张,则最终会将政府的控制权置于共同体中那些无知且依附阶层之手。毕竟,随着共同体人口的日益增长,以及财富和精神文明程度的提升,富人和穷人之前的分野会日趋显著,无知和依附性人口所占的比例相对于共同体中其余人口也将增大。随着这种分野的扩张,双方冲突的可能性也将强化;鉴于贫穷和依附性人口的比例和数量逐渐提高,在数量多数政府中,财富和野心阶层当中就会涌现出领袖人物,去激发并引导贫穷的依附性人群,由此来获取政府的控制权。

复合多数政府的情形则不同。在复合多数政府中,纯粹数量是没有绝对控制权的。在共同体的各个群体或者利益团体内部,财富和理智阶层同贫穷和无知阶层是有着利益认同的,因此,各自团体内部的财富和理智阶层也就成了贫穷和无知阶层的领导人和保护人。鉴于后者既无希望也无野心去集结前者的力量获取控制权,因此,此种政府形态当中的选举权可以安稳地扩张到前文所述的程度,而不会招致数量多数政府通常因为选举权的扩张而造成的那种危险。

复合多数的政府在另一环节上也有着巨大优势。我这里指的是两种政府类型在分裂或者团结共同体方面的不同表现。复合多数政府,如同前文表明的那样,其倾向是对共同体采取联合态势,并使得共同体的利益多元化或者处于对峙状态,因此,共同体的利益也就自然地趋于联合和认同的形态;相反,数量多数政府则倾向于将共同体分割为两大相互冲突的群体。

数量多数将会把共同体分割开来,分割成两大派系,并使得双方都具备高度的同质性,双方也由此而陷入争夺政府控制权的永恒斗争当中,这一点是已然得到确立的。双方争夺的目标有着巨大的重要性,这也就必然会形成强有力的党派依附和党派仇视。所谓党派依附,就是党员对自身党派的依附,寄希望于通过自身党派的努力来达成对全体党员来说都重要的目标。所谓党派仇视,指的是针对对方党派的仇视,人们会将对方党派视为成功道路上的唯一障碍。

要对此类情感的力量有个公正的概念,就必须考虑到,那些要么赢得要么输掉的东西是人类内心最强大的激情的诉求,比如贪婪、野心以及争斗。因此也就毫不奇怪,这样一种政府形式,会周期性地将自身的全部荣誉和资源压上赌桌,作为可资猎取的奖品,这当然会将共同体分割为两大敌对派系。在争斗过程中,党派依附在各个党派自身中都将演变得非常强大,足以将我们本性当中的所有情感都吸纳进去,无论是社会性的情感还是个体性的情感;双方之间的仇视完全有可能过分到完全摧毁彼此间所有的同情,并以彼此间最为强烈的厌恶取而代之。同样也毫不奇怪,斗争双方的这种共同的影响将使得共同体无法继续成为依附感的共同中心,双方都只是在自身内部来寻求依附中心。因此,在这样的政府中,党派忠诚将超越国家忠诚,推进党派利益的事业将超越推进整体利益的事业,党派的胜利和霸权将成为诉求度高得多的目标,而远远超越共同体的安全和繁荣。也正因为如此,数量多数将共同体视为一个单位,因而同一的利益将贯彻共同体的所有组成部分,此种观念在实践上必然将共同体分裂为两大敌对党派,并以法律之名进行不间断的争斗。

复合多数则相反。它倾向于在极为对峙且冲突的利益之间寻求联合,将整体融合于对国家的依恋当中。它赋予各个利益团体或者群体以自我保护的权能,由此,各个团体或者群体之间的全部霸权争斗都得到了遏制。因此,不仅所有那些用以削弱整体依附感的情感都得到了压制,而且个体性的情感和社会性的情感也都得到引导,致力于在共同的国家忠诚中联合起来。各方都看到并且感受到,对工作的善意协调,是推进自身及他人繁荣的最佳门径。整个共同体的各个组成部分之间将因此得以充溢着善意的情感,竞争将取代仇视,成为彼此利益的推进之道,而且是在对所有人的利益都有所推进的轨道上运行的。这一切因素结合起来所产生的影响力,将使得各方的利益都融入整体的共同利益当中,共同体将因此成为各方的依附中心,并以这种方式成为其中的一个单位。派系、纷争以及党派霸权斗争将被爱国主义、民族性、和谐以及为致力于整体的共同利益之首要推动力而进行的竞争所取代。

然而,在这个问题上,两种政府形式在运作上的不同还不止于此。道德上的效果并不会输于政治上的效果。确实,公共道德和私人道德之间的联系非常紧密,在政治上使共同体腐化、败落的东西,也必定会在道德上产生同样的效果。数量多数政府赋予党派依附和党派仇视相当大的能量,从而将党派的胜利置于共同体的安全和幸福之上。同样可以肯定,此种格局也将使党派依附和党派仇视获得足够的力量对真理、正义、真诚以及道德义务方面的所有考虑形成压制。因此就不难发现,在为着高额且耀眼的政府荣誉和资源的暴力竞逐战中,虚假、不公、欺骗、诡计、诽谤、背信都将作为正当武器而为人们所自由诉求,由此导致的就是所有那些腐化和败坏性的影响。

相反,在复合多数政府中,同样的因素将会遏制此类争斗,使之无法成为权力斗争的手段,并使推进和协调他人利益成为各方的利益所在。由此,这同样的因素将会发挥出一种强大的影响力,净化并提升政府和人民的品性。道德上如此,政治上也是如此。在复合多数政府中,获取权力或者更确切地说获取影响力的手段,可说是发生了翻转。数量多数政府中获取权力所凭借的诸多邪恶,将演变为相反的德性,比如真理、正义、诚实、忠诚等等,这些德性将激发起尊重和信任,并成为获取权力的最稳靠和最有效的手段。

由此产生的良好效果也并非局限于积极参与政治事务的人,其将扩展到整个共同体。毕竟,在所有那些有助于塑造人民品性的因素中,那些能以最可靠、最有效方式帮助人们在政府中获取权力、影响力以及地位的因素,也将是强大得多的因素。这些东西将成为禀有天赋和热望之人最为热切的竞逐目标,达成这些目标将会赢得最大的尊重和仰慕。当然,此种尊重和仰慕的程度越高,一些特定人群对此种尊重和仰慕的评价也就越高,正是这些人,因其精力、理智以及社会地位,而注定了要在人民品性的塑造过程中发挥最大的影响力。假如知识、智慧、爱国主义以及德性成为获取尊重和仰慕的最可靠的手段,那么它们就会得到极高的评价,人们也都会对之进行勤勉的培育;而这将会使得知识、智慧、爱国主义以及德性成为人民品性中的突出品质。但是,假如发生相反的情况,诡计、欺骗、背叛以及派性精神成为最可靠的权力获取手段,那么这些东西就会得到极高的奖励,并因此成为人民品性中的显著特征。确实,复合多数的运作在这个方面发挥出了强大的力量。因此,假如一个腐败且堕落的共同体能够建立并保持一个组织良好的复合多数政府,那么复合多数的运作本身就足以对共同体发挥净化和重生的作用;相反,一个政府若完全建基于数量多数,那也就同样可以肯定,此种局面将会腐化原本最具爱国精神和最具德性的人民,使之败落下去。在这个问题上,两种政府形式之间的差别可谓巨大,以至于在任何政府的构造过程中,哪项因素占据主导地位,那么在爱国精神和德性的阶梯上,政府和人民的品性也将在同样的比例上或提升或沉降。无论是宗教还是教育,都无法同数量多数对人民产生的腐化和败坏效能进行对抗。

若对两者进行比较,那么就政府的原初目的而言,复合多数政府的优越效能也是同样引人瞩目的。前文已经指出,此种优越效能是双重的,即保护社会和完善社会。不过,若要保存社会,就必须捍卫共同体不受内部的不公、暴力以及无政府状态的侵害,同时也要防范外来的攻击。假如政府在任何一个领域失败了,那就等于在政府的首要目标上失败了;这样的政府徒有虚名而已。

要完善社会,就必须培育人所禀有的各种机能,包括理智上的,也包括道德上的。不过,要培育人类机能,借此达成进步、改善和文明,收获其中的所有祝福,主要的动力之源就在于个人改善处境的欲望。要达成这个目标,自由和安全就是不可或缺的。

自由可以让个人随心追寻他认为最能推进自身利益和幸福的道路，只要个人的这一追寻并不同政府原初的首要目标形成冲突，而安全则意味着确保每个人为自我改善而得到的劳动果实不会遭到剥夺。两者联合起来，就在可以容忍的范围内为个人自我改善的欲望提供了最强的动力。不管怎么说，若将自由推进到超越应有的限度，这将会削弱政府，使之丧失达成首要目的的能力，也就是说使政府无法保护社会以对抗各种危险，包括内部和外部的危险，结果就会是不安全的。这种不安全将会削弱个人自我改善的动力，最终对进步和提高的过程设置障碍。另一方面，若政府权力的扩张导致原本的自由范围发生萎缩，就会造成同样的结果，因为这将会使得个人无力进行自我改善。

因此，应当寻求一项原则，借此来划定权力和自由各自的恰当领域，并依据环境要求对双方实施协调。毕竟，如果说权力乃必需之物，否则便无法保障自由所获得的果实，那么相应地也可以说，自由也会对权力有利益上的回报，因为自由可以增加人口、财富，还会带来其他的一些优势，这些都是进步和改善赋予共同体的。若能规定好自由和权力各自的恰当领域，双方的所有冲突将会停止，彼此之间将会取得协作和互助，以实现政府原初的伟大目标。

但是，同样的原则，施予不同的共同体，将会产生不同的领域划分。权力会获得更大的领域，自由的领域将会相应缩小，或者也会发生相反的情况，这些都取决于环境。在任何环境中，都必须给权力分配出足够的领域以保护共同体免遭外部威胁，同时也免受内部暴力和无政府状态之害;剩余的领域则归属自由。若越过了这个限度,那就很难称得上是安全或者正确的做法了。

不过,有些共同体较之另一些共同体,需要大得多的权力份额,才能保护自己免受无政府状态和外部威胁之害。在此类共同体中,自由的领域当然也要相应地收缩。一方会扩张,另一方会收缩,造成此种境况的原因可谓多种多样,各不相同:有些是实际因素方面的,比如开放和暴露的边界,强敌环伺;另一些则会是道德方面的,比如共同体的人口在理智、爱国精神以及德性上的差异,以及在自治艺术方面存在的经验和熟练程度上的差异。但在所有这些因素中,道德因素所产生的影响力则要大得多。一个共同体当然能够拥有所有必要的道德水准,即便在最为不利的境况中也能够实施自治;同样,也会有共同体自我沉陷于无知和罪恶当中,即便环境极为有利,也无力形成自由观念,或者无力形成有别于专制或者暴政政府之外的生活观念。

此一原则,在所有的共同体中,都依据纷繁复杂、各不相同的原因,划分权力和自由的恰当范围。任何情况下,若自由的行动范围超越了划定的范围,就会导致无政府状态,而这很可能将最终导致自由领域的萎缩而非扩张。自由,若强制实施于并非适合自由的民族,将不会是一种祝福,而会成为一项诅咒,其反作用力将会直接导向无政府状态,此乃最大的恶。确实,没有哪个民族能够长期享受超越了自身的境遇、高等智慧和道德所能承受的自由。假如过分的自由得到容许,就必定迅速跌落到混乱和失序状态当中,由此,即便不会导致无政府和专制,也会向着更具单一和专制倾向的政府形态滑落,并因此而同自身的境况形成更好的调适。当然,一个民族所享有的自由也可能未能达到应有的程度,而这个民族是有能力享有更多自由的;尽管如此,相反情形的真实性则是值得怀疑的,那就是:没有哪个民族能够长期享有超越正当范围的东西。

确实,自由乃人类所能获得的最大赐福之一。不过,同保障相比,却还是要逊色一些。毕竟,自由的目标在于人类的进步和改善,而保障的目标则是人类的保存和恒久。因此,当自由和保障发生冲突时,自由必须而且应当服从保障的需求。不管怎么说,人类种族的存在较之改善当然更为重要。

从前文所述不难得出结论,那种认为全体人民都配享自由的看法是一个巨大且危险的错误。自由是等待赢取的奖励,而不是一项可以免费滥施于所有人的赐福。它是为理智、爱国、德性以及有资格之人保留的奖励,而不是一种恩惠;过于无知、堕落、邪恶因而无力鉴赏并享有自由的民族是配不上自由的。实情就是如此,而且也应当如此。这并不会对自由造成任何的折损,相反,这是对自由的最大褒扬。自由最可骄傲的出众之处就在于,全知的神恩已经将自由保留下来,将之作为最高贵和最高等的奖励赋予人类机能的发展,无论是道德上的还是理智上的。对于配享自由的人来说,没有什么奖励比自由更为合适的了;对于并不配享自由的人,最为公正的惩罚则莫过于让他们臣服于无法和专制的统治。此种格局是一些固定法则的结果,任何人若尝试提升一个民族在自由阶梯上的位置,使之超越他们应当享有的程度,最终都将是徒劳的,并将以失望收场。一个民族在自由阶梯上由低到高的进步必然是缓慢的,拔苗助长之举,要么会阻碍自由,要么就会永远地挫败自由。

还有另一种同样巨大且危险的错误,它往往同刚才提到的错误联系在一起。我指的是这样一种看法:自由和平等既然如此紧密地彼此关联,因此若没有完全的平等,自由也将不会是完善的。

自由和平等在一定程度上是彼此关联的,以法律眼光观之,在民治政府中公民的平等对于自由的作用将是本质性的。这一点是得到承认的。不过,要是再进一步,使境况之平等成为自由的本质性条件,这既会摧毁自由,也将摧毁进步。个中原因在于,境遇的不平等,既是自由的必然结果,同时于进步也是不可或缺的。要理解此种情形,就必须记得,进步的源泉,乃在于个体改善自身境况的欲望;进步所能获取的最大动力,乃在于让个人依据各自认为最佳的方式去自由发挥,只要不违反政府的原初目的,同时也要为个人的劳作果实提供保障。鉴于个人之间的差异巨大,无论就智力、聪敏、精力、毅力、技术、勤劳和节约的习惯、身体力量而言,还是就地位和机会而言,都是如此。因此,让所有人自由发挥以实现自身境遇的改善,此举的必然结果就会是相应的不平等:一方是那些在很高程度上拥有此类品质和优势的人们,另一方则是在这一切方面都有所匮乏的人们。阻止此种结果产生的唯一法门,要么是对前者能量的自由发挥施以严厉的限制,从而将他们削弱到同后者平起平坐的层面上,要么就是剥夺前者自由劳作所得的果实。然而,施加如此严厉的限制势必会摧毁自由,而剥夺他们的劳作果实则会摧毁人们改善自身境遇的欲望。正是两个阵营在进步序列中的这种境遇上的不平等,为前者提供了相当强烈的动力来维持自身的地位,同时也给后者提供了同样强烈的动力来提升自身的地位。也正是这一点使得进步获得了最大的动力。试图通过政府干预,强制前者沉降到后者的层面上,或者推动后者达到同前者一样的基准线,这将会终结进步的动力机制,并有效地遏制进步过程。

此类巨大且危险的错误乃扎根于那种认为所有人生而平等的盛行观念中,同这一观念相比,没有什么东西是更没有根据、更虚假的了。此一观念所依托者乃一项事实性的假设,而这一假设无论怎么看都违反了普遍的观察。确实,这一观念完全缺乏健全理据,却获得了范围如此广泛的鼓噪。这一点很难解释,除非我们认识到此一观念是与另一项观念混同在一起的,而后者身上则存在一些真理的影子。不过,若我们对此加以恰当理解,它同样是虚假和危险的。在此我指的是这样一种断言,认为所有人在自然状态中都是平等的。此处所谓的自然状态是一种个体性的状态,人在其中的生活是孤立的和彼此独立的。假如确实存在过这样一种状态,那么所有人在其中也就是自由和平等的。这一点没有疑问。确切地说,人在这种状态中可以自由地从事喜欢之事,不受权威或者控制力量的约束,毕竟,依据假设,自然状态乃先在于社会和政府。然而,自然状态纯粹是假设性的,它不曾存在于过去,现在和未来也不可能存在。毕竟,它违背了人类的保存和恒久,因此,称其为自然状态是一个巨大的错误提法。这样一种状态并非人的自然状态,相反,在所有可以构思的人类状态中,此种状态是最为背离自然的,同人类的情感最为抵触,同人类的欲望最难兼容。人类非自然的状态,是一种社会性的和政治性的状态,造物主正是为着此种状态而创造了人类,也只有在社会性和政治性的状态中,人才可能保存并完善自己的族类。鉴于从来不曾存在过这样一种自然状态,以后也绝不会出现这种状态,因此,人并非出生于自然状态当中,相反,人出生于社会性和政治性的状态当中。很自然的,人也并非生来自由和平等,而是生而服从的,不仅要服从父母的权威,也要服从他所出生的国家的法律和制度。正是在父母和国家的保护下,人才呼吸到了第一口空气。作出这些评论之后,我将从这段插曲回归讨论主题。

前文所述不难得出结论,一个政府越是能够将权力和自由完善地结合起来,确切地说,政府权力越是强大,同时越是能对个人自由实施扩展并提供保障,也就越是能够更为完善地达成其原初目标。因此,若要表明复合多数政府较之数量多数政府能更好地达成政府的原初目标,就只需要解释一下为什么复合多数政府更有利于将更大的权力和更为广泛的自由联结起来。我们不妨从前者入手。

复合多数更适合于扩展并保障自由的范围,这是因为复合多数政府能够更好地阻止政府越过其恰当的界线,并将政府限制于其原初目标之上,那就是为共同体提供保护。在这个过程中,政府也必然将政府权力界线之外的所有东西都向个人开放,并任凭个人去有所作为,由此,就将自由的范围扩展到了共同体境遇所能承受的最大范围并为之提供保障。这是前面已经解释过的。政府身上存在越界的倾向,这会将自由置于危险境地,并使之丧失保障,而复合多数能够对政府的此种倾向提供强有力的反制力,由此使得政府有利于自由。数量多数政府则并不反对和抵制此种越界倾向,相反,它还会为此种倾向平添力量。此乃随同数量多数而产生的暴力党争所造成的结果(前文已经对此有过充分阐释了),由此也就引发了对自由的侵害,在此类政府形态之下,自由也将因此遭遇危险。

在这个问题上,两种政府形态之间的差异确实非常巨大,以至于所谓自由在任何的专制政府之下只不过是徒有其名而已,数量多数的自由也不例外;并且,自由只有在复合多数或者宪政政府之下,才能获得安全和持久的生存。毕竟政府行动总是会以不平等的方式影响到各个组成部分,复合多数政府能够为共同体的各个组成部分提供针对其他组成部分的否决权,因此,也就阻止了任何偏颇性的或者地区性的立法举措,并将政府行动限制在意在保护整体利益的范围内。由此,政府也就能够同时保障人民的权利和自由——这里所谓的人民是从个体视角来看待的。毕竟,共同体的任何一个组成部分,无论其内部存在何等的利益多元性,在政府行动问题上,他们的利益也都是一致的。

若情形如此,那么每个个体的利益也就能够安稳地信托给那个多数,也就是各个组成部分各自的声音,以此来同所有其他组成部分的声音形成对抗,当然,政府自身的声音也包括在内。唯有通过这样一种能够以某种方式赋予各个组成部分以否决权的机制,那些有志于阻止政府越界并阻止政府侵害个体权利和自由的人们,才能够以和平且有效的方式来对抗侵权行为,并由此使人们的权利和自由得以保存。个体性的抵抗过于孱弱,协调与合作行动的困难则过于巨大,因此,若不借助此种机制所提供的助力,就无法动用共同体所能提供的全部资源来成功地对抗政府的有组织权能。在人口众多、幅员辽阔的国家,情形尤其如此。因为在这样的国家,协调和合作行动几乎没有可能性可言。即便在政府的压迫行为已经过于沉重而无法忍受,强力因此得以恢复以便推翻政府的情形中,结果也很难说是能够将自由确立起来——足以推翻一个压迫性政府的强力,通常也足以建立一个同样压迫性的政府,这样的政府,其压迫程度甚至会更高。因此,可以说在除了复合多数政府或者宪政多数政府之外的任何政府当中,人民都是无法捍卫自由以对抗权力的。基于同样的原因,在这样的政府中,自由一旦失去,通过强力重获自由将遭遇巨大的困难和不确定性。

可以进一步确认的是,同数量多数政府相比,复合多数政府更有利于自由的扩展和保障,因此也就更有利于进步、发展、改善和文明,当然也更有利于由此而导致并依托于此的权力的增长。正是自由给予了这一切最大的动力,这一点前文已经阐明了,接下来需要阐明的是,这一切也相应地会极大地促成权力的提升。

在社会的早期阶段,人数以及个体的勇敢是权力的首要因素。在更为高级的社会阶段,共同体已经从野蛮阶段过渡到文明状态，于此，纪律、战略、得到强化的武器以及金钱，作为满足日益增长的花费的资源，也演变成新增的重要因素。在这个阶段，进步和改善对于提升权力所发挥的作用也开始得到展现。不过，人数和个体的勇敢在很长的一段时期内都使野蛮民族能够成功地同文明民族进行竞争，并且最终还会压过文明民族。历史对此提供了丰富的证明。然而，在进步历程的下一个阶段，数量众多的发明和改进举措，已然为人类提供了新的、强大得多的毁灭性工具，可用于进攻，也可用于防御，同时也极大地提升了智力和财富，足以满足一个国家的建设以及战争所需要的技术和日益增长的花费。火药的发明、蒸汽动力的应用以及这些在军事上的使用，一劳永逸地解决了文明共同体和野蛮共同体之间的霸权之争——文明民族成了胜利者。确实，这一切，连同其他的一系列改进，便是当前进步阶段所发生之事，这些都赋予了那些精熟于此的民族相对于落后民族的优越权能，差距之大不下于后者同野蛮民族之间的差距。在文明民族当中，同样的因素也决定了谁更优越的问题。设若其他条件不变，优胜者则是那些其政府能够为发展、进步和改善提供最大动力的民族，确切地说，就是能够获取最大范围自由并能够最有效地保障自由的民族。英格兰和美国是其中的显著例子。不仅就自由之于权力提升的作用而论是如此，而且在英格兰和美国这样的国家，建基于复合多数或者宪政多数原则的政府也能够以更为完善的方式去扩展和保障自由。（英格兰和美国都是此种类型的政府，接下来将对此进行说明。）

不过，在评估一个共同体的力量之时，道德的和实在的因素都必须考虑在内。在评估自由对于权力的影响之时,一定不能忽略,自由就其本身而言,也是对道德力量和实际权力实施强化的一个重大因素。自由能够提升一个民族,让一个民族学会自我依靠,并赋予一个民族以精力和热情。所有这一切联合起来,就能够让实际力量背后的推动力获得极大的增长,甚至可以达到无可抗拒的程度。

然而,除此之外,还存在另外一些并非道德力量的要素,比如,和谐、团结、国家忠诚,还包括那种将智慧和经验方面杰出之人提升到信任和权力地位的倾向。这一切要素,一旦时机需要,就能够以最有效的方式把共同体的全部力量联合起来并投入使用,而且不需要进行强制,而是发自本性,同时不会对共同体的制度或者自由造成伤害。

所有这些要素联合起来,将会把共同体的力量推进到最大程度。自由和权力,若失去对方,都将置共同体于相对孱弱的位置上。不过,在说了这么多之后,也就没必要进行任何进一步的解释或者论证,来确立复合多数政府较之数量多数政府在培育伟大道德元素这项工作上的优越地位。这种优越性是如此巨大,以至于不难看出,复合多数政府本身的运作必然导向道德元素的发展,而数量多数政府则必然对道德元素的培育产生阻力,这一点已经充分阐释过了。

这些就是复合多数政府针对数量多数政府所具有的众多且显著的优势。只有两项反驳意见是针对复合多数政府的。其一,复合多数政府难于建造,对此人们已经有足够的关注了。其二,要在彼此冲突的种种利益之间获得一个复合式的结果，这在实践上是不可行的，毕竟，利益众多且分化；或者也可以说，即便存在实践上的可能性，达成复合多数所需要的过程也将会非常拖沓，因此无法以足够的速度应对众多且危急的情况，而这样的危急情形是任何共同体都要面对的。这一反对意见看起来是有道理的，而且，迄今人们对此一意见并未给予应有的关注。

在几乎所有的政策问题上，意见的分化都非常巨大。因此，只需略微看一下有关的主题也就毫不奇怪，让共同体中彼此冲突的种种利益在任何政策路线上取得联合，这实在是不可行的事情。或者也可以说，一个政府若建基于复合多数原则，那么将会在行动上过于迟缓，在基础工作方面过于孱弱，从而无法在实践上取得成功。不过，尽管乍看起来这一反对意见是合理的，但更为细致的考量将会表明，这种意见是错误的。假如不存在紧迫的必然性，就很难让分歧中的人们就行动路线问题达成一致。毕竟每个人都会天然地坚持采纳自己认为的最佳路线，并且，出于对自身观点的骄傲感，而不会愿意服从其他人的看法。但是，一旦紧迫的必然性到来，需要就共同行动路线问题达成一致，情形就会发生改变。理性和经验都证明了这一点。一旦必须有所行动，并且只有通过全体的一致同意才能采取行动，此种境况所产生的必然性就会强制达成妥协，无论造成此种必然性的因由何在。在所有的行动问题上，必然性，一旦产生，就会成为超越一切的推动力；在此类情形中，若各个派系之间的妥协是行动的必要条件，这样的必然性就会发挥出至高的影响力，推动人们默许某种观点或者某种行动路线。经验提供了众多的事例,足以确认此一重大真理。其中,借助陪审团进行的审判是人们最为熟知的,因此,不妨就选择这个事例进行阐述。

经由无差别原则选定出来的这十二个人,必须在看法上达成一致,在誓言之下寻求真实的判决,以法律和证据为准绳。此种做法当然也常常经受巨大的困难和质疑,因此,即便最能干、最有经验的法官和检察官,在仔细审理之后也会发生分歧。然而,尽管在一个表面的观察者看来此种审判模式是不可行的,人们在实践中却发现这种办法不但是成功的,而且也是以人类的聪敏所设计出的所有方法中最稳靠、最智慧的,同时也是最佳的。若对此加以仔细考察,就不难发现,其中的因由乃在于必然性当中,陪审团正是处身于此种必然性当中,他们必须达成全体一致,否则便无法给出判决。此种必然性推动着人们就某种共同意见达成一致,既有此等效能,则陪审团极少会经历挫败而无法给出判决。

陪审团成员在此种强大影响力之下就座,并悉心且公正地倾听控辩双方的辩论,随后便在陪审室内聚集,不是作为控辩者,而是冷静地听取彼此的意见,并对意见的理据进行权衡,最终采纳的是全体都认为真实的意见。他们禀持着一种协调一致的倾向,在此种倾向的支配之下,他们一个接一个地进入一致意见的轨道,并最终达成全体一致。这就是实际上的可行性,同样也是其特殊的优越之处。确实,没有什么能较这种因全体一致之必然性而产生的推动型影响更有利于达成真理和正义了。此种机制的效能非常之高,足以弥补法律知识上的缺陷,而且,通常陪审团的成员也都具备很高的理智素养。假如全体一致的必然性遭到废除,而陪审团的结果取决于纯粹多数,那么陪审团的审判方式,就将不再是政府司法部门的最伟大改进之一,而是演变成能够施予共同体的最大罪恶之一。在此种情形下,它将成为一种导体,所有时兴的派性情感由此得以介入,并从根源上污染正义。

在一个组织良好并建基于复合多数原则的政府当中,同样的原因将会产生更为强大的推动力,促使共同体的种种利益达成一致。为了不使政府瘫痪就必须达成一致,此种必然性的紧迫程度较之陪审团的情形要紧迫得多,并且是在更有利于得到保证的环境中发挥作用的。前文既已有所陈述,因此也没必要赘述更多的原因就足以表明,没有任何必然性,无论是物质上的还是道德上的,会较政府所遭遇的必然性更具强制力。政府所遭遇的必然性,其强制力是如此之强大,以致即便在一段微不足道的时段内暂停政府行动,都将置共同体于动荡和无政府的状态。因此,在复合多数政府中,要避免此种后果,就只有通过共同体各个组成部分的全体复合或者默许。这就是为什么在复合多数政府中,妥协的必然性会具有此等的强制性。

不过,要公正地看待此种必然性所产生的压倒一切的影响力,此种必然性的行动环境也是必须予以考虑的。相形之下,政府行动之必然性的环境较之陪审团要有利得多。就陪审团而言,所谓的必然性仅仅是达成全体一致以便寻求一项判决的必然性,若发生歧异,陪审团所遭遇的麻烦无非就是引导成员达成一致而已。真理和正义之爱,若非受到不恰当的动机或者偏见的阻击,多少都会对所有人产生影响,即便是最为堕落之人也不例外。就复合多数政府的情形而言,除了真理和正义之爱,还存在对国家的爱,此种情感若不因政府不平等的或者压迫性的行动以及其他原因而遭到阻击,则极少能有其他动机能较之发挥出更大的支配力。国家之爱这种情感本身确实囊括了我们的个人情感和社会情感的相当大的成分,因此,若让其自由发挥作用,其控制范围几乎是无限的。不过,复合多数政府使之自由发挥效用的机制是通过阻止滥权和压迫,由此便遏制了人们整个的情感和激情导向共同体不同组成部分之间的纷争和冲突。在避免政府行为中止以及因此种中止而造成的致命后果这一强大必然性的推动之下,辅以因国家之爱这一额外情感所产生的动力,共同体的每个组成部分都会为着共同利益和整体的安全而对自身的特殊利益有所牺牲。毕竟共同利益和安全实际上也包含着各个组成部分自身的利益和安全,人们会认为这样的牺牲同因顽固坚持分歧的行动路线而使全体承受的恶果——这样的恶果是各个组成部分自身所无法避免的——相比,实在是微不足道。确实,达成复合多数的推动力在此种环境下是如此强大,而反对力量又是如此微弱,因此人们应当奇怪的不是竟然能够达成妥协,而是竟然未能达成妥协。

不过,要对妥协的推动力进行更为公正的评估,就必须补充如下一点:在复合多数政府中,每个组成部分若要推进自身的特殊利益,就必须同所有其他组成部分取得协调,办法就是表明其推进他人利益的倾向。为达成此种目的,每个组成部分将会选择代表来表现自身的利益，而这些代表的智慧、爱国精神以及人格魅力将能够赢得他人的信任。此种机制所产生的影响力，以及为此目的而筛选的那些代表的良好资历，都将使推进整体的共同利益成为主导性的欲望。由此，所谓竞争也将不在于在推进共同利益之时要尽可能少地作出牺牲，而是作出尽可能多的牺牲。也因此，所谓让步将不再被认为是一种牺牲，而是演变为在国家祭坛之上的自愿奉献，最终，妥协这一名词本身也将不再适用。正是在此，我们不难发现究竟是什么样的特性如此显著地将复合多数政府同数量多数政府区别开来。就数量多数政府而言，每个派系在政府控制权的争斗中，都会致力于将那些有图谋、有手腕且肆无忌惮之人提升到权力地位，而这些人因其奉献于政党而非以整体利益为目标，所以唯一关怀的就是确保本党的霸权。

既溯源于此，就不难发现两种政府之间的这种差异乃扎根于这样一个事实：在复合多数政府中，个体情感因机制本身的作用而必然站在社会情感一边，同社会情感一起致力于推进整体利益，并将此视为推进自身利益的最佳办法；而在数量多数政府中，社会情感则必然站在个体情感一边，致力于党派利益，而不会顾及整体利益。所谓政府科学，可能达成的最伟大成就莫过于达成前者的效果，确切地说，就是让个体情感站在社会情感一边；相反，让社会情感站在个体情感一边，以推进党派利益并牺牲整体利益，这很可能是无知所能犯下的最大过错了。

复合多数政府所依托的基础拥有更大的稳定性，其原因也正在于此。最终来说两种政府形式都依托于必然性，毕竟，数量多数政府是由强力来支持的,而强力之所以得到默许也是因为必然性。然而,由此得来的必然性,同复合多数政府中迫使各个组成部分对妥协达成默许的那种必然性相比,其力度也不会更高。不过,双方在动机、情感和目标方面存在巨大差异,正是这些东西刻画出两种政府所采取行动的不同特性。就数量多数政府而言,政府行动往往伴随着抵触和敌意,因为强制人们服从在其看来非正义和压迫性的东西,必然会造成这样的抵触和敌意,由此造成的是人们内心试图抓住任何有利的机会进行抵抗的欲望和目标;就复合多数政府的情形而言,则是自愿的和欢欣鼓舞的,在高昂的爱国精神的鼓舞之下,推动着所有人都默许共同利益所要求的任何方式。

因此,认为复合多数政府是不可行的,或者认为复合多数政府的基础非常薄弱,这些看法都是极大的错误。历史提供了复合多数政府的众多例子,其中的一个例子将原则推进到极端地步,若不是它曾经存在过,人们势必认为这种政府是不可能存在的。我指的是波兰。在波兰,复合多数原则得到了极端的贯彻。在选举国王之时,在场的贵族和士绅阶层的每个成员都必须达成复合或者给予默许,否则便无法作出选择。贵族和士绅集会的人数通常在 15 万到 20 万之间,由此,便相当于给予每个成员以否决权。同样,由国王、上院、主教以及帕拉丁领地的贵族和士绅代表组成的波兰议会,每个成员都对议会的议程拥有否决权,因此,必须达成全体一致,否则便无法通过一项法律,也无法采纳任何举措。仿佛是为了将复合原则推向终极地步,单个成员的否决不仅会挫败讨论中的特定议案或者举措,而且能够阻止会议期间的所有其他议案或者举措付诸实施。这项原则是不可能再往前推进了。事实上,它使得贵族和士绅阶层的每个成员成为这项机制当中的独特元素,或者换一种表达,它使得每个成员都拥有王国的高等社会地位。然而,就是这样的政府形式,也维持了两个世纪之久,其中还囊括了波兰历史上威力和声望最为盛大的那段时期。在这个政府存续期间,波兰曾两次捍卫了基督教世界。当时,基督教世界正处在巨大的危险当中,正是波兰人在维也纳城前击败了土耳其人,并永久地遏制了土耳其人的西进征服浪潮。

没错,波兰政府最后还是覆灭了,波兰人民也遭到了征服,推进到极端地步的复合多数原则为此罪责难逃。不过,这倒不是因为复合多数本身的弱点所导致的解体倾向,而是因为这种机制本身为强大且无所顾忌的邻居提供了便利和可乘之机,通过种种手腕来操控国王的选举。不管怎么说,在这样一个政府中,复合多数原则被推进到极端地步,不仅存在过,而且维系了如此长的一段时期,并达成伟大的权力和辉煌。这一切都是证据,既证明了这种政府形式的实际可行性,也证明了此种政府是能够兼容于权力和稳定性的。

另有一个例子,可能不那么显眼,不过也值得关注,那就是由我国的部分原住民所组建的那个政府,即居住在今天纽约州西边的那些原住民所组成的"六族盟邦"(confederacy of the six nations)。在其中,每族选出一个首席代表,连同各族选择的另外6名代表,共42名代表,组成联盟政府或者共同政府。代表集会之时,就构成了联盟委员会,负责讨论并议定涉及共同利益的所有问题。如同波兰议会那样,委员会中的每个成员都对委员会决议拥有否决权,因此,除非得到所有成员的同意,否则便什么事情都做不成。不过,此种机制没有让联盟变得软弱或者不可行,其实际效果恰恰相反,确保了委员会以及联盟行动上的协调,并由此大幅度提升了联盟的权能。六族盟邦也因此成为我们国土上所有印第安部落当中最强大的,他们的征服行动和权威也远远超越了他们原来的住地。

在此,我暂时略过所有此类事例中最为杰出者,那就是罗马共和国。在罗马共和体制当中,否决权虽然不像波兰政府那样被推进到如此极端的地步,不过也推进到了相当高的程度,随之而来的就是力量和稳定性方面的极大提升,我在后文会更为详细地予以说明。

人们可能会认为,并且毫无疑问,很多人也都认定,内在于数量多数政府中的诸多缺陷可以借助作为公共舆论喉舌的自由媒体获得弥补,尤其是在更为高级的社会阶段,因此,也就没有必要通过复合多数来抵制政府的滥权和压制倾向。我无意贬损媒体的重要性,也并非低估媒体赋予公共舆论的巨大权能和影响力。相反,我承认公共舆论的权能和影响力是非常巨大的,即便将其视为一种新的和重大的政治要素也不为过。在当今时代,媒体的影响力还处在提升当中,媒体完全有可能把往日里将其提升到如此地位的那些力量联合起来,无论在社会方面还是政治方面,终究会带来巨大变化。不过,无论当前媒体的影响力何等巨大,无论这种力量在日后会拥有何等能量,也无论媒体最终引发的变迁会产生何等巨大且善意的结果,它都绝不可能同数量多数政府的滥权倾向形成对抗,同样也无法取代复合多数之必然性而成为塑造宪政政府的本质元素。原因是两方面的,每个原因都是总括性的。

原因之一在于,媒体并不能改变人类本性的原则。正是人类本性当中的这种原则使得宪政成为必然之物,否则便无法阻止政府滥权;同时也使得政府成为必然之物,否则便无法保护和完善社会。

不管怎么说,这一原则构成了人类本性当中的一个本质性的组成部分,无论知识和智慧如何增长、同情式的情感如何扩张、教育产生何等的影响力,也无论社会境况有了何等变迁,这一点都是无可改变的。只要这项原则仍然是人类本性的本质性组成部分,政府就会是必然之物;只要政府仍然是必然之物,宪政也将成为必然之物,否则便无法对滥权倾向实施抵制,同时,复合多数也就是宪政塑造过程中的本质性要素。媒体可以推动知识和理智的进步,并由此为教育事业提供相当大的帮助,也能够为社会状况的良性改变提供相当大的助力,这一切也都相应地能够为消除政治错误提供相当大的力量。比如说,它们能够教会人们应当如何塑造政府才能实现其原初目的,并在政府构造起来之后,教会人们如何以最佳的方式保存政府。同时,它们也能够提供相当大的助力,来扩展社会情感并约束个体情感,并由此引发一种事态——政府为了对抗内部混乱和暴力以及外部威胁所需要的权力要少很多,权力范围也将因此而极大收缩,自由范围则相应地大幅扩展。然而,所有这一切都不会改变人性,也不会取代政府的必然性。不管怎么说,只要政府存在,那么占有政府的控制权,以之作为指引政府行动并分配政府荣誉和资源的手段,就依然会成为人类欲望的目标。只要此种情形不发生改变,就必然会在数量多数政府中导致党争,并且正如前文所述的那样,还将导致所有那些必然的衍生后果,针对这一切,唯一的补救之道就是复合多数。

另一项原因则在于媒体所发挥的政治影响力的性质当中。在大多数方面,媒体的影响和选举权的影响是类似的。它们都是公共舆论的喉舌。两者的主要差别在于,媒体在塑造公共舆论方面有着强烈得多的介质性,而选举权则更为实在也更为权威地表达着公共舆论。无论从媒体角度,还是从选举权角度,媒体,单就自身而论,都不可能较选举权更好地防范滥权,原因是一样的。

如果所谓的公共舆论意味着整个共同体的看法,那么媒体作为其传声器,就能够针对滥权提供有效的防护,并取代复合多数的必然性;这就如同选举权所能达成的效果一样,只要在政府行动问题上,共同体有着一致的利益。然而,这并非实情。所谓的公共舆论,并非整个共同体的一致观念,相反,公共舆论通常都不过是最强利益或者最强的利益联合体的看法或者声音,而这部分利益往往只是共同体的一个微小但活跃而积极的组成部分。在涉及政府及其政策的问题上,公共舆论可说是高度分化和多元的,如同共同体的利益格局那样。媒体,并非整体的传声器,相反,它通常只是纷繁且分化的利益集团各自的传声器,或者更确切地说,只是生长了此种利益格局的各个派系的传声器。各个利益集团借助媒体来操控公共舆论,并塑造公共舆论以推进特殊利益,借此为党争提供力量。在数量多数政府中,媒体作为党派的器官和工具,和选举权的情形一样,都是没有能力去抵制政府的压迫和滥权倾向的,并且和选举权一样,是无法取代复合多数的必然性的。相反,作为党争的工具,媒体为政党激情提供了极大的助力,同时大幅度地提升了党争的暴力和恶毒程度,最终也在同样程度上主张了压迫和滥权倾向。因此,媒体非但没有取代复合多数的必然性,相反,还强化了复合多数的必然性,因为它强化了党派情感的暴烈和强制程度,其方式类似于政党委员会和政党机构,媒体也确实就是政党委员会和政党机构的重要组成部分。

在一个环节上,也只有在这个环节上,数量多数政府可说是拥有了相对于复合多数政府的优势,假如确实可以将之称为优势的话。我指的是构造数量多数政府的简洁和便利。要构造一个数量多数政府,确实是简单的事情,因为这样的政府形式乃由单一的权力构造而成,这种单一权力就是绝大多数人的意志,因而这样的政府形式是很容易构造起来的。要构造这样的政府,所需要的仅仅是普遍选举权而已,只需要对投票方式作出规定,以便将政府各个部门的至高控制权交付给多数即可。

然而,不管此种构造上的简洁和便利会带来怎样的优势,其他的专制政府形式也都拥有此种优势,并且程度更高。数量多数政府之构造,尽管简单,但也还是需要一些基础性的举措和步骤;而其他的专制政府形式,尤其是君主制,则会在数量多数缺席或者根本就无力的情况下,将专制政府强加给共同体。因此,最重大的原因就在于,所有政府的倾向就是从复杂和困难的构造向着简单且轻松的构造滑落,并最终走向专制君主制,这是最为简单的政府形式。构造方面的复杂性和困难程度,就其能够提供对抗力量而言,不仅适用于民治形式的复合多数政府,也适用于任何形式的宪政政府。即便最不复杂也最能够轻易构造出来的宪政政府,也比任何专制政府的构造要复杂和困难得多。确实,宪政政府的构造难度如此之大,以至于这种构造本身出于智慧和爱国精神的程度并不下于环境机缘所发挥的效能。在大多数情况下,宪政政府都是从利益斗争中生长而出,这样的斗争也都是借助运气的因素而最终达成妥协,也正是通过这样的妥协,斗争双方都以这样或者那样的方式获得了政府的接纳,在政府中获得了各自不同的发言权。情形也并非都是如此,在不同的情形中,政府将只能是环境机缘的造物,同紧迫的危险携手而进,由此而使得专制的政府形式成为唯一可能避免危险的举措。此种情形之下,专制政府形式似乎已然超越了人类智虑中对宪政政府进行审慎规划和构造的能力范围,并且用不着对政府原则进行充分认知,要不就是在没有紧迫必然性的情况下,将政府原则问题简化为纯粹的实践问题。若此种情形成为实情,也同样不会令人奇怪。毕竟,对任何一个人或者群体来说,几乎都不可能如此深刻和彻底地对一个已经在文明和财富方面取得相当进展的共同体的人民形成认知,也不可能如此深刻和彻底地认识到一直伴随着这个共同体的那种分化的利益,仿佛真的可以借助这样的认知来组织起适合于自身境况的宪政政府。不过,即便这一切都是可能的,那也很难找到一个共同体,其经历的启蒙及其爱国精神足以使之采纳宪政政府形式,而无需来自紧迫必然性的压力。宪政,若要获得成功,必须从共同体的胸怀当中生发而出,并且必须同人民的理智和性格形成调适,此外还要考虑那些纷繁复杂的关系,内部的和外部的,正是它们将各个民族区分开来。如果做不到这一点,那么这样的政府在实际上就不会是宪政形式的,而只是一架笨重且无用的机器,必须尽快将其取代并弃置,转而选择更简单也更适合各自境况的政府形式。

因此,难以避免的情形就是,政府将以某种简单且专制的形式作为发端。不过,无论这种政府形式在何等程度上适用于共同体的早期阶段,都必定在其进展过程中导向压迫和滥权,并最终产生对强力的诉求,随之而来的就是军事专制。除非此种政府形式所导致的冲突因妥协的达成而得以幸运地调整,而妥协将会在政府控制权方面给予各个党派一份参与权,宪政政府的基础正是由此得以奠立,并在随后的进程中加以成熟化的处理和完善。应当着重指出,这样的政府一直以来都是环境的造物。一个民族模仿另一个民族的政府形式,这中间是存在困难的,也正因为如此,用妥协来终结所有的公民冲突是非常重要的——妥协能够阻止任何一个党派获取完全的控制权,由此也就避免了党派之间的彼此倾轧。

在所有的宪政政府形式中,民治政府是最为复杂的,也是最难以构造的。确实,困难非常之大,以至于人们认为在所有曾经存在过的有分量的政府中,只有我们的政府才能真正说是纯粹民治形态的。究其原因,乃在于这样的事实:在其他两种政府形式中,社会之安排都是凭借人为秩序或者阶层进行的。只要存在此种人为的秩序或者阶层,人们当中的分界线便会非常显著,足以淡化或者吸收掉所有与之格格不入的利益分化。由此,在贵族制当中,所有的利益在政治上都化简为两部分:贵族的和人民的;在有着贵族阶层的君主制当中,则分化为三个部分:君主的、贵族的和人民的。在这两种情形当中,阶层是如此之少,以至于各个阶层的感受可以单独加以对待,并通过各自的合适机构进行,由此便可以通过政府通常的部门划分而赋予每个阶层以一种复合的发言权,一种针对其他阶层的否决权,同时又不会让政府变得过于复杂和拖沓,无法以迅速和富有精力的方式去执行所有必要的政府功能。

民治形态之下的宪政政府,其情形是不同的。民治政府之下,不存在这些人为的分化,因此,人民的各个组成部分在诉求、条件、境况以及性情方面都趋于多样化,政府的行动同时也推进着这样的多样化,由此便造就了众多的天然利益团体,它们纷纷崛起并为获取主导地位而斗争。确实,在数量多数政府中,这些利益团体最终都会凝聚起来并形成两大派系。不过这种凝聚也不会紧密到完全丧失各自的特性和存在的程度,一旦他们达成了此种凝聚所要达成的目标，各自的特性和存在便会再次凸显出来。要克服因如此高度的利益多样化所造成的困难，就必需一种复杂得多的机制。

要塑造一个民治形态的宪政政府，还需要面对另一个难以克服的障碍：借助妥协来终结相互冲突的利益团体之间的争斗，这在绝对民治政府中比在贵族制政府或者君主制政府中要困难得多。

在贵族体制中，人民同贵族从事着日常的斗争。人民的目标，至少就其早期阶段而言，倒并非是要颠覆贵族并对政府施以革命化改造，相反，人民是想分享政府的权力。在贵族制政府中，人民当然要屈从于贵族的压迫，尽管如此，人民通常来说也都会对杰出族系历经漫长的世代所传承下来的后代表示相当的尊重；在反对贵族权威之时，他们通常所期望的不过是能够分享政府权力，以便能够纠正政府的滥权并缓解肩头的负担。而在贵族阶层，偶尔会有一些人在人民和贵族两个阶层皆拥有巨大的影响力，这些人同时也拥有淳良的感情和爱国精神并据此介入世事，从而能够通过对人民的合理要求作出让步这一办法来达成妥协，由此也就避免了因对强力的终极性和决定性的诉求所引发的危险。正是通过此种明断且适时的妥协，此种政府体制下的人民就可以被提升到政府参与者的位置上，并因此而获得足够的自保手段，而贵族方面也不会因此丧失权威。

就君主制的情况而论，这个过程多少会有些差异。若采纳军事专制体制，则人民就极少有尝试抵抗的精神或者智慧，或者说，即便人民尝试进行抵抗,差不多也总会以失败告终,或者也仅仅是带来纯粹的王朝变迁,将自身的领袖推上王位而已。若君主由一个世袭的贵族阶层环绕在侧,那么情形则会有所不同。在君主同贵族的斗争中,双方通常都倾向于迎合人民,以便获取人民对自己的支持。此种事态对于人民提升自身的地位极为有利,君主尤其喜欢这种办法。在此种情形中,假如君主和贵族之间的斗争历时漫长且无决定性的结果,这无疑将会把人民提升到赋有政治分量的位置上,使得人民得以分享政府权力。

绝对民主体制下的情形是不一样的。在此种政府体制下,多数派和少数派之间的党争很难以妥协收场,在野少数派的目标所在乃是将多数派从权位上驱赶下来,而多数派的目标则是保持权位。对双方而言,斗争就是为着一切的斗争,且这样的斗争必须决断出谁来统治以及谁要服从,无论就性格而言,还是就目标和结果而言,这样的斗争都不像是绝对君主制中权杖争夺者之间的争斗。如前文所述,多数派和少数派之间的常规斗争过程本身将导致过度的暴力(也就是诉求强力),由此便会引发革命,最终的结果便是获胜一派的将军将获得至高权力。由此观之,贵族制和君主制较之绝对的民治政府更有可能采纳宪政形态的政府形式。

在这三种不同的政府形式中,君主制迄今都是占据主流地位的,并且一般来说,君主制迄今也都是最为强大且持久的。毫无疑问,这样的结果应当主要归因于这样一个事实:绝对的君主制形式不仅是最为单一的政府形式,而且是最容易构造的政府形式。鉴于政府是不可或缺的,而那些不具备塑造并保存其他政府形式之智慧的共同体，自然会落入绝对君主制的掌控当中。另外，也有部分的原因在于前文已经提到的一项原因，也就是说，绝对君主制，其机制和特征，较之另外两种政府形式，都同军事权力有着远为紧密的亲缘关系。所有的绝对政府都依托军事权力作为支撑，因此，其他的政府形式，包括构造得非常糟糕或者已经完全失序以至于需要强力介入以获取支持的宪政政府，都有着蜕化为军事专制体制的倾向，确切地说，也就是蜕化为最为绝对且单一的君主制体制的倾向。同样也是出于这个原因便造就了这样一个事实：绝对君主体制中发生的革命，差不多都不可避免地以王朝换代而收场，政府的形式却不会发生变化，这在其他政府体制中差不多就是普遍情形。

不过，除此之外，还有另外一些更具特性化的原因，提供了相当大的助力，使得君主制成为最为盛行的政府形式，通常也使得君主制成为最为持久的政府形式。其中最突出的原因就是，君主制最易于接纳改善，确切地说，君主制改造起来更为容易和轻松，因此可以在有限的程度上阻止压迫和滥权，而用不着采纳严格意义上的宪政形式。君主制几乎可说是很自然地就会向着其最重要的变异形式之一——世袭制演进。一旦世袭制得到精确界定并稳固确立，共同体或者王国就会被主权者认为是君主家族的世袭所有物，此种境况使得君主强烈地倾向于让自身的利益与臣民的利益产生认同，并由此缓和此种政府的严苛程度。此外，世袭制还为君主的人身提供了巨大的或更多的安全感，并在同样的程度上不仅阻止了因不安全感而产生的怀疑和敌对情感，而且还激发了君主和臣民双方的善意情感,即便不存在什么制度之物可以用来阻止彼此间的怀疑和敌对。因此,也就造就了君主一方强烈的父权情感,同时在臣民一方造就了忠诚感——此类情感在世袭制政府中是经常有所展现的。

还有一种改善举措是君主制政府很易于接纳的,这同前述的那项改善措施差不多是因应而生的。世袭原则常常会向其他家族扩展,尤其是那些在征服行动之初,一度帮助确立了君主制的显赫的首领家族。若是此种情形,也就是说,世袭贵族组成了一个强大的实体环绕在君主周围,那么这些世袭贵族就能够对君主权威实施强有力的抵抗,而君主也能够对这些世袭贵族的权威给予强有力的对抗,这一切最终都有利于提升人民的地位和安全。即便人民未能成功地获取政府权力的参与权,通常也都能够获得足够的权重——这样的权重是能够感受得到的,而且是需要予以尊重的。此种事态,通常会促成政府及时地确立一些固定的行动规则,而君主不得不对之示以尊重,所有人则因此而获得了更多的保障和安全。欧洲的开明君主制正是由此形成的,欧洲人民也正是在开明君主制之下,在力量、智慧和文明方面取得了如此大的进展。

除此之外,还应当补充一点,君主制政府已然展现出一种更大的能力,那就是维持大范围的领土并令众多人口臣服,这使得君主制较之其他政府形式更为强大,以至君主制政府本身已然成了一种力量要素。所有这些原因联合起来,赋予了君主制政府以巨大且决定性的优势地位,从而使得迄今的君主制政府在世事进程中足以将为数极少的那些不同的政府形式吸纳进来,即便强大的罗马共和体制也不例外——罗马共和体制在臻于权力顶峰之后,便是在一系列似乎不可抗拒的因素的促动之下,演变成了军事专制体制。我前文已经说过,公共舆论的影响力巨大而且还在日益提升,而民治政府也已经采纳了强大的新形态,那么此种局面之下,君主制政府是否仍然能够在这些方面维持其优势地位则有待观察。

无疑,这一切已经造成了巨大变化,而且很可能还会带来更大的变化。这些对于君主制都是不利的。不过,这些变化不如说是更倾向于专制形态的民治政府,而非宪政形态的民治政府,其中因由我已经解释过了。假如此种倾向稳固地发展下去,君主制形式必定会继续保持其优势地位,并依旧会是最为盛行的政府形式。若情形真的如此,那么人们就只能在君主制和体现为数量多数形式的民治政府之间作出抉择,后者也可称之为绝对民主制。正如前文所述,绝对民主制不仅是所有政府形式中最为善变的,而且较之所有其他政府形式,它向君主制演变的倾向也是最强的。假如情形翻转过来,刚才所提到的那种倾向或者变迁有利于民治形态的宪政政府,一种恰当的机制对于此类政府的确立来说,其必要性不下于选举权,那么在此种情形中,随着世事进展,君主制就将不再是最为盛行的政府形式。这是完全可能之事。至少就一段长时期而言,事态是否会遵从此一方向,将取决于我们的政府是否能取得成功,同时也取决于人们是否能正确理解我们的政府建基于其上的那些原则。

如今,公共舆论的影响力之巨已经足以使之成为一项新的政治元素。要更为充分地理解公共舆论的力量和意义,并对在媒体襄助之下,公共舆论很可能将会在政治方面和社会方面导致的那些变化形成公正的评估,就有必要在考虑这个问题时,也要考虑到那些赋予公共舆论如此巨大影响力的因素。只要加以调查,就不难在过去几个世纪的众多发现和发明中找到这些因素。

在早先时候的那些发现和发明(火药、印刷术以及罗盘)中,航海罗盘的发明可谓最为突出者之一,它将磁力实际应用于航海目的。更为晚近一些,则出现了众多化学和机械学上的发现和发明(及其在多重生产技术上的应用)、蒸汽(应用于几乎所有的机械,尤其是应用于水陆的交通和旅行)及电报。

所有这一切都引致了重大的结果。由于航海罗盘的发明,人们得以环游地球并对之实施探测,除了极少的几个例外,几乎所有有人居住的地区都处于商业的全能渗透力的影响之下,商业也正在日复一日地在整个地球上传播着文明的光芒和祝福。印刷术的发明则使得人类能够保存并广泛传播观察和思考、发现和发明的成果,以及历代以来累积的全部知识。火药一旦应用于战争,就一劳永逸地解决了文明和野蛮之间为时漫长的霸权之争,文明获得了最后的胜利,由此也就保证了无论当前的知识累积状况如何,也无论日后的知识将得到怎样的增补,这一切都绝不会再次丢失了。众多的发现和发明,化学的和机械的,以及蒸汽机械的应用,已经将劳动和资本的生产能力扩张了很多倍,由此极大地提升了致力于研究和改善的人数,同时也极大地提升了商业交往所需要的资源数量,无论是高度发达且文明的群体还是相对落后的群体。这给双方都带来了极大的好处,尤其是后者。蒸汽装置应用于水陆交通和旅行,已经大幅度提升了水陆交通的便利程度,并使之更便宜、更迅捷,信息和智慧也像风一样传播开来;电报在速度方面则更胜一筹,在迅捷程度方面,甚至可与人类的思想一比高下。

所有这一切联合起来所带来的结果便是知识的巨大增长和散播,由此,进步和文明的推动力也达到了史无前例的程度,与之相伴的则是空前的精神能量和活动。

公共舆论以及作为其传声器的媒体,无论是起源还是其巨大影响力,都应当归功于这些因素。它们所获得的力量,在地球更为文明的地区已经足以让所有的政府都感受得到,即便是最为绝对和最为专制的政府也不例外。不过,尽管它们如今都已经相当强大了,却仍与其力量的最大值相差甚远。很可能,对于这些因素之塑造和影响力有所贡献的那些要素,迄今还没有一项将自身的能量充分发挥出来;其中最为强大的几项要素也是刚刚开始发挥作用,其他的众多要素,尽管有着同样甚至是更强大的力量,却也尚未开始浮现出来。

一旦如今正在发挥效能的这些因素将其效能充分展现出来,而发明和发现的能量也得到完全的应用,如果真的有一天达到了这一步,那么这些因素将赋予公共舆论以怎样的力量,以及将提供怎样的力量来引发变革,无论是政治方面的还是社会方面的,这一切都难以预料。它们所发挥的效能的最终意义会是什么,也许只有时间能够定论。不过,它们最终将会极大地改善人类的状况;要怀疑这一点是不虔诚的。也许可以假设,那全知和仁慈的存在,也就是万物的创造者,在构造人类之时,是乐于赋予人类以高等智能的,以便于利用这种高等智能去培育出用以控制物质世界当中那些巨大力量的法则,使之服务于造物主的用途,此种局面对造物主来说将会是永恒之罪的因由所在,而非永恒之善的因由所在。不过,假如这样的假设无法获得认可,那么上述因素在经历了有序且充分的发展之后,将最终带来永恒之善。然而,情形也许不会如此,除非这些因素所发挥出的效能,从政治上讲能够赋予那种最适合政府达成其原初目的的政府形式以霸权。毕竟,人类的福祉乃全然依托于优良的政府。因此,任何变化,若最终效果并非如此,都将很难证明是一种永恒之善。

不过,下面这种情况也并非不可能,为数众多且巨大,但也是暂时性的罪恶将会因它们引发的那些变化而生,并且是注定了的。政治世界以及物质世界的一项法则就在于,若非经历动乱和革命,巨大的变化便无法诞生,除非是历经一个非常缓慢的过程;而且一旦开始,接踵而至的将会是一系列的灾难,无论这些变化的最终结果是何等有益。就长久以来已经得到确立的政府而言,此类变化所导致的第一个结果就是重新搅动起政府扎根于其中的那些观念和原则。这些观念和原则一直以来指引着政府的政策,而此时,这些变化所意图塑造并确立的政府形式尚未得到人们正当的培育和理解。旧体制的败落同新体制的塑造和确立之间存在一个间隔，这个间隔构成了一段过渡期，而这必定是一段充满了不确定性、错误以及狂野、炙热的迷狂精神的时期。

如今，世界上更为先进和文明地区的政府正处在这样一段时期当中。对于任何形式的政治体制而言，这一时期从来都是一种严峻的考验，而且将来也是如此。那些尚未聪敏到能够觉察出何谓真实的公共舆论的政府，也就是说，尚且没有能力在真实的公共舆论同纯粹的派系鼓噪或者迷狂呐喊之间作出区分的政府，其衰落命运则是注定了的——这样的政府分不清楚如何才能适时并慎重地将其良好感受力和决心用以服务一方的主张，同时果敢且坚决地抵制另一方的要求。极少有政府能够成功地度过这段过渡期。此类过渡期的动乱和变革将是不可避免的，并且动乱和变革的程度或多或少都是相当可观的。这段过渡期将会持续下去，直到统治者和被统治者能够更好地理解政府的原本目的，以及达成这些目的的最佳政府形式，而这样的理解将涉及各个共同体置身其中的特定环境。

作为结论，我应当归纳一下前文所确立起来的那些基础原则，因此，有必要简单地叙述一下罗马和不列颠政府的起源和特征——就各自的宪政政府形式而言，这两个政府在各自的领域中都成为最令人瞩目且最完美的范例。这么做的目的是要说明这些基础原则在此类政府更为单纯的形式中是如何得到运用的，并由此做一些铺垫工作，以便阐释这些原则在我们自身更为复杂的体制中是如何应用起来的。初看起来，情况似乎是，两个政府的基础原则都是一样的,不同的是其具体的应用,且这种不同是由于各自共同体的不同处境和社会境况所造成的。在两个政府中,基础原则都得到了调整以适应环境,并因此取得了各自显著的成功。并且在这两个基础原则得到应用的共同体中,都存在一个长久以来就处于主导地位的世袭阶层。还有就是两个政府的宪政都起源于对人民的让步,人民通过这样的让步而参与到政府权力当中。而我们的情况则是,在这些基础原则得到应用的这个共同体中,公民当中所有的政治阶层和分化都遭到了排除,政府则是扎根在人民的意志当中。

不过,无论起源和特征有何差别,各个政府的目的都是一样的,那就是对共同体内相互冲突的利益进行融合和协调;而且为此而采取的手段也都是一样的,那就是通过共同体各个阶层或者各个组成部分的恰当的机构来采纳各个阶层或者各个组成部分的感受,并将全体的复合式感受视为整个共同体的感受。若情形就是如此,也就不难就基础原则在这些更为简单的政府形式中的具体运作,得出精确和清晰的概念,从而使得我们能够就这些原则在我们这种精细得多、复杂得多、人为程度也大得多的政府形式中,如何完成同样的事情,达成更好的理解。

即便是最不熟悉历史的人也都知道,罗马人民乃由两大团体或者阶层构成,那就是贵族和平民。两者之间的界线划分非常稳固,以至于在相当漫长的一段时间里,两个阶层之间的通婚行为都是遭到禁止的。在推翻了君主制并驱逐了塔昆之后,政府已然自感是完全处于贵族的掌控当中,贵族连同其门客和依附者在当时形成了一个人数众多且相当强大的实体。起初,遭到驱逐的王族有回归之嫌,此一威胁使得贵族对平民施以仁慈,不过在威胁散去之后,贵族便以压迫和残忍对待平民。

考虑到本文的目的,没有必要详述平民所遭受的种种压迫和残忍的对待,仅仅指出下面一些情况就足够了:根据当时的战争惯例,被征服民族的领土将成为征服者的财产,而不间断的战争使平民陷入困顿和压迫的泥潭——平民肩负着战争的所有危险和劳顿,而胜利的果实(征服所得的土地以及战利品)则统归压迫者所有。结果是怎样的,这一点不难预料:平民陷入贫困当中,为生计所迫不得不向贵族借债,利息异乎寻常地高;而贵族则凭借这些债权变得富有,其根源乃在于平民的血汗和辛劳。平民为了满足还款期的要求,不得不押上全部财产;一旦违约,抵押物将被罚没,依据违约方面的法律条款,债务人将会遭到逮捕并被出卖,或者就是拘禁在债权人的私家监狱里——这些监狱正是为此目的而设置的。罗马正是以此无以复加的严厉方式实施此类野蛮条款,以此来压制负债累累并身陷困顿的平民。因此,这些条款构成了这一体制的本质性组成部分,贵族正是借此对平民实施劫掠和压迫的。

然而,此等程度的压迫性体制是无法持久的。自然的结果随后到来。两个团体之间产生了刻骨的仇恨,与之相随的则是派系、暴力和腐败,而政府的力量由此分散并遭到削弱。最终,一次事件引发了平民阶层的最后愤怒,并导致了两个阶层的公开决裂。

一名长期服务国家、历经了二十八次战役的年迈的士兵,设法从债主的监狱中逃了出来,一身褴褛、面无血色、饥饿不堪。他祈求平民的保护,但一群人还是将他围了起来。为国尽忠却遭受债权人的残忍对待,这个事件点燃了怒火,怒火燎原,最终扩散到军队当中。军队于是拒绝继续服役,越过阿涅内河并攻占了圣山。这时贵族在应对策略问题上发生了分裂。强硬派坚持诉诸武力,不过幸运的是,温和派主张让步和妥协的建议取得了上风。于是贵族派遣使团同军队接触,两个阶层遂达成了一项正式契约,并经由誓言的形式获得批准。根据这项契约,平民获权选举两名护民官作为平民阶层的保护者,且护民官的人身神圣不可侵犯。护民官的数量随后提升到十人,选举方也由军团转移到部族,此种方式确保了平民在选举事宜中拥有决定性的权重。

这就是护民官职位的起源。在随后的时间进程中,这一职位实际上等于向平民开放了所有的政府荣誉。平民所获权利不仅包括针对所有法律的否决权,而且包括法律的执行权,并由此通过护民官这个职位而获得了对整个政府行动的否决权,但同时并没有剥夺贵族对元老院的控制权。通过此种安排,政府就由两个阶层复合式的联合声音所操控,两个阶层的声音通过各自单立且恰当的机构来表达,贵族阶层拥有积极的政府权力,而平民阶层则占据否决性的政府权力。这个简单的变化将罗马政府从专制形态转化为宪政形态,从一个完全由贵族掌控的政府转化为全体罗马人民的政府,从贵族体制转化为共和体制。此举为罗马的自由和伟大奠定了牢固的基础。

一个肤浅的观察者可能会宣称一个经历如此组织的政府,必然使得立法和执法权归于一方,而另一方或者另一方的代表则拥有无限制的权威可阻止法律的制定和实施,如此,则即便不说完全不可行,至少也会使得政府过于软弱而无法经受所有政府都将会遭遇到的冲击。因此,这些观察者预言这样的政府将迅速解体,而这种政府在此前所经历的不过是一段散乱且不值得称道的生涯。

然而,结果所给出的证明却完全不同!政府并没有经历散乱,相反,却证明了这样的政府才是一致与和谐的纽带;它也并不软弱,反而具备了无可匹敌的力量;其生涯也并非短暂和不足称道,反而历时漫长,而且获得了不死的荣耀。它缓和了两个阶层之间的冲突,协调了两个阶层的利益,并将其融为一体,以国家忠诚取代了特殊的阶层忠诚,在危急时刻,呼唤起了全体的力量和精力,将智慧者和爱国者提升到权位,使罗马之名超乎万族——将罗马的权威和霸权传布于当时所知世界的绝大部分地域,其法律和制度的影响力则传递到今天。假如在那个关键时刻,相反的建议占据上风,当时的贵族诉求武力而非采取让步和妥协,则罗马非但不能成其日后所是,反而完全有可能无足称道,难以名垂青史,就像罗马周围的那些小邦一样——这些小邦的名字和存在早已经为人们所遗忘了,假如不是征服者将其保存在征服史册中的话。若不是当时采取的这一明智策略,那么无论是哪个阶层最终胜出,罗马都有可能落入残忍、卑鄙的暴君之手,并最终为邻邦所征服,要不就是被迦太基或者高卢所征服。罗马的无限权威以及不可磨灭的声名应当归功于当日事件进程所发生的这次幸运转向。

确实,正是护民官制度一度将罗马提升到前所未有的权力和繁荣的巅峰位置,然而,最终护民官还是演变为对自由实施颠覆的工具之一。不过,这些都发生在罗马开始受困于诸多新的危险之后,这些危险是由财富和霸权的巨大扩张引发的,对此,护民官制度是无法加以防卫的。护民官制度的初衷是为平民阶层提供保护,使之免受贵族阶层的压迫和滥权。这个目标,护民官制度是出色完成了的。然而,护民官无权保护为数众多且富足的被征服国家免受执政官和前执政官们的劫掠;它也无法阻止劫掠者们动用其巨大财富来腐化和败坏人民,这些财富是劫掠者们从已经沦为贫困和废墟之境的各个行省搜刮而来的;护民官制度同样无法遏制各个派系的形成(除了古老的贵族和平民的分化之外),这些派系别无其他目标,为了满足掠夺欲望,纷纷争夺政府的控制权。针对这些可怕的罪恶,罗马宪政未能提供足够的保障机制。这些罪恶所产生的恶毒影响,使得人们为了争夺政府的控制权而触发了最为暴烈的冲突,这些冲突并非在贵族和平民之间展开,而是在放荡且腐化的派系之间展开。冲突的暴力程度不断提升,直到最后,罗马沉沦于获胜派系首领强有力的专制体制之下,这是任何共同体在类似境遇当中都无可避免的,因为要阻止普遍的暴力、混乱和无政府状态,这是唯一的出路,尽管这一选择令人悲伤。实际上,共和体制在帝国确立之前很久就已经不复存在了,中间的这段间隔期充斥着残暴、腐化和血腥的派系统治。虽然由杰出公民构成的规模微小的爱国实体一息尚存，这些人试图纠正滥权并恢复政府原初的特性和纯洁，但这一切终归于徒劳，尽管这些人在致力于维护如此富有德性且高尚的目标的过程中牺牲了自己的生命。然而，对护民官体制来说，如下论说倒也并非不公正：为着明智的目标，护民官获得了巨大的权力，而且这一体制也充分地达成了自己的目标；不过这一巨大权力在那段暴力和腐化期却为他人所攫取，最终颠覆了护民官体制本身所确立起来的自由，尽管护民官体制曾经在如此长的时间里培育并滋养了这一自由。

虽然护民官体制引发了如此重大的后果，但我们也不能忽视罗马宪政的其他一些重大条款。元老院，就我们所了解到的信息而言，其组织原理可说是令人崇敬的——罗马人据此来保障自身行动的一贯性和稳定性。当共和体制面临迫在眉睫的威胁之时，贵族阶层有权力任命一个独裁官，并在指定期限内赋予独裁官以无限制的权威；贵族阶层还可以选任两名出自贵族自身的执政官并决定选举执政官的方式；此外还有占卜官、西比林预言书、祭祀以及监察官，所有这一切都归属于贵族阶层，并且很可能都是不可或缺的权力和职位，用以抗拒护民官那巨大且显然是非常规的权力。不过，贵族阶层既拥有如此巨大的权力，那么也就有必要将同等比例的权力赋予护民官，以便平民阶层能够对政府行动施加有效的影响力。毕竟，护民官是平民阶层借以发挥影响力的唯一渠道。罗马政府展现出强有力的构造形态，并且其积极性的机构和否决性的机构之间也展现出良好的平衡关系,这确实称得上是一个钢铁般的政府。没有护民官,罗马政府将演变成所有曾经存在过的政府形态中最具压迫性的和最残酷的政府;有了护民官,罗马政府则成为最强大和最好的政府。

不列颠政府的起源和特性已为世人所知,因此,就本文目的而言,只需作一个简略的概述就够了。

有很多因素最终塑造了不列颠政府的今日形式,而这些因素都发端于诺曼征服时代。诺曼征服向英格兰输入了封建体制,同时也输入了世袭君主制和贵族阶层作为封建体制的增补——世袭君主由当初入侵军队的首领沿袭而来,后者则由首领的主要追随者沿袭而来,他们演变为后来的封臣。整个国家,包括土地和人民(人民乃作为农奴),就是在这些人中间分割。但君主和贵族之间的冲突很快到来,在此种体制之下,一直都是这种情况。随着世事进展,君主阵营和贵族阵营都开始致力于寻求人民的支持。由此,人民逐渐地开始向着权力的位置攀升。每上升一步,人民的分量也就随之增加一点,最终,人民的影响力便为人们所明确感受,此种境况之下,人民便获得了议会代表的诏令,得以参加议会;不过,到这一步,人民仍尚未成为王国的一个阶层,也尚未成为政治体的一个体制性的组成部分。最早的诏令来自贵族,而贵族此举是为了获取人民的同情,并在同国王的斗争中保证来自人民的支持。接着国王方面也发出了类似的诏令,不过其目标仅仅是希望议会开会之时有人民在场,以便在有关税收和供应的问题上,接受国王的质询。此时事态的发展尚未到达就税收和供应进行探讨的权利问题的阶段,毕竟国王在这两个问题上是有着独断的权威主张的。国王此举的目标是便利税款的征收,并让人民适应税法。

人民就是由此低微的地方起步,经历了漫长的斗争,其间伴随着命运的起起落落,将自我提升到了王国中一个阶层的地位。最终,在致力于扩张并巩固自身之所得的过程中,一度成功地对国王和贵族这两大阶层形成压制,由此将全部的权力集中于一个单一的阶层或者实体身上。这实际上等于是将政府构造为专制形态,所导致的结果,若根据一个固定的法则来评判的话,必定会终结于一个民治形态的政府形式,确切地说,就是组织起党派或者派系,就获取或者保持政府的控制权进行暴力竞争;而若依据同样的普遍法则,这将必定会导向政府权力全部集中在获胜党派的军事领袖之手。

然而,军事领袖的继承人过于孱弱,无法捍卫领袖本人所获取的权杖。结果,对于革命结果的普遍不满导致了旧王朝的复辟,至于王国各阶层间的权力界限,则并未给予界定。

一个短暂的间隔期之后,另一场革命接踵而至——贵族院和平民院联合起来反对国王。此举以王座的颠覆告终,王冠转给了王族的一支远亲,同时还宣布了权利法案,对王国各个阶层的权力进行了界定。此举最终完善并确立起了宪政。一个封建王朝由此得到了转化,演变成一种极为精细的宪政王朝,同时又不用更改政府原来的基础。

如今,这个王国由三个阶层构成:国王、僧俗贵族以及平民。议会,就是大议事会,拥有至高权力,通过贵族院和平民院的复合同意原则进行立法,同时报请国王批准。执行权在于君主,君主构成第一等级。尽管君主本身并无责任担负,但他只能通过责任内阁和代理人采取行动。责任内阁和代理人则对其他两个阶层负责:贵族院构成了最高法庭,负责审理及审判全体大臣的滥权行为、针对王国的罪行以及渎职行为;平民院拥有弹劾权力,并成为王国的大质询机构。这些条款,连同立法权力,尤其是抵制王座款项的权力,给予议会针对执行部门的控制性权力,这实际上等于分享了政府权力,由此,在其全部的领域,政府行为都可以公正地视作三个阶层复合式和联合式行动的结果。鉴于这三个阶层囊括了王国的所有团体,因此政府行为也可视作王国各个等级的复合式和联合式行动的结果。

有人认为国王凭借其纯粹的人格魅力甚至因其作为王族首领的位置,而构成了王国的一个等级。这种看法是片面且错误的。无论从个人角度还是从王族首领角度来看,国王都远远不足以被视为第一等级,尽管他是王国的首脑,但是他所代表的利益却微不足道,因此不足以成为特殊保护的对象。相反,国王真正所代表者,无论从习惯角度看,还是从自然角度看,都需要综合起来予以考虑,实际上是任何文明共同体的任何政府之下最强大的利益,也就是税收消费集团的利益;或者更宽泛地说,是政府行动必然会造就的庞大利益集团,无论其具体形式为何,他们代表的都是靠政府而生活的人群的利益。这个集团由政府荣誉和资源的受益者构成，可以恰当地称之为政府利益集团或者党派，以对应于共同体的其他组成部分，而这些组成部分就是人们通常所说的人民或者平民。因此，前者囊括了所有靠政府为生的人，后者则包括了所有供养政府的人。并且，考虑到事情的全局，则政府集团仅仅因为自身是最强大的，所以他们能够在很长一段时期内维持巨大且具支配性的优势地位。

此种巨大且主宰性的利益当然要由一个单一的首脑来代表。毕竟，若非经由一个单一首脑来代表，人们就无法在集团成员中间分配政府的荣誉和资源，这将会造成混乱和冲突。而且，除非能够阻止此类混乱和冲突，否则如此诱人的优势地位是无法长久维持下去的。因此，这个庞大的利益集团有着强烈的君主制倾向，也就是说，倾向于选取一个单一个体作为利益代表。相反，对立的利益集团，也就是供养政府的那些人，其倾向则是相反的，他们倾向于选择很多人作为代表。毕竟，评判一个共同体能够承担多少税负，以及税负如何平等分摊并更好地征收，一个大规模的会议要胜过一个人或者少数人的判断。

以上这两个庞大利益团体之间必然存在持久且强烈的冲突倾向，此一倾向若不予以抵制，最终必然导致暴力并诉诸强力，随之而来的就是革命，这在前面已经解释过了。要阻止这一切，贵族院，作为王国的一个等级，则介入其中，并构成了政府中的防护性力量。实际上，贵族院是由共同体中的一部分人构成的，这部分人是政府荣誉、资源以及其他恩惠的主要受益者。若相互冲突的各个等级中，任何一个等级取得压制性优势，这部分人的境况都不可能得到提升,相反,只会遭到削弱。因此,这部分人反对任何一个等级取得霸权,而是倾向于在各等级之间保持平衡。

我所描绘的这幅图景尽管简略,不过也足以表明罗马和不列颠这两大宪政政府,无论是就起源还是建构而论,都持守了前文所确立的那些原则,而且这两个政府在各自的政府类型中,都堪称一骑绝尘的范例。两大宪政都起源于一次压力性事件当中,这种压力由敌对阶层或者团体之间的冲突造成,而两大宪政正是要应对此种危机事态。实际情况显示,参与其中的两大党派没有原则问题上的任何想法,对于后续的结果也没有任何想法,他们心中所想全然在于眼前的目标。确实,除此之外,任何建基于团体或者阶层的宪政政府便很难谈得上存在另外的起源方式。很难设想,不曾存在宪政体制的任何民族,将会或者能够有意地给出制度举措,以构造起此种宪政政府。因此,毫不奇怪,宪政政府都生长于不同集团或者阶层的冲突当中,并且机缘环境所提供的助力也是不可或缺的。

罗马和不列颠宪政依托于同样的原则,此乃一种机制,各个团体或者阶层通过此种机制而使得各自的声音经由各自恰当的组织机构得到了接纳,而且此种机制要求将各方的声音进行复合式的表达,以此来构建整个共同体的声音。这两个宪政所达成的效果也是一样的,那就是团结并协调相互冲突的利益,强化对整个共同体的忠诚,并缓和团体忠诚或者阶层忠诚;在危机时刻,集结起全体的力量,置于国家准则的周围;提升民族情感,将道德和物质力量推进到超乎寻常的程度。不过,罗马和不列颠也各有其自身的特点,这些都导源于各自宪政机制的差异,当然也来自各自起源环境的差异。

在不列颠政府中,三大等级乃融合于一个立法实体中,由此,各个等级之间单立但也复合的行动是立法的必要前提;相反,在罗马,一个等级拥有立法权,而另一个等级拥有否决权或者阻止法律实施的权力。两种机制各有其优势,只是罗马更为充分地培育了国家之爱以及民族情感。"我是罗马公民"——人们作此宣称之时所携有的那种骄傲和高昂的情感,是此前和日后任何共同体的任何公民或者臣民在宣称自身的国家归属时,都无法体会到的。

罗马同时也更为充分地推进了共同体的力量。考虑到各自的人口以及在不同时代的文明状态,罗马对于自身力量的推进,是超越了不列颠的,尽管不列颠的力量也堪称强大,而且,罗马在这方面超越了迄今任何一个共同体。相形之下,罗马在开端之时所获取的控制权可说是非常低微的。然而,不列颠政府能够包容并适应其广阔领地,同时又避免对自身宪政形成颠覆,在这方面,不列颠是超越了罗马的。罗马宪政在这个问题上是存在缺陷的,并因此在霸权越过意大利地界之后便迅速表现出败落的迹象;不列颠则在没有对自身和帝国造成明显伤害的前提下,掌控了一个规模不下于罗马的帝国,而罗马则是在此等规模的帝国的重压之下丧失了自由。不列颠的此种巨大优势乃源自其不同的结构,尤其是执行部门的结构,当然,也来自防护原则的特性。不列颠执行部门的构造因其一致性以及世袭性,阻止了政府控制权方面的暴力性的派系争斗,而罗马政府正是因其巨大的裙带资源而削弱、腐化并最终颠覆了罗马共和体制。针对这种致命的病患,罗马不具备任何的防护措施,而不列颠政府除了此种因执行部门的结构特性所带来的优势之外,在防护原则之特性方面还拥有另一项强大的防范措施。不列颠宪政防护原则的特性在于,政府的裙带资源强化而非削弱了政府。毕竟,在不列颠政府中,政府的裙带资源越是庞大,政府中防护性的部门所分享的份额也就越是庞大;境况越是令人满意,人们也就越是反对就政府形式进行任何的激进变革。这两项因素联合起来,也就赋予了政府更大的能力去主宰广阔的领地,且不会颠覆宪政或者摧毁自由,而这样的能力是以往的任何帝国都不曾拥有过的。确实,不列颠在这方面的政府能力可说是无限的。最有可能存在的限制也许就是不列颠政府究竟有多大能力担当起帝国的负担,确切地说,获取并统治如此大规模领地所需要的税负开销,最终可能会成为沉重的负担,也许会摧毁人口当中劳作性和生产性的部分。

我已经完成了原来的规划,概述了罗马和不列颠这两大宪政政府的起源和特性,接下来我将会考察美国政府的特性、起源和结构。美国政府与罗马和不列颠的不同,其程度超过了罗马和不列颠之间的差异。美国政府的起源是不久前的事情,尽管如此,人们对美国政府之特性和结构的了解可能还比不上对罗马或者不列颠的了解。

美国的宪法和政府

我们的政府是一个政府系统，由联邦各州的政府组合而成，是成员各州政府组成的一个共同政府，人们称之为合众国政府。各州政府先于联邦政府，联邦政府经由各州政府创造而出。各个政府由成文宪法塑造而成；各州政府则是由各自的人民塑造而出，单独行动，并赋有主权性质；联邦政府也是由人民塑造而出，依据同样的主权性质采取行动，不过联邦政府的行动实际由各州集合而成，而非独自行动。各个政府采取了同样的塑造模式，都将政府权力分化为立法权、行政权和司法权，并且都是建基于统治者应当对被统治者负责这一伟大原则之上。政府的全部权能被划分为两大部分：具备普遍性质的权力专属合众国；其余的全部权能则保留给各自独立的州政府。各个政府自有其恰当的领域，但也具备一个政府的所有品性，并履行政府的所有功能。联邦政府和州政府是彼此互补的。没有州政府，联邦政府则称不上完善；反之亦然。两者联结起来塑造出一个完整且完善的政府。这些是初步的评论，接下来我将考察这篇文章本身的主题。

合众国政府由合众国宪法塑造而成，我们的政府是一个民主的、联邦制的共和体制。

说它民主,是相对于贵族制和君主制而言的。它排除了阶级、阶层以及其他所有的人为区分。为了防止这些人为分化因素的引入,宪法禁止合众国或者各州授予任何的贵族头衔。[1] 确实,这整个系统全然是民主性质的。那句重要的格言就是其基础原则:人民是全部权力的源泉;各州政府以及合众国政府乃由人民创造,并且是为了人民而创造的;托付给各个政府权力并非意味着投降,而只是一种转让;因此,权力以信托方式而非专制方式持有;除非是为了推进权力转让所要达成的目标,否则权力便不能说是得到了正当行使。

合众国政府是民主的,也是联邦制的。所谓联邦制,一方面是对应于全国体制,另一方面则对应于邦联体制。要就此进行说明,应当从全国体制入手。

之所以说是联邦制的,这是因为合众国政府是各州政府在一个政治联邦中的结合,因此,它可以同那种经由个体的社会性结合而塑造的政府区别开来。确切地说,后者的政府塑造模式是人

[1] 《宪法》第1条第9、10项。

们通常所谓的社会契约模式。不妨更为简洁地说,合众国政府之所以是联邦体制而非全国体制,是因为这样的政府是经由各州所组成的共同体的政府,而非单个州的政府或者单个国家的政府。

合众国政府是联邦体制而非全国体制,对此,塑造这一政府的会议文本提供了正统的权威。华盛顿将军作为会议成员,在一封信中向当时的制宪会议提交了一份规划,请制宪会议酌情考虑。在信中的某处,华盛顿将合众国政府称呼为"联邦的普遍政府",在另一处称呼为"各州的联邦政府"。这些说法加总起来,其意思是很清楚的,这种政府体制,若得以采纳,拟议中的政府,便是采纳此种政府形式的各州的政府,从而各州作为一个共同联邦的成员而具备了联合体制的特征,因此,这就是一种联邦制的政府。若不经过恰当的斟酌并对这些表达方式的真正含义有精确且充分的了解,就无法将这些表达付诸应用。这个主题本身并不新颖,制宪会议对此很熟悉——在制宪会议的商谈中,这个主题强烈地激发着人们的情感。在会议早期阶段,人们便在这个问题上产生了分歧。一开始,一派人主张一个全国体制的政府,另一派人则支持一个联邦体制的政府。前者在起始阶段占据了上风,在他们所提出的规划中,宪法和政府都冠之以"国家"称谓。不过,最后占据上风的是后者,"国家"称谓被取消,取而代之的是"合众国",宪法则相应地被冠之以"合众国宪法",而政府获得了"美利坚合众国政府"这一称谓,并为了简洁起见,省去了"美利坚"这个词。毫无疑问,大陆会议通过"合众国"这个表达所要传达的意思,就是各州在一个联邦式同盟中的联合——毕竟,除非是在这个意义上，否则便无法恰如其分地将政府称呼为“各州的联邦政府”或者“联邦的普遍政府”，就像前面华盛顿的信中所提到的那样。因此也就很清楚了，制宪会议认为这些不同的表达，诸如“合众国联邦政府”“联邦的普遍政府”以及“合众国政府”，都是同一个意思，那就是一种对应于全国体制的联邦体制的政府。

这一点既获认可，那么要确认“合众国政府”的意思，便只需要精确界定“联邦政府”的意思就行了。为此，有必要追溯这一表达的起源。

正如我们的历史所表明的那样，在当时，这个表达是一个古老且熟悉的词语，其意思也是众所周知且精确界定了的。这个表达的应用发端于各州在政治上的诞生之日，之后便被广泛应用于当时的各州身上，几乎没进行过什么变更，无论它们经历过怎样的政府形式。当前宪法和政府的称谓，恰恰正是在当前称谓得到采纳之际就已存在并为当前称谓所取代的那个邦联的称谓。而用以塑造后者的工具，正是人们所谓的“邦联和永恒联邦条款”。其中的第一条款宣布，邦联的样式应当是“美利坚合众国”；第二条款意在详尽界定将要构造成为邦联的各成员州之间的关系，它宣布，“各州保有自身的主权、自由和独立；凡在本次制宪会议上本邦联条款没有明确转让给合众国的权力、司法裁决权和权利，都归属各州”。我们不妨再回溯一步，邦联的称谓，实际上同条款得到采纳之时存在的、并为条款所取代的那个革命政府的称谓是一样的。邦联称谓的起源乃扎根于《独立宣言》。宣言的标题是——“美利坚十三州的全体宣言”。这再一次显示,在新环境中,各州之间的关系是很清楚的,宣言总结道:“这些联合起来的殖民地,是,而且也应当是,自由和独立的州”;“作为自由且独立的州,它们有完整的权力宣布战争、和平以及缔结同盟,有完整的权力从事一个独立州应当从事的任何活动”。因此,“合众国”就是这些州在诞生之际的受洗名称,此后它们便一直都是这个名称。也正是这个名称铸造了各州宪法、政府和法律的特性,并且经由这个名称而为世人所知。

这个称谓历经世代传承下来,提供了一项即便不说是结论性的但也是强有力的证据,证明了当前宪法和政府环境中各州之间的关系,实质上就是邦联和革命时期各州之间的关系。那么这种关系究竟是怎样的?这个问题实际上是很清楚的。毕竟,宣言明确宣布,各州是“自由、独立且拥有主权的州”,因此,各州今日的联合以及往日里一直采取的联合形态,只不过是邦联形态的联合。假如塑造了今日宪法和政府的制宪会议成员,有意在各州关系问题或者联邦之基础这一问题上进行任何本质性的变革,那么他们保留这一称谓并以此指称历来的政府的举动就相当于欺骗。而这完全配不上他们的人格——他们都是真挚且诚实的人和爱国者。因此,我们完全有理由推断,他们之所以保留这一称谓,目的就是要将原先的含义赋予“合众国”这一表达,并且,很自然地,称呼当前政府为“各州的联邦政府”里所谓的“联邦”,也是就当初各州之间的关系而言的——这种关系同邦联和革命时期的政府是一样的,并没有发生实质上的改变。联邦各州和邦联各州,实质上是一回事。因此,我们可以推论出,当前宪法所作的改变并不涉及根基问题,而只是在这一体制的上层结构中进行的。在确认这一结论的过程中,我们也发现,他们在给制宪会议的信中陈述了已经作出的那些改变的原因,其中仅仅提及对政府"组织"进行改变的必要性,而没有涉及各州关系问题上的变革以及体制之基础的问题。他们指出:"我国的朋友们长久以来见证了并且也都希望看到,战争、和平与缔约的权力、税收和规范商业的权力以及相应的行政和司法权,都应当充分且有效地赋予联邦政府。但是,将如此广泛的权力信托给一群人,此种做法并不恰当,这一点是很清楚的,因此就有必要对政府组织进行改变。"这段话的意思很清楚,无需再做评论了。

制宪会议本身为我们提供了权威,因此可以断言,"合众国"这一表达在当前宪法和政府环境中的意义同往日里的意义本质上是一样的。很自然地,各州也一直都作为独立且主权式的共同体而保有独立存在,无论其经历过何种形式的政治存在。这就是"合众国"这一表达的字面意思,并且一直以来人们也都是在这个意义上对这一表达进行政治应用的。我这里之所以说"政治应用",是因为这一表达也常常在地理意义上使用,用来指称这块大陆上各成员州所具有的那些区域,包括准州在内。而之所以进行地理上的应用,是因为除此之外,便没有其他术语更为适合了。因此,各州凭借这个名称进行政治上的设计,而这个名字本身同时也用来指称各成员州和准州所占据或者具有的地理区域。在讨论有关政府特征和性质的问题时,这一区分是有重大意义且不可忽视的,否则便会引起巨大的混乱和危险的误判。

然而,尽管上述原因足以盖棺论定式地证明,合众国政府是同全国体制相对的联邦制,但还是不足以阻止人们沉浸于相反的观念当中。实际上,相反的观念似乎已经成为盛行的观念。我们不妨从"国家"这一术语的普遍应用中作出评判,同时也从"联邦"这一术语几乎被全然误用的角度来作出评判。所谓"国家",如今通常用来指"联邦的普遍政府"以及"各州的联邦政府",也指所有同它们或者同联邦有关的东西。但人们似乎忘记了,这一用法是在充分考量之后遭到过制宪会议的拒绝的——宪法以及提交给制宪会议的信件,都仔细地排除了这种用法。甚至那些对此情况完全了解,当然也很清楚此种用法何等虚假的人,大多数竟也不加反思地接纳了这种用法。不过,也有很多人之所以接纳这种用法,是因为他们相信我国政府在事实上就是一种全国政府。这其中不乏才干和声望杰出之士,他们倾尽其所有的理性和雄辩之力来支持这一理论。这其中所涉及的问题乃头等大事,有必要进行全面且彻底的详查。此种局面之下,尽管我认为上述用以证明我国政府之联邦性的理由已经很清楚且可说是盖棺论定了,但仍然有必要建立一个历史参考框架对之进行确认,同时也是为了祛除那些用以证明它是一个全国政府的论辩。为此,应当从宪法的塑造和批准入手。

各州,在塑造并批准宪法之际,是单立、独立和主权式的共同体,这一点已得到了确认。各州的人民,依托其单立、独立且主权式的特性,采纳了各自单立的州宪法,这一事实也是无可争议也未曾争议的。但是,他们是否依托同样的特性批准并采纳了合众国宪法,这一点倒不是那么明确;其间的差异全然在于,在制定并采纳州宪法时,各州人民的行动不存在协调或者协议,但是在制定和采纳合众国宪法时,制定宪法的工作需要协调,而采纳宪法则需要各州的协议。制宪会议的代表们是由各州凭借各州自身的权威而指派的,他们在制宪会议上以州为单位进行投票,且计票工作也是以州为单位进行,这些都是记录在案且无可置疑的事实。同样,以下事实也是无可争议的:宪法在制定出来之后,是交付各州人民单独批准的;各州人民的批准程序也是各自进行的;宪法对于各州的约束力完全建基于各州单独批准这一事实。在此之前,宪法仅仅是一项规划,是没有任何约束力的。正是批准这一行动使得宪法成为"批准各州"之间的宪法,并且也仅仅是"批准各州"之间的宪法。当然,前提是当时的十三个州中不少于九个州予以批准,这是宪法第七条最后一款明确规定的。原文如下:"若有九个州予以批准,则足以在批准各州中间确立起这部宪法。"假如需要更多的证据以证明宪法的约束力仅限于批准各州,下面的事实就能够提供这方面的证据:一开始,北卡莱罗纳和罗德岛拒绝批准,因此,在那段间隔期里,这两个州被视为外来州,它们没有义务尊重宪法,两州的公民也没有义务遵从宪法。因此,前面所提到的观念差异是没有理由存在的——这一系列的事实并不遥远,而且相当清晰,宪法条款也非常明确,因此疑虑是不可能存在的。

也因此,各州在批准宪法之后当然保有其单立、独立且主权性质,各州也正是据此来批准宪法的。这一点是可以肯定的;除非批准宪法这一行动意味着已经被剥夺了此种性质,或者宪法另有条款剥夺了各州的此种性质。如果没有,那么宪法就是联邦式的,而非全国式的。毕竟,在此种情形之下,宪法的全部特性都是塑造联邦体制所必需的,其中没有任何一种品性是用以成就全国体制的。从另一个方面来讲,假如各州已经实施了自我剥夺,那就必然会丧失其联邦性质,并因此转变为全国体制。因此,政府究竟是联邦体制还是全国体制,也就化约为一个单一的问题:批准宪法的行动、各州自身、宪法中的某个或者全部条款,是否剥夺了各州单立、独立且主权式共同体的性质,并将各州融入一个我们称之为“美利坚国家”的巨大共同体或者国家当中?

这个问题非常重要。在详述这个问题之前,应当指出,对于这个问题的决断将决定政府和宪法的性质。政府必定分享着宪法的性质特征,因为政府只是宪法的代理者,由宪法创造,并以此将宪法力量付诸施行。因此,宪法的联邦特性或者全国特性也决定了政府的联邦特性或者全国特性。所以,在接下来的讨论中,我对两者的使用也就不再作区分了。

在我们政府系统可能产生的所有问题中,这个问题的分量要远远超过其他问题。这个问题同时涵括了许多别的重大问题,比如公民忠诚问题,或者换言之,公民忠诚和服从的终极对象是谁。两种政府,也就是合众国政府和州政府,这两者之间的真正关系为何?成员各州的个人之间的关系应当为何?有一点是很清楚的，假如各州仍然抱有其作为单立且独立的共同体的主权性，那么各州公民忠诚和服从的对象就应当是各自所在的州；合众国政府以及各州政府也将在各自的领域呈现为平等者和协作者的角色；各州公民之联合也就并非社会性质的联合，而是经由各自州而进行的政治联合。相反，假如批准宪法这一行动本身就已经剥夺了各州的个性和主权，并使得各州融合为一个巨大的共同体或者国家，那么同样清楚的是，主权的寓居之所将是整体，也就是所谓的美利坚人民，而公民忠诚和服从的对象将是这个整体。同样清楚的是，各州政府在此种情形下肯定处于相对于合众国政府的次要和从属地位，各州的公民个体在经由此种融合之后，将构造出普遍化的大众，其联合也将是社会性质的，而非政治性质的。上述两种境况之间的差异非常巨大，而且实际上蕴含着一场彻底且激进的革命，无论从社会角度还是从政治角度看都是如此。若这场革命发生，那么其激进程度较之《独立宣言》发布之后的那场革命要激进得多。

倘若有人认为批准宪法行动本身就已经意味着如此巨大的一场变革，那么他们有义务为此提供具有说服力的证据。实际上此一观念是被强烈抵制的。制宪会议的权威们很显然反对这一观念，而且宪法获得批准的历史也没有提供支持这一观念的证据，倒是提供了强有力的反证。这一点前面已经说明了。在这些证据之外，还可以补充另外一些证据，比如从各州的历史中所得出的设定，这一历史覆盖了从各州诞生一直到批准宪法年代的各个阶段。各州在其历史的各个阶段，都是单立、独立的共同体，当然,彼此间是相互尊重的,并且各州在历史的各个阶段对自身权利所抱有的坚韧也都是令人刮目相看的。在各州的整个历史时期,这一点构成了其地方性中最为突出的特点之一,因此只需一个非常简洁的概述就可以对此作出说明。

在殖民地时期,各州形成了单立的共同体,各有其单立的宪章和政府,并且除了作为一个共同帝国的依附性成员之外,彼此间没有其他的联系模式。各州间的第一次联合是在对抗母国对自身宪章权利的侵犯之时诞生的,当时所采用的名称是“联合殖民地”。它们在此名义之下采取行动,直到宣布独立。这段时期,它们的行动意志都依据联合议事会进行,在这个议事会中,各州的投票和行动也都是作为分立且单立的共同体进行的,并没有聚合成为一个共同体或者一个国家。它们行动时所依托的性质同宣布独立时的性质是一样的,而且正是通过这样的行动使得自己从依附性的殖民地境遇过渡为自由和主权的州。《独立宣言》是由各殖民地指派的代表制定的,每个代表都是各州的代表并且依托各州自身的权威采取行动。制定《独立宣言》的票决行动是以代表团为单位进行计票的,一个代表团一票。我们说《独立宣言》获得全体一致通过,意思并不是说它获得了每个代表的赞成票,而是说《独立宣言》获得了各个代表团的多数票。这清楚表明,制定《独立宣言》的会议实体本身,将此项行动视为各殖民地的联合行动,而非作为一个共同体的整体的行动。这个问题可谓意义重大,并且各殖民地对此也非常坚持,因此不妨明确地说,《独立宣言》的制定是在各殖民地的联合名义下进行的,其权威渊源乃在于各殖民地的人民——他们在大陆会议上自有其代表。《独立宣言》发布之后，紧接着便是宣布各殖民地为“自由且独立各州”。这一行动事实上只是针对世人发布的一份正式且郑重的宣告：各殖民地从此不再是依附性的共同体，而是自由且独立的州；各州之间的关系问题只是为了因应从母国脱离之所需而进行的调整，除此之外，便没有更多的改变。认定或者意图认为这一行动所产生的效果是将各州作为单立共同体的存在融合成一个国家，这根本不是当时人们的想法，因此，他们任命了一个委员会——这个委员会实际上在讨论宣言之时是在场的——去起草一份各州的邦联规划，并以此进入新的历史境遇当中。这个委员会实现了自己的使命，起草了邦联和永久联邦草案，这一草案随后为各州政府所接纳。这份草案在各州间建立了一种纯粹的邦联体制以及各州的联邦，这一点已经说明了。而且在塑造并接纳这一体制之时，各州甚至对于将权力转让给邦联表示出极端的警惕，以非常不情愿且极为谨慎的方式将权力让渡给邦联，其中一些州则是在革命战争的压力之下，经历了长时间的抗拒之后才同意这么做的。在从邦联条款得到采纳到当前宪法得到采纳的这段时期，即便在最为紧迫的情况下，各州也都在转让权力方面展示出同样的不情愿和警惕，这一切都是无可争议的事实。

此外，还应当补充另一个同样重大的环境事实，这一事实源自因批准宪法而采取的初步举措。如上所述，制宪会议将规划提交给大陆会议等候讨论和通过。大陆会议是各州依据其邦联性格而采纳的唯一的机构和代表，因此将规划提交大陆会议意味着制宪会议承认并认可了大陆会议在自身之上的权威。这种权威是各州作为单立、独立且主权式实体而得来的权威,大陆会议有权按照自己的意愿行事。假如大陆会议进行适当的思考,它完全可以对那项规划不闻不问,仅此就足以挫败这项规划。不过,大陆会议认为应当就此采取行动,并采纳了制宪会议提议的行动路线,那就是将规划提交给“制宪会议的代表予以同意并采纳,这些代表由各州人民来选派”。这一切同宪法的联邦性是严格一致的,而同全国体制观念则是全然相斥的。这份规划在各州以种种不同的方式获得了同意:首先是依托各州的邦联性质,并通过唯一的恰当机构也就是大陆会议进行;其次是依托各州的个体性,各州作为单立的州,通过各自的州政府进行,大陆会议则需要听取州政府的意见;最后,依托独立且主权式的共同体自身的性质,由州政府在各自州召集人民集会而进行。各州凭借上述种种方式所赋予的能力,在任何阶段都可以挫败或者通过规划。

这项预设性的证据可谓分量十足,因此用不着更为强烈的表达,就足以证明我们的政府是联邦体制,而非全国体制。接下来,我将表明,宪法之批准实际上包含了进一步的和结论性的证据来支持联邦体制,而非反对联邦体制。

宪法之批准及其效果究竟意味着什么,对此,我们没有猜测空间。各州的集会在批准宪法时所用的表达方式以及宪法本身的表达,已经提供了丰富的手段,足以十分精确地确认其意义和效果。前者通常用到的表达方式是:“我们,各州的代表,”(州名)“代表各州人民,同意并批准宪法。”所有的州都使用了“批准”一词,除北卡罗来纳之外的所有州也都用到了“同意”一词。北卡罗来纳州的代表用的是“采纳”而非“同意”,但这仅仅是表达形式的不同,并非意味着在任何意义上改变了其含义。当时,所谓批准就是各州依托各自单立的能力而采取的行动。这项行动由专门为此目的而选派的代表执行。各州指派自己的代表,各州的代表以各自州的名义行动并对各自州负责。代表们的行动就是“同意”或者“采纳并批准”宪法,两者是一个意思。

不妨看看宪法的第七条以及前言,就不难找到批准行动的效果。第七条明确规定:“只要有九个州的人民集会予以批准,就足以在批准宪法的各州间确立起这部宪法。”宪法的前言是这么说的:“我们,合众国的人民,为了塑造一种更为完善的联邦,实现正义,保障国内安宁,提供共同防御,推进普遍福祉,并保障自由对于我们自己以及我们的后代的赐福,为美利坚合众国制定并确立这部宪法。”因此,批准的效果就是制定并确立这部宪法,确切地说,就是制定此前还只是一种规划的东西——“美利坚合众国宪法”。所有这一切都是很清楚的。

至此,尚需要说明这部宪法究竟是由谁来制定并确立、为谁而制定以及为什么制定和确立,同时也需要说明这部宪法是针对谁而制定和确立的。我将依次考察这些问题。

要说明宪法是由谁制定和确立的,最紧要的环节在于确认“我们,合众国的人民”究竟指的是谁。显然,宪法之制定和确立正是依托合众国人民的权威进行的。对这个问题,只可能存在一种答案,那就是批准了这部宪法的人民。因为制定并确立宪法的正是批准这一行动本身。这些人是谁,这个问题显然是不存在疑问的。批准的预备阶段以及一系列的批准行动都毫无疑问地证明,宪法是各州经由各州的代表集会批准的,这些代表由各州人民在各自州进行选派,并且依托各自州的权威和各自州的名义行动。既然所有州都批准了宪法,那么,“我们,合众国的人民”也就意味着联邦各州的人民。这一推论是无可反驳的。一旦考虑到联邦各州当时乃邦联的成员,邦联条例也有明确的条款规定,“各州保有其主权、自由和独立”,那么这项证据也就可以证明,“我们,美利坚合众国人民”的意思是指联邦各州的人民,各州作为自由、独立且主权式的各州而行动。这一点确认了刚才所述,确切地说,制宪会议将“合众国”以及“联邦”应用到宪法或者政府身上时,实际上是同一个意思——所谓“合众国”,从政治角度讲,其意思素来就是指各州作为独立且主权式共同体的联合。

一旦就宪法由谁制定并确立作出了说明,也就不难确定宪法是为谁而立这个问题了。前言在这个问题上表述得很明确,宪法之制定和确立是为了“美利坚合众国”,同时前言还进行了补充,所谓“美利坚”这一用法同当时的邦联用法是保持一致的,同时也是和《独立宣言》中的用法保持一致的。因此,若能够认定“合众国”一词在前言的结尾和开始的意思是一致的(没有理由认为两个地方的意思是不一样的),那么必然的结论就是,宪法之制定和确立是为着各州的人民,也正是各州的人民制定并确立了宪法。

由此,“宪法之制定和确立究竟是为了什么”这个问题也就不难判断了。前言列举了宪法的目标,那就是,“塑造一种更为完善的联邦,实现正义,保障国内安宁,提供共同防御,推进普遍福祉,并保障自由对于我们自己以及我们的后代的赐福”。为了达成这些目标,用他们自己的话来说,他们“为美利坚合众国”制定并确立了“宪法”,很显然,这里“为”的意思是说这部宪法是“他们的”宪法。制定并确立宪法的目标就是为了完善“他们的”联邦,在“他们”中间实现正义,保证“他们的”安宁,为“他们”提供共同防御和普遍福祉,并为“他们”以及“他们的”后代保障自由的赐福。刚才所述加总起来,不难得出结论,宪法是由各州作为单立的、主权式的各州制定和确立的,各州为着“他们自己”制定并确立宪法,也就是说,为着作为单立且主权式的共同体的共同福祉和安全制定并确立宪法。

宪法之制定和确立究竟是针对谁呢?这个问题尚需说明。宪法肯定并非针对各州而制定和确立,这一点在宪法第七条中已经得到了无可争议的确认。这个条款宣布,只要有九个州的批准,就可以在批准各州中间确立这部宪法。“在……中间”这一说法必定也就排除了“针对”的意思,因为宪法乃存乎各州之间,因此就不能说是针对各州。假如宪法对此沉默,那么理性本身也能够凭借同样的确定性导向同样的结论。毕竟,是各州,或者说是依托其主权能力的各州人民,制定并确立了宪法。制定并确立宪法的权威乃高于宪法,后者当然要服从前者,因此,宪法不可能是“针对”各州。“在……中间”的含义较之“针对”要更为丰富,就当前这个问题而论,“在……中间”乃意味着,制定并确立宪法的权威就是批准宪法各州的协同和联合的权威。批准宪法的重要结果之一就是使得宪法成为各州之间的一份契约。作为一种契约,宪法对各州是有约束力的,不过也就仅此而已。“在……中间”这个术语就是在这个意义上而得到恰当应用的——不可能是别的情况。因此,在当前这个问题上,这个词毫无疑问就是在这个意义上得到使用的。不过,问题仍然没有得到解答。宪法之制定和确立究竟是针对谁呢?就刚才所述,答案其实很简单。宪法之制定和确立乃针对宪法所构造的政府以及所有的政府职员,同时也包括那些居住在各州的政府人员,只要他们处身于合众国的权力授权领域之内。

经由宪法批准行动以及宪法本身所导出的这些论说,足以表明:联邦各州依托其邦联特性而采取行动,正是它们制定并确立了宪法;它们制定并确立宪法是为了自身,并且是依托同样的邦联特性;它们制定并确立宪法也是为着自身的福祉和安全,并且也是依托其邦联特性而采取的行动;它们之确立宪法乃作为它们之间的一项契约,而不是将宪法作为在它们之上的一种东西;将宪法作为一项契约,它们则是依托同样的邦联特性而成为签约各方。由此,我们便不难得出总结式的观点:各州在批准宪法之时并没有丧失其邦联特性,这一特性是各州在批准宪法之时就已经具备了的,而在它们批准宪法之前的历史阶段,这也都是各州的特性所在;批准宪法并未使它们丧失这一品性,相反,各州仍然完整地保有这一特性。

有人反对这一结论,并坚持政府的全国性质。此类观点的主要支撑在于“我们,合众国人民”这一表达,出现在宪法前言的第一节。宪法在结论部分也用到了这样的说法,“为合众国制定并确立这部宪法”。两种表达结合起来之后,这些人便首先坚持认为,“我们,人民”,意思是指个体意义上的人民,这样的人民构造出的是一个单一的共同体,并认为,“美利坚合众国”这一用法乃呈现为一种集合意义,也就是所谓的美国人民。他们在坚持此种构建方式之时,所依托的是刻意不去提及各州的名字,将其从“人民”一词的后面省去;比如说,“我们,新罕布什尔州人民、马萨诸塞州人民”等等,这些都是邦联条例中的用法,也是签署《独立宣言》时的用法,而这些人则相反地只是用“合众国”这一普遍术语取而代之。

尽管这一观点看起来非常有道理,不过只需要解释一下为什么宪法的塑造者们使用如今的这个用法,以及为什么不应将这些人的解释强加在这一用法之上,一切也就非常清楚了。应当承认,假如在“人民”一词后面加上各州的名字,这一用法的意思也就不会有任何模糊性了。而省略掉州的名字,凭借此种做法而导出的推断和论说都只是一种借口或者说都是得不到支持的。这一省略可说是十分醒目,不过却不好解释。这种做法显得刻意,而且完全是出于环境所导致的必然性而为之。宪法初稿在“人民”一词后面是加上了各州名字的,但是采纳了第七条也就是最后一条之后,便没有必要这么做了,因为宪法第七条规定说,九个州的批准便足以在各州之间确立这部宪法。出于显而易见的原因,当时的人们无法断定是否所有的州都会批准宪法,若有一些州拒绝批准宪法,那么这些州会有多少也是无法断定的。更确切地说,假如说会有九个州予以批准,但该如何提及这些州的名字呢?没有别的办法,因此只能回避提及可能会批准宪法的各州的名字,并以“美利坚合众国”取而代之。这一省略其实是很容易解释的,不过有人却抓住这一点,将之作为一项强有力的证据来证明,政府是由集合意义上的美利坚人民规定并确立起来的,因此,政府是一种全国体制。

不过,这一省略,假如没有造成与之相关的那种双重模糊性,就其本身而言也不会造成什么难题。“合众国”一词,就其作为宪法语言来说,势必意味着邦联意义上的各州,并且像前面已经表明的,当这个词在地理意义上使用时,则意味着各州所占有和拥有的土地。而“人民”一词在英语语汇中,并没有复数可言,必然是在单数意义上使用的,即便用于由多个共同体或者州以邦联形式组建的共同联盟身上也是如此。这就是合众国的情形。此种双重模糊性,再加之省略掉各州的名字,这一切都使得全国政府理论的倡导者们认定,“我们,人民,意思是指普遍意义上的个体,而不是构造起各州的人民”;而“合众国”一词在地理意义而非政治意义上的应用则构造出一种看起来并非没有合理性的论说,从而对如下结论形成支持:“我们,美利坚合众国的人民”,即指作为一个整体的集合意义上的各州人口,由此,各州便丧失了用以构造单立政治共同体的那种分立特性。不过,这项虚假的设定以及由此导出的结论,却忽略了一项坚固的事实:制定并确立宪法的人民,也正是批准宪法的人民。毕竟,仅仅是出于批准行动,宪法才得以制定和确立,这一点前文已经给予了结论性的说明。这一事实本身足以扫除宪法前言中因用词的模糊性而导致的那些论说。

全国政府理论的倡导者们的下一个支撑点则在于“制定并确立宪法”这一表达。他们承认,宪法在其初始状态中采纳了契约形式,不过他们争辩说,“制定并确立”这一表达用在宪法和政府身上同契约观念是无法兼容的。因此,这样的工具或者规划在制定并确立为宪法之时也就丧失了其联邦性质。由此,各州在宪法得到制定并确立之时便不再是签署协议的各方,也不再是一个邦联式联盟的成员,而是融入到一个共有的共同体当中,或者说是一个国家当中,如此,各州便成为国家的附属或者依附性分支或团体。

我不认为有必要讨论“制定并确立”同“契约”之间是否存在不可兼容性,尽管这是全国政府理论的支撑所在。表明这种看法是一项虚浮的假设并非难事,不管它会获得怎样的支持都没有任何依据可言。就我的目的而言,表明如下一点就足够了:这一假设同宪法本身是全然矛盾的,以至于由此推出的结论同制宪会议的观念也是矛盾的。就前文所述,实际上已经不需要更多的东西就足以确立我的观点了。

若以契约的眼光看待宪法,这样的契约在宪法制定并确立之后仍然存在于各州之间。当时存在的联邦仍然存在,各州当然也仍然是这个联邦的成员,并且是依托其原初的邦联特性,这一切都是很清楚的。同宪法前言相关的论辩中,人们常常提及宪法第七条,这一条款足以对上述一切形成确认,不会引发什么另外的含义。但有关联邦存续问题,则另当别论。要廓清这个问题,没有必要诉求于宪法前言和制宪会议文字之外的东西,因为正是这些材料将宪法规划摆在大陆会议面前。在列举制定并确立宪法的目标之时,宪法前言将“构建一个更为完善的联邦”置于所有其他目标之前,以之作为第一目标。因此,“制定并确立”这一表达同联邦绝非不能兼容,或者说绝无摧毁联邦的效果,相反,宪法本身宣布了宪法的意图乃“构建一个更为完善的联邦”,这本身就足以驳斥不可兼容性的断言。不过在此也许应当给出这样一种评论:宪法前言中“构建一个更为完善的联邦”这一表达,其意图肯定不是为了宣布旧有的联邦已经取消,一个新的和更完善的联邦得到确立并取而代之。毕竟我们手里有着制宪会议的权威,足以证明他们的目标就是维持当前已经存在的那个联邦。在提交给大陆会议的文字材料中,他们写道:“在所有有关这个问题的考量中,我们坚定地维持我们的联邦的稳固,在我们看来,此乃所有真正美国人的最大利益所在。”此处,“我们的联邦”指的只能是当时的那个联邦,而不可能是别的东西,也就是旧有的那个邦联式联盟以及这个联盟之前的那个革命政府,而那些州则是其邦联式的成员。因此,旧有的联邦当然也就是宪法塑造者们在前言中提到的那个联邦,宪法意图使之更为完善的那个联邦也是针对这个联邦而言的。就如同要使邦联更为完善一样,革命政府也同样如此。制宪会议所使用的“稳固”一词,也绝无削弱这项结论的意思。这当然是个语气很强的表达,不过尽管如此,其意图肯定不是像全国政府的倡导者们设想的那样,要摧毁原有的联邦。毕竟,若如此,则这些既无法从宪法的背景角度加以理解,也无法从联邦存续的角度得到理解,而这一切正是制宪材料的遣词和文字的含义所在。因此,应当联系宪法前言所用的那个"构建一个更为完善的联邦"的表达来进行解释,尽管这一表达更为强烈地暗示了联邦的紧密程度,但它不可能暗示任何同完善联邦这一得到肯认的目标相违背的东西,更不可能包含任何同一个邦联式的共同体之性质全然背反的东西。毕竟,若采纳国家主义者的解释并将之推进到逻辑极端,那就意味着摧毁联邦,而不是稳固并完善联邦。

不妨从宪法前言和批准行动转入宪法文本本身,这样就不难发现,宪法文本提供了最完备的证据证明政府是联邦性质的,而非国家主义性质的。在宪法文本中,不管是其中的哪个部分,都不可能发现任何同上述结论抵触的东西。相反,政府,包括其所有的组成部分,都排斥有可能同我的结论——政府全然是联邦性质的——相抵触的东西。宪法在所有地方都认可了各州的存在,并召请各州为权力的执行提供助力。国会参议院的成员由各州的立法机构选举,众议院则由各州的人民进行选举,因而这样的州并非一个巨大共同体的纯粹选区,而是分立且独立的共同体。华盛顿将军否决了依据第一次人口调查在各州分配众议院名额的法案,其理由很明确:这一法案的基础是一种国家性的构造,而非一种联邦式的构造。总统和副总统应当由各州指派的选举人选举,最终,法官应当由总统和参议院任命。当然,既然这些职位应当由各州进行选举,那么它们也应当经由各州的代表进行任命。

然而,尽管由此得出的联邦特性方面的证据非常强劲,但宪法修正部分有可能提供的证据则更为强劲。这部分证据决定性地表明了,各州人民依然保有至高的终极权力,也就是所谓的主权,正是这一权力制定并确立了宪法,且能够依据自己所需正当地创设、调整或者取消宪法。州权经过一定的调整依然保存在各州手中,这一点在宪法的第五条款中得到了清晰地说明。这一条款正是为着宪法修正之用。依据这一条款的规定,国会若获得两院不少于三分之二的票数,便可以凭借自身的权威提议修订宪法,或者也可以借助各州立法机构不少于三分之二的票数,强制召开制宪会议来修订宪法。不过,在上述的任何一种情形中,所提出的宪法修订案仍然是不具备效力的议案,除非不少于四分之三的州通过各自的州立法机构予以采纳,或者是获得各州为此召开的制宪会议的采纳,方可生效。由此,各州为着制定并确立宪法,便本着互利互惠的原则,通过契约的形式,同意就各自创设并确立宪法的最高权力进行调整,而且调整范围局限于合众国的宪法和政府事务。我这里说的是各州的互利互惠,毕竟,若没有这样的调整,势必就要求联邦各州一个一个地表示同意,否则便无法对宪法性质的契约进行修改或者增补。同样,这样的调整也就要求所有州的同意,否则便无法在各州中间确立宪法。为了避免在时间和经验证明修改宪法之必要时因全体一致模式所招致的无法克服的困难,各州遂就宪法修订问题达成协议。不过,各州此举的意图并不是要根据自身之所需修改或者取消当前宪法和政府最高权力,实施自我剥夺(各州仍然持有这一至高权利,尽管有所调整),这一点是没有疑问的。各州通过契约可以就主权的实施进行调整或者限制,但同时不伤害各州主权,这是一项得到承认的原则。关于这项原则,已经存在的邦联提供了显著的范例。主权必定以其完整且全权的形态寓居于某处。假如主权并不在于各州的人民,而在于各州的邦联性质,那么就合众国宪法和政府事务而言,这样的主权又能寓居于何处呢?当然不会在政府身上。因为根据我们的理论,主权在民,不在政府。主权同样不可能寓居于集合意义上的人民身上,仿佛这样的人民真的可以构建起一个共同体或者一个国家,这一点同样是没有疑问的。同样肯定的是,主权必定寓居于各州人民身上,并且,如果主权全然寓居于各州人民身上,那么各州必定是作为分立且单立的共同体获得主权的。前文已经表明,主权并非寓居于形成一个共同体或者一个国家的集合意义上的人民身上,只有在分立且独立的各州的意义上才可能对人民形成考量,因此主权寓居于分立且独立的各州人民身上,这是肯定的。由此同样肯定的是,我们的政府乃联邦体制,而非全国体制。

事实上,国家主义政府理论的基础是虚构的。这一理论是新近才起源的。即便现在,也极少有哪个政府敢于将这一理论的力量予以充分推进。不过,这一理论的支持者们同时也享受着由这一理论推演而出的种种教义,这些教义也必定以国家主义理论为归宿。他们承认,各州人民形成了单立、独立且主权式的共同体,同时也承认宪法在这个意义上可说是联邦式的,但是他们的认识也只是到此为止。在权力转让这个问题上,他们认为这些权力足以构建起一个人民或者一个国家,由此,他们认为宪法是国家主义的。

纯粹的国家主义理论当然是没有理据的,假如刚才那个理论有可能成形的话,则更没有理据可言。毕竟,尽管前面的那种理论违背了理性和记载下来的证据,但仍然是可能成形的;而这个理论,不但同样违反了理性和记载下来的证据,更是绝对没有可能成形的。这样的理论所包含的荒谬性使得宪法在一系列权力问题上成为联邦式的,但是这些权力则明确地被排除在这一理论之外。由此,这些权力也就不再受制于宪法契约。然而,各州当初确立宪法之时,所订立的正是这样的契约。“联邦”这一术语意味着一个同盟,确切地说,就是各个主权共同体之间的一份契约。不难想见,假如各州作为单立州而明确得到保留的权力并未包含在这份契约之内,各州也就不可能组建一个联邦。如果各州完全是全国性的,或者更确切地说,如果各州真的构建起一个国家,那么这必定是就转让出去的那些权力,而不是保留下来的权力而言的。不过,前文已经证明了,转让出去的那些权力并不具备这样的特性,它们并不存在。因此,如下评论是恰当的:如果说就保留下来的权力而言,各州不可能组建一个联邦,那么倘若没有保留这些权力,各州也同样不可能组建一个联邦。毕竟,如果各州政府的权力全部转让出去,那么各州单立的宪法和政府一定会遭到摧毁和取代。若如此,则如今人们所谓的合众国的宪法和政府,就会成为这个国家唯一的宪法和政府。此举造成的结果就是取代并摧毁各州,而往日里构建起各自州的人民,将不再能够组建起一个有着自身意志和行动机构的政治共同体。此类机构的存在是各州的存在所不可或缺的,然在此种情形之下,各州将丧失所有的此类机构;其后果便是,各州人民被化约成由个体集合而成的无组织的群众——就各州的情形而论,则融合到一个共同体或者一个国家当中,只有一部宪法和一个政府作为意志的依据和行动的机构。实际上,联邦制宪法和政府这一观念本身就必然意味着保留权力和转让权力,其中,部分的权力保留给各州,并全然由各州依托其原初的单立性质予以行使;而转让的权力则通过各州彼此间的协议,由一个共同的委员会或者政府予以联合行使。因此,无论是强化还是肢解,都同样会摧毁这样的政府:前者是通过将各州融入一个共同体或者一个国家的方式;后者则是将各州肢解为原初的构成元素,使之成为单立且不相关的各州。

很难想象,有人竟然认为各州在保留权力方面是联邦制的,在转让权力方面则是国家主义的。此类教义如此荒谬,竟然能够诞生,相信肯定是对一些术语的含义产生了误解,尤其是那些指称转让权力的术语。人们有时候会将转让权力称之为“授权”,有些时候则认为这是各州将权力“交付”出去。在我们的政府体制当中,所有的权力都是转让的权力,一旦这些表达方式在应用之时丧失了对这一事实的参考度,那人们就很容易认为各州授予或者交付权力之举是绝对的和不可撤销的。若在转让权力的框架中运用这些术语,则情形完全不同。此种情形之下,这些权力等同于信托权力,毕竟,以信托方式授予权力,就是转让权力的意思。因此,毫不奇怪,那些忘记了所有政府权力都是信托权力这一事实的人,一般都会得出这样的结论:各州授予或者交付的权力,已经绝对地从各州身上转移到合众国政府身上,或者像这些人时常宣称的那样,绝对地转移到了构建起一个通常意义上的"国家"的人民身上;由此,他们便作出推断,认为就授权而言,合众国政府是全国性质的。

然而,这样的推断和结论是全然没有根据的。宪法中所谓的授权,事实上都是转让的权力,也就是以信托方式授予的权力。这些权力并没有发生绝对的转移,除了刚才列举的原因之外,宪法本身也提供了清晰且决定性的权威。宪法第十修正案规定:"宪法并未转让给合众国的权力,以及宪法并未禁止保留给各州的权力,应当保留给各州,或者保留给人民。"

要理解这一条款的真正意义,就必须指出,这是一项增补条款,是在各州制宪会议的推动下得到采纳的,其产生的时间也是批准宪法之时,其目的是对宪法中可能会有的缺陷进行弥补,并防止宪法的意义遭到错误理解。应当承认,这一条款的主要目的就在于阻止通过某种解释方式将保留权力吸纳到授权范围当中去。当时,这样的危险是存在的,而且激起了巨大的忧虑。经验证明,这样的忧虑是有理由的。不过在防范这种危险的过程中,人们也对其他可能的危险施加了小心的防范,比如,权力应当授予谁?权力应当保留给谁?在这些问题上,人们是有可能产生错误的。前一问题通过如下表达获得了解决——"并未转让给合众国的权力",这一表达的必然含义是,授予的权力乃各州依托其邦联性质而转让出去的权力。第十修正案剩余的部分对后一个问题给予了解决，其中规定，此类权力“分别保留给各州或者人民”，其中的“分别”一词的意思很清楚，这些权力是保留给单立的各州及其人民的，而不是保留给组建起人民或者一个国家的整体的。因此，无论是在转让权力方面，还是保留权力方面，第十修正案都形成了对国家主义的驳斥。

不过，人们也许会问，为什么保留权力既是针对各州也是针对人民的呢？答案在于如下事实：在合众国宪法中，所谓的“保留权力”，包括了宪法没有转让给国会的所有权力，或者说是宪法并未禁止保留给各州的权力。由此，权力便划分为两大系列：各州人民转让给各州单立政府的权力，以及各州人民仍然保有的权力，也就是没有转让给任何政府的权力。其中就包括了主权权力，各州人民正是通过这种主权权力规定并建立了州政府和联邦政府，并且可以凭借此种主权随时调整、修改或者取消宪法。各州人民的主权权力，连同其他那些没有转让的权力，就是要分别保留给各州人民的权力。

不过，出于谨慎起见，这一条款又进一步向前推进，就宪法第一条款和第一节中的“授予”给出了防范举措。宪法第一条和第一目规定：“由此而授予的全部立法权力应当归于合众国的国会。”此举同时也对宪法其他部分有着类似分量的术语给出了防范举措。防范的方式是间接的，那就是用“转让”取代了“授予”，由此，这一条款不再宣称未经“授予”的权力应当予以保留，而是宣布，未经“转让”的权力应当予以保留。“授予”这个术语出现在制宪者的宪法文本中,“转让”一词则出现在修正案当中,因此这两个术语所指称者显然是同一个权力系列。修正案用“转让”取代“授予”,此举的目的无非是要消除词语可能造成的模糊,并由此防范错误的解释。

只有在真正的信托或者转让意义上看待这些授予的权力,我们这套复杂的政府体制的所有组成部分才能取得协调,并得到解释。由此,我们便很容易感觉到各州人民何以可能将某些权力授予一个联合的政府,或者像制宪者说的那样,一个普遍的政府的此种授权模式依照信托方式进行,此举不是权力的绝对交付,权力之实施乃为着各州的共同福利,确切地说,没有伤害到各州的独立和主权。若采取相反的眼光,将权力转让视为绝对的交付和不可撤销的转移,就会引发难以解释的难题。首先是分割主权观念所引发的难题,其中就涉及那个棘手的问题:各州人民何以可能只拥有部分主权,同时又部分地是非主权呢?换句话说就是,在保留权力方面是主权的,在转让权力方面是非主权的。归属于主权的诸多权力是可以分割的,这一点理解起来并不困难。具体而言就是,一部分权力的实施转让给一些代理人,另一部分权力的实施则转让给另一部分代理人。换言之,主权是可以在乎一个人、少数人或者多数人的。但是,主权本身,作为至高权力,何以可能遭到分割呢?各州人民何以可能部分地是主权人民、部分地不是主权人民,部分地拥有至高权能、部分地不具备至高权能呢?这一点实在是无法想象,毕竟主权是一件完整的东西,分割就意味着摧毁。

即便假定这个难题得到了克服,另一个难题也会接踵而至,且棘手程度并不次于此。即假如主权可以由各州进行部分或者全部的交付和转移,那么总是要有转移的对象。问题就在于,转移给谁呢?显然不会是政府,这只是一些没头没脑之人的臆断;毕竟,若转移给政府,我们体制中的主权在民的根本原则也就遭到了颠覆。但是,若不是政府,主权就只能转移给人民,这里指的是构造起一个国家的集合意义上的人民。然而,这一点遭到了驳斥,不仅是出于理性之不可抗拒的力量,而且也遭到了宪法前言和第十修正案的拒斥。这些都是已经说明过的。因此,如果既不转移给政府,也不转移给人民,那就根本没有转移可言,因为根本不可能想象出其他的转移对象。因此,很自然地,主权就仍然以未交付和完整的形态保留在各州人民身上,并应当承认,采纳宪法之时,主权就是归属于各州人民的。

我们已经论证了转让给合众国的权力是以邦联方式转让出去的,接下来要解释的问题是:权力转让是在何种意义上进行的呢?在这个问题上,如同在几乎所有问题上那样,只要能够对宪法加以公正解释,宪法本身所提供的解释就足以驱散犹疑。刚才引述过的宪法第一条已经对这个问题给出了解释。第一条宣布,“由此授予(转让)的所有立法权力都归合众国国会”,也就是归于当时的那个国会。第一条同时还宣布,“执行权应当归于合众国总统”,“司法权应当归于最高法院,以及国会时常会规定并确立起来的下级法院”。因此,权力之转让给合众国,就是转让给了合众国政府的不同部门,转让的权力各有归属,合众国政府作为邦联式各州的联合代理人和代表实施权力。确实,若说有其他的权力转让方式,或者说有别的方式可以让各州相互地参与到转让权力的实施中,这实在是难以想象的。有人将此理解为:各州以互惠和交互的方式彼此进行权力转让,将包括所转让权力在内的部分主权交付给彼此。然而,除了分割主权观念造成的这个难题之外,“转让权力”这一表达本身也拒斥了这样的解释。对此,若仍然有什么疑虑,邦联条例将为我们的宪法解释的真理性质提供盖棺论定的证据,同时也决定性地证明,合众国政府不同部门所接纳的转让权力,绝非意味着可以就主权的任何部分进行转移。我这里指的是邦联条例第二条,人们常常提及的就是这个条款。人们当然记得,这个条款宣布:“各州保有主权、自由和独立;依据本条例,任何权力、司法裁决权以及权利,只要没有明确转让给合众国国会会期中的国会,就归属各州。”条例所转让的权力,因此也就如同当前宪法中的那些转让权力一样,是转让给合众国的。唯一的不同就在于,在邦联条例中,“合众国”一词后面紧跟着“会期中的国会”一词,在宪法修正条款的平行表达中,这个词被略掉了。但是,宪法第一条款以及刚才提及的其他一些类似性质的条款都对此一遗漏进行了弥补,将转让给合众国的权力分别赋予了不同的政府部门。上述不同的原因很明显:宪法不能将转让权力统统给予国会,因为有些转让的权力归于政府的其他部门;但邦联条例这么做是有道理的,因为当时的国会是邦联的唯一代表机构。转让权力同样也不能归于合众国政府,因为若如此,就意味着这些权力归属于作为一个单立的整体,而事实则是,这些权力应当归属于政府各自单立的各个部门。因此,宪法在借用邦联条例的这项条款之时,所采纳的模式乃最适合表达邦联条例第二条通过"会期中的国会"所要表达的意思。邦联条例在将权力转让给合众国之时,无意宣称各州分割了自己的主权,这一点已经因为包含在条例宣言里而得到了确证:"各州保有其主权、自由和独立。"由此便不难给出公正的推断:制宪者们在借用这一表述之时,无意赋予它不同的解释。

各州完整地保有主权和独立,若对这一点仍存疑虑,那么宪法的其他条款能够提供另外的强有力证据,尤其是第三条第三目,其中规定:"所谓叛国,仅仅在于向合众国各州宣战或者站在合众国各州敌人一边,为其提供援助和服务。"很显然,此处的"合众国",如同宪法各处所提到的合众国一样,所指的是邦联性质的各州,针对各州的叛国罪也就是针对各州联合主权的叛国罪。因此,很自然地,针对一个州的叛国罪,也就是针对所有州的叛国罪,而在此考量中,各州所禀有的都是其个体的和单立的性质。我就说到这里。因为说的已经足够多了,这个问题本身是无可争议的。

我已经论证了宪法乃全然是联邦性质的,而非国家主义性质的:各州依然保有各自的主权和独立,这点未受折损。有人也许会认为不可避免的结论就是:若据此,那么在世人看来,政府也同样是联邦性质的。但实情并非如此。确实有人虽然承认宪法乃全然是联邦性质的,但他们坚持认为政府部分是联邦体制,部分则是全国体制。此类观点的基础就是《联邦党人文集》的权威。这是本著名的作品,它明确承认宪法之批准和采纳是由各州人民作出的,而不是由构建一个整体性国家的个体予以批准和采纳的。也就是说,确立宪法这一行动本身是联邦性质的行动,而非国家主义性质的行动;这一行动并非出自联邦人民的多数,也非出于各州的多数,而是出于各州的一致同意。因此,同日常的同意行为没什么区别,这样的同意并非由各州立法机构给出,而是由各州人民给出,各州人民是宪法的参与者,各州在批准宪法之时作为一个主权实体,独立于其他各州,仅仅遵从自身的意志行为,因此,宪法本身是联邦性质的,而非全国性质的。假如宪法是由作为一个国家或者一个共同体的人民塑造的,那么联邦全体人民的多数也就能够对少数形成限制。全国政府这一观念所包含的不仅仅是针对个体公民的权威,而且是针对所有个人和事物的不确定主宰权,只要这些人和物是一个合法政府的管理对象。若人民集合为一个国家,那么主宰权就全然在政府身上,州政府以及所有的地方机构也就都臣服于全国政府,并为全国政府随意控制、引导或取消,因此,最终看来,宪法中的各州是单立、独立且拥有主权的各州。[1] 此后,该文集得出了合众国政府之部分联邦性质和部分全国性质的结论。

该文集在作出上述认定之后,竟然得出结论,认为合众国政府部分是联邦性质,部分是全国性质。这是何等的怪异!是宪法

[1] 参见《联邦党人文集》第39、40篇。

决定了政府的特性,无法想象,何以宪法是全然联邦性质的(这一点已经得到了承认以及清晰的论证),而政府却部分地是联邦性质,部分地是全国性质。同样无法想象,宪法是全然君主制性质的,而政府却部分地是君主制,部分地是贵族制或者民主制;反之亦然。君主制同贵族制或者民主制可谓判然有别,而联邦制政府同国家主义政府之间的区别并不下于前者。实际上,联邦体制同全国体制之间的排斥程度要来得更高一些,毕竟,其他的政府形式是可以融入宪法和政府当中的,而联邦体制和全国体制之间的排斥程度如此之高,以至于没有可能将两者融合在同一部宪法当中,当然也无法融合在同一个政府当中。这一点是已经证明了的,也是《联邦党人文集》给予了间接承认的。之所以说是间接承认,是因为《联邦党人文集》认为,一个联邦制政府就是各州凭借单立、独立和主权身份参与其中的政府,并且"全国政府这一观念所包含的不仅仅是针对个体公民的权威,而且是针对所有个人和事物的不确定主宰权,只要这些人和物是一个合法政府的管理对象",同时也承认,"在这样的政府体制中,州政府以及所有的地方机构也就都臣服于全国政府,并为全国政府随意控制、引导或者取消"。因此,既然承认两种政府体制在本性上如此相互排斥,以至于彼此之间构成了直接摧毁之势,那么这两种制度何以可能融合在一起,并形成一个部分联邦性质部分全国性质的政府呢?还有比这更矛盾的东西吗?尽管这部作品名气甚大,但仅此一点就足以摧毁这部作品的权威,根本用不着指出它所作出的那些认可同它所得出的结论怎样形成了直接的抵触。

这样一个结论非常怪异,尤其是在作出那些认可之后,不过更为怪异的是这一结论的理据。第一个理据,也是最重要的一个理据,在于它所宣称的政府权力的源泉。《联邦党人文集》指出,众议院的权力乃出自“美利坚”人民,并且还通过确认的方式补充说,“人民选择代表所依据的比例和原则同各州立法机构代表的选择是一样的”,由此便得出结论认为,众议院是全国性质而非联邦性质的。事实真的如此吗?众议院的权力真的出自美利坚人民吗?确切地说,众议院的权力真的是出自构建起一个国家的集合意义上的人民吗?上面这句话的意思肯定就是这样的,至少是赋予这样的断言以一定的力量甚至合理性。所有的政府权力都源自宪法,包括众议院和其他政府部门的权力都是如此,这难道不是根本原则所在,而且是获得了包括文集作者们自己在内的所有人的认可了吗?难道这部著名文集不是也以最明确和最充分的方式承认,宪法的全部权力和权威都源自各州人民,而各州是单立、独立且主权式的实体吗?各州依然保有这样的性质,并且作为这样的实体参与到宪法当中,这一点不是也得到了文集作者最明确、最充分的认可吗?获得同样认可的,还包括宪法的联邦性质而非全国性质。那么,在给出此类认可之后,众议院又何以可能将其权威导源于美利坚人民,并且据此构建起单一的人民概念或者一个国家的集合意义上的人民概念呢?为了给这个断言增光添彩,文集认定,众议院的代表方式和比例选定同各州立法机关是一样的。众议院的比例和代表方式真的是这样吗?实情恰恰相反。人们都知道,也都承认如下事实:各州立法机构代表的选举以公民个体方式进行,是经由全然归属于州政府的各个选区操作的,而众议院代表就其选举模式而言,是作为各州的代表(各州作为联邦成员则是单立、独立和主权性质的),而不是作为来自各州的代表,各州也并非纯粹的选区。前文已经指出,华盛顿总统以此为根据,否决了依据第一次人口调查而给出的众议院代表各州间名额分配法案,自那以后,华盛顿总统的这一观点就已得到认同。

《联邦党人文集》认为,各州人民在众议院的代表比例同各州各自的立法机构的代表是依照同样比例选举的,这一点也并非实情。相反,众议院的代表比例是宪法确定的统一比例[1],而各州立法机构的比例则由各州自身的宪法所确定,且各州的比例是不同的,很少有哪个州立法机构的比例同众议院的比例是一样的。在这个问题上,唯一的一致点就是,"众议院选举人的资质不得低于州立法机构选举人的资质要求"[2]。这一规则显然是倾向于联邦体制政府,而非全国体制政府。

《联邦党人文集》的作者们在上述设定的基础上,依据类似的推理路线,得出结论认为,政府的执行部门同样也是部分全国性质的和部分联邦性质的。说它是联邦性质的,是因为在总统选举中,各州的选举人数量取决于其参议院的代表比例,而决选(选举人团无法作出选择之时)则取决于众议院的代表比例,因为众议

[1] 《宪法》第1条第2项。
[2] 《宪法》第1条第2项。

院选举是逐州投票和计票的。说它是全国性质的,是因为总统选举的各州选民人数取决于各州在下院的代表比例。支持这一命题的论证实际上也正是用以支持众议院之全国性质的论证,因此,我只需要略加评论就可以略过这个问题了。这一论证忽略了这样的事实:依据一项明确的宪法条款,选举人是由各州选派的。[1] 因此,其权力很自然地源自各州。由此,依据联邦党人的推理路线,当选举是由选举人团进行之时,执行部门就应当是联邦性质的;但是当选举在选举人团无法作出决定而遭遇失败之时,则交由众议院进行,在这个时候,执行部门就转变为全国性质而非联邦性质了。这是联邦党人给出的论辩。这一论辩的确包含了奇特的观念混淆,由此使得执行部门部分是联邦性质的,部分是全国性质的,这就是这个推理路线导向的结果。这一论辩实际上指明了,在《联邦党人文集》的这些颇具才干的作者们的观念当中,存在一种深刻且强烈的错误,而这个错误涉及我们的政府体制可能引发的一个最为致命的问题。

联邦党人提出的另一项理据在于,联邦政府的运作对象是各州的公民个体,而不是各州本身。然而,这一点是没什么根据的。文集承认,即便是一个邦联,也可以作用于公民个体而不会丧失邦联性质,这一点可以在邦联条例中得到证明,而且还可以补充说,在某些情况下,单是条约就可以同样的方式发挥作用。《联邦党人文集》乐于承认,邦联体制最强烈的特征之一就是,它通常作

[1] 《宪法》第2条第1项。

用于作为邦联成员的各州或者各个共同体,而邦联成员则呈现为团体形态。一旦邦联直接作用于公民个体,那么也就在这个意义上超越了邦联的领域。但这并非联邦制政府的情况,不妨在联邦体制和邦联体制之间作出区分,以此就可以作出说明了。联邦党人的这一论证倒是可以证明我们的政府并非邦联体制,但并不能证明我们的政府是全国体制。

《联邦党人文集》接着便用修宪权来证明政府之部分联邦性质和部分全国性质。文中写道:"若是全然的全国体制,那么至高和终极权威就寓居于联邦整体的人民多数当中,就如同任何一个全国性社会中的多数的权威一样,这样的权威在任何时候都可以改变或者取消已经确立的政府。另一方面,若全然是联邦体制,则任何的改变都需取得各州的复合同意,唯此才能对所有州产生约束力。"值得注意的是,究竟是什么构成一个全国体制政府,究竟又是什么构成一个联邦制政府呢?在这个问题上,这部著名的作品是何等反复无常地变换立场,而这样的反复同样出现在最为清晰和精确的定义之后。比如在这个问题上,文集告诉我们,所谓纯粹全国体制的政府,也就是那种至高和终极权威寓居于联邦人民的政府。因此,很自然地,这样的政府,其权威必定来自联邦人民。文集在另外一个地方告诉我们,所谓联邦制政府,就是各州依托其单立、独立且主权式性质而参与其中的政府,这样的政府,其权威当然源自各州。一个政府,部分是联邦性质的,部分是全国性质的,因此,其权威也应当部分地来自联邦人民,部分地来自各州。情形只能如此,而且我们被告知,在某个特定时刻,宪法之所以是联邦式的,是因为其权威既非来自联邦人民的多数,也非来自多数州,这就意味着一个政府,若其权威源自多数州,这样的政府将会是全国性质的;同样的,若其权威来自人民的多数,则这样的政府就是联邦性质的。不过在另外的某个时刻,由众议院选举总统这一行动本身也将会是联邦性质的,尽管众议院本身因其权威来自美利坚人民因而是全国性质的。现在,我们被告知,修宪权部分地是全国性质的,因为四分之三的州作为州进行投票,而不考虑各州的人口,便可以替代整体来修订宪法——尽管众议院票决中的多数,以州为单位计算,使得总统选举在这个意义上具有联邦性质。不妨从此类观念混淆的领域转向文集作者们在何谓联邦体制政府、何谓全国体制政府这个问题上的清晰构思领域,在这个领域,最显见的莫过于:修宪权并非源自联邦人民的权威,也并非由集合意义上的联邦人民的权威来行使,相反,修宪权源自各州,并且是原初意义上单立且主权的各州。这只不过是对原初的创制权的一个调整,宪法正是由这样的创制权制定并确立的,这一权力要求每个州的同意,以便各州参与其中,而不是要求各州对此种权力的否决权或者禁制权,这一点前文已有证明。为了支持此类观点,文集的作者们尝试证明制宪会议的目标就是要建立“一个稳固的全国政府”。为了对制宪会议的权力和目标形成确认,人们认为应当对出席制宪会议的各州代表团的委员会进行考量。如果做此考量,那么就不难发现,任何一个州都没有给予自己的委员会代表起码的权威,可以让他们去构建一个全国政府,也没有对作为目标的此类政府有任何暗示。“全国性”

这个词在任何州的委员会都没有被使用过。相反,各州委员会设定的目标是修订联邦宪法,使之能够对联邦的紧急状况予以应对。然而,除了对此类理据进行诉求之外,文集的作者们还诉求了国会的一项议案,国会曾据此向各州提议召集制宪会议,并仿照了安纳波利斯制宪会议的模式,不过这一行动就其本身而言是没有任何权威可言的。进言之,即便是诉求了这一议案,文集作者们所依托者显然只是这一议案的前言,并非国会所采纳的决议,而向各州政府提交的正是议案的决议部分。

前言和决议是这么说的:

> 邦联条例中有条款规定,经由合众国国会以及各州立法机构的同意,是可以修订宪法的。经验也表明当前邦联体制存在缺陷,因此,作为一种补救方式,各州,尤其是纽约州,可以经由对各州国会代表的明确训示,建议召集一次制宪会议,会议的目的表述在后面的决议当中。此一制宪会议是在各州建立一个稳固的全国政府的最可行的渠道。
>
> 决议如下:本国会提议在明年五月的第二个星期一,在费城召开制宪会议,由各州选派各自的代表,此次会议的唯一和明确的目的是修订邦联条例,并向国会和各州立法机构报告相关的修订和由此而来的条款,以便联邦宪法能够应对政府所遭遇的紧急情况并保卫联邦。

不妨假定决定这次制宪会议目标的全然是国会观点,而非各州代表委员会的观点,那么如下情况就很明显了:此次制宪会议的目标显然不在于建立一个稳固的全国性政府,而仅仅是为了预定的目的而对邦联条例进行修订。决议案中的宣言是再明确不过的了,举行制宪会议,"唯一且明确的目的就是修订邦联条例"。假如进一步考虑到,各州代表委员会是附和这项决议案的,那么毫无疑问,此次制宪会议的真正目标就是(不妨借用决议案本身的语言),"使联邦宪法能够应对政府遭遇的紧急状况并保卫联邦",而不是要建立一个全国性的宪法或者全国性的政府来取而代之。这就是费城制宪会议传达给世人的印象。且文集的作者们也是承认如下事实的:费城的制宪者们建立的是一部联邦性质的宪法,而非一部全国性质的宪法,这一点是盖棺论定了的。

这本著名文集的作者们都可谓出类拔萃且爱国之士,然而,他们却违背了自己所作的那些清晰且明确的认可,并陷入如此激进且危险的错误当中。这一错误超越了所有其他错误的加总力量,在我们政府体制的上空罩上一层雾霾,搅乱并迷惑了共同体的心灵,使之无法对自己的真正性质形成真实的观念。事情何以至此?这一点很难解释,除非我们对他们同制宪历程相关的历史和观点进行考量。《联邦党人文集》的其中两个主要作者都是制宪会议的杰出成员,同时也是制宪会议中支持全国性政府规划的那个党派(联邦党)的领袖人物。另一名主要作者尽管不是制宪会议的成员,不过世人皆知他也曾属于同一党派。他们都认可了制宪会议的决议,这一决议否决了他们所偏爱的规划,并且,他们也都决意对制宪会议采纳的决议给予公正的评判,这真可说是富有爱国情感。不过,他们并没有放弃对全国性政府规划的偏爱。此种心境不可能不对他们自身的判断产生影响,也正是在此种心境之下,他们写就了《联邦党人文集》。在所有关乎政府性质的问题上,都应当对此种偏见的力量作出恰当考量,因为他们的观念正是在此种偏见当中形成的。

根据刚才所述,毫无疑问会得出如下推论:政府乃联邦性质的,而非全国性质的;这个政府乃由各州塑造,由各州规定确立,并且也是为着各州而规定和确立的。其中,构建起一个国家的集合意义上的人民没有任何的参与度或者分量。无论从整体上看,还是就各个部分来看,这个政府都全然是联邦性质的,就如同华盛顿将军在提交给早先的大陆会议的信件(其中的措辞都经过精心提炼,其意图也传达得完整且精确)中表述的那样,"各州的联邦制政府"就是制宪会议的机构。从政治上讲,实际上并不存在合众国人民这样的共同体,只不过仿佛这个政府真的构造出了一个集体的人民或者国家,并且真的可以从这个角度来看待似的。在各州存在的任何阶段,都不曾有过这样的人民。因此,很自然地,所谓合众国人民,既不能也永远都不会参与到我们政府的塑造和管理当中,在其中也不会有任何的权重。就政府的所有组成成分而言,包括联邦政府和各州政府在内,都出自同样的源泉,那就是各州人民。各个部分加总起来成为一个整体,这个整体也就塑造出了一个联邦制的共同体,这是一个各州经由一项政治契约而联合起来的共同体,而不是一个由个体凭借所谓的社会契约而构造起来的国家。

接下来,我将表明宪法和政府是联邦性质的,而非邦联性质的。这个政府同全国性政府和邦联各有相同和差异之处,不过两者表现在相反的方面。它同全国性政府的差别在于,它的基础是一种邦联体制,而不是一种国家体制;它同全国性政府的相同之处在于,它是一个政府。相反,它同邦联的相同之处在于,它的基础是一种邦联体制;而差别之处则在于,它所获得的转让权力是由一个政府来实施的,而不是像邦联体制那样纯然由各州代表会议来行使。不妨表述得更充分和明确一些,一个联邦制政府,尽管建基于邦联体制,不过就其所获得的转让权力而言,同一个全国性政府并无差别。在这个意义上,可以说,联邦制政府拥有了一个全国性政府所拥有的权威,且一点都不少。而邦联的情形并非如此。尽管邦联体制时常也能称之为一个政府,但大陆会议、邦联委员会或者类似的代表性实体,无论怎么称呼,都更近似于外交官会议,外交官们借此商定如何执行各主权实体之间的同盟或者条约,以达成特定的目标。让主权实体各方去决定自身承担的资源份额,并在执行已经议定的规划过程中进行协作,这就是我们的大陆会议的特性,实质上也是之前所有类似的邦联制实体的特性。而我们的体制则是第一个用一个政府来取代此类邦联实体的。事实上,这正是我们政府体制的突出特点——这一特点是新颖的、特殊的,也是没有先例的。

我认定,这就是我们当前政府体制同邦联之间的差别所在,我们正是用这样的政府体制取代了邦联体制,制宪会议的权威也支持了我的这一论断。在制宪文件的第二个段落中,可以找到这样的支持,这份文件前面已经有所引述了。文件指出,必须向合众国,或者用他们自己的表述就是"联邦的普遍政府",进行大范围的权力让渡,"但是,对一群人(大陆会议)进行如此大范围的权力让渡,这显然并非恰当之举,因此也就有必要有一个不同的组织"。这里所谓"不同的组织",说的就是由一个政府来取代大陆会议。事实上,这也是制宪会议所进行的巨大且本质性的变革所在。至于所有其他的改变,相对来说都只是边边角角而已,所涉及者无非是语言的调整、权力执行的模式,都是那项本质性变革所要求的,不涉及权力本身的改变。对所让渡权力的约束和限制,以及对各州的约束和限制,则基本上未作改变。这一变革,尽管是唯一具有本质意义的变革,就其本身而言也是意义重大的,尤其是考虑到政府系统的结构;不过,若考虑到必然会引发的其他一些意义重大的变化,则这一变革的分量就更加能够凸显出来。接下来我将对此进行说明。

首先引发的一项重要变迁涉及所让渡权力的来源问题,也涉及凭借何种权威来批准权力让渡的问题。在邦联体制之下,所让渡权力来自各州,各州召开代表会议并为此目的对会议进行恰当授权,由此对权力进行让渡并予以批准。因此,这完全是代表会议的工作,代表会议就其权限而言,也完全有资格担当权力让渡工作。代表会议作为一个邦联式的委员会,有权订立协议和条约,并且有权建立必要的代理机构来监督这项工作的进展。邦联条例确实构成了一种庄严的同盟或者协议,且都是为着达成特定的目的;代表会议则不过是联合的代理机构或者代议机构,目的是监督工作的进展。但是,各州政府不能再向前推进,并且各州政府也完全缺乏必要的权力以取代代表会议来构造宪法和政府。这些只能是主权权力范围之内的事情。依据我们体制的根本原则,主权权力不在于政府,而完全在于人民——这里的人民指的是各州的人民,因此,转让给政府的权力只能源自各州人民,宪法也只能由各州人民予以制定、批准并确立——前面已经完整解释了这项工作是如何完成的。

其次,上述的本质性变革也带来了另一项重要变化,这涉及政府体制的性质。实际上,我们以往的政府体制是各州政府之间的一种联盟,或者更完整和更充分地说,是各州通过各自的政府机构形成的联盟。但是,鉴于这一联盟乃各州人民之间的规定并由各州人民确立起来,并且也是为着各州人民而规定并确立的,这一联盟也就由此转变成为一个联邦,而各州人民在此项工作中的身份为拥有主权且独立的共同体。正是这一重要变化,不妨用宪法前言中的话来说,"构造了一个更为完善的联邦"。这一变化实际上是完善了联邦,不能据此再向前推进,也不能对这样的联邦进行强化。若再向前一步,就会对各州而非联邦形成强化,并因此摧毁联邦。

由此引发的另一项变化乃源自合众国和州政府之间的权力划分,这项变革要求人们应当对转让给合众国政府的权力进行仔细的列举和确认,以避免转让权力和保留权力之间发生冲突。在邦联体制之下,没有必要如此小心仔细,因为大陆会议若不能经由各州并获得各州的协作,便无法实施什么权力。因此,在联邦体制当中,授权行动是十分小心、谨慎且精确的,而邦联体制之下的授权工作则相对松散,且都是泛泛之言。

同上述变化紧密相关的是另一项意义重大的变化。也就是说,在邦联体制之下,各州同大陆会议之间的关系完全改变了,邦联体制下的这种关系完全不同于当前体制之下各州同合众国政府之间的关系。邦联体制下,各州同大陆会议之间的关系是上级同下属的关系,确切地说是造物主同造物之间的关系;但是在联邦体制之下,各州政府同合众国政府之间则是平等者以及协作者之间的关系。合众国政府和各州政府之权力乃出自同一源头,并由同一权威进行规定和确立,唯一的区别在于,在规定并确立邦联体制之时,各州人民是以相互理解的方式协同工作的,但是在规定并确立联邦体制之时,各州人民则独自行动,不存在协作和相互理解。这一点前面已经充分解释过了。合众国政府和各州政府之权力乃同源且由同一权威予以规定和确立,因此,州政府和联邦政府在各自的领域也就是平等的。这两个领域由各州人民分别予以规定和确立,各州也都是为着自身并且凭借自身单立的权威进行规定和确认的,因此,合众国的宪法和政府必然也就是各州的宪法和政府,就如同各州自己的宪法和政府那样。因此,在各州,合众国的宪法和政府与各州自己的宪法和政府,必然是协作关系。恰恰就是因此,合众国的宪法和政府也就是各州的宪法和政府,这倒并不是因为合众国的宪法和政府是构建起一个国家的集合意义上的那个整体的宪法和政府,而是因为它分别是各州自身的宪法和政府。毕竟,要说合众国的宪法和政府是各州的宪法和政府,是因为合众国的宪法和政府乃那个集合意义上的整体的宪法和政府,这种看法实际上就是说,合众国的宪法和政府是由构建起一个国家的集合意义上的美利坚人民予以规定和确立的。这个观点是错误的。这实际上等于是将各州削弱到附属性和地方性的位置上,将各州单立的宪法和政府削减为纯粹的宪章或者附属性的团体,但实情则是,各州宪法和政府同合众国宪法和政府是平等的、协作式的。

最后一项变化涉及所转让权力的执行方式问题。这方面的变化是相当巨大的。作为一个政府,必然应当具备某种决断品性,首先是就权力范围进行决断,并且能够在实施所转让权力的过程中,对公民个体发挥直接的影响力,而不是像大陆会议那样转而诉求各州政府的代理机制。

上述乃联邦体制同邦联体制的本质性区别所在,同样,正是这些重大变化必然导致由一个政府来取代大陆会议的结果。

尚需表明的是,联邦制政府是一种共和体制,或者换一种更好的表达,联邦制政府是一种宪政民主体制,一种相对于绝对民主体制的共和体制。

人们当中很常见的看法是,合众国政府是一个纯然建基于人口的政府,数量是其唯一的元素,数量多数是其唯一的控制权能。简言之,人们通常认为合众国政府是一种绝对民主体制。这种看法的错误堪称无以复加,亦绝非实情,相反,合众国政府就所能考量的各个方面而言,都显然是一种复合多数的政府体制。其组织形态非常复杂且精细,也确实能在相当程度上表达整体的感受(这是可以对整体感受形成充分且真实表达的唯一模式,此外,这是通过确认整体之所有组成部分的感受来达成的),这是此前的任何政府都做不到的,无论是古代还是现代。人口以及纯粹数量在其中非但没有成为唯一的元素,相反,严格来说,数量多数是遭到排除了的,甚至不能成为其中的一个元素。我接下来将诉诸一系列数据来给予证明,我将从制宪入手,将宪法视为规定并确立政府的根本法,并以政府本身的组织形态作结,将政府视为权力实施的代理人或者受托人。

我将略过安纳波利斯制宪会议,尽管后来的制宪会议就是依据安纳波利斯制宪会议的模式召集的。毕竟,安纳波利斯制宪会议只是少数几个州的代表所举行的一次非正式的集会,代表性不够,其发端也只是大陆会议,并且是由大陆会议授权召集的。大陆会议的权威源自邦联条例,而邦联条例则源自所有州的一致同意,这样的同意既非出于各州的数量多数,也非出于各州人口的数量多数。前文已经说明,大陆会议是以代表团为单位进行投票的,每个州的代表团计为一票,各州代表团的多数决定了各州的票决取向,当然也有少数几个重要的例外。因此,各州都拥有一张平等的票决权,而不考虑各州的人口。邦联由十三个州构成,因此,很自然地,只要有七个州能够组成一个票决集团,就能够阻止召开制宪会议,无论这些州是大还是小,并且,也可以由此挫败制宪行动。

制宪会议召开之后的第三年,也就是1790年,进行了第一次人口调查。当时合众国的人口数量为339.4563万,这是联邦方面提供的评估数据。假设这就是制宪会议召集之时的人口数据(这一数据不会有大的误差),那么七个最小州的人口为95.9801万人,少于总人口数量的三分之一。由此就可以说,在当时的情况下,不足三分之一的人口就能够阻止召集制宪会议。

制宪会议的票决模式是一样的,也是以州为单位进行投票,并且需要到会代表团形成多数票方可通过决议。其中有十二个州到会,罗德岛代表团没有出席,因此若要通过决议,就需要七个代表团的赞成票。因此可以说,不足三分之一的人口就可以阻止宪法的通过。

制宪会议通过宪法决议之后,再次将决议提交给大陆会议,以便在获得大陆会议批准之后,再提交给各州去批准。这是必要的前提性步骤,否则便无法提交给各州人民的宪法集会并获得其最终批准。因此,宪法决议必须再次通过大陆会议的考验。在此情形之下,最小的七个州的代表团,尽管所代表人口不足联邦总人口的三分之一,但仍然可以挫败宪法决议,它们可以拒绝考虑提交给它们的宪法决议。更为强有力的一点在于,在提交宪法决议之时,还有一项明确的条款,要求宪法决议获得十三个州中九个州的复合同意,否则便无法在批准宪法决议的各州中间确立宪法。这实际上相当于任何四个州,无论是大州还是小州,都可以拒绝宪法。当时四个最小的州分别是:达拉沃尔、罗德岛、佐治亚和新罕布什尔。依据1790年的人口调查,这四个州的联邦人口数量为 33.6948 万,刚刚超出联邦总人口的十一分之一。然而,尽管这一比例可谓小之又小,但也足以挫败制宪行动,因为它们可以阻止对宪法的批准。由此可以说,在宪法的塑造和采纳过程中,人口意义上的数量多数是没有任何分量可言的,而且,无论是联邦人口意义上的数量多数,还是各州意义上的数量多数,也都不构成宪法之批准和采纳过程中的一项因素。

前文已述,宪法的修订条款规定了两种修订模式:其一是凭借两院的三分之二多数进行;其二就是由国会召集各州代表集会进行,具体的模式则是依据各州立法机构的三分之二多数进行。不过,任何一种修宪模式都不能将提议中的增补条款纳入宪法,除非获得四分之三的州立法机构的批准,或者依据国会的规定,由四分之三多数州的人民的宪法集会批准。因此,其中的一种模式乃要求三分之二的多数州赞同对宪法进行修订,并且在两种模式中,都要求四分之三的多数方可采纳并批准宪法修正案,否则修正内容便不能纳入宪法。目前,联邦各州已经扩容到三十个,因此,也就要求获得二十个州的赞同方可提出修订宪法;若要挫败修宪提议,则只需要十一个州的支持;如果修宪动议源自国会,那么就需要参议院中十九个州的票选以及十一个州的立法机构的票选,方能召集修宪会议。依据 1840 年的人口调查,联邦总人口为 1607.7604 万人,其中包括当时的三个准州,这三个准州后来成了正式的州。此外,还应当加上后来获得接纳的德克萨斯州的 11 万人口,因此总人口就上升到 1618.7604 万人。其中,最小的十一个州(佛蒙特州是其中人口最多的)共计人口为 163.8521 万人,不过他们却足以阻止其他的十九个州,使之甚至不能提出修宪动议,而这十九个州的联邦人口总数达到 1454.9082 万。二十个小州中(缅因州是其中人口最多的),联邦人口数量为 352.6821 万,不过它们却能够迫使国会召集会议,提供修宪动议,即便其他的十个大州一致反对,而这十个大州的联邦人口总量达到了 1266.0793 万人。因此可以说,在前一种情形中,不足八分之一的人口可以阻止修宪动议,而在后一种情形中,不足四分之一的人口则能够强迫国会采纳修宪动议。

然而,尽管数据方面呈现的此类结果堪称令人侧目,但若考虑到修宪案的批准过程,则结果将更是如此。修宪案若获得批准,需要四分之三州的同意,就目前的情形而论,这意味着需要二十三个州的复合同意,否则便无法实施批准行动,因此,任何八个州都有权力挫败修宪案——最小的八个州的联邦人口数量为 77.6969 万,尽管如此,它们却能够阻止修宪案,即便其他二十二个州组成对抗的票决阵营,而这二十二个州的联邦人口数量高达 1544.0635 万,几乎是八个小州的联邦人口数量的二十倍。不过,一方面,占据联邦人口如此微弱比例的这部分人口却能够阻止一项修宪案,而另一方面,联邦三十个州中的二十三个小州,也能够采取修宪行动,尽管另外七个州可以采取联合的对立票决行动,而这七个州的联邦人口总量可达到 893.3204 万。因此可以说,联邦人口中某部分的数量多数是能够同另一个压倒性的数量多数形成对抗从而采取修宪行动的。与此同时,也可以说,联邦总人口的十九分之一也能够对抗另外十九分之十八的人口,从而阻止修宪行动。事情还不止于此:联邦中任何一个州,比如像达拉沃尔这样人口仅为7.7043万人的小州,也能够阻止联邦其余的二十九个州对宪法进行以至能够剥夺达拉沃尔平等的参议院代表权的修订,尽管其余二十九个州拥有1611.0561万的联邦人口。不妨将这幅图景完善起来:联邦中的十六个小州,确切地说就是整个联邦的多数州,即便人口总计只有341.1672万,略高于联邦总人口五分之一的比例,但它们实际上是能够摧毁政府并解散联邦的,因为它们可以简单地拒绝选派参议员进入国会,即使面对着其余十四个州的联合反对,而这十四个州的联邦人口总量高达1277.5932万人,差不多占据了联邦总人口五分之四的比例。

上述一系列结果皆以数据为基础,因此是无可置疑的,这也就无可争议地证明了,塑造、批准甚至修订宪法的权威乃完全地规约着数量上的多数,使之仅仅呈现为宪法的元素之一。且还不仅止于此,假如还需要额外证据的话,那么上述结果也能够提供这种额外且总括性的证据,足以证明我们的政府体制为联邦体制,我们的政府是由各州构造而成的,其构成要素是各州,而不是个体公民。全部这些州,在塑造、批准和修订宪法过程中,都是以平等身份参与其中的,其间并不考虑各州的人口。

政府不过是宪法的受托人或者代理人,负责执行宪法权力,因此,政府的情形同宪法相比,多少还是不一样的。政府由两种要素构成,其一是呈现为团体性质的各州,其二就是各州所代表的人口。以所谓的"联邦人口"进行评估,联邦人口的确认方式如下:"除了全部自由人口之外,还包括定期劳务契约人口,不纳税的印第安人口不计入其中,此外,所有其余人口则以五分之三计。”[1]所有这些人口要素,依照不同的比例,都参与并构成了联邦政府的各个部门。对政府组织进行简略的描述就能够显示这一点。

政府分为三个独立部门:立法、行政和司法。立法部门由两大实体构成,分别是参议院和众议院。这两大实体统称为合众国国会,转让给联邦政府的全部立法权能都归于国会。参议院由各州的立法机构选派两名代表构成,任期六年;全部参议员区分为三个序列,每隔两年,便会有三分之一的参议员因任期终止而出局。参议院是团体性质的各州的代表机构。参议员一人一票,通过多数机制来决定所有立法方面的事务。参议院在全部立法事务上同众议院平权,只有一点例外,参议院不能发起“税收法案”。除立法权能之外,参议院还参与到另外两大政府部门的权能当中:参议院的建议和同意是必需的,否则便不能订立条约和派遣使节;参议院也构成了审理弹劾案的高等法庭。在这两项事务上,参议院的决议需要三分之二的多数同意。若选举人团未能选出副总统,那么从两名得票最高的候选人中进行抉择的权力便转入参议院之手。在选择副总统的过程中,参议院以州为单位进行票决,并以多数州原则进行决断。在上述情形中,三分之二的人数方能构成法定人数。

众议院由各州人民选举而出,任期两年。在各州,众议员选

[1]　《宪法》第1条第2项。

举权仅限于那些有资格选举本州立法机构成员的选民。众议员的数量由法律确定,依据的是历次人口调查方面的数据,人口调查每十年进行一次。众议员名额依据联邦人口的数量在各州间分配,但是每个州至少有一名众议员。除了立法方面的权能之外,众议员还独享弹劾权,并有权(在选举人团未能选出总统的情况下)在三个得票最高的候选人中选择总统。若遇到此种情况,众议院以州为单位进行票决,各州代表团的票仓若不是均等划分的情况,则可以计为一票,最终依据多数规则定夺总统人选。在其他问题上,众议员每人一票,依照多数规则进行定夺。宪法修订动议案则属例外情况。

行政权被授予合众国总统。总统和副总统任期四年,由各州所确认的选举人进行选举。各州的选举人数量等同于当时各州参议员和众议员的人数之和。选举人每人一票,在同一天并在整个联邦的各个州分别投票。若要当选,就必须得到全体选举人票中的多数。若未能据此选出总统或者副总统,则众议院或者参议院则根据前述的方式作出定夺。如果众议院未能在选举年下一年的三月四日之前作出总统人选的定夺,或者总统职位因现任总统离职、死亡、辞职或者无力继续担任而空缺,那么副总统将继任总统。除了日常的行政权能之外,总统还有权订立条约和派遣使节,当然,这还需要参议院的建议和同意。总统有权对全部的法案行使否决权或者批准权,之后这些法案才有可能成为法律。总统也有权发布指令、决议或者进行否决,不过这些都需要国会两院的复合同意才能生效,除非是在国会间隔期。若遭遇总统的否决,则两院需要三分之二的多数票才能使之获得通过。总统有十天的时间(包括星期天在内)对法案表态,如果超过十天期限,那么法案、指令、决议或者否决将自动生效。此种情形之下生效的法案、指令、决议或者否决,无论就意图而言,还是就目的而言,都如同总统已经予以签署;除非国会通过休会的方式阻止此类法案、指令、决议或者否决返回国会。

司法权归于最高法院以及国会所设立的下级法院。两个法院的法官由总统通过前述方式予以任命,只要在职期间行为良好,就可以保有职位。

总统、副总统、法官以及所有的公务人员都有可能受到叛国罪、受贿罪以及其他重罪和渎职行为的弹劾。

从以上简略概述中不难看出,团体性质的各州以及各州的联邦人口,乃政府构造所依托的两大要素,这两大要素依照不同的比例塑造起联邦政府的各个部门。在立法部门,各州的两大要素以平等的比例予以介入,并且介入形式也是最清晰和最简单的;各州都有自身的喉舌,并且在立法问题上,各州也都依托各自的多数采取行动。没有各州代表团的复合同意,任何议案、决议、指令或者票选都无法得到采纳,此乃一项法律的要义所在,由此,两院在立法事务上拥有相互否决权。在行政部门,这两大要素的融合方式是不一样的。行政部门的权能乃在于一个人之身,这就不可能赋予各州以各自单立的机构,各州也不可能采取复合行动。有鉴于此,两大要素是在选举人团的构造中取得融合的,而选举人团则担当选举总统的职责。但是,由于总统选举所需要的选举人数量要大得多,也就赋予了人口要素以决定性的优势地位。为了对人口要素所具有的这种优势地位形成抗衡和弥补,或者说,为了尽可能地保持两大要素之间的平衡,便作出规定:若选举人团未能选出总统,那么选择总统的权力便归众议院,众议院通过各州票决的方式,从已有的三个得票最高的候选人中选择总统;倘若众议院也未能选出总统,或者总统职位由于总统离职、死亡、辞职或者丧失能力等原因而空缺,便授权副总统履行总统职责。由此,在总统人选的最终定夺问题上,这些规定便相当于将优势地位赋予了作为团体的各州,这种优势地位甚至较之人口的优势地位更具有决定性。在宪法获得采纳这一关键时刻,这一点表现得更为突出。宪法原来的规定是,每个选举人应当在票单上写两名候选人,同时不用标明谁是总统人选以及谁是副总统人选,得票最高者倘若也能够获得总票数的多数,便成为总统。假如不止一个候选人获得这样的多数票,或者说两个以上候选人获得了同样的票数,那么将交由众议院通过各州票决的方式在他们中间选择总统;如果没有人获得多数票,那么将由众议院依据同样的票决模式从五个得票最高的候选人中选择总统,在总统选出之后,得票最高者则成为副总统——假如有两个以上的人平分了票数,那么将由参议院从中选择副总统。

假如这些条款没有在实践中遭到政党委员会和政党会议的更改或者替代,那么就其效果而论,它们将会使得各州人民的多数获得五名候选人的提名权,并使得作为团体的各州的多数有权从这五人中选择总统和副总统。由此,总统和副总统实际上是由各州以及各州联邦人口的复合多数选举而出的。在这个重大问题上,行政部门本来是应吸纳到立法部门当中来的。但是,参议院除了立法事务上的权能之外,还赋有条约缔结和使节派遣方面的监督权,这实际上也使得参议院介入到行政权能当中,并且参议院在履行这两项重大功能之时,也获得了相应的行政权重。缔结条约的权力实际上是立法权的一部分。我们相应地也都发现,条约和宪法本身以及国会法令一样,在这个国家都是被宣布为最高法律的。立法权的这个重要分支囊括了合众国和外国之间的所有问题,只要是商谈和订约的对象都在其中,而任命使节的权力则是同全部这些方面功能的履行密切关联在一起的。

在司法部门,两大要素的融合比例同立法和行政部门是不一样的。选举总统之时,两大要素是融合在一起的,由总统提名法官;而参议院完全由各州要素而非人口要素构成,由参议院对总统的提名进行确认或者拒绝。因此,两大要素在某种程度上可说是复合在司法部门当中的。当然,各州鉴于其团体能力,也可说是司法部门当中的主导要素。

弹劾权意在让行政和司法部门担当起职责。在这个领域,两大要素单独存在,单独行动,如同立法部门那样,人口要素构造起弹劾权,并将其赋予众议院,而各州要素则在其中行使审判和宣判的权力,这一权力乃赋予参议院。由此,尽管两大要素单独存在于不同的实体身上,但若要弹劾权发挥效能,则两大要素联合和复合式的行动是不可或缺的。

因此,从整体上看,制宪者组织政府的目标所在,就是让政府的两大要素采纳虽然单立但也复合的行动模式,并在政府组织或者权力性质的范围内,尽可能地在彼此间构造起相互的否决权。倘若不能完美地达成这一目标,那也要尽可能地接近目标,并使之获得最大可能的现实操作性。有一点同样也很明显,从宪法角度视之,联邦政府乃复合多数的政府,而非数量多数的政府。不过,若要精确地了解这一点如何在实际操作中达成,并无可争议地确立如下观念——联邦政府无意成为且实际上也并非数量多数政府,那就有必要再次诉诸数据。

制宪者们所组织的政府可谓部门分离,在各个部门,各州的州权要素和人口要素都得到了双重的代表,就如同前文所述的那样。于此,制宪者们的目标所在就是让政府较之纯粹的数量多数政府更具有民主性质,确切地说,就是要求更大而非更小的选区参与度来执行权力,实际上所达成的效果也正是如此,由此便不难推断出制宪者们的目标了。确实,复合多数必然带来的效果便是让政府更为民主,也就是说让更多的意志参与到行动中去,若任何一种多数单独主宰宪法,则这一目标都不可能如此完满地达成——数据很清晰地揭示了这一点。

众议院代表了联邦人口这一要素,假如众议院垄断了立法权,那么六个大州——纽约州、宾夕法尼亚州、弗吉尼亚州、俄亥俄州、马萨诸塞州和田纳西州,拥有 821.6279 万联邦人口——将据有针对其他二十四州的立法权能,而这二十四州的联邦人口总计为 797.1325 万。另一方面,如果参议院垄断了立法权,那么十六个小州(所拥有的联邦人口共计为 341.1672 万,马里兰是其中人口最多的州)将据有为另外十四个州进行立法的权能,而这十四个州的联邦人口却是1277.5932万。不过,在立法事务上,宪法赋予了各个实体针对另外实体的否决权,由此,任何法案在成为法令之前,都必须取得各个实体之间的复合多数同意:法案若要得到采纳,最起码得要求六个大州在众议院投出赞成票,并且要求十个小州在参议院同众议院的六个大州形成联合票仓。这十个小州(新罕布什尔州为其中最大的州)拥有134.6575的联邦人口,再加上六个大州的人口,联邦人口的数量总计为957.2852万。因此,十六个州,它们所代表的选区拥有957.2852万的联邦人口,若达不到这个票仓底线,就无法同另外十四个州形成对抗,尽管后者拥有的联邦人口为661.4752万。

法案一旦获得两院通过,就要交付总统。总统可同意,也可反对。若总统予以反对,或者像通常说的那样,予以否决,那么法案将无法成为法律,除非两院都以三分之二多数重新通过。众议院成员为228人,三分之二多数就是152人,这是起码的票数,否则便无法对抗总统的否决。要构成这样的多数,需要十个大州的支持(以佐治亚为其中最小者,这十个州的联邦人口总计为1085.3175万);在参议院,则需要二十个州的票仓方能推翻总统的否决,最起码来说,至少要求十个大州和十个小州的联合票仓。不过,正如刚才所述,十个小州的联邦人口总计仅仅为134.6575万,由此加上十个大州的人口,总计为1219.9748万,这是驳回总统否决所需的起码人口数量,若非如此,法案则无法成为法律。即便这些条件都得到满足,法案还有可能被大法官宣布违宪——只要大法官认为眼前的法案同他们的宪法观念发生冲突,来自大法官的这一决定就发挥着绝对否决权的作用。若要推翻大法官的决定,必须通过修宪方可实现。上述的一切计算假定了两院议员满额到会并满额投票,并且都随同各自选区的意愿进行投票。

假如将选举人团的总统选举同国会的法案程序进行比较,就不难发现,总统选举所要求的联邦人口数量不会像国会法案程序那么多。这是因为在总统选举中,两种多数是取得联合并且融合在一起的,而在国会法案程序中,两种多数则是以复合方式采取行动的。当前,国会两院共有228名议员,其中包括60名参议员,其余为众议员。各州有权选派等同于议员数量的总统选举人,因此,选举人的数量就等同于议员数量。145人是整个选举人团的多数,也是选举人团作出选择时所要求的多数——七个大州,纽约州、宾夕法尼亚州、弗吉尼亚州、俄亥俄州、田纳西州、肯塔基州和印第安纳州,再联合一个中等州,比如新罕布什尔州,是足以达成这个多数的。若如此,则具有912.5936万的联邦人口,足以推翻另外二十二个州的票决——另外二十二个州的联邦人口总计为706.1668万。因此可以说,为数可怜的少数州,用不着占据联邦人口的压倒性多数,就能够通过选举人团选举总统,尽管对立各州拥有巨大多数,且联邦人口数量也只是略居下风。由此可以认为,由选举人团选择总统,其民主性质比不上由国会来选择总统,毕竟,国会若不能取得950万以上联邦人口的复合同意,便无法选出总统。但是,为了抵冲这种建基于人口数量的多数所据有的巨大优势地位,于是便规定了由选举人团选举总统——这样的多数乃建基于团体性质的各州,依据规定,只有在选举人团选举失败之后,才将定夺权力交付众议院作出最终选择,而众议院则以州为单位进行票决。此种规定之下,十六个小州,联邦人口不过341.1672万,也足以抗衡其余十四个州并选择总统,尽管其余十四个州的联邦人口总计1277.5932万。此种境况,实际上相当于将同样巨大的优势地位赋予了各州,而不考虑人口要素。

由上所述,如下结论便是必然的:宪法和政府,即便两者分开来看,也全然是建基于复合多数原则之上的。这当然就是一种共和体制,一种相对于绝对民主制的宪政民主体制;而那种视之为一种纯粹数量多数政府的理论,其基础则是粗陋且没有根据的错误观念。宪法和政府绝不是依托于数量多数的,非但如此,数量多数在塑造和批准宪法的整个过程中,都作为一项要素而遭遇完全的排斥。尽管在政府组织当中,人口数量获得接纳从而成为两大要素之一,不过,这是有重大限制的:这样的数量多数必须是拥有团体性质的各州联邦人口范围内的数量多数,而不是作为单一共同体的整个联邦的数量多数。更进一步说,这样的数量多数并非全体人口当中的数量多数,而是各州联邦人口当中的数量多数。刚才已经有所说明,联邦人口数量是人为评估的,当中排除了很多州五分之二的人口数量。即便有了这些重大限制举措,复合多数仍然可说是两种多数中的弱者。弹劾权则属于例外,除了弹劾权之外,复合多数并没有直接参与到任何政府部门的职权当中,立法部门除外;而数量要素则参与了行政部门的一些最重大的职权,并且参与到作为弹劾案审判法庭的参议院的构成当中,也就是说,参与了最高等级的司法职权。数量多数之所以获得这种事实上的接纳,倒不是因为数量多数自身的原因,也不是因为数量多数有权成为政府组织的要素之一,尽管还远远不是唯一的要素,而是出于全然不同的原因。在联邦宪法当中,各州平等,不考虑人口、幅员、财富、制度或任何其他的因素,此乃一项根本原则,就如同各州政府奉行公民平等原则,同样不考虑财产、影响或者任何性质的差异。来自选区的公民是如此,各州亦是如此。只不过就各州的情况而言,它们为了相互的保护和福祉而将如下做法视为稳重且健全的恰当之策:赋予联邦政府更多的权能,各州分别就此作出比例不同但合乎情理的贡献,并为达成此类目标而加入一个联邦,至于此种做法本身倒并非出于什么正当性方面的考虑。为达成目的,各州承认联邦人口并使之成为未来政府的要素之一,不过,对此各州同时也保持极高的警惕,并给出了所有的限制性举措。确切地说,为了对数量因素形成有效防范,各州规定,不经一个州自身的同意,就不能剥夺任何一个州的平等参议院代表权,由此便将各州间的平等原则植根于参议院这个重要实体当中,即便修宪权也无法触及。

合众国政府是一个民主的联邦制共和国,这一点我在本文一开始便提出了,现在则已经对之作出了论证。之所以称之为民主的,是相对于贵族制和君主制而言;之所以称之为联邦制的,一方面是相对于全国体制而言,另一方面也是相对于邦联体制而言;之所以称之为共和体制,也就是一种复合多数的政府,是相对于绝对民主体制而言的,后者是一种数量多数的政府体制。

不过,尽管有着此等的复杂和精微,合众国政府也只是政府系统的一个组成部分。合众国政府是各州的代表和机构,权能范围所及乃各州所转让的那些权力。越过这个界限,则各州也都有自身的单立政府——州政府是各州排他性的代表和机构,权能范围所及囊括了所有未让渡的政府权力,也就是人们通常所谓的保留权力。就合众国政府自身观之,无论我们对于这个政府之特性的观念何等正确,合众国政府也都是非常不完善的,不过是这个整体的一个组成部分,除非我们同时能够将其置于这个复杂体系的整体中予以考量。要呈现这种更为完善的视角,首先有必要呈现整个政府体系的轮廓,毕竟我们有必要展现合众国政府和各州单立政府之间关系的性质和特点。为此,不妨从历史角度出发,追溯一下这个体系的起源和形成。

前文已经表明,当前的合众国政府乃依托于邦联条例,那些存留下来的条款,其目标无非是就政府和联邦的权力和范围进行界定。政府和联邦之缘起乃在于革命这一紧急状况,同样,这些条款也扩张并强化了联邦及其权力,毕竟,共同防卫以对抗母国的侵犯,这一紧急状况迫使各殖民地采纳并塑造了联邦及其权能。现在我要做的就是从开端那一刻起,简略地追溯一下,是怎样的原因和环境引导了我们当前这种特殊、复杂且引人瞩目的政府体系的形成,包括这个体系的所有组成部分。这件工作并不困难,毕竟,我们拥有历史记述方面的优势(在过往时代,那些依托著名的政治制度成长并繁盛起来的民族,极少有哪个民族具有此等优势)。这些记述囊括了我们制度的起源、崛起以及成形,各个历史阶段都在其中,完整且精确,无论就合众国政府而言,还是就各州政府而言,都没有留下什么模糊和不确定的猜测空间。

任何略微知晓我国历史的人也都知道,在殖民地时期,联邦最早的那些州所覆盖的地域都是归属不列颠王座的,分别授予不同的公司或者个人,供定居和殖民之用。大家也都知道,日后宣布独立的十三个殖民地,都是依据特许状建立起来的。根据这些特许状,主权归属王权,普遍性的监管权归属母国,各殖民地则在各自政府中获得民主性的代表权,至少是在各殖民地政府的立法机构当中是有民主代表权的,同时也赋有不列颠臣民的一般性权利。除了归附于一个共同的王权之外,各殖民地之间是谈不上有政治联系的;尽管如此,各殖民地还是经由共同起源、语言认同以及宗教、法律、习惯、风俗以及商业和社会交往的纽带联结起来,并且,因暴露于蛮族敌人之入侵(因一个强大且敌对国家的煽风点火)而造成的共同的危险感觉,也成为一种联结纽带。

在我们的政治所存在的这种胚胎中,可以找到日后塑造我们这一特殊政府体系的全部要素。人们所谓的革命所带来的变化,也全都内含在因宣布独立所造成的变化当中,革命本身除此之外,便没有带来更多的变化。这些变化确实都非常重要,其首要的且必然的结果便是斩断了那条将殖民地维系于母国之身的纽带,并消灭了全部的母国权威,并由此将十三块殖民地转化为十三个独立且赋有主权的州。我所说“独立且赋有主权”,意思是指这些殖民地从政治角度以及彼此关系的角度来看,乃全然是独立的。各殖民地,作为单立且分立的共同体,其主权原本是在不列颠王座的,既然斩断了母国纽带,那么必然的结果就是主权转归各州自身,因此,各独立殖民地也就演变成独立且赋有主权的各州。由此,原来各殖民地所占据的地区便划分为同样多的州,并彼此独立,彼此间的联合也仅限于捍卫殖民地独立之所需并能够应对危机境况的程度。此种形式的领土划分是伟大的,甚至可以说是出乎天意的,各州独立且赋有主权,我们整个的政府体系正是依托于此。

第二个结果便是将往日里寓居于王座的主权转归各州的人民,而非各州的政府。也只能如此。宣布独立便等于灭除了各州身上的全部不列颠权威,这必然也就摧毁了殖民地政府的所有部门,所存留者仅仅是那些缘起各州人民并代表各州人民的权威,因此,各州政府中所存留者便只能是政府机构当中民主且有代表性的分支。但是,一个代表制的政府,即便是完整的,也不可能是主权的落脚处,这种主权乃各州的最高权力和终极权力。"代表"一词本身便意味着在所代表的个体或者实体当中,存在一个更高者。对我们来说,幸运的是,各殖民地人民并非个体结合成的乌合之众,也并非没有任何有机的安排去表达或者实施其主权意志。相反,各州人民构成了有组织的共同体,完整地拥有选举权并且能够稳定地实施这一权利,并且在殖民地政府时期就是如此了。假如各州人民不过是一群乌合之众,没有组织,也不习惯行使选举权,就必然会引发内部动荡,而这样的动荡几乎是主权变迁所必然伴随的,并且在过往的世代中,已经证明了这样的变迁不如说是一项诅咒,而非一种赐福。但是在我们的情形和境况当中,这一变迁并未造成任何的动荡,甚至连最轻微的乱象都没有。主权的共同纯粹意志,在各殖民地政府残留下来的民主机构的协助下,都迅速制定并建立了各自的政府,并由此在不经历无政府状态,也不经历动荡的情况下,就从殖民地时代的依附处境过渡到了凭借自身权威而确立的独立状态。

制宪权和立法权之间的分野——制定并确立根本法的权力同通过并执行具体法令的权力之间的分野,也就由此开启。前者涉及的是创设、组织政府并赋予政府权威,同时也使之服从一定的限制的权力;后者所涉及的是转让给政府的那些权力。前者源自作为一个主权共同体的人民,这种权力创造了政府;后者则是作为执行政府权力的代表,负责执行法律,借此来规制并控制作为个体的人民的行为。两种权力之间的这一分野是脱离母国的必然结果,也是我们政治体系之塑造过程中的一项本质要素,其重要程度不下于独立和主权各州之间重大且首要的领土分划。在这两种权力中间,主权权威应当置于哪种权力之上,主权权威应当如何实施,由谁实施,有关诸如此类的问题,我们从未有过一刻的犹疑。这可说是我们的好运。正是由于这个好运,我们才得以如此顺畅、迅速且安稳地从一种状态过渡到另一种状态,并在这方面达到了一个国家内部事务所能达到的极致。可以说,我们唯一的难题和危险就在于如何抗拒来自母国的巨大权能。

各州政府也由此得以正确且稳靠地构建起来,并在几年时间当中,便加入了邦联条例,并为了防御来自强敌的竞争所造成的紧急状况,建立并完善了联邦,而这个联邦此前只是非正式地构造起来的。不过经验很快便证明,邦联完全不足以达成设立之时所定的那些目标。正是在那么一个时刻,也是直到那个时刻,存在于萌芽状态当中并在那时已经带来此等幸福结果的种种因素,获得了充分的发展。邦联的失败是显著的,所有人都意识到,必须有所作为才能应对紧急状况,出现在大家眼前的重大问题便是:怎么做?谁来做?

解散联邦,这是令人恐惧的想法,没人敢于提起。殖民地时期就已经存在强大的情感纽带,除此之外,还要加上更为强有力的团结因素,这些都源自各州在成功穿越革命战争过程中所面对的一系列共同危险,以及所获得的共同荣耀。况且,所有人都能看到在对母国入侵实施了成功抵抗之后,是有希望收获其中的果实的,而这一希望本身乃依托于保存联邦。

不过,如果说拆解联邦毫无疑问是不可行的,那么强化联邦也同样会引发各州情感和观念上的厌恶感。各州人民对各自州及其制度的依附感是强烈的,这种情感历时久远,自从殖民地确立起各自的认同感之后便开始了,而且在经历脱离行动之后,也差不多完好地保存了下来。各州人民十分清楚,作为单立且独立的州,若交出主权和存在,并将整个联邦强化成一个国家,此举将会对他们的自由和财产造成威胁;同样地,他们认为拆解联邦和强化联邦将会带来同等的危险。因此,他们对两者持同等的反对态度。

再就是,将政府形式改造为贵族制或者君主制,此种办法人们也是不会予以考虑的。共同心绪所造就的至深情感是反对贵族制或君主制的,人们赞同民主政府。

此类权变完全不在考虑之列,那么还有其他的道路可走吗?对此,兼具才干和经验之辈也是一片茫然,不知道去哪里寻找答案。为了应对紧急时局,他们便召集了各州的集会。会上,在多数杰出人士看来,唯一的选择就是建立一个全国性政府,但这实际上就是强化策略,只不过是换了个名字而已。智慧和经验看来是无力提供补救之策了,但必须做点什么。正是此种必然性连同其他因素提供的力量,一直以来塑造着我们的命运,如今再次帮助我们成功地渡过难关。正是在这样的考验时刻,我们认识到,我们的政府体制中,有两项伟大且重要的因素使得我们具备了可贵的优势:其一就是整个国家在领土意义上分化成独立且主权性的各州,其二就是政府权力分化成制宪权和立法权。这两大因素实际上联合起来提供了材料,使得制宪会议能够在此基础之上构造起当前的政府体制,这也是唯一的替代性选择,我们正是借此逃脱了其他国家难以避免的可怕后果,并且使我们得以如此长时间地保持我们的内部和平,同时免遭外敌威胁。可以说,两大因素都为这一伟大工作作出了具有本质意义的贡献。

国家分化为单立、独立且主权式的各州,制宪会议的构成模式以及在塑造和采纳宪法过程中的票决模式都归功于此,最后,由各州批准宪法这一模式同样归功于此,宪法和政府最终定型的那种特定模式也完全归功于两大因素的联合作用。只要对制宪会议的议程有所了解,就必定能感觉到,如果会议代表的选派是由一般意义上的人民依照人口比例作出,那么当前这部宪法是不可能得到采纳的。若如此,则宪法和政府形式就只能应和那些人口更多、也更富裕的州的观点和利益,由此,政府体制也将会高于当前的州政府。简言之,最终塑造起来的将会是一个得到强化的全国性政府。不过,制宪会议的代表乃来自独立、主权性的各州,这必然意味着以州为单位进行票决,同时也意味着宪法必然需要经由各州批准。由此,各州乃受制于自身的法令,而非多数州的法令,更非合众国人口的法令。一开始,宪法的约束力乃源自制宪会议多数州的同意,在随后的进程中,则演变为需要制宪会议全部州的同意,否则便无法对所有州都产生约束力。正是此种必然性使得制宪会议必须尊重所有州的情感和利益,也正是这一点,连同必须做点什么方能避免近在眼前的恐怖灾难这一绝对必然性,在各方的情感之上都烙印下节制、克制、彼此尊重、让步和妥协的精神。要确保某种安全举措得到采纳,这样的精神是不可或缺的。也正是由于这样的精神占据主流,才使得制宪者们的工作赋有如此深刻的公平、公正和正义,并最终获得了各州的一致批准,且同样也使宪法自此之后便得以维系下去,成为理智和爱国人士敬仰和依附的对象。

但是,节制、克制、彼此尊重、让步以及妥协,加之前述那些因素的推动,这一切就其自身而论,若没有制宪权和立法权之间的分化给予协助,也将一事无成。孱弱以及失序的可能性乃内在于邦联体制当中,仅仅通过运用或者调整邦联的权力是不可能进行补救的。但是,依据我们的观念,既然各州政府不能规定并确立宪法,并且各州政府实际上已经不失正当地走到了塑造并采纳邦联条例这一步,若不召请更高的创设权就不可能塑造当前的这种宪法和政府。因为正是这种创设权规定并确立了各州的宪法,除此之外,不会有其他的权能可以担当此一任务。于是人们便召请了更高的创设权,并为合众国塑造了一部宪法和一个政府,就如同同样性质的创设权一度为各州塑造了宪法和政府那样。工作的第一步就是对政府权力进行分化,办法是将人们认为最适合单立且独立的各州自身来行使的全部权力留待各州完全掌控,同时又不至于招致各州之间冲突的可能性,而剩余的权力则以前文解释过的详尽方式让渡给合众国政府。此种分化,在政府权力当中区分出特定的让渡性权力以让渡给各州共同和联合的政府,为着各个州和所有州的利益和安全而实施,同时也将所有剩下的权力划归保留权力,归各州单独掌控,由各州政府单独实施,此举最终创造了我们前文所述的政府体系。

此一概述也许简单,不过将此一概述同前文所述结合起来,便不难看出,两种政府——联邦政府和州政府——彼此间的关系首先是部分对整体的关系。不过,这倒不是在组织或者职能意义上说的,而是在各自权能的意义上说的,因为在组织或者职能意义上,联邦政府和州政府都是自足和完整的。既然联邦政府和州政府在彼此之间分化出了属于联邦政府的让渡性权力,双方也就很自然地丧失了对方拥有的权力,如此,就必然要求双方进行联合以构造一个完整的政府。联邦政府和州政府在各自的权力领域都是至高的,在各自领域限定范围之内,双方是平等的,并且维持一种协作的关系,这一点前文已经充分证明过了。作为协作者,双方的关系也正类同于一个政府内部不同部门之间的关系,诸如行政、立法和司法,而且原因也是一样的。之所以称之为协作关系,是因为各方在各自的权力领域都是平等且独立的,同时也是因为三个权力部门联合起来方成其为一个政府。唯一的差别在于,单个部门本身并不能称之为政府,须将整体关联起来方能成为一个政府。相反,各州政府和合众国政府,尽管就其自身而言在各自的领域都是完善的,但仍然需要进行联合才能构造出一个完整的政府。在这方面,联邦政府和州政府都既是主体性的,又是补充性质的,而政府内部各个部门同政府之间则是部分对整体的关系。与此相反的理论认为,合众国的宪法和政府是整体的政府,并因其是整体的政府而成为各个州的政府,而不是合众国政府因各个州而形成所有州的政府。此一理论除了前文所提出的驳斥意见之外,还会招致各州只保留半部宪法和半个政府却拥有至高权力的荒谬结果。将所有的组成部分加总在一起,三十个独立、主权州的人民经由一份郑重的宪法契约结合为一个巨大的联邦式共同体,随同一个政府体系。在这个体系中,权力在制宪权和立法权之间进行了伟大的基础性划分,立法权进一步分属各州的共同、联合政府和单立的各州,最后则是联邦政府和州政府各自的权力分化在三个单立且独立的部门当中,也就是立法、行政和司法,最后成就了这套政府体制。其宏伟令人瞩目,组织方面的创新和细致也同样令人瞩目。这一体制的结构方面是如此地富有智慧,如此地公正且仁慈,这一切与其说归功于建造这个体制的人,倒不如说在更大程度上归功于那在上的神恩。正是神恩促成了事件的一系列发展,仿佛是由一只看不见的手在引导着最终走向成形。当然,这个体制的建造者们是兼具智慧、经验和爱国精神的,尽管如此,他们也只不过是神恩引领之下的建筑师而已。

我们已经阐明了合众国政府和州政府彼此间的关系问题,接下来我将继续追索将二者权能分化开来的那条界线,或者用宪法语言来说,就是那条将让渡权力和保留权力区分开来同时又对二者都形成限制的界线。于此,不妨将让渡权力进行一般性的归类,并依照其目标进行一些必要的评论。

哪些权力应当让渡,哪些权力不应当让渡,在这个问题上,主导的原则无疑是:为了所有州的共同利益,若权力交由所有州的联合政府或者普遍政府来行使,较之各州单立政府要更为稳靠、更有效能或者结果更好的话,这样的权力就是应当予以让渡的;除此之外的权力则保留给各州。此举的目标不是取代各州自身的政府,而是要建立一个联合的、补充性的政府。为此目标,要么是由这样一个所有州的联合政府来稳靠且恰当地行使权力,要么就什么都别做。这一主导原则囊括了权力在两个层面上的巨大分化(这两种分化可说是囊括了全部的或者说几乎全部的让渡权力):要么是直接的权力分化,要么是作为权力执行手段的权力分化。其中一项权力分化囊括了所有涉及各州同外部世界的关系问题的权力,我们称之为外交;另一种分化则是内部性质的,涉及各州彼此间的关系问题上的权力。每种权力所属的类型都是各州凭借其分立地位根本没有能力予以行使的,即便有能力行使,也只能依照和平、安全和繁荣的要求来行使。这种观念在外交权力问题上是非常强大和具有普遍性的,因此,从《独立宣言》时代到当今时代,在我们所经历的所有变迁中,联邦都是对这个巨大权力分支保持垄断的。对外界来说,构成联邦的各州现在和过去一直都是以邦联的性质联合在一起的。从对外的角度来看,联邦各州是单一的;只有从内部角度来看,就其各州的国内关系而言,它们才是多个的。正是在这个意义上"合众为一"这一座右铭才能恰如其分地用以指称这种双重面相。组建联邦并由一个共同政府来掌控外交,此种必然性是难以抗拒的,因此也就完全可以确认,正是这个原因成就了联邦和一个共同政府,而且,没有这样一个共同政府,各州是绝无可能取得联合的。这一必然性仍然是联邦最强有力的纽带之一。虽然这一纽带一度强大而且现在也仍然强大,但是,就内部的和平和安全而言,导向联邦的诱因就其本身而论,还不足以强大到可以将各个部分联结起来组成这么一个巨大的联邦机体,甚至也不会强大到足以将各州联结在一起。

这一巨大的权威分支乃归属于订立条约的权力,这一权力则归属于总统和参议院。谈判条约的权力归属总统,但是须参议院的建议和同意,总统才能订立条约。条约一旦订立,就宣示为国家的最高法律。将此一立法权完全归属总统和参议院,而将众议院排除在外,此中原因乃在于谈判和订立条约过程中的保密要求,毕竟条约往往包含分量极重的考量,这些考量是不宜泄露的,否则会危及到条约的达成。因此,众议院作为一个人员众多的实体,人们是反对它参与到这项权力的实施过程中的。但是,将此一权力交付给一个如此狭窄的实体有可能招致危险,为了防范此种危险,宪法要求至少有三分之二到会议员的建议和赞同。

缔约权和立法权的让渡方式存在着严格意义上的显著差异,这一点值得注意。缔约权是借助一些普遍性的语词赋予总统和参议院的,其中并没有对所让渡的权力进行特别的列举或者具体规定。宪法只是规定:"随同参议院的建议和同意,总统拥有全部的缔约权,同时需要三分之二到会参议员的附议。"相反,对于国会的立法权,则进行了逐条且详细的列举和规定。造成这一差异的原因乃在于如下事实:缔约权完全由合众国政府垄断,因此,在对此一权力实施让渡之时,最为必要的事情莫过于详细规定这一权力究竟要赋予政府的哪个部门或者分支,若专门地对此一权力进行详细列举,此举不但没有必要,而且是荒唐的。立法权的情形则截然不同。立法权乃分化于联邦政府和州政府,因此,若要在让渡权力和保留权力之间划出界线,就绝对有必要对让渡权力或者保留权力进行详细的列举和规定。鉴于让渡权力对于保留权力而言只是一种补充,且只是包括相对来说并不是很多的几项权力,而这类权力各州政府要么完全没办法实施,要么没办法以稳靠和有效方式予以实施,因此,恰当的做法就是对让渡权力而非保留权力进行列举和规定。缔约权乃完整地让渡给了合众国政府,没有进行列举或者规定,尽管如此,这一权力仍然要服从一些重要限制。

首先,缔约权严格地局限于国与国之间的问题,也就是说,局限于我国和其他国家之间的那些需要谈判才能进行调整的问题。所有此类问题很明确地属于缔约权的范围;但是超出这个范围,无论采取怎样的借口,都可说是越权之举,因此,也就是明显侵犯了宪法。其次,缔约权也受限于所有相关的宪法条款,这些条款是禁止政府或者政府的任何部门从事某些行动的,归属此一禁止范围的行动是非常多的。宪法条款同时也直接规定了政府须以某些特定的方式从事某些行动,并对相关的做法给出了禁令,这方面的一个显著例子就是宪法的其中一项条款:"除非进行立法拨付,否则便不能动用国库资金。"这不仅仅是对缔约权实施的一项重大约束,同时也赋予了作为立法机构的国会以及作为国会分支的众议院以权力,可以对拨款实施抵制。因此,这可说是对缔约权的一项重大限制——只要缔约权的实施涉及资金,这便是通常会发生的情况,尤其是在重大的缔约事务上。此外,还有一项更为重大的限制,只不过这一限制的特性更具有普遍性,同时也没有那么强的针对性。缔约权的实施不能形成任何意在改变政府性质的规定,更确切地说,缔约权不能对制宪权形成任何的侵夺,不能从事任何有悖于政府之性质和结构的事情,也不能从事任何有悖于缔约权自身之目的的事情。其中,可以确定的是,缔约权不能更改各州的领土范围,不能在没有某个州的同意的情况下,对这个州的领土进行任何的割让行动。在这些限制范围之内,任何国与国之间的关系问题,无论问题的实质内容为何,则都归属缔约权的范围,由缔约权进行调整。

国会所得的让渡权力,其中绝大多数的权力都直接或者间接地关联到上述两个层面的权力分化。确切地说,不是关系到各州同外国之间的关系问题,就是关系到各州彼此间的关系问题。前者的权力包括了宣战,捕拿对方船只并提出谴责,制定土地和水资源的占领规则,征兵并支持军备,供给并维持海军,制定规则管理陆海军,规制对外贸易和对印第安部族贸易,征得各州同意购买土地用以建造要塞、军火库和船坞并对所有此类地方实施垄断性的裁决权,等等。

只有两项权力是直接关涉各州间彼此关系问题的,其一是规制州际商业,其二是建立邮政系统。不过还有两项权力也同州际关系有着密切联系,其一是建立统一的归化制度并在全国范围内建立统一的破产法规,其二是在规定的时间内,确保作者和发明者对自身作品和发现的垄断权利。

此外,还有一类权力同对外关系和州际关系都有关涉。这类权力包括"铸币并规定其价值和汇率的权力、确定度量衡的权力,以此对伪造证券和货币的行为实施惩罚;召集民兵镇压国内叛乱并驱逐外地入侵;组织、武装并训练民兵,对此类军事力量实施管理使之服务国家;军官的任命权以及依据国会规定的方式训练民兵的权力则保留给各州"。前两种权力涉及商业规制方面的权力,其他权力则主要关系到战争权力。因此,可以说,国会所得的让渡权力中,绝大部分权力都是这些方面的。

此类让渡权力包括所有明确让渡给国会的权力,以下权力除外,即"征收赋、捐、税,偿债并为合众国的共同防卫和普遍福利提供资金,建立附属于最高法院的次级法院;为执行联邦法律而召集民兵并为之提供资金;由某个州让出最多十平方英里的土地,经过国会认可成为合众国政府所在地,并对这块地方实施完全的裁决权;为实施前述的那些权力以及所有赋予合众国政府或者政府任何部门的其他权力,而制定必要和恰当的全部法律的权力”。很显然,所有这些权力都关联到其他的权力,并且也都意在为其他权力的实施提供助力。其他权力乃分化为两大类,一类涉及对外关系,另一类涉及州际关系,有鉴于此,就可以很清楚地推断出,规制对外关系和州际关系,便是规划并建立合众国政府的伟大目标所在,甚至就是合众国政府的唯一目标所在。

假如需要更多的证据来支持这个推论,可以在宪法的禁止条款和混合条款中找到,这类条款中有很大一部分都涉及对州际关系的规定。如果将各州视为单立的共同体而非联邦体制之下的联合体,势必要求在州际关系中使用缔约性质的规章。这些都是最为郑重的缔约性质的规章,直接加入到联邦协议当中。在此,不妨给出一项恰当的评论:这两大权力分支的规制模式是存在相当大差异的。对外关系领域的权力乃留待缔约权或者国会来规制,如果由国会来规制,那么这些权力是需要予以列举并专门予以让渡的。此类权力占据了相当大的一部分。但是,涉及州际关系方面的让渡权力,则都是由宪法当中的插入条款予以规制的,绝少有例外。在这个意义上,这也可说是一种条约,只不过是体现为宪法性契约的形式,具有最高级和最神圣的性质。宪法规定:对任何州的出口品都不应征税;任何的商业或者税收法令都不应对任何一个州的港口形成歧视;驶向或者驶离任何一个州的船只,都不应当进入另一个州并在那里清仓和交纳关税;任何一个州都不应当擅自缔结条约、同盟或者邦联,也不能发布逮捕船只和报复性掠夺的文告;不得发行信用证;除了金银之外,不能将任何东西用于偿债,也不能通过任何有损债务契约的法律;若非国会许可,任何一个州都不能征收任何进出口税,除非是执行商业检查法令所绝对必需的税金;任何州针对进出口品征收的全部关税和附加税,都应当统归合众国财政,与此有关的所有法律都应当交由国会来修正和掌控;没有国会的许可,任何州都不得征收吨位费;在和平时期必须维持军队和战舰;不得同另一个州或者另一个国家缔结协议或者条约,也不得擅自宣战,除非遭受实际上的入侵,若此类危险迫在眉睫,必须立刻采取行动,不得拖延;任何州都应当赋予公共法令、公共档案和司法进程充分的信任和信誉;各州公民都有权享有各个州的特权和豁免权;任何人若在任何一个州遭遇叛国罪、重罪或者其他罪行的指控,并逃往另一个州以避免法律制裁,那么依据他所逃离的州的行政机构的要求,应当将其移交对罪行有着裁决权的州;任何人若在某个州负有劳役,却逃亡另一个州,那么依据上文提到的法律,不应当免除此人的劳役,而是应当应劳役所有方的要求,将此人移交劳役所有方;合众国应当向联邦各州保证一个共和形态的政府,保护各个州不受入侵,保证通过立法机构,或者在立法机构不在会期之时,通过行政机构来防范国内暴力。

另外还有一些禁止条款以及混合性质的条款也包含在这部宪法当中,比如,对于 1808 年之前各州予以认可和接纳的移民,国会不应当加以阻止;不能中止人身保护令;不能通过任何剥夺公民权的法案,不得指定追溯性法律;不得订立人头税或者其他直接税,除非是依据人口比例进行,而人口则应当经由人口调查予以确认;若非依据法律进行拨款,便不能对国库进行支取;不得授予贵族头衔;禁止任何公职人员接受任何外国的礼物、资金、职位以及头衔,除非得到国会许可;对叛国罪进行定义和惩罚;接纳新州;处置并订立有关合众国领土和其他财产的规则和条例;修订宪法;依据宪法保障当前针对合众国的债务的有效性;保证宪法和依据宪法制定的法律的至上性,也保证所有依据合众国权威订立的条约的有效性;各州法官相应地受制于各州的宪法和法律;国会议员、州立法机构成员、合众国的行政和司法官员以及各州的行政和司法官员,应当经由誓言或者确认程序,对宪法表示支持;不得在公职方面建立任何宗教标准。

自宪法采纳以来,共进行了十二次修订,这也就是人们常说的十二项增补条款。这些条款是:禁止通过任何建制宗教的法律,禁止干预宗教自由;支持言论和新闻自由;支持请愿权;支持携带武器的权利;禁止不经由房主的同意驻扎士兵;禁止非法搜捕个人、搜查文件和财务;禁止发放担保文书,除非经过誓言和确认程序;禁止拘留个人,让其为死罪或者其他不名誉罪行辩解,除非大陪审团在场或者提出指控;支持刑案公开和快速审判,并由犯罪发生地的州或地区组织中立的陪审团;支持涉案金额超过二十美元的案件采取陪审团方式审理;禁止过度的保释金和罚款,反对酷刑和非常规的惩罚;禁止在解释宪法时,认为得到列举的权力可以压倒或者否决没有列举出来的权力;无论是法律程序还是衡平程序,合众国针对某个州的司法权都不得借助另一个州或者外来州的公民或者属民进行扩张;总统以及副总统选举问题上的修正案。前引增补条款还规定,并未让渡给合众国、也并未禁止各州享有的权力,则归属各州或者各州人民。

回顾所有这些条款,包括修正案条款,很显然,任何条款同联邦的近期目标都没有直接关系,除了极少数例外,这些条款的目的都是为了防范不恰当的宪法建构以及政府的滥权倾向,或者说是为了保障政府正确地履行职能。

在向其他两个部门让渡权力之时,主导原则也是一样的。这两个政府部门,就其性质而言,很大程度上都不过是在各自的领域当中执行赋予立法机构的权力以及立法机构的法令。就此而言,这两个部门的权力因此也就局限于各自在权力二元分化中所获得的权力。但是,若这两个部门享有除此之外的其他权力,那么人们就不难发现,假如此类权力同联邦政府和州政府之间的权力分化有任何关联的话,那么此类权力则直接性地归属于权力分化格局中的某个阵营。

行政权乃在于总统,其中包括总统作为合众国陆海军司令以及各州召集起来的民兵部队的司令所应有的权力。总统有权要求各个行政部门主管以书面形式就自身部门的问题向总统汇报看法;有权对针对合众国的罪行进行赦免,弹劾案除外;有权依据参议院的建议和同意缔结条约,当然需要三分之二在会参议员的附议;有权在参议院的建议和同意下,提名并任命大使、其他公职部门的阁僚和顾问、最高法院法官,以及其他尚未确定任命方式的官职,而应当经由法律予以确立的职位,则由国会经由法律程序将他们认为恰当的低级职位的任命权,或者完全赋予总统,或者赋予法庭,或者赋予政府各部门的主管;有权接收大使和政府部门的阁僚;有权在特殊时刻召集国会或者召集其中一院,以便协调两院在休会时间问题上的分歧,或者让两院休会期调整到他认为恰当的时候;有权委任所有的合众国官员。此外,总统有义务向国会通报联邦各州的信息,并提请国会考虑他认为是必要和便利的举措;总统须监督法律是否得到忠实执行;最后,总统有权在法案成为法律之前,对法案表示赞同或者不赞同,也就是所谓的否决权。在所有这些权力和义务中,绝大部分权力和义务都是总统作为行政部门首脑而享有的。主要的例外则是缔约权,这种权力完全属于各州的对外关系领域,因此归属于让渡权力一类。任命大使以及其他阁僚和顾问的权力,以及接收大使和其他阁僚的权力,也归属此类。其他的例外则仅仅是衍生性质的,并不涉及联邦政府和州政府这两个协作式政府的权力分化问题。

合众国的司法权乃在于最高法院以及国会时常规划并确立的次级法院。法官若非玩忽职守则可一直任职。法官在职期间的薪金不得增加,也不得削减。司法权的覆盖范围囊括了法律和衡平程序中的所有案件,也囊括了宪法之下合众国的所有法律、条约以及依据条约而制定的所有法令;扩展到了涉及大使、阁僚以及顾问的所有案件,并囊括了全部的陆海军司法裁决案件;也扩展到了合众国作为诉讼一方的所有争端、两个和多个州之间的争端、各州公民之间的争端,以及同一州的公民之间的争端,只要这些公民在地权方面的要求是依据不同州的授权提出的;还包括了一个州与其公民之间的争端,以及一个州同外来州公民或者外来州属民之间的争端。事实在于,无论何种情形,若司法权超出了自身的恰当领域,那么所涉及的事务则都是直接关联于各州的对外关系问题,而同州际关系问题无关。这一事实非常鲜明地表明,涉及对外关系问题或者州际关系问题的权力以及为实施此类权力而必需的权力,差不多也就囊括了所有让渡给合众国的权力。若对整体情形进行评论,可以肯定地说,此类权力包括了差不多所有的让渡权力,而且全部的一般条款和混合条款(这其中当然不包括政府组织形态方面的条款,无论是禁止法令还是义务法令,同样也不包括意在保护政府并防范其滥权的条款)都归属于这两大权力领域中的一个,绝少有例外。毕竟,假如这种两元的协作式政府在权力的原始划分或者分配时所采取的主导原则就是刚才所述的那种原则,确切地说,就是将单立各州政府根本无法实施或者无法稳靠实施的权力予以让渡,其余的权力则予以保留,那么就很难想象会有其他的权力包容其中。不管怎么说,没有任何既不属于州际关系领域也不属于对外关系领域的权力,是进行过让渡的。至于其他目标,各州的单立政府要比联邦政府更能胜任,也稳靠得多。毕竟,各州政府对各自的地方利益和内部制度的了解要精确得多,对各自人民的责任感也要完善得多。这一点是显而易见的,因为,若非要说各州不仅仅在绝对必要的州际关系和对外关系上,还应当在内部和地方事务上,接纳联邦政府的干预,或者说联邦政府应当在其他的所有目标上发挥作用,是完全不足采信的。在州际关系和对外关系领域,联邦政府显然是必需的,不过若超出这些领域,联邦政府不但没有必要,而且显然明确威胁到了宪法的初衷——至少部分是如此——这个初衷就是“确立正义、保障国内和平并确保自由的福祉”。

至此,已经对让渡权力进行了列举,并确立了在让渡权力和保留权力之间划分界线所依据的原则。接下来应当考量的问题就是:合众国宪法或者合众国政府系统本身,究竟提供了哪些条款来保障这一权力分化以及其他的权力分化呢?这些条款是否足以胜任此一目标呢?

刚才已经指出,那伟大、原初和首要的权力分化就是单立、独立且主权式的各州之间的权力分化,这是整个系统的基础所在。接下来的权力分化依照次序,先是制宪权和立法权之间的分化;其后则是让渡权力和保留权力之间的分化,让渡权力赋予合众国政府,保留权力则归作为协作政府的各州政府;最后才是权力在各个政府部门之间的分化。这一系列的权力分化是整个系统得以形成的要素,且这一系统之存续也依托于上述权力分化机制的存续和成功,当然也依托于融入其中的强大利益。不妨将顺序颠倒过来予以论述,从最后一种权力分化开始,以第一项权力分化作为结束。

由此,现在的问题就是:合众国宪法中究竟哪个条款是用以保障政府各个部门之间的权力分化呢?这也涉及另外一个问题:

各个政府部门在构造之初自身是否就具备了自保的权力呢？所谓的自保权力，就是依据宪法可以阻止其他部门进行权力侵夺并能够吸纳自身所得权力的权力。若没有这样的权力，最强大的部门最终将会吸纳并集中其他部门的权力于一身。这是不可避免的。前一篇文章对此已有充分说明，而且那篇论文也表明，只有一个办法可对此予以阻止，那就是赋予每个权力分支或者每个权力分支的代表和机构以否决权或者类似于否决权的东西，尽管形式不一样。要回答刚才的问题，就必须确认宪法或者这一体系本身究竟有哪些条款是为此一重大权力的实施而制定的。不妨从立法机构入手，立法机构在所有的民主政府中都是最突出的，至少在理论上也都是最强大的。

立法权能属于国会。另外两个部门的职员都经由弹劾权而对立法机构承担责任，而立法机构成员则只对各自州的人民负责：参议员以团体性质的州为单位对各州人民负责，众议员则作为各自州的个体公民对各州人民负责。为了更有效地保障国会议员不受其他两个部门的操控，议员在会期以及前往或者返回国会的途中不受逮捕，除非是遭遇叛国罪、重罪以及破坏和平罪的指控；议员不得因其在国会的任何发言或者论辩而在任何其他地方接受质询。此外，宪法明确规定，国会拥有政府所享有的一切自由裁量权，就如同立法、行政和司法机构应当享有的那样。这一点可以在《宪法》第 1 条第 8 项第 18 目中找到，这一条款宣布国会有权“制定所有必要且恰当的法律来行使以上权力”（也就是赋予国会的权力），也享有“宪法赋予合众国政府或者赋予合众国政府任何部门或者官员的其他全部权力”。这其中包含了所有人们通常所称的“隐含权力”,确切地说,就是执行那些明确的让渡权力的权力。这些权力是明确赋予国会的,其明确程度足以排除掉任何的模糊性。无论是司法部门还是任何政府职员都不能行使任何未得到宪法或者国会法令明确授权的权力。在执行上述权力的过程中,它们不能行使任何的隐含权力,除非得到法律的明确批准。此一条款的效果等于是将立法机构的权力置于一个恶意解释无法触及和摧毁的位置上,无论此类恶意解释是出自政府其他部门还是来自政府职员。所有这些条款,加之一些得到广泛拓展且恰当的权力,比如辩论时的言论自由所带来的安全保障,以及国会同选区的紧密联系,这一切都使得立法机构拥有丰富的手段来保障自身免受侵夺,其权力也不会被其他政府部门吸纳。接下来要考察一下此类权力能否有足够的手段让政府各部门形成自保格局,从而不会相互侵夺。不妨从行政部门入手。

行政权在于总统。为了保障行政权,宪法首先使总统独立于国会。条文规定,总统“在任职期间,应当依据规定的时间领取津贴,津贴额度在任职期间不得增加也不得减少;在任职期间,总统不得接受任何别的报酬,无论是来自合众国还是来自任何一个州”[1]。

其次,总统拥有否决权,不仅仅针对全部的国会法令,而且宪法明确规定,“任何需要参众两院进行附议的命令、决议或者票决

[1] 《宪法》第2条第1项第6目。

(除了休会期问题而外),都应当呈送合众国总统;得到总统的批准方能生效,若遭遇总统否决,则需要依据法案所规定的规则和限制,凭借参众两院三分之二的多数重新通过"[1]。

此外,总统有权在参议院的建议和同意之下提名并任命所有的政府职员,只要宪法未对其任命方式作出另外的规定。有一类次级职员的任命不在此列,因为这类职员应当经由国会授权,要么由总统单独任命,要么由法庭或者部门主管予以任命。我不会将解除宪法并未规定任期的职员的权力也增补上去(这一权力已经形成了惯例),因为这一权力并非宪法赋予总统的权力,而是归属隐含权力之列。因此,只能经由国会的权威才能正当地予以行使和执行。

总统对于政府的管理工作拥有完全的控制权,这其中包括了巨大的裙带资源和影响力,皆源自对荣誉和资源的分配。裙带资源数量巨大,使得总统选举实际上成为两个大党竞逐的焦点,足以将国家分化开来。候选人若取得成功,则在任期内成为执政党的领导人。

总统还担当陆海军司令,同时也是召集起来的合众国民兵的司令。这一切,连同其他的广泛权力,使得总统的否决权在其任期之内(这要求两院形成三分之二的多数才能予以推翻)是没有限制的,因而也可说是绝对的。所有这些权力结合起来,也就赋予了行政部门以广泛的手段形成自保,免受其他部门的侵夺或者

[1]　《宪法》第1条第7项第7目。

吸纳。

司法部门的权力手段,就自保而言,也并不逊色。司法权在于合众国的法院,为了保障法官的独立,只要没有渎职行为,法官就一直留任,法官的津贴在任职期间不得削减。除了这些用以保障法官独立的手段之外,法官们实际上还针对其他部门的法令拥有否决权,此乃我们政府系统的性质所致。这一点需要专门解释一下。宪法对于政府及其各个部门的法律和法令,拥有至高权威,若后者同前者形成冲突,后者将变得无效,而且没有任何约束力。由此事实不难推断,一旦案件交付合众国的法庭,而案件本身涉及国会法令或者其他政府部门法令同宪法的冲突问题,那么为案情所迫,法官们必定要就冲突事实上是否存在作出判决。假如依据法官的观点,冲突确实存在,法官就必须作出有利于宪法的判决,这实际上等同于否决了源自政府或者政府部门的法令,同时也否决了同诉案各方有关的法令。此一权能,连同保障独立条款,不仅赋予了法院以自保手段,而且赋予了司法机构以相当的权重和尊严,这是我们所知的以往任何政府的法官都不曾享有的。

然而,不管政府各部门享有何等丰富的自保手段,以防范其他的那些独立且不负责任的机构的侵夺,都不能据此认为,宪法在各个部门之间建立的这种权力平衡必然会原封不动地维持下去。毕竟,政府各部门实际上并非独立机构,也非不负责任的机构。这些部门都是各个州的代表,要么是代表有组织的各州政府,要么是代表依据联邦人口定义的各州人民。政府各部门都处在各州代表联合多数的控制之下,只不过他们是以不均等的比例融合在各个政府部门当中。因此,要维持政府各部门之间的平衡,就必须维持有权主导他们的两个多数之间的平衡,政府各部门实际上也都直接或间接地向这两个多数负责。很显然,如果宪法所确立的这种平衡遭到干扰,导致其中一个多数获得霸权,这势必会颠覆或者说意在颠覆政府各部门之间的平衡。毕竟,任何一种多数都要为自己赢得权重,而这样的权重也总是要投注到这个或者那个政府部门,以便提升其对政府的影响力。因此,要确定政府部门间平衡是否易于打破,就必须确认宪法究竟提供了哪些条款用以维持两种多数在政府各部门间的平衡,也要确认此类条款是否能够达成目标。不妨再次从立法机构入手。

在立法机构,构成政府的两种多数或者说两种要素,是单独发挥作用的。两种多数都有自己的机构,一个是参议院,另一个就是众议院。每种多数都通过自己的机构在所有要求联合作用的立法行动上发挥针对对方的否决权,这等于赋予了两个机构以完整且完善的手段以防范对方的侵夺行为。司法机构的情形也是如此。在司法机构,司法权能在于法官,法官由总统提名,经由参议院的建议和同意,由总统任命。这实际上赋予了两大要素针对彼此的否决权,也很自然地成为一种手段,用以维持宪法在两大要素之间建立起来的平衡。不过,行政部门的情形则有所不同。

在行政部门,当总统经由选举人团选举之时,两大要素却是融为一体的,因为如前文所述,这种方式等于将一种巨大的优势地位赋予了各州联邦人口的代表要素,而非赋予有组织的各州政府机构的代表要素。为了对此形成弥补,在众议院的最终决选中,后者获得了更为巨大的优势地位。不过,在这两种情形当中,两院都不具备针对对方的否决权,而且在部门主管人选问题上,也不存在任何相应的手段来防范侵夺行为,因此,可以说宪法并未在两者之间建立某种平衡。此种情形必然导致的结果就是强者压制弱者。造成此种局面的初始举措采纳于早先的时代。第一步举措就是削减候选人数量,从候选人清单上选择三个而非五个得票最高的,并且,为了减少选举人团无法决选的概率,宪法规定选举人不再在不区分正副总统的情况下投两个候选人的票,而是要标明谁是总统以及谁是副总统。此举是通过修订宪法这一常规渠道进行的,自此,此举在宪法经历不断修订之后,实际上已经为我们所谓的"政党惯例"所取代了。确切地说,就是由各政党非正式地选派代表在一些关键地点集会提名总统和副总统候选人。此种惯例的明确目标所在就是防止将选举交付众议院。很自然地,既然取代了众议院的最终决选,实际上也就等于消除了构造政府的两大要素之一,至少就行政部门来说是这样的。如今,宪法在总统和副总统选举问题上所提供的那个复杂且精微的机制,实际上已经被取代了。获胜政党的提名是由一批没有责任要求的人作出的,实际上,作出选择的正是这批人。正是通过这种方式,原本意在对行政部门的两大要素赋予同等权重的宪法条款,遭遇了挫败;实际上,众议院获得了针对参议院的压倒性的优势地位。

此一要素在行政部门的决定性优势地位，完全有可能极大地打破宪法在行政部门和其他两个部门之间确立的平衡，而且此举必定会将人口更多的州和地区的权重投注于它们最有控制权的部门。它将自身的权能赋予总统，并更为严密地将总统置于自身的控制之下。相应地，它也会将政府的荣誉和报酬更多地置于自身的控制之下，从而也就很自然地获得了相应的控制所有渴望分享荣誉和报酬的人的影响力，尤其是对立法机构成员的控制，甚至，司法机构的成员也不会幸免于此种巨大且具渗透性的影响力。

接下来要考量的是，合众国宪法或者政府系统究竟提供了哪些手段来维持让渡权力和保留权力之间的分化。前者在于合众国政府；后者，若非保留给各州人民，便是保留给各州政府。合众国政府和州政府处于协作式关系当中，确切地说，在各州，合众国政府乃是州政府的协作者，两者结合起来，便构成了各州和所有州的完整政府。所有其他的权力分化以及整个系统的平衡，都依托于此种特殊且重要的权力分化能否得到维系，可谓牵一发而动全身。

合众国宪法为维系此一平衡所提供的唯一手段，就是首先对让渡权力进行列举和规定，同时也对明确保留给各州而不予让渡的权力进行列举和规定；其次，就是对两大政府系统以及对单立各州施加限制，以便能够最有效地阻止滥权，阻止两大协作式政府之间的平衡被打破；最后就是规定国会议员、各州立法机构成员以及合众国和各州行政职员、司法官员，经由誓言和确认程序，表示支持合众国宪法。毫无疑问,这些都是恰当且必要的手段,但是这些手段就其自身而论,肯定不足以维系两大政府体系之间的这种新的和重要的权力分化格局,并使之不被打破,这一点可以从制宪会议的记录以及等待批准宪法期间那些杰出人物的作品和演说中很清晰地推断出来。合众国宪法在塑造和采纳的过程中,最能激发人们情感和讨论的问题莫过于意义重大的权力分化问题,而且才干之士们也依据这个问题分化了阵营。其中一方认为危险在于让渡权力会将保留权力吸收掉;另一方的态度同样坚决,认为保留权力将会吸纳让渡权力。观念的分化如此强烈,对人们情感的激发如此深刻,以至于其对两大政党的形成提供的动力比任何其他问题加总起来都更大。两大政党正是在宪法塑造期间崛起的,并最终定名为"联邦党"和"共和党"。在论辩的全过程中,双方都没有以刚才提到的合众国宪法条款为依托,也没有将之视为维持协作式政府体系之权力分化的手段。因此,双方也都没有将权力分化视为阻止联邦政府和州政府权力彼此侵夺和彼此吸纳的手段。双方都寄望于这种协作式的政府体系,希望彼此形成钳制,通过两种政府体系之间的互动,使得彼此维持在各自恰当的领域当中。一方的疑虑在于,让渡权力在保留权力面前是否不够强大;另一方的疑虑则是,保留权力在让渡权力面前是否不够强大。一方担心最终的结局将会是联邦的强化;另一方则担心联邦的解体。为了力陈各自的见解,双方都诉诸各自所拥有的权能,相互较劲,并根据力量对比形势的变化进行决断。在论辩中,双方都认定,两大政府体系的管理者乃敌对关系,并且双方都准备好了抓住任何机会扩张自身的权力并牺牲对方的权力。双方与其说是相信毋宁说是希望此种互动关系最终能够达成完美的平衡,能够让两大政府体系维持在各自的领域当中。

这就是那个时期斗争双方的观点和情感。双方都寄望这个协作式的政府体系可以作为一种手段来维持让渡权力和保留权力之间的平衡,在这个问题上,可以说双方都是正确的。但是时间和经验已经证明,双方都误解了各自所担心的危险的来源和特性,弄错了防范危险的手段,因此也就弄错了维持平衡的手段——双方都认为一种协作式的政府体系对于维持这样一个复杂的政府体系是至关重要的。同样不足为怪的是,双方的领袖人物都是兼具才干和经验之士,像这样的政治家们竟然身陷此种错误,没有对政治要素之作用的问题进行丝毫考验,此举竟然给我们所属的这类政府制造出一场如此巨大的变革。当时的人们频繁地拿以往的邦联体制进行参照,以此来决定未来的政府如何运作,但是很容易看出,制宪者们以及那些积极参与到宪法采纳问题讨论中的人们,都远远没有认识到这场变迁的分量,而这场变迁正是宪法在我们的政府形式中造就的。若当时的人们能够充分认识到这一点,他们想必绝不至于认为合众国政府和各州政府的管理者们应当处于对立的关系格局中,也不至于相信权力平衡依托于让渡权力和保留权力的相对力量。在这一格局中,不管谁是强者谁是弱者,这一假设或者说观念已经被经验证明,是完全站不住脚的。冲突从一开始就采取了完全不同的方向,并一直持续下去,直到走上了完全不同的轨道。权力竞争并非在合众国政府和各州政府之间展开,相反,真实的斗争在于获取对州政府的控制权。在这场斗争中,各州和人民是团结在一起的。结果表明,问题并非取决于让渡权力和保留权力的相对力量,实际上,在所有的争斗中,保留权力都对让渡权力形成了帮助。促成此种局面的,既包括那些据有并控制合众国政府的州,也包括那些处身反对派并力图驱逐前者以便取而代之的州。除非斗争双方的阵营处于变幻状态或者某些偶然的原因,一般来说,主政一方总会形成州和依据联邦人口衡量的各州人民的一个多数,很自然地,所谓主政一方也就是让渡权力和合众国政府一方。因此,合众国政府的真实权威也就不仅仅局限于让渡权力,相反,此种局面之下,合众国政府的真实权威就习惯性地囊括了形成联合多数的各州及其联邦人口的保留权力。此种联合力量赋予合众国政府的权力,必然大大超越反对派手中所持有的各州协作式政府的全部力量。正是此种联合力量,使得合众国政府位列历史上最强大政府的行列,比那种全国性政府体制要强大得多。由此,依据让渡权力和保留权力之间假设性的对立格局而得出的全部结论,也就成了彻头彻尾的谬论,而且必然如此。即便两种权力之间的平衡事实上存在过,如今的情形也很明确了,那些担心保留权力有可能侵夺并吸收让渡权力的人们的担忧可说是实现了。解体的命运是注定了的,毕竟,正是人们所寄望的这种对立关系格局招致了邦联的脆弱,并使联邦面临解体。在这方面,邦联体制与当前政府体制之间的区别导源于如下事实:邦联体制中的各州很少有动力去构造联合以便形成对权力的掌控,即便有这样的动力,也是很微弱的,因为无论是各州政府还是各州公民都不会臣服于这样的权力。因此,他们都会选择避开此种权力征用,为自己保留权力手段,而不是寻求联合以便操控委员会。但是,在当前的联邦特性当中,情形是完全不同的。当前政府拥有广泛且重要的权力,其中就包括合众国政府可以凭借自身权威予以实施而用不着各州作为中介的权力。因此,这也就成了主要的动力所在,推动着人们去寻求控制合众国政府,包括政府手中全部的权力和巨大的裙带资源,为此,唯一的手段便是联手。因此,当前的危险同邦联体制下的危险是完全相反的,这就是事实。邦联体制倾向于解体,而当前体制则倾向于强化。不过,两种倾向是有所不同的。解体倾向的发展要迅速得多,这倒不是因为解体倾向本身更为强大,而是因为极少或者根本就没有障碍挡在解体道路上,而强化的道路上则有着众多且强大的障碍。就邦联的情况而言,各州同邦联乃处于对立格局当中,独立之后各州对邦联的法令形同陌路,导致了对权力征用的不顺从态势,这本身就足以在不远的将来将邦联推入解体境地,而用不着各州采取什么积极的解体举措。但是在当前的政府体制中,情形是不同的。国土如此辽阔,联邦各州数量如此众多,利益如此多样化,要在这样的格局中形成联合来掌控政府,就必须经历一个缓慢的过程,并且需要相当长的时间才能形成稳固的联合,最终的格局将会沉淀为两个有组织的、严密的政党。不过,人们对于掌控政府是不乏动力的,这动力足以克服道路上所有的障碍。政党必然会从此类政治亲和和政治恶感中催生出来,这就如同物质世界中不同元素凭借吸引和排斥原则形成物体一样。合众国政府的组织形式本身不足以阻止这一进程,这样的组织形式要求两种多数形成附议才能予以操控,尽管合众国政府的初衷是为了对这一进程形成遏制。同样的人性,在时间进程中,既有可能形成由单一多数操控的政党组织——假如它有操控权力的话,同样也有可能形成两种多数联合的政党。唯一的差别就在于,单一多数政党的塑造更为容易,也不需要那么长的时间。在两种情形当中,人们的动力都足够强大,可以克服道路上的障碍。

此类联合事实上构造出了两大政党。在塑造此类联合的过程中,环境当然会发挥强大的影响力。起源、语言、制度、政治原则、习惯、目标、利益、肤色上的近似以及地理上的临近,这一切都方便了联合;但相反的情形必然导致排斥,并由此形成彼此对立的联合和政党。我国幅员如此辽阔,地理上的临近也就在政党联合的塑造过程中成为最强有力的要素之一,而距离也相应地会成为最强大的排斥因素之一。原因很简单,距离遥远是最能削弱社会或者情感纽带的因素,即便直接的观察也能让我们强烈地感受到距离所造成的痛苦。假如不存在催生排斥感的元素,地理上的临近将是最有利于联合的。此外,地理上的临近通常也包含着利益的趋同,尤其是在同距离更为遥远者进行对比的时候,在这个幅员辽阔的国家,这一点无疑极大地推动了地方联合和政党的形成。于此,我们还可以补充其他的元素,比如目标、制度、起源等方面的多样性,这类元素在我们的情形中都是常见的。因此,政党必定从一开始就多多少少分享了某种地方特性。在前一篇文章中,我们已经解释了政府不均衡的财政操作多少都是必然的,这就使得政党的地方特性最终会成为必然之事,除非通过强有力的手段进行遏制。由此便不难发现,在当前政府的运作体制之下,实情就是如此:政党从一开始就具有了地方特性,并且一直以来都在经历一个趋向派系化的过程,直到最后完全演变为派系性质的政党。一旦政党成为完全的派性党派(若不遏制,情况必然如此),强者将构造合众国政府的两种多数集于一身(这一点近在眼前),那么宪法以及政府机体为遏制某种独大的利益联合而设置的障碍,将会遭到摧毁,政府将演变成专制形态——任何依托纯粹数量多数的政府都是如此。这样的倾向乃内在于我们这样的政府当中,除非政府机体本身能够提供一些足够强大的手段来遏制这种倾向,否则它会将所有的权力都吸收到自己身上并进行强化。

以上所述足以证明,无论是合众国宪法还是政府机体,都没有提供这样的遏制手段。选举权也无法提供这样的手段,因为政党联合正是借助选举权所搭建的渠道才得以形成的。合众国宪法虽是成文宪法,但也无法提供相关的手段。毕竟,成文宪法,就其本身而论,是不可能将条文中的限制和约束予以实施的,这在前面那篇文章中已经充分揭示过了。诉求于严格的宪法解释也无法实施条文中的限制和约束,也不能将政府严格地约束在划定的领域中。原因很简单,占据主导地位的政党必定偏向于宽松的宪法解释,而少数派所坚持的严格宪法解释是无法对抗多数派宽松的宪法解释的,前面的文章也已经证明了这一点。经由媒体发挥效能的公众舆论也不能提供遏制性的力量,因为前文已经表明,媒体的运作类同于选举权的运作,尽管在其他方面公众舆论都能产生良好效果,但就其倾向而言,乃在于提升政党激情,强化政党忠诚和政党联合的力量,毕竟,媒体已然演变成政党的喉舌和党争的工具。无论是总统的否决权,还是法官方面针对政府其他部门的法令的合宪性判决权,都无法提供足够的遏制手段,无论这些手段在其他方面以及在具体案例中何等重要。原因很简单,政党聚合体只要有能力控制作为合众国政府构成要素的两种多数,那么也就能够顺其自然地控制合众国政府的所有部门,最终将使得合众国政府所有部门都成为对保留权力实施侵夺和吸收的工具;尤其是行政部门,毕竟,在总统和副总统的选举事务上,宪法条款已经遭到取代,总统和副总统的选举实质上处于联邦人口这一单一要素的控制之下。假如说所有这一切都不可能提供有效的抵抗手段,那么卖力证明言论自由、陪审团审判等等诸如此类的东西仅凭自身就能提供有效的抗拒手段,这无异于浪费时间,不管这些东西作为辅助手段具有怎样的必要性。

因此,如果宪法以及同宪法有关的任何东西都不能提供足够的手段遏制让渡权力对保留权力实施侵夺,那就只能在这个系统的其他部分寻找了,如果真的能找到的话。进言之,如果真要寻找这样的手段,就只能在未让渡的权力中寻找。毕竟,我们已经证明,这些手段不可能在让渡权力或者同让渡权力有关的权力当中找到。而这两种权力肯定囊括了整个合众国政府的全部权力。但是,如果要在保留权力中寻找遏制手段,就只能要么在各州政府的权力当中寻找,要么在各州人民凭借其主权性而保有的权力当中寻找。各州人民正是凭借此种主权性规定并确立了宪法和政府,并且能够对宪法实施修订或者取消宪法,因为所有未让渡的权力,依据第十修正案,都应当明确保留给各州政府或者各州人民。若真要在这个系统身上寻找手段用以遏制让渡权力对保留权力实施侵夺的话,那么这类手段就只能在各州政府或者各州人民或者两者身上寻找。确实,在一个像我们这样构造起来的体制当中,向合众国政府寻求手段来抵抗对保留权力实施的侵夺,这既不合理,也没有哲学理据,因为让渡权力恰恰就是转让给了合众国政府。说它不合理,是因为这无异于与虎谋皮;说它没有哲学理据,是因为它有悖于普遍的相似性。就我们所知,所有的有机行动,无论是物质世界的还是政治世界的,无论是出于人类机制还是出于神圣机制,都是有机体各个组成部分之间互动的结果。正是通过这种互动,才得以将各个组成部分限制在恰当的领域,并迫使它们各司其职。实际上,单独一种力量不可能催生有机体的行动,换言之,有机体的行动必定是两种或者更多力量彼此互动的结果。因此,也就诞生了一项政治原理:没有分权,就没有宪法;没有宪法,就没有自由。于此,还可以补充一个类似的原理:分化而出的各个组成部分若没有自保的权力,就不会有分权;或者,没有一种更高的权力来保护某个组成部分对抗其他组成部分,就不会有分权。没有分权,就没有机体;没有自保权或者没有一种更高的权力将各个组成部分限制在恰当的领域,强者就会把弱者吸收掉,将全部的权力集于一身。

因此,制宪会议的成员以及积极参与宪法采纳问题的那些人寄望于让渡权力和保留权力之间的互动,将其视为遏制侵夺行为的手段,这并没有错,尽管他们在互动的具体模式这个问题上犯了重大错误。在那个时代,对如此新颖的权力分化一旦付诸实施将采用怎样的方式这一点,尚没有人会有任何清晰和确定的概念。所有人似乎都同意,两种政府之间必定会发生重叠,分歧仅仅在于谁将是最后的强者。因此,他们也都沉溺于一种希望,希望各自的权力能够得到完好的调适,致使任何一方都不可能压倒另一方。在此种希望的影响之下,再加之人们所享有的观点的多样性,制宪者们也就仅仅满足于在让渡权力和保留权力之间勾画出尽可能强有力的界线,而危险究竟会来自何处这个问题则交由时间和经验来定夺,同时也交由时间和经验去培育防范的补救之策。假如体制并没有提供什么防范手段,那就交由后来人去补救缺陷。如今,我们是拥有一系列优势的:时间和经验已经充分表明了危险的所在以及危险的性质和特征。时间和经验已经毫无疑问地证明:人们所依托的那种对抗格局,理论上存在于合众国政府和各州政府之间,但实际上存在于由各州及其联邦人口所形成的多数和少数派的各州及其人民之间。因此,合众国政府并非像许多人相信的那样,是弱者;相反,合众国政府乃无可匹敌的强者。尤其是考虑到,构成政府元素的两种多数已经集中于分裂了整个国家的两大党派中的一个,其结果就是将完整且绝对的政府控制权交付给了其中的一个党派,且这种控制权经由控制政府,进而也在所有有可能引发利益或者政策观点冲突的问题上,控制了另一个党派。因此可以说,这套体制不会因自身的弱点而趋于解体,相反,丰沛的力量使得它强有力地走上强化之路。这种力量如此强大,若不提供同样强有力的抵抗,那么结局必定就是毁灭——要么是由于剧烈的利益冲突而在一夜之间将政府的组成部分撕成碎片,这样的利益冲突是因为过于紧密的挤压造成的;要么是由于将所有的权力都强化到合众国政府及其部门手中,并以专制的力量和压迫性来行使权力。我们必须保持当前体制的完整和充分的活力,因为除此之外,便没有其他手段,也没有其他政府形式有能力统治整体并将整个维系起来,除非是专制权力。若非如此,则唯一的替代办法就是构造一个在形式和行动上都堪称专制和无责任的政府,但这实际上是对当前政府体制的强化,其权力同样是专制和压迫性的,否则就会面临解体。

作了这些初步评论之后,接下来要考量的问题就是:保留权力若得到充分发育并付诸实施,是否能够抗拒让渡权力那强大且危险的侵夺倾向?或者换一种表达方式,各州单立的政府以及所有未让渡权力所归属的各州的主权人民,是否能够单凭自身之力或者联合起来,对合众国政府的侵夺倾向形成正当且足够的抗拒?我此处用到的表达是“一个州及其人民”,是因为凡是没有让渡给合众国的权力都保留给各州或者保留给各州的人民。很自然的,这样的结果就是,无论保留权力能够对让渡权力作出怎样的抵抗,都必须依从宪法的框架,从单立各州的政府及其人民那里得到所需要的权力。

这个问题乃头等重要的问题,值得做最为严肃和最为仔细的考量。于此,首先要考量的问题就是,州政府拥有怎样的手段可以阻止合众国政府对保留权力实施侵夺呢?不过,我选择略过针对侵夺行为的抗议权,也略过将侵夺行为视为违宪而采取对抗决议的权利,虽然各州有权向协从各州的政府发出呼吁,号召它们联合起来,合力对抗合众国政府的侵夺行为,而且还可以向自己的参议员发出训令或者召回自己的众议员,以此来实施对抗。此外还有其他一些类似性质的手段,但我都选择忽略。这倒不是因为此类手段没有效果,而是因为此类手段完全没有能力对合众国政府强大且稳定的的侵夺倾向进行遏制,尽管此类手段在一些具体案例上会发挥作用。仅靠这类手段来遏制此一强大且稳定的倾向,就如同仅靠理性和正义去阻止政府的压迫和滥权,而对宪法条款提供的帮助弃之不用一样,是毫无意义的。州政府手中若没有否决权,无论是绝对的否决权还是实际效果上的否决权,就不可能保护自己免受合众国政府的侵夺,只要两个政府之间的权力陷入冲突。实际上,若发生冲突,两个政府之间是存在针对彼此的否决权的。这是我接下来要阐明的问题。

这样的格局源自我们政府体制的本性、两个政府之间的关系,以及一项普遍适用于分权体制的法则。我将依照这个顺序分别予以考察。

合众国政府和州政府都是政府,因此,它们在自身的权力范围内都拥有属于政府的权力,并且它们也都完全地享有自身的权力。这一点是无可否认的。同样不能否认的是,在政府的诸多品性当中,合众国政府和州政府都有权判断各自的权力范围,以此形成对照之势。此外,还有一项实情,那就是:合众国政府和州政府在完全享有自身所属权力的情况下,都有权在自身权力范围之内实施所有的决议,任何势力都不得反对。但是,在我们这样的政府体系中,情形有所不同,因为在我们的政府系统中,政府权力是分化了的,一部分权力归属合众国政府,另一部分权力则归属州政府,剩余的权力则属于规划并确立合众国政府以及州政府的人们所有。此种情形之下,当问题本身涉及各自权力范围且发生冲突之时,合众国政府和州政府就都没有权利实施自身的决议。这首先是因为一旦发生冲突,就会同原本的协作式格局产生不一致的情况。协作概念决定了合众国政府与州政府之间并非上级和下属的关系,并必然意味着平等的概念。然而,若给予任何一方以权利,不仅可以判决自身权力的范围,也可以判决协作者的权力范围,并实施针对对方的决议,那么此举不仅会摧毁双方的平等,同时也将剥夺对方作为一个政府应当具有的一项品性——决定自身权力范围的能力的品性。其结果就会是,把一方从平等者位置提升到上级位置,而把另一方从平等者位置削弱到下级位置。剥夺一方的政府品性,实际上等于把将其下降到一个依附性组织的位置上。其次,此种格局也违背了分权格局的题中之义。所谓分权,必定意味着分权各方对自身的权利份额享有平等权利,无论份额本身是大是小;同时,分权也意味着评定自身的权力范围并针对分权各方捍卫自身的决定权。正是这些构成了所谓的分权格局,也是分权的含义所在。若做不到这些,就不会存在分权。将一部分权力给一方,另一部分权力给另一方,并赋予各方排他性的权利去论定各自的权力范围,这根本就不是分权。这是因为,任何一方都有可能被视为一个纯粹的临时租客,只要另一方有可能选择接纳全部权力,它自身的权力份额就会遭到剥夺。最后则是因为,没有任何的理由可以说明为什么一方应当拥有评定自身权力范围并实施决议的权利,而此一权力却不能平等地赋予协作式政府的另一方。假如一方有权实施自身的决议,那么另一方也应当拥有此一权利。但是,若认定双方都拥有评定自身权力范围的权利,那么在发生冲突之时,这实际上是等于将裁决权交付纯粹的野蛮暴力,而这则相当于摧毁了各方的平等——协作关系本身乃清晰地暗示了这样的平等,两个政府之间的分权也清晰地暗示着平等。此种情形之下,将只有靠强力来决定谁是上级谁是下属,谁将拥有对自身和协作者权力范围的排他性评定权,谁将被剥夺这种权利,以及谁将拥有超出协作者权力范围之外的那些权力,而这样的协作者将提升到上级的地位上。此种情形下,总会有一方成为强者,有鉴于此,强化或者解体将是不可避免的结果。至于究竟是强化还是解体,任何人只要观察一下我们政府体制的运作,就不难看出来。因此,上述假设必然会导致整个体系的毁灭并用另一种体制来取代,而这个新体制的特性是全然不同的,因此这样的假设也就必定是虚假的。

但是,假如双方都没有排他性的评定权,那么一旦在各自权力范围问题上发生冲突,必定会导致针对对方法令的相互否决权,只要这些法令发生冲突。此种做法的结果还是赋予各方以自保的权威,借此防范来自协作政府的侵夺行为。我们整个系统的平衡乃有赖于此,若做不到这一点,就不可能维持分权。

在制宪会议上,支持全国性政府的一方清楚地洞察到,单立各州的政府将会拥有在两个政府之间划定自身权力范围的权利,除非凭借某种条款对此予以阻止。这一点可以从他们所作的众多且不懈的努力中清楚地看出来。他们尝试剥夺各州的这种权利,并赋予合众国政府以权力,可以否决或者推翻各州的法令,只要各州法令同合众国政府的权力发生冲突。制宪会议议程的各个阶段都可以见到这样的尝试,而且用到了可以想象的各种形式,下面的摘引可以揭示出这一点。

提交制宪会议的第一份宪法草案(也就是兰道夫州长的草案),包含了一项条款,其中规定:“授权否决所有在国家立法机构看来违反了任何联邦权力所订立的条款和条约的法令;召集武装力量对抗任何依据上述条款未能履行其职责的成员州。”

第二份宪法草案(查尔斯·平克奈先生的草案)则有一项条款规定:“合众国立法机构有权修订任何有可能对依据宪法明确让渡给国会的权力形成侵害的法令;有权否决并取消此类法令。”接下来的草案(帕特森先生的草案)则规定:“若任何州或者任何州内的团体反对或者阻止(联邦)法令或者条约的实施”,“联邦行政机构将得到授权召集成员各州的武装力量,在必要的范围内,强制或者迫使它们服从法令并履行条约”。审议兰道夫先生草案的全会委员会则提出了另一项条款规定,主张全国司法机构的司法权应当覆盖所有的“问题,只要涉及国家和平、和谐”。下一份草案(汉密尔顿先生的草案)则宣布,各州的法令若违背合众国的宪法和法律,都将是无效的,并规定:“阻止此类法令获得通过的最好办法,就是由联邦政府任命各州的州长或者总督,并对所任命各州将要通过的法令握有否决权。”平克奈先生随后提出一项动议附议了汉密尔顿的草案,主张授权合众国立法机构“否决各州通过的任何在立法机构看来有可能干扰联邦普遍利益及和谐的法令;立法机构的看法需获得两院三分之二多数”。

没有必要通览制宪会议的材料来追溯上述提案的历史和命运,只需作如下论说就足够了:这些提案都提交了,但没有一个获得采纳,尽管制宪会议中的这部分群体都是最赋才干和影响力的人物,且都不遗余力地推动着类似性质的提案,认为这是必要的手段,否则便无法保护合众国政府免遭他们所担忧的来自各州政府的权力侵夺行为。一方面,这些草案之提出并获得如此强有力的推动,这一事实本身就充分证明,即便全国性政府阵营中那些最为杰出的人士,也都相信,在就权力范围问题发生冲突的情况下,合众国政府没有权利在与各州政府对抗的前提下实施自身的举措,除非为此制定出明确的条款;另一方面,制宪会议在当时的环境下拒绝采纳任何的此类条款,也同样充分地证明了,制宪会议是反对将此类权力让渡给合众国政府及其各个部门的,无论是立法部门、行政部门还是司法部门,无论是以何种形式。

不过,若仍对此存有疑虑,那么弗吉尼亚制宪会议对于宪法的批准以及宪法第十修正案则提供了强有力的证据,即便对此最持怀疑态度的人也将发现这样的证据是难以抵抗的。

众所周知,有一种强有力的意见是反对采纳合众国宪法的。

这起源于一种担心——人们担心若采纳这部宪法，将会导致合众国政府将所有权力集于一身，尽管全国派在制宪会议上遭遇了挫败，因此，制宪会议拒绝采纳任何意在赋予合众国政府否决州政府法令之权力的提案。这种担心激发了广泛且深刻的不信任，人们担心全国派的规划最终会借助其领袖人物的影响力而在未来政府中占据上风。人们对此非常警惕，以致威胁到宪法能否获得九个州的批准，而九个州的批准是必需的，否则宪法便无法在批准州中间产生约束力。弗吉尼亚的警惕程度堪称是最高的，各方都相信宪法的命运取决于弗吉尼亚州的行动。在弗吉尼亚召集宪法会议之前，已经有七个州批准了宪法。人们普遍相信，在剩下的几个州中，北卡罗来纳和罗德岛很可能不会批准，而纽约州的态度是非常摇摆的，它最后的态度将完全取决于弗吉尼亚的行动。假如纽约州拒绝批准宪法，再加上弗吉尼亚的拒绝，这将会挫败宪法。因此，在弗吉尼亚宪法会议上，支持方和反对方的斗争是耗时且剧烈的。问题本身的分量也使得两个阵营都召集到了最富干才和影响力的公民，这些人也为之付出了最大的才能。论辩主要围绕因宪法解释而造成的强化举措所带来的危险展开，宪法的反对者们为此倾尽了论辩才能和力量，以至于要获得多数，就必须对此类宪法解释进行防范，其办法就是给批准法令本身注入一些条款，用以阻止强化联邦的宪法解释。

法令是用如下语言表述的：

“我们，弗吉尼亚人民的代表，遵从本州人民集会的提议，经过恰当程序选举而出，现在齐聚宪法会议，我们已经充分且自由地调查并讨论了联邦制宪会议的记录,也进行了最为成熟的协商,因此,我们已经做好了准备,已经有能力给出决定。于此,我们以弗吉尼亚人民的名义并代表弗吉尼亚人民,宣布并宣示宪法所进行的授权,乃得自合众国的人民,因此,只要这些权力遭到滥用从而对合众国人民形成了伤害或者压迫,合众国人民就有权收回权力;所有未经授权的权力都归属各州人民,并听从人民的意志。因此,国会、参议院、众议院、总统或者合众国政府的任何部门以及官员,都不得以任何名目来取消、删减、限制或者调整任何一种权利,除非是宪法进行了专门的授权。在诸多本质性权利当中,良心自由和新闻自由是合众国的任何权威都不得取消、删减、约束或者调整的。"

"心怀此种信念,我们庄严地诉求那些胸怀纯净意图的人们,并相信,无论这部宪法怎样不完美,都应当依据前面所确立的方法进行考察,而不要因无谓的耽搁而将联邦拖入险境,并尽可能地在批准之前进行修订。于此,我们这些代表,以弗吉尼亚州人民的名义并代表弗吉尼亚州人民,宣布同意并批准宪法。"

这是通常的结尾形式。

上述就是一份记录在案的宪法解释,是这个领导性的大州在批准法令中进行的宪法解释。弗吉尼亚的目标就是对滥用宪法解释进行防范,这一法令本身充分证明了这一点,无论是其文字还是宪法会议上的讨论,其效能可说是已经达到了语词功能的极致。法令宣布:宪法授予的所有权力都来自合众国人民;这些权力一旦遭到滥用从而损害或者压迫到合众国人民,合众国人民就有权予以收回;所有未经授权的权力则保留给合众国人民并听从合众国人民的意志;国会、参议院、众议院、总统或者合众国的任何部门和官员,都不得取消、删减、限制或者调整任何一种权利。语词的运用不可能比这更强烈了。这一批准法令捍卫着保留权力,同作为一个整体的政府及其所有的部门和官员进行对抗。它探查了保留权力可能遭到伤害的所有方式,并清楚地表明,其意图就是要将保留权力置于安全的位置,不受合众国政府的任何干扰和控制。现在,不妨思量一下,单立各州的政府拥有充分和完善的权利来捍卫自身的权力,就如同合众国政府也拥有同样的权利来保护那些让渡权力一样,这一权利本身也正是保留权力的一部分,而制宪会议尽其所能地想要剥夺各州的这种权利,意图赋予合众国政府以权力来推翻各州的这种权利,但所有这些尝试都遭遇了同样的挫败。若非在批准法令中融入真实的宪法解释,弗吉尼亚是不可能受到诱导去通过批准法令的;若非弗吉尼亚的批准,宪法无论如何都不可能得到采纳,因为其他各州都是在服从此一明确的宪法解释的前提下才接纳了宪法。考虑到上述一切,就很难再抗拒如下推论:各州之接纳宪法,无论如何都意味着对弗吉尼亚宪法解释之真理性质的肯定和承认;这一宪法解释的约束力不下于宪法本身。

只不过,弗吉尼亚宪法会议采取的是进一步的防范举措,就是将此一宪法解释的实质内容融入宪法当中。构思这一举措的人堪称睿智、富有经验和爱国,他们充分意识到,要防范对宪法解释的滥用是何等的困难。于是,他们提出了他们自身的宪法解释的实质内容,以此作为对宪法的修订。这一修订案是这么表述的:“联邦各州应当各自保留所有的权力、司法权和权利,只要是宪法没有让渡给合众国国会或者联邦政府各部门的。”这一表述经过调整和提案程序,最终以正规的宪法形式呈现为一项宪法修订案,并获得了各州的批准。这就是宪法第十修订案,前文已经对这一修订案有详细引述了。有必要指出的是,马萨诸塞、新罕布什尔和南卡罗来纳在各自批准宪法之时,也都提出了实质内容类似、目标一样的修订案。这清晰地表明,弗吉尼亚感受到的那种紧张情绪已经传布得何等广泛,而人们防范邪恶的欲望又是何等强烈。

上述讨论具有此等说服力,实际上也表明了:合众国政府在实施其决议之时,若同各州的权力范围发生冲突,那么其实施此类决议的正当性不会比各州在类似情况下实施自己决议的正当性更强。在这个问题上,合众国政府和各州政府是平等的。然而,尽管上面的论述具有此等的说服力,但仍有很多人心怀不同的看法,他们仍然确信合众国政府乃充分、绝对并且排他性地拥有实施自身决议的权利。

为了支持自己的看法,他们首先依托于宪法第6条第2项,其中规定:“本宪法、依托本宪法制定的合众国法律以及依据合众国权威订立的条约或者将要订立的条约,应当是本国的最高法律;各州法官应当予以服从,即便各州的宪法或者法律与之发生抵触。”

作为对这一条款的回应,只需指出如下一点就够了:这一条款乃宣示性的,它并没有赋予合众国政府及其各部门任何新的权力。没有这一条款,宪法、依据宪法制定的法律以及依据宪法订立的条约,同样是本国的最高法律,其完整和完善程度也不会发生变化,各州法官也一样会予以服从,尽管各州的宪法或者法律有可能同合众国宪法、法律或者条约发生抵触。合众国宪法、法律以及条约的至上性乃源自联邦政府和州政府之间关系的本质,同时也源于合众国宪法和法律同各州宪法和法律之间关系的本质。实际上,只要两个或者两个以上的州形成一部共同的宪法和一个共同的政府,那么这一共同宪法和共同政府的权威,在让渡权力的范围内,相对于各州的宪法和政府而言,必定是至高的。若没有这一点,就不会存在共同的宪法和政府,甚至连邦联体制都不会存在。事实上,这样一个整体也只能说聊胜于无。但是,共同宪法和共同政府的至上性并非绝对意义上的至上性。在范围和程度上,这种至上性都是有限制的,它不能越过让渡权力的范围。出了这个范围,所有的其他权力都保留给各州以及各州的人民,而宪法将如同一张白纸,既没有权威,也没有权力,并且,合众国政府所采取的举措也纯粹是出于假设的法令而已。因此,法律和条约的至上性明确限定于宪法框架之内,或者合众国权威的框架之内,无论如何都不能超越让渡权力的范围。事实上,不存在不受限制的政府权力,即便国会的所谓自由裁量权也不例外。这种自由裁量权指的是对国会的一种授权,国会可以借此授权进行立法,以便行使明确赋予它或者赋予合众国政府及其各个部门或者官员的权力。此种权力,尽管是综合性质的,不过也要服从两项重大限制:其一,立法必须是必要的;其二,法律必须是恰当的。

立法必须是必要的。要理解这一点所指为何,就必须记住:没有什么权力可以自我执行,权力的执行需要手段和政府的力量。此类手段就其本身而言确实可以视为辅助性的权力,且其中一些同主体权力关联紧密。可以说,没有某种辅助权力或者全部辅助权力提供的助力,这一主体权力是无法实施的,或者也可以说,若没有这些辅助权力,主体权力本身将会是毫无意义可言的。因此,这类辅助权力也可称之为隐含权力,国会的立法行动乃局限于此类衍生性质或者辅助性质的权力,并且也应当限制在必要的范围之内,为实施明确的让渡权力所必需。

国会通过的法律不仅要限制在必要的范围之内,也要限制在恰当的范围之内,以便这些立法适得其所。在这个问题上,要理解"恰当"一词的真正含义,就必须记住:即便是隐含权力在作为权力或者权利的实施手段之时,也要受制于一些重要条件。其中最突出和最重要的条件就是,在实施种种权力或者权利之时,不能引发它们彼此间相互伤害的格局。同这一条件相关并且应当服从这一条件的是:若这些隐含权力或者手段在运用之时,同另一种权力或者权利之实施所运用的隐含权力或者手段发生了冲突,那么,次要权力或者权利应当服从更为重要的权力或者权利,出于便利考虑之权力或者权利应当服从出于效用考虑的权力或者权利,而这两者都应当服从出于健康和安全考虑的权力或者权利,毕竟,这么做是"恰当"的题中之意。这两项规则赋有普遍性质,并且都依托于根本的道德原则。

这就是“恰当”一词的真正含义所在,加之“必要”一词,便构成了这个重大问题的解决之道。因此,当一项国会立法在实施某种让渡权力之时,若同各州的某项法律发生了冲突,而各州的法律乃实施各州的保留权力,那么此种局面之下,结论并不一定就是要州权让路。原因很简单,依据宪法制定的法律乃国家的至高法律,鉴于“恰当”一词所施加的限制,即便隐含权力是必要且符合人们普遍接受的根本道德原则的,国会也无权决定究竟哪一方应当让步。若没有这一限制,各州的大部分保留权力,尤其是那些关涉包括人民健康、安宁和安全事务在内的州内警务问题上的保留权力,都将趋于流产,而这一切都是因国会为实施让渡权力而通过的法律而致,尤其是商业和邮政体系方面的让渡权力。

这一系列的改变最终呈现在宪法修订案的条款中。若将该宪法修订案的条款同制宪会议草案委员会所提交的原初报告进行比较,我们就会发现,这一比较是值得关注的,因为这一比较可以在相当程度上说明修订案条款的措辞和目标。草案委员会的报告在呈现这个问题时,是这么说的:“合众国立法机构依据宪法制定的法令以及依托合众国权威订立的所有条约,应当成为各州及其公民和住民的至高法律;各州法官在判决之时应当服从这些法令和条约,即便各州的宪法或者法律可能有悖于合众国的法律和条约。”制宪会议对这个委员会提交的宪法规划进行了漫长的讨论,并且作出了众多的修改,修改后的完整版宪法规划提交给了修订委员会,也就是人们所说的“措辞”委员会。草案委员会没有对上述条款进行任何修订,而是原封不动地提交给了修订委员会或者说是措辞委员会。修订委员会或者说是措辞委员会将修订稿返回草案委员会之时,条款就是人们现在看到的这个样子了。比较一下原稿和修订稿,不难发现,"宪法"一词在草案委员会的原稿中是漏掉了的,但在措辞委员会的返回稿中得到了补充,作为"这个国家的至高法律"的一个组成部分;"合众国立法机构的法令"这一表述改为"国会的立法";"各州及其公民和住民"改为"这个国家"。毫无疑问,措辞方面的这些调整是为了让此一条款同制宪会议的观点保持一致,同时也是为了对表述方式予以改进。制宪会议的观点在对草案委员会所提交的规划的讨论中是有所揭示的,可以说,这显然就是将修订之后的宪法规划稿提交给修订(措辞)委员会的目的所在。"宪法"一词毫无疑问是后来加上去的,毕竟,尽管宪法是各州之间的一份契约,不过就作为个体的各州公民和住民来说,宪法也是法律,而且是最高法律。用"国会"一词来取代"合众国立法机构"一词,这一点不需要解释,只不过是措辞上的变更。用"这个国家"取代"各州及其公民和住民",此举的原因究竟何在,起初我倒还没有发现,不过稍作思量,还是能很容易地找到一个原因。草案委员会所提交的规划稿中,合众国立法机构的法令的至上性,以及依据合众国权威订立的条约的至上性,乃局限于"各州及其公民和住民",很自然的,如此表述之下,这样的至上性并没有完全覆盖合众国的"实际领土"。或者说,这些法令和条约的权威并非不能进一步扩展,因此,就有必要赋予一个更大的空间,尤其是在"宪法"一词引入"合众国的法律”这一表述当中之后。毕竟,合众国法律和条约的权威绝不能超越宪法所规定的限度。宪法扩展到哪,合众国法律和条约的权威也就扩展到哪,但不能越界。于此,宪法以及依据宪法制定的法律和条约便获得了一种可以同领土扩展一同扩展的至上性,此种局面之下,就有必要采取一种较之草案委员会所提交规划稿更具综合性质的表达。因此,最终采纳了修订(措辞)委员会的替代表达方式——“这个国家的至高法律”。这一表述确实是更为恰切的。

这些就是加诸合众国宪法、法律以及依据合众国权威订立的条约身上的限制,尽管它们都是这个国家的至高法律。这种至上性若有越界并对保留权力形成侵夺,那么无论采取何种形式或是借助何种渠道,也无论是合众国政府本身的行为还是某个政府部门的行动,最终都会将这个国家的全部权力集于一方手中,从而摧毁整个系统。

对合众国宪法和法律之至上性的限制,既有程度上的限制,也有范围上的限制,前者的力度并不下于后者。虽然合众国宪法和法律在其自身范围内针对各州宪法及其同宪法相关的一切法令而言是至上的,不过,合众国的宪法和法律也要服从指令并确立宪法的那个权力,正如同各州宪法及其同宪法有关的一切法令也都臣服于同样的那个创设性权力一样。在这个问题以及在合众国和各州在各自领域的相对至上性这个问题上,可以说,合众国和各州是平起平坐的,都不具备针对对方的任何优势地位。

有人坚持认为,合众国政府有权决定让渡权力的范围,即便这类决定同各州政府在保留权力之范围问题上所作的决定发生冲突,合众国政府也有权实施自己的决定。此种观点的下一个依托就是宪法第 3 条第 2 项,其中表述如下:"司法权应当覆盖宪法、合众国法律以及依据合众国权威订立或者将要订立的条约之下的所有案件,无论是法律案件还是衡平案件;也应当覆盖所有涉及使节、部门主管和顾问的案件;覆盖陆海军司法裁决领域的所有案件;覆盖所有以合众国为一方的争端;覆盖两个或者多个州之间的争端、一个州同另一个州的公民之间的争端;覆盖不同的州的公民之间的争端;覆盖同一州的公民之间就土地权利发生的争端,只要这些权利出自不同州的授权;同时也覆盖一个州或者其公民同外来州及其公民或者属民之间的争端。"

作为回应,只需指出如下一点就足够了:宪法的这一节并未包含任何可以授权合众国司法部门在违背州政府决议的前提下实施合众国政府决议的条款,在上述的所有案件中都是如此。

实际上,司法权可以分为两个部分:其一,诉讼内容上的司法裁决权;其二,有关诉讼双方的司法裁决权。宪法第 3 条第 22 页将司法权扩展到"宪法、合众国法律以及依据合众国权威订立或者将要订立的条约之下的所有案件"之上,实际上包含的就是诉讼内容方面的司法权,而这一节剩下的规定则包含了有关诉讼各方的司法权。

显然,就条款的行文而言,这一条款的目标所在,就是要司法部门的裁决权同宪法以及政府各个部门的权威形成对应,使之适得其所。仅此而已。同样显见的是,"案件"一词是一个定义精确的技术术语,是在其恰当的法律意义上使用的,所涵涉的问题仅仅是司法性质的问题,确切地说,就是争端各方应当进入法庭程序的问题。宪法中没有任何条款曾赋予合众国政府及其任何部门在违背州政府决议的情况下实施其决议的权威,而这一条款中也没有任何东西让各州不得不进入法庭程序。很明显,这一条款中没有任何东西会使司法部门拥有权力在违背各州决议的情况下实施合众国政府的决议。因此,若这项条款真的进行过这样的授权,那就必定是在这一节剩下的规定里面——这部分的授权涉及的是诉讼各方。然而,这一部分并没有任何条文是将司法部门的司法裁决权扩展到有关两个协作式政府之间发生冲突的问题上的,无论是明确的条文还是隐含的内容都是如此。接下来我将对此予以阐明。

无论是合众国政府还是各州政府,其间的冲突不一定非得进入法庭程序,除非双方都同意这么做。这一点是无可争议的。毕竟,最为确立的法律原则莫过于:一个政府,尽管可以成为一桩诉案或者争端中的原告,但若没有政府自身的同意,它是不可能被当作被告的,或者说,无论如何它都不可能进入法庭程序。在这一节条文中,显而易见,没有任何明确的条款规定合众国政府或者各州政府可以在两者之间的争端中作为被告,或者进入法庭程序。

假如确有这样的规定,那必定隐含在某些条款当中。因此,有人就提出争议,认为这样的规定乃隐含在规定司法权应当覆盖"合众国作为诉讼一方的争端案件"的条款中。要承认的是,这一条款清晰地将司法部门的司法裁决权扩展到以合众国作为诉讼一方的所有争端上,无论是作为原告还是作为被告,当然,这需要合众国政府自身的同意。目前为止,这还并不是隐含权力的事情,而是明文规定的事情。不过,问题在于,在州和合众国之间的争端或争议上能否再进一步,确切地说,能否借助隐含权力,授权合众国在未获得一个州的同意的情况下,使得这个州成为被告呢?这一条款没有包含可以保证存在这样的隐含权力的任何一个词或者任何一个音节。任何宪法解释若能给出这样的保证,就势必会同时授权一个州或者一个公民,在未获得合众国同意的情况下,让合众国成为被告。

显然,不存在任何条文可以保证这样的宪法解释,相反,有大量的证据显示,这样的宪法解释是完全没有理据的。首先,若非最强有力的隐含权力,否则任何理由都不足以授权进行这样的宪法解释,可以将不进入法庭程序这一对主权来说是如此重要的一项权利从各州身上剥夺掉;或者说可以在不获得各州同意的情况下,任意使各州成为一桩诉案或者争端中的被告,尤其是在州政府同一个平起平坐的政府之间的诉案或者争端中——因为,此种格局之下,此举的效果必然是将各州从平等地位降低到从属地位。

其次,此种宪法解释违背了针对同一节中一项类似条款所作的宪法解释——由一种更高的权威给出的,这一权威高出了司法部门或者任何其他政府部门的权威,也高出了政府所有部门加总起来的权威。我这里指的是这一节的最后一条,其中规定司法权应当覆盖“一个州或者其公民同外来州或者其公民和属民之间的”争端。同刚才讨论的条款相比,依据这项条款作出似是而非的论断,去支持那种认为州可以成为被告并进入合众国法庭程序的论点,这将要容易得多。前面那项条款甚至都没有提到各州的名字,只能通过隐含解释将各州带进来,然后,还需要凭借另一个隐含解释,才能剥夺各州的这一重大主权权利。对此种做法,我们找不到任何明确的原因。而在这项条款中,不仅提及了各州的名字,而且争端另一方的名字也提到了,但是没有说明谁是原告以及谁是被告。这个问题并未获得界定,很自然的,各州在双方的争端中能够成为被告或者原告的问题,只有留待宪法解释去决定,而这一宪法解释是倾向于上述隐含思路的,对此,我们可以找到一项看似合理的原因。这一条款将州及其公民放在一起,而在司法权所覆盖到的争端中,州及其公民是一边,外来州及其公民或者属民则归于另一边。依据条款中的规定,在某个州及其公民同外来州及其公民或者属民之间的争端中,外来州及其公民或者属民可以使某个州的公民成为被告,鉴于此,一个很自然的推论就是:州也同样可以纳入法庭程序当中。依据此种宪法解释,一项针对某个州而提起的法律诉讼,实际上是从合众国法院开始的。各州当然会对此感到恐惧,于是便凭借其规划并确立宪法的那种主权特性,宣布:“不应当在解释合众国司法权之时,将司法权扩展到由一个州的公民或者外来州的公民和属民针对另一个州提起的任何诉案身上,包括法律和衡平程序在内。"[1]

上述论证已经据有相当的说服力了。不过,若是觉得还需要更多的理由来支持上述论证所给出的结论的话,如下事实是可以提供的:我们的政府已经存在了这么长时间,合众国和各州之间的问题也不在少数,不过,合众国在处理任何一个问题时,都从未尝试将各州引入合众国的法庭程序。此外,不妨再加上如下一点:制宪会议上曾有过诸多的尝试,试图将司法权扩张到"所有涉及国家和平与和谐的问题上",或者说,这些尝试都试图造成各州臣服于合众国司法裁判权的效果,但所有这些尝试都遭遇了挫败。这一事实也揭示出,前面所得出的结论是对抗所有此类解释意图的,因为这样的宪法解释同制宪会议上的尝试抱有同样的目标,不管这样的宪法解释建基于这一节的哪个条款,前面所得结论都是无可抗拒的。

最后,有人会争论说,合众国最高法院对所有法律都拥有合宪性方面的裁定权,并可以此作为最后诉求,来裁决所有涉及合众国宪法以及依据合众国宪法制定的法律和条约同各州宪法及其法律之间的冲突。

应当承认的是,在交付给它的所有司法性质的问题上,最高法院都拥有此种裁决权,在合众国的法律、条约同各州宪法、法律发生冲突之时,裁定何者合宪,何者违宪。不过,需要明确的一点是,此种权利并非专属最高法院,或者更确切地说,其裁定说到底

[1] 《宪法》第11修正案。

也只是对争端双方及其协同部门有约束力。这一权利非但不为最高法院所独有,而且也为各州法院所分享,无论是高级法院还是次级法院,甚至外事法庭也享有这一权利,只要交付它判决的诉案涉及此类冲突。这种格局乃是我们政府体制之下的必然之事。在我们的政府体制之下,分化的不仅仅是权力,宪法和法律也都源自不同的权威。此种格局当中,法院的职责就是宣示所交付判决的案件应当适用何种法律,当然也要在不同法律发生冲突之时,宣示哪项法律是至高的。合众国宪法在自身领域之内高于这个体制的任何组成部分,鉴于此,必然的结果就是,在此领域之内,若有任何法律同它冲突,法院的职责就是在所判决案件中宣布合众国宪法之至上性。如果作出判决的是最高法院,那么它的判决,作为诉讼双方的终极法庭给出的判决,当然也是诉讼双方所能寻求的最终判决,但也不过只是对诉讼双方来说的最终判决。另一项结果就是,最高法院的判决在合众国与各州之间的诉案上没有约束力,因为在此类诉案中,无论是合众国还是各州都无权让对方成为被告。

显然,那些为最高法院独断的合宪裁定权辩护的人,在这个问题上忽略了单一制政府和协作式政府之间的区别。在单一制政府体制中,一个政府独揽所有政府权能,而在协作式政府中,政府权能乃在两个或者多个政府中进行分化。我们的情形正是如此。合宪性裁决权分属合众国政府和各州政府,在这个问题上,协作式政府同单一制政府处于平起平坐的位置,在此种情形之下,无论什么样权利或者权力,只要归属其中一方,就必然归属另一方。假如承认了这一点,若双方就各自的权力范围发生了分歧,那么,结果就必定要么是使用彼此之间相互的否决权,要么就是双方都有权将自身的决议施加在对方身上。不过,前文已经论证过,双方都没有后面的这项权利,因此,不论从哪个角度看待这个问题,结论都是一样的:假如两个政府就各自权力范围问题发生冲突,结果就是使用彼此间相互的否决权。

此种格局的效果使得双方在对抗的前提之下都成为各自所分享权力的捍卫者和保护者,而这种分化了的司法裁定权也就成了各自权力的机构和代表。若非如此,则各州的单立政府作为协作式政府体系中的弱者,根本无法阻止作为强者一方的合众国政府对保留权力实施侵夺,并最终将全部政府权能集于一身。事实上,只有通过这种办法,在立法和执法方面赋予各州单立政府以附议权,并相应地赋予各州政府以否决权,否则,便无法阻止上述情形发生。未进行让渡的权力应当明确保留给各州及其人民,确切地说,应当明确保留给各州政府及其人民,并且,也只有借助这样的保留权力,各州及其人民才能寻求保护和保存。此种因由在前面那篇论述政府之基础原则的文章中已经予以充分阐释了。然而,各州,作为弱者一方,要捍卫未经让渡的权力,只有两条道路:要么是在合众国政府的行动中拥有附议权,要么就是在各自权力范围问题上发生分歧时,针对合众国政府的法令拥有否决权。要捍卫保留权利,两个条件必须满足其一,否则便无法阻止作为强者一方的合众国政府将全部政府权能集于一身。制宪会议之所以偏爱合众国政府,原因很可能就在于州的数量太大,而且人们也都相信，若如此组织政府，在合众国行动中赋予各州以附议权，将使得合众国政府变得过于孱弱和拖沓，并因此无法达成一个政府的原初目标。因此，制宪会议没有采纳上述方案，也就没有什么能够捍卫并保存保留权力的机制保留下来，此种局面之下，各州实际上正是采取了另外一种做法，那就是拒绝赋予合众国政府针对州政府法令的否决权，无论何种形式，也无论何种方式。

也许有人会宣称，协作式政府的这种相互否决体制，在双方就各自权力范围问题发生分歧之时，虽然有防范权力集中的效果，但也将导致双方的冲撞和冲突，最终将会以解体收场。

在两个政府之间实施权力分化，若没有提供相应的手段遏制上述情况发生，其结果必定是冲撞和冲突。这一点是不能否认的。任何权力分化都将导致冲撞和冲突，无论是政府各协作部门之间、协作式等级或者阶级之间以及协作式政府之间，还是我们的政府体制或者任何其他宪政政府身上发生的权力分化，都是如此。若不对政府权能实施分化，便不可能建立一套分权体制，但是不管权力分化发生在哪里，也不管以怎样的方式进行，冲撞和冲突都是不可避免的结果，除非加以遏制。分权格局越是繁杂细密，发生冲撞和冲突的可能性就越大，也就越有必要采取有力且有效的手段予以遏制。这是任何宪政政府都必然要面对的恶果之一。不过，我们必须直面事实，连同所有的必然结果，无论好坏。宪政政府和专制政府之间的抉择实际上就是在善恶之间进行权衡，双方都自有其善，也各有其恶。如果说宪政政府必然要暴露在冲撞和冲突当中,那么专制政府则可以说是暴露在压迫和滥权的危险当中,这是任何不受控制、无责任担当的权力的必然结果。我们所面临的抉择就是:要么是一个全国性的、强化了的、无责任担当的政府,由一个主导性的派系操控;要么就是一个联邦式的、宪政的和有责任担当的政府,并凭借一切必要的权力分化机制,在一个幅员辽阔、拥有巨大的利益和制度多样性的国家里,塑造并保存这样一个政府。拥有两种政府类型的优点,同时祛除双方的缺点,这样的事情是不可能发生的。宪政政府和专制政府,双方的本质和性格乃完全相反且彼此敌对,不可能融合在同一套体制当中。

冲撞和冲突在权力分化体制中是必然之事,这是应当承认的,不过,要说两个协作式政府之间的相互否决权必然会推动冲撞和冲突,或者必然会导致解体,这一点则是完全站不住脚的。这样的相互否决体制,其效果恰恰是相反的。它并不必然导向冲撞或者冲突,相反,它是不可或缺的手段,否则便无法遏制让渡权力和保留权力之间势必会发生的冲撞和冲突,这样的冲撞和冲突若不加以遏制,势必会导致联邦的强化或者解体,并最终摧毁整个体制。相互否决体制的目标和目的所在,就是阻止协作式政府体制中的任何一方对对方实施权力侵夺。为此,相互否决体制是行之有效的,而且也是人们能够设计出来的唯一有效的手段。遏制了此类侵夺行为,实际上也就遏制了双方的冲撞和冲突。这一切都是自然的因果序列:侵夺行为必然导致冲撞,冲撞必然导致冲突,除非人们对侵夺行为选择默认。若予以默认,弱者的权力将会遭到吸纳，所有的权力都将聚集于强者身上。

然而，也许有人会进一步宣称，在遏制冲撞和冲突的同时，很可能会导致同样让人害怕的后果。确切地说，这么多的州政府都拥有否决权，只要有任何一个州在权力范围问题上同合众国政府发生分歧，都会导致重大的尴尬和混乱，因此，在权力道路上设置如此众多的障碍，最终将会使得合众国政府无力达成其原初目的。这一反驳意见只能说表面上有道理，不过，仔细考量便不难发现，这副药方虽然很强，但还不足以救治疾病，而且这个体制本身已经提供了丰富的手段，足以纠治自身所造成的任何混乱。

在构建宪政政府之时，应当将如下原则奉为一项根本原则：政府若要强有力，就必须拥有同样强有力的否决体制，以将政府权能限制在恰当的范围；政府越强有力，若否决体制也相应地趋于强大，则这样的政府就越好。除非能够使否决体制随同政府权能一同增强，否则便无法在积极权力和否决权力之间建立平衡。所谓积极权力，就是采取行动的权力；所谓否决权力，就是将政府行动限制在划定范围的权力。事实上，我们很难找到一个比合众国政府更强大的宪政政府观念，因此，也就需要更为强大的否决权将合众国政府限制在恰当的范围内。习惯和必然性都使得合众国政府将多数州及其联邦人口的联合权力和裙带资源结合起来，置于同各个州的少数派相对立的位置上，而这些少数派除了自身单立和分化了的权力和裙带资源之外，便一无所有。此种局面，使得合众国政府无论如何都会比罗马政府更为强大，即便算上在罗马得到强有力构建的元老院及其荫蔽之下的门客，即便算上监察官和独裁官,也是如此。因此,在罗马,若要将政府限制在恰当范围内,就要求一种同样强大的否决权,诸如护民官体制。这一体制在其鼎盛期拥有十名成员,由罗马平民选举,每名护民官(有人认为是每个护民官,不过大多数人都认为是护民官体制中的多数)都拥有否决权,不仅是针对元老院的决议,也针对这些决议的执行。这一否决权不可不谓强大,不过经验证明,这还不足以应对政府的积极权力。假如将环境因素考虑在内——我国各州的否决权就是在这样的环境中发挥作用的——就不难发现,两相比较之下,我们各州的否决权的力度比不上罗马护民官体制所拥有的否决权的力度。不过,在防范体制走向失序和混乱方面,我们的否决权体制要较之护民官体制有效得多。

首先,护民官的否决权覆盖了元老院的全部法令及其执行,鉴于罗马政府是一种单一政府体制,政府权威本身不存在限制,因此,护民官否决权可说是覆盖了全部的政府法令。就我国的情形而言,各州政府的否决权仅仅涉及合众国政府法令的执行,只要法令的执行有可能引发双方在各自权力范围问题上的争端——此类问题同全部的问题相比,是很少的。其次,每个护民官,或者至少也是护民官体制中的多数,都拥有否决权,而且,护民官通常也都倾向于动用否决权,毕竟,护民官所代表的那部分罗马人民,正是他们的否决权意在保护使之免受元老院压迫和滥权的那部分人民。与之相反,合众国政府同各州政府之间的惯常关系,则是那种可以在权力和利益两个方面让多数州同合众国政府形成认同的关系。因此,这就使得大多数州都愿意扩展并保持合众国政府的权威,而不是抵抗其侵夺行为,且从大多数州的立场来看,它们认为这也是在扩展而不是缩减自身的权力。这也就将各州政府的否决权限制在少数州那里,而且经验表明,即便这些少数州,在其自身内部也总是存在一个少数派同其意志形成对立;相比州内多数派,其在人数上甚至可以平分秋色,其观点和党派情感也认同于合众国政府所掌控的那个多数派,且其随时准备就州内多数派捍卫保留权力的举动实施对抗行动。除此之外,还有一点需要补充的就是,甚至少数州内的多数派,大多也都不愿意对合众国政府的侵夺行为采取对抗立场,因为他们也希望日后有一天会轮到自己取得霸权地位,因此,他们也就天然地不倾向于削弱同合众国政府方面的少数派的党派联系,而他们的利益和情感,除了党派纽带之外,都是站在多数州一边的。既然如此,情形也就很明显了,各州政府对合众国政府针对保留权力实施的侵夺行为的抗拒倾向不会那么大,当权力范围方面的争端出现的时候,各州的战斗倾向也不会那么强,在这方面,它们跟罗马护民官相比要逊色很多——罗马共和体制中的护民官在反对任何意在压迫或者剥夺平民权利的法令及其执行时,表现出了强烈得多的战斗精神。

对此,不妨再作进一步补充,依据联邦宪法规定,不仅合众国的所有公职人员,而且各州的公职人员,包括立法机构的成员以及全部的行政人员和司法人员,都要经由誓言或者确认程序对宪法表示支持。联邦宪法同时也规定,司法部门最高法庭的裁决就是终审裁决,诉案或者争端双方必须服从,由此,因各州政府之否决权而招致严重失序或者混乱的风险同罗马护民官体制可能招致的风险相比,就要小得多,而且可说是非常小的。实际上,真正的危险体现在其他方面,确切地说就是,各州政府默认合众国政府侵夺行为的倾向要比抵抗倾向更为强大,同积极权力相比,否决权会因为过于孱弱从而不足以维持平衡。不过,假如情形并非如此,假如真的发生了严重的体制失序,那么在那种最早且最高的权力分化格局中,是能够找到丰富且安全的手段予以纠正的。这是接下来要考量的主题。

这里所谓最早、最高的权力分化,指的是这个国家最初的领土分化所带来的那种结果,这种结果是同这个国家最初的领土分化紧密关联在一起的。这一领土分化和殖民地定型为单立且分立的各个共同体这种情况同时发生。这些共同体,尽管一开始依托于母国,不过在母国对他们的特许权实施侵夺之时,他们就通过一场成功的抵抗,演变成独立且主权性的各州。整个体制的终极权力分别寓居于各州身上,或者更确切地说,寓居于构成各个独立、主权共同体的各州人民身上,因此整个体制乃扎根于各州人民身上。各州人民的第一项行动就是规划并确立各自单立的宪法和政府,由各州自己订立,并且为着各州自身订立,不存在同其他州的协调或者协议。在邦联体制归于失败之后,接下来的行动就是规划并确立合众国的宪法和政府,具体行动方式同各州此前的行动方式在所有方面都可说是一样的,前文对此已经有所阐述。当然,不同的地方在于,此举需要各州间的协作和协议。这一高级权力,或者说至高权力,从未让渡或者赋予各州政府或者联邦政府,并且第十修正案也宣布,至高权力乃保留给各州人民。因此,至高权力乃归属各州的人民,这一点是无可置疑的。至高权力必定寓居于某处,没有人可以断言至高权力是可以不存在的。但是,依据我国体制的根本原则,主权在人民,而非政府;而假如主权在人民,那么这里的人民必定是各州的人民,因为从政治角度讲,我国体制当中并不存在其他意义上的人民。主权不仅在民,而且完全在民,且是完整的、不可分割的。假如对此需要提供证据,那就不妨看一看如下事实,而且这一事实就合众国而言是无可更改的:各州人民凭借同样的资格和同样的方式采取行动,制定并确立了联邦宪法,他们可以经由复合、联合程序修改或者取消宪法,并确立另一部宪法取而代之,或者也可以解散联邦并将其化解为单立且互不关联的各州。一种权力,若能够正当从事所有这些事情,就必定是以完整且不可分割的形态存在着的;除此之外,便无法构想更高的主权行动了。

但是并不能由此得出结论认为,在规划并确立合众国宪法之时,各州人民没有对主权权力的实施作出限制;毕竟,主权者是可以对自身的行动施加主动限制的,这在任何意义上都不构成对自身主权的折损或者伤害。这一点是所有论述主权问题的作家们都承认的。各州人民在固化并确立宪法之时,也相应地对主权权力的实施施加了一些重大限制。要对此类限制进行确认并廓清其运作范围,就有必要首先确认各州人民同宪法的关系,以及各州人民彼此间在宪法上的关系。

各州人民同宪法的关系乃上级对下属的关系,确切地说,就是造物主对造物的关系。各州人民塑造了宪法,并经由宪法而赋权政府,政府的所有权威或者权力皆导源于此。若从纯粹宪法角度观之,合众国宪法乃附属于各州人民,就如同各州宪法那样,合众国宪法对各州人民主权权利的实施所施加的限制实际上同各州宪法是一样多的。但是,各州人民在宪法上的彼此关系问题则是另一种情形。在宪法经由各州人民间的协议而得到批准和采纳之后,各州人民同合众国宪法的关系也就转化为宪法契约参与方与宪法契约的关系,因此,宪法是作为一种契约在各州人民之间发挥作用,而不是针对各州人民或者在各州人民之上发挥作用。在独立且主权性的各州之间的所有契约中,宪法是最紧密、最郑重和最神圣的,无论是就宪法关联的紧密性、所欲求目标的重要性而言,还是就宪法所施加的义务而言,都是如此。各州人民抛开了所有中间性质的力量元素,转而依托各自的主权能力,彼此间达成联合协议,以尽可能紧密的方式团结起来,在不至于将各自主权融合成为一个共同主权的前提下,建立一个共同政府,并且此举的目标也是非常清晰的。鉴于各个州和所有州的相互利益以及安全考虑,此举的目标就是各州认为一个共同政府较之各州单立政府能够更为稳靠、安全且更为有效地予以推进的那些目标。各州人民以最大可能的郑重方式宣誓效忠宪法,支持他们所塑造的这份契约,为此,各州人民宣誓尊重宪法条款,服从依据宪法条款制定的所有政府法令,并竭尽自身所能捍卫宪法不受侵犯。宪法可谓庄重、神圣,宪法所施加义务也可谓庄严,然而,在赋有主权能力的各州人民面前，它不过是一份契约，而非一部宪法。不妨用宪法语言来说，规划宪法是将宪法作为一部“为着联合各州而规划的宪法”，而不是针对各州而规划的宪法；宪法之确立，是“在批准宪法的各州中间”，而不是在批准宪法的各州之上；各个州，乃依托自身的主权能力采取行动，并且依托同样的能力批准并采纳了宪法，因此，若有州犯下了侵犯宪法的罪错，那么宪法也是作为一份契约而非作为一项法律而遭受侵犯的。各州公民若以个体身份侵犯了宪法，则情形就完全反转了。对公民个体来说，宪法就是法律，是自身权能范围内的至高法律。个体公民当然也可能犯下侵犯宪法或者侵犯依据并凭借宪法权威而制定的法律和条约的罪错，但此类罪错属于针对作为法律的宪法以及法律或者条约本身的罪错——个体公民不可能对作为契约的宪法实施侵犯。宪法之规划和确立乃经由各州而置于个体公民之上，个体公民负有忠诚于宪法的义务，而同样的义务也使得个体公民应当尊重并服从宪法权威，只要宪法权威没有越界，这就如同个体公民应当尊重并服从自己所在州的宪法那样。出于同样的原因，个体公民应当效忠的各州则在这两种情形中都有权得到效忠。

综上所述，可以得出结论，各州的人民，作为宪法契约的参与方，因为他们接纳了郑重的义务，不得违背宪法条款，并在各自的权限范围内支持并支撑宪法，已然对主权权力的行使施加了限制。所谓限制，也就是指在这个范围内没有走得更远。作为宪法契约的参与方，各州的人民保有对这一宪法协议或者说宪法契约所施加的义务的范围作出决断的权利。事实上,在所有此类关系格局中,这一权利都是不可让渡的,并且都是不受限制的,无论是否存在一个更高的权威。这一主张所依托的原则乃契约所包含的本质性的东西,并且符合普遍的惯例。不过,就宪法所施加的义务的范围作出决断,这一权利必然涉及就联邦政府及其各个部门的法令之合宪性进行宣示的问题。若作出违宪的判决,那就要行使权利,宣布法令未得到宪法授权,因此是无效的和不能实施的。如果宪法是一项契约,而主权各州是这一契约的参与方,那么一切的必然结果也就顺其自然了。若设定此种决断权是存在的,但又不承认宣示政府法令是否合宪的权利,这实际上毫无意义。同样,假定存在此一决断权,却又不具备相应的权威去宣布结果,并使之归于无效和不得实施,这也是毫无意义的。因此,那些不愿接纳这一结果的人,一般来说也都否认宪法是一种契约。即便他们要面对的是我们政治历史中那些无可辩驳的事实,他们也完全无视批准宪法的九个州足以"在批准宪法的各州中间"确立这部宪法的宪法条款。

实际上,宣布违宪的权利及其所带来的结果,其确定性比不上各州作为契约参与方所拥有的另一项权利,那就是:各州在其权利范围内,为遏制联邦政府之侵夺宪法行为而实施介入,由此,各州也就有权阻止让渡权力对保留权力实施侵夺。若没有这样的权利,其他一切都不过是苍白、无用的抽象物,就如同在无权宣布法令违宪并归于无效的前提下的合宪性之判决权那样毫无意义可言。这一权利的确定性也比不上主权各州的另一项权利的确定性,那就是:各州有权决定采取何种方式或者举措遏制对联邦政府法令的实施,并阻止保留权力遭受侵夺。此项权利对其他所有一切都是不可或缺的,否则,一切都将失去价值。

无可争议的事实以及稳固的原则都无可抗拒地证成了这些结论。然而,拥有权利是一回事,行使权利则是另一回事。权利本身的实施须辅以审慎和节制,否则,权利通常就不再成其为权利,而演变成错误。权利越重要,其特性越精微,也就越有义务严格遵循审慎和节制的原则。在各州人民作为一个共同联邦的成员所拥有的全部权利中,此处所探讨的这项权利较之其他权利在重要性和精微程度上都要大得多,因此在行使此项权利过程中,也要求最大的谨慎和克制。作为构造起联邦的宪法契约的参与方,各州的人民有义务遵从宪法条款并阻止针对宪法的侵夺行为。在行使这一权利之时,各州人民一定要特别注意自己是否也正在侵犯宪法,这是所有义务中最为神圣的。要避免这种风险,就需要谨慎和节制,而谨慎和节制则要求各州人民力戒通过实施权威介入来遏制共同政府的法令,除非在他们看来,联邦法令已经非常明显地侵犯了宪法。各州人民还需要更进一步,即便在情形已经非常明显之时,也要避免实施权威介入,除非违宪行为具有高度危险的性质,并且已经无其他药可救。这么做的原因很简单,节制所要求者乃在于,一项分量如此之重且如此精微的权利,除非是在重大且极端情形中,否则就不应当予以行使。即便在各州人民看来,此类情形已然存在,除了实施权威介入之外,便没有其他办法可以遏制危险并捍卫宪法,也应当依凭善意实施权威介入。所谓善意,就是不要削弱或者摧毁联邦,而是要以支持并捍卫联邦为念,具体做法就是让宪法重获服从和尊重。修复的办法和举措应当专门定位于此一目的,并局限于此一目的。若如此,则州不仅有权,而且出于对自身和联邦的义务,也必须实施权威介入,此举乃最后的手段,用以阻止对宪法的危险侵夺,并阻止保留权力为合众国所吸收。

若权利得以如此行使,那么权利本身就足以成为对抗大恶的稳靠且有效的屏障。这一点是不会有人怀疑的。但是问题在于,单单审慎和节制就足以阻止对这项权利的肆意滥用吗?毕竟这项权利分量极重且极为精微,而且宪法契约有三十个参与方,以后还会更多。

我的回答是:当然不够。是人类本性使得政府成为必然之物,但只要对人类本性略有知晓,就必定会作此回答。最高等的道德义务,比如真理、正义和誓约般的信仰,此外还包括低得多的道德义务,诸如审慎和节制,但是这一切就其本身而论,对于滥权只能提供非常微弱的抵抗。它们本身不能达成的东西,却可以由另外的渠道达成,尽管这些渠道不像它们那么品性高远。在这其中,有许多是强有力的,并且能够很好地用来抗拒对此一沉重且精微之权利的滥用。其中最为突出也最具力量的手段,导源于多数州及其联邦人民在所有有关联邦和州之间的问题上所采取的习惯性行动。这个多数乃站在联邦政府一边,若遇到侵夺宪法问题,他们一般都会将砝码放在联邦的天平上,这是他们的天然倾向,他们也一直都保持此种态势。此外还有一种不可小觑的力量,我这里指的是政党纽带。经验,尤其是理性,都表明,一个政府,若像我国政府这样运作,必然会造就两个大党,尽管它们从发家之时就多少带有派系品性,却也能够依照不均等的比例扩展到整个联邦。尽管身染派系品性,但是政党同情和政党忠诚的力量之大,使得极少有人愿意对之进行破坏或者削弱,因此,即便是对已经认定的宪法侵害行为,其性质已经对自身的派系造成压迫和威胁,它们也不会进行抵抗。这两种力量可说是对权利滥用行为提供了强有力的抗拒,因为它们阻止了以鲁莽和越界的方式来行使权利。在此,我不会对这两种力量进行详述,因为前面已经对此进行过考量。还有另外一些因素尤其关涉到我们当前的论题,接下来就考量它们。

第一个因素可以溯源于经验所揭示的一项事实:在大多数州,两个大党都不具备决定性的优势地位,因此,少数党并非没有希望转变到多数地位。既有此种希望,少数党就不会放过任何机会去攻击多数党的行动,只要这些行动有可能越界。少数党一般将此作为一种将多数党逐出权位并取而代之的手段。在这样的摇摆中,设若多数党敢于采取立场,就联邦政府对保留权力实施的侵夺行为实施权威介入,我们也很难想象在联邦政府的侵权行为及其威胁已经昭然若揭的情况下,少数党不会对多数党的行动实施抗拒,并由此将自身力量集结在联邦政府一边。拥有联邦政府的权力和裙带资源的帮助,并拥有联邦政府所控制的众多媒体的支持,一般而言,此种局面之下,少数党都将成功压制多数党,最终取而代之,并让州拜倒在联邦政府脚下。在这方面,还可以补充另一种巨大力量。一个州的多数党,尽管在一段时间里可能是联邦层面上的少数党,但也会寄望有一天投入到联邦的多数党阵营,并由此掌控联邦政府全部的荣誉和资源。因此,这个党不可能感受不到这样的好处,并由此可以在荣誉和裙带资源分配中获取巨大份额,而这些正是他们所处的位置赋予他们的。他们不会轻易让这样的好处遭到威胁,因为他们不会采取让联邦多数派反感且同时让其他州的同党成员反感的立场,从而威胁到本党成为多数党的机会。此种局面之下,若要实施权威介入之权利,仅仅是昭然若揭的侵权行为以及紧急状态是不够的,还需要极高的德性、爱国精神和勇气,即便人们已经承认联邦的侵权行为是清晰的和无可辩驳的。因此,如下担心是有理由的:即便是此等分量的权利,连同协作式政府体系当中的相互否决权,也极难同联邦政府那巨大且压倒性的权力形成对抗,因此也就极难阻止让渡权力对保留权力实施侵夺。

一般来说,否决权要比积极权力软弱得多,仅从双方的气势上就不难看出。积极权力操控者拥有政府及其荣誉和资源体系,因而有能力对那些操控否决权的人施加影响,并将其争取到自己一边,除非对否决权实施行之有效的保护;另一方面,操控否决权的人,除了此种权力之外,身无长物,他们没有能力对操控积极权力之人施加影响。

设若发生了相反的情形,也就是说,否决权变得非常强大,引发了整个体制的危险失序和混乱,宪法本身也具备充足的条款予以纠正,无论这样的混乱和失序是出于州权权威的介入、相互否决,还是出于两个协作式政府的权力冲突。我这里指的是修宪权。为什么要规定这样一种权力?它的性质和特性是什么?为什么人们将其调整到今天这个样子?它是否稳靠以及是否能达成其原初目标?这是接下来要考量的问题。

前文已经阐述过,构造我们这样一个联邦式的共同体并确立一种我们这样的联邦式的宪法和政府,根本原则之一就是:除非一个州批准并采纳了宪法,否则这个州不受联邦宪法和政府的约束。这一原则同各州的独立和主权有着本质上的联结。各州处身这样一个共同体当中,有着这样的宪法和政府,仍然保有自身的独立和主权,由此,各州所加入的契约,除非是经由契约各方的一致同意并凭借明确的授权条款,否则是不得以任何方式修改和更改的。不过,也有人强烈反对修宪需要各州的一致同意。制宪者们还不至于自负到认为自己塑造出了一部完美的宪法,也不至于盲目到看不到无论宪法多么完美,时间、环境以及体系本身的种种冲突元素总会造成失序和混乱,从而使得修宪成为必要。但是,假如不对此制定专门的条款,就无异于留待各个州去阻止修宪,而这实际上也就相当于取消了任何修宪的权力,即便是在面临着修宪必要性之时。因此,制定专门修宪条款的问题等于是压在了制宪会议头上。

在修宪权的性质和特性是什么这个问题上是存在争议的。所有人都同意,修宪权是对原初创设权的一种调整,正是此种原初创设权规划并确立了各州的宪法和政府。若没有这样的原初创设权,提议中的宪法和政府也就不可能得到规划和确立,或者换一种更明确的说法,修宪应当是各个州的行动,各州以州为单位进行票决,一个州一票,因此,修宪并非合众国政府的行动。但是,巨大的分歧点在于,要满足修宪要求,究竟需要多少州的附议或者赞同。最初的动议是要求所有州的同意;紧接其后的是一项增补动议,要求三分之二州的同意,但这项动议被一个相当大的多数推翻,此种局面之下,四分之三州附议的动议出台,并获得了赞同,最终也得到了一致采纳。

为何要以此种方式调整原初的创设权,并要求四分之三州的附议方能采取修宪行动?要充分理解其中的原因,就有必要提到制宪会议的另一部分议程。这部分议程同这个问题密切相关,它包含了一部人们的行动史,其所针对的问题是究竟需要多少州的同意才能批准宪法,以便使宪法可以在批准宪法各州中间生效。有一点需要指出,尽管导源于这些议程的批准条款在宪法中最后出现,但批准条款最终获得赞同和采纳却是在修宪条款之前,因此,毫无疑问,在决定修宪所需州的数量的问题上,批准条款的影响力是不可小觑的。

实际上,在修宪和批准究竟需要多少州的同意这个问题上,一度存在巨大的分歧。除了一个州而外,其他州都赞同不应当要求所有州的全体同意,但是在讨论究竟需要多少州的同意时,这个多数陷入了分歧。一方面,在支持建立一个全国性政府的阵营中,他们最出色的一个领袖人物倾向于一个纯粹多数,另一个同样出众的领袖人物也对这一提议表示支持。但是,若要求一个纯粹多数，实际上也就需要一个所有州的人口多数，并且，若达不到这个要求，则需要同样数量的州来弥补差距。另一方面，在支持建立联邦式政府的阵营当中，有着更多的杰出领袖人物倾向于提高所需州的数量，其中一个最有影响力的人提出十个州的动议，随后制宪会议在这项动议上陷入平分秋色的分裂局面。最后获得赞同的是九个州，也就是到会各州的四分之三，差不多也是当时联邦成员州的四分之三。

为什么第一项动议遭到拒绝，而最后一项动议得到赞同，这需要作一些解释。拒绝第一项动议的原因，很显然是这一动议本身并不合理，因为第一项动议要求所有州的批准，否则宪法便不能在批准州中间生效，此举无异于由单独一个州的意志来决定其他州的命运。制宪会议是在非常严酷且有紧急状况的压力之下行动的。邦联已然失败，必须要做些事情来拯救联邦的信誉，并防范混乱和无政府状态。人们唯一能够达成一致的，就是需要规划一部宪法和一个政府。国家的命运很明显乃取决于各州对宪法的批准。此种局面之下，若单独一个州就可以挫败宪法，就太危险了。也只有如此巨大的压力才能够证成这种对邦联条例作出如此大的改变的行动，而邦联条例一度明确规定，不得改变本条例，“除非获得合众国国会的同意，并在随后能够获得各州立法机构的肯定和承认”。

另一项动议则仅仅要求一个纯粹的多数就可以使宪法在批准州中间生效，但这一动议也遭到了拒绝，具体原因实际上不需要多加解释。毕竟，此举很可能会使各州形成两个而不是一个联邦,或者也不妨说,若真遇到此种情形,也可以采取强制手段,在环境的压力下,强迫其他州不情愿地加入联邦。不过,倘若如此,就会威胁到联邦的和谐和持久,同时也会威胁到提议中的宪法和政府。此外,还会使得人们对刚才所引述的邦联条例产生全然的冷漠。

现在要解释的就是,在上述两个极端中间,为什么会接受这么一个特定的数字。其中一项原因很显然可以在如下事实中揭示出来:当时尚存的邦联条例要求必须获得九个州的同意,否则大陆会议发布的很多法令都将无效,比如宣战、和平时期发布追捕船只和商业报复文告、票据汇兑以及以联合各州为担保的借贷。之所以要求这么大的数量,其目的是防范邦联条例中所包含的此类权力以及其他重大且精微的权力遭到滥用。若仅仅是一个纯粹多数,显然会因为数量过少而使得人们不敢将此类权力进行托付,而要让权力托付变得更为稳靠,九个州的同意就是必需的——九个州在当时的全部州中差不多就是占据四分之三的数量。这可以说构成了先例,而且此时各州立法机构采纳邦联条例时的动因也同样引导着各州立法机构对这个数量表示赞同,在决定批准宪法所需要的州的数量之时,这一切必定拥有相当大的权重。假如所有州的立法机构一致认定,大陆会议订立的最高且最精微的法令,一旦获得不少于九个州的同意,那么其他州也应当对之表示默许——这并非不合理,那么制宪会议的成员州也就很自然地认为,合理的做法就是要求同样数量的州方能让宪法生效,同时让其余的州各自去决定是否批准宪法。九个州——全部州的四分之三,毫无疑问地被视为一种安全且充分的保证,以对抗压迫和滥权,无论是针对邦联的最高法令,还是在批准州中间确立宪法的过程。因此,也就可以同等地肯定,若数量小于九,人们就会认为既不安全也不充分。

这些先例自有其力量,人们采纳这些先例也自有其原因,而这一切在决定修宪要求的比例时,当然会拥有巨大的权重。事实上,在确定了批准宪法所要求的比例之后,修宪条款所要求的比例也就顺理成章了。人们确实很难找到什么理由认为批准和修宪所要求的比例应当是不同的,即为什么批准宪法需要四分之三的州,而修宪却要求一个不同的比例。如果说在批准宪法问题上,比例上的少数州能够因其顽固而阻止其他州塑造出一部宪法的举动是不合理的,也是不恰当的,那么,同样比例的少数州若拥有阻止修宪的权力,也就同样是不合理的和不恰当的,无论这些少数州对于整个体制的良好运作和安全是何等必要。因此,如果说,允许纯粹多数的州或者任何少于四分之三比例的州去批准宪法并使宪法在批准州中间生效,是危险的和不恰当的,那么,允许纯粹多数州或者少于四分之三比例的州拥有修宪权,也同样是危险的和不恰当的。批准宪法的问题和修宪问题是紧密联结在一起的,并且两者从头至尾都涵涉着同样的原则,也涵涉着制宪会议斗争双方在批准宪法和修宪问题上的观念分歧,因此,在两个问题上就采用了同样的比例。之所以说是同样的比例,是因为,尽管九个州在批准宪法之时,实际上是没有达到四分之三这个比例的,但是出于计算上的方便,修宪要求的就是这个比例(因此也就没有考虑无足轻重的个别州)。

然而,除开上述的考虑,修宪权所要求的这个比例还有着另外强有力的原因。至少,在修宪问题上,既要防范过分的便利,也要防范过分的困难。若要求所有州同意,否则便无权修宪,实际上是在阻止修宪,即便时间和环境的变迁已经揭示出修宪的必要性;同样,若仅仅要求一个纯粹的多数州或者很小比例的州,无疑也会使宪法在多数党手中遭遇仓促、鲁莽甚至邪恶的修订。前者使得修宪问题过于僵化,后者则使得修宪问题过于轻浮。若权衡两者,后者无疑要比前者更为危险。因为后者很可能会挫败宪法本身作为根本大法的目标。因此,倘若单单要求九个州的批准便能使宪法在批准州中间生效,却规定纯粹多数的州——甚至很小比例的州——有权随心所欲地修宪,则是非常荒谬的。不过,也很难找到更好的比例来避免此种荒谬,且同时避开另一个极端所引起的难题,所以制宪会议采纳了四分之三这个比例。此一比例一方面提供了充分的修宪便利性,同时也对过度修宪形成了防范,等于将稳定性和自我调整能力结合了起来。没有后面这种自我调整能力,宪法就无法适应所有那些必要的变化。最终可以说,这个比例乃将修宪权所要求的一切要件都结合起来了。可以肯定,上述种种因由结合起来形成了一种信念,认为这一比例乃融合了修宪权的所有要件,其融合程度是任何别的比例都做不到的,加之上述两项先例的力量,促使制宪会议最终采纳了这个比例。

有了这些,修宪权当然也就满足了所有的必要条件,既使自身变得安全,也足以达成自身的原初目的。说它是安全的,是因为这个比例容纳了足够多的州,可以阻止联邦的多数派或者某些州联合起来将修宪权用作一种制造宪法变迁的工具,并违反联邦少数派或者少数州的利益和权利。在这个问题上,其安全程度实际上也称不上完美,不像在规划并确立宪法之时的那种未调整状态那么完美;不过从实践方面考虑,则可说这样的修宪权(作为一种修订权力)是安全的。此种格局之下,很难想象会发生这样的情况:比例达到四分之三的州会决意通过修宪权来实施权力介入,而这一介入并没有改进和完善宪法,相反,却剥夺了剩下四分之一州的所有权利,而这些权利乃这些州作为联邦成员州的本质性权利,或者说,这四分之三的州明摆着会通过修宪权来压迫剩下四分之一的联邦成员州。其实,有许多权力手段是主导性的多数州可以通过宪法解释来获得的,并且可用作扩张目的,但是他们并不敢借助这些权力手段来修宪。即便有人能够成功地为着权力扩张的目的进行宪法嫁接,也并非没有补救之策,这一点将在合适的地方予以阐述。

采取一项行动所要求的比例越高,将权力用于压迫和扩张的危险也就越低。我之所以说四分之三是一个很高的比例,原因很简单,随着比例的增长,运用修宪权的困难也会一同增长,于此,运用修宪权的诱惑就会相应地消退下去。前者之所以会增长,是因为此目的而结成同盟的困难,会随着有效结盟所要求的参与者数量的增长而增长;后者之所以会消退,是因为寻求权力扩张者的数量越多,被压迫者的数量也就会随之减少,由此,压迫的诱因也就随之消退。因此,通过提升比例的办法,权力扩张者的数量最终会变得非常大,而被压迫者的数量则会变得非常小,最终会使得这方面的努力变得毫无意义可言,此时,压迫和滥权的动力也就很自然地不再发挥作用了。

四分之三这个比例是一个安全比例,可以防范联邦多数派为压迫少数派并实施权力扩张而借助修宪之名来改变宪法。说这个比例是安全的,也可以从反面的危险角度来说,因为这个比例提供了充分的保障,足以防范少数几个州联合起来,意图阻止其他州为了保存或者完善宪法而不得不对其采取的修宪行动。因此可以说,这个比例对双重危险都形成了防范,若这个比例有变化,则无论大小,都有可能使得整个体制面临这些危险。

这样的修宪权既能够安全地达成预定目标,也能够有效地达成预定目标。作为一种针对规划并确立整个体制的权力的调整权力,修宪权的权威是高于其他一切权威的,当然,那种单一且绝对的修宪权形式例外。在其恰当的权力范围内,也就是对宪法实施修订的权力范围内,所有其他权力都服从它的控制权,并且都可以在修宪权的支配之下进行调整、改变或者修订。在这个权力范围内,修宪权确实表现着此一权力的意向,也就是说,这是一种进行调整的权力,在规划并确立宪法之时,这一权力涉及的是宪法体系安全且恰当的扩展范围。在批准宪法之时,人们表现出可以洞察最大和谐之必要性的智慧;在宪法生效之后,人们也洞察到捍卫宪法之必要性的智慧,因此,也就要求修宪权应当满足跟批准宪法并使之生效的同样的比例。同样,这样的智慧当然能够洞察到:过小的比例将会招致危险,过大的比例也同样会招致危险(如果可以这样表达的话);前者会导致软弱,后者则会导致分歧和疏离。为了防范这两种危险,遂对修宪权进行调整,使之可以避开这两个极端,由此便能够在早先建立起来的那种权力体系中保持平衡。这可谓尽了人事。

由此,修宪权本身,就其纯粹且绝对形式而言,乃造物主角色,但在经历这些调整之后,则演变成整个体制的保护者。任何其他的设计或形式,都不可能使修宪权所属的重大功能得到如此安全且有效的释放,而且,都不足以使得修宪权成为整个体制的保护者。修宪权若得到恰当理解,则可说是整个体制的"救治力量",这是一种修复性、治疗性和保守性的强大力量,意向所在就是救治失序,无论是哪种原因或者哪些原因引起的失序,也无论失序是导源于宪法本身的错误或者缺陷,还是导源于时间和环境的变迁,抑或是导源于体制各个组成部分之间的冲突,包括协作式政府之间的冲突。只有借助这样的修宪权,不同权力和部门之间的平衡才能够得以保持。毕竟,只有借助修宪权,才能阻止强者侵夺弱者并最终将弱者的权力吸收掉。正如前文表明的那样,这样的修宪权是能够全然安全且有效地达成此一目标的。在履行此类重大功能之时,修宪权不是作为一种司法权力发挥作用,而是凭借修订性权力所具有的那种高远得多、也权威得多的性质来发挥作用的;也只有凭借此种性质,才能召唤修宪权发挥作用,才能够通过修订现存条款而实施修宪,或者在发生权力争端之时,通过对什么是宪法发布权威性的认定和宣示来达成修宪目的,无论这些争端是发生在联邦政府和某个州政府之间,还是发生在联邦政府和实施权力介入的某个州之间。

至此,我们已经阐释了修宪权的性质和目标,并阐明了修宪权在达成其目标时的安全性和效能,接下来要阐明的是,若遇到危险的失序或者混乱,召请修宪权便是联邦政府的职责所在,只要这样的失序或者混乱导源于两个协作式政府之间的相互否决权,或者导源于某个州为阻止某项法令而诉诸的权威介入,并且所有别的救治办法都已失效。

要对联邦政府的此种职责的真实根据和理由形成一个清晰的概念,就有必要认清一个前提,那就是人们很难设想某个州政府或者主权州本身同联邦政府之间发生权力冲突的情形:在这样的情形中,这个州及其联邦人口并非处身于州的少数派,并且联邦政府在这两个方面都居于多数派地位。个中原因是很显见的。假如情形并非如此,那么联邦政府就可以迅速采取行动,取消主张权力的法令,通过向各州让步的方式解决问题。若情形如此,那么联邦政府和州政府的冲突,无论何时发生,必定是保留权力和让渡权力之间的冲突:后者在各州及其联邦人口多数的支持下,主权行使权能的权利;前者则在处身少数派地位的州的支持下,对后者的权利主张实施否决(至少就所涉及的权力争端而言就是这样的情形)。

因此,在这件事情上,一项清晰且明确的原则就是:提出权利主张的一方必须有充分的理据来对抗否决权利主张的一方;假如存在一个较之双方都更高的权威,并由这个权威在双方之间进行协调,那么,联邦政府无权依据自身的权威提出权利主张,而只能诉求指定的裁决机构,通过这个裁决机构的权威并依据规定的程序确立并提出权利主张。

假如一项如此清晰、明确的原则在上述情形中仍需要确认,那么下面的事实是可以提供支撑的:联邦政府的权利在宪法中已经得到了详尽的列举和规定,而各州所属的剩余权力则没有进行列举和规定。因此,若双方发生权力冲突,预设的前提则应当倾向于后者而非前者,而这就等于提出了双重要求,因此有必要确立一种解决争端的权能,通过指定的权威来促成联邦权利的正确行使。

上述理据可说是决定性的。尽管如此,还有其他一些原因也同样具有决定性。比如,联邦政府作为冲突中的多数派,可以随时诉求修宪权,而各州则因处身于少数派而无法这么做。原因很简单,若要诉求修宪权,就各州方面而言,所要求的就不仅仅是纯粹多数。但若将这一职责从赋有权能的多数派身上转移到本身并无权能的少数派身上,则是荒谬的,而且,既处身多数派,权力问题完全能够通过联邦政府本身以有利于多数派的方式获得解决,并且解决起来也更为轻松、迅速。

此外还有一项因素,也许其决定性没那么强,但意义更为重大。若遇到权力冲突,一般来说,联邦政府不会诉求修宪权,除非迫不得已,而且可以肯定,联邦政府在任何情形下都不会主动寻求修宪权,除非为了扩张已经通过宪法解释侵夺过来的权力。只有一个办法能够迫使联邦政府对修宪权提出诉求,那就是宪法所赋予的否决权能,尤其是就保留权力而言,这样的否决权能既可由各州协作式政府予以实施,也可以通过各州权力介入的方式来实施。但是,若将召请修宪权的职责从联邦政府转移到各州身上,必然会造成的结果就是:就各州而言,此举实际上是将争议权力的行使权完全留给了联邦政府,直到修宪诉求最终提出并发挥作用,也就是说,此举并没有暂停权力的实施以待裁决的宣布。然而,若召请修宪权这一职责仍然留给联邦政府,就不会发生这样的情形,因为只要此一职责没有发生转移,联邦政府就有着一切的动力去提出修宪诉求,并会竭尽全力以有利于自己的方式去获取迅速且最终的裁决。若此一职责发生转移,情况就恰恰相反了。此种情形之下,联邦政府的动机所在就是竭尽所能阻止修宪诉求获得成功,并挫败各州在这个问题上采取的行动;与此同时,联邦政府则完全据有了争议中的那些权力。并且,此种情况之下,联邦政府达成自身目标也不会遭遇任何困难。毕竟,就各州的情形而言,即便不存在州内反对派,也不可能成功地提出修宪诉求。原因前面已经说明了。

这无异于整个体制在性质上的一场革命,实际上摧毁了联邦政府和各州政府之间的协作式关系,因为这会使得各州的否决权在发生冲突的时候归于无效。被取代并在实质上归于无效的,不仅仅是修宪权,也包括各州作为宪法契约参与方的原始主权,因为各州主权在此种局面下也归于无效了。最终,联邦政府则提升到绝对且至高权威的位置上,完全有能力通过宪法解释来夺取多数党或者多数派因其贪婪或者野心而觊觎的一切权力。

一言以蔽之,这实际上等于将一个联邦体制转化为一个强化了的全国性政府,不仅违背了制宪者们的明确意向和宪法本身的字面意思,同时也违背了各州人民在批准和采纳宪法之时的理解。这样的结果本身就构成了最强有力、最具决定性的论证。不需要其他的论证,这一论证本身就足以证明:召请修宪权是联邦政府的职责所在,联邦政府应当通过宣示性的修正案并依据宪法规定的程序来确认自身所主张的权力;若非如此,则联邦政府应当放弃所主张的权力。

另一方面,假如联邦政府成功地实施了修宪,那么一度引发冲突的各州政府的法令以及针对联邦政府法令而施行的否决权,则应当全部推翻,并回归自身的权力范围。不过,若一个州依据其主权身份并且作为宪法契约的参与方实施权力介入,并宣布联邦政府法令因并未得到宪法授权而归于无效,那么在某些方面其结果将会是不同的。在此种情形下,假如联邦法令所依据的权力符合宪法,也符合联邦政府的原初目的以及我们政府体制的性质,或者更简单地说,假如联邦法令处于正当的修宪权范围内,则各州应当予以服从。毕竟,批准宪法契约之时,各州是负有此种严肃义务的。但是,假如联邦法令超越了修宪权的界线,同宪法的精神和原初目的发生抵触,或者同我们体制的性质发生抵触,那么结果就不一样了。在这种情形下,各州是没有服从义务的,由此,将由各州自己选择是否退出联邦。留下或者脱离,各州必须进行抉择。若是拒绝服从,就等同脱离,并由此将关系改变为一个外来州同其他州的关系,这是一项正式的脱离法令必然带来的局面。假如有人凭借修宪权而实施了新的权力设置,并极大地改变了宪法的精神以及我们体制的性质,或者说,如果联邦政府未能达成其原初目的,各州,作为宪法契约的参与方,有权选择脱离——各州当初就是凭借同样的身份批准了宪法,因而这一权利是任何视宪法为契约的人都不能否认的,除非有着明确的理由。而这样的结果必然导源于契约的性质,且参与契约的各方都是赋有主权的,因此也就不存在可以诉求的更高权威。正如前面所说,脱离的结果就是将关系格局改变为外来州同其他州之间的关系,这一点是很清楚的。同样清楚的是,脱离将使得脱离州(而非其个体公民)同其他州处于主权州的关系格局当中。这一切的结果都必然导源于主权各州所订立的这份契约的本性。

假如各州表示服从,无论联邦所主张权力是否越过了修宪权的界线,那么选择服从的州就必须撤销自己借实施权威介入而宣布联邦法令违宪的法令,使之归于无效,且撤销决定应当由当初通过这一法令的权威来进行。原因在于,除非给出了撤销决定,否则当初的违宪宣示法令就仍然对本州的公民有效。就各州而言,作为宪法契约的参与方,它们有权最终决定联邦权力的扩张范围,有权最终决定本州在何种程度上尊重并服从联邦权力以及联邦法令,因各州当初也正是凭借同样的权利批准了宪法。各州有义务服从联邦法令,这也仅仅是因为各州是通过批准宪法这一行动而宣布了对联邦政府的忠诚。实际上,批准宪法这一行动本身也就相当于将宪法和政府规划并确立为各州自身的宪法和政府,就如同各州规划并确立自身的宪法和政府一样,此举所凭借的权威也都是一样的。各州对合众国宪法和政府以及自身的宪法和政府都有服从义务,这是因为各州都要求给予这样的服从。但是各州对合众国宪法和政府以及各州宪法和政府并无效忠义务,因为依据我们体制的一项根本原则,主权在于人民,而不在政府。在这两种情形中,要求服从的权威有权决定服从的义务应当达到何种程度,且这一决定的约束力会一直保持下去,除非公布并宣示这一决定的权威撤销了决定。

关于宪法或者体制本身究竟能够提供怎样的手段来维持让渡权力和保留权力之间的分化,至此,我们已经完成了对这个问题的讨论。在讨论过程中,我已经阐明,联邦政府,无论是其自身,还是其组织,都没有包含任何可以阻止让渡权力对保留权力实施侵夺的条款。为了对抗此类侵夺行为,体制本身提供的唯一手段,就是在各自权力范围发生冲突之时,协作式政府彼此间的相互否决权,以及主权州作为宪法契约的参与方所实施的权力介入,以对抗联邦政府的违宪法令。同时,我也已经阐明,这些手段足以将联邦政府的行为限制在恰当范围之内,即便这些手段可能导致任何危险的失序或者混乱,修宪权也能够提供充分且安全的手段予以纠正。现在需要考虑的是,假如联邦政府的运作不受制于这些外在手段,那会是怎样的结果。

联邦政府作为让渡权力的担纲者,一般来说势必会得到多数州及其联邦人口的支持,因此要比反对派各州及其联邦人口要强大得多。这一点也已经阐述过了。不过,这一事实本身的确定性却比不上其后果,那就是,假如将最终的决定权留给联邦政府,却没有足够的手段予以制约,它就会扩张自身的权力并执行自身的决定。它会实施侵夺,这是因为多数州及其人口的联合必定在一段时间内控制联邦政府,而这样的多数派有着一切动力去实施扩张,毕竟,权力侵夺将会提升其权力并增加扩张手段。此类侵夺行为不会停止,直到所有的保留权力最终都被吸收掉,包括保留给主权各州人民的权力以及让渡给各州政府的权力,这是因为诱导他们迈出第一步的那种强大动力因素,将会一直持续下去,直到把全部的权力都集中在联邦政府身上。宪法所提供的成文的制约和限制举措无法提供有效的抵抗,缓慢但稳定的宪法解释过程将会逐渐摧毁所有此类宪法条款的效力。这个解释过程将会持续下去,直到最后宪法本身的力量或者效能不会比一项普通的国会法令强多少,而且宪法也不会比普通的国会法令赢得更多的尊重。少数派所提出的对立的宪法解释将成为人们嘲讽和蔑视的目标,会被视为纯粹的抽象之物,最终,任何侵夺行为都将不会再遭到反对。于此,最终的效果将不仅仅是将所有的保留权力都吸收掉。

随着这一进程的持续,这一进程本身也会对联邦政府自身的分权体制产生反作用力,并扰乱联邦政府自身的权力平衡。立法机构将第一个感受到此种影响力,并且将会在实施侵夺行为以积累权威的过程中扮演首当其冲的角色。毕竟,宪法有明确条款规定,国会作为让渡权力的担当者,拥有政府全部的自由裁量权。相应的,另外两个部门是无法以合宪的方式行使任何权力的,除非宪法有明确条文对之实施权力让渡,或者通过立法获得权力。

因此,只要国会忠于自身的信托,其他两个部门就无法实施侵夺行为。并且,其他两个部门的官员都经由弹劾权而对国会负责,所以侵夺行动必定始于国会或者得到国会的允许。不过,无论采取什么样的侵夺行动,最终受益的并非立法机构自身,而是作为行政首脑的总统。

政府权力的每一次扩张,以及操控政府的多数派联盟为扩张而采取的每一项举措,最终必然都会或多或少地扩大总统的裙带资源,并提升其影响力。随之一同扩张的,还有总统控制政府其他部门、公共舆论机构的权能,以及经由这些权能而控制整个共同体的权能,并且其扩张的程度是一样的。随着总统权能的提升,其参与到政府控制权当中从而分享荣誉和资源的动力也就越来越大,并且会将所有原则或者政策方面的顾虑都抛诸脑后,到最后,这会成为独大且囊括一切的动机。不妨进一步追溯一下这个进程。随着此种动机变得越来越强大,总统选举也就趋向于成为独大的问题,直到所有其他的问题都成为附属性质的问题。随着总统选举逐渐演变为独大的问题,政党联合、政党组织和政党纪律将会越来越集中化、严厉化,对个人观点和行动的控制也将越来越具有决定性;而且,作为多数党首脑的总统,其控制权也将一同随之趋于强大。作为多数党首脑,一旦总统权能提升到某个地步,并且能够通过政党机关和政党机器对本党的各个国会选区施加足够的影响,进而使得国会选举不再依托于对宪法或者国家的忠诚,而是依托于对政党和政党利益的奉献和服从,此时,总统的权力也就演变为绝对权力了。如此,国会议员实际上将不再代表人民,也不再对人民负责,而是对总统负责,或者说是对那些将总统作为工具来控制和使用的人负责。此时,就执政党的情况而言,行政部门将拥有绝对权力。行政部门就可以控制多数党的行为,其控制效能不下于一个手握权力的世袭君主,甚至会更大。倘若如此,则离总统不再经由选举产生的时刻也就不远了,而且一旦选举发生争议,或者发生选举中通常会有的贿选或者暴力现象,就会成为总统或者执政党在总统任期结束之后继续把持权位的借口。

如果这一权力吸纳过程得以正常运转下去,穿越各个阶段,结果必定就是如此。操控事件进程的种种因素如同在物理世界当中那样,稳固且确定。不过,这一进程不可能不受干扰地正常运转下去。在我们这样的国家,幅员辽阔,利益多样,因此,在各个阶段,各个派系都将或多或少地赋有派系特性,正如前文阐明的那样,控制着派系之形成的诸多法则必然会导致这种局面。距离总会削弱社会情感和亲近感,而地理上的临近如若没有力量进行遏制,也总是会增强社会情感和亲近感。因此,利益上的一致、习惯和性格上的类似,则会使地理上接近的人们更易于结合起来并形成派系,而地理上相距遥远的人们则没这么容易。在早先时代的政府当中,原则拥有更强的支配力,此类因素的效果还不至于如此明显,其影响力也还没有这么大。不过,随着派系暴力的升级,派系行为沦落为纯粹的政府荣誉和物质资源的争斗,而诉求地方情感、地方利益以及地方偏见的倾向也就越来越强大,直到最后,各个党派必将会采纳一种决定性的派系性质。一旦此种局面到来,控制联邦政府的两种多数将会逐渐在同一个派系中集结起来,并实际上将整个政府系统的全部权力都凝聚在行政部门,那么,主导派系就会演变成统治派系,另一个派系则沦落为臣服派系,并最终沦落到依附性行省的地位,没有任何真正的政府参与度。甚至其处境还会更糟糕,因为它名义上还是参与了政府法令的,若主导和统治派系的利益同它自身的利益发生冲突,它将没有任何的自保手段,此时,它只不过是一块用来掩盖臣服事情的遮羞布,并由此促使它承担错误,而在任何别的状况之下,这些错误都是人们不能忍受的。此种局面之下,不满、疏离以及情感上的敌意将会在派系之间滋生,随之而来的就是分歧、混乱、震荡,甚至有可能引发整个体制的崩解。

因此,若将最终且明确的决定权留给联邦政府,让它去决定权力范围,此种局面必然以上述两种结果之一作为收场。若没有足够的外在抵制力量,联邦政府必然沿着其内在倾向所规划的方向向前进展,而这一内在倾向乃导源于联邦政府的性格和位置。作为一个宪政式的民主政府,这一内在倾向的第一个方向就是专制,也就是数量多数操控之下的专制;最后一个方向就是那种最为单一的政府形式,确切地说,就是无责任担当的独夫政权。作为一种联邦式的政府体制,涵盖如此巨大的一片领土,上述倾向首先就会塑造出派系性质的党派,并且所有权力都将集中在更为强大的派系身上;其次,将会导致派系之间的冲突以及整个体制的解体。假如情形就是如此,那么结局必定就在上述倾向当中。支配这个进程的法则是固定的和确定的,唯一的问题就是究竟会走向哪种结局,以及在什么时间。其余的一切,假如没有体制外的因素干扰,就会如同未来一样确定。

假如联邦政府负有最终决定权,那么其沿着上述方向进展的倾向将是非常强有力的,除非是外在的、最为强有力的否决权的存在,否则,没有什么东西能够对这个进程形成有效的抗拒和遏制。这样的否决体制,就我们体制的性质来说,只能在协作式政府的相互否决权以及州权实施的权力介入当中寻找。正如前文阐释的那样,协作式政府的相互否决权意在保护各州人民委托给各州政府的权力,州权的权力介入意在保护各州人民在实施权力让渡之时明确保留给各州自身的权力。否决权的目的就是以相互对抗的方式对共同体中某些州及其利益形成保护。我们的体制是一种联邦式的共同体,各州在其中呈现为选区,并以双重身份保留那些没有让渡给联邦政府或者共同政府的权力,既作为单立的各州政府,也作为各州的主权人民。不过,若是将政府权能置于分化格局当中,那就只有此种否决权体制才能对弱者手中权力形成保护并对抗强者,或者让共同体的各个部分形成对抗格局,无论这种否决体制是正面的,还是效果上的。自身赋有权力的当事者也是唯一有志于保护手中权力的人,捍卫权力的行动也只有交付给这样的当事者才称得上是安全的。此种情形之下,若将保护举措交付给致力吸收权力的一方,并且这一方拥有充分的权能实施权力吸收,那就如同前文阐明的那样,等于是羊入狼口。

依托这个体制,便不可能设计出任何较此种双重否决体制更恰当、更安全且更有效的机制了。否决机制因应于州的双重性,而未经让渡的权力正是由各州保留的。此种机制若得以实施，便是安全且有效的，这一点前文已经阐述过了。若没有这种否决机制，其余的一切条款实际上都不会发挥什么作用，比如选举权、成文宪法、政府权力在三个单立且独立部门间的分化、将人民纳入各个独立的州以及新闻和言论自由等等。这些东西自有其价值。它们能够拖延联邦政府走向其命运的终局；若没有上述两种否决机制，联邦政府的这种走向是没有办法得到遏制的，也只有这样的否决机制才能维持整个体制的平衡。没有它们，联邦政府将会逐渐吸纳所有其余的权力，或者取而代之，或者使之归于无效。若如此，则联邦政府将会成为一个强化共同体当中唯一的活力以及机体组织。

不妨转向问题的另一个侧面，看一看这些否决权得以完全施展时的情形。此种情形之下，否决权会同联邦政府取代并吸收整个体制的权力形成对抗，由此，问题的两个侧面之间的对比也就非常鲜明了。同联邦政府的此类倾向形成对抗并将其限制于恰当的范围，此举非但不会削弱政府，而且还会让联邦政府变得强大得多。形成对应的强大否决权，不仅不会削弱一个强大政府，反而会极大地强化这个政府。在此种局面当中，联邦政府也许会在行动速度上遭受损失，比如在召集国家的物质力量之时，但是在道德力量方面则会有巨大收获。此一机制能够为国家的各个组成部分和各个利益提供安全，并且能够提供联邦政府不会滥用手中权力的保证，以及和谐与一致。此乃导源于人们内心所确立的信念，即认为派系或者利益之间将没有机会彼此压制。这一切,在紧急状况之下,能够将联邦的全部实力交付政府使用,无论是道德上的还是物质上的,联邦政府由此获得的力量也是通过单纯的权力扩张手段所无法企及的。事实上,也只有借助这样的信任和一致,政府才能驾驭国家之船安全地穿越航路上通常会遭遇到的巨浪和风暴。蒸汽的压力越强,若锅炉的力量能与之匹配,则国家之船就越能安全地劈开巨浪,征服风暴。

若联邦政府同某个州政府发生冲突,或者某个州实施了权力介入,使得联邦政府不得不诉求修宪权,也没有任何正当理由担心联邦政府会因此丧失本来的权力或者会失掉应当保有的权力。只要引导各州自愿且一致地批准并采纳宪法的那种情感和动机仍然在激励各州,就肯定不会有这样的危险。而只要宪法仍致力达成其原初目标,致力让各个州更为完整且更为安全地享有自由、和平、安宁,并且不受内部和外来的威胁,享有同自身权利和地位有关的所有其他福祉,就没有任何正当理由担心此类情感和动机会发生变化。有一种看法认为,各州乃天然地同联邦政府作对,或者各州根本无意削减自身的权力和影响力,此乃大错。各州同联邦政府的天然关系恰恰是相反的,各州发出誓言会珍视并支持联邦政府。它们为着每个州和所有州的共同利益而自由且自愿地创设了联邦政府,只要联邦政府致力实现这些目标,各州就会珍视并捍卫联邦政府。再者,假如联邦政府自身的安全不能托付给联邦政府的创造者们,那么又能交付何人之手方为安全呢?

正如前文已经解释并证明过的那样,除非各州凭借其双重身份发挥抗拒性的影响力,否则便无法将联邦政府限制在恰当的范围内,也无法维持联邦政府自身权力之间的平衡。若不能将其限制在恰当范围内并维持其内部的权力平衡,则联邦政府就无法达成其原初目标。没有了这些东西,联邦政府势必集全部权力于一身,并演变成各州多数派手中的工具,以他人为代表实施自我扩张。联邦政府既已在原初目标上遭遇挫败,那么各州确立联邦政府时的那些情感和动机也将随之逐渐改变,最终让位于完全不同的情感和动机。弱者和被压迫者将以不信任和嫉恨的心态对之,最终导致的就是厌恶和敌意;而强者和受益者则会将之视为控制弱者并以牺牲弱者为代价而实施自我扩张的工具,而不是推进各个州及所有州之共同利益和安全的渠道。

若非各州的反向抵抗力,则无法阻止这样的结果,因此,若不充分认可此种抵抗力乃唯一的抵抗手段并召唤其自由施展,则无法纠正混乱,也无法避免因对立且虚假的体制观念而导致的危险,最终也就无法恢复一度引导人们自由且一致地采纳联邦宪法和政府的那种情感和动机。若此类情感和动机能够得到恢复,修宪权就能够作为保存性、修复性和保障性的权力得到安全的托付。若如此,则联邦政府采取修宪行动就不会面临任何丧失本来权力或者应当保有之权力的危险。毕竟,各方都没有动机或者利益去剥夺联邦政府为达成自身原初目的所必须的权力,也没有动机或者利益去不恰当地折损联邦的力量。事实上,此类调整是为了提供充分的保证,使联邦能够安居于自身的权力范围之内。不管怎么说,联邦政府的构造方式意味着,无论何时,它都应当局限在安全运作的范围之内,不应当越界。若联邦政府同某个州政府发生冲突,或者是同一个实施权力介入的州发生冲突,修宪权就能够对争议中的权力进行调整和限制,使之严格地服从宪法的意图和精神。而且,随着联邦幅员和人口的增长,联邦的权力和行动也不应当获得增长,反而应当削减。这一点应当作为一项原则确立下来,因为,联邦的幅员越大,联邦成员及其人口越多,利益就越多元,相距遥远的各个组成部分之间的亲近感也就越薄弱,联邦成员对彼此利益的了解和关心也就越少,因此联邦的紧密性也会随之削弱(一同削弱的还有联邦的安全性)。除非有四分之三的州表示赞同,否则不应当提升联邦的紧密性,这一原则可以同等地应用于这个国家成长和发展的各个阶段,确切地说,联邦的紧密性在任何时候都不得超越四分之三州所赞同的限度。应当谨记一点,联邦不仅可以在拥有过度权力的同时变得过分紧密,而且同样也可能拥有过小的权力和过低的紧密性。而这两种情形都可说是危险的。假如情形是后者,那么联邦就会因其软弱而趋于解体;假如情形是前者,一方面,联邦就会因为力量过盛以及某些组成部分压缩得过于紧密,而至少同等地暴露在强化和专制的危险当中,另一方面,联邦则会因为对某些组成部分的排斥,而有可能破裂和毁灭。修宪权,若得以恰当行使,会对联邦形成保护,以防范两个极端倾向,并因此对来自任何一个极端的危险形成防范。

由此,这个体制的所有权力都将积极运作起来,并通过这个办法维持平衡并应对变化——联邦的扩大、人口的增长以及其他的种种原因是必然会造成变化的。只有这样,联邦才能获得保存,政府才得以持久,国家的幅员才得到拓展,才能最终实现这一体制的创建者们对于未来繁荣和伟大的预期,避开那种使得联邦政府成为自身权力之唯一且独一法官的理论必然招致的动荡和灾难。

至此,我们已经完成了有关合众国政府之特性和结构的讨论,包括合众国政府的各个权力部门及其各个机构,也包括各部门之间相互抗衡的手段。如今,这个政府已经运行超过六十年了,尚需考量的问题是,其实践是否真的符合其理论;如果说并不符合,那么是什么造成了偏离;假如这些偏离仍没有得到纠正,必然会造成怎样的后果。我会按照这个顺序依次探讨这些问题。

很少有人会否认,这个政府在实践上已经或多或少地偏离了其原初的性格和结构,尽管在究竟什么是偏离这个问题上存在巨大的分歧。有人相信合众国政府是一个全国性政府而非联邦式政府,也有人认为合众国政府乃部分全国性部分联邦式,因此,在合众国政府的实践是否偏离理论这个问题上,这些人当然会同那些认为合众国政府乃全然的联邦式政府的人产生完全不同的看法。若相信合众国政府乃全然的全国性政府,那么依据此种理论,逻辑上的自然结论就是,合众国政府拥有最终的排他性权力,据此,可借助种种偏离举措来决定自身的权力范围,并在各方反对的情况下实施此类决定;而那些相信合众国政府乃全然的联邦式政府的人,唯一能得出的前后一致的结论就是,联邦政府和州政府是平起平坐和协作式的两大政府系统,因此,无论是联邦政府还是各州政府都无权决定自身的权力范围,也都无权在对方反对的情况下实施自身的决定。对于那些相信合众国政府乃部分全国性部分联邦式的人来说,则是另一番情形。这些人似乎没有能力在这个问题上形成任何确定或者明确的观念,尽管这个问题本身至关重要。事实上,若依据他们的观点,就无法在这个问题上形成任何理性且确定的观念。因为根据他们的理论,就合众国政府的全国性质而言,这个政府必定拥有那种持全然的全国性观点的人为之争取的权利;另一方面,就合众国政府的联邦性质而言,这个政府必定拥有那种支持全然的联邦式观点的人为之争取的权利。但是,我们很难想象,这两种权利如何共存才能使得合众国政府既拥有自身权力范围的最终决定权,同时又只能就自身这部分权力实施决定,而不涉及各州政府的权力范围。确实,实现他们的观念而遭遇的困难是覆盖了他们的整个理论的。既然各方在合众国政府之真实理论问题上存在分歧,那么,在究竟何谓偏离这个问题上,势必也存在平分秋色的观念分歧:一方认为偏离的东西,另一方差不多必定会认为是符合理论的;反之亦然。在这些分歧观点的映照之下,我们不难发现,合众国政府的行动路线更为切近全国性观念,其程度要远远超过联邦式观念。

一开始,在第一次大陆会议上,就有一种冲动,并且再也没有从这一冲动中恢复过来。在一系列早期举措中,大陆会议采纳了一项实际上破坏了联邦政府同各个州政府之间平起平坐的协作式关系的举措;此种关系一旦被损坏,就不可能维持联邦性质。

事实上，我完全可以更进一步，依据真相作出如下断言：若没有这种关系，联邦政府实际上就不再是联邦性质的，而是全国性质的。由此，联邦政府将演变为一个上级，而各州政府则演变为下级，这种关系当然违背了联邦制的政府理论，不过倒是严格符合全国性理论。

我这里指的是 1789 年 9 月 24 日通过的司法条例的第 25 项，其中规定："在能对诉讼作出裁决的州的法律或衡平法之最高法院，任何诉讼中最后审判或裁决，凡引起条约、法令效力或依据美国所执行法令的机关之争议，并且裁决违反其效力，或者引起法令效力或依据任何一州所执行法令的机关之争议，由于对宪法、条约、美国法律法令有所抵触，并且裁决有利于其法令效力，或者引起任何宪法条款意义、条约、法令或依美国赋予权限的法令，并且裁决违反权利、特权或豁免权，特别是由双方当事人之一所建立或要求，依据前述宪法的这类条款、条约、法令或权限可以重新检验。"就所列举情形的覆盖范围而言，这一条款实际上是将各州的最高法院同合众国最高法院之间的关系，置于合众国巡回法庭、次级法院同合众国最高法院之间同样的关系格局中，无论是法律领域还是衡平法领域。在这个意义上，可以说，各州最高法院同合众国巡回法院、次级法院一样，处于附属地位，服从合众国政府的控制。很自然地，依据上述条款，各州的司法部门同联邦司法部门也就不再是平起平坐的协作式关系了。结果还不仅止于此。各州政府的其他部门，也就是立法机构和行政机构，也在同样的意义上，经由州司法系统的这一转变，而无法继续同联邦政府的对应部门处于平起平坐的协作式关系。原因是很显见的。假如政府及其各个部门的法律和法令遭遇各州反对,那么就只能借助法院系统将其传递到作为个体的人民身上,因而,合众国司法机构在何种程度上取得针对各州司法系统的优势地位,决定了联邦政府的立法和行政机构在何种程度上取得针对各州对应机构的优势地位,由此也就决定了整个联邦政府针对各州政府的优势地位。结果当然就是:假如各州法院针对合众国法院的申诉权扩展到合众国政府所主张的权力和权威所允许的范围,那么各州政府实际上也就丧失了平起平坐的协作地位,并且在事实上依附于联邦政府。情形若真的如此,那么需要考量的重大问题就是:宪法能否授权国会通过法令对此种申诉模式予以授权?

可以肯定,国会没有有关这方面的明确的让渡权力,也没有任何权能——使得这样的权力作为一种必要且恰当的衍伸权力——来实施国会在这个问题上的决议。若要在宪法中寻找以上两种权力,也是枉然。如果说对国会真有这样的授权,那么这种权力就必定是一种必然且恰当的权力,以便将另外两个部门所获得的权力付诸实施,或者是将合众国政府本身及其官员所获得的权力付诸实施。无论如何,宪法有明确条款规定,国会在行使隐含权力时,仅限于为实施政府所必须且恰当的立法活动的某些权力,此类权力可能在于国会自身或者政府的其他部门,也可能在于合众国政府本身及其某些官员。同时,若指望在行政部门或者合众国政府本身及其官员那里,寻找这种可以制定包含上述条款并将上述条款付诸实施所必须且恰当的法律的权力,也将是徒劳的。没有人敢于宣称能够在上述的任何地方发现任何的此类权能。假如真的存在这样的权能,那就必定存在于司法系统的权能当中。但是,司法系统所能主张且曾经主张的所有权力当中,只有一种权力能够提供某种借口,使得国会可以制定包含上述条款并将上述条款付诸实施所必须且恰当的法律的权力。我指的是宪法第 3 条的第 2 款和第 3 款,前文已经有所引述。其中第 2 款将司法权力扩展到"在法律和衡平中的,发生在宪法、联邦法律、已经签订的条约或者将来签订的条约,以及它们授权之下的所有案件"。在扩展到上述各方之间的所有案件的同时,却并没有谈及诉讼中所涉及问题的性质。第 3 款中列举了一些联邦最高法院在其中拥有初审裁决权的案件,接着便规定:"在上述的所有其他案例中,联邦最高法院拥有上诉裁决权,既涉及法律也涉及事实,除非国会另有规定和规则。"

由此,问题就凝聚在一个环节上:在执行这一权力之时,国会是否拥有权威制定法律以规制各州法院向合众国最高法院提出的上诉?

就上述两项条款的条文而论,国会没有这方面的任何授权。两项条款根本就没有提及各州或者各州法院,也没有任何就上述条款中的任何一项条款进行立法的明确授权。在这两项条款中,前者仅仅是为了扩展司法权,以便同政府的其他权力形成匹配,并就某些并非合众国宪法、合众国法律或者依据合众国宪法或者法律之权威而订立的条约管辖之下的特定案例进行司法裁决权的授予。而后一项条款则仅仅是为了规定合众国最高法院在哪些案例上拥有初审裁决权,以及在哪些案例上拥有上诉裁决权。上诉裁决权对应于初审裁决权。所谓的初审裁决权,意味着案件的法律程序必须以联邦最高法院作为开端,而上诉裁决权则意味着案件的法律程序必须以次级法院作为开端,但次级法院并无终审裁决权,因此,是可以向更高一级法院提出上诉要求终审的。宪法乃将合众国的司法权授予"联邦最高法院以及国会在必要时设立的次级法院",鉴于此,此一条款的自然和直白的含义就在于:在得到列举的案例中,联邦最高法院拥有初审裁决权,但在所有发端于合众国次级法院的案例中,只有在上诉的情况下,联邦最高法院才有司法裁决权。

这两项条款的显见含义和意图就是如此,因此,问题就在于:在司法条例第25项所规定的案例中,国会何以能够从这些条款中获得权威去制定法律,来规约各州最高法院向合众国最高法院提起的上诉?

只要问题涉及它们的权威,除非假定各州法院,即便是各州的最高法院,处于次级法院同合众国最高法院之间的关系格局中,否则这个问题是没有答案的。若非这样一个假设,那么就不会也不可能存在任何一点权威的影子去保障前者向后者提出的上诉。然而,事实支持这一假设吗?在此类问题上,各州法庭同合众国最高法院之间的关系,是不是下级同上级之间的关系呢?如果是,那么必定是出于合众国宪法的条款,这毕竟不可能是想当然之事。有一项原则是人们所承认的,联邦政府和各州政府在各自的权力范围内都是最高法院。若如此,上述情形将如何同人们所承认的这个原则协调起来呢？确切地说，从相互的角度视之，在自身的恰当权力范围内，人们都承认，合众国最高法院和各州最高法院都是最高的。当然，正如前文已经阐明的那样，合众国最高法院同各州最高法院是平起平坐的协作关系。[1]

若情形就是如此，那么合众国政府和各州政府的各个部门也必然如此，而且其程度和方式也都是一样的，毕竟，整体包容着各个组成部分。就司法权而论，州法院是赋予各州政府的保留权利的担当者。既然这些权利是针对联邦政府而进行保留的，既然保留权利的目标和意向就是使这些权利不受联邦政府的操控，那么各州法院何以可能是合众国最高法院的下级机构呢？又何以可能让联邦最高法院对各州法院的判决进行复查并驳回，而同时却又不至于使各州政府给予法院的保留权利不受制于联邦政府呢？

[1] 此处建议参考手稿边缘空白处的许多铅笔注解，由于缩写或者笔迹模糊，我一直未能令人满意地进行解读，因此，也就一直没有放入正文当中。这些注解表明，作者有意就这部分论题进行更为充分的详细阐述，就我能整理出的含义而言，这些注解也意在表明，各州法庭，若认定合众国的宪法、条约以及法律存在疑问，那么各州所采取的行动则可以不依托合众国宪法或者法律的任何条款，而是依托独立于合众国宪法和法律的权威。这个权威就是创设宪法的权力，也就是各州的人民。依据人们普遍承认的法理原则，法庭必须寻求整体上的法律来指导并主宰自身的判决。这一原则乃突出地适用于上述案例。合众国的宪法和法律同时也是各州的宪法和法律，因此，州法院必定有权利也有义务去定夺那些引发疑问的法律的效力，只要案件处于其正当的司法裁决权范围之内。在所有因合众国的宪法、条约和法律引发疑问而引起的案件中，这一原则将授权各州的最高法院向合众国最高法院提起上诉；同样地，这一原则也授权合众国最高法院向各州最高法院提起上诉，只要涉及因各州的宪法和法律引发疑问而判决对合众国不利的案件。　　克拉尔

此外,还有更充分的理据。假如各州法院同合众国最高法院是上下级关系,那么州政府其他部门(立法和行政部门)又有何理由同联邦政府的对应部门不处于同样的关系格局当中呢?就这个问题,在宪法中又将从何处寻找在司法部门和其他部分之间作出不同规定的条款呢?或者说,此类区别规定又能依据何种原则制定呢?这样的区别规定实际上是不存在的。因此,假如司法部门或者各州法院处于联邦最高法院的下级地位,那么,其他政府部门就必定处于联邦政府对应部门的下级地位。同样,各州政府将不再是联邦政府平起平坐的协作者,而是下级和下属。所有这一切都是必然的结果。

不过,也许有人会宣称,讨论中的这项条款并没有涵涉这么一项宽泛原则,即认为,州法院并非在所有案例中都处于合众国最高法院的下级地位,而仅限于就各州最高法院的最终判决而提起的上诉;(除了刑案之外的)法律和衡平法,仅限于其条约、条例或者权威之效力依托于合众国的案件上;或者依托于合众国以及合众国主导下的委员会就宪法、条约、法律所做的解释工作引发疑问,并且州法院的判决触犯了合众国所主张的权利的案件;或者涉及各州权威及各州法律之效力的案件,只要各州权威或者法律被认为是违背了合众国的宪法、条约或者法律,并且州法院的判决有利于各州的法律或者权威。还有人会声称,在这个范围内,必须将各州法院认定为次级法院,并对各州法院向联邦法院提起的上诉作出规制,保持判决的一致性,以避免联邦政府和各州政府之间的冲撞和冲突。

假如判决的一致性就是上述条款的目标之一,那么其中的规定则完全不适合达成这一目标。那些规定,若用来扩张合众国政府的权力,同时造成各州政府权力范围同等程度的收缩,而不是用来保障判决的一致性,则会适合得多。上述条款就上诉事务所作的规定,仅仅涉及州法院所作判决不利于联邦政府所主张权力或者有利于各州政府所主张权力的案件。条款的预设是:各州法院若作出有利于合众国政府的判决,就总是正确的;若作出有利于各州自身权力的判决,就总是错的。因此,条款仅仅就后一种情形下的上诉事务作出了规定,而对前一种情形却只字未提。此举的结果就是,假如州法院在应当作出有利于合众国而不利于州的判决时发生了错误,而合众国最高法院在此类情形下则作出相反的判决,那么判决不一致的情况就会一直持续下去,无法得到纠正。因此可以说,若判决本身意在伤害保留权力,则判决一致性实在毫无分量可言;若意在伤害让渡权力,则判决一致性就意义重大了。

不过,也许有人会认为,州法院对本州的倾向是非常强烈的,因此,不会存在州法院作出不利于本州或者有利于合众国的判决的危险,除非是在一些非常清晰、没有余地的案件上。如果所有的州政府都同联邦政府处在对立的关系格局中,也许会是上述情形,然而,已经得到确认的是,这并非实情;相反,多数州必定习惯性地站在联邦政府一边,且这些州的法院也都倾向于支持合众国的权力主张,其程度不下于合众国的法院。假如说州法院对本州的权力有着强烈倾向,那么为什么合众国最高法院就不能对联邦政府的权力有着同样强烈的倾向呢?假如州法院因此而无法得到信托去作出不利于让渡权力的判决,那么联邦法院又能依据怎样的原则得到权力信托并作出不利于保留权力的判决呢?是不是可以假定,州法院的法官,因为支持合众国宪法的誓言而不能在有关让渡权力的案件上得到充分的信托,而联邦法官则因为不受制于支持州宪法的誓言约束,因此在有关保留权力的案件上能够得到更充分的信托呢?难道这两种权力不正是处于彼此独立的对等地位吗?保护保留权力不受让渡权力的侵夺,以及保护让渡权力以防范保留权力的侵夺,这两者难道不是同样重要吗?那么,为什么就不能取消上诉权,让联邦政府和州政府自己去捍卫并保护自己的权利呢?

就判决的一致性而言,上诉确实没有必要,上述条款的作者也大可对保障判决一致性保持全然的冷漠。合众国司法权进行着扩张,以便同合众国政府本身的扩张形成匹配,仅此就足以保障所有的判决都不触犯我们这样的联邦政府,而用不着为州法院确立上诉权,尽可以让原告选择将案件提交联邦法院或者州法院。若是此种情形,假如原告选择州法院,而州法院作出了不利于原告的判决,那么原告也只好自认倒霉,且无权在联邦法院获得重审机会,而在上诉权的庇护之下,原告是可以重新寻求联邦法院的判决的。假如上述情形为真,那么就是原告自己选择法庭,并自己担当结果。不过,他的命运也可以对类似案例中的原告形成一种警示,这会揭示出:州法院对他们并非一定有利,并警诫他们在联邦法院开启诉案程序,此种情形之下的判决一致性就是借助这种方式得到保障的。若情形就是如此,假如州法院作出了不利于被告的判决,那么被告同样也无权抱怨,无权在联邦法院寻求重新审判。假如被告是本州公民,假如本州法院作出了不利于被告的判决,则被告也无权做上述两项事情中的任何一件;本州的住民或者暂居者也同样如此。毕竟,住民和暂居者都是自愿置身于本州法律的管辖之下,因此两者都必须服从本州法院的判决。

不过,还有另一个目标是上诉权着力要达成的,并且为了达成这一目标,相关条款的起草工作可说是以最快的速度完成了。这个目标就是,让渡权力和保留权力之间在各自权力范围问题上的所有冲突,都要寻求有利于让渡权力的判决。为此目的,就需要规定州法院的上诉权,只限州法院的判决有利于各州的权力或者不利于合众国的权力的案例,在其他情况下,上诉权都是没有必要的。由此,为什么上诉权局限于此类案例也就很明了了,尽管其公开宣称的目标是另一回事。判决一致性要求上诉权不仅仅要囊括此类案例,还要囊括相反的案例。正如实情所揭示的那样,在所有涉及联邦政府和州政府之间权力冲突并且处于上述条款范围之内的案例上,上诉权使得合众国最高法院都拥有推翻州法院判决的权力,并且可以单方面就让渡权力的范围作出最后决定。

毫无疑问,这项条款的目标就是要阻止联邦政府和州政府、让渡权力和保留权力之间的冲突,其办法就是在上诉权的旗帜下,经由最高法院赋权联邦政府(双方中的强者)去决定自身的权力范围,并通过实施此类决定以对抗来自州的反抗。虽然这一便利举措在一段时间内会是有效的,不过最终必然导致非常危险的冲突。应当牢记,所谓冲突是权力分化格局的必然现象,暗示若没有权力分化,就无法对政府进行组织;没有组织,就没有宪法;没有宪法,就没有自由。通过摧毁权力分化来阻止冲突,实际上等于用专制政府取代宪政政府,用专制取代自由,此种罪恶要比意在补救的东西糟糕得多。因此,要阻止冲突,不能通过摧毁权力分化的手段,而是要设计出阻止冲突导向强力诉求的手段,此乃智慧,亦是爱国精神的组成部分。这一点,正如前文已经阐明的那样,宪法已经通过最安全和便利的方式解决了——这就是修宪权。修宪权之设立,就是为了在任何时间、任何境遇之下,在政府的权力分化格局中保持平衡。

确实,正如人们宣称的那样,上述条款中的规定是受到限制的,局限于民事案例,局限于由各州最高法院向合众国最高法院提起的上诉。经由此类限制之后,也就无法让保留权力完全臣服于让渡权力,并且也不会导向上述的那些结果,至少不会那么快。但是,一旦承认了一项权利,那又有何种措施来保证这一权利不会推进得很远呢?正如已经阐明的那样,上诉权本身之维系乃取决于这样一项设定:州法院同合众国最高法院是上下级的关系。若依托这样一项宽泛的设定,则上诉权本身就不会遭遇任何明确的限制,只要这项权利本身还存在。它所囊括者将不仅是民事案件,也会扩展到刑事案件;既囊括最高法院,也会扩展到合众国巡回法庭;有能力将案件——无论是民事案件还是刑事案件——在任何程序阶段,从州法院移交合众国巡回法庭或者合众国最高法院,不管是州法院最终判决前还是判决后;并使得凭借此权威行事的合众国所有雇员和官员免于州法院的民事和刑事审判,使各州依据各自法律行事的雇员和官员臣服于合众国的民事和刑案程序;使合众国法庭的法官有权向因各州权威而受到拘禁的人颁布人身保护令状,借口是,此类拘禁行为所依凭的权威乃合众国的权威;最终,将会授权总统动用联邦所有的力量,包括民兵和陆海军,在所有此类案例中执行合众国的权力主张。假如各州法院确实就是次级法院,假如国会可以正当地授权州法院向合众国最高法院提起上诉,那么上述一切就是结果。肯定会的!人们已经在做这些事情了。上述一切有可能发生的事情,实际上不过是转录了1833年3月3日法令的条款而已,这份法令只是就其所涉及的事务而命名为"进口关税征收令"(The Tariff of 1833)。

假如此类权能可以由国会正当地赋予合众国法院以便征收关税,那就没有任何理由不进行类似的授权行动,并以此来实施合众国方面选定的权力主张。比如说,以宪法中所谓的"保证条款"为例,这一条款中规定:"合众国应当向联邦各州保证共和政府这一形式;通过立法或者行政手段(当立法机构无法集会的时候),保护各州免遭内部暴力。"很自然地,国会作为合众国方面的代表,凭借其立法能量,有权制定法律来实施保证条款。就保证条款的第一项而言,涉及决定何谓共和政府这一权利。为了就这个重大问题作出决定,合众国政府以及各州政府在采纳合众国宪法以及各州成为联邦成员州之时,就已然提供了清晰、稳靠的标准,因为这些成员州当然都可以认定为共和体制。然而,设若国会不但不受制于这一条款,反而着手去确立这一标准,而不顾及制宪者们以及决定采纳宪法的人已然确立的标准;或者设若国会所确立的标准得到采纳,而这一标准正如人们担心的那样,不过是迎合了联邦多数派的情感而已,最终使得凡是普选权未能占据上风的地方,确切地说,就是数量多数并未被认可为至高统治力量的地方,就不可能拥有共和政府;再者,设若依据这一虚假的标准采取行动,国会则应当宣布联邦某些州因有一大批人口尚未得到选举权,因而其政府就不是共和体制,并且国会为了执行这一宣告而制定法律,强迫所有这些州采纳符合其观点的政府形式,将选举权扩展到所有的人口类别,并将权力置于纯粹的数量多数手中。那么,此种情形之下,又有什么东西能够阻止国会采纳1833年3月3日法令中的条款并将此类法律付诸实施呢?假如国会有权在此类情形中采纳那些条款,那么国会实际上也就同样有权在设定的情形中或者任何别的情形中采纳那些条款。在此类情形或者上述情形以及任何其他情形之间,是不可能作出任何区分的,只要国会宣称在其中实施自身的权能。假如国会有权在任何案例中将各州法院视为合众国法院的次级机构,那么国会也就有权在每项案例中都作此看法,由此,只要国会认为是恰当的,各州法院将臣服于合众国法院的权威,无论何时,也无论何种程度。若如此,那么将上述条款扩展到设定的案例上,其效果又是什么呢?显然,各州官员以及各州权威所属的一切人及其所有公民,如若起而捍卫本州的政府和制度,将会因抗拒国会法令而被视为反叛,因此就会遭到合众国法院的逮捕、审判和惩罚;而那些抛弃了州并加入颠覆州政府及其制度的人,将会得到合众国法院的保护以对抗州的法律和法庭。因此,对州的忠诚将会被视为对合众国的反叛,并会被处以最高刑罚;相反,对州不忠将会被视为对合众国的忠诚,并成为通往联邦荣誉体系的签证。简单地说,忠诚于州,就是反叛合众国;反叛于州,就是忠于合众国。

但是,"保证条款"在保证各州是共和体制的同时,也包含了应当保护各州政府免遭内部暴力的条款。由此,则不妨假设,某个州内的某个派系意在颠覆本州政府,理由是本州政府并非共和体制,而并非共和体制的原因是本州宪法限制选举权,并且不承认数量多数的绝对统治权。此种假设下,假如该派系诉求国会履行合众国的保证条款,而州则诉求防范内部暴力条款,那么国会方面则会选择前者立场,通过法律施以援手。此种局面之下,又有什么理由不会认为1833年3月3日法令将扩展到此类案例上,且州政府连同其所有职员以及所有的援助者和怂恿者,都将遭到合众国法院的逮捕、审判和定罪,并作为叛国者接受惩罚,而所有参与颠覆州政府的人则会受到保护,以对抗州的法律和法庭。情形难道不是这样吗?

也许有人会提出反对,认为上面假设的两种情形都带有想象成分,实际上是绝无可能发生的。甚至有人认为,没有理由假设国会会忘记自己的职责,滥用保证条款,使之成为达成相反目标的手段。因为保证条款本身是经由各州庄严达成的,且各州此举是为了塑造一个联邦,以便彼此保证共和体制的政府形式,同时也保证各州免遭内部暴力。即便有人提出这样的反对看法,也只不过表明他们对各州宪法以及誓言的忠诚对各州政府设置的障碍没什么了解,而这些障碍是可以不受惩罚地进行跨越的。初看起来,这些障碍是无法加以公开攻击的。人们通常都是借助宪法解释这一渠道来削弱并摧毁这些障碍,这样的宪法解释工作也都是为完全摧毁这些障碍做铺垫。不过,若宪法解释未能达成目的,那么狂热精神所发动的公开攻击、权力欲望以及党派暴力,最终就会选择屈服。历史,无论是政治历史还是宗教历史,都为此提供了充分证明。我们自己的历史也提供了众多事例,其中有许多非常切题的证据是可以加以引述的。1833 年 3 月 3 日法令意图实施的东西,就是对税收权的一次粗野且显见的滥用;几年前的那场试图颠覆罗德岛政府的运动,也是对保证条款中保护各州政府免遭内部暴力条款的滥用——这场运动完全有可能为颠覆罗德岛政府提供手段。

但是,有人会宣称,假如国会真的走到这一步,忘记了自身的职责,并作出了上述那种粗野且危险的滥权行为,各州仍然可以在独立任期制度中寻求安全。独立任期制度可以使得合众国法院的法官不受干扰地保持职位,保护司法机构免遭政府其他部门的侵夺,保证忠实地执行法律。在这方面,这一制度可谓意义重大。尽管如此,假如认为独立任期制度可以在上述情形中确保对国会的有效抵抗,这毫无疑问极大地高估了独立任期制度的重要性,或者换一种更为宽泛的说法,独立任期制度是无法就联邦政府针对保留权力而实施的侵夺行为形成有效抵抗的。至于为什么做不到这一点，原因众多，且都是强有力的原因。

首先，所有上述的案例类型中，权力都遭到扭曲，从而远离了权力的原初目标，并转变成另一个全然不同的目标的手段。所有此类案件都是法院不予接纳的。个中原因很显见。假如法令本身在形式上是合宪的，法令的名称表明所要执行的权力乃宪法授权国会去执行的，并且法令条文不存在任何可以无可争议地表明法令本身违背了其宣称的目的的条款，那么，法院不可能将眼光放得足够高远，也不可能确认法令的真正目标所在，无论真实目标同宣称的目标之间存在何等的差异。国会有权制定法律以执行共和体制保证条款，由此，国会也就有权决定州政府是否为共和体制。然而，倘若国会以执行此种权力作为借口，将此种权力用作他途，将不顺服的州置于控制之下，或者将所有成员州置于控制之下，那么法院是不可能就国会的真实目标进行探查的，无论国会此举是出于狂热的冲动、权力欲望、派系仇恨，还是出于任何别的动机。

不过，假如情形并非如此，即便司法机构能够认清国会的滥权举动以及其他政府部门任何的滥权或越界之举，也无法为此提供持久的对抗之策。原因在于如下事实：司法机构同其他部门一样，导源于两种多数的联合，而且受制于两种多数的联合，也就是州的多数以及各州联邦人口的多数。也许法官的独立任期制度不会让司法机构那么轻易地受制于此种联合多数，但是，随着联合多数永久地集中于联邦的某个部分，以及这个部分永久地演变为主宰力量，司法机构最终将会屈从于这个主宰力量的控制。这支力量将会拥有全部的手段对法官的希望和恐惧发挥作用。尽管法官职位堪称高贵,法官的任期可谓独立,但是这并不能使法官超越于足以控制其他政府成员的那些力量之上。法官也热望高升。最高法院的其他法官会不失荣誉感地寄望首席法官的位置,而首席法官及其所有助手则会热望政府的最高职位。就此类影响力的扩展范围而言,法官们必定倾向于能够掌控选举的一方,并由此同能够掌控政府裙带资源的部门站在一起。法官职位本身也并非可以超过恐惧。尽管法官职位可说是独立的,但是,同政府所有其他官员一样,法官职位也不能免于弹劾;弹劾权和弹劾案审理权分别在于众议院和参议院之手,两院则直接导源于联合起来的两种多数,而正是这样的多数操控着政府。不过,假如希望和恐惧都不足以对法官的独立性形成压制,那么任命权将会适时介入,只任命那些其观点和原则同其他部门保持一致的人作为法官,而这种任命权乃导源于那个同样的联合多数。由此,任何依托司法机构寻求保护的举动,即便就最有利的情况而论,最终都必定是徒劳且虚幻的。

至此,我已经阐明,司法条例第 25 项是没有得到宪法授权的。这项条款所依托的假设,将使国会有权通过司法部门去实施它认为是恰当的任何举措,并且有权借助强力压制任何的抵抗,其效果就是使合众国政府成为自身权力范围内唯一且最终的法官,并得以操控各州及其政府和制度。根本用不着去费力证明,这样一项设定将会破坏合众国政府同各州政府之间的协作式关系,并使前者可以随意吸收保留权力并摧毁宪法意在保护的制度，无论是社会制度还是政治制度都不例外。因此，这样一项设定同联邦制政府理论是全然背反的，而同全国性理论则是完全一致的。事实上，我完全可以更进一步断言，这样的设定本身足以将联邦政府转化成一个全国性的且得到强化的政府，并因此成为制宪会议上那么多杰出人士，在如此长的时间里，以如此顽强的精神欲意争取的东西。只要承认国会有权将各州法院视为合众国法院的次级机构，则依据此种设定而出台任何其他法令也就因之而变得容易了。这是一种强大的执行力量，以迫使各州服从所有的联邦法令，无论这些法令是何等地违宪并且具有压迫和暴烈的性质，否则，各州就只能以身犯险，对这些法令实施抵抗。这可谓是一个出发点，司法条例第 25 项在这个入口门径处打入了一个楔子，而 1833 年 3 月 3 日的法令可说是使之臻于完善，可以不失公正地将其视为其他所有一切的附着点。毕竟，若没有 1833 年的这项法令，其他所有一切很可能就不会发生。即便发生了，也很容易进行补救。或者更确切地说，若没有这个法令，政府的整个发展进程就会是不一样的，协作式政府在各自权力范围问题上的冲突将会服从修宪权，而整个系统的平衡会因此得到保存，政府的实际操作也将会因此而同其联邦制性格保持一致。

尚需解释的是，政府何以一开始就接纳了如此虚假且危险的导向。要解答这个问题，就有必要回溯宪法之塑造和采纳的历史。

前文已经指出，制宪会议分裂为两派，一派支持全国性政府，另一派支持联邦制政府。前者的成员主要是那些更为年轻也更具天赋但欠缺经验的人,这一派在会议的初期阶段占据上风。要完善他们的计划,就必须以某种形式确立针对各州政府之行动的否决权,而对于将要建立的合众国政府的法令则不设置对应的否决权。正如前文已经阐明的那样,这一派因此在会议议程的各个阶段,依托所有可能的形式,尝试将一些条款插入宪法当中。这些条款欲达成的目标就是赋予此种否决权,不过,所有这些尝试都以失败告终。随后,支持联邦制的一派便占取了上风。全国派虽然予以默认,但他们并没有放弃对自身计划的偏爱,或者说,他们并没有对所采纳的规划表示完全的信心,也没有完全放弃针对各州政府的否决权规划。他们将那个规划视为一场实验,并且,作为诚实之人和善意的爱国者,他们决心给这项规划一次公正的审判。他们甚至采纳了联邦党人这个名字,其中最具天赋的两位领袖人物,汉密尔顿先生和麦迪逊先生,在制宪会议休会之后以及宪法等待批准期间,写下了《联邦党人文集》这部名著的绝大部分篇章。这部文集的目标就是确保宪法得到采纳,为此,文集做了大量的工作去解释和界定宪法,并尝试确保所欲求的目标;不过,文集同时也证明了其作者并未抛弃对全国性规划的偏爱。

当政府运作起来之时,两人都在其中担当要职。汉密尔顿任财政部长,在行政部门当中,这个职位是最有影响力的,而且假如不将总统计算在内的话,其较之其他职位的影响力要大得多;麦迪逊是当时的众议院成员,在那个时候,众议院在行政事务和立法事务上的影响力要远远超过封闭的参议院。将控制政府行动的权能地位交付众议院,或者将实施全国性政府规划的权能交付众议院,以便推进这些人自身的努力,这可能是再恰当不过的事情了,只要事情在这些人看来并没有超越对宪法的忠诚界线。在这个方向上,他们究竟行进了多远,其实不难从如下事实中推断出来:他们合力所成的作品《联邦党人文集》坚持认为,合众国政府是部分联邦体制部分全国体制的,尽管这个政府的名字是“合众国政府”,尽管在提交给大陆会议的规划书中,制宪会议拒绝“国家”这个用词,而是用“联邦”取而代之。此外,还要考虑到,在制宪会议上,一开始就支持全国性政府规划的党派拥有强有力的代表,人们也都觉得总统和副总统倾向于全国体制。因此,也就毫不奇怪,合众国政府一开始就接纳了全国体制这一冲动,其所蕴含力量之强大远远越过了联邦体制的界线,并且,势必采取某种举措赋予联邦政府以针对各州政府之行动的否决权,而这正是制宪会议上全国派阵营普遍欲求的东西。他们相信各州政府对于合众国政府来说是过分强大了,认为这样一种否决权是必需的,否则便无法保障和谐,无法避免双方的冲突。因此,他们的职责所在就是尽其所能地让此种举措得到采纳,只要在他们看来不存在来自宪法方面的反对。在此种想法支配之下,也就容易仅仅满足于此类举措之合宪性层面的理由,而此类理由若置于不同的或者说中立的心境状态中,则可说是无足轻重或者毫无分量可言,势必会遭到拒斥。即便如此,也只有司法条例第 25 项中所包含的那些条款略微地显示出支持性的表面理由,而且这一条款得到采纳之时,人们很可能并未清晰意识到这一条款所依托的原则,也没有清晰意识到这一条款将会带来的深远影响。

许多人都倾向于赋予政府的早期法令超出其应得的权威,这不仅仅是因为派系和自利情感在那个时候没有那么大的影响力,而且也因为,许多人都是制宪会议的成员并且亲身参与了宪法的塑造工作。这些人后来也大都成了国会议员,要不就是从事政府管理工作。此种境遇使得他们似乎能够免于不恰当的影响,并给了他们更好的渠道去理解政府,而这样的理解是那些不具备此种优势的人无法达到的。人们承认他们的动机是纯净的、没有疑问的,但是,若因此而认定他们能够比后来者更好地理解他们亲手建造的这个体制以及体制运作过程中的危险,这实在是个大错。这套体制及其运作过程中必然衍生出的危险,是需要时间和经验才能充分了解的,这一点也是麦迪逊本人承认过的。在陈述了塑造宪法过程中有可能遭遇的困难之后,麦迪逊问道:"制宪会议计划中可能含有错误,是由于以前关于这个复杂而困难的问题的经验存在缺点,而不是由于对这问题的研究缺乏精确性或者缺乏关心,因此,在未经实际试验指出这些错误以前,是不能加以肯定的,这种推测难道不是合理的吗?不仅是出于对许多普遍情形的考虑,而且还出于对邦联条例这个个案的考虑,都使这种推测并非不可能。值得注意的是,在把这些条款提请各州批准的时候,各州所提出的诸多反对意见和修正意见中,没有一个是指涉实际执行中所发现的带有根本性的重大错误!"[1](译文根据商务版《联邦党人文集》,略有改动)如果此番论说对于邦联体制这种古

[1] 《联邦党人文集》第38篇。

老且众所周知的政府形式而言可谓切题,那么要指明当前体制很可能将面临的危险,就更需要来自经验的审判了——当前这个体制就其性格而言是全新的,其复杂程度远远超越了邦联体制。麦迪逊、汉密尔顿以及整个的全国派阵营,都沉浸在联邦政府将会过于软弱从而无法抵抗各州政府这个看法当中。他们对此观点非常信服(无论如何,这都导致了将第25项条款插入到司法条例当中),这本身就强有力地证明麦迪逊的上述评论是正确的。如今,已经没有人怀疑危险来自合众国政府一边。实际上,假如一个公共人物对这套体制的运行拥有相当的经验,却又未能比制宪会议最能干和最睿智的成员更为清晰的觉察到危险所在,那么这个人一定是个迟钝的观察者。

不过,这并非同一届会议上对宪法原则仅有的一次重大背离,还发生了另外一些背离宪法原则的事情,其中就包括对设立财政部这一提案的讨论和议定。这个问题非常明显地表明,即便是我们这套如此复杂的政府体制的塑造者们,对此一问题的理解也是何等欠缺;同时也证明,要对问题有充分理解,时间和经验是何等必要。在财政部提案的讨论期间,一个问题逐渐浮现出来:若没有国会法令的批准,总统是否有权更换一个其任期已经由宪法确定的政府官员?这个问题得到了详尽的讨论。制宪会议的大部分杰出成员都加入了这场论辩中。论辩双方都同意,这一权力并没有明确赋予总统。但麦迪逊及其阵营坚持认为,总统有权这么做。此一论辩的主要理据在于,这种权力归属行政权的范围,而且这一权力也是必需的,否则总统就无法履行职责,“切实保证法律得到忠实执行”。双方最终议定:总统实际上拥有这种权力,双方都忽视了宪法曾对此问题有明确规定。我指的是前文提到过的一项条款,我也多次涉及这项条款——条款授权国会制定所有必要且恰当的法律以便执行自身的权力,无论政府及其各个部门或者官员获得怎样的授权。使得上述事实更为明确的,就是那些认为总统拥有此种权力并且独立于国会授权的人所使用的论辩,反而决定性地表明:除非经由国会的权威,否则不能行使这一权力;国会有权决定这一权力的实施办法和方式。毕竟,如果这一权力并未明确赋予总统,并且总统在这方面的权能也仅限于为行使自身权力所必须且恰当的范围内,那么必然的结论就是,依据刚才提及的条款,这一权力只能在国会授权的情况下才能行使。不过,即便这一权力达成了此一重大目标,宪法还是提供了手段以保证其他部门的独立性:行政部门的独立性在于,只有得到总统的批准,国会法令才能生效;司法部门的独立性在于,司法部门有权决定所有提交给司法部门的同其他政府部门相关案件的法律的合宪性。

没有什么决议或者举措能够像司法条例第 25 项那样,给我们政府的实际运作带来如此巨大的变化。宪法中的这个明确且重要的条款,其条文至今仍然屹立不动。它的效果之一,就是在一个非常重要的细节上完全改变了条款本身的意向。毫无疑问,这一条款的主要目的就是要在不损及政府各部门独立性的前提下,阻止政府行动发生冲突,其具体做法就是将全部的自由裁量权赋予立法机构。若没有这项条款,那么政府各个部门就会拥有平等权利去决定实施自身权力所需的必要且恰当的权力。这势必会将政府各部门置于危险的冲突当中,并增加违宪行为的概率。若如此,则政府就不成其为政府了,也不会比由三个各自分立且冲突的部门组成的体制好到哪去。最终,行政部门会掌控全局。毕竟,联邦的裙带资源和武装力量都处在行政部门的掌控之中。但由于将所有的自由裁量权赋予了国会,此种局面也就因此得以避免,目标和行动的统一性也因此得到保证,使得政府的任何部门和官员在没有得到宪法或者法律明确授权的情况下无法行使任何权力。政府也由此成为一个合法的和宪政的政府。假如政府行为有任何背离以往政府行为之处,则必定是获得了国会的批准或者允许。这一度正是宪法的意向所在,不过,在这个问题上的决议已经在实践层面上挫败了此种意向。

此一条款的另一个效果,就是制造出一个民主政府所能染上的疾病中最具腐化倾向也最令人烦恼最危险的疾病,我这里指的就是所谓的“分肥制”。任何形式的政府都容易染上这种疾病,一旦染上,就难以遏制,更难以救治。相比其他政府形式,对于一个民主政府来说,这种疾病是最致命的。让总统不受国会的控制和规约,自由行使其强大权能,这样的决议本身就等于在散播、传布这种危险疾病的种子,使之渗透整个体制。种子在发芽前也许需要很长时间,但终究是会适时破土的,因此,如果不加以根除,就会让整个政治肌体都染上这种腐化性的、恶劣的大瘟热——这种事情和其他事情一样,看来必定是要在将来发生的。随着政府的裙带资源和影响力日益增长,若指望留待行政部门任意支配政府的荣誉和报酬,此举不仅不会适时地对总统选举产生作用力,而且实际上是对人类本性之构造的全然无知——正是人类本性之构造使得政府成为必然之物,否则便无法保存社会和宪法,也无法阻止政府的滥权行为。

同一届国会上还有另一个背离之举。此举造成了诸多重大后果,并且非常明显地揭示出,若允许另外两个政府部门中的任何一个行使任何未经宪法赋权或者未经法律授权的权力,将会是何等危险。我这里指的是由当时的财政部长汉密尔顿签发的指令,授权以银行票据来支付到期的政府债务,尽管是在某些限制条款之下。

要充分理解此举造成的糟糕后果,就有必要先明白,在革命时期,这个国家就已经因为邦联和各州政府滥发纸币而遭受灾难,而且在宪法获得采纳之时,国家仍然处在承受其后续结果的严重痛苦之中。为了结束这种罪恶并防止其复生,宪法授权国会"铸币并规范币值及其汇率",并禁止各州"铸币、发行支票,并禁止以金币银币之外的任何方式来支付政府债务"。为了达成实现此类条款之目标的意向,国会在进口关税法令中规定,关税只能以金币和银币的形式收取。然而,财政部长在面对此一条款之时,却签发了授权税务官员接收银行本票的指令。由此,也就从政府财政行为的角度将银行本票视同金币和银币。这违背了关税法令的明文条款,也违背了宪法的意向。

这一背离行为差不多必然会导致另一种背离行为,并且很快就会到来,这就是财政部报告中提议建立合众国银行。这份报告强烈地透射出对全国性政府体制之倾向的延续。我之所以说是“差不多必然会”，是因为如果有权接收并且实际上也接收了银行本票并将之视同现金用于收支行为，那么结果势必就是：政府有权也有义务采取一切必要且恰当的手段，保证其价值的一致性和稳定性，只要手段是可行的。由此，一种背离导致另一种背离，两者联合起来进一步导致了政府特性和进程的巨大且重要变化。

就是在这届国会上，根基已经奠定，其他重大背离宪法的举措都成为意料中之事；尽管结果并未很快到来，但自那以后便开始导向一系列最为严重的罪恶。我这里指的是财政部长的制造业报告。在这份报告中，财政部长不仅提议征收关税以促进制造业发展，而且用他自己的话来说，此乃“全国立法机构的自由裁量权，在关乎普遍福祉的事务上宣示立法，并因此有权征收必要且恰当的资金。毫无疑问，任何事务只要关涉农业、制造业和商业的普遍福祉，就处于这个全国性立法机构的权限范围内，尤其是资金方面的问题”。这是一项大胆且没得到授权的设定，认为国会有权宣告哪些事务属于普遍福祉，哪些事务不属于普遍福祉。没有任何这方面的权力让渡，也没有为执行让渡权力而在这方面进行任何必要且恰当的授权，相反，宣告各州的普遍福祉是一项重大的宪法权力，此种权力并不归属国会，而是归属主权各州的人民。各州人民在制定并确立宪法之时履行的就是此种主权职责，也正是这一主权职责才有权宣告普遍福祉的范围和界线。在这个范围之内的，便归属普遍福祉；若是越界，则归属各州自身的特殊福祉。资金权利，包括税收权和划拨权以及联邦政府的所有其他权力,都限制在这个范围之内。因此,若要证明任何特定的目标归属联邦各州的普遍福祉范围,就必须证明这一目标本身包含在让渡权力当中,或者是为执行某项让渡权力所必需的和恰当的,否则便不能征收税金或者划拨资金以达成这一目标。因此,由国会宣告普遍福祉的范围,同时又不考量让渡权力的范围,这无异于篡夺了一项重大权威,而这一权威原本是由主权各州的人民所独有的。然而,正是依据这项设定,一些非常糟糕的关税得以开征,而且一些并不归属让渡权力范围的事项也获得了巨额的资金拨付。这样的关税和资金举措造成了这个国家的一个部分陷入巨大困境,而另一个部分却因此获得了同样巨大的扩张。此类权力已经超越了为执行让渡权力所必需的和恰当的范围,而且这一设定本身在大胆提出之际,就已经违反了联邦体制的根本原则。

上述是依据宪法召开的第一届国会采纳的一些主要举措,或是缘起于这届国会的重大举措。所有这些举措都揭示出强烈的全国性政府的倾向,这种倾向是如此强烈,即便是软弱无力的论辩也能使得那个时代掌权者们感到满意,并提供了那些能够推动政府沿着全国体制方向发展的举措。这些举措的意图也许并不是要将联邦体制改造为全国体制(毕竟,当时的人们对此并没有充分信念),但是人们确实认为有必要就体制的软弱方面进行加固。这是那时的人们都真诚相信的。不过,即便如此,联邦政府还是由此接纳了这种背离联邦体制并倾向于得到强化的全国体制的冲动,并且,再也没有从这种冲动中恢复过来。自那以后,这种冲动便处于稳定提升的轨道,只遭遇过很轻微的中断和抵抗。事实上,几乎后来所有的背离联邦体制的举措以及对保留权力的侵夺行为,都可以公正地溯源于那个时期所采取或者规划的举措,此类背离和侵夺行为可说是数量繁多,意义重大。

如此众多的举措,前后相继,迅速展开,并强烈地倾向于将所有权力都集中于合众国政府一身,这必定会在支持保留权利并相应地支持联邦体制的阵营当中激起相当程度的警惕。这个阵营也采取了针锋相对的行动,在时任国务卿杰斐逊的领导下,他们迅速集结起来,形成了针对财政部长激进政策的反对派,并支持各州的保留权力,也就是当时人们所谓的"保留权利"。这一派采用了共和党的名称。共和党的重大目标,就是捍卫保留权力,免遭让渡权力的侵夺,并在此目标引导之下,赋予合众国政府一个有利于保留权力的方向,并尝试阻止让渡权力方面实施的侵夺行为。共和党也因此获得了"州权派"的称号。

华盛顿将军主政期间,事态一直维持着这种格局。不过在老亚当斯继任总统之后不久,保留权力的倡导者们便转变成一个有组织的常规化政党,作为亚当斯内阁的反对派出现了。那个著名的《外侨和煽动叛乱法案》(The Alien and Sedition Acts)的引入就是此种系统化的和果断抵抗的直接成因。《外侨法》遭受到了强烈的攻击,因为这项法案根本没有得到宪法授权,并且在针对外国朋友和外国敌人的问题上,赋予总统以任意的专断权能;而《煽动叛乱法案》则不仅没有宪法授权,而且还直接违背了宪法条款,因为宪法禁止国会制定任何"损害言论自由或者新闻自由"的法律。这些法案的通过,尤其是《煽动叛乱法案》的通过,在整个联邦激起了深刻且普遍的义愤和反对。人们认为,这些法令的意图就是要对联邦政府针对保留权力而实施的侵夺行为形成保护。

弗吉尼亚州和肯塔基州先后加入并领导了反对派阵营。《外侨法》和《煽动叛乱法案》刚一通过,弗吉尼亚便召开了本州的立法机构会议,引入并通过了一系列决议案。而且在国会会期刚一开始,弗吉尼亚便宣示了州权原则,并对《外侨法》和《煽动叛乱法案》以及其他一些有可能使政府从联邦体制向着全国体制发展的举措提出了谴责。这些决议案尤其提出了如下确认:"本次会议视联邦政府的权力导源于宪法契约,各州是契约的参与方,联邦政府之权力受制于宪法的明显意识和意向;除非是在宪法契约授权的范围内,否则联邦政府的权力应当归于无效;若联邦政府以刻意、显见且危险的方式动用其他未经宪法授权的权力,作为契约参与方的各州则不仅有权且也有义务实施权力介入,以便遏制这一邪恶进程,并维持各州权威、权利以及自由的范围。本次会议也要表达深深的遗憾:一系列的事件已经揭示出联邦政府意图通过强制性的宪法解释工作来实施权力扩张的精神,而宪法本身应是用来界定联邦政府的各种权能的。这一系列的迹象则揭示出一种要通过对某些一般性术语(此类术语乃摘录自以前的邦联条例,意在进行非常有限的授权,因此要对之进行扭曲解释并不是那么容易)的解释去颠覆某些特定授权的含义和效果的图谋。因为这些条款必然负有针对一般性术语的解释和限制功能,由此,便能够逐渐地将各州强化成一个单一的主权共同体,此举的明显倾向和不可避免的结果就是将合众国当前的共和体制转化为一种专制的,至少是混合的君主体制。”

肯塔基州的决议案,如今人们也都知道乃出自时任副总统同时也是共和党公认领袖的杰斐逊之手,它在目标和内容上都同弗吉尼亚州的决议案类似,不过表达方式不尽相同,而且在某些方面要比弗吉尼亚决议案表述得更为充分,因此有必要展示一下两项对应的决议内容。《肯塔基决议案》申述如下:“兹决议,由数个州组成的美利坚合众国的根基并非是各州对联邦政府无限制的服从,而是根据合众国宪法这一契约形式所构成的。按宪法修正案的说法,各州为了特定的目的组建联邦政府——为此赋予联邦政府特定的权力,除此之外各州自己也保留着大量自治权利。无论何时联邦政府行使未被授予的权力,其行为都是非法而无效的,且并不具有强制力。在宪法这一契约中,每一个加入的州都自成一个完整的部分,各州的联合则是全然不同的另一个集合;为宪法所创制的联邦政府并不是由赋予它的广泛权力所组成,这种权力的赋予也绝不是专断或终局性质的。若是联邦权力能由其联邦自己裁断,那宪法就不再是其权力的标准了,反而像其他那些没有达成共识的权力契约一般,每个当事人都有同样的权力去为自己裁断,所谓的救济的方法与标准也就是一纸空谈了。”《弗吉尼亚决议案》则申述如下:“本大会对联邦政府在不同场合中表现出来的行为深表遗憾,这些行为体现出这样一种精神:联邦政府以曲解宪法条款的方式来扩大自己权力,而且可能有计划地对某些共同条款(这些条款是从联邦宪法中限制权力的部分中抄过来的,而在宪法中它并不那么容易被误读)进行详细阐释,以破坏宪法条款中特别列举出来的对联邦权力的解释与限制,这中精神必会使各联邦逐渐变为一个君主国。它的明确倾向及不可避免的后果就是:将合众国当前的共和体制变成一个绝对的或者至少是个混合制的君主国家。"

继两州采纳了决议案之后,决议案应两州立法机构会议的要求,分别由两州州长呈送其他州,并提交给其他各州的立法机构。

与此同时,麦迪逊从国会退休并当选为自己所在州立法机构的成员。尽管他完全倾向于一种全国体制,并一度是制宪会议成员,甚至他的全国体制倾向在联邦制政府规划得到采纳后依然如故,但是,鉴于当前政府是部分的全国体制、部分的联邦体制,以及他对这样一种政府所持有的看法,他并没有对汉密尔顿倡导并支持的政策坚持一边倒的赞同态度,而是相应地脱离汉密尔顿阵营并同杰斐逊结盟。

新英格兰各州以及纽约州的立法机构,都没有对弗吉尼亚州和肯塔基州决议中所树立的原则和观点作出有利的回应,并且在批准联邦体制之时也是此种态度。在弗吉尼亚接下来的公民集会上,这些决议被提交给了一个委员会。麦迪逊是这个委员会的主席,结果就是他亲笔草拟了一份报告。这份报告以胜利者的姿态确认并确立了决议所采取的立场,其中尤其成功地坚持了这样一种观念:各州的人民,凭借其主权性格采取行动,因此有权"就宪法契约是否遭受侵犯这个问题,作出最终的决断";并且,这份报告决定性地表明,除这项权利之外,各州还有权实施介入以捍卫自身以及宪法。若失去了这两项权利,“就再也没有办法从被篡夺的权力中解脱,并且会直接颠覆各州宪法所规定或者认可的权利,同样也会直接否决我们的独立所依托的那项根本原则”。报告同时也成功地坚持认为:“参与宪法的各方的终极权利是就宪法契约是否遭到危险侵夺的问题作出判决,这项判决权不单单覆盖行政或者立法机构所实施的侵犯行为,还必须把司法机构所实施的侵夺行为包括在内”,“无论司法部门是否会实施侵夺行为,在所有依据宪法而提交给司法部门作出最后定夺的问题上,司法部门的这种最终决定权必须被视为终极性质的,这是就司法部门与政府其他部门的权威之间的关系方面,不涉及司法部门与宪法契约各个参与方之权利的关系方面。毕竟,无论是司法部门还是其他政府部门,它们各自的让渡权力都是导源于这份宪法契约”。这份报告决定性地反驳了汉密尔顿的立场——这种立场认为,就关乎普遍福祉事务方面的目标的宣告权力,归属于全国立法机构的自由裁量权,特别是在资金使用方面。这一立场前面已经有所引述了。另外,这份报告也否决了国会无论在税收还是拨款方面动用财政款项以推进并非宪法所规定目标的权力——汉密尔顿所主张的这种权利,其效果必然是强化联邦,因为这一权利将会对各州主权形成取代之势,并将联邦政府的权力扩展到所有案例当中。并且,此一强化所造成的结果就是要将我们的联邦体制改造为君主体制。

其他州所作出的不利回应,经由肯塔基众议院提交给了全院委员会,委员会遂提交了一份决议案,将以往的决议案以总括形式包含其中。这份决议案得到一致采纳。决议案尤其主张:“塑造宪法各州,作为主权且独立的州,拥有无可置疑的权利就宪法是否遭受侵犯作出判决;若宪法遭遇侵夺,那么恰当的补救之策就是由各州依凭其主权,并依据宪法授权,宣布所有相关法令违宪。”

麦迪逊的这份报告,连同弗吉尼亚决议案和肯塔基决议案,一起构成了州权派共和党的政治信条。杰斐逊是共和党的公认领袖,报告和决议案据认为乃完全信从杰斐逊的观念。他们明确且直接地向汉密尔顿的原则和政策发难。汉密尔顿虽然并非自称联邦党这派人的名义领袖,却是联邦党人的灵魂和精神。接下来的总统竞选中,斗争的轴心就在于这场争端,并以亚当斯败选而杰斐逊当选告终,共和党掌控了权位。共和党信条中那些明确且强有力地确立起来的原则和教义,使得共和党掌握了权力,并且得以长期把持权位,渡过了多次严峻考验。他们同时也确保了人民的信心,因为他们同他们眼中的宪法的真正性质保持一致,也跟我们政府体制的真正性质保持一致。

杰斐逊是胸怀真诚的愿望,欲意改革政府的。可以肯定,当选总统后,他确实做了大量的工作,以摧毁他之前那些人的所作所为,并尝试遏制政府在强化轨道上的进展势头。他的当选实际上也就等于撤销了《外侨法》和《煽动叛乱法案》,并且永久地默认了这些法案的违宪性质。在两党的争斗中,正是这些构成了最为突出的问题。杰斐逊同时也做了大量工作来削减政府开销,并为偿付公债广开财源。他采取了反对合众国银行的强硬立场,并为合众国银行的最终颠覆奠定了基础。虽然身处巨大困境当中，他还是在主政期间保持了国家和平。但是，对于许多巨大且激进的罪恶，他却无所作为。比如，他并没有尝试提升各州司法机构的地位，使其从屈从于合众国司法部门的地位提升到作为协作者应有的宪法地位上；没有捍卫各州作为宪法契约参与方而应有的决断让渡权力之范围的最终权利；没有恢复国会应有的采取必要且恰当的举措以行使自身权能以及政府及其各个部门所获授权的独有权利；没有撤销汉密尔顿意在将政府同银行联结在一起的那项指令；最后，他也没有采取任何有效步骤将资金权力限制在宪法予以明确列举和让渡的目标之上。

为何杰斐逊未能有效瓦解汉密尔顿的强化性、全国性的政策，并恢复合众国政府的联邦性格，这其中的原因有很多。首先，杰斐逊是通过一场争斗走上权位的，但这场争斗过于短暂，仅仅持续了两到三年，无法给共同体的绝大部分人留下任何深刻且持久的印象。就宪法问题而言，这场争斗主要的激发点在于那两项决议案，而这两项决议案是反对派阵营的直接成因。其次，当时的世界形势将政府的主要关注点转向了联邦的外交领域以及因外交问题而起的党争。此外，汉密尔顿已经将自己的政策植根甚深，且技巧娴熟，因此，即便不说不可能，但也很难加以逆转，至少，在时间和经验证明汉密尔顿式政策是对政府之联邦性格的毁灭性打击，损害了各州的和谐及联合，并对人民之自由形成致命打击之前，是很难撼动的。实际上，即便是汉密尔顿本人，也很难说是否对其中的危险有着公正且充分的感知，也很难说他本人是否公正且充分地意识到自己政策中的一些主要举措是完全不可行的。这种情况并非完全不可能。

杰斐逊任期结束后不久,他的继任者麦迪逊不得不同大不列颠开战,尽管麦迪逊竭尽一切可能避免这场战争。这无疑在那段时间里吸引了政府和国家的注意力,并因此阻碍了所有意在实施将其带上权位的那些教义和政策的努力。情况还不仅止于此。毕竟,尽管这场战争是正当且必要的,却造就出一种不利于联邦式政策路线而有利于全国性政策路线的强烈推动力。这确实是这场战争不可避免的后果之一。除非将所有为捍卫保留权力所必需的否决权充分动员起来,否则这一后果便难以逆转。就其自身而言,否决权能够发挥阻止战争的效能,这当然是就战争能够以体面且安全的方式予以避免而言的。此外,在必要时候,否决权还能够在很大程度上遏制政府在战争期间超越宪法的倾向,并且在战争结束之后,能够就所有背离宪法的行为进行纠正。正是通过这种护民官式的权力,平民才得以在这么长的时间里,在经历如此众多的战争之后,仍然保有其自由。

联邦政府在强化轨道上所获得的推动力究竟有多么强大,直到战争结束之后才为人们所充分认识到。战争之后,这个国家几乎没有了货币,有的只是无法兑付的银行本票,贬值幅度巨大,且不同地方的估值也都不同,这迫使合众国政府重建另一家全国性银行——合众国第一银行的特许状已经到期且未获更新。全国性银行、禁运以及先前的其他限制性举措从商业和其他领域盘剥了大量资本,并使之投入到制造业领域,而这随即又造就出了强大的保护性关税压力。战争同时也造成了政府开销的大幅度提升,这就要求财政收入要有相应的提升,而这必定依照同样的比例增加联邦政府的裙带资源和影响力。所有这些因素结合起来,势必赋予合众国政府以一种不利于联邦政策但有利于全国政策的发展方向;或者换言之,就是不利于那些曾将杰斐逊及其共和党带上权位的原则和政策,而有利于亚当斯及其联邦党一度为之奋斗过的那些原则和政策。

与此同时,联邦党也正在经历一个稳步的解体过程。联邦党再也没有从其在战争期间所采取的虚浮举措和不明智方针中恢复过来,逐渐丧失了政党组织,甚至它的名字也变得湮没无闻了。不过,共和党在此期间也经历了一场巨大变迁,逐渐分解为两大派系,其中一派逐渐脱离了州权信条,并采纳了全国信条。这一派选择小亚当斯作为门罗的继任者,由此升入权位,并取名"民族共和党"。在党纲和政策上,民族共和党同往日的联邦党区别不大,不过在语调和性格上却更受欢迎——同联邦党相比,民族共和党对人民的迎合度要大得多。

与此同时,另一派也经历了一场同样显著的变化,并最终连名字都更换了。这一派取名"民主党",或者不妨将其重点突出出来,那就是"民主"。导致名称更换的那些因素,实际上在门罗任期终止之前就已经在发挥作用了。门罗是弗吉尼亚总统血脉中的最后一人,随着他的任期的终结,此前已经执掌权威达二十四年之久的古老的州权派,也就不再作为一个政党存在了。有一点是可以肯定的,民主党同州权派有着强得多的情感上的亲近,但是作为一个政党,尤其是民主党的北方一翼,对于保留权力的奉献度则要小得多;他们更倾向于将纯粹数量视为唯一的政治要素,将数量多数视为达成绝对统治权利的门槛。因此,相比州权派,他们在大得多的程度上倾向于采纳全国信条而非共和信条。当然这是就合众国政府的财权而言的,在这个意义上,民主党更倾向于采取全国性质的行动规划,而非共和性质的行动规划。

此种事态对于曾使老共和党上台的那些原则和政策来说,其不利程度是任何事态都无法企及的;同样,若要恢复他们已然将其逐出权力领域的那些共和党的原则和政策,此种事态的不利程度也是难以企及的。后来的事情证明了这一切。第一轮举措之一就是通过了名为“进口关税法令修改令”的法令,时间是 1828 年 5 月 19 日。这一法令在当时被称为“憎恶法令”,可谓名副其实。这一法令之所以获得通过乃受益于两党——也就是民族共和党以及后来以民主党之名闻世的那一派——的联合支持和票决。当然,两党的南方派不在其中。在引入法案并为之提供支持的过程中,民主党扮演着领导者的角色。

“憎恶法令”意在修改先前的那些关税法令,而这些法令实际上都关涉并且也都考虑到财政问题,无论保护工业的欲望在何等程度上控制着关税税率。但“憎恶法令”却并非如此。通过这一法令的环境决定性地证明,这一法令完全没有财政方面的考虑,全然是为了实施保护。公债,包括革命战争期间订立但仍未偿还的部分以及 1812 年战争引发的部分,通过偿债基金的有效运作,已经接近完全清偿了。这个基金是在 1812 年战争结束之际建立起来的。可以说,当时的财政是颇为丰裕的,每年有一半的财政收入可以用来清偿公债的本金和利息,此外还留有充沛的盈余,可满足政府的当前开销,因此规模不能算小。显然,此种环境之下,财政方面并无提升关税的需求,这一点是非常清晰的。因此,为了让法令的合宪性通过司法部门的审查,这一法令的倡导者们公开宣称,其目标乃在于保护,而非财政;尽管他们拒绝采纳一项修订案来宣告其真实目标。

“憎恶法令”就是在这种环境中获得通过的。公债获得最终清偿之后,本应当削减一半的关税,因为任何的财政和正义原则以及公正和善意原则都是要求应当这么做的。然而,“憎恶法令”却将关税税率翻番。我这里之所以谈到正义、公正和善意,原因是最初提升关税的时候,为的是满足战争所需,并用于清偿公债,而当时人们对此的谅解在于:一旦这些目标得以达成,就应当削减关税,并由此减轻纳税人的负担。要不是当初的这种谅解,关税是不可能获得提升的。

因此,鉴于这一法令所施加的关税并非出于财政考虑,国会亦无任何明确授权可以订立除了财政考虑之外的任何关税,那么情形就很明显了:国会无权通过这一法案,除非是凭借汉密尔顿的那项原则,为着所谓的普遍福祉而动用资金权力,不仅仅包括直接拨款,也包括征收关税和其他各种税收。实际上,这两种办法并无实质区别。假如国会有权进行款项拨付,比如以优惠贷款方式,借此来鼓励制造业,那么出于同样的考虑,国会也可以订立保护性关税,让制造业者由此而获得国内市场的垄断权,反之亦然。这些就是汉密尔顿的观点。

此一法令的制订者们意在不用通过财政部而将手中的优惠款项直接转入制造业者的腰包。尽管如此,他们还是考虑到并且也做好了准备去应对突发情况,那就是在公债已然完全清偿的情况下,这一法令给财政部带来的收入将超过政府之所需。因此,他们的计划是,将财政盈余在各州中间进行分配,确切地说,就是按照各州在国会的代表比例来分配财政盈余,作为各州年收入的一个增量来处理。他们由此便认定国会有权订立关税以满足普遍福祉之所需,同时也认定国会有权将关税收入分别拨付给各州,用于各州自身的地方福利。最后这项举措一再提交国会,要不是因为这一举措全然是“憎恶法令”的增补条款而遭到阻止,则完全有可能获得采纳。很难构想出较此更为铺张且肆意的对资金权力的滥用了,其后果之致命程度不下于其对宪法之侵犯的暴烈和明确程度。尽管法令本身遭到遏制,但巨大的财政盈余仍然在相当程度上腐化了政府和人民,成为 1837 年银行系统崩溃的主因,同时也是 1840 年在引入并支持这一法令过程中扮演领导角色的那个党派最终崩溃的主因。

不过,其邪恶后果还不仅止于此。它还对使得杰斐逊以及古老州权派得以上台的那些原则和政策形成了另一项更为深刻也更为危险的侵夺——1833 年 3 月 3 日法令,前文已有所提及,将各州政府的司法部门完全置于联邦司法部门的从属位置上。这一法令之引入,其意图是很明确的,就是为了执行此一公然危险且肆意的法令。和原来的法令一样,这一法令也同样获得了民族共和党和民主党双方的支持和票仓(只有少数人例外,这些人仍然持守古老州权派的信条),且在这两项法令的运作中,民主党都发挥了领导和引领的作用。

由此,在资金权力问题上,一度将两党区分开来的信条和政策在此取得了合一,正是因此,曾使共和党领袖人物杰斐逊得以上台的那两项最为突出的共和党议案,最终遭到抛弃。一度曾将作为联邦党领袖的老亚当斯逐出权位的最危险的反对派,如今则获得了充分且积极的权能,确切地说,就是联邦党一度为国会争取的那项可以宣布何者归属普遍福祉的范围的权利(这一权利在弗吉尼亚决议案和肯塔基决议案以及麦迪逊报告中曾遭遇强有力的谴责)。此外,还包括联邦司法部门在保留权力和让渡权力各自范围问题上的最终决定权。前一项权利使得国会有权随心所欲地行事,后一项权利则赋予联邦法院执行其意愿的权力,只要联邦法院自身的权威是够用的。若不够用,则可以召唤行政部门连同整个国家的强制力量的援手。这一切联合起来,就等于赋予了合众国政府没有限制的控制权,不仅针对各州政府,也针对各州本身。这无异于彻底颠覆了这套协作式政府体制,也完全抛弃了各州作为宪法契约参与方在让渡权力范围的问题上所享有的最终判决权,而麦迪逊在其报告中是以何等具有决定性的方式确立了这项权利啊。

这些举措极大地提升了联邦政府的权能和裙带资源,也随之极大地提升了人们操控联邦政府的欲望,尤其是控制联邦政府行政部门的欲望,因为这个部门享有联邦荣誉和报酬体系的主要处置权。由此造成的必然后果之一就是,总统选举成为最能吸引人们兴致的事情,两党的竞选战也因此日趋剧烈,人们乐于诉求任何能够期许获胜的手段,根本不再顾及这些手段的影响,无论是道德方面的,还是政治方面的。而为了确保达成所欲求的目标,则必须实施政党集权,同时将政党纪律予以严厉化。由此,随同此类举措的采纳,政党会议第一次得以召集起来,用以提名总统和副总统候选人,从而政党组织也覆盖了整个联邦。同样也是因此,解职权作为总统的自由裁量权,在第一届国会上给予总统之时就是重大的违宪之举,如今则第一次获得了积极且系统化的运作,作为奖励党务活动并惩罚党内反对派或者变节者的手段。民主党在此类举措中拔得头筹,反对党也迅速跟进。如今,两党在这方面已经没有任何区别了。这一切的结果就是在总统和副总统选举事务上全然抛弃了宪法条款(这一点前文已有阐述);同时,将决定性的选举控制权交付那些保持职位或者寻求职位的人之手,把所有的政府权能和报酬体系一概押上,作为竞选胜利或者失败的赌注,最终,使得竞选获胜成为高于其他一切考虑的目标。

还有另外一项因素,也极大地促成了将总统竞选控制权交付保持或者寻求职位之人。我这里指的就是人们所谓的通票制度。除了一个州之外,这一制度已经成了各州普遍采纳的模式,用以选派选举人来选择总统和副总统。采纳这一制度是为了防止各州票仓在选举总统和副总统时发生分化,其目标是让选举更具大众性质,并且正如所宣称的那样,让选举由此回归人民。前一项目的已经达成,但是在让选举回归人民这件事情上则完全失败了。通票制度宣称让选举回归个体意义上的人民,但是这样的权利是没有可能得到行使的,除非是在非常非常小的州,而且即便在这样的州,这样的回归也是极其不充分的。将分散在五万或者六万平方英里区域里的数十万选民召集起来,选定一份 12 个人或者稍多一些的选举人票单,这实际上是要求个体意义上的选民去做一件他们无力充分或者成功履行的事情。极少有人能够获得作出恰当选择所必需的信息,即便每个选民都获得了所需的信息,观点的分歧以及票单集中度的严重匮乏,也将使得这样的选举沦为纯粹的偶然之事,而获得多数者亦是完全凭借运气。为了避免这种情况,票单就只能交付各个政党来定夺。但是制作票单的人,极少有谁参与实际上的选举人选派工作。毕竟,个体意义上的人民只是在两个票单之间作出选择,除此之外便没有其他选择,或者干脆选择弃选,因为面对两党的集中化票仓,其他的选择是没有任何成功机会的。绝不会有别的办法能够像通票制度那样,如此有效地将权力从共同体身上转移到那些职业政客手中,并将党派竞争转化为纯粹的分肥斗争。

这一切都应归功于民主党。他们一方面要对此种事态负有主要责任,并在造就此种事态的过程中一直发挥着主导作用;另一方面,他们也有资格接受推翻合众国银行的荣誉。同时,民主党遏制了内部改革运动中的铺张开销,将政府同银行分离开来,以及该党最近反对保护性关税的举措,并在进口关税问题上采取了随价原则——所有这些都可说是重大举措,并显示出反对滥用资金权力的立场倾向。不过问题在于,除非到了导致此类糟糕情况的那些举措得到完全逆转的那一天,否则不会得到任何持久的东西,而且,在采纳这类举措的过程中,民主党所扮演的角色是非常突出的。

与此同时,两大政党的派系倾向也随着合众国政府集权倾向的增长而一同增长。两者实际上是紧密关联在一起的:联邦政府越是趋于集权化,其权力和裙带资源也就越是庞大,随之成比例且一同增长的就是为着自我扩张目的而控制权力和裙带资源的欲望。这种欲望越是强烈,对原则的顾虑也就越是淡漠;为派系目标而联合起来的倾向越强大,着眼于权力和扩张的考虑越强烈,就越难考虑防护和安全方面的事情。任何明显的差异都足以划下界线,无论是目标、起源、性格、习惯上的差异,还是各地制度方面的差异。尤其是后者,联邦各州在地方制度上的差异较之任何其他方面的差异都更根深蒂固,并且历来的智慧和爱国之士都将此作为一个非常精微的问题予以考量,在触及这个问题时,都是小心翼翼。与此相连的危险在大陆会议上就已经呈现出来了,尤其是在西北准州问题上,此种境况一直延续到塑造当前这部宪法的那个时期。这些构成了塑造宪法过程中的主要难题,不过,我们很幸运地克服了难题,并使得两党都感到满意。

有相当长一段时间,此种幸福状态得以维持,可谓风平浪静。不过,一个问题的浮现暴露出了潜在的危险。在1819—1820年的时候,联邦准备接纳当时为准州的密苏里成为成员州,但这一举措遭到了抵制,理由是密苏里宪法并未禁止奴隶制。经历了为时漫长且群情激奋的论辩之后,最终这场斗争通过一项妥协案得到调解:密苏里作为一个蓄奴州被予以接纳,不过条件是,北纬三十六度半以北的所有准州都应当禁止奴隶制。南方人民当时默许了这一妥协案。很显然,所有人都认为此举永久地化解了危险。然而,经验证明这样的算计是何等错误。疾病已然根深蒂固,它触动的既是一根政治琴弦,也是一根激情琴弦。北方有很多人相信,奴隶制是一桩原罪,也是重大的政治罪恶;这些人在奴隶制问题上保持安静,这仅仅是因为他们觉得自己还不足以控制事态,并且自认绝无可能对之承担责任。只要合众国政府被视为一个权力有限的联邦制政府,有关奴隶制之原罪性质的信念就会一直处于蛰伏状态,这就如同在对待外国制度问题时的情形一样。不过,1833 年 3 月 3 日通过的那项法令公开宣称联邦政府有权就自身权力范围作出最后决断,有权动用联邦的陆海军力量强制实施自身的决议,并且这项法令之通过乃经由两党票仓联合促成。这实际上等于在这么一项不乏暴烈性质的案例中支持了这一权利要求,于是,那根琴弦就被触动了,并很快上升到行动层面。结果迅速显现出来,两年之后,也就是 1835 年,一场系统化的废奴运动破土而出,意于在奴隶群体当中制造不满的危险淹没了南方各州,国会则淹没在废除哥伦比亚特区奴隶制的请愿书当中。

这场鼓动一开始局限于少数人的圈子当中,这些人对平民百姓实施蒙蔽,所以绝大多数民众一开始对此是抱有反感的。不过,将废奴精神提升到行动层面的那项举措,也成为保持运动活力的主因,并最终聚集起一个党派(一开始只是少数几个狂热分子),其人数和力量足以对北方施展控制性的影响力。这项举措极大地提升了联邦政府的权能和裙带资源,由此也就极大地提升了党派斗争的集中程度和激烈程度,并使得总统选举成为万众瞩目之事,并驱使两党去寻求任何一个派系或者派系联盟的票仓。只求有助于获得竞选的胜利,两党都开始对各个派系施以迎合态度,许以前景,确立各个派系所宣称之教义或者达成各个派系自身之所愿。此种事态势必使得所有的狂热派系都获得权重,无论派系本身的大小。这些狂热派系关心目标胜过关心谁将赢得党争,尤其是要考虑到,狂热派系的性格本身在抽象层面上是同北方的普遍情感一致的。两大政党为了确保这些派系的支持,势必会对之进行安抚,比如,许之以远大的前景,或者表示出提供帮助以便其达成所愿的姿态。竞选机器也由此转变成一个危险的体系,势必会强化狂热派,并赋予其巨大的额外力量,随之而来的必然就是那些欲求狂热派援手的人愈加急切地展示出迎合态势。由此便一天天推高这些致命因素之间的作用和反作用:一方的影响力逐渐覆盖了整个北方,其分量也随之日增;另一方则臣服于狂热派的原则和目标。

与此同时,在南方,同样的因素也势必促成意在推动这一进程的事态。同联邦政府之权能和裙带资源同比例提升的,是党争的集中程度和激烈程度对于胜选的重要性。而随着这一切成比例提升的,则是政党忠诚度,只要分肥是首要目标。南方和北方,两党的两翼在此局面之下都更不愿意采取脱离政策,他们实际上都更希望联结在一起;尤其是南方存在一种倾向,试图采取一种宽宥和缓和的态度,对北方的政治同盟者采取那些意在安抚废奴派的举措,希望借此获取选票。由此,遭受攻击的南方将会遭遇阻碍,无法采取任何果断立场来遏制危险。实际上,这样的危险解决起来并非难事,而且能够很安全地获得解决,但人们倾向于拖延,最终,危险本身扩张到了宪法手段几乎无法应对的程度,甚至可说是完全不能应对的程度。这样的事情实际上已经发生了。自密苏里妥协案以来,困难和危险都极大地提升了。对于新近获得的领土,北方如今也在构思另外一些举措,如果这些举措顺利施行的话,将会把构造起合众国政府的两种多数集中起来,并且永远地集中在北方,在这个问题以及所有其他问题上,若双方的情感或者利益发生冲突,都将置南方于从属的位置。

这就是这个政府一直以来的实际运作及其效果。尚需考量的是,后果会如何?一个数量多数政府会走向何方?

在这个问题上,我们是有经验支撑的。当前这种纷扰且危险的局面就是其第一轮的后果。这是长时期以来所采取的一系列举措所导致的正常结果(其中,1828 年 5 月 19 日法令和 1833 年 3 月 3 日法令是最为突出的),整个体制的权能借助这些举措而在实际上都集中在合众国政府身上,从而将一个原初的联邦制政府转化为一个数量多数政府。这些致命的举措引发了党争暴力,并且在总统选举事务上完全抛弃了宪法条款,政府荣誉和报酬体系方面的考虑完全压倒了其他方面的考虑,随之而来的就是废奴运动的崛起和扩张、地理意义上各个派系的形成以及南北双方的疏离和敌对情绪。这一切都是一个数量多数政府必然会导致的后果,毕竟,这个国家的幅员如此辽阔,制度和利益的分化如此巨大。这一切会持续下去,而且其能量已经获得提升并且会继续提升,直到命定之日的到来。假如一个国家的幅员不是那么大,其行政部门的权能也不像合众国政府这般巨大,也许可以诉求武力来结束这一切,并在两个敌对派系的争斗中作出决断。若是在君主政体当中,则可以通过让获选党派的首脑成为双方的共同领导人和整个共同体的领导人的办法解决危机,这在前文已经有所阐述。但是,我国的幅员如此辽阔,行政部门的权能又如此巨大,由此就会造成更大的不确定性。唯一可以确定的事情就是,此种事态不能再持续下去了。不过,结局是君主政体还是联邦解散,这一点是无法确定的。诸多强大势力都在运作当中,有的在推动事态往君主制方向发展,有的则朝着解体方向进发。假如不对事态发展进行遏制,那么结局必定就是其中之一,只不过只有时间能给出答案。

在朝向君主制的力量当中,最为突出者在两点:其一是数量多数体制的全国体制倾向势必在君主政体中终结;其二是合众国政府行政部门的结构。前者在上一篇文章中已经有了充分阐释,因此只需一笔便可带过:它会在君主制道路上给合众国政府的行政部门平添巨大能量。要了解此种能量之大,尚需作出一些解释。

合众国政府行政部门所掌控的巨大权能和裙带资源乃操控于一个官员之手,这就是合众国总统。在这些权能当中,就当前问题而言,最为突出者就是管理政府的权能、总统作为合众国陆海军司令的权能、任命政府官员的权能(极个别官职除外)、对官员进行解职的权能,这一切都是经由国会解释过的总统权能。这些权能,尤其是官员任命和解职方面的权能,已然使得总统选举成为党争的巨大目标所在。在总统选举问题上,如若党争的暴力以及两党的腐化演变得无法通过票箱来进行决断,那就势必会诉求武力。假如推动联邦朝着解体方向发展的那种力量不能取得先期胜利,这样的结局就是必然的。假如这样的结局终将到来,那也肯定是经由一场竞选战争而到来;若如此,则问题所在就是:谁是总统?总统职位应当归某个候选人?或者,若非如此,则应当归手握权能的那个政党所提名的候选人,还是说,应当归正在力图攫取权力的那个政党的候选人?若面临这样的问题,诉求武力就会使得获胜党派的候选人成为整个共同体的主人而非指挥官。君主政体下的情形就是如此。

党争将会在实际上终结合众国政府行政部门的选举特性。选举这一形式本身也许会维持一段时间,但是决断本身则已经远远不会像以往那样依托票箱,剑和刺刀则会获得大得多的决定权。即便作为一种形式,选举也终将终止,继任者将会由在任者指定,由此,绝对的民主政体将最终演变成绝对的君主制政体。塑造立宪君主制的几率非常微小,根本不存在塑造立宪君主制的材料。即便塑造出来,也会非常软弱,仅凭这些材料根本无法对一个幅员如此辽阔、人口如此众多的国家形成控制。

若合众国政府依照当前情形运作下去,没有出现别的选择,或者没有做任何事情予以遏制,那么上述局面就必定是最后的结果。有人认为,依照当前情形运作下去,随着国家在幅员、人口、财富上的增长,以及合众国政府手中权能和裙带资源的随同增长,政府行政首脑仍能够维持其选举性质。这种看法实在是无稽之谈。大体上可以说,未来是不确定的,不过,在政治世界当中,就如同在物理世界当中,总有一些因素在发挥作用时是稳定且确定的,其中就包括那些若依照上述情形则必定会导向相应结果的因素。

推动政府走向解体的力量同样也是非常强大。这样的力量主要有两股:其一导源于这个国家辽阔的幅员;其二则导源于国家本身分化为单立各州,各有其地方制度和利益。如此辽阔的幅员,在数量多数原则的作用之下,必然造就出两个大党,并在对政府荣誉和报酬体系的争斗中,表现出地理上的特征,这其中的原因前面已经充分陈述过了。这样的党争最终必定凝聚成一场北方为获取永久控制权而展开的斗争,而弱者一方,也就是南方,将会为捍卫成员州的独立和平等而战。冲突也就由此演变成各州之间的斗争,并覆盖联邦的各个地域,确切地说,就是两党在各个地域的有组织团体之间的斗争。若情形发展到脱离的地步,双方都有办法来避免混乱和无政府状态,若没有这样的组织化团体,则双方都难以避免混乱和无政府状态。这将大大提升弱者针对掌控合众国政府的强者的抵抗力量。有了这些巨大优势和资源,在任何情况下,南方的党派都不可能安静地赞同从独立且平等的主权地位下降到依附且殖民式的境况当中,尤其是在有可能使各州经受内部革命化并使得各州人民的生存经历危险的情况下，这样的可能性就更小了。联邦南北两大地理区域之间所引发的问题给独立各州带来的需要克服的灾难，可以说是无可匹敌的。假如处身于弱者一方的各州从独立且平等的状态降低到依附且服从的状态，那么，弱者一方处境的灾难性质将是任何一个文明民族都未曾经历过的。若是认为一旦这些后果摆在面前，弱者各州就会放弃抵抗，那么，这样的想法是徒劳的，尤其是在抵抗有可能让它们获得拯救同时又不可能让境遇变得更糟的倾向下。而这一切势必会发生，除非强者一方放弃自己的路线方针，否则这一点基本上是可以确定的；并且，假如弱者一方被迫实施抵抗，其取得成功的可能性不管怎么说都是相当高的，而政府将因此归于瓦解。但是，假如抵抗遭遇失败，合众国政府必定因此在权力和裙带资源方面获得极大扩充。若是此种局面，将加速其在君主制道路上的演进速度。因此，假如不加以强有力且及时的遏制，局面无论如何都将归于君主制或者归于解体。这就带来了这么一个问题：如何加以阻止？这些令人哀伤的选择可以避免吗？

要达成遏制的目标，合众国政府就必须恢复其联邦体制。如果不能恢复到制宪者手中的那个样子，就无法避免上述选择。如下看法可以说是愚蠢的：无论实践上还是理论上，在我们这个幅员如此辽阔、利益和制度如此多元的国家里，任何民主政府都是能够维持下去的，除了那种严格意义上的联邦体制。而如下看法则可说是最没有道理的：在统治者不对被统治者负责的情况下，民主政府也能够维持下去。实际上，前者对后者的压迫倾向，还比不上强者一方对弱者一方的压迫倾向。对于统治者和被统治之间的责任担当而言,选举权的必要性也比不上联邦体制对于迫使联邦各个组成部分学会尊重彼此权利的重要性。这就要求双方联合行动,方能阻止滥权和压迫,并构建一个真实和真正意义上的宪政政府。事实上,不管理论是怎么说,放弃任何一方都等于将其转变成一个专制政府。

但是,若不将各州的单立政府以及各州本身恢复到其真正的位置上,我们就无法恢复合众国的联邦性质。整个合众国政府系统乃导源于各州政府和各州本身。各州规划并确立了所有的组成部分:首先,经由各自的行动,建立各自的州政府;其次,经由各州的附议行动,连同各州政府之间必不可少的合作,各州规划并确立起一个共同的政府,作为对各州单立政府的补充。此举的目标乃借助一个共同的代理机构来做那些各州做不好或者根本做不了的事情。因此,各州同合众国政府之间的关系就是造物主同造物之间的关系。在这种关系格局当中,合众国政府和州政府之间是平起平坐的协作式关系,不过双方还是存在一个重要的差异,那就是在时间序列方面各州政府在前,并在创造各州共同政府也就是合众国政府的过程中发挥积极且不可或缺的作用。

这就是各州的真正位置。这一位置不仅在理论上、在联邦体制的塑造过程中是本质性的,而且对于联邦体制在实践方面的维持也是本质性的。若非这样的位置,联邦体制本身是无法得以塑造的,也是无法维持的。创造者的监督权能对于造物的维持是不可或缺的。然而,如今,各州已然丧失了这一真正位置。在这套体制的实际运作过程中，它们都遭到取代并降低到下属和依附性的位置上；促成这一结果的权力在创造序列当中乃是居于最后的，之所以建立这一权力，原本是让其辅助各州，而各州在这个过程中实际上扮演了积极合作者的角色。合众国政府已经掌控了全局，造物取代了造物主的位置，由此也就实施了一场彻头彻尾的革命。这一切必须予以反转，双方都必须恢复到其真正位置上去，否则便无法完全恢复合众国政府的联邦性质。

为此目标，第一项必要步骤就是撤销司法条例第 25 项、1833 年 3 月 3 日法令以及所有其他包含类似条款的法令。此类法令，将各州的司法部门降级为联邦司法部门的下属机构，由此也就将各州的单立政府以及各州本身，包括其所有部门和职员，都降低到一个附属且依附性质的位置上。除非撤销此类法令，否则各州政府便不可能被重新提升到其作为平等者和协作者的真正关系格局中去，而各州本身也不可能保有其在让渡权力范围问题上意义重大的最终决定权，也无法实施权力介入以阻止让渡权力对保留权力实施侵夺。除非恢复各州及其政府的真正位置，否则合众国政府将不可能被降低到其作为各州政府之平等者和协作者这一真正位置上，也无法将合众国政府限制在宪法所规定的辅助性职能范围之内。

不过，这一不可或缺的重要步骤必须辅以后续的其他举措，否则便无法完成恢复工作。其中最重要的就是取消所有那些使资金权能超越宪法限制的法令，无论是税收方面，还是拨款方面。通过权力侵夺并吸纳所有的保留权力，可以有效地摧毁合众国政府的联邦性质;通过将各州政府直接置于合众国政府的操控之下,也能够同样有效地摧毁联邦性质。事实上,这两种办法都可以让合众国政府成为唯一且绝对的力量,并实际上等于将合众国政府转化为数量多数政府。不过,在合众国政府所主张的所有权力当中,授权国会去决定何谓普遍福祉,由此使得国会以关税和税收方式获得资金权能,并有权进行资金拨付以推进这个集权进程。所有这方面的权力可以说是最富有侵略性的,同时也是最具综合性的。在文明共同体当中,金钱可说是所有政府运作都要依托的普遍手段所在。假如人们承认合众国政府有权决定何谓国家的共同利益,并为此目的而有权征收关税、赋税,有权进行财政拨付,那么就很难对合众国政府的权威划定界线,最终也很难阻止合众国政府吸纳全部的保留权力并由此摧毁联邦特性。

要完成恢复工作,还需要做更多的事情。我们必须将行政部门严格限制在划定的领域,办法就是剥夺总统所有的自由裁量权,并将其严格地限制在宪法和国会法令明确授权的范围内。根据宪法的明确条款,总统不得行使任何其他的权能,否则便是越界;也不得允许总统越界获得任何为实施自身正当权能所必需的任何其他权力,除非此举最终不会造成对其他部门权力的吸纳从而使总统自身演变成专制者。毕竟,在任职期间,总统支配着合众国政府的裙带资源,身兼合众国武装部队司令以及执政党的首脑,因此,他有能力在自身和其他政府部门之间就各自权力范围问题发生争端的时候,执行一己之见并对抗宪法解释。

还有另一项与此相关的举措是完成恢复工作所必需的。在总统和副总统的选举问题上,宪法条款在实践中已然遭到取代,因此必须予以恢复。前文已经指出,这方面的宪法条款在实践中已经被撤销,由此导致了选举控制权转移到职位猎取者和职位持有者阵营的领袖人物手中。这一点,连同无限制的解职权和巨大的裙带资源,已然使得总统选举成为人们首要关注的问题;占据政府的荣誉和报酬体系,也随之成为总统竞选中的首要目标所在;而其效果就是极大地提升了总统的权威,使得总统可以凭借让与他的那种默许权力,不受阻碍地实施权力扩张,即便是违背了明确的宪法条款。实施此种权威扩张的第一个步骤就是滥用解职权(此种权力的初衷是让总统用更好的人选来取代不称职或者没有能力的官员,目的是为了更好地执行法律),将之变成一个党同伐异的工具。接下来便是一系列其他的法令。这些法令极大地改变了政府各部门之前的相对权能,提升了行政部门的相对权力,甚至宣战权以及战争期间对全部征服行动的无限制控制权,也都如同人们担心的那样,从国会手中转移到总统手中了。总统的权力借助所有这一切举措,已然达到跟一个联邦共和国的行政首脑毫无相似之处的地步。因此,要完全恢复合众国政府的联邦性格,就必须将这些权力削弱到严格的宪法范围之内,并恢复总统选举事务方面的宪法条款的权能。也许,经验会证明:这方面的宪法条款并非完善,也过于复杂和精致而难以付诸实践;在行政部门的组织结构方面,则需要进行一场激进的变革。假如情形真是如此,那么恰当的补救办法,并不是像已经做过的那样在实践中将其取代,而是要诉诸已有的权力来纠正宪法条款中所有的缺陷和混乱。

不过,即便恢复了合众国政府的联邦性格,也无论恢复得何等完整和完善,这本身都不足以避免前文所述的那些邪恶道路,就如同先前的政府运作趋势所显示的那样,政府迟早会走向君主制或者解体。假如从一开始政府的联邦性格就在实践中保持完好,那么它本身完全能够保障这个国家避免今天的危险处境,而这样的危险处境正是由于当初的背离造成的。但是,足以遏制疾病的手段往往不足以救治疾病。在近来发生的一些小事情上,它们也许有能力应付,不过若要恢复健康,则需要更多的手段,尤其是在整个体制已经深深陷入长期混乱状态的情况下。这就是我们这套政治体制的当前境况。正是制造这种混乱的因素同时导致了一系列的后果,这些后果是不可能仅凭那些可以对之进行遏制的手段来根除的。这些因素已经摧毁了联邦两大部分之间的平衡,并使之彼此疏离,而当初正是这样的平衡才使得联邦得以塑造起来,并为着所有州的福祉而建立起一个共同政府。

合众国政府建立起来之时,在构建政府的两大要素方面,南北两大组成部分差不多是平等的。毫无疑问,这一事实在促使制宪会议选定这两项要素作为建筑基础方面发挥了相当大的影响力。自那以后,主要通过合众国政府的行动,两大要素上的这种平等地位就一直遭到破坏,尽管建立这个政府的初衷是为了提升它们的相互利益。实际上,朝着这个方向迈进的第一个步骤在大陆会议期间就现身了。大陆会议的最后一批决议对此有所揭示。此时,正值构造当前宪法和政府的制宪会议的会期,因此可以说是同步发生的。我这里指的是 1787 年的《西北法令》(The Northwest Ordinance)。尤其是,这项法令中包含了一项条款,规定将奴隶制排除在西北准州之外——这片区域覆盖了俄亥俄和密西西比河之间的土地。西北法令的结果就是将所谓的南方州限制在这片区域以南的国土,同时也将所谓的北方州扩展到这片辽阔且富饶的土地。这实际上是在限制南方的同时扩张了北方。不管怎么说,整个这片领土乃归属于弗吉尼亚,而弗吉尼亚是南方州的领袖。弗吉尼亚,可以说是凭借一种罕有其匹的超然爱国精神,将整个这片领土无偿出让给联邦,而只保留了一小片土地,作为对在革命战争期间服役的弗吉尼亚指挥官和士兵的报偿。南方在这次慷慨的出让行动当中,没有任何对等的收获,只是在西北法令中加入了一项保证条款——类似于合众国宪法中的相应条款,保证对逃跑奴隶实施移交。很可能,各方对此是存在谅解的:应当将这一条款既加入到西北法令当中,也加入到宪法条款当中,毕竟,在当时,大陆会议和制宪会议是同时、同地点进行的。这很可能起了很大作用,促使大陆会议上的南方代表对西北法令表示赞同。不过,即便情形就是如此,这两项条款在实践中也都已经失去分量,已经有许多年不再受到尊重了。事实上,西北法令本身并没有获得授权。邦联条例并没有对大陆会议有任何的授权来通过这一法令,这一点是麦迪逊也承认的;然而,这一未获授权的单方面法令(后来的事情证明了这一点),在古老邦联体制存续的最后时刻获得通过,并作为一项先例而备受倚重,将南方从路易斯安那并购案所获领土的三分之二区域中排除掉,同时也使南方从全部的奥利金准州土地上退出。如今,其仍然作为一项受到倚重的先例,将南方从墨西哥战争所获领土上排除出去,并且也从日后所获的任何新领土中排除出去,不管这些领土是以怎样的方式获取的。一旦将南方从这些领土上排除出去,那么这些领土实际上也就发挥了一项作用,就是摧毁南北两方之间的原初平衡,并将构造合众国政府的两个多数永久地汇聚在北方。假如将南方从墨西哥战争中所获的领土上排除掉,那么北方州将因此在合众国政府中获得压倒性的优势地位。

与此同时,长期处于蛰伏状态的激进派势力,也因合众国政府的路线方针而进入到行动层面。这一点前文已经解释过了。激进分子的目标公开且明确,那就是要摧毁南方现存的种族关系,而南方的和平、繁荣和安全所依托者就在于此。为了达成所愿,将南方从准州排除出去是一个重大步骤,由此,废奴派和排除派便得以联合起来。毕竟,双方的目标是密切相关的。

这一切所造就的事态,同联邦之延续及合众国政府之维系背道而驰。疏离取代了团结,而敌意则进一步取代了疏离。这一切会继续引发革命或者联邦的解体,除非予以及时遏制。但是,若单单是恢复合众国政府的联邦性格,是不可能做到这一点的,无论这第一步举措是何等必要。木已成舟,殊难改变;南北双方之间的平衡已经因为上述举措而遭到了永久破坏。由此北方把一直作为政府构成要素的两个多数汇聚于一己之身。在所有新获领土和日后获得的一切领土上,南方都将被排除在外,既然如此,则北方将很快在合众国政府和联邦当中占据决定性的优势地位,足以遂其所愿地改造宪法。对此，仅仅恢复合众国政府的联邦性格并非救治之道。只要这种局面继续下去，南方就无安全可言。作为强者和南方的敌对方，北方手中操控的权能足以将南方及其制度压碎，迫使其面临别无选择的局面：要么揭竿而起，要么沦落到殖民处境。如果没有有效且恰当的救治办法，这就是必然的结局。

这场病患的性质就是如此。如果不进行机体性质的变革，从而对宪法实施调整，使弱者一方针对合众国政府的行动拥有某种形式的否决权，便无法进行救治；若非如此，则无法有效遏制占据主导地位的强者对弱者实施压迫，从而也无法对弱者一方形成保护并恢复联邦的和谐、安宁。宪法制定之际，人们都有强烈的感受，认为冲突的可能性应当是在大州和小州之间，因此，也就相应地制定了强有力的条款予以防范。然而，经验证明这种感受是错的。冲突并非像人们当时认为的那样发生在大州和小州之间，相反，它发生在联邦的南北方之间。这两大组成部分因各自的制度、地理特性、物产和目标而显著区别开来。假如当时的人们能够像现在这样清晰地感受到这种冲突的可能性，想必就会凭借当初用以监控并防范大州对小州进行压迫时的那种极高的戒心，来防范南北方之间同样存在的这种危险。见证并感受这一危险的人是我们，因此，我们有责任去做制宪者们本应当去做的那些事情。在这个问题上，假如制宪者们拥有经验传授给我们的知识，他们想必也会对这套体制在实践中培育出来的危险进行防范；而假如制宪者们当初就预见到了这种危险却未加防范，那么毫无疑问这会阻止邦联的南方成员州去批准宪法,并且,在类似的境况之下,假如如今南方州并不在联邦之内,那么他们势必也会选择永远地不加入联邦。

如何调整宪法才能最好地达成目标,这个问题只有经由修宪权才能作出权威的定夺。有多种办法可以做到这一点,其中最有效的办法就是对行政部门实施重组,使得政府权能不像现在这样赋予一个单一的官员,而是赋予两个官员,并由这两个官员负责行政部门,各自作为一个专门的机体器官分别代表南北两方。国会的任何法令若要生效,就必须先得到两名官员的一致同意;也可以让一个官员负责外交事务,另一个官员则负责同国内体制相关的事务,具体的分派工作由抽签决定。此种做法可以更为简易地达成原来的宪法条款所意图达成之事。宪法条款原来的做法是赋予构成合众国政府的两个多数中的一个以决定性的权重,由选举人团担当,若选举人团未能选定总统,那么在最终决选方面,则将更具决定性的权重赋予另一个多数。此举的意图是在行政部门中的大州因素和小州因素之间达成一种平衡,然而,这种做法在实践上已经完全失败;且由于它的失败对这套体制造成了相当大的扰动,最终也造成了当前的这种危险境况。

确实,我们大可怀疑制宪者们在构造一个单一化而非多头化的行政部门时,是不是犯下了重大错误;甚至这样一种将行政部门的全部权能统归总统的单一行政首脑体制,是否能使得一个民主政府长存下去,尤其是在这样一个富有且人口众多、拥有如此大量的财政收入以及如此众多的官员和职员的共同体当中。可以肯定的是,并没有先例可以证明这样一种民主政府体制能够长期维持下去。即便我们这个政府,迄今也未能提供支持性的证据;相反,倒是提供了不少反对的证据。当前这种境况,纷纷扰扰,危险四伏,尤其君主制或者解体威胁着这个国家,但不管怎么说,这一切都可以公正地归因于当前这套体制。另一方面,无论是在持久性还是在权能方面,古代最为出众的两大宪政政府都拥有双执政制度。我这里指的是斯巴达和罗马。前者拥有两名世袭的行政首脑,后者则拥有两名选举产生的行政首脑。两相比较,在这方面我们的体制复制的是英格兰的制度——英格兰政府的行政部门只有一名世袭的首脑;不过,同样可以肯定的是,英格兰一直以来都进行着为数众多且不懈的斗争,以阻止这个首脑演变成专制者,并且,为了对此形成有效防范,英格兰最终不得不从实质上剥夺了首脑管理政府的权能。实际上,这是将此种权能转移到责任内阁身上,而依据惯例,内阁成员如果得不到议会两院多数的支持,就无法把持职位。由此,英格兰也就避免了行政首脑演变成专制者的危险,并在实质上成功地将一个单一的首脑同一种多元的行政体制结合起来,以共同构造政府的行政部门。我国政府的性格若不经历完全的变革,就不会产生这样的防范机制,也永远不可能产生这样的防范机制。因此,对于我们这样的民主政府来说,英格兰的示例不可能对单一行政首脑体制形成支持性证据,相反,以往时代的例子以及我国政府迄今的经历都为此提供了强大的反面证据。

不过,也许有人提出反对意见,认为一个多头的行政体制必然会在成员之间挑起阴谋和分歧,并且也无助于快速且有效的政府行动。假如政府成员都由一个选区产生,这种反对意见可以说是正确的,也有充分理由支持单一行政首脑体制,而非多头行政首脑体制,尽管会有很多反对意见。但是,假如政府成员是由不同选区产生,并且各个选区的利益相互冲突且敌对,那么情况就完全不一样了,而这就是现在要考量的实情。此种情形之下,合众国政府和州政府必须采取附议的方式才能批准国会法令,并且两个政府在各自的领域都必须是独立行动的。就后一种情形而言,在法律执行方面,此种做法的效果就是能够保有单一首脑行政体制的全部优点;就前一种情形而言,其效果就是保障南北方之间的和谐一致,并由此保障合众国政府本身的和谐一致。毕竟,假如没有行政首脑的批准,任何国会法令都不能生效,而行政首脑代表着南北两方,因此,两方在选举中所提名的候选人,除了忠于本方利益之外,也应当是最能赢得对方尊重和信任的人。由此,总统选举就不再会造成联邦沿着地理分界线展开敌对性分裂的局面——就像当今情形一样,强者奋力扩张权力,弱者则奋力捍卫自身权利;相反,在上述局面之下,总统选举将演变成恢复国家和政府之和谐一致的手段。这将会使联邦成为真正意义上的联邦,由彼此亲和的兄弟式纽带联结起来,而不是那种纯粹的强者借以实施霸权和扩张的关系。在后面这种关系格局中,弱者一方之所以选择服从,也仅仅是因为往日的忠诚感尚有残存,而且恢复合众国政府之原初状态的希望日渐渺茫——建立合众国政府的原初意图是要让这个政府成为对各方的一种赐福。

这就是我们的病患,这就是那唯一救治之道的性质。在结论部分,还有一个实践方面的问题需要考量:这剂药方能用起来吗?那唯一能够动用这一药方的权力应当予以召请吗?

对于这个严肃的问题,回答的责任在于北方各州。无论在数量上还是在人口上,南方州都居于少数派地位。因此,南方州无力为一项要求国会两院三分之二多数附议或者由三分之二多数州动议并由动议州的四分之三多数予以通过的法令承担责任。道路上既有此等障碍,无论南方州多么希望拯救联邦和政府,若没有来自北方州的援手与合作,南方州都将陷入无能为力的境地;不过若有北方州的援手与合作,联邦和政府就都能得到拯救。因此,召请重大权力的责任在于北方州,只有北方州有能力动用那副药方。如果他们不这么做,一切后果也就在所难免。

至此,我们就完成了有关合众国政府与宪法部分的论述。在结论之时,应当对各州的宪法和政府略作一些评论。各州政府和宪法通过合众国政府及其宪法处于协作式关系格局当中,无论是什么因素,只要造成一方的失序和混乱,也就必然或多或少造成另一方的失序和混乱,并由此会造成整个体制的失序和混乱。因此,即便暂且不考虑各州政府,单从合众国政府角度进行考量,合众国政府,尤其是各州政府采纳并维持宪政体制而非绝对体制的民主政府,都是意义重大的,确切地说,就是应当采纳并维持复合多数政府,而非数量多数政府。

赋予各州政府以宪政形式要较赋予合众国政府以宪政形式困难得多,原因仍然在于:为一个分化为各个阶层或者各种团体的共同体塑造一个宪政政府形式,要比为一个纯粹民主的共同体塑造宪政政府来得更为容易。任何类型的人为分化,无论是各州方面的分化还是等级上的分化,较一个纯粹民主性共同体内部为数众多且混融的自然分化,要更为简单,但也更为强烈。为各州塑造宪政政府是有难度的,尽管如此,仍然可以考虑尽可能地让州政府的各个部门作为各州内部各个分化更为明显的利益群体的机构,无论其成因为何。此外,还可以借助另外一些渠道,使得一个州的感受呈现为各个组成部分的感受,而非这个州作为一个整体的感受,确切地说,就是通过复合多数而非数量多数来表达一个州的感受——只有通过复合多数的方式才能获取一个州的真实感受。确实,数量多数原则通常无法达成其宣称的目标:表达这个多数的真实感受。数量多数原则的前提是,只要在政府各个部门赋予各个组成部分与其人口数量成比例的代表权额度,就能够确保各个组成部分都能在州政府获得一个同各自人口数量呈精确比例的权重,无论环境如何。但这不是事实。人口数量的相对权重既取决于人数,也在同等程度上取决于环境。比如说,城市的人口非常集中,若依据此种分配原则,就会比人口分散的农村地区获得大得多的权重,尽管双方的人口数量是一样的。十多万人聚集在城市当中一个两平方英里的区域,其在政府里所获得的权重当然要比散居在两百平方英里里的同样的人数大得多:前者要在行动和手段上采取协作和联合,并非难事;但对后者来说,几乎没有协作和联合的可能性,更不用说城市拥有针对公众舆论的巨大喉舌,也就是媒体的巨大控制权。此种格局,若依据人口比例分配政府权能,事实上就等于将政府的控制权最终交付城市手中,而将乡村和农业人口置于城市人口的从属地位,并最终被置于城市当中乌合之众的控制之下。要遏制此种局面,就只能采取一种权力分配办法,在两个立法机构中的某一个机构或者政府的某个部分当中,赋予乡村和农业人口以决定性的优势地位。在大多数情况下,要做到这一点的通常办法,是在某个立法机构当中给每个选区分配同等数额的代表名额,因为在大多数的郡县或者基层选区,绝大多数人口都是从事农业或者同农业相关的工作。假如单凭这种办法仍不足以达成目标,无法在城市人口和乡村人口之间达成平衡,那就不妨建立限额代表制,规定基层选区或者城市选区代表额度的上限。

也可以采纳其他类似的举措,用以阻止各州内部分化明显的各个利益群体发生冲突,并防范一方对另一方的控制,无论群体分化的原因是地理方面的,还是目标方面的。此类举措,加之因应各州具体情况而设计的其他手段,可以使州政府具备复合多数政府的特性,并由此获得此种政府形式应有的全部安宁和稳定,最终也就避免了数量多数政府必然会带来的混乱和无政府状态。只要合众国政府仍然存在,不需要各州政府做得那么完美,同样也能够保护各州避免因政府组织不完善而造成的恶果;但如果各州自我塑造为一个单立且独立的共同体,那么对州政府的组织完善程度可能就得提出高得多的要求了。这其中的原因在于,各州,作为联邦成员,负有连带的保护责任,以防范外来威胁以及内部暴力,因此,各州也就得以从征集并分配巨额税收的负担中解脱出来。若非如此,各州就只能自己去承担重任了。由此,各州也就从日益强化的冲突和混乱趋势中解脱出来,而这样的趋势是随同收入和开销的增长而一同增长的。

在结论部分,不妨简要叙述一下南卡罗莱纳州的宪法和政府,以便从现实角度说明州政府是如何依据复合多数原则进行组建的。

和其他州政府一样,南卡罗莱纳州政府也分为三个部门:立法、行政和司法。其行政权也同其他州政府一样,乃在于一名单一的行政首脑。行政首脑由州立法机构选举,任期两年,卸任之后两年内不得再度担任行政首脑一职;行政首脑的权力和裙带资源非常有限。法官同样由立法机构任命,只要表现良好,就可一直任职。立法机构也同其他州政府的立法机构一样,分为两大实体:参议院和众议院。参议院成员依据任期时间分为两批,每隔一年更换一批。众议院成员每两年选举一次。两院若同时召集,则构成全院会议。除了通常的权力之外,立法机构还负责任命本州的高级官员。地方官员由官员所在选区(或者郡县)的选民选举产生。选举权一般来说是普遍的,当然会有极少的例外,而且都是无足轻重的。除非获得两院三分之二多数的附议,否则不能召集人民集会。这里的三分之二多数,是指参众两院各自的三分之二多数。除非全院会议授权,并获得全院三分之二多数通过,否则不能修宪;修宪案的通过也采取同样的模式,并且应当在修宪案提出之后的众议院选举之后的第一次全院会议上进行表决。

不过,南卡罗莱纳州宪法不同于其他各州的特殊之处在于,权力在州内各个群体之间进行分配时所依据的原则。正是这一原则,使得南卡罗莱纳州的宪法同政府处于彼此对照的位置。权力分配所涉及的要素包括税收、财产和选区。

要理解为什么依据这些要素进行分配,以及这种分配制度对政府运作产生了怎样的影响,就有必要概述一下南卡罗莱纳州的政治史。

这个州最初是在沿海地带开始拓殖的,移民来自英格兰和法国,查尔斯顿是其中心城镇。在皇家地产所有者主政期间,这块殖民地的所有政治权力都集中在查尔斯顿,尽管殖民地本身的人口覆盖了殖民地全部的沿海地带,并深入内陆以及教区定居地。随后,殖民地人民推翻了皇家地产所有者的政府,殖民地由此而附属于不列颠王座;立法机构当中民选机构成员的选举权也扩展到教区定居地。在不列颠王座更强有力的保护之下,殖民地获得了极大的扩张,并进一步向着内陆推进,直到大河瀑布地带,而随同推进的则是同样的组织形态。

大约在上个世纪中期,一股移民潮从新泽西、宾夕法尼亚、马里兰、弗吉尼亚和北卡涌入了从大河瀑布到山区之间的地带,也就是现在的"高地",同南边的那块区域形成对照。在这两块定居地中间,有一片宽阔的未拓殖地带。在很长一段时期内,这两块定居地之间是没有政治联系的,而且也极少有什么往来。"高地"在政府中没有代表,并且也不具备选区意义上的政治存在,这种状况一直延续到革命前夜。实际上,在革命期间,并且一直到

1790 年塑造宪法期间,“高地”的政治分量在政府中几乎是无法感觉到的。即便在那个时候,这个地带已经成为人口最为密集的区域,新宪法所制定的权力分配体制也只是在政府各部门给它留下一个少数派位置。

此种局面若长久持续下去,必然会导致不满。因此,1794 年开启了一场情绪激奋的公开运动,目标就是要在政府中保证同其人口成比例的权重。这场运动在启动之后,便随同这个区域人口的增加而愈演愈烈,直到最后,这场运动引发的暴力和混乱局面说服了双方的理智之士,认为是时候采取强有力的举措来结束这种局面了。为此目的,1807 年议会开会之时,人们进行了一次成功的尝试:南部表现出足够的明智和爱国精神,提出了一项解决争端的方案,那就是赋予南北双方平等的政府参与度;北部也表现出足够的明智和爱国精神,放弃了自身的要求,转而接纳了这一妥协。于是,在这次会期当中,通过了一项修宪法令,以便实施妥协案,并依照法令实施具体的修宪行动。由于众议院在此期间进行了换届选举,遂在下一次会期上以类似方式通过了修宪案,由此便塑造出如今的这部州宪法。意欲达成的目标本身便解释了修宪案的条款,同时也解释了为什么必须将上述三大要素整合到宪法当中。

参议院成员由各个选区选派一名代表组成,查尔斯顿例外,它拥有两名代表名额(两个教区各选派一个)。要达成上述目标,参议院是保持不动的。由于南部地区组织成了各个教区,并由教区发展出各个选区,这就等于在参议院当中给予了南部以决定性的优势地位,因此,在众议院当中赋予北部以同等的优势地位,也就成了重塑宪法的必然之事。为此目的,众议院的 124 名成员中,有 62 个名额分配给了白人,另外 62 个名额则依据税收进行分配。具体分配办法在选区基础上进行,每个选区依据人口和税额这两项因素所构成的联合比率来获取众议院代表额度。要确定这个比例,需要每隔十年进行一次人口普查,同时计算出各个选区在上一个十年期间所缴纳的税额,最终以此作为决定名额分配的资料。这实际上等于在众议院给了北部同样富有决定性的优势地位,由此也就在政府立法机构当中为南北双方建立起一种平衡。鉴于州长、法官以及政府的所有高官都由立法机构任命,所以也可以说是在政府的各个部门建立起了南北双方之间的平衡。通过让选区成为参议院的组成要素,也就对农业和乡村利益形成了保护,以对抗时间进程势必会赋予城市集中人口的优势地位;通过让税收额度成为众议院的构成要素之一,也就有效地防范了对税收权力的滥用。若滥用税收权,就会让过度缴纳税收的地区获得同等增幅的政府权重,同时也就同等地使那些免于平等纳税额度的地区丧失政府权重。

以上述方式将这些要素引入宪法,其结果可谓美满。政府已经不再是 1790 年宪法之下的那种局面,而是南部的政府;同样,假如人数成了政府的唯一构成要素,政府则会因此必然演变成北部的政府。跟这两种情形恰恰相反,修宪之后的政府转化成了复合多数政府,更确切地说,这样的政府是南卡罗莱纳州整个人口和全体人民的政府,而非人民当中某个部分针对另一个部分的政府。其结果差不多就是在即刻之间便恢复了双方的和谐一致。党争和党派暴力以及与之如影随形的分裂和混乱,也迅速消失了,取而代之的是南北双方之间的善意和相互依存感,并毫无中断地持续了四十多年。实际上,这个州就其内部事务而言,可以说在整个这段时期内都是不存在政党的。因此,政党组织、党纪、党禁以及作为其子嗣的分肥制度,对这个州来说都是陌生的。这个州的团结不需要这类东西。这部堪称美满的宪法造就了团结一致的人民,虽然偶尔也会有地方性的分歧出现,但都是为时短暂的例外情况,而且所涉及的问题都在于联邦政府方面的行为,而且在这部宪法出台之际,即便最为暴烈的分歧也都差不多即刻停止了。

这就是一个以此等明智方式建立起来的共和体制的美满结局,这就是组织并建立这么一个共和体制所采取的一些手段。同所有组织良好的宪政政府一样,南卡政府也是一场冲突的产物,只不过南卡在这场冲突中采取了适时且明智的妥协。假如南卡的成功能够作为范例而得到其他州的效仿,并最终成为整个联邦体制的范例,那么各州政府,尤其是各州的联合政府,也就能够在同样的和谐一致中安居了。

附　录

1798 年弗吉尼亚决议案*

兹决议,本次弗吉尼亚大会明确表示坚决捍卫美利坚合众国与本州之宪法,反对来自国内外的侵犯,并在联邦宪法与本州宪法认可范围内对美国政府表示支持。

无论是对美利坚合众国还是对保障国家所有权力来说,本大会在此都致以良好的意愿。为了达到这一目的,与会者都有责任去严格审查并反对每一处违反联邦构建基本原则的行为。因为只有对这些原则忠诚的遵守,才是国家安全与公众幸福的保证。

本大会确定不疑地宣称:联邦政府的权力,源于各州作为当事人协定而成的契约,并受到构成该契约的制度本意的制约,从

* 《1798 年弗吉尼亚决议案》《1798 年肯塔其决议案》《詹姆斯·麦迪逊就弗吉尼亚决议案提交的报告》三篇均由熊孜翻译。熊孜,北京大学法学院博士研究生。

而将联邦政府的权力限定在该契约所列举的范围之内。在联邦政府蓄意、公开并危险地行使该契约并未授权之权力时，各州作为当事人均有权利与义务阻止这一罪恶的发生，并在其权力范围之内维护属于自己的权力、权利与自由。

本大会对联邦政府在不同场合中表现出来的行为深表遗憾，这些行为体现出这样一种精神：联邦政府以曲解宪法条款的方式来扩大自己的权力，而且可能有计划地对某些共同条款（这些条款是从联邦宪法有关限制权力的部分中抄过来的，而在宪法中它并不那么容易被误读）进行详细阐释，以破坏宪法条款中特别列举出来的对联邦权力的解释与限制，这种精神必会使各联邦逐渐变为一个君主国。它的明确倾向及不可避免的后果就是，将合众国由当前的共和体制变成一个绝对的或者至少是混合制的君主国家。

在此，本大会特别向联邦政府最近对宪法公开而令人震惊的违反行为表示抗议！这一讳反行为即是指国会最近通过的两部法令：《外侨法》及《煽动叛乱法案》。在前者当中联邦政府行使了从未被授予的权力，将立法与司法权力并入了行政部门，颠覆了自由政府的普遍原则与联邦宪法中关于特定组织的明确规定；至于后者，联邦政府也以同样的方式行使了一项宪法未作授权的权力，与前者不同的是，这项权力恰恰是为宪法的一项修正案所明确禁止的。故这种权力不比其他，更应引起我们普遍的警惕，因为它禁止对公众人物及其行为的自由批评，剥夺了在这一话题上人们自由交流的权利。而上述权利被认为是对其他每一项权利唯一有效的保障。

本州在认可联邦宪法时明确宣称：与其它基本权利相比，“良心与新闻出版的自由不得被联邦的任何权力所取消、删减、限制或篡改”。为了急切地保护这些权利免遭任何诡计或野心的攻击，本州与其他一些州曾共同提交了一份宪法修正案，这份修正案已在适当的时候成了宪法的一部分。这种对该修正案的违背行为应受到人们的谴责，因为它是堕落的罪行。如果人们对它熟视无睹的话，这一对权利的侵犯行为必然会为进一步侵犯其他权利开创先河。

有感于本州人民及其他各州同胞真挚而善良的情感，有感于他们对建立并维护联邦的真切关怀以及他们对宪法——这一各州之间友谊的誓言与共同幸福的保障——的忠心耿耿，本大会在此郑重呼吁其他各州与本州采取相同的态度，相信它们会与本州一样，以同样的理由宣称：上述两项法案是违反宪法的。各州将采取必要与适当的措施，与本州合作起来保卫属于各州及其人民的权力、权利与自由。

本州州长会将前述决议抄送一份给各州行政长官。在此恳请各州将此决议递交立法机关，并将其抄本提供给各州在国会中的参议员与众议员。

本州参议院批准，1798 年 12 月 24 日。

1798 年肯塔基决议案

1.兹决议,由数个州组成的美利坚合众国的根基并非是各州对联邦政府无限制的服从,而是根据合众国宪法这一契约形式所构成的。按宪法修正案的说法,各州为了特定的目的组建联邦政府,为此赋予联邦政府特定的权力,除此之外各州自己也保留着大量自治权利。无论何时联邦政府行使未被授予的权力,其行为都是非法而无效的,且并不具有强制力。在宪法这一契约中,每一个加入的州都自成一个完整的部分,各州的联合则是全然不同的另一个集合;为宪法所创制的联邦政府并不是由赋予它的广泛权力所组成,这种权力的赋予也绝不是专断或终局性的。若是联邦权力能由联邦自己裁断,那宪法就不再是其权力的标准了,反而像其他那些没有达成共识的权力契约一般,每个当事人都有同样的权力去为自己裁断,所谓的救济的方法与标准也就是一纸空谈了。

2.兹决议,美利坚合众国的宪法赋予国会惩罚叛国、伪造有价证券与流通货币、海盗与在公海犯下重罪及违反联邦法律其他诸罪行的权力,除此之外再无其他犯罪归国会管辖。这已经成为一个普遍原则。宪法的一个修正案也宣称:“如果一项权力,宪法并没有赋予合众国,也没有禁止各州保有的话,那么该项权力就应分别保留给各州及其人民。”因此国会于 1798 年 7 月 14 日通过的名为“关于惩罚反合众国特定犯罪之外的其他犯罪的法案”,以及他们于 1798 年 6 月 27 日通过的名为“关于惩罚对合众国银行进行诈骗的犯罪法案”(还有所有其他国会自己创制、定义与施行惩罚,而宪法没有列举出来的犯罪)都是无效、不具有强制力的。这种创制、定义与施行惩罚这一类犯罪的权力唯一且独占地为各州所保留,并仅在本州领土范围内有效。

3.兹决议,上文所提已经成为一个普遍的原则,宪法的一个修正案也宣称:“如果一项权力,宪法并没有赋予合众国,也没有禁止各州保有的话,那么该项权力就应分别保留给各州及其人民”。宪法绝不会授予联邦政府或禁止留给各州超越宗教、言论与出版自由之上的权力。所有合法的权力与权利一样也都为各州或其人民所保有。这即表明:各州有权自己认定在何种程度上,一项言论应被称为放肆的言论;在何种程度上,能够在不削减它们自由的前提下删减出版品;在何种程度上,能够忍受这种对自由的滥用以使它们不会失去自己的效用,而不是将这些行使自由权利的行为统统摧毁。因此,各州须谨防一切对宗教自由意见上与实践上的限制,并维护自己的这种权利。本州就是这样做的,即在本州公民的一致要求之下通过了一条保护宗教自由的法律,以防止所有人为的约束和干涉。除上述经明确宣称的普遍原则之外,还有其他的特别条款需要注意,这也由我们宪法的一条修正案明确指出:“国会不能对关于宗教创制的事项进行立法,同样也不能对限制宗教自由活动、言论自由与出版自由的事项立法。”与此相同的词句在保卫着宗教、言论与出版的自由。对这些自由的侵犯,必将摧毁所有其他自由的避难所,使得对诽谤、谎报与中伤,连同对异端和虚假宗教的认定,被一并交由联邦法庭来裁决。在此意义上,国会于 1798 年 7 月 14 日发布的名为“关于惩罚反合众国特定犯罪之外的其他犯罪的法案”侵犯了出版自由,这不是法律,它完全无效,并且不具备任何强制力。

4.兹决议,外国友人受到其所在州法律的管辖与保护,联邦未被授予将外国人与本国公民区分开来的权力,同时各州也未被禁止保有此项权力。这已经成为一个普遍原则,宪法的一个修正案也宣称:“如果一项权力,宪法并没有赋予合众国,也没有禁止各州保有的话,那么该项权力就应分别保留给各州及其人民。”美国国会于 1798 年 6 月 22 日通过的《外侨法》针对外国友人假定了一种未被宪法授予的权力。这不是法律,它完全无效,并且不具有强制力。

5.兹决议,除上述普遍原则之外,我们还应当明确地宣称:未被宪法授予给合众国的权力应予以保留。这里还有一特定条款,因出于人们极大的关切而被加进宪法当中。这一条款宣称:“现存各州此类人的迁移和引进应该予以批准,这在 1808 年之前不应被国会所禁止。”这里合众国应予批准迁移的外国友人们就是上述那个关于外侨的法案的对象。这一法案的与其他所有相关法案相违背,所以它是无效的。因外侨迁移就将他们驱逐,无异于禁止他们迁移,由此违反了宪法的上述规定,故而归于无效。

6.兹决议,对一个人的拘禁必须按照合众国法律进行,若是像《外侨法》所说的那样,该人若是简单的因为违背总统命令就要被驱逐出联邦,那必是违反宪法的。有一条宪法修正案提到:“任何人未通过正当法律程序不得被剥夺自由。”另一条则提到:“在所有的刑事起诉中,被告应有得到一个公平的陪审团审理的权利、公开审判的权利,被告知起诉的性质与原因的权利、与对其不利的证人对质的权利、有强制程序保障其提供自己证人的权利与接受律师辩护协助的权利。”一个在法律保护之下的人,若仅仅因为遭到总统怀疑就不经指控、审议、公开审判、与证人对质,不能自己提出证人,没有辩护,也没有律师,就被上述的国会法律授权总统将其逐出联邦,是有悖于宪法条款的。因为这根本不是法律,它完全无效,故不具有强制力。《外侨法》将审判任何一个人的权力从法院转移到联邦总统,违反了宪法中的“联邦的司法权力由法院行使,法院的法官必须通过他们的良好行为来维护自己的职责”这一条款,因此《外侨法》也同样无效。更值得我们注意的是,在此情形中司法权力向已经掌握所有行政权力的联邦政府官员身上转移,这种现象也同样会给立法权力带来负面影响。

7.兹决议,合众国宪法赋予了国会“设置并征收土地税、关税、进口附加税与消费税，并以此款项偿还国债与维持合众国的国防与安定”的权力，同时宣称：“合适且必要地为行政事项立法，这一权利由宪法所授予并为联邦政府与其各部门及其官员所实施。”而国会对上述权力的应用破坏了所有宪法规定中对这种权力的限制。上述宪法中对行政权力的授权条款仅指受限制的权力，不应被曲解为可以为不受限制的权力大开方便之门，也不能以此来推翻其他的法律条款。联邦政府通过以上述条款内容来遮掩自己的行为、试图扩大自己权力的这种努力，应在这一稳定时期予以修正，而前述决议提到的法案需要立即予以纠正。

8.兹决议，本次会议及其通信委员会将上述决议告知各州立法机关，确保它们能够同样珍视合众国各州的友谊与联盟，以面对当前合众国首要的共同危险。这一联盟，是为了特定国家目的以及所有各州的友谊、和平、幸福与繁荣而结成的，这一点特别在近来的联邦性契约中得到了体现。这种契约的本意为邦联各集团所理解并接受，他们由衷地关切着契约的存续并恪守对它的忠诚。我们都对这一点坚信不疑：若未经过该契约庄严地特别授予就剥夺属于各州的自治权力，将这种权力并入一个统一的共同政府，这绝不是为了各州的和平、幸福与繁荣。如果是这样的话，这个共同体（在这意义上要怀疑它还是不是各州所共同组成的共同体）就必将臣服于那些未被授予的权力，再接下来便是臣服于个人的绝对权力。这种对被授予权力的滥用，是由人民所选出来的联邦政府成员所实施的，人民对其选择的变更是一种宪法性救济；但如果是对未被授予权力的创制，那么合法救济就必然是通过宣布创设权力的法案无效来完成。在这种情况下,每个州都有自然权利而去不加入契约,各州都有权利去限制权力,以此来否决这种联邦政府自己创设的权力。若没有这种自然权利存在,各州便会处于绝对不受限制的统治之下,任谁都可以运用这种本该是用来裁断自己事务的权利。然而,本州出于对各州联盟的关怀与尊敬,希望各州对这一主题能够互相交换意见。各州是契约的组成部分,故他们适于探讨这一主题,也只有他们能够授权这种终局性的权力,并决定该权力是否能够实施。国会并不是契约的一部分,它只是契约的产物,由它创设出来的权力将接受那些能使用并修改其权限的人们的裁断。如果国会法案未经审查就可以生效,那便是倒因为果:联邦政府可以将任何它认为合适的行为归为犯罪,不管宪法有无规定就对这些行为进行惩罚。各州将把审判管辖权交给总统或是别的什么人,这个人可以同时是原告、律师、法官与陪审团成员,他的怀疑便是证据,他自己宣布判决,自己执行惩罚,整个过程只有他一个人知道。按照前述的国会法案,在各州定居的人们之中有很多都可以被归为罪犯,他们都将遭到这个人的绝对统治。这个宪法的敌人将会把我们全都排挤成少数派而后加以更加痛苦的惩罚,这样就没有什么能抵挡国会大多数人的狂热和权力了。那些剩余的合众国立法者、法官、官员、律师或其他温顺的居民们,便不敢于要求宪法的权利与自由。若有谁出于任何原因而对国会观点感到反感的话,他也许就会遭到总统的怀疑,即怀疑他在私人或公众场合会妨碍他们的选举或其他利益。无依无靠的外国人,就被选为安全的第一个试验品,而下一步就将像上述煽动叛乱法案一样,将公民作为它的猎物。如果不在这一门槛就刹住车,那接下来同类型的法案将会接踵而至,必将会对联邦带来新的非难,最后将为合众国引来流血与革命。而为上述行为辩解的新的借口即将产生,他们会说除非用铁棒,不然治理不了人民。这种说法是一种危险的欺骗,仅仅是为了使尽力争取权利安全的人们不再恐惧。无论在何处,这种骗取的信任都是一种明显的专制。自由政府是建立在戒备而非信任之上的。正是这种戒备而非信任才产生了有限政体,并将我们必须去信任的权力紧紧地束缚住。于是,我们的宪法确认了这种限制,所谓的信任便不翼而飞了。让那些对所谓信任的忠实支持者读读这《外侨和煽动叛乱法案》吧！让他评价一下宪法对政府的限制是否明智,将这些限制统统摧毁又是否明智。政府是什么？要不政府就是一名选民所反对的暴君,要不就是我们选择出来的总统,而他必将赞同这种对外国人的好客与保护态度,这种态度是由我们温和的民情与法律所共同捍卫起来的。那么在这些为人民所接受的外国人看来,总统毫无保留的猜忌意见就更加值得尊重,甚至无需那些自证无罪的权利、辩护的要求、真理的神圣力量以及法律在形式上的公正。在权力这一问题上,与其对人赋予信任,不如将他的缺点用宪法之锁链牢牢地栓住。因此,本州呼吁联邦各州对未经审查的外侨法案和惩罚特定犯罪的法案各抒胸臆,探讨一下它们究竟有无得到联邦契约的认可。这将毫无疑问地证实各州对有限政府的忠贞不渝。无论是在普遍原则问题上,还是在特殊情境之下,若是各州联合的基础打得牢,那我们的权利与自由就不会出现危险。各州必将同意本州的观点,即认为上述国会法案是对宪法明目张胆的违反。因为这一国会法案相当于明确宣称,各州的联合契约不是联邦政府权力的标准,联邦政府权力反而会将这种不受限制的权力加诸各州之上。各州将会把上述法案看作对各州权利的剥夺,是联邦政府通过自己创设的权力将各州一起束缚在联邦政府之下(而不是仅指组成联邦的那些情形)。联邦政府将不基于各州的同意而基于其他与他们相反的意见来立法,这种情形发展下去,最后便会沦为这样一种情况,即我们将会屈服于自己选择出来的政府,我们将生活在恣意妄为而非出于我们自己意愿的权力之下。在这种不是组建联邦的情形下再次诉诸各州的自然权利,各州必然都会赞同宣称上述法案无效并不具备强制力。各州会以自己的方式在其可敬的领土上声明:无论是上述法案,还是联邦政府的其他什么动作,很显然都未被宪法所授权。

9.兹决议,上述委员会被授权在任何合适的时间地点与联邦各州指派的人员以书信或者私下会议的方式进行联络,各州将在下一次会议之前告知各自的进展情况。

詹姆斯·麦迪逊就弗吉尼亚决议案提交的报告

本文是为各州通讯委员会而作的,内容是关于本州上一次制宪会议对《外侨法》与《煽动叛乱法案》所作的决议。

对于那些不同意本州制宪会议于 1798 年 12 月 21 日通过的决议的州来说,无论还有多少余地可以盘旋,这都等于对委员会的工作以及制宪会议尊贵的精神与态度给予了令人感到极其痛苦的评价。联邦各成员之间的相互尊敬与信任已经被损害了,委员会孜孜以求的工作目标仿佛就是为了让人们快点遗忘这种损害,而这恰恰是人们产生误解的地方。

委员会以批判的眼光去仔细考察那些反对决议的观点,把修改这份遭到反对的决议当作一件极有意义的事情去做,以此查究是否在事实、原则或者推理上有错误。坦率说来,这倒是制宪会议应该了解并改正的。

决议案的第一条如下:

兹决议,本次弗吉尼亚大会明确表示坚决捍卫美利坚合众国与本州之宪法,反对来自国内外的侵犯,并会在联邦与本州宪法认可的范围内对美国政府表示支持。

这里所表达的感情必然不会引起什么令人不快的非难。维持保卫联邦与各州宪法,防止国内外的任何侵犯,并在宪法的支持下尽全力支持联邦政府,是制宪会议一贯的职责,只是恰逢时机地将大会真挚而坚定的忠诚明确表达了出来。

第二条决议提到:

无论是对美利坚合众国还是对保障国家所有权力来说,本大会在此都致以良好的意愿。为了达到这一目的,与会者都有责任去严格审查并反对每一处违反联邦构建基本原则的行为。因为只有对这些原则忠诚的遵守,才是国家安全与公众幸福的保证。

上述观察也同样适用于这一条,在此大会对保障联邦权力的良好意愿也没有任何问题。联邦中开明的朋友们都不会质疑这种对联邦构建基本原则之违反的审查义务,对安全与公正、幸福保障的忠诚遵守也是一样。

决议案第三条如下：

本大会确定不疑地宣称：联邦政府的权力，源于各州作为当事人协定而成的契约，并受到构成该契约的制度本意的制约，从而将联邦政府的权力限定在该契约所列举的范围之内。在联邦政府蓄意、公开并危险地行使该契约并未授权之权力时，各州作为当事人均有权利与义务阻止这一罪恶的发生，并在其权力范围之内维护属于自己的权力、权利与自由。

在这条决议案中，委员会投入了所有的注意力，这种注意力也正是它的优点。用严格都不足以形容他们，甚至可以说他们是以苛刻的眼光来对待这件事的。基于这种严苛，在他们公正且公平的写作当中，他们便有信心宣称：无论从文意本身还是从最后的结论来看，他们所说的都是无懈可击的真理。

该条决议案首先宣称："联邦政府的权力，源于各州作为当事人协定而成的契约。"换句话说，联邦的权力源于宪法，宪法又是各州作为当事人所订立的一个契约。

委员会的立场再清楚不过了：联邦的权力来自宪法，并仅仅源于宪法。那时委员会还不知道新近才出现的一种联邦权力的来源，其广泛性与重要性都令人感到极其意外。对这条新原则的审查非常适于成为之后决议要回顾的内容。委员会在对当前国家正在经历的事件的讨论中满足于仅仅简要地提及事实。宪法频繁地被援引以说明政府不存在任何不被宪法授予的权力，即使对宪法原文存有疑问,也已经被宪法第12修正案——现在已是宪法的一部分了——所消除,它明确宣称:“如果一项权力,宪法并没有赋予合众国,也没有禁止各州保有的话,那么该项权力就应分别保留给各州及其人民。”

另外一个对此决议的分歧就出在“各州是宪法的契约当事人”这句话上。“订立契约”这种说法在委员会的判断下,也是没有问题的。但事实上“各州”这一表达很多时候都很模糊,它指代的对象有时会引起歧义。它有时候指由不同的政治社会群体所占据的分割开来的国土的一部分,有时候指这些不同社会群体建立的特别政府,有时候又指由特别政府组建而成的社会群体,它还可以指人们通过自己的统治才干建立起的政治聚落。尽管人们期望完美的语言使同样的词语产生更少的歧义,但有一些麻烦还是会不可避免地产生,因为其真实意思可以有不同的应用。在现在这个例子中,无论“各州”这个词在决议案中能够包含多少种含义,下面这个说法都应该是无误的:即宪法应当服从于“各州”。在此意义上“各州”批准宪法,也在此意义上,“各州”是赋予联邦政府权力的契约当事人。

接下来制宪会议关于联邦政府权力的立场便是:“受到构成该契约的制度本意的制约,将其权力限定在该契约所列举的范围之内。”看上去这样的条款不可能受到什么正当的反对。前者仅仅宣称,对这一契约的解释应该遵循当事人创立它的本意,后者称对它的运用也应如此。如果权力是合法的,那么仅仅是因为权力是被授予的。如果被授予的权力是合法的这一事实是由于它们是被授予的,那么所有未被授予的权力必然是不合法的。

对联邦契约采取上述观点的决议案,接着推理道:“联邦政府蓄意、公开并危险地行使该契约并未授权之权力时,各州作为当事人均有权利与义务阻止这一罪恶的发生,并在其权力范围之内,维护属于自己的权力、权利与自由。”

委员会似乎应用了一个平实的原则,这一原则建立在常识之上,人们平日的一举一动便是对该原则的演绎。这一原则对契约的性质来说至关重要,在它之上除契约当事人的权威之外再无更高的裁断者。无论人们是遵守还是违背这一契约,订立该契约的当事人都必须是合法的最终裁断者。美利坚合众国宪法由各州认可建成,并给予其主权国家的权能。基于它的合法性和坚实的基础,宪法将稳定与尊贵赋予这种权威。身为宪法契约当事人的各州,在其权能之下,能够最终决定什么样的行为违反了它们创制的这一契约,而不是由别的什么人来决定。所以,身为当事人,各州必须自己最终决定所遇到的问题是否足够重要以至于有必要出面干涉。

然而,这并不意味着,各州身为具有权能的当事人,就必须最终就宪法契约是否被违反做出决定,哪怕这一决定只是对一些感到草率、可疑或是琐碎的问题的干涉。按照这种严格的解释,那么在不同国家之间的普通协定也要受到各州审查。这就是所谓的对部分的违反也同样摧毁了整体,每一个部分都被视为其他每一个部分和整体的条件。在很多人看来,这种违反很任意妄为却也很实在,需要以上述严苛的规则来纠正。但对美国这样一个紧密的宪法联盟来说,这种宪法当事人的干预仅仅只需要在深入而本质地影响整个政治体系原则的场合出现。

决议案通过明显的诉求来防止人们对其目标的误解,对于联邦政府的这种对宪法的干涉,它评论道:“联邦政府蓄意、公开并危险地行使该契约并未授权之权力。”这种干涉并非无足轻重,也非过眼云烟,它对宪法创立的伟大目的来说是一个本质上的威胁。这一点绝非模糊不清,它毫无疑问值得人们去质疑。最后,宪法当事人裁决的事由必不会是一个局部性问题,而是一个终局性的问题;它也不会是一个匆忙的决定,而是经过深思熟虑的大是大非问题。那些细枝末节的问题不必要在此讨论,因为决议案不会去探讨没有被宪法授予的特殊权力能在多大程度上得到实施这种问题,这种问题也不值得最终由契约当事人去纠正。一个事由被提出来非常容易,但是不会有人认为这些事对联合每个州的意见至关重要。

决议案做了不止是防止人们误解的事情,它通过明确指出此次事由蓄意、公开且危险的本质,从而指出了这次干预的目的。

它将这一事件想成一种罪恶的篡权过程,并通过警醒人们来保护属于身为宪法当事人的各州的权力、权利与自由。

从上述决议案的观点来看,似乎很难想象这一决议案会招致其他州的反对。各州是有能力撇清短暂的印象、重温其联邦组件的真正目标,并应该能诚恳并准确地解释制宪会议意思的。假使真的有人行使那些对宪法来说很危险的权力,哪怕就真的是去阻止罪恶的发生,那也还用不着由当事人出面干预,就由当事人赋予的宪法本身所包含的安全措施来说,已经足以终结那些对联邦宪法认定的权利及对我们独立自主的普遍原则进行篡夺、直接颠覆或是明显的否认行为。

决议案遭到反对,理由是司法权威是宪法最终仅有的解释者,那么制宪会议又为什么能在当下以如此严肃的方式认为自己能在理论上站得住脚呢?

针对这一反对意见,首先,假设在有篡夺权力行为存在的情况下,宪法由于其形式也从未被纳入司法部门的管辖中;其次,如果司法决定可被提升至像宪法契约当事人的权威一样高的地位,那么其他部门未经过司法认可的宪法决定,也同样可以被认为是终局性并具有权威的。对这一反对意见的合理答复应该是:制宪会议的决议案关涉那些极为重大的事由,在这些事由中宪法由于其形式无法有效地对抗对当事人基本权利的威胁。决议案假设这样一点:即对宪法未授予权力的篡夺和执行不仅可以由其他部门去实行,而且可以由司法部门去实行。这样的话,当事人对于是否违反宪法的终局决定权必然会扩大到由某一个经授予的权威来决定,无论是司法、行政抑或是立法部门,都有可能危险地侵犯宪法。

因此,尽管司法部门有可能是关于所有宪法问题的最终裁断者,但这种最终的裁断手段必须被视为相对于政府中的其他部门而言,不能与宪法契约当事人的权利作比较。司法部门与其他政府部门一样,无论是否得到了授权,都不能获得如此大的权能。我们不妨设想一下,司法权力可能会反过来废除授予它权力的那个权威,就如同其他部门可能会篡夺权力一样,永远地颠覆宪法的存续,并使任何合法的救济归于无效。

决议案中宣称的真理正在确立,当时制定决议案的那种权宜情境,如今已经不在,今日国家的安定局面所需要的是美国民众的谨慎思考和坦率判断。它将会为人们所铭记,因为基本原则将会为联邦各州所庄重地反复提及,这对我们来说,关系到如何抵抗堕落的危险或者至少在程度上不那么堕落,而这种危险其他国家的政府时有发生。时下对政治信条那种公平的比较已经不像在革命时期以及制定我们共和国宪法的基本原则的那个时期那样流行了,但我们最好还是要判断一下,是否这种对基本原则的重提就是不合时宜的呢?是否就可以将肩上的这种警惕的重担卸下来了呢？宪法的权威大过政府，人民的主权大过宪法，这是无论何时都应该留在脑海中的真理，而且在现在看来更有必要。

上述观察可看作对每一个反对意见所作出的令人满意的解答，只有对决议中的概念没有产生误解才能做出这种观察。然而这里还有非常重要的一点需要加以说明。在美国这样一个国土广袤的国度上，这样一个强大的联邦政府之中，对自由的威胁随时可能出现，在这些指出这种威胁的观点中，有一种呼声是我们不应该忘记的，即各州政府是人民与联邦政府的中间存在，他们应当保有发现联邦政府篡夺权力的苗头的警惕心，同时应当有把这种警戒信号公之于众的机敏。上述观点不是完全没有用的，如果人们认为它对宪法的建立有帮助，那么它对解释上述观察也有所助益。

新民說

Http://e.weibo.com/xinminshuo
E-mail:fanxin@bbtpress.com

卡尔霍恩文集

〔下〕

——演说——

[美]约翰·C.卡尔霍恩 著
林国荣 译

GUANGXI NORMAL UNIVERSITY PRESS
广西师范大学出版社
·桂林·

1842年2月28日

否决权

肯塔基州的参议员(克莱先生)为了论证自己的修正案,于是主张:各州的人民构成了国家;国家禀有自身的意志;全体人民当中的数量多数就是国家意志的表达工具;若对此有任何偏离,以至偏离了政府的禀性,实际上就是在确立少数的意志以对抗多数。因此,在讨论刚刚开启之际,我们也就有必要提起一个有着极深意涵的问题,那就是,克莱先生的这些命题是正确的吗?这不仅仅关涉到眼前这个问题,更关涉到政府的性质和性格。

克莱先生此时打断了卡尔霍恩先生。克莱指出,他所谓的多数乃是依据宪法条款而构造起来的。卡尔霍恩对此给出了回应:他指出,自己当时已经将参议员的话都记录了下来,可以保证自己所作的陈述并没有错误;参议员不仅确立了刚才所述的那些命题,还从中引申出了相应的结论,以反驳总统的否决权,而总统的否决权只有依托数量多数原则;事实上,参议员先生在特别议会的提案以及克莱先生及其同僚在这次讨论中所持的理据，都植根于这些命题所包含的教义当中。

假如这些命题成立，那么，克莱先生就可以顺理成章地认定，自己针对总统的否决权而提起的申述是确凿无疑的。不过，这其中的原因倒不是参议员先生认为的那样，以为总统的否决权将使得政府的一个分支(也就是总统)拥有同六名参议员和四十名众议员一样的权重；相反，真正的原因乃是具有大得多的决定性分量。确切地说，依据参议员的理论，总统并非经由数量多数而得以选任，因此，依据参议员的原则，总统也就并非真正地体现国家意志。

倘若认为总统乃是纯然依据数量原则得以选任的，这是极大的错误。确实，数量是总统选举中的主要因素，但并非排他性因素。实际上，各州在总统选举中都拥有等同于各州众议员人数的选举人票，而选举人票的数量则取决于各州的联邦人口；但是，在此之外，却要加上另外两张选举人票，而这两张选举人票同各州在参议院的代表额度是无关的，这极大地提升了小州在总统选举中相对于大州的分量。后面这项因素对于总统选任所要求的数量多数到底会产生怎样的影响，一项简短且简单的计算就足以说明问题。

根据最近一次人口调查，美国的联邦人口为15,908,376人。那么，依据众议院委员会提供的68,000人的众议员代表额度的比例标准，众议院将从全部联邦人口中选任240名众议员。此外,再加上52名参议员的额度,选举人团的总数就是276人,也就是说,139票就可以形成一个多数。我们不妨据此计算一下19个小州所拥有的选举人票:这19个小州(包含从特拉华到肯塔基的各个小州,当然,马里兰没有计算在内)拥有的联邦人口仅仅是7,227,869人,但是它们拥有的选举人票为140票,足以构成一个多数;剩余的7个大州虽然拥有8,680,507人,却只拥有136张选举人票,并不足以构成多数,尽管其联邦人口总数要高出这19个小州达1,500,000之多。在这19个小州所拥有的140张选举人票中,来自参议院的额度占了38票,而与之相对,7个大州只有14票,两者的差额达到了24张,比俄亥俄这样的州(依据联邦人口)获得的选举人票的总额还要多出两张。

有这些事实在手,肯塔基州的参议员便严格依据自己的政府理论,提议对总统的否决权实施限制。不过,克莱先生提供的替代选择却是乏善可陈的。实际上,对于一切针对总统否决权的限制或者调整举措,他提出的论证都可以说是具有决定性的,而且,这一论证实际上也同样决定性地针对政府行政权力本身,只要这个权力是选举性质的。无论如何,人们根本就没有足够的理由认定,行政权力无法像立法权力那样充分且完整地体现国家意志,假如确实存在所谓的国家意志。

然而,问题并没有到此为止。克莱先生此一论说的决定性效能实际上更适合运用在参议院身上。因为参议院的构成是完全不考虑数量因素的,最小的州同最大的州处于全然平起平坐的位置上,即便特拉华只有17,000人而纽约州拥有2,500,000人。参议院是以州为单位进行多数控制的,并不考虑各州的联邦人口问题。14 个小州,联邦人口不过 4,064,457 人,不及总人口的四分之一,但是,倘若他们联合起来,就足以推翻另外的 12 个州,尽管后者联合起来拥有 11,844,919 人。更进一步讲,这些小州倘若联合起来,足以摧毁政府并对整个联邦体制实施否决,因为他们可以拒绝推选参议员;因此,恰恰就是各州间的这种丝毫不考虑数量因素的平等机制,并且将参议院纳入此种机制当中,最终成为宪法当中最稳定的要素。若非获得所有州的同意,此种机制是不得改变的;而且,参议院也是所有政府机构当中唯一一个参与到所有其他政府权能当中的机构。作为立法机构的组成部分,除了创制金融法案外,参议院在所有立法事务上都同众议院协同行动;同时,参议院也介入到行政部门的两大最高职能当中——职位任命和订立条约;而且,就司法事务而言,参议院实际上是弹劾案的最高审判机构。

我们不必对克莱先生的论说追根究底。这一论说的决定性效能,无论是对司法机构还是参议院,抑或是对于总统及其否决权来说,都是一样的。法官是从总统和参议院那里获得任命的:总统负责提名法官,参议院则予以批准并发布通告。这两大权能,就如克莱先生表明的那样,实际上都不是依托纯粹数量多数而选举出的。此外,只要法官在任职期间品行良好,就不会遭到解职,唯有弹劾程序可以令法官去职;而且,法官对一切交付给他们的法律和衡平事务都拥有合宪性方面的决断权,即便国会法令牵涉其中也是如此,这样的决断权实际上就等同于绝对否决权。

假如参议员的理论是正确的,假如这一理论得到推行,那么其结果也将是明确且肯定的,就是彻底扫除否决权。不仅如此,它还会将如今的行政机构、参议院和司法机构的构造扫荡一空,而废墟当中,唯有众议院可得存留。如此一来,在全部的政府体系当中,数量因素便占据了绝对的霸权地位。在这个势必足以横扫一切的理论面前,遭殃的恐怕不仅仅是政府,处身旋涡当中的宪法的境遇,可以说更是危险重重,而且激流过后,宪法本身恐怕也是片瓦难存。

要应对这个论题,我们不妨假设一个所有人都不能不承认的前提:如果真要在什么地方寻找人民的声音并予以信靠,那么这个声音就在于宪法当中——宪法乃是这个国家所有人都承认的根本大法,是最高法律。如同参议院设定的那样,假如各州的人民确实构成了一个国家,假如这样的一个国家有其自身的意志,假如整个联邦人口的数量多数就是国家意志的唯一且真正的体现者,我们当然有理由期望找到这种意志,并经由绝对多数宣示出来,而这一意志本身也灌注在这个绝对多数的各个组成部分当中,并且将自身的权威烙印在整个国家身上。然而,这是事实吗?实情恐怕恰恰相反。遍观整个宪法,从头到尾,由始至终,无论是塑造、采纳还是修正,在这一切的过程中,都没有任何证据、迹象或者痕迹表明参议员的理论是有事实依托的——国家也好,国家的意志也好,整个国家的绝对多数及其表达工具也好,都是没有事实依托的。这正是我接下来要阐明的问题。

塑造宪法的那个制宪会议是由部分州召集的，参会代表全部由各州指派，并由各州赋予权能，宪法也以各州为单位而议决，待宪法塑造起来之后，由各州予以表决，而后呈交国会等待各州的批准。因此，宪法乃是由各州自身的人民组成的宪法会议予以批准的，各州批准宪法之举乃是独立完成的，而且各州之受制于宪法也是因为各州自身的批准行动。此外，宪法明文规定，在12个州当中，至少要获得9个州的批准，宪法才能得以实施，其约束力也仅限于批准宪法的各州之间。由此，任何4个州，无论大州还是小州，都拥有挫败宪法的权能，无需考虑数量因素；就如同一次人口调查的数据所揭示的那样，联邦总人口中一个很小的组成部分就足以挫败宪法。那次人口调查是在宪法采纳之后不久实施的，当时的12个州当中，联邦总人口为3,462,279人，其中最小的4个州——特拉华、罗德岛、佐治亚和新罕布什尔——的联邦人口数量为241,490人，刚过总数的十四分之一，但这四个州若联合起来，也是可以挫败宪法的。因此，我们可以说，宪法的采纳和塑造过程是完全不考虑人口因素的。

可以说，宪法乃是各州的作品；宪法采纳之前，并无国家存在。不过，倘若因此就认为，既已采纳宪法，各州的人民便取得了融合，从而将此前各自分立且独立的主权各州融合为一个国家，那么，此种观念乃是全然背离宪法的。因为宪法明文规定，宪法一旦获得批准，“就应当产生约束力”（这样的约束力并非凌驾于批准宪法的各州之上，因为若如此，则宪法就成了各州之上的某种权威所强加之物;也并非直接针对各州的公民个体,因为若如此,则意味着所有公民个体都融为一体),而且“存在于批准宪法的各州之间”,由此,即便就其最强的意涵而言,也只能将各州视为参与到宪法当中的各方,并且作为各个州,在批准宪法之后,仍然保留自身单立且独立的地位。不过,这个问题可以暂且不论。我无需刻意地去驳斥参议员的理论,也无需检验参议员所提论断的真实性,因为依据参议员的这项论断,宪法已然将各州的人民融构到一个国家当中了。在此,还是应当回到刚刚提起的那些理据上面,确切地说,假如参议员所作的申述都是事实,假如各州在宪法获得采纳之后确实形成了一个国家,国家有其自身的意志,而数量多数乃是国家意志唯一恰切的载体,那么,在此种情形之下,宪法所规定的修正程序则可以说是充分且决定性的证据。不过,如同宪法之塑造和采纳过程一样,其中没有任何迹象或者证据可以证明参议员的论断有任何事实依托;相反,最具决定性的证据毋宁说是支持了相反的论断。

修正宪法可依据两种程序展开,其一,是由两院的三分之二多数通过修正决议案;其二,就是由国会召集修宪会议,提出修正案,而后交付各州并尝试获取三分之二的多数。无论是何种程序,都根本没有给参议员的理论提供支撑。在两种程序当中,作为关键环节的批准程序都是一样的,都要求四分之三的州予以附议,方能让修正案获批准。这个过程是根本不考虑人口数量方面的因素的。在此,不妨暂停一下,看一看这一条款的效果。

联邦目前拥有 26 个州,当然,附议所需乃是 20 个州,便足以批准宪法修正案。由此,20 个小州(肯塔基是其中最大的)就足以达成目标,虽然这 20 个州的联邦总人口只有 7,652,097 人,距离人口多数还差数十万之多,因为剩余 6 个大州的联邦人口总数为 8,216,279 人,超出前者 50 万之众。然而,也就是这么一个少数,却拥有足够的修宪权能,可以修改、更改、调整乃至摧毁宪法的任何组成部分,当然,那些同各州在参议院的平等代表权相关的内容除外。另一方面,19 个大州,即便联合成一体,即便拥有联邦人口 14,526,073 人,也无法变更宪法的哪怕一个字母,虽然其余 7 个州的联邦总人口不过是 1,382,303 人,这可以说是对参议员的理论的十足嘲讽;而且,依据参议员的理论,据说就是这样一部宪法竟然将各州的人民融构成一个国家。最后还有一点,特拉华的联邦人口虽不过 77,000 人,但是,倘若有任何一个州或者多个州提出更改参议院平等代表权的议案,它却都可以予以否决。同宪法的塑造和批准程序一样,修宪程序也再清楚不过地揭示出,数量多数在此类事务当中根本就毫无分量可言。

依据参议员的理论,这一切无疑都显得怪异、奇特而且无法解释;不过,若是依据相反的理论,这一切也就顺理成章了,而且解释起来也是水到渠成。确切地说,我国乃是一个联合体。不过,这个联合体并非由公民个体经过所谓的社会契约联合起来,倘若如此,我国就会演变成一个单一制的国家;也不是各州政府组成的联合体,倘若如此,我国将会演变成一个纯粹的邦联,就如同当前宪法所取代的那个邦联一样。我国乃是由各州组成的联合体,建基于一份成文且实证性质的协议之上,由此组建起了一个联邦制的共和国,成员各州享有平等权利,就如同成员各州的公民也享有平等权利一样。因此,我国并不是一个单一国家,事实上,我国可以说是由多个国家或者多个人民(鉴于没有更好的语词,便只能用这个词的复数形式)组成的聚合体,各个国家或者各个人民凭借其主权权能,并且直接性地依据自身的行动而联合起来,同时,他们也并没有丧失自己单立且独立的存在。

综上所述,不难看出,要么参议员的理论错了,要么就只能说我们的政治体制乃是一场彻头彻尾、深刻且激进的错误。假如我国的政治体制是场错误,那就只能说,虽然我国这样的政治体制如此复杂,拥有如此众多的组成部分,同时又能融构成一个和谐且升华了的整体,在大地上高高耸立,令整个世界仰慕不已,但说到底也不过是一种不幸且失衡的结构,应当被夷为平地,只留众议院屹立不倒。参议员是否已经做好准备开始铲平这座建筑了?是不是觉得这个复杂结构的所有其他组成部分都是不规则的、畸形的附属物?或者是不是觉得只要铲平这个复杂的结构,并令政府全然依托数量多数的意志建造起来,就能够同样甚至更好地达成政府那原初的伟大目标——“确立正义、保证国内和平、共同防卫、推进普遍福祉、确保我们自己以及子孙后代安享自由的赐福”?参议员或者任何其他人是否能够或者敢于提出这样的论断?如果不能或者不敢,那又是为什么?这确实是个关键问题。总统否决权该作何解,取决于这个问题能否获得恰当解决;不仅如此,我们这个复杂但也美观且和谐的政府体制的真实性格和特性又该作何解,也取决于这个问题的恰当解决。

要想就这个问题给出充分且系统的解答，就有必要详细考察政治科学的各项元素，而且还要就政治科学的各项原则展开探讨。但这些根本不适合在这样一个商议性质的会议上展开，因此，我就不做这方面的尝试了。此刻，我只是尝试给出切实得多的解决办法。

为达成这个目标，其实只需要阐明政府的实际运作模式就行了，确切地说，就是看一看我国政府发展历程中的各个阶段，当然还有众多的重大举措，这些举措从我们政府发端之时就已经驱策着政府前进；这些举措之成功，在一些人看来乃自身的繁荣和幸福所必须的条件，在另外一些人看来，则是对自身之繁荣和幸福的毁灭性打击。这难道不正是暗示了共同体各个部分之间存在深刻的利益冲突吗？无论这些利益是现实的还是假想的，而且发生分歧的问题也都有着头等的分量，诸如货币、金融，当然也包括税收和公共支出在内；此外也少不了银行、保护性关税、分配体制等，不一而足。难道主宰这类头等问题的不正是种种极为对立且冲突的观念吗？此种局面之下，倘若将政府权能置于数量多数的排他性控制之下，让800万人宰制790万人，让6个州宰制其余各州，并赋予主导性的利益或者利益集团以无限且专断的权能来主宰其余人，那么最终会有怎样的效果呢？将政府权能赋予排他性的利益集团，不考虑他人的利益，对他人所遭受的压迫和身处的惨状无动于衷，这会产生怎样的效果呢？在幅员如此辽阔，且境况、制度以及工业和农业又如此多样化的国家，让其他人臣服于此种高压式的专制和压迫体制,又能有怎样的效果呢?补救办法又何在呢?倘若将权力转交给某个少数派,确切地说,就是取消众议院,并将控制权能完全交付参议院之手,或者更确切地说,就是将权力从800万人手中拿走,转交给另外的400万人,这样的做法只能增加罪恶。倘若必须有一方牺牲,那么最好还是让少数为多数而牺牲,而非相反。

既然排他性的控制权不能安全地交托给任何一方,那该怎么办呢?看来,只能将政府权能交付给整体,也就是全体人民,以此令政府在原则上和事实上都成为民有的政府,而非一派针对另一派的宰制性政府,无论这些派系有着怎样的规模,最终,这样的政府也就意味着民治的政府;如果这样的办法在实践中被证明不具备操作性的,那就不妨采取最切近于此种模式的政府体制,要求对政府的行动采取附议政策,以便让尽可能多的人同政府的原初目标——内外的正义和安全——保持一致。但是该如何达成这个目标呢?倘若将整个共同体视为一个单一的体制,这肯定是无法达成目标的,毕竟,这样的体制实际上就是将一个整体视为一个单一的过程,这个过程所表达的并非全体的声音,而只是其中一个组成部分的声音。要达成这个目标,实际上只有一种可能的办法,那就是对政府和共同体实施审慎且明智的划分与组织,顾及各异且冲突的种种利益,单独对待各个组成部分,并将所有组成部分的附议视为整体的声音。各个组成部分就其本身而论都是不完整的;但是,假如构造得好,而且所有的齿轮都完好地咬合起来,就能够造就一个融合无间的整体,这样一个整体也就能够真正且充分地体现人民的声音。

但是,究竟依据什么样的原则,才能令这样的划分和组织达成那伟大目标呢?毕竟,没有这样的目标,就不可能保存自由且民主的制度。对这个问题,并不存在普遍性的回答。这项工作需要有智慧和经验的人去操作,而且这样的人应当充分且完全地了解国家和人民,了解国家和人民的一切细节。政府的构造必须同国家和人民形成契合;一旦构造起来,这样的政府也就不会适合其他国家,也不能对之实施效仿或者借鉴。因此,我在此只能尽力而为,尝试阐明刚才所述的一切在我国的政府体制当中是如何达成的,同时也阐明否决权的力量确实是有助于达成这一目标的。

不妨就从众议院入手。各州在众议院都有代表,代表额度乃依托各州的联邦人口数量。众议院召开之时,全体议员中的多数掌控议程,由此便令数量多数获得了完整且排他性的控制权。结果就是令议程的控制权交付那 800 万联邦人口手中,并对余者形成宰制,此种体制下,如果 6 个最大的州联合起来,足以宰制其余的 20 个州。倘若众议院成为人民的声音的排他性载体,那么此种局面之下,就会令共同体当中的更强大的利益对弱小利益形成霸权,最终便是据此建立起压迫性且难以忍受的专制。面临如此巨大的恶果,若要寻求修正之道,就必须向这样一种实体寻求帮助——这个实体乃遵循全然不同的程序,并据此而对共同体有全然不同的理解。在这个实体当中,人口因素是完全不予考量的,不会参考各州的联邦人口数量,而是以州作为代表额度的分配基础;此举的效果便是将控制权置于多数州身上,这样一个多数,倘若赋予排他性权能,也将像众议院那样以专制且压迫性的方式来行使权能。

参众两院所代表的这两种模式,若是分开来看,谁都不能真正体现共同体的感受和意见,因为就其自身而论,双方都是不完整的。不过,一旦二者联合起来,令双方的附议成为立法之必须条件,双方就能在各自的缺陷上形成互补;而且,此种情形之下,也就不会像参议员先生设想的那样,更少民主元素的机构对更具民主性格的机构形成冲撞,相反,两者的联合较之双方独立行事,能够更充分、更完好地表达人民的声音。反过来看,6 个大州完全可以控制众议院;400 万多一点的人口也可以控制参议院,只要 14 个小州联合起来。不过,倘若以两个机构的附议票决为立法的先决条件,那么,6 个大州倘若要在两个机构都取得控制权,就需要再获得至少 8 个州的支持。不妨设想一下,6 个大州同 8 个最小的州联合起来,由此获得法令要求在两院获准所必须的票数,就不难看出,6 个大州同 8 个小州的联邦人口加总起来,就形成了一个 9,788,570 对 6,119,797 的多数,当然,前提是 8 个小州的议员都忠诚于他们所代表的事业,此种情形之下,便不再是众议院独立操控立法的格局中所要求的那个 800 万对 790 万的多数了。

毫无疑问,两个机构的附议更为充分也更为完好地表达了人民的声音,这是两个机构单独行事所无法企及的,可以说是朝着人民之声音获得充分且完整表达的方向迈出了巨大的一步;不过,尽管这一步是富有实质性的,但仍然远远不够,立宪者们对此很显然是无法满意的。于是,他们便寻求更为完善的办法,这便是要求总统的批准,否则任何的国会立法都无法变成法律;而假如总统不批准立法,则可以通过两院的三分之二多数来推翻总统的否决。

之所以赋予总统此种大权,主要的考虑之一,就是希望赋予总统以保障宪法给予总统的权力的手段,使之免受国会侵夺。分权体制若要发挥出效能,否决权就是不可或缺的。所谓分权,实质上意味着分权各方有权就自身的权力范围实施判定,并在实施权力之时展开自我防护。若非如此,则政府各个分支之间的所谓分权就会沦为纯粹的过场,实际上根本没有分权可言。于是,立宪者们便据此观念而采取行动,规定总统的批准乃是必需的,这不仅仅是针对国会的法令而言,而且涉及需要两院同意的一切决议、票决或者指令,从而使得不存在任何可以逃避总统否决权的机巧手段。可以说,这一点是此一宪法条款的充分动机,并且,即便不考量其他因素,这一点也为那些反对此一决议的人提供了充分的动机。没有这一点,则立法权力和行政权力之间的分权体系就只能是徒有其表。

不过,这一点并非唯一的动机所在;还有另一项动机而且更为深刻,确切地说,就是要通过扩容政府行动的数量基础来拓展政府的民众基础,而也正是出于这方面的考量,政府分权体制本身才得以真正展开。倘若一项法令需要两院的同意,那么这其中当然也就容纳了民众的众多声音,不过,尽管如此,立宪者们仍然认为这并不足以让政府应对一切局面。980 万联邦人口,这个数字虽然庞大,但在立宪者们看来,仍显太小,而另一方面的610万联邦人口则仍显太大,因此不足以消除全部的压迫动机;确切地说,后者还没有缩小到可以容忍劫掠的程度,而前者还没有大到无法分割劫掠品的程度。除非提升一方的人数并相应地缩小另一方的人数,并令这个过程抵达必需的地步,否则,弱者就无法抵御强者,在我们这个幅员如此辽阔的国家,更是如此。立宪者们也正是依据这样的精神,认为参众两院的附议以及总统的批准才足以应对普通立法;而且,一旦总统予以否决,立宪者们可继续拓展相关法令的民众基础——需要两院的三分之二多数,据此方能推翻总统的否决,让法令获得最终通过。确切地说,所谓三分之二多数,意味着参议院中的18个州和众议院中拥有1,060万联邦人口的选区代表额度。

不过,也许有人认为,总统否决权的实施并没有在政府民众基础的拓展方面有实质性的斩获;毕竟,两院多数所代表的各州以及联邦人口数量本身就已经足以选任一名总统了,而两院多数恰恰也正是法令之通过所必需的。确实是这样。不过,我们也应当考虑到,究竟是哪些群体选举了总统,毕竟,总统的票仓完全有可能是由不同的群体构成的;倘若不是这样的情况,那么总统任职的四年期间,也完全有可能发生巨大变化,还会将参众两院都牵扯在内,而这些变化会改变总统当初获选之时所依托的那个多数,随之一同改变的则是政府的举措和政策。无论是哪种情形,总统都将有必要动用否决权以捍卫自己的宪法观念以及本党的政策。总统本人不正是一个政党的首脑吗?而且总统本人不也正是靠着一个政党才走上权位的吗？

此外，之所以赋予总统否决权，还存在另一项更为强有力的考量，那就是总统的选举方式同两院议员的选任方式是不一样的。参议员之选举乃由所在各州的立法机构的票决来决定，众议院则是由所在各州的各个选区代表选举而出。在两院议员的选举中，任何一个州的公民对于其他州的立法机构或者人民都不存在任何的责任担当。就议员本身的责任而言，负责选任他们的各自州及其人民，乃是唯一且排他性的影响力源泉。但是总统选举却并非此种情形。在总统选举中，全体人民的票单都是要进行清点的，这在一定程度上令总统对联邦人口的各个组成部分都产生了责任担当，既包括那些赞成他的人，也包括那些反对他的人；对此，总统是必须有明确意识的。倘若总统寄望重新当选，当然就会设法赢得当初反对他的那些州的赞成，并维持已有的票仓阵营。即便总统本人不寻求连任，他当然也希望让自己人当选，或者希望本党赢得选举，因此，同样的影响力在相当大的程度上仍然支配着总统。无论是哪种情形，其效果都是令总统成为全国的关注点，可以对派系情感和派系怨恨形成削弱之势，同时也令总统本身更像是一个爱国者，而非特殊利益集团的党羽；而且，这一系列的因素也使得我国政治更具普遍性格，从而也使得派系利益之间的冲撞变得没那么强烈。倘若立法举措全然依托两院议员，就无法达成这样的效果，毕竟，议员们的责任担当乃是针对自身的那批选民。同样的影响力甚至还支配着任何觊觎总统职位的人，这同样也在相当大的程度上起到了削弱派系情感并使国家政治归于普遍化的效果。就总统的情形而言,总统可以凭借否决权实施介入,对抗那些压迫性的和危险的派系举措,即便这些举措背后的推手乃是当初那些将总统推上权位的人。不过,无论总统实施否决权的具体因由何在,效果都是一样的,最终都会要求更为庞大的选区借助两院来同否决权形成对抗,确切地说,就是寻求另一把可以形成政治突破的钥匙,并由此在人民当中激起更为充分且完整的回应。

法律之实施,乃至立法工作本身,还会遭遇另一项阻滞力量,那就是司法机构。我这里指的是法院所拥有的权利,这种权利使得法院在自己所审理的法律或者衡平案件中,倘若涉及国会法令,便能够就相关法令的合宪性问题作出决断;并且,倘若最高法院最终给出违宪的判决,这实际上就相当于一种终极否决。不过,此处也必须区分两种情况,一种是国会法令违宪的情况,一种是各州法令违宪的情况。就前者而言,法院实际上对联邦政府的权能实施了限制;就后者而言,法院实际上是对州法令的民众基础实施了拓展。

政府的分权体制就是依托此种模式实施了分化和组织,人们也就是依托这其中的众多过程来体味并感受人民的。所有这些过程都是依托各自的机构展开,并且也都在致力于拓展自身的基础,使之更富有民众元素而非削弱其中的民众元素,具体办法也都是力求提升令这种体制运行起来所需的人数,同时也力求避免共同体的某个组成部分以其他组成部分为代价而实施自我扩展或者寻求自肥,最终将整个体制限制于立宪者们当初寻求确定的那个范围当中。这样的体制是否达成了当初的目标呢？是否成功地遏制了联邦政府方面的压迫和篡权行为呢？或者说，这套体制是否成就了宪法序言当中所举证的政府的原初目的呢？可以肯定，人们已经做了很多很多的事情，不过，这还远远不够。在联邦政府的历史上，我们可以举证出众多的事例，证明存在对宪法的侵夺，证明联邦政府篡夺了并未让渡给它的权力，证明联邦政府的滥权，同时也证明联邦政府乃受制于主宰性的利益集团，以共同体的其他组成部分为代价，实施自身的扩张。可以说，在联邦政府的全部历史上，从最开始一直到最近都能找到这样的事例，从最早的联邦银行和银行体系，到最近这个特别会期的《分配法案》。这样的情况该如何解释呢？原因何在呢？

解释和原因都在于这样一个事实：联邦政府在行动中也许尽可能充分地考量到了人民，但是，还很不够。这方面也许已经做了很多的工作，不过如今也只有两个机构可以让共同体来表达自己的声音，并借此对联邦政府发挥直接性的影响；这两个机构，无论是分开来看，还是联合起来看，都是联邦政府的要素。其一就是州的多数，此处的州乃是作为政治实体出现的，并且禀有团体性格，各州经由直接的方式构造起参议院；其二就是各州人民的多数，这个多数也同样经由直接的方式构造起众议院。两者依据前文所述及的比例联合起来，构造起行政部门；行政部门和参议院任命法官，后者构造起司法部门。不过，参众两院也都是凭借此种直接性的形式，而对联邦政府的立法事务实施着稳定且习惯性的控制权。行政部门的否决权极少实施介入，如今，联邦政府的存续时间已经超过五十载,但否决权的介入则不会超过二十次。总统否决权的良好效果,已经令世人深有感触,不过世人也只能是偶尔才能有此感受而已,因为时间间隔相当漫长,而且,总统否决权对于联邦政府的行动并没有稳定且常规性的影响力。实际上,司法否决权也适用于同样的评说,所谓司法否决权也就是借助违宪性的判决来对国会法令实施否决,只要相关的案子提交给法院。

因此可以说,也只有这两个多数能够对联邦政府发挥出稳定且常规性的控制权能,而且事实上,无论是通过两院中的哪个院采取行动,政府都处于在行动当时所代表的共同体的某部分人口的实质性操控之下。这部分人口也许不过是由 14 个小州的联邦人口组成,总人口数量不足 1000 万,所针对的是剩余的 6 个大州。这一点前面已经解释过了。不过,尽管前者的规模相当巨大,后者的规模则相对较小,但是就比例而言,前者尚没有大到足以遏制侵夺行为的程度,后者也没有小到足以不被侵夺的程度;由此,联邦政府的历史当中就出现了众多侵夺宪法、篡权、滥权并借以自肥的事例。这一切的事例实际上也形成了决定性的证据,证明已然植根于一切政府当中的劫掠原则并没有在我国政府当中得到根除,尽管立宪者们已经竭尽所能地采取了防范措施。

不过,倘若认为操控国会两院所必需的选民人数必须竭尽千万,那这样的估算则是太高了,尤其是考虑到联邦政府的现实运作境况。要正确地评估政府在这方面的实际运作,还需要考量另一项因素,实际上这项因素也是重要的影响力之源。接下来请容许我予以论说。

掌控联邦政府者乃是两个多数,这两个多数可以单独行动,也可以联合行动,相比之下,数量多数的影响力在其中要大得多。数量多数独力操控众议院,并且以五比一强的力量比例主宰着总统选举,而依据最近一次人口调查,每68,000联邦人口便可以形成一个众议院额度。数量多数也在极大程度上操控着法官的任命,毕竟,在法官任命过程中,提名权的分量要远远超过建议权和批准权。从这些事实中不难看出,总统必定倾向于助他获选的主体性力量元素,同样,总统若要寻求连任或者寻求维持本党的权位和政策,同样也要依托于这个主体性的力量元素。毕竟,总统通常也就是本党的首脑。总统的此种倾向必定会对整个联邦政府的倾向产生强有力的影响。总统手中实际上操控着联邦政府全部的荣誉和物质资源,而且此类资源,随着联邦政府的极大拓展和提升,也会一同提升。这必将赋予总统相应的影响力,这样的影响力不仅针对国会两院,而且也针对公众舆论,由此,总统便也获得了一种更为强大的间接影响力;也由此,议员们便会对政府举措采取相反的态度,而整个联邦政府便具有了同行政部门一样的倾向。

这一切的原因便驱策着联邦政府的各个部门都稳定地向着数量多数靠拢,一开始,这个靠拢过程是缓慢的,有时候也确实会发生停滞现象,甚至还会中断或者回潮,但是,若选取足够长的时间段予以考量,靠拢的趋势则是总体性的。这个进程已经开始切近决定性的时刻,这份决议案的推动者那一再得到申述的宣言就是这方面的充分证据,而且这位推动者的众多支持者也在这个特别会期一再对此予以申述。依据这项宣言,最近这次总统选举已经决定了一切重大举措。决议案的这位推动者一直以来都热切地在参议院推进着这些举措。的确,参议院乃是由对立元素组成的,也只有参议院才有可能对当前政府中的那种致命趋势发起有效抗拒。但是,即便在参议院,我们也被告知,经由总统选举而得到表达的民众意志,不仅决定总统选举的结果,而且也决定了致力于影响选举结果的民意测验当中所提起的一切举措。这批人是如此大胆地坚持这些东西,而一旦这些东西成长为稳固的行动原则,那么这个进程的终点站也就离我们不远了。

随着政府越来越切近一种绝对且单一的权力,确切地说,就是越来越切近多数人的意志,政府自身的行动也就越来越趋于散乱和缺乏常规性;派系、腐败和无政府状态也将呈现出日益凸显的局面;爱国精神则日趋衰亡,对政府的情感和敬重则日趋削弱,最终降临的将会是一场终极震荡,此时,整个政府系统将急速幻灭;刀剑将取代法律和宪法。(比照《共和的危机》)

各位切莫误解我的意思。我并不是要反对我国这种令数量多数成为主导因素的政府体制。一切民主的宪政体制,如同我国这样排除了阶级的政府体制,都会令数量多数成为主导因素,这是必然之事。民主政府必然是共同体当中最强大利益或者联合利益的支持者;赋予数量多数以主宰权能乃是必然之事,唯有如此,才能给政府灌注足够的能量去达成政府本身的目标。但是,问题的关键在于,此种主宰权能究竟到何种程度才算恰当呢?换句话说,究竟在怎样的程度上才不至于让整个国家沦为数量多数的绝对霸权呢?在我们这套复杂的政府体系中,是否会存在足够强大的防卫或者制衡机制,来对政府当中如此可怕的潮流实施遏制呢?或者用更直接也更容易理解的语言来说,在我国这套复杂的政府体制当中,各州人民的声音究竟能否得到更为充分且完整的表达呢?究竟能不能对此种将全部政府权能聚集于数量多数一身的倾向形成抵制呢?毕竟,之所以含有这样的倾向,乃是因为各州人民的声音无法借助各个政府机构得到充分且完整的表达。

幸运的是,确实有这样的机制。这可真是十足的幸运。在表达人民声音方面,宪法不但能够做得更为充分且完整,而且能够真正达到充分且完整的境地;而宪法本身乃是所有公民都认可的国家的根本大法和至高法律。之所以说宪法能够充分且完整地表达人民的声音,乃是因为宪法所表达者乃是各州的声音,各州之采纳宪法乃是凭借自身的独立且单立的批准行动,确切地说,宪法是由各州独立批准的,也是各州为着自身而批准的;因此,宪法所表达的声音乃是所有人的声音,这是因为宪法乃是各州的宪法,各州则借助批准宪法这一行动而联合并融构成一个和谐的整体。宪法所表达的人民的声音不仅是充分和完整的,也同样是公正的;这是因为,宪法将各州的感受融合起来,因此也就是将所有人的感受融合起来,由此,便根除了不公正、压迫或者篡权行为的施展空间。最后,宪法所表达的人民的声音也同样是至高的;这是因为,宪法包容了所有人的意志,将各州的意志联合起来,由此宪法内部或者宪法之上便没有任何东西可以发挥操控性效能的东西。实质上,这可以说是"民声即天声"的世俗版本,是创造者的召唤之声催生了我国这套体制;相形之下,联邦政府本身则不过是个造物,接纳了让渡给它的权力去履行重大职能。

由此,我们便也开始面临一个至关重要的问题,而整个联邦政府的命运都取决于这个问题。宪法既然是人民声音的充分、完整、公正且至高的表达,那么经由如此表达的声音又该如何以常规且稳定的方式,来抗拒联邦政府当中的那种迈向数量多数之绝对且专制控制权的潮流呢?或者请允许我运用一种大胆的表述方式,那就是其何以成功地召唤我国政治体制的造物主,凭借其全能的创造权能而实施干预,将造物从万劫不复的境地中拯救出来呢?毕竟,这造物乃出于这造物主自身的意志,而且也是造物主亲手制造的。假如做不到这一点,那么我国政府,也将如同历史上的一切自由政府一样,必然走上衰落道路;若能做到这一点,我国政府就能代代相传,薪火不息。现在我无意为如此重大的问题给出回答,否则我就离题太远了。我将回归当前的正题,对总统否决权问题上的一项反对意见给予回应,这项反对意见出自弗吉尼亚州的参议员阿彻尔先生,他就坐在这一侧。

阿彻尔先生支持这项决议案,他为此提出的理据在于:总统否决权意在达成的目标实际上已经没有必要了;立宪者们将立法机构视为真正令人担忧的部门;立宪者们之所以赋予总统否决权,乃是为了遏制立法机构对其他政府部门的侵夺;但是如今,真正的危险正是行政部门,而非立法机构,因此,总统否决权要么已无必要,要么就是非常危险的,因为这种否决权将会转变成一把用于攻击的剑而非用于防卫的盾,而这恰恰违背了立宪者们的初衷。

这项申述本身是对是错,我无意同参议员发生争执。不妨将之作为事实接纳下来;不过,这倒不是因为我赞同参议员,我只是为了让我的回应更简洁一些。

因此,不妨承认行政权已经成为最可怕的力量,需要对之提起防范,而非增添其遏制其他部门的权力,若如此,则依据这一设定,首先应当探查一下行政权能提升的原因,由此来确认此种危险的来源和性质;接下来,则应当探查一下,决议案提起的剥夺或者调整否决权的举措,是否能够防范人们担心的这种危险。

我们就从第一项工作入手。对于这个问题,倒是可以充分地断言:如果说行政权能确实已经对国家的自由和安全以及其他政府部门构成了威胁,那么这其中的原因倒不在于宪法,而在于国会自身的行为和疏忽。

在我看来,宪法赋予总统的权力为数很少而且也都有相应的机制予以有效防范,就其本身而论,总统权能一点都构不成威胁。要对总统的权能范围有个公正的概念,就有必要记住,宪法所规定的只有两类权力;一类是明文授予的权力,另一类就是为了实施所授予的权力而必须的权力。宪法实际上有明确条款规定,实施授予权力所必需的那些权力明确地让渡给了国会,无论这些必要权力是给予立法机构的,还是给予行政机构或者司法机构的;此类必要权力唯有借助国会的权威方能施行,而且具体方式也得遵循法律的规定。宪法的这项条文可以在今天所谓的剩余条目中找到,条文规定,国会有权“制定一切必要且恰当的相关法律,以便执行上述权力”(也就是授予国会的那些权力),“也包括本宪法赋予合众国政府或者政府任何部门以及任何职员的其他一切权力”。很难设想比这个条款更为全面的条款了。其中囊括了所有为施行授予权力所必须且恰当的权力,无论这样的权力最终花落何处,并且将整个的权力体系都寄托于国会之身,所用术语同样明确。在此,不妨做这样一项补充,这项条款所体现的智慧并不逊色于它的全面。条文本身实际上暗含了一种权利,借此可以判断究竟哪些权力是为施行授予权力所必须的权力,并且这些权力只能置于立法机构之手才是安全的;同时,条文实际上还禁止联邦政府的任何机构或者职员施行任何未经宪法或者法律明确授权的权力,也正是由此,我国政府才特别地成为一个依托法律和宪法的政府。

实际上,总统的权能乃局限于得到宪法明确授权的范围内,而且,倘若这些权力的实施要求其他权力的配合,总统就必须经由国会授权才能得到这些权力。接下来,我将尝试说明,总统所得到的权力,没有一项是存在威胁的,除非是因为国会的法案或者允许而最终使得这些权力变得危险了。不妨就以宪法的赋权顺序来展开讨论。

首先,宪法授权总统成为合众国海陆军以及民兵总司令,一旦需要，总统可以发布命令组建民兵。庞大且昂贵的陆海军建制以及潜在的大规模民兵组织，无疑非常危险地提升了总统手中的权能以及裙带资源；但是，除非是国会作出错误举动，否则这两种危险情况都是不可能发生的。倘若不依托国会的权威，总统就无法征召一个士兵，无法建造一艘战船，更无法召唤一个民兵；而且，非常幸运的是，我国的境遇本身决定了总统不可能借助任何一种手段来危险地提升自身的权能和裙带资源。

接下来，宪法赋予了总统订立条约、任命官员的权力，但同时这些任命要得到参议院的建议和批准。在此也是同样的情形，唯有参众两院或者其中任何一院的行为，方能令此种权力变得危险。在制定条约过程中，必须有三分之二的参议院多数形成附议；而且，很难想象会有任何一项条约可以在不需要国会协同行动的前提下，实质性地扩张总统权能。确实，官职任命权完全有可能危险地提升总统手中的裙带资源，只要这些职位毫无意义地繁衍扩充并且拥有相当高的薪酬；不过，倘若真的发生这样的事情，那么错也在国会身上，因为，唯有借助国会的权威，才能繁衍职位并规定薪酬。

在这方面，议论颇多的就是罢免权，并且人们也一直都对此种权力实施过程中的众多滥权现象提出严厉谴责，而一同遭到谴责的则是罢免权赋予总统的危险影响力。对于这一切，我都完全赞同。确实，罢免权完全有可能成为一种腐化性的危险权力，尤其是当职位大肆繁衍而且薪酬颇高的时候，罢免权就极有可能遭到滥用，偏离正当目标并致力于推进总统的个人目的或者党派目的。不过,我在宪法的授权清单中并未发现这项权力,由此便足以证明,罢免权乃属于为施行其他权力所必须且恰当的那类权力,这一点是可以肯定的;而且,出于刚刚提及的那些原因,罢免权之施行必须依托法律的权威。因此,倘若罢免权遭到滥用,问题必定出在国会身上,必定是因为国会未能在这个环节上尽到职责,从而容许了总统在未经法律许可的情况下展开这项权力,而国会本当预先防范罢免权被如此轻易滥用的。

这份清单的剩余内容更多地涉及职责,而非权利。比如,向国会建议有效的举措;比如,召集两院的特别会议;比如,在两院未能按时达成一致的情况下宣布休会;比如,接收大使和其他官员;比如,监督法律的忠实履行并委任合众国官员。在所有这类职责当中,只有一项是需要特别关注的,因为这项职责同当前的讨论乃是直接相关的,那就是总统作为法律的实施者的权力。不过,无论总统因此获得怎样的权力,他都必须依托国会。倘若国会将总统的立法权能限制于为数很少且受到委托的重大问题上,并因此在制定法令之时几乎没有自由裁量的空间,而且国会还能够细心监管此类权力是否得到了恰当且忠实的履行,那么总统的此种执行权能也就会得到相应的限制,最终也就不会触发任何危险。相反,倘若总统权能借此向四方扩张,将宪法从未想到过的问题也置于总统权能范围当中;倘若总统借此大肆繁衍法令,大肆创设职位,并相应地提高收入和开支,与此同时,在制定法律之时态度随意且模糊,那么总统的权能毫无疑问就会真正可怕起来,而且也足以令人产生疑惧。因此,我在这里呼吁参议员先生和他的支持者们以及这项决议案的制定者，认真想一想，行政权能的此种提升难道不正是因为国会自身的疏忽才造成的吗？我真要问一问他们，假如刚才描述的立法体系发生了扩张或者收缩，行政权能不随之成比例地扩张或者收缩吗？何时才算是行政权能扩张的极限呢？难道不正是在这一权能获得霸权地位并因为篡权行为而变得极为令人瞩目的时候吗？毫无疑问，大量的行政权能乃是依托于执掌行政部门的这个显要人物；不过，也有多得多的行政权能则要依托于这份决议案的制作者如此热心且尽心构筑的那套立法体系，而正是这样的立法体系，将联邦政府的权能推进到远远超越以往的程度，确切地说，是将众多的重大权力都吸附到一个旋涡当中，这是立宪者们做梦都未曾想到的。

在此，请允许我对两位参议员以及他们所代表的政党说一声，他们压制行政权能的举动是徒劳的，原因就在于他们所支持的这套立法体系，而且他们竟然如此狂热地提倡此种立法体系。他们所抱怨的权能只不过是必然会降临的结果而已。可以肯定，国会必然会超越自身的权力范围，篡夺从未赋予自己的权力或者将赋予自身的权力过度伸展；因此，也同样可以肯定，国会的此类篡权行为的成果必定会落入行政机构手中。于是，国会寻求成为主人；但是在这个过程中，国会仅仅是制造出一个新的主人并体现在总统身上。除非国会自限于获得授权的领域，并且对得到认可的那些授权谨慎使用，否则，国会自身将无法维持宪法赋予它的那种更高的位置。

至此,我已经阐明了行政权能获得极大提升的原因所在,而参议员先生也正是因此才对总统否决权提出反驳的;同时,我自认已经完满地表明,倘若行政权能事实上已经变得很危险,那么过错并不在宪法而在于国会。接下来我倒是要问一问参议员先生,剥夺或者调整总统否决权这种办法何以能够限制总统权能呢?否决权根本不是总统权能提升的原因,而且,倘若否决权得到更为频繁也更为自由地运用,实际上会对总统权能产生限制。难道这一点不是很清楚吗?倘若总统当初否决了联邦银行以及附属的银行体系,否决了 1824 年和 1828 年的关税法案,否决了道路、运河、港口的资金拨付法案,同时也否决了一长串其他同样违宪的举措,那么,如今的总统权能很可能还不及实际的一半。难道不是这样吗?现在总统已经变得极其强大,这倒不是因为他动用了否决权,而是因为他避免动用否决权。事实上,根本就难以想象这样一种情形,在其中,否决权的运用乃倾向于扩张总统权能,除非是总统否决了一项意在提升自身权能的法案,或者说是否决了一项意在恢复他当初抛弃了的权威的法案,他之所以抛弃这一权威,完全是因为当初国会对总统权能作了武断解释。

作为结论,应当补充一点,就其意涵而言,对于我们的爱国者先辈所建立的这套令人瞠目且高贵的政府体系来说,这个问题是生死攸关的。先辈们当初建立这套政府体系之时,凭借的更多是他们的明智和经验,而非他们的智慧,仿佛这其中有着某种仁慈天意的引导,仿佛有某种神圣天命,使得事件的进展最终导向了比立宪者们的构想更为明智的政府体系。否决权,就其本身而论,当然是重要的;不过,同否决权所涉及的原则比较起来,则可以说是无足轻重的。我刚才尝试解释了众多明智的机制——这些机制都意在强化我国政府的民众基础,并阻止我国政府落入完全依托数量多数的霸权利益之手,而否决权只不过是众多机制中的一种,且肯定不是其中最有分量的。相反,恰恰是这份决议案的引入,反而成了此种致命倾向的众多征候之一。上个特别会期当中所作的这种大胆尝试已经令人们感觉到了可怕的迹象,在仅仅几周的特别会期之中,人们竟至于要强行通过整个极具危险性的政策体系,而理由却仅仅是因为他们认定在上一次的总统选举中,这些政策措施实际上就已经全部议定了。此举实际上是试图将多数派的意志推上霸权地位,据此来选任最高行政长官,并使之成为联邦的立法权威;而被取代的恰恰就是宪法所确立的那套完满且深刻的体制。

1847年2月19日

关于奴隶制问题决议案的演说

议长先生,我要求提供一组决议案,这些决议案来自一些州的立法机构,关涉到他们所谓的奴隶制扩张问题,也关涉到参议院议案,也就是所谓的三百万拨款议案的那项附加条款。在将我的这些决议案提交辩论之前,我希望能做一些说明。

议长先生,就在不久前,就在这座参议院会议厅,非蓄奴州的各个党派曾提出郑重主张,在两项论题上达成了确定的决议:其一是,不再接纳任何其宪法允许奴隶制存在的州进入联邦;其二就是,此后奴隶制不应当在合众国的任何准州存在。结果相当于让非蓄奴州垄断了公地,并将蓄奴州完全排除在外。宣言既出,议长先生,我们自然也有充分的证据证明此一宣言是有着令人满意的理据的。我们已经接受了七个非蓄奴州通过的这些郑重决议案,爱荷华不计算在内的话,其中半数的州已经进入联邦,而且这些决议案的语气也是极为强烈的。毫无疑问,只需要很短的时间,所有的非蓄奴州都会呈递类似的决议案。实际上,我们无需走出国会的大墙就能感受到这股潮流。问题本身已经在众议院激荡起来,他们已经递交了一份意在“禁止奴隶制扩张”的议案,用他们自己的话来说,就是“在合众国此后获取的任何领土上禁止奴隶制”。与此同时,还有两项决议案也已经在本届会期内遭到了决定性多数的否决,因为这两项决议案意在将《密苏里妥协案》划定的界线从落基山脉伸展到太平洋。

议长先生,时代的征兆已然是确定无疑的了。南方各州,也就是蓄奴各州,确实是时候确认自己在联邦里的相对力量了,而且确实有必要搞清楚,倘若这样的决议付诸实施,将会带来怎样的结果。议长先生,我们是少数派,这里用到“我们”只是为了简洁起见,在众议院,在选举人团,我们也同样处于少数派地位,而且,我敢说,在这届联邦政府的所有部门,我们都处于少数派位置;也许参议院的情况会好一些,至少目前来看,我们在参议院可以获得一个平分秋色的地位。合众国目前有二十八个州,其中十四个是非蓄奴州,另外十四个则是蓄奴州;这其中也包括了特拉华,但是特拉华的境况属于悬置状态,也有理由将其算作非蓄奴州。然而,此种均等的力量格局只是存在于参议院。参议院的一位书记员在我的要求下,为我提供了一份情况说明,内容就是蓄奴州和非蓄奴州在众议院和选举人团当中的力量对比。包括爱荷华州在内(爱荷华州的众议员也已经到会了),众议院共有两百二十八名议员,其中有一百三十八名议员来自非蓄奴州,来自人们口中所谓的蓄奴州的议员为九十人;也就是说,非蓄奴州已经获得了一个差额为四十八人的多数。在选举人团,有一百六十八张选举人票归属非蓄奴州,蓄奴州的选举人票为一百一十八张,非蓄奴州同样以五十票的差额据有多数地位。

议长先生,在当前的联邦政府中,我们实际上只剩下一个据点(参议院)可资抵抗这项针对南方的侵略性政策,抵抗非蓄奴州将要采取的任何其他政策。然而,参议院当中的这种均势格局是极为脆弱易变的。爱荷华已经成为一个州,只是出于州内部的一些问题,这个州的代表尚未进入参议院。一旦这个州的两名参议员入席,则非蓄奴州方面又增添了两名成员。威斯康辛也已经度过了准州阶段,下一个会期就会有威斯康辛州的参议员入席了,则非蓄奴州阵营会再增添两名成员。由此,非蓄奴州便会以四票的差额形成参议院多数,最终,非蓄奴州的势力就足以随心所欲地支配联邦政府的各个部门。因此,议长先生,我倒是要问一问,倘若遵循此种侵略性政策路线,也就是说,倘若非蓄奴州的决议往后都将得到遵循,而我们则被完全排挤出合众国已经获得或者将要获得的领土之外,如果这就是联邦政府确定下来的政策路线,那么,我们以后该置身何种境遇呢?

议长先生,合众国的土地,还有足够的空间可以建造起十二乃至十五个大州。众议院已经在酝酿通过一项法案,要在威斯康辛以北创建一个新州。爱荷华南边也可以创建一个新州,北边其实也能创建新州;落基山脉的这一侧也伸展着大片的区域,从北纬四十九度线一直到特克斯所在的纬度线,大致就是北纬十二点五度线,这片区域实际上可以创建六个、七个乃至八个大州。此外,还要加上俄勒冈地区,这个地区从北纬四十九度线伸展到北纬四十二度线,足以再容纳四个州。依据这种非常温和的算法,除了爱荷华和威斯康辛之外,我国领土上将会再增添十二个州,这还不算很可能会从墨西哥手中攫取的领土,这些新州应该在不久的将来就诞生了。到那时,我们又身居何处呢?南方只有十四个州,而且这个数目永远固定且限定了;至于非蓄奴州,则将会有二十八个成员!二十八个!两倍于我们!国会和选举人团也将随之产生同样的失衡局面!若如此,议长先生,联邦政府将完全落入非蓄奴州手中,因为他们拥有压倒性的力量。

议长先生,如果此种事态演进下去,如果已经得到郑重宣示的这项决议维持下去,就我国这个联邦性质的政府而言,我们又能得到怎样的位置呢?毫无疑问,我们将全然处在非蓄奴州的操控之下。我们该向何处寻求正义和关切,以便使我们的利益得到兼顾呢?难道我们不应当将我们的安全和繁荣交付正义吗?这些都是重大问题所在,我提请全院,包括参议院和众议院,予以考量。

议长先生,回顾过去是否能找到希望呢?倘若我们回顾过去,无需展开细节便可以看出,从联邦政府初始之际直到今天,就经济资源而言,确切地说,就联邦开支而言,我们一直都是这个共同体的组成部分,并且我们也一直都对联邦政府提供着实质性的支持,却没有得到成比例的回报。不过,我并不需要越过这项举措本身,也不需要越过非蓄奴州所作的这项决议,就可以证明我们今后的境遇了,显然,非蓄奴州已经作出了决议,认定非蓄奴州今后不得继续扩张了。

议长先生,这种政策的整体意涵何在呢?我不想说这项政策乃是刻意为之。我不想说这项政策的真正缘起。我不想说是一方的盲目狂热造就了这样的政策,而正是此种狂热情绪感染了那些并不狂热的人,令他们分享了对奴隶制的敌对情感。这项政策究竟是不是这样一批人的作品,这些人觊觎政治权力,于是便认为倘若能将奴隶制问题激荡起来,就能够成为极其有效的工具,借此来猎取联邦政府的肥物,对此,我也不想多说什么。我要求助于事实本身。这项政策如今已经得到了公开宣示,并且那些人也认定今后将予以坚持。这实际上就是一项规划,议长先生,目标就是要垄断联邦政府的权能,并独力控制联邦领土。

现在,我倒要问一问,补救之道何在?宪法提供了药方吗?如果没有,是否有补救的希望呢?议长先生,这些都是重大问题,不仅对我们意义重大,而且对那些来自非蓄奴州的绅士们也不例外。议长先生,如果这个国家当中两股力量——也就是蓄奴州和非蓄奴州——之间的平衡遭到摧毁,很快就会引发政治革命、无政府状态、内战以及广布四方的灾难。这套体制的平衡乃维系于蓄奴各州。蓄奴州是联邦躯体上的保守元素,并且一直都是保守元素,将来也会是保守元素;因此,倘若蓄奴州能够得到一种恰当的平衡,那么这个光荣的联邦就会代代传递下去。但是,倘若拟议中的规划得到执行,倘若我们被削弱为联邦的可怜少数,我们就只能变成联邦总统选举游戏中任人踢来踢去的皮球,在巴尔的摩党务会眼中,根本就不算回事。倘若这就是我们将来的命运,那我就只能说,联邦,呜呼哀哉!

议长先生,在此请允许我重申那个重大问题:宪法是否提供了补救之策呢?宪法当中是否有任何条款可以对抗这项侵略性的政策呢?这项政策得到了如此大胆的宣示,仿佛这政策同我国体制以及合众国的安全与繁荣完全一致。这项政策符合宪法吗?不,议长先生,一点都不!这项政策从任何角度看,都全然且昭彰地背离了宪法。宪法是如何规定的呢?合众国乃是一种联邦体制,各州而非人民才是联邦的构成元素。二十八个州,如果包括爱荷华在内的话,就是二十九个州,倘若将这二十九个州视为联邦政府之下的二十九个个体成员,或者视为面对着一种集中化权能的两千九百万个个体,那么,议长先生,这完全是错误的。联邦有着更高的目的;联邦之塑造足以揭示出,每个州,作为联邦的成员,都应当更为安全地享有联邦的一切好处,无论是天然的还是人为获得的,而且应当更为完整地享有联邦的一切好处。整个体制建基于正义和平等之上,此处所谓的平等乃是共和国各成员之间的那种完全的平等。这项政策令非蓄奴州垄断了公地,由此,也就相当于将联邦的全部权能置于非蓄奴州一边,并对蓄奴州采取对峙态势,这能算是平等吗?

在领土问题上,确切地说,就是在公地问题上,我们又处于何种境遇呢?什么才算是公地?原因何在呢?所谓公地,乃是联邦各州的共同财产,人们将之称为"合众国的领土"。除了联合起来的各州之外,"合众国"又能是什么意思呢?议长先生,这些领土乃是联合起来的各州的财产,为了共同用途而为各州所共有。倘若合伙人中的某个部分在人数上超过另一个部分,于是便将人数上居于劣势的这个部分排挤出共同财产之外,并禁止其他部分的人携带财产迁移到合众国的这些领土上,这符合正义吗？这符合平等吗？这符合共有财产观念吗？确切地说,这符合为了共同利益而共同持有的财产观念吗？在私人生活中,这会激发世人怎样的看法呢？难道这不正是尘世间最为昭彰的罪恶吗？难道这不正是一切衡平法庭都会发布禁令予以遏制的罪恶吗？难道这不正是一切法庭都会予以否决的罪恶吗？

议长先生,不仅这项政策公然违背了宪法,而且另一项议案也同样对合众国宪法构成了公然侵犯,根据这项议案,凡是本州宪法并不禁止奴隶制存在的州,都不应当获得接纳从而进入联邦。议长先生,各州人民有权建立他们自己认为是恰当的政府,所有准备进入联邦的州也都有权按照自己的意愿建立各自的政府。为了获得联邦接纳,实际上只需满足一个条件,那就是政府应当是共和制的,议长先生,我认为这是我国政治体制的根本原则之一。虽然在这方面并无明确的宪法条款,但是宪法当中有一个重大条目保证了联邦各州的共和制政府形式。那么,议长先生,这项议案所主张者又是为何呢？实际上,这项议案是从一种模糊、散漫、错误且极其危险的个体自由观念出发,主张否决各州人民塑造各自体制的共同自由！议长先生,任何的推理过程都更容易确立起共同体或者各州的自治权,而非个体的自治权。然而,议长先生,总有那么一些人,他们对于自由问题有着精微的体味,他们难以容忍这个国家的某个地区存在奴隶制,尽管当前的奴隶制实际上对两个种族都是有好处而且也是必需的。这些人在这个问题上极尽尖刻污蔑之能,以至于他们随时都准备摧毁共同体那更高的自治权,以便借此来尽力维护个体的绝对权利!

议长先生,我现在要提交的这些决议案,可以说是用普遍性的术语申述了这些伟大真理。请允许我将这些决议案呈交参议院,提请参议院对这些决议案实施票决,而且我相信在场的绅士们是不会有人拒绝的。倘若实施票决,那将是男子汉般的正当作为。我们应当坚守这些决议案,这是各州的职责所在;而且,我个人坚持认为,应当倾听参议院的脉动,毕竟,参议院代表了身为共同体的各州,参议员们则是各州的特殊护卫者。议长先生,参议院的心声应当得到公正的表达机会,此乃参议员们的职责所在。很多事情都取决于参议院心声的公正表达,参议院是我们最后的据点,可以支撑我们不至于泯灭独立,确切地说,只有这个据点才能多少给我们一些机会,以在重大原则问题上维持联邦内的某种平等地位。倘若推翻这些原则,我们将什么都不是;倘若能够保存这些原则,我们始终都会是联邦当中受人尊重的组成部分。

议长先生,在此请允许我就妥协案所规定的界线问题略作申述。我从来都认为这条妥协线是一个巨大的错误,而且对南方造成了深重的伤害,因为这方面的规定纯粹出于眼前的考虑,牺牲了重大原则,而我认为这些原则乃是我们的寄托所在。我的意思是,我反对任何一种妥协案。不过,我也一直都默认了《密苏里妥协案》,毕竟,当前的境况颇为挣扎,此举有助于在此等境况下维持联邦的和平。尽管该妥协案令我在情感上颇为厌恶,不过,我还是希望人们予以信守;而且,假如联邦的其他部分都愿意支持该妥协案,我们也就没有必要拒绝提供支持。该妥协案已经将和平维系了一段时间,而且就当前的境况而论,最好的策略还是维持现状。但是,一个决定性的多数推翻了这一现状。随后,一名来自非蓄奴州的绅士提出了新的妥协案,但也在一个同样的决定性多数手中遭到否决。

我在宪法当中找到了自己的路,而任何的妥协案都不可能提供这样的路。所谓妥协案,不过是国会的法案,随时都有可能被推翻,因此妥协案并无保障可言。但是宪法是稳定的,仿佛一块岩石,足以令我们信靠,并且也可令我们据此同来自非蓄奴州的朋友们聚首。宪法是一块坚实且稳固的场域,在那里,我们可以获得更好的位置,去抗拒人们的狂热,而这是妥协案的流沙所无法比拟的。

因此,不妨抛开妥协案,让我们回归宪法并据守宪法!

议长先生,倘若参议院否决了我们的这项重大宪法权利,会是怎样的情形呢?虽然宪法并没有专门条款对这一权利予以申述,但从宪法的整体文本以及问题本身的性质当中,也能够明确地推导出来。倘若这一宪法权利遭到否决,会是何等情形?对此,我无意定夺。这是各州的问题,确切地说,是蓄奴各州面临的问题,也是一个重大的问题。倘若参议院作出了否定决定,那么我相信而且也确实认为蓄奴各州会予以严肃考虑并采取他们应当采取的行动。在此,我没什么建议可以提供。倘若我给出建议,那将会是危险举动。不过,我也是南方的个体成员,依托这样的身份,我还是有话要说的。我出生在南方;我所有的希望也都寄托在南方。那里有我的家庭和亲友。我本人是种植园主,棉花种植园主。我是南方人,也是奴隶主,而且我相信我是个友善且仁慈的奴隶主,真正的奴隶主。我要说的是,我宁愿面对尘世间一切的艰难困苦,也不愿放弃哪怕一寸的平等,因为作为这个伟大共和国的成员,这平等当然是属于我的!为何要承认劣等地位呢!即便交出生命,也不能沉沦到劣等地位上去!

我曾经详尽且全面地考量过这个问题。我认为,如果我们不起身反抗,那么我们的将来也就不难想见了。依我愚见,倘若我们不起身反抗,那么爱尔兰的境遇在我们眼中也会变得繁盛且美满,牙买加的境遇也将同样繁盛且美满,因此,我们应当像男子汉那样,起身反抗,捍卫自己的权利。

议长先生,现在请允许我宣读这些决议案。

决议 合众国领土属于联邦各州,应当视为各州的共有和共同财产。

决议 国会,作为联邦各州的共同机构和代表,无权制定任何法律或者议案,只要这些法律和议案有可能直接或者间接地对联邦各州产生歧视效果,并由此令联邦的任何成员州在合众国的领土上丧失平等权利,无论这领土是已经获得的还是将要获得的。

决议 任何立法,倘若直接或者间接地剥夺了任何州的公民携带财产移民到合众国任何一处领土上的权利,都可视为歧视行径,因此,都可视为对宪法以及迁出州之权利的侵夺,并且也侵害了联邦公民之完整的平等权利,由此,可将此类歧视行径视为颠覆联邦之举。

决议 以下乃为我国政治信条的一项根本原则:人民在塑造宪法之际,便拥有绝对权利去塑造并采纳他们认为最有助于保障自身的自由、繁荣和幸福的政府形式;在塑造联邦过程中,联邦不应当对州施加任何限制条件,除了成员州必须采纳共和体制之外;倘若国会施加了其他的限制,就不仅是对宪法的侵夺,也直接违背了我国政治体制的基础原则。

在此,我提请将这些决议予以印发。我提请明天就这些决议展开论辩;而且我确实相信,参议院会及早地关注这个问题并对此进行票决。

1847年3月9日

在查尔斯顿公民集会上的演说

同胞们：

应本次大会委员会的要求，我特此发表演说，谈一谈当前事态，同时也谈一谈联邦政府。不过，我的评说仅限于我们这套特殊的内部制度，这是因为这个问题对我们特别重要，同时也是因为我已经在参议院就另一个重大问题充分阐述过我的看法了，这个问题就是墨西哥战争。

我完全赞同大会委员会发表的声明，当然也完全赞同与之相应的那些决议。声明中所陈述的事实都是无可置疑的，据此得出的结论也都是无可反驳的。

过去的十二个月间发生了许多事情，这一系列的事情之后，倘若还有谁怀疑非蓄奴州的两党已经下定决心要将合众国已经或者将要获取的全部领土操控在一己之手，并将蓄奴州完全排除在外，这样的人必定是傻子。既然这一点已经毫无疑问，那么我们就必须考虑一个严重且至关重要的问题：他们有权施行这样的决定吗？

在尝试回答这个问题之前，有必要先明确我此次演说的意图，那就是将此一决定会带来的危险摆在你们眼前，清晰且充分地摆在你们眼前，既不夸大也不掩饰；同时，我也要阐明抗拒这一决议将会为我们带来怎样的好处。至于要采取何种措施来应对此种局面，就留待你们决定了。

现在就返回这个问题。我的回答是：当然，他们有这个权力，但这个权力乃是全然依托数量优势获得的。在下一届国会上，他们将在联邦政府的一切部门都占据一个多数。爱荷华和威斯康辛令他们平添了两个州的力量，在参议院，他们将凭借四个州的优势获得一个多数，既然如此，我们就不得不采取防卫姿态，对抗此类危险。在众议院和选举人团，我们早已经处于少数地位；因此，倘若我们失去了参议院，那就只能在联邦政府的一切部门都处在下风；并且这种局面会一直延续下去，只要非蓄奴州将他们的规划付诸实施，独力操控合众国的所有准州。不过，幸运的是，依据我们的政府体制，数量并非唯一的权力要素。尚存在其他的要素，这也就令我们拥有丰沛的防护手段对抗已经临头的危险，只要我们相信自己。

首先，宪法站在我们这边，甚至可以说，整个的宪法都站在我们这一边。这是我们的优势，这一点很清晰而且也是毫无疑问的。实际上，整部宪法都可以拿来对抗独力操控准州的规划。要论证这一点，实际上只需要提醒你们，我国政府乃是联邦体制，这样的政府并非全国性的或者集权的政府，因此要正确理解宪法，这一区分至关重要,而且这一区分对我们的安全也同样是至关重要的。这一点是你永远都不可忘记或者忽略的。既然是联邦体制,那么联邦各州就是其构成元素,因此,在这方面,各州同联邦的关系就如同各州自身的公民同各州政府的关系一样。作为联邦的成员,所有的准州以及联邦的其他财产,为各州所共有,各州在这方面乃是共同所有人或者合伙人,准州和其他财产因此并不归属联邦政府,尽管总会有人坚持这一错误看法。联邦政府不过是接受委托管理和担当相关职责的代理机构,也正是因此,宪法明确宣布准州乃是合众国的财产,确切地说,所谓合众国,就是联合起来的各州或者说是联邦各州,这些都是同一意思的不同表述方式而已。也正是因此,国会无权令合众国的准州为某些州所操控,进而排除其他州,也无权以同样的方式操控要塞、公共建筑、海军或者合众国的任何其他财产。这样的权利是任何人都不敢予以主张的;而且,宪法令各州都处于完全平等的地位上。

有了这样一个坚固的基础作为依托,我便可以确认蓄奴州也拥有充分且平等的权利,参与到合众国的准州事务当中,并据此驳斥非蓄奴州独力操控准州的决议。我本有意力促他们就这个问题实施票决,但是我未能做到这一点,这实在是因为会期的最后几天,我的工作压力太大了。倘若我所作论断的基础获得认可,那么结论也将立于不败之地,这一点是那些反对我们的人都感受得到的。而且他们也都清楚,倘若认定联邦政府乃是一个全国性的或者集权的政府,各州同联邦的关系就如同各个郡县同各州的关系,因而都同样不具备任何的政治权利,并依据这样的观念对我所依托的基础发动攻击,那么这举动尽管大胆,但不会获得成功。倘若他们真的确立起这样的结论,那我们将连同我们这特殊的内部制度一起落入非蓄奴州的手中。幸运的是,这一结论是站不住脚的,除非他们颠覆整个政治体制的根基,并否认同宪法的塑造和接纳过程相关的那些最无可争议的事实。

也许有人会问,虽然宪法如此明确地站在我们这边,但非蓄奴州却拥有一个多数,并且随时准备否决宪法,这又有何用呢?实情可能确实如此;不过,凭借宪法的优势,我们肯定也能收获良多。确切地说,不妨从长期经验来看问题,只要人们尽心竭力地凭借真理之精神来倡导真理,我从未听说过有任何真理最终会归于失败。实际上,在非蓄奴州,已经有众多拥有高度教养且秉持爱国精神的公民在这个重大且关键性的问题上是赞同我们的。论辩的结果注定会极大地提升这批公民的数量,同时也会让更多的人产生犹疑,并在一定程度上削弱他们对以往观念的信心,由此将会令我们拥有的另一项优势充分发挥出效能。这一点并非不重要。要弄清楚这项优势究竟是什么,就有必要先弄清楚非蓄奴州针对我国这套特殊的内部制度发起这场圣战的动机和目标何在。

显然,这场圣战之缘起并不在于利益上的对立。奴隶的劳动同资本家的利润或者劳工的工资并无冲撞之处;而且,无论如何也不会对非蓄奴州的繁荣产生不利影响,不会影响这些州的人口,也不会影响他们的财富。相反,奴隶的劳动极大地提升了非蓄奴州的人口和财富。正是奴隶劳作的产品,成为主体性的因素,刺激了他们的资本和劳动,并为他们的资本和劳动提供了利润空间;同时,我们的奴隶也为他们的制造品提供了广泛且富含利润空间的市场。倘若毁灭奴隶劳作的产品,确切地说,从产品清单上划掉三个大项——棉花、大米和烟草,那么非蓄奴州那庞大的船运业、航海业、商业和制造业利益又从何谈起呢?他们的洛威尔、瓦特汉姆,他们的纽约和波士顿,以及他们其他的制造业和商业都市又将何在呢?不妨把这个问题摊开来谈,设若如此,合众国的出口和进口贸易又将从何谈起呢?合众国的船税和吨税又将从何谈起呢?合众国这些巨大的收入,乃是非蓄奴州的数百万开支所寄托的资源,并直接或者间接地关涉到这些州的生存和繁荣,否则这巨大的收入又到哪里去寻找呢?因此,很幸运,针对我国内部制度发起的这场圣战并非植根于利益上的对立。倘若真的植根于利益上的对立,那可就真的没有可能遏制已然临头的危险并在避免联邦分裂的情况下实施自救了;毕竟,对于非蓄奴州而言,利益是头等的关切。

这场所谓的圣战之缘起也并不在于非蓄奴州担心蓄奴州将在联邦攫取过分的权势,因此才考虑将蓄奴州限制在目前的势力范围。即便可以充分参与准州事务,我们也绝无可能因为蓄奴州数量的提升而对非蓄奴州在众议院和选举人团的霸权形成压制。我们所能希望的,不过是在参议院能够维持均势地位,最多也只能说是在参议院获得一种优势地位。

假如这场圣战既非植根于利益,也非植根于恐惧,那么他们反对我们的制度的真正动机和目标何在呢？要回答这个问题，就必须首先阐明非蓄奴州人民在这个问题上的情感和观点，以及这样的情感和观点会对那里的政党机器的运作产生怎样的影响，尤其是在总统选举问题上。

在这个问题上，非蓄奴州人民的情感和观点，实际上可以分为四类。其中，废奴主义者构成一类，这些人是狂热分子，将奴隶制视为纯粹的罪，由此认定摧毁奴隶制乃是自己命定的最高职责，即便为此摧毁联邦和宪法也在所不惜。这个群体人数很少，不过刚超过非蓄奴州总人口的百分之五。如果我没记错的话，在纽约州最近一次票选测验中，这个阵营展示出了大概一万五千或者最多两万张的票仓，而这个州的总票仓为四十万张，由此便不难得出百分之五的比例。我认为，废奴主义者在纽约州的力量格局可以充分代表这一派人在非蓄奴州的平均力量。另一类则是非蓄奴州的绝大多数公民，至少占据非蓄奴州总人口的七成，这些人一方面认为奴隶制是一桩恶事，并因此而倾向于为限制并灭绝奴隶制提供助力，但是在这些人看来，此举的前提是不能违背宪法，也不能威胁到国家的和平或繁荣，因此，他们并不认为奴隶制的罪恶是需要竭尽一切手段予以剪灭的。

剩余两类人中，其中一类的人数很少，很可能不到非蓄奴州总人口的百分之五，这批人对奴隶制的看法同我们是一样的。确切地说，他们更多地将奴隶制视为一种纯粹的制度，而且在他们看来，这也是唯一可以让居住在蓄奴州中如此迥异且人数相当的两个种族丁和平与繁荣中共存的一种制度，倘若废除奴隶制，就只能导致其中一个种族在蓄奴州灭绝。如果说这个群体也将奴隶制视为一桩罪恶,那么可以说他们所谓的罪恶乃是抽象意义上的罪恶;这就如同任何政府都会造成负担,任何劳作都难免辛苦,任何惩罚都会有折磨一样。还有千千万万的类似事物,这一切若从抽象角度视之,当然都是罪恶;不过若是以切实的眼光看待这个问题,奴隶制则根本称不上什么罪恶,毕竟,同奴隶制必然会造成的痛楚相比,奴隶制本身也阻止了程度要高得多的那些罪恶。我们这里的奴隶制就是这样的情形。

最后一个群体的规模较之刚才那一类则要大得多,不过总体上看也只能说是相对较小的一个群体,很可能不足蓄奴州总人口的百分之二十。不过,这个群体拥有巨大的能量和政治影响力,完全配得上他们的规模——包括了各个党派的政治精英阶层以及他们的党羽和追随者阶层。总体上看,这个群体对废奴运动抱持一种全然的冷漠态度,至于究竟是支持还是反对废奴,他们实际上并没有定见;一般而言,他们在这个问题上都采取灵活立场,随政治机缘而定;他们的主要目标同时也是重大目标所在,就是操控选举,尤其是总统选举,并借此攫取随同权力而生的荣誉和资源,无论在联邦层面还是在州政府层面,他们都是如此。

以上就是非蓄奴州在奴隶制问题上的群体分化。不难看出,第一类人,也就是废奴派,居于旋涡的核心位置上,正是这个群体策动了这场针对我国这种特殊的内部制度的圣战;也唯有这个群体于奴隶制的敌对情感是决绝的,他们之所以反对奴隶制,乃是受限制或者摧毁奴隶制这一强烈欲望的驱策。

你们也许要问，如此小的一个群体，何以能够在非蓄奴州的两党当中召集起如此大的一个多数，竟然在我们的内部制度问题上达成这样的决议呢？要回答这个问题，就必须向前推进一步，看一看非蓄奴州的一般性政党态势，甚至是看一看联邦所有成员州的政党态势。

也许只有两三个州除外，差不多所有非蓄奴州的政党态势都处于极为精细的均势格局，此种局面就使得州层面和联邦层面上的选举运动结果殊难料定，疑云浓重，从而使得小党在其中便获得极大权重。在这样的格局中，小党只要紧密团结，就足以成为可扭转战局的砝码，所以他们自然会将自身的权重投注在最契合自身观点的政党那边。废奴派就是这样一个小党。他们从一开始就令自己的观点在当日的党派竞争中发挥出至关重要的效能，谁能最强有力地支持废奴观点，他们就支持谁。正是通过这种策略，他们的影响力在选举运动中很快便凸显出来，由此，废奴派很快成为大党争相讨好的对象。最先是辉格党；而后在过去的十二个月时间里，民主党又对之极尽讨好之能事，态度之热切仿佛是要挽回那失去的时间。如今，废奴派公然受宠于两个大党。两党都竭尽所能地去赢得废奴派的支持，为此都热切地表达出各自的热忱意愿，要将他们所谓的奴隶制从合众国准州的土地上清除出去，无论是已经获得的准州还是将要获得的准州。毫无疑问，墨西哥战争结束了，人们对于蓄奴州势力在新近攫取的大片领土上的伸展而担心不已，两者合力造成了当前的事态，不过这种事态就其本身而论,无足轻重。针对我们的内部体制发动的这场圣战,其主因或者说主要动机恰恰就在刚才所说的那种统摄性的利益诉求当中,确切地说,两个大党都汲汲于操控选举,尤其是总统选举。确实,不妨思量一下联邦政府的开支,尽管其规模在任何时候都是巨大的,不过,如今却已经膨胀到了年均七千万美元的地步。裙带资源的影响力赋予了联邦政府巨大的支配权能,这不仅仅是针对联邦政府自身,而且各州层面的选举也概莫能外,而这一切又反过来进一步提升了联邦政府手中掌控的裙带资源,加之联邦层面的裙带资源,一切的肥差和荣誉,都聚集在合众国总统手中,因此,两个大党竟然会如此醉心于总统选举也就毫不奇怪了;同时,两党也都奉行着将对手逐出职位竞争者行列的原则,将荣誉和肥差分配给自己的追随者,以此回报他们的党务工作。此种境况下,在非蓄奴州,两党当然会热切地拥抱那种意在安抚诸如废奴派这类团体的政策路线,将奴隶制势力逐出准州就是此种政策路线的题中之意;一旦确保了废奴派的支持,两党就都会将眼睛盯准总统职位。这实在是丰厚且耀眼的奖品。这场圣战的动机和目标就在于此,非蓄奴州的政治精英及其党羽背后的策动力量也在于此。

有人也许会觉得这事没那么危险,认为事情本身主要是植根于选举事务上纯粹的党派考虑。这种看法乃大错特错。相反,恰恰就是出于这样的党派考虑,事情本身更为危险,除非我们团结起来并迅速地实施抗击。两党都感受到了操控选举乃统摄性和首要的利益所在,尤其是要操控总统选举,这使得两党都有极大的动力去迎合废奴派,此种局面之下,如果我们无动于衷,袖手旁观,任凭废奴派在非蓄奴州拓展力量,最终赢得如今仍然同情我们的七成人口,并令那个人数虽少但颇富智识的阶层完全灰心丧气,沦为偏见激情的祭品,那么我们也终将成为牺牲品。倘若真的到了这一步,那么非蓄奴州的绝大多数公民会得出结论,认为是我们自己愿意屈服并牺牲我们的内部制度,因为这一制度已然没什么可捍卫的了;由此,非蓄奴州将会完整地实施他们的那项决议,而用不着危及宪法或者联邦,甚至不会干扰到这个国家的和谐与和平。实际上,我们无动于衷的漠然态度已经非常显见,上述的看法已经凸显出来,甚至在国会大厅里也已经得到了表达。不过,倘若我们对此有所为,确切地说,如果我们给予迅速、强力且一致的回应,由此证明我们随时准备捍卫我们的权利,捍卫我们作为联邦成员的完整平等地位,并且为此不惜一切代价;同时也向世人表明,非蓄奴州两党将会因为讨好废奴派而付出必然且即刻的代价——失去我们的票仓,那么结果就肯定会大不一样。非蓄奴州的主体人口,尽管也将奴隶制视为罪恶,不过他们无意侵害宪法,更不会去威胁摧毁宪法以及联邦,因此,他们最终会同我们站在一起,共同对抗那些攻击我们的人;与此同时,那个富有理智的群体,既已同我们站在一起,便会成为我们的援军。由此,政党领袖阶层及其追随者,既然寄望于确保总统选举,那么此种局面之下仍然寻求废奴派的助力必然是无望之举,他们必然会放弃迎合废奴派的政策路线并抛弃废奴派,而废奴派则会因此落入任人蔑视的卑微境地。倘若我们据此行动,那么结局必定是非蓄奴州集结起一个新的大党,较之老党更为强大,这个党在奴隶制这个重大问题上,将会持守宪法所确定的一切妥协和义务;而且,这个党最终将会同我们联合起来,彻底终结奴隶制问题上的进一步震荡。因此,倘若我们采取迅速且一致的行动,迎击非蓄奴州独力操控准州的决议,那么上述的终局也就是注定之事。当然,我们并未采取这样的行动,这一点是可以肯定的;接下来的问题就是,倘若我们不能采取这样的行动,必然造成重大危险,此情此景,究竟是何原因使得我们非但未能采取行动,而且还表现出明显的漠然态度呢?

这个问题事关重大。要回答这个问题,我倒是应当首先说明,我们在行动速度和一致性方面的这种匮乏并不是因为蓄奴州人民在情感上有分裂,也不是因为我们的人民真的无动于衷;蓄奴州的国会代表也是同样的情形,这一点足以令我们欣慰。实情恰恰相反,就我的观察而言,我们的议员,没有一个人表现出这样的倾向。《威尔莫特但书》是个颇能考验人的问题,在这个问题上,蓄奴州议员的票决行为,无论是上一个会期还是当前这个会期,都展现出全体一致的态势。那么,真正的原因何在呢?对此,我们必须回溯刚刚说过的那些话,确切地说,真正的原因就在于政党领袖及其追随者集团对于选举运动尤其是总统选举的那种统摄一切的利益诉求,以及他们对于这些选举运动的控制性影响力。两党之所以展开大规模的竞争,就是为了让自己的候选人得到选任;由此,总统选举便成为一切问题的关键。在政党领袖阶层及其追随者集团看来,其他一切问题都应当服从这个问题。也正是这批人决定了究竟应当接纳哪个问题作为党争议题,以及哪些问题应当部分或者完全排除在议题范围之外,尤其是在总统选举运动中。究竟哪些问题可以进入议题范围,这完全取决于问题本身同竞选运动的关联度,至于这问题于国家之繁荣、制度乃至安全方面的意义,则并非考量的关键环节。奴隶制问题上的政党策略,就再好不过地揭示出这一真理。于联邦之和平与安全而言,没有任何问题的分量能够超越奴隶制问题。尽管如此,奴隶制问题还是被排除在党争议题范围之外,这恰恰就是因为两党都已经看出,纽约州以及众多非蓄奴州的总统票选的走向取决于废奴派的票仓;而且,总统选举的结果也同样取决于这些州的票仓走向。正是因此,蓄奴州的政党领袖和追随者才容忍了本党在非蓄奴州的领袖公开在蓄奴州对废奴派展开拉票活动,实际上,蓄奴州的政党领袖和追随者还同非蓄奴州的政党领袖和追随者们协同行动,尤其是在奴隶制问题上,尽管非蓄奴州的安全乃至联邦本身的安全都维系在这个问题上。不过,如果说废奴派的票仓可以保证赢得总统选举,那么同样也可以说,倘若因此而失去了蓄奴州的票仓,也完全有可能让选举遭遇挫败;于是,政党领袖便不得不尝试在确保废奴派票仓的情况下,不危及蓄奴州票仓。尽管这种游戏玩起来非常困难,他们倒也没有对成功感到绝望,因为他们手中操控着强大的资源和工具。首先,他们拥有政党媒体,借此可以对公众舆论发挥出强大的影响力。政党媒体的策略便是在这个至关重要的大问题上抱持一种深深的沉默姿态,即便会对奴隶制问题有所论及,也只能说是为了对公众舆论实施误导。正是出于这样的策略,华盛顿的两大主导媒体当中,有一家媒体对奴隶制问题只字不提;由此,这些媒体所作的评说在世人眼中根本不足以在联邦的任何地方激起任何震荡或者情绪。另一家媒体也只是偶尔地提及奴隶制问题,那是因为已经无法采取全然的回避策略了,此举也不过是为了让那些意欲攻击我们的人舒缓一下。这家媒体将这些人和我们的辩护者群体等而视之,都看作煽动者,并让两个群体遭遇同等的公众谴责。此种策略的目的,乃是让蓄奴州的人民保持一种平静且漠然的状态,直到另一种更为强大的工具发挥出效能,从而使得蓄奴派和废奴派都遭到压制,不得不联合起来对本党的总统候选人实施提名和支持。我这里所说的更为强大的那个工具就是所谓的政党全国会议或者说是党务委员会,这个会议的功能是提名本党的总统和副总统候选人。如今,这个工具已经动用起来,开始对最为古老且人口众多的蓄奴州形成强制;而且毫无疑问,一旦时机成熟,这一工具也会对所有的蓄奴州做同样的事情,以便达成同样的目标。假如这一工具取得预期的成效,确切地说,为总统竞选而运作起来的政党机器最终证明了足够强大,成功强制蓄奴州融入政党全国会议,提名并支持同样为废奴派也接受的首选人,这无异于历来最为昭彰的自杀行动。我之所以说是废奴派也接受的候选人,原因很明显,非蓄奴州在全国会议上将会形成数量优势,废奴派不能接受的候选人当然就得不到废奴派的票仓,而且当然也就得不到废奴派票仓在其中成为摇摆票仓的那些州的选票;由此,废奴派无法接受的人是不可能获得提名的,或者说,即便获得提名也不可能有当选机会。此外,在蓄奴州还有不少兼具名望和地位的人,为政党情感所蒙蔽或者是受惑于本党的胜利将会带来的个人利益或者晋升机会,于是他们便迈出了这一步,在当前境况下恰恰是这一步,对于蓄奴州的影响是致命的。政党造就的愚蠢乃至疯狂,恐怕莫过于此了。

就我个人而言,我从来都是反对这样的政党会议的。因为这样的会议组织都是没有责任担当的实体,宪法从来就不知晓世间竟然存在这样的东西;同时也是因为这类会议组织实质上用妥协取代了宪法,尤其是在选举联邦最高行政长官这等重大问题上。我从来都认为让选举回归宪法当初规定的轨道上要安全得多,而且也好得多,确切地说,就是让选举人团选任总统;倘若选举人团未能成功做出选择,就让众议院给出决断,从票数位居前三的候选人中选出总统,具体办法便是以州为单位进行票决。即便我在平常的情况下并不反对这类会议组织,不过在当前的事态中,我认为反对这类会议组织乃是至关重要的事情。毕竟在当前的境况下,非蓄奴州的所有党派都已经在这个头等问题上联合起来反对我们,因此在这样的情形下参加这类会议,实际上就等于选择了投降。在非蓄奴州,两党已经联合起来剥夺了我们在公地方面享有的公正且平等的权利,鉴于此,身处蓄奴州的两党也是时候联合起来对抗如此嚣张的进犯之举了。我们至少也要表现出毫不逊色的精神,去捍卫我们的权利和荣誉,因为他们攻击我们之时也秉持着同样的精神。我们应当展示出毫不逊色的果敢和团结,来捍卫我们的安全,因为他们也正是秉持着同样的果敢采取行动的,即便行动的目标不过是在总统选举中获取成功这一暂时性的利益诉求。由此,我们应当泯灭我们当中的一切党派分野,只要非蓄奴州仍然会对我们的权利和荣誉实施侵夺。我们应当效仿废奴派,尽管他们是个小党,但是他们的策略却令他们获得了如此大的影响力。他们将摧毁我们的内部制度视为头等问题,相应地,我们就将捍卫我们的内部制度视为头等问题。我们应当据此创建最为广泛的同盟,并将不愿意捍卫我们内部制度的一切人视为敌人,除非对方的侵略行动终结。这样,也只有这样,我们才能捍卫我们的权利,维系我们的荣誉,保证我们的安全并赢得世人尊重。相反的政策路线只能令人们加入一场暂时的雇佣兵式的政党斗争当中;这样的斗争必将令我们归于堕落和毁灭。

倘若我们能够信守自身以及这特殊的内部制度,我们就会变得伟大且繁荣。就让这一切发生吧。这个星球上,没有任何地方能比我们拥有更多的资源,无论是农业、制造业还是商业。我们的大宗产品囊括了棉花、大米、烟草和蔗糖,并且我们还拥有效率最高、装备和训练都最成熟的劳动者大军来开垦我们的土地。我们的产品不仅提供了充沛的内部贸易资源,而且也足以建立起世界性的贸易,据此也足以创建繁盛的商业城市;此外,我们也拥有丰沛的财源。但是,我们绝不会为了寻求保护而交换我们的资源。我们的目标同样也是保存联邦,但前提是不能为此牺牲我们的权利、安全以及同联邦其他成员州的完整平等地位。在这个问题上,我们有权持守我们的立场,否则我们就会失去我们的权利。虽然兼顾我们自身的安全和联邦的保存并非易事,但幸运的是,迅速且团结的行动既是我们自身安全之所需,同样也是联邦的保存之所需。倘若我们自身迁延、犹疑且缺乏团结,最终就只能对这两项目标同时造成致命后果。当前的危险已经使我们无论如何不能再敷衍塞责了,无论对我们自身的安全而言,还是对联邦的保存而言,都是如此。倘若仍然犹疑不决,联邦的两大组成部分便会走上彻底的疏离之路,到了那时,我们作为弱势一方便会别无选择,要么挥刀斩断一切的政治纽带,要么就沉沦到悲惨的奴役境地。除非在联邦政治纽带足够强大之际,及早且果断地宣示立场,我们才能召唤起联邦之内所有健全且爱国的力量,唯有这样,我们才能避免陷入如此悲惨的两难境地。

至此,我已经阐明了我们面临的是怎样的危险,同时也阐明了怎样的方法才能有效地抗拒这些危险,在这样一个生死攸关的当口,究竟该怎么做,就留待你们和蓄奴州的人民去决定了。

最后,请允许我真诚地祈祷,祈祷造物主让你们和蓄奴州人民真正认识危险已经到了何等程度,并赋予足够的智慧以便采取最佳和最有效的策略,去捍卫我们自身的安全以及联邦的和平与存在。

1848年6月27日

俄勒冈议案演说

在当前这个问题上，蓄奴州和非蓄奴州所持的立场存在显著差异。蓄奴州希望联邦政府不要采取什么行动；实际上，蓄奴州不希望借助立法在将要建立的准州获得任何优势地位。蓄奴州更愿意让这个将要建立的准州以及合众国的其他准州向合众国所有公民开放，只要准州地位持续下去；一旦准州地位结束，那就让当地居民去决定要建立怎样的政府，且不能对当地居民施加限制或者拘束，当然宪法所规定的加入联邦的前提条件是个例外。简言之，蓄奴州更愿意让整个问题留在宪法以及伟大且根本性的自治原则所要求的范围内。相反，非蓄奴州并不愿意将准州问题置于如此宽泛且平等的基础之上，他们要求联邦政府实施介入，要求通过法令，禁止蓄奴州公民携带财产进入准州，其目的非常明显，就是要让自己的公民以及他们认可的人拥有排他性的准州居留权；此外，他们在准州时期就已经准备好了在准州转变为成员州的时候，令这个州服从类似的限制和拘束。俄勒冈议案的第十二条款就是要确认并捍卫非蓄奴州提出的这种要求，在俄勒冈仍然是准州的时期，他们便试图间接而非公开或者直接地将俄勒冈议案的条款拓展到爱荷华身上，并且在批准俄勒冈的准州政府同时，特别地加入了一项禁止引入奴隶制的条款。此举实际上就相当于接纳了所谓的《威尔莫特但书》，并使之不仅对俄勒冈生效，而且也令现在这个议案对新墨西哥和加利福尼亚生效。相反，来自密西西比的参议员，也就是坐在我旁边的戴维斯先生，却有意提起并捍卫蓄奴州的立场。他提出修正案，认为应当令准州成为自由之地，并且向合众国的所有公民开放。这项修正案倘若得到接纳，将会推翻俄勒冈议案，尤其是其中的第十二条款，尤其是其中有关当前问题的那些内容。由此，我们实际上就把蓄奴州和非蓄奴州在这个问题上的立场都摊开了，供大家讨论。为简洁起见，蓄奴州和非蓄奴州的立场也可以称之为南方和北方的立场。

第一个要考量的问题就是：北方州是否像他们主张的那样，有权阻止南方州的公民携带财产自由进入合众国的准州并独占准州利益呢？

确实，这是个重大问题。我提请平静且不带情绪地展开讨论。任何并非公正且明确地属于南方州的东西，我都不会予以主张，无论南方州是作为联邦成员州的身份还是作为单立且独立州的身份；不过，南方州凭借这两种身份中的任何一种而应当享有的东西，我也不会打任何的折扣。倘若南方对北方有任何的侵犯举动，或者北方对南方有任何的侵犯举动，我都会迅速且坚决地予以回击,对此,我是有清醒的自我意识的。我还要补充的是,我认为抗击侵略和避免侵略乃是同等严肃的职责;而且,任何党派,倘若在可以展开抵抗的时候选择了放弃,那么这其中的罪恶也并不下于挑起侵略的党派。我不会站在党派的立场上;在这个问题上我所说的一切,都完全不会考虑到总统选举的因素。在当前,我认为这个问题的分量是总统选举或者任何其他问题都无法比拟的。因此,我将致力于确认究竟什么才算是合宪、正确且公正的,而且我完全相信,终结这个问题的最好办法且同时也是唯一办法,就是严格持守宪法以及正义的律令,毕竟,这个问题对联邦和南方体制造成的危险是最大的。

作了这些铺垫之后,现在请允许我回归正题:北方是否具备俄勒冈议案第十二条款所主张的那种权力?不妨以这个问题开启我们的讨论:到哪里去寻找这种权力?肯定不会在南北双方的关系当中。南方州和北方州乃是同一个联邦的组成元素或者说是成员;因此,各州在一切方面都是平等的,无论是地位还是权利,这从州的性质和特性当中不难推导出来。南方州和北方州之间的关系非但没有为此种权力提供任何支撑或者权威,相反还提供了反对这种权力的强有力的演证。南方州以财产形式持有奴隶,这不假,不过在这个事实当中也同样找不到这种权力的影子。倘若公正地考量,这个事实本身也同样没有为这种权力提供任何的权威,反而为驳斥这种权力提供了强有力的演证。立宪之时,奴隶制就已经存在于南方州了,而且就人口比例而言,奴隶制在那个时候已经充分成长起来了。可以说,奴隶恰恰是得到宪法认可的财产;确切地说,奴隶乃是唯一在立宪之时作为政治元素进入宪法塑造过程的财产形式,这不仅包括了联邦政府当中各州的相对权重的调整,而且也包括了直接税的分配;同时,奴隶也是唯一得到宪法明文保障的财产形式。所有熟知宪法塑造和接纳史的人也都知道,南方对这种财产是极为在意的;宪法的塑造和采纳经历了诸多的难题,这种财产形式即是其中之一。而且熟知那段历史的人也都知道,倘若制宪会议拒绝在联邦政府中赋予奴隶制以相应的权重,或者拒绝为之提供保证,南方就不会参与立宪也不会批准宪法。北方州所主张的这种权力,在准州的获取方式中同样也是找不到影子的。在讨论的这个阶段,我不会在这个问题上展开细节上的探究。我只是要指出,所有的准州要么是通过购买获取的,所需资金则是来自各州共同提供的公共款项,南方和北方概莫能外;要么就是通过武力以及人员和金钱而获取的。这一切都没有为北方所主张的那种权力提供任何支撑,相反,依据一切正确且公正的原则,准州的获取方式却为反对这种权力提供了另外一项强有力的理据。

既然在这些地方都找不到这种权力,那么倘若这种权力真的存在,就只能到宪法协议中去寻找了;因为正是宪法协议令各州结成了联邦。在此,我不禁要问,在宪法协议当中能找到这种权力吗?宪法是否包含了那样的条款,令北方有权将南方排挤出准州,令南方州的公民不得携带作为财产的奴隶自由进入准州,并垄断准州事务呢?倘若宪法事实上包含了这样的权力,无论是明文的还是默示的,那就必定会给出专门的授权,或者必定能够经由无可置疑的推导而得出此种权力,并且以明确且得到认可的权力作为推导的前提。倘若不能满足这两项条件中的任何一项,那就只能说宪法是强有力地反对此种权力的。

宪法并未给出专门的授权,这一点无疑可以从如下事实当中推导出来:没有任何立宪者试图设置这种权力。但是,一直都有人将如下原则视为理所当然之事,且无需任何证明:国会拥有绝对的权利去统治准州。不过我必须指出,倘若承认国会确实拥有这样的权力,可以随心所欲地拒绝或者接纳任何人进入准州,而且也可以行使北方所主张的那种排挤南方的权力,那么我也要再次重申一个问题:到哪里去寻找这种绝对权力呢?所有人都承认,宪法并未给出此类专门的授权。倘若这样的权力真的存在,那就必须从这样的授权当中推导出来。我要问的是,到哪里去找这样的授权呢?坐在我身后的纽约州参议员迪克斯先生指出宪法当中有这么一项条款规定:"对于准州以及合众国的其他财产,国会有权予以处置并制定所需的一切规则和条款。"不过,我却可以确认并坚持如下观点:这一条款根本没有将绝对的准州统治权授予国会,而且还可以说,没有授予国会任何的准州统治权能,一点都没有。这是毫无疑问的。这项条款乃是专指准州的,而且还将准州完全视为公地——其中关于准州的每个用词都是将准州视为公地,倘若不在财产的意义上看待准州这个词汇,那么这一条款也将完全不适用于准州问题。

不妨就以"处置"这个词入手。这个词用到土地身上的时候,任何人都很容易明白意思是什么;因为倘若将准州视为财产,这也就成了一种贴切且自然的表达。显然,这项条款的意图是授权国会对作为公地的准州实施出售或者实施其他的处置方式。谁人曾听闻这样的表达方式会运用到政府身上呢?接下来讨论这样的表述:“制定所需的一切规则和条款。”这一表述若是单挑出来看,倒确实可以在一种宽泛的意义上用于政府身上;但是宪法从未给出过这样的运用方式。在宪法当中,凡是用到这个表述,所指涉者都是财产、事物或者程序,比如法庭规则或者国会议程规则等。宪法从未将这样的表述用到政府身上,毕竟,所谓政府必然包含了将要接受统治的人们。倘若在这件事情上仍然存在疑虑,那么紧随其后的话就足以廓清问题了,这些语词实际上是将国会的权力限制于制定“有关准州和合众国其他财产的准则和条款”。毫无疑问,这里提及的准州乃是作为一种财产形式的准州。

倘若对此仍存有疑虑,那我可以提供另一项决定性的论证,表明立宪者们根本无意借助这项条款授予统治权能。我这里指的是宪法的另一项条款,这项条款在有关华盛顿特区以及“一切经由州立法机构同意而购买的一切地方”的事务上,授予国会垄断型的立法权,“包括建立要塞、军工厂、火药库、码头以及其他所需的建筑”。这项条款中所指的地方也明确包含在宪法条款的表述当中——“其他的合众国财产”,同时也包含在刚刚提及的那个条款当中。然而可以肯定的是,倘若立宪者们真的有意授予针对这类地方的统治权能,也绝对不会借助这样的条款。他们干不出这么荒谬的事情。同样可以肯定的是,倘若立宪者们无意授予针对这些地方的统治权能,那么也就不可能授予针对准州的统治权能。同样的条款,无论针对前者授予了怎样的权能,也一定是针对后者授予了同样的权能;反之亦然。相反的假设无疑是荒谬的。不过,倒是可以问一问,在针对宪法所列举的那些地方的国会排他性立法权的授予过程中,准州这个词为什么没有出现?在我看来,这种做法是有着充分理由的。前者处于各州的领土和司法裁决权范围之内,后者则是针对公地的,而公地无疑是处于州的领土和司法裁决权范围之外的。割让并购买前者,需要这类地方所在州的同意,因此这些地方是不能排挤州的主权和司法裁决权的。这些地方毕竟位于各州境内,因此,合众国获得的仅仅是对这类地方的所有权。也正是因此,宪法才有必要明文授予国会排他性的立法权,将华盛顿特区和这类地方包括在内,以便完成购买和会期这样的目标。因此,这项条款的目的就是将这些地方从所在州的立法权之下抽离出来,并以国会的立法权取而代之,使之服从宪法的限制以及这些地方所致力的那些目标,正如我刚刚说过的那样,对于这些地方,各州仍然保有主权,各州主权只是在立法事务方面中断了而已。不妨就以华盛顿特区作为例证,尽管已经将波托马克以北的区域交给了弗吉尼亚,不过,主权仍然在马里兰手中。然而,准州的情形则完全不同,毕竟准州并不在任何成员州的领土和司法裁决权范围之内。因此,合众国对于准州,不仅拥有所有权,而且也拥有排他性的占有权和主权;因此,就没有必要将立法权授予国会,由此将各州立法权排除在准州立法权之外了。毕竟,在准州的情形中,此举实在是多余。在这个问题上,应当指出,在所有这类情形当中,宪法授予国会的那种排他性立法权,肯定不能混同于绝对立法权。排他性立法权和绝对立法权完全是两回事。绝对立法权必定是排他性的,但是绝不可因此认为排他性的立法权或者统治权同样也是绝对的。在联邦政府事务上,国会拥有排他性立法权;在各州政府事务上,各州立法机构拥有排他性立法权。不过我们也都知道,这样的排他性立法权是要服从众多且重大的限制和拘束的,而绝对立法权就其性质而言已经排除了一切的限制和拘束。

至此,我也算是充分阐明了前面斗胆提起的那项论断:纽约州参议员所依托的那个宪法条款,绝对不像参议员先生及其支持者认为的那样,授予了国会绝对的准州统治权,相反,这项宪法条款可以说根本就没有涉及任何的统治权能。既然我们已经决定性地论证了这一点,那么参议员先生为了在宪法条文当中寻找那种权力而引述的一长串先例,也就失去了效用,他据此建造的整个论证体系也随之轰然倒塌;因此,我也就没有必要提及这些先例并逐一回应了。

不过参议员倒是提及一个先例,这个先例同现在所讨论的这种权力问题没有关系,但也正是因此需要给予特别关注。我指的就是 1787 年法令。这项法令得到了当时邦联议会的采纳,那时制宪会议正在立宪过程中,一年之后,这项法令便得到了采纳,当时邦联体制马上就要寿终正寝了。我当然可以提起反驳意见,因为邦联议会的法令没有资格被援引为联邦政府的先例;不过我不这么做。我同样可以反驳说,这项法令完善之时,邦联体制已经将近结束,因此没有理由认为这项法令是在心思健全的情境中诞生的;不过我不这么做。我还可以指出如下的事实,这项法令采取的乃是协议的形式,得到采纳之时只有八个州参会,而邦联条例则规定至少要有九个州才能形成协议;不过我不这么做。另一项事实在于,麦迪逊先生曾宣称这项法令不具备任何的宪法权威,实际上,从这项法令的接纳过程来看,这项法令甚至不具备任何的约束力;不过我也无需在这个事实上纠缠下去了。

在 1784 年的时候,弗吉尼亚出让了俄亥俄以北的地区作为准州,这片区域位于弗吉尼亚、密西西比和五大湖之间。如今,在这片区域已经创建了俄亥俄州、印第安纳州、伊利诺伊州、密歇根州、威斯康辛州,此外,在威斯康辛州以北还有一片相当可观的区域可以组建准州。在弗吉尼亚的此次出让行动之后不久,一个三人委员会便诞生了,杰斐逊先生是其中的成员。他们提交了一份草案,意在组建这个准州。这份草案当中特别包含了一项条款,意在将奴隶制排除在 1800 年之后组建的准州之外,杰斐逊先生正是这一条款的作者。草案随即以报告形式呈交国会,但是这个条款却遭到国会剔除。在是否剔除这项条款的问题上,到会的所有南方州都投出了赞成票,而且,更令人瞩目的是,每个南方州的代表团也都投出了赞成票;当然杰斐逊先生是个例外。于是,1787 年法令便获得了采纳,但是杰斐逊先生所作的这项条款被从中剔除。在下一个国会会期,当时仍然是邦联会议,卢夫斯·金提出了一项极为近似于 1787 年法令第六款的议案,也就是杰斐逊所作的那项排除准州奴隶制的条款。这一议案融入了如今我们所看到的这项法令当中，当然，去除了杰斐逊条款的附文。这项议案被提交给一个委员会，但该委员会没有任何反应。于是到了下一个年度，便另外成立了一个委员会，并由这个委员会向国会提交同样性质的报告，不过，其中并没有包含或者提及金先生原来的那份议案。戴恩先生是这个委员会的成员，他提出了一项条款，这项条款同1787年法令通过之时被剔除的那项条款是一样的，但是委员会最终提交国会的报告中并没有容纳这一条款。最后，国会另外组建了一个委员会，由来自弗吉尼亚的卡林顿先生担任主席，戴恩同样是这个委员会的成员。在这个委员会提交的报告当中，同样没有先前由戴恩先生提起的那份修正案。于是戴恩先生再次提出自己的议案，并得到了采纳，修订之后的委员会报告遂正式成为1787年法令。

从这段简短的历史回顾中不难推断，1787年法令实际上是南方州和北方州之间的一场妥协。法令条文规定，奴隶制应当排除出准州，但条件是，逃亡奴隶倘若在准州寻求庇护应当交还原来的主人，这一点在第六款的附文中有规定。很显然，依据以上所述，当排除准州奴隶制条款初次提起之时，南方给予了一致且坚决的反对；金先生的议案，在没有附文的情况下，也同样遭到了南方的抵制，议案遭遇了完全的挫败这一事实便是明证，而且，除非将有关逃亡奴隶的附加条款包容进去，否则这一条款本身是绝无可能获得通过的。世人也都清楚，所谓妥协并非投降，而仅仅是放弃了某种权利或者权力；正如在个人诉案上的情形一样，倘若有一方提议和解,那么这就不能称之为对提议方的不公。南方一直都信守着这项妥协,这可谓南方的荣誉。为了证明这一点,不妨就援引来自纽约州的参议员先生所援引的那些先例,尽管参议员先生原本是要借助这些先例来证明南方已经默认了1787年法令。我承认,南方确实默认了国会为实施1787年法令而通过的多个法案;但是,倘若据此认定南方已经选择投降并交出了参议员先生为国会而主张的那种权力,这却是错误的。不,南方从未投降,而且我相信南方以后也绝不会干出这样的事情。相反,这只不过决定性地证明了南方是信守妥协案所产生的义务的。南方从未抛弃过这项法令,也从未试图剥夺法令范围内的准州或者成员州的任何权利或者好处,只要是这一法令给予的。然而,遗憾的是,南方对妥协案的信守在我看来实在是到了愚蠢的地步。几乎法令范围内的所有州所采取的政策路线或者举措,都使得归还逃亡奴隶的附文归于无效,只有伊利诺伊州是个例外,这也许是该州的荣耀吧。威斯康辛州也可算是一个例外,毕竟,他才刚刚进入联邦,还没有机会在这个问题上采取行动。而且,这些州还更进一步,容忍人们采取联合行动,从未对这类行动实施压制,这类行动的目的就是怂恿并诱惑奴隶离开主人,帮助这些奴隶逃往加拿大。那里是我们的法律之手伸展不到的地方,此举不仅公然侵夺了法令的相关条款,而且也对宪法本身形成了侵夺。请原谅我给出如此强烈的表述,我无意在参议院激发情绪,我只是想强有力地提请参议院注意这个问题。我的目标是阐明问题本身,就如同医生彻底揭开伤口不是为了让病人疼痛,而是为了救治伤口一样。

不妨再谈一谈另一项性质类似的先例。不过不同的是，这项先例发生在联邦政府时期而非邦联时期；我这里指的当然就是《密苏里妥协案》。这项妥协案更为晚近一些，也更为出名，因此也更容易予以揭示。

当时，人们围绕密苏里进入联邦之时究竟应不应该禁止奴隶制这个问题展开了历时一年多的艰苦斗争，最终以北方和南方之间的一条妥协线告终；不过，这项妥协案订立之时的具体境况，使得妥协本身于南方而言是毫无约束力可言的。妥协案出自南方一位杰出公民的动议，此人就是克莱先生；尽管最终妥协案获得了通过，不过，妥协案的票决格局却是北方州的一致赞同和南方州的一致反对；因此可以说，尽管南方为反对妥协案付出了卓绝的努力，但终究还是因为数量上的劣势而归于失败。可以这么说，南方从未批准过这份妥协案，也从未赞同过妥协案所确立的那种权力，仅仅是因为在票决中失败，南方才不得不默认这一安排。毕竟，南方没有足够的力量去抗拒这种安排，而且倘若南方执意对抗，势必会威胁到联邦的和平与和谐，这样的局面是南方一直都不愿意见到的。正是据此原则，南方允许设立爱荷华准州，并依据妥协案让这个准州转变为成员州。南方对此并没有表示异议；然而，来自纽约州的参议员先生援引这个先例却是为了证明南方已经交出了他为国会主张的这项权力。

为了强化这一权力主张，这一权力的倡导者们祭出了杰斐逊的大名来支撑自己,甚至于将杰斐逊称为《威尔莫特但书》的真正作者,虽然这份但书不过是将《密苏里妥协案》付诸实际运用的那种权力的一般性表述而已。实际上,倘若我们从杰斐逊在《密苏里妥协案》上所持的观点来判断他在原则问题上的看法,那就不难看出,杰斐逊非但不是这一但书的作者,非但不会支持这份但书,而且杰斐逊对这份但书的反对程度也恐怕是任何人都无法比拟的。1819 年他曾在给老亚当斯的一封回信中,就密苏里问题展开了如下令人铭记的评说:

> 银行、破产法、制造业、西班牙条约,这些都无足轻重。这类事情就是暴风雨激起的浪涛,终究要从船底涌过,而且过去也就过去了。但是密苏里问题却是一股碎浪,弄不好就会激起一场足以令我们失去密苏里的反叛,接下来还会发生什么,可就真的难说了。

要领会这段评说的全部力量,就必须记得,杰斐逊在信中列举的那一长串问题都是当日的大问题,都是令人激奋的政治问题,且当日的党派分野正是围绕这类问题展开的。银行和破产法一直都是重大问题。制造业问题,也就是日后人们常常说起的保护性关税问题,在当时可以激起的巨大震荡,丝毫不逊色于当时的西班牙条约问题——佛罗里达正是经由这份条约而割让给联邦的,墨西哥和合众国之间的西部边界也是经由这份条约确立下来的,从墨西哥湾一直伸展到太平洋。所有这些在当日激起巨大震荡的问题,若是同密苏里问题相比,在杰斐逊看来简直就是无物。在他们看来,这些问题注定都转瞬即逝,用他本人那强有力的表述就是:“暴风雨激起的浪涛,终究要从船底涌过,而且过去也就过去了。”但是密苏里问题却是致命的,不会这么轻易闪过。密苏里问题乃是一股碎浪,势必会令国家之船搁浅。然而,当今的一批煽动家们却援引杰斐逊的大名来支持自己,还将杰斐逊视为《威尔莫特但书》的真正作者,仿佛杰斐逊热切希望着这个致命问题无限且普遍地覆盖所有的准州!就是在第二年,《密苏里妥协案》划定的界线得到了采纳。来自缅因州的霍尔姆斯先生,已经担任参议员很多年了,他也对《密苏里妥协案》投出了赞成票。他曾就此问题致信杰斐逊,并利用这个机会将自己演说的抄本附在信中。杰斐逊写了一封回信,这封信值得每个热爱这个国家和这套制度的人铭记于心。这封回信相当简短,请允许我呈送会议秘书来宣读。倾听这样一封信笺,想必不会浪费参议院的时间。

致约翰·霍尔姆斯

蒙提塞罗,1820年4月22日

阁下,真的很感谢您如此友善,将您在密苏里问题上的选区演说附在信中。仅凭这一点,就足以向他们证明一切了。我已经很长时间没有读报了,也一直都没再关注公共事务,我相信公共事务掌控在好人手中,而我本人也满足于当一名信差,乘坐自己的小船往海边送信;我这里离海边并不远。不过,密苏里问题事关重大,如同夜晚的火警令我惊醒并充满恐惧。我立刻便意识到这个问题乃是联邦的核心问题。这个问题暂时被压制下来了;不过,这只是暂缓而已,最终宣判尚待来日。一条地理分界线,却也应和着明确的原则分界线——这界线既是道德的,也是政治的。当时构思这条界线是为了迎合狂暴的激情,现在恐怕是再也没有消除的可能了;任何一场新的刺激,都会令这条线划得更加深刻。我敢摸着良心说,这个世界上不会有人像我这样,愿意牺牲自己的一切去拯救同胞免于如此沉重的诅咒,而且无论何种办法都可,只要能行。倘若问题只是失去一份财产(也许不应该这么称呼密苏里),那倒是小事一桩,而且就我而言,我根本不会皱一皱眉头,只要这种办法能够导向一场普遍的救赎,只要将密苏里逐出合众国是可操作的;倘若真的能够这样,那慢慢也就不会有什么事了,只需要作出适当的牺牲就可以了。但实情显然并非如此。我们实际上是揪住了狼的耳朵,此种局面,令我们既无法抓住这头狼,又不能放手,否则就会有危险。天平的一端是正义,另一端是自保。有一件事情是我可以肯定的,让奴隶自由地从一个州迁往另一个州并不能使奴隶成为一个独立的人,尽管对一个独立的人来说,这样的自由是必须的。因此,倘若奴隶能够在更大的空间分布开来,这将会提升奴隶的个体幸福,并且也相应地为解放工作提供了助力,毕竟,这样可以让更多的人来分担这个重负。国会的法令致力于给各州不同种类的居民规定条件,此举必定激发出嫉恨情绪,而倘若国会能够克制自己的权力欲,也就能消除这样的嫉恨了。毫无疑问,此乃归属于各州的排他性权利,宪法不曾有任何条款规定从各州手中拿走这一权利并将其转交给联邦政府。比如说,国会根本无权宣布康涅狄格州的非自由民成为自由民,也根本无权宣布康涅狄格州的非自由民不能前往其他州。

很遗憾,我即将走进坟墓了,此时却看到1776年一代人为了赢得自治和幸福而作出的牺牲,全都白费了。后人身上涌动着愚蠢且可怜的激情,令1776年一代人的工作都失去了意义,而我肯定不会活到真正为此事哭泣的那天,这可能是我仅存的安慰了。倘若他们真的能够冷静地掂量一下他们因为违背抽象原则而失去怎样的赐福,掂量一下分裂而非联合将会造成怎样的痛楚,也许他们会在落入自杀境地之前暂停下来,也许他们也就因此不会背离这个世界的希望了。

阁下是联邦事业的忠诚捍卫者,在此,请允许我向您表达我由衷的敬意。

托马斯·杰斐逊

请听一听这些先知般的话语!也请听一听这深刻的演证!

这个问题暂时被压制下来了;不过,这只是暂缓而已,最终宣判尚待来日。一条地理分界线,却也应和着明确的原则分界线——这界线既是道德的,也是政治的。当时构思这条界线是为了迎合狂暴的激情,现在恐怕是再也没有消除的可能了;任何一场新的刺激,都会令这条线划得更加深刻。

自这些振聋发聩的语词形诸笔端,二十八年的光阴已经匆匆逝去,但时间证明了这些话是何等真确,而且,我们担心,时间将会维系这个证明的进程,直到预言全部应验那天。可以肯定,杰斐逊认为密苏里妥协线完全没有能力遏制这个致命的事件进程,这也正是他那犀利的睿智从问题当中感受出来的。妥协线只不过是“暂缓”而已。请注意他心灵当中深深烙印着的深沉忧伤:

很遗憾,我即将走进坟墓了,此时却看到1776年一代人为了赢得自治和幸福而作出的牺牲,全都白费了。后人身上涌动着愚蠢且可怜的激情,令1776年一代人的工作都失去了意义,而我肯定不会活到真正为此事哭泣的那天,这可能是我仅存的安慰了。

在聆听了这封信笺之后,还有人会仍然认为杰斐逊是所谓的《威尔莫特但书》的作者吗?还有人会支持《威尔莫特但书》吗?然而,就是在这样一个时刻,北方正有人力图依托《威尔莫特但书》组建一个纯粹派系性质的政党,而赞同此举的人却正是那些宣称对杰斐逊的品格和原则极为敬重的人!不过,就我而言,我必须实话实说,虽然我竭力挽救杰斐逊的声誉,使之脱离如此肮脏的指控,不过我同样认为杰斐逊在这个问题上并非无可指摘。他在那份准州政府报告中插入这样一项条款,实际上犯下了巨大的错误,倘若当初根本就没有这项条款,也就不会被修订成今天这个样子了。可以说,正是杰斐逊发起了最初的攻击,因为此举实际上相当于最初的尝试,尝试"划出一条应和了道德和政治原则分界线的地理分界线"。世人大都在这个问题上坚持一种博爱主义的观念,这种观念实质上是对问题本身性质的极为危险的误判,然而,这样的观念恰恰也正是肇始于杰斐逊,我在结束演说的时候会申明这一点。还有另外一些人,虽然秉持完全不同的情感和观点,但是也对杰斐逊持追随态度,因此也就赋予了这项条款以方向感和动力,而这样的方向和动力,倘若不加以迅速且有效的遏制,必将导致联邦的解体以及我国政治体制的毁灭。

相信我已经无可争议地确立起如下观点:无论是 1787 年法令还是《密苏里妥协案》,也无论是从中生长出来的那一系列先例,还是杰斐逊的权威,都没有提供任何的证据可以证明国会拥有针对准州的统治权能,如同当前这份议案的第十二条款所主张的那样。不过,为了便于推进论辩,倒也不妨暂且设定我错了,并且设定我提起的那些反驳意见也都没什么根据,且让他们为那些先例确立起全部的力量,然而即便是这样,一旦面对我在演说开始之时为反对这种权能而提起的那项申述,这一切的力量也将会失去一切的分量。所谓先例,即便在法庭上,也只能拥有微乎其微的权重,除非法律本身遭到质疑,更不用说是在参议院这样一个商议性的实体中,而且涉及的还是一个宪法级别的问题。不妨这么说,尽管他们竭尽全力追索这种权能的存在,但也正如我已经证明的那样,此举莫不归于枉然。这样的权能并不存在,我相信,这些就是这个问题的实情。

我否认这项设计准州和合众国其他财产的条款会授予国会任何的统治权能,也否认国会拥有针对准州的绝对权能;不过,我绝不会否认国会确实拥有针对准州或者合众国财产的某种权力。无论如何,这样的否认都是毫无意义的,尤其是在这个问题上,毕竟我们现在正致力于创建一个准州政府,倘若没有反对意见散布开来反对我们这么做的权利,那就确实没意思了。倘若真的有哪位参议员持有这样的观念,就请他立刻起身并把议案放在台面上,或者也可以用其他方式来处理这份议案,省得我们在这个问题上继续浪费时间,毕竟我们在这个问题上是没有立法权的。如果有人认定我们拥有这样的权能,那就请他回答这个问题:这权能源自何处?范围何在?

在起源问题上,我赞同大法官马歇尔表述过的那种观念,当时的案子已经由来自纽约州的参议员先生宣读过了,确切地说,马歇尔大法官认为,这种权能乃源自准州获取权;在知道马歇尔曾表述过这样的观点之前很久,我就已经心怀这种看法了,这就令我更为彻底地信从这种观点。在准州获取权问题上,我赞同来自纽约州的参议员先生,参议员先生认为,要追溯这种权利,不需要走太远,因为战争权和订约权当中就已经包含准州获取权了。因此,倘若承认合众国拥有准州获取权,那也就会顺理成章地得出推论,认定合众国有权统治准州。在合众国的准州获取权问题上,人们从来没有予以否认,当前的讨论涉及的正是通过战争和条约获取的准州,因此,在这样的讨论中否认合众国的这种权利将是毫无意义的。既然合众国在准州事务上拥有完整的土地所有权、统治权和主权,那么合众国也就必然有权实施统治。但是,联邦政府乃是合众国唯一的代理机构和代表机构,而所谓的合众国也是联邦体制下各州的联合,因此,也就必然独占了这种权利,倘若这种权利真的存在的话。但是,倘若有人在起源问题上倾向于不同的看法,我也不会同他争执下去,毕竟,无论起源何在,结论都是一样的,这一点就是我接下来要予以阐明的。

倘若据此得出结论,认为国会对准州拥有独一的或者排他性的权力,因此国会也就拥有绝对的准州统治权,此乃大错特错。毋宁说,实情恰恰相反。国会对准州的权力要服从众多且重大的限制和约束,有的是明文确认的,有的则是默示的。就明文确认的情况而言,其中包含了宪法给出的一切普遍性和绝对的禁令,确切地说,也就是在任何情况下,宪法都是禁止行使某些权力的。这其中包括了禁止授予贵族头衔,禁止事后立法,禁止制定权利剥夺法案,禁止中止人身保护令(除非是情况特殊),禁止制定宗教法案或者禁止无限制实施此类法令,总之,禁止行使任何诸如此类的法令。这决定性地表明,国会对准州的权力并不是绝对的。但是,倘若因此而认为绝对权力的拥有者是州政府,这也同样是个大错。绝对权能仅仅归属于那至高且终极的权能,也就是我们所谓的主权——在我国制度当中,主权乃寓居于联邦单立且独立各州的人民。和参议院一样,政府,无论是联邦政府还是州政府,都不过是代理人,或者更确切地说,都不过是受托人,因此,政府拥有的并非绝对权力,而是附属的和有限的权力;毕竟,政府拥有的一切权力,就其本性而言,都是委托权力,因此都受制于委托权力应当接纳的所有限制。

政府权力乃局限于委托权力的性质和目标的范围之内,因此,在我国体制之下,任何政府,无论是联邦政府还是州政府,都无权做任何背离了委托权力之本性的事情,也无权做任何有悖于委托权力之目标的事情。或者用更通俗的语言来说,政府无权做任何有悖于让渡权力之本性和目标的事情。倘若政府真的干出了背离之事,那就等于滥权,不仅将权力用于歧途,同时也对宪法构成了侵害;而且,这类事情是极为危险的,因为这类事情通常都是做起来容易,但很难被察觉。不过,还有另外一类重大限制同当前这个问题有着更为直接的联系。我指的是委托—受托这一关系就其性质而言应当接纳的限制。从这个角度来看,委托人就是合众国,或者更确切地说,就是联邦各州。正是他们组建了联邦政府,并将其作为他们的代表或者受托人,赋予受托人相应的权力,让受托人为着委托人的共同利益而行使这些权力。准州归属于联邦体制下的各州,这一点正是宪法明文规定的。各州乃是准州的共同所有者,当然这是就财产或者公地意义上的准州而论的;准州的统治权和主权也寓居于单立且独立的各州。准州是某个州的准州,同样也是其他州的准州,比如说,准州既是弗吉尼亚的准州,同样意义上也是纽约州的准州;既是北方州的准州,同样意义上也是南方州的准州。准州是所有州的准州,这是因为准州是每个州的准州,而非相反。此外,还要补充上地位和权利方面的完全平等,作为一个共同的联邦制联合体的成员,准州天然地享有这种平等,这一点,所有论及这个问题的人都承认,而且都承认这是联邦各州之间的一项根本且本质性的关系。此外,还必须明确一点,国会在治理准州之时,不得有偏私之举,否则就等于剥夺了遭受偏私之害的那些州或者地区的明确且无可置疑的权利,最终也就等于颠覆了联邦和联邦政府所依托的基础。国会无权偏私,就如同国会无权颠覆宪法那样。然而,这项法案本身很可能会成就这样的颠覆之举,很可能会摧毁南方州在联邦关系格局中所享有的平等地位,并使得南方州沦为北方州的纯粹附属,而这也就等于将联邦摧毁殆尽。

至此,相信我已经无可争议地证明了国会没有任何权力禁止南方州公民携带财产迁移到合众国的准州,更没有权力让北方州垄断准州。接下来我尝试将论证推进一步,我将尝试证明,无论是准州居民还是准州立法机构也同样没有这样的权利。寥寥数语就足以说清楚这个问题。无论如何,在有关这个问题的所有看法中,我认为那种认定准州居民拥有此种权能的看法是最为荒谬的。假如准州属于合众国,确切地说,假如准州的所有权、统治权和主权在于联邦各成员州,那么无论是准州居民还是准州立法机构,也就都不可能行使附属于成员州权能之外的任何权能。不妨暂且设定准州可以行使某种权能,尽管我认为这样的情形是绝无可能的,那么这种权能也要服从前面所讲的国会权能所面临的一切限制;而且,也正是出于完全一样的原因,无论准州居民据有何等权能,就我们设定的这种情形而言,这样的权能也都是必须服从宪法,并被我国政治制度之本性和特性所控制的。不过,倘若情形相反,也就是说,如果准州的统治权和主权乃寓居于准州居民而非合众国,那么准州居民也就拥有了排他性的和绝对的准州统治权,据此也就可以随心所欲地将任何人或者任何财产排除在准州之外。倘若真是此种情形,那么在合众国获取准州并允许人们在那里定居之时,准州就已经不再是准州了。尽管第一批拓荒者人数很少,也将因此成为主权者,拥有完全的准州统治权和主权;据此,新墨西哥和加利福尼亚被征服的人民,在自己的土地转变成合众国准州之际,便同时成为准州的主权者了,确切地说,他们甚至有权利将征服者逐出准州。此种两难局面是令人无法脱身的,除非诉求一切观念中最为荒谬的观念,也就是所谓的分割主权观念,确切地说,依据此种观念,主权可以拆解为各个组成部分,一部分寓居于合众国,一部分则寓居于准州居民。但是,主权作为一个州的终极和至高权能,怎么可能分割呢?主权权能的具体实施可以进行分割,但是,怎么可能同时存在两个至高权能呢?

接着我们便被告知,墨西哥法律排除了奴隶制,并且认为除非这法律被撤销,否则便会一直有效力。据此,有人便认为,除非国会通过法令予以撤销,否则南方州的公民就不能携带财产进入准州。应当指出,墨西哥法律禁止的不是奴隶制本身,而是我们这种奴隶制。普罗斯人(Puros)跟我们的黑人一样,都是奴隶,而且他们还比不上我们的黑奴聪慧,境况也没我们的黑奴好。不过,我否认墨西哥法律拥有那些人赋予的那种效力。一旦两国的条约得到批准,墨西哥针对这个准州的主权和权威也将随之灭绝,合众国的主权和权威将取而代之,连同宪法一起对这个准州实施至高的控制权,而与合众国主权和权威有抵触的墨西哥法律和制度都将遭到清除。倘若准州的内部法律体系同我国政治体制的条件和性质没有抵触,那么在万民法法学家看来,就应当维持下去,最后也许会发生改变,不过那也不是出于权利而全然是出于便利,确切地说,变更法律乃是准州居民之间的事情,目的是为了在进入我国法律体系之前,避免无政府状态。这也正是对于便利考虑所施加的终极限制。在此种情形下,雇农体制将会维持下去;但是,这并不就意味着禁止我们的公民携带奴隶或者其他财产迁移到这个准州,也并不意味着墨西哥法律就给出了这样的禁令。万民法的人性条款无非是为了保护准州居民在往日法律体系当中的财产和公民权利,直到有另外的法律体系出现。倘若对这些条款实施拓展并因此赋予这些条款以足够的权能去排除来自合众国的移民,而原因仅仅是墨西哥的法律禁止合众国的财产或者宗教进入这块地方,这实际上等于阻止了绝大多数合众国人民迁移到这个准州,而且还等于将更高的权威给了已经趋于终结的墨西哥权力,而不是给予合众国的实际控制权。我之所以说绝大多数合众国人民,乃是因为墨西哥法律不仅禁止引入奴隶,同时也禁止引入众多其他类型的财产,此外,新教也在禁止之列,而这是国会本身没有权力禁止的。因此,上述的看法最终就导向了此等荒谬结果。

至此,算是完成对这次讨论的总结了,尤其是在权能问题上;而且,我相信我已经无可争议地论证了,无论从哪个角度看,准州乃是对合众国全体公民都开放的自由之地,没有任何权力可以禁止南方公民携带财产迁移到准州。凡是我认为不正确的论说,我都不会提起,而且我同样不会把任何论说推进到超出真理能够给予严格保证的程度。尽管我认为这些论证之健全和真实乃是无可争议的,不过,倘若我错了,确切地说,倘若我的论证并非健全且真实,倘若我的论证最终被证明不过是一堆诡辩,并且那些因为缺乏权力而招致的障碍也将是可以克服的,那么还有另一个障碍将是无可逾越的。单单是拥有权力,这本身并不足以证成权力的施行。因此,要实施这种权力,还必须证明,就给定的情况而言,权力之实施乃是正当和公正的。依据我国的体制,第一个要问的问题就是,宪法是否为这种权力的施行给出了授权?假如宪法给出了授权,那么接下来的问题就是:在给定的情形中,这权力是否得到了正当且公正的实施?除非这个问题也得到了肯定的回答,我们才能够就权力之便利性问题展开讨论。

现在,我郑重地向来自北方的参议员提起这个问题:即便在你们看来你们拥有此等权能,但你们有权正当且公正地将南方排除在合众国准州之外并由你们自己垄断准州吗?这个问题我已经向你们提出来了,也提请你们予以严肃和体面地考量。在这个共同的联邦当中,北方和南方乃是合伙人的关系,有着平等的尊严和平等的权利。为了获取准州,南方也尽到了自己的本分,不仅贡献了金钱,也抛洒了热血。那么,你们究竟是依据怎样的衡平和法律原则,禁止我们充分分享准州的利益和好处呢?你们是不是真的认定,在一项共同事业中,合伙人群体中的一个多数就足以形成一种权利,将少数排除在外进而独享利益呢?尽管少数也为了获取这利益而充分贡献了自己的力量。我们不妨暂时离开原则问题,结合事例予以申述,以便更强有力也更生动地呈现此种情形,而且,不妨就以俄勒冈准州为例。在我看来,我们对于准州的权利首先是建基于我们对路易斯安那的购买;佛罗里达条约又强化了我们的这一权利,因为这项条约实际上也将西班牙的权利转交我们了;此外,格雷船长发现了哥伦比亚河口,随后刘易斯和克拉科对整条河流实施了一场勘察,从源头一直到河口,这就更使得我们的这种权利强化起来。购买路易斯安那用了一千五百万美元,购买佛罗里达用了五百万美元,总计两千万美元。这笔庞大的资金由联邦公共资金支付,其中南方贡献了自己的全部份额。发现哥伦比亚河口的人是马萨诸塞公民,这不假;不过,探险船只却是在联邦旗帜的护佑下展开探险的。因此,无论这次发现带来了怎样的权利,那都是应当归属联邦的权利。刘易斯和克拉科的勘察工作是由联邦公共资金资助的,在其中南方也贡献了自己的全部份额。这其中的花费并不少。俄勒冈也曾爆发针对印第安人的战争,为了镇压印第安人的反叛并且为了保护这个准州,也需要有一支军团驻防。这其中的开销到了何种程度,我们说不清楚,不过,在俄勒冈成为成员州之前,这方面的消耗无论如何都要有数百万美元之多。因此,我现在就要问一问,我们为获取这个准州,贡献了我们的全部份额,并且为了维持这个准州政府,我们也同样贡献了我们的全部份额,然而在这一切的贡献之后,我们却被排挤出这个准州,并且禁止我们分享准州利益,这样的做法是正当的吗？是公正的吗？倘若这样的事情发生在个人身上，我们会作何感想呢？既然对在个人身上发生的这种事情，任何正直之人都不免斥之为卑贱和虚伪，那么联邦政府干出这样的事情，能算是正当的吗？倘若一个三十个人组成的合伙人群体可以这么宣称，那么一个三十个州组成的联邦，又有何理由给出不同的评判呢？

我们最近刚刚从墨西哥手中获取了一个准州，这个准州的情形实际上更能说明问题。获取这个准州的具体过程，想必大家都非常熟悉，在此没必要赘述。这个准州是通过武力(战争)获取的，在人力和财力方面造成了巨大的牺牲。在这场战争中，南方肆意地挥洒了自己的鲜血，完全履行了自己的军事职责，并且为自己赢得了充分的军事荣誉；南方也一直都充分地担当起了自己的经济职责，而且以后也仍然会是这样；世人也都见证了南方在这场战争中展现出了足够的技巧和勇气，甚至可以说，南方竭尽所能而且也超额完成了任务，这倒不是因为南方在这两个方面拥有什么优越性，相反，这一切应当归因于偶然的环境，正是这样的环境令南方的军官和士兵有了更有利的表现机会。所有人都高贵地履行了自己的职责，勇气和侠义只不过是南方人民的俗常品性而已。倘若你们将这样一个准州关闭起来，不让南方人民进入，而只向北方开放，这能说是正当且公正的吗？倘若将联邦的一半关在门外，任由另一半垄断准州，而准州之获取乃是南北双方共同出资和共同作战的结果，那么这样一个准州配得上自由土壤这一令名吗？这难道不正是颠倒了那向众人取之亦当由众人分享的伟大律令吗？这一切的问题现在就摆在你们面前，在此，我提请你们用心思考而非只用脑子思考。倘若世人不知道什么是正确的和公正的，理智将会是孱弱无力的；倘若人们的内心仍然犹疑不决，不知道该站在哪一边，这样的内心必定是糟糕的，除非是在无意识当中遭遇了深沉且经久的偏见的操控。现在，我提请来自北方州的参议员们认真考量一下这个问题：你们准备怎么做？你们是不是准备好了要推倒宪法设置的那些障碍，并准备公然背离公平和正义的律令，将南方排除在外并独自垄断准州呢？如果是这样，就请你们投票反对来自密西西比的戴维斯参议员提起的修正案；如果票决失败，就提请你们投票反对提出第十二条款。这样的话，我们也就知道该怎么办了。如果不这样，那就请让我们享有平等的权利和尊严，就请不要将我们排除在准州之外，毕竟，为了获取准州，我们都付出了财力，也都展现了技巧和勇敢。我们所要求的就是双方的平等，平等地分享属于大家的东西。若是做不到这一点，我们是不会接受的。

现在，我要问一问我的南方朋友们：你们准备怎么做？倘若宪法设置的障碍和公平、正义都不足以保护你们，你们是不是就准备好了沉沦到公认的屈从状态中，任人剥夺你们作为平等人的尊严，任人剥夺你们在各州之间的联邦式合伙关系中的平等权利呢？如果是这样，你们就真的无颜面对祖先了，而且，你们若是这样，也就真的应该跟你们的奴隶换一换位置了；如果不是这样，那就请做好准备迎接挑战。倘若不能迅速解决这个问题，南方就必须马上揭竿而起，勇敢地捍卫自己，否则就只能沉沦到卑贱且公认的奴役当中;而且,我之所以这么说,乃是因为我已经清晰地觉察出,这段时期乃是解决问题的最佳时期,假如世人真的希望就这个问题作个了结。所以,我支持现在就对这个问题实施票决,在这个问题上,我绝对无意借此机会在总统选举事务上对两党中的任何一党制造难堪局面。这个国家既已依托两大政党而分化开来,那么必定也是在这段时期,人们才能如此清晰且剧烈地感受到这个问题引发的困窘和危险。倘若说他们没有感受到已经有一股致力于撕碎联邦纽带的力量在运行当中,尽管联邦纽带已然强大,但是若不迅速解决这个问题,也难免解体的命运,那就只能说这些人是在睁眼说瞎话了。确实是时候了。请睁开眼看一看北方,看看那些正在发生的事情,思量一下过去三年间围绕这个最为要命的问题而发生的一系列事件,你们必定会明白,我们已经不能再敷衍下去了。

因此,现在就不得不面对这样一个问题:如何解决这个问题?在我看来,终极且经久的解决之道,只有一个,那就是遵循高贵的正义原则和宪法。不要对此心怀恐惧,越少恐惧越好。假如北方和南方无法依据这一宽广且牢固的基础寻求共存,那么共存的任何基础也就不存在了。假如宪法的义务和正义的职责因过于孱弱而无力赢得北方的尊重,那么南方又如何指望北方会尊重一纸国会法令所确立的孱弱得多的义务呢?北方也没有理由担心,将问题交付正义和宪法来解决会令北方无法充分享有准州利益。在我看来,如果将问题交付正义和宪法,那么气候、土壤以及其他一系列的环境因素注定了会将分界线划定在北纬三十六度三十分。这条线也许会曲折一些,时而向北凹进,时而向南凹进,但这只不过是为了迁就具体的环境。这些都无关紧要,而且对所有人而言,这也都是更令人满意的,还不会在南北双方之间造成那么大的疏离感,而这是一条僵直、人为的分界线做不到的,无论这分界线出自哪一项国会法令。

在此,我要提请北方的参议员注意,虽然你们认为,倘若真的这么划线,倘若真的任由土壤、气候和环境因素去决定分界线的走向,那么这条界线以南的部分就会对北方的白人劳工关闭大门,因为一旦同奴隶混杂起来,白人劳工也将堕落下去,但是此种看法实在是大错。事实并非如此。实际上,在南方,农业、机械以及一切种类的劳工得到的尊重度超过了世界的任何地方,只有两类职业是例外。其一是家仆和贴身侍从。任何南方人,即便是最贫穷的或者最低等级的,无论如何都不会允许自己从事这类职业。南方人对此一直都倍感骄傲,我对此也是一样。也许他们并不习惯自由人的精神,也许有人会蔑视他们,不过他们丝毫不认为同自己奴隶一起劳作或者接受雇用同奴隶一起劳作有任何耻辱之处;倘若接受了这样的雇用,他们也都会提出同雇主同桌吃饭的权利主张,而且这项权利在南方的乡村地区都是得到了认可的。北方存在同样的情形吗?在南方,社会的分界线并不在于贫富,而在于黑白;所有的白人,无论贫富,都属于社会上层,只要诚实且勤勉,都将得到平等人的尊重和境遇,因此也就会拥有相应的立足之地和骄傲感,这是贫穷和不幸所不能剥夺的。

在此,我还要再推进一步,我认为,即便从政党的角度来看,正义和宪法也是最通畅且最稳靠的途径,可以令这个问题获得解决。倘若将问题交付正义和宪法,那么问题的解决实际上完全不需要有什么特别的作为,确切地说,只要准州还是准州,就让准州成为面向合众国全体公民的自由和开放之地;倘若要成为成员州,那就让准州居民自己决定采用怎样的制度,只要是共和体制就行。倘若一个政党不敢采取此种宽广且牢靠的立场并成功地维持这个立场,那它还能怎么做呢?倘若一个政党不能通过诉求正义、宪法以及自治这类伟大原则来维持自身,那么它又能诉求什么东西才能获得足够的力量来赢得公众支持呢?倘若真的有哪个政党有足够的气度迈出这一步并大胆地提出这样的诉求,倘若这样的诉求都不能获得成功,那就只能说是我对这个联邦的人民的品性产生了严重误读。在我看来,这样的诉求必定赢得联邦一切爱国且理智之士的高声赞誉。联邦和南方的政治制度如今正处于危险当中,这种感觉已经深深地散布在整个国家的肌体之上,唯有诉求伟大原则方能驱散这样的感觉。

现在该是提出结论的时候了,大家对此想必期待已久了。从一开始我就相信,这是唯一足以令联邦解体并颠覆政府体系的问题;而且越早直面并解决这个问题,对所有人也都越安全,也越好。我完全相信,倘若这个问题恶化到一定的程度,任何的解决办法都将失去效能,而且我深深地相信,这样一个时刻正在迅速迫近,因此,如果想避免那样的终局,就必须迅速采取行动。我的这些话是对所有人讲的。请原谅我的直率,不过这都是为了拯救并保护所有的人。南方在联邦以及我国政治制度上压上了全部的赌注,北方也是一样。我们和你们一样,都应当为此做好准备,而且也都有能力应对将要发生的一切。

现在,各位参议员先生,我要说,倘若我们的联邦和政府注定了要毁灭,而我们也注定了要分享历史上那么多人已经经历过的那种命运,倘若有朝一日,未来的历史学者们不得不去记载以此等灾难局面收场的一系列事件,那么他们想必会把第一个章节贡献给 1787 年法令,而且,他们还会如同 1787 年法令的创造者一样,因这项法令是灾难序列的肇始者而欢呼不已。第二个章节很可能会贡献给《密苏里妥协案》,接踵而至的便是眼前的这场震荡。再往后会发生什么,恕我无法预测,毕竟,未来之事取决于我们今天的作为。

倘若未来的某个历史学家拥有一颗哲学的心灵,并尝试找寻更为遥远也更为深沉的原因,很可能会将之溯源于一项命题,这项命题扎根于一项假设性的自明公理当中,不过,这一公理,就今天的人们对之所作的表述和理解而言,乃是一切政治错误当中最为虚假也最为危险的。我所指的这项命题,在大西洋两岸的绝大多数人心目中已经成了原理性质的东西,并且也成了日复一日口口相传的东西,仿佛那就是确定无疑且无可反驳的真理。这项命题就是:“一切人都生而自由,生而平等。”我向来不惧攻击错误,尤其是在当前这个问题上以及在当前这个场合,此乃我的职责所在。

从字面上看,这项命题当中并没有一个语词包含任何的真理元素,但人们恰恰就是从字面上理解这个命题的。命题开头的部分说,“所有人都是生出来的”,这完全是胡说八道。人不是生出来的,只有婴儿才是生出来的。人只有经历了成长才成其为人。这个命题结尾的部分提出断言,认为人乃生而“自由且平等”,这同样是胡说八道。婴儿根本无力担当自由,也根本不具备思考和行动的能力,缺了这些东西,就别谈什么自由。此外,人在出生之时,必定是要服从父母的,而且这种依附状况会一直持续下去,无论文明人还是野蛮人,直到有一天其理智和身体发育到可以自立的地步。一切人都是在经历了成长之后,才配得上自身的环境条件所允许的自由,不管怎么说,人都是成长为人的。生而“平等”也一样是胡说八道。无论从哪个方面看,人都不可能是生而“平等”的。因此,我的论断一点都没错,这命题当中没有一个语词包含真理元素,尽管世人就是这么表述而且都是这么理解的。

不妨再回顾一下,不难发现这项命题在《独立宣言》中有不同的表述:“一切人都被创造为平等之人。”此种表述方式也许没那么危险,不过同样也是错误的。所有人都不是被创造出来的。根据《圣经》的叙述,只有两个人,一个男人和一个女人是被创造出来的,而且,造物主也规定了两人当中有一人是要服从另一个人的。其余的人都是经由出生才来到这个世界的,因此,正如我已经表明的那样,在任何意义上都不可能是自由或者平等的。然而,这个表述方式,尽管没那么惹眼也没那么普遍,却也开辟出道路从而进入到当前问题当中的,依托那份在重大时刻提出的文件的权威并导致了如此重大的后果，现在，则已经传布四方并深深扎根在公众心灵当中。这项表述乃是生硬地插进《独立宣言》当中，实际上这没有任何必要。它没有为我们脱离母国宣布独立之举提供任何必要的支撑。违反我们的特许权，并且无法无天地侵夺我们公认且牢固的权利，此乃我们脱离母国的真实原因，而且这些原因本身就足以证成我们的独立，用不着诉求别的任何东西。在构建用以取代殖民地统治形式的本国政府的过程中，这项命题也没有任何权重可言。取代殖民地统治形式的本国政府乃是依据已有的材料建造起来的，而且依托的也都是务实且牢靠的原则，这些原则主要都是从我们自己和母国的经验中借取的。

倘若继续回溯这个命题，就不难发现，这个命题源自一批论述政府问题的作家，这些作家在各州草创时期就已经达到极高的知名度了，革命年代的众多杰出人物都对这批作家的东西谙熟于胸。其中，洛克和西德尼是最为突出的。不过，他们对这个命题的表述是完全不同的。确切地说，他们对此的表述是，"自然状态中的一切人都是自由且平等的"；前面我提到过那种假设性的公理，指的就是这项表述。其他的表述方式都是从这项表述当中变通而出的。要弄明白这是为什么，还是需要作出一些解释。

为了论证的方便，不妨设定人乃置身于三种状态当中：个体性状态，确切地说，就是离群索居；社会状态，也就是融入社会；政治状态，也就是生活在政府之下。人在各种状态当中的权利和义务会是怎样的，是可以展开推理的，用不着考虑实际上人能否存在其中。可以肯定，在个体性状态中，离群索居本身确实保证了人的自由和平等,每个人都是自己的主人,可以随心所欲地做自己喜欢的事情。不过,同样清楚的是,人不可能生存在这样的状态当中。人就其本性而言乃是社会性的,社会不仅于人自身各种机能的养成来说是必需的,不管是道德机能还是理智机能,而且于人类自身的存在而言,也是必需的,因此,个体性状态乃是纯粹假设性的状态。当我们说一切人在这种状态中都自由且平等时,实际上,我们是在宣示一项纯然假设性的自明命题;确切地说,也就是一项依托于不可能存在的纯粹假设性的自明命题,因此,也就谈不上实际价值,或者根本就没有实际价值。

不过,将这样的状态称之为自然状态,是一种严重的错误,并且导致了诸多危险的错误;此种状态乃全然背离了人自身的构造,以至于完全悖背了人类自身的存在以及高等机能的发育,无论是精神的机能还是道德的机能,而这样的机能却正是造物主赋予的,倘若称这样的状态为自然状态,那是何等的荒谬。

社会状态也并非自然状态;因为若没有政府,无论是何种形式的政府,社会便无法存在,就如同人没有社会便无法存在一样。是政治包容着社会,因此,政治状态才是真正的自然状态。造物主之创造人类,正是为着这样的政治状态,一切人都无可抗拒地进入这种状态,也只有在这种状态当中,人类才能存在,人的一切机能才能得到发育的机会。

因此,便不难得出推论:最糟糕的政府也要好过无政府状态。个体的任何自由,必须服从为保护社会免遭内乱或者外敌而引发的无政府状态或者毁灭命运所必须的权力,毕竟,社会的安全和福祉高于个体的自由,就如同人类的安全和福祉高于个人的安全和福祉一样;在同等的程度上,为捍卫社会安全而必须的权力也高于个体自由。不过,政府也无权在控制个人自由之时超越为社会之安全和福祉所必须的限度。这就是政治状态当中那条将政府权能同公民或者臣民自由划分开来的界线,而政治状态,正如我刚才表明的那样,乃是真正的自然状态,人类唯有在政治状态中才能存活下去,也唯有在这样的状态中,一个人才能够出生、成长并死亡。

由此便不难作出如下推论:政府权能的数量和个体自由的数量不可能在一切情形中都是平等的;相反,两者在不同的民族当中必然是不平等的,具体情况则要依据各个民族的不同境况而定。毕竟,各个民族的无知、愚蠢、堕落、腐化程度是不一样的,并且面临的内部暴力和未来威胁也都是不一样的,因此,为了捍卫社会免于无政府状态或者覆灭命运所必需的政府权能,也将跟随上述状况而相应地变化。政府权能越大,则个体自由就越小,直到最恶劣的情形降临,使得政府不得不据有绝对且专制权能,而个体自由则归于灭绝。相反,倘若一个民族在智慧、德性和爱国精神的阶梯上不断攀升,随着一个民族对政府的性质有了越来越深的了解,比如政府的目标何在、应当如何运转政府,同时也随着内部暴力和失序以及外来威胁的可能性越来越小,政府所需的权能也就会越来越小,个体自由则相应地提升起来。因此,并不像那些坚持认为一切人生而自由且平等之人所声称的那样,一切都享有同等的自由和平等,相反,自由乃是给予精神和道德发育的高贵奖赏,并且也是至高的奖赏,当然,有利的环境因素在其中也是必不可少的。因此,人并非生来就自由且平等,也并非一切人和一切等级都同等地享有自由和平等,相反,自由和平等乃是需要人们奋力争取的重大奖品,而且就其最为完满的状态而言,自由和平等不仅是人类能够获取的至高奖赏,同时也是最难以获取的奖品,并且,即便赢得了这奖品也是最难以维系的。

我在前面揭示的那种危险错误使得这些奖品更是极难获得,同时也极难维系,这种错误就是认为一切人生而平等且自由,仿佛如此重大的品性无需任何努力便天然地归属于个体,也平等地归属于一切人,用不着考虑智识和道德境况。将此一错误观念付诸实施,此乃一切政治错误当中最为危险的,确切地说,赋予一切人以自由和平等,不考虑他们是否适合获取或者维系自由,而此种绝对且个体性的自由仅仅是依据那种假设性的和错误称谓的自然状态而赋予一切人的,此举实际是阻碍了自由和文明的事业,而且在当前这个问题上更是如此,其阻力超过了其他一切阻力的总和。此种错误观念往往足够强大,可以颠覆政府,同时,在阻碍依据恰当原则建构政府方面,其力量更为强大。欧洲,这个星球上当前最为发达且最为闻名的地区,之所以会身陷令人绝望的无政府状态,迟迟不能重建好的政府以取代已经毁灭的政府,并以军事专制收场,此种错误观念可以说正是罪魁祸首。我们也未能避免这一错误观念所制造出的乱世效果;《独立宣言》竟然容纳了如此重大的错误。如今,我们可算是开始品尝其中的危险了。这危险在相当长时间里处于蛰伏状态;不过,时间的进程令它开始发芽,并结出有毒的果实。它强有力地掌控了杰斐逊先生的心灵,由此催生了《独立宣言》,使得杰斐逊完全错误地看待两个种族在南方的从属关系;并据此认为,黑人尽管完全无能力享受自由,不过就自由和平等方面的权利而论,黑人同白人是一样的;进而认为,剥夺黑人的这种权利乃是不正义的,也是不道德的。杰斐逊之所以提议将奴隶制从俄亥俄西北方的准州排除出去,其原因恰恰可以追溯到这项错误当中,而且,也正是这项错误观念,才导致了 1787 年法令。这项法令催生的如今这场深沉且违宪的震荡,已经威胁着要吞没我们的政治制度,并令整个国家陷入无尽的痛楚当中,倘若不能迅速解决这个问题,这样的结局就会是注定了的。

1850年3月4日

关于接纳加利福尼亚为成员州问题的演说，兼及联邦的普遍状态

议长先生，各位参议员，目前这个重大问题一直在震荡着我们的国家，而且你们也一直都在关注这个问题，尽管我非常不愿意这么干，不过在这个问题上表明我的情感，我也觉得正是我的职责所在。而且，各位参议员如此慷慨，希望我在今天这个场合就这个问题发表一次演说，因此，我身上也就平添了这样的义务。

这个问题显然已经成为当前的独大问题，在过去的一周里，我也曾希望有能力就这个问题阐述我的观点，可惜因为感冒，让我的身体迟迟不能恢复过来，一直未能如愿。

于是在朋友们的建议下，同时也考虑到也许我在辩论结束前没有足够的力气就此事发表演说，我尝试将想说的话写下来。无需多言，我希望请坐在我身后的这位参议员朋友帮我宣读。

[马森先生："不胜荣幸，能够应可敬的参议员先生之邀，代他宣读这份演说。"马森参议员遂宣读了卡尔霍恩先生的如下演说。]

各位参议员先生，从一开始我就相信，奴隶制问题引发的震荡，倘若不采取及时有效的措施来予以遏制，最终将会导致联邦解体。我一直都秉持着这样的观点，而且一直呼吁两大政党关注这个问题，它们有能力采取措施来遏制眼前这场巨大的灾难；不过都没有获得成功。于是这场震荡便自行发展下去，几乎没有遇到任何抗拒，直到有一天，也许人们会发现问题已经到了无法掩盖的程度，或者说是到了已经无法否认联邦处于危境的程度。到了那时，你们便不得不直面这个最为重大而且也是最为严重的问题：如何保存联邦？

若要就这个极具分量的问题给出令人满意的解答，就必须精确且透彻地了解，究竟是什么原因令联邦置身危境，以及这原因的性质和特点。没有这样的了解，就没有可能凭借任何的确定性来宣示任何的拯救举措，这就如同一个医生在不了解病症的性质和原因的情况下，不可能凭借任何的确定性开出药方。因此，为了达成这样的了解，需要探查并考量的第一个问题就是：究竟是什么威胁着联邦？

这个问题的答案可能不止一个，直接原因就是如今遍布南方各州的普遍不满。这种不满已经广为散布，不过其根源也并非近来之事。从奴隶制问题引起震荡之时，这种不满便诞生了，自那以后便一直处于上升轨道。倘若深追一步，那么接下来的问题便是：是什么引发了这种广为散布并且可以说是普遍性的不满？

有人认为，这场不满乃是煽动家们的作品，正是他们激起了人们的不满，目的是寻求个人晋身之机，或者是为了满足一些政客那受挫的野心,通过诉求这样的煽动行为来挽救自己的命运。此一观念实乃大错特错。相反,在南方,一切大的政治影响力实际上都是抗拒这样的骚动的,并且也都在竭尽所能地安抚人民。实际上,南方民众也和北方民众一样,分化为辉格党和民主党。南方的政党领袖和政党媒体都极为热切地希望遏制这样的骚动并维持平静局面,毕竟大家都清楚,骚动的结果只能是削弱乃至摧毁南方和北方之间的政党政治纽带。凡是知晓政党纽带力量的人,都很容易明白,政党纽带可以发挥出巨大的效能以对抗这场震荡并维持平静局面。不过,尽管政党纽带的能量巨大,也仍然不足以遏制如今正在南方散布开来的普遍不满。既然如此,肯定是某种深远且强大得多的原因激起了如此深远且广泛的不满。还是那个问题,这场不满的原因究竟是什么?就如同这场不满一样,南方各州人民同样盛行着一种信念:就当今的事态而言,南方如果继续留存在联邦,将会丧失自身的荣誉和安全。因此,接下来要考量的问题便是:是什么原因激发了这样的信念?

在很长一段时间里,北方围绕奴隶制问题发展出一股激荡的潮流,毫无疑问,这正是原因之一,而且在这段时期,北方对南方的权利也实施了众多的侵害举动。现在我无意列举这类行为,后面有更恰当的机会予以举证。

这背后则是另一项原因,并且两者是紧密关联在一起的,而且可以说,背后的这项原因才是首要的。这原因就是,宪法获得批准并且据此将联邦政府运作起来之时,南北双方在联邦政府当中处于一种均势状态,如今,这一均势已经毁灭了。宪法批准之时,可以说南北双方之间的均势状态几乎是完美的,也正是这样的均势为双方提供了丰沛的手段,足以形成自保并对抗来自对方的侵夺行动;但是,如今北方已然掌控了排他性的联邦政府控制权,这令南方没有足够的手段形成自保以免受北方的侵夺和压迫。各位参议员,为了清晰地揭示这个问题,我特地准备了一份简单的统计,这份统计表可以展示出 1790 年第一次人口调查和上一次也就是 1840 年人口调查中间,南北双方在联邦政府相对权重的变迁。

根据 1790 年的人口调查,合众国的人口为 3,929,827 人,这其中包括了当时尚处于草创阶段、未正式成为成员州的佛蒙特、肯塔基和田纳西。其中,北方州的人口为 1,977,899 人,南方州的人口为 1,952,072 人,北方州仅仅比南方州多出了 25,827 人。当时,包括佛蒙特、肯塔基和田纳西在内共有 16 个州,其中北方包括佛蒙特在内拥有 8 个州,另外 8 个州则归属南方,包括肯塔基和田纳西在内。可以说,第一次人口调查时期,南北双方在州的数量上是平分秋色的。北方在众议院、选举人团略占优势,这是因为依据宪法规定,在估算联邦人口之时,5 个奴隶才折算成 3 个联邦人口;不过,北方占据的这种优势不会对这种完整的均势格局有多大影响,除了北方在众议院和选举人团所据有的微弱优势之外,可以说,当时的格局就是南北双方之间的完全均势。当各州同意进入联邦之时,面对的就是这种平等局面。自那以后,此种均势格局便遭遇了极大的扰动。

根据 1840 年的人口调查,联邦总人口为 17,063,357 人,其中北方占据了9,728,920人,南方为7,334,437人,化约成整数的话,双方的人口差距已经达到了240万。州的数量也从16个提升到26个,整整增加了10个州。与此同时,特拉华究竟该归属北方还是南方,这一点还是悬而未决的。暂且将特拉华视为中立州,那么北方就拥有13个州,南方则为12个州,这就令北方在参议院占据了两个席位的优势。依据1840年人口调查,众议院获得了223名成员,其中,北方州拥有135个议席,南方州拥有87个议席。因此,在众议院,北方州拥有48个议席的优势。加之在参议院拥有的两个议席的优势,这就使得北方在选举人团拥有了50票的优势。自1840年人口调查之后,先后有四个州进入了联邦,分别是爱荷华、威斯康辛、佛罗里达和德克萨斯,尽管并未改变这项人口调查实施之时参议院的力量格局,不过鉴于其中的两个州加入了北方阵营,遂使得北方州在众议院的优势扩大到50个席位,并由此造成了选举人团多达52票的北方优势。

整体的结果便是北方在联邦政府的各个分支都获得了优势地位,由此将联邦政府的两大构成要素集聚一身,其一是州的多数,其二便是人口的多数,确切地说,就是联邦人口的多数。实际上,无论是谁,只要能将这两大优势集聚一身,便足以对联邦政府形成完全的掌控。

现在,这个国家正处在第6个十年和第7个十年的交接时刻,将要再次实施人口调查,而且此次调查毫无疑问会极大地提升北方在众议院和选举人团已经据有的决定性优势。在接下来的这个十年,会有新州进入联邦,这同样会极大提升北方当前的参议院优势。这样的前景已经在望了。2 个准州,俄勒冈和明尼苏达,已经在酝酿着成为成员州了。最近,人们也一直都在付出巨大的努力,以将墨西哥战争所获取的土地上的 3 个州带入联邦。此举若是顺利,可以在短时间内令北方阵营增添 3 个新成员,北方将总计赢得 5 个新成员;北方州的数量也将从 15 个随之提升到 20 个,参议院席位也将从 30 个提升到 40 个。相反,南方则没有机会迎接准州的加入,而且南方在这个十年也没有指望会增添一个新州。由此,前景便已经展现出来,在参议院的力量格局中,在这个十年结束之前,倘若当前致力于将奴隶制排除出准州的尝试取得成功的话,北方将拥有 20 个州,南方则只有 14 个州(特拉华保持中立),到时,参议院将有 40 名北方议员面对 28 名南方议员。无论参议院、众议院还是选举人团,北方的力量在其中都将获得极大的提升,这是下一个十年必然发生的事情,这样的格局将会有效且无可挽回地摧毁联邦政府开启之际的那种均势。

倘若这种均势的毁灭只是时间的结果,而没有联邦政府的介入,那么南方倒也没什么好说的;但这并非实情。实际上,正是联邦政府的立法导致了均势的毁灭,尽管联邦政府是联邦各州的共同代理人,负有保障各州利益和安全之责。促成均势毁灭的立法可分为三类:第一类,一系列将南方排挤出本属于联邦全体成员州的准州的法令,极大地扩张了北方的份额,留给南方的份额则是极其有限的;第二类法令的意图是采取一种特别的税收和支出体系,令南方承担完全不成比例的税赋,同时将不成比例的收入分配给北方;最后一类乃是一系列的政治举措,极大地改变了联邦政府的原初性质。请允许我依照这个顺序对各类法令略作评说,我的目的是要表明,正是由于联邦政府的行为,南北双方之间的均势才遭到摧毁,使得整个政府体系的权重都集中在一个派系性的多数身上。

第一类法令将南方排挤出应享的准州利益份额之外,这类法令实际上在邦联时期就已经出现了,那时候联邦政府还没有诞生。1787 年法令当中就能找到这样的条款。这项条款的意图就是将南方势力完全排除在位于俄亥俄和密西西比河之间的那片辽阔区域,如今这片区域已经创建了五个州和一个准州。接下来便是《密苏里妥协案》,将南方势力从北纬三十六度三十分以北的广袤的路易斯安那土地上驱逐出去,除了密苏里准州所占据的那片土地。最后一项类似的法令则将南方势力从整个俄勒冈准州排除出去。实际上,所有这些区域,用当时的俗话来说,都是所谓的蓄奴准州而非自由土壤;确切地说,这些准州乃归属于蓄奴者的势力范围,而且也都是奴隶主们可以携带自己的奴隶前往移民的地方。借助这一系列的法令,总计有 1,238,025 平方英里的土地对蓄奴州封闭了,这个面积远远超出了整个密西西比流域的面积。对南方而言,开放的准州也就只剩下路易斯安那准州北纬三十六度三十分以南的部分了,当时的人们称这片区域为印第安人的土地。这片区域,再加上如今已成为成员州的佛罗里达准州,对蓄奴州开放的全部准州面积是 283,503 平方英里。这之上还应当补充德克萨斯准州。所有这些土地倘若归于南方,南方的势力范围就应当提升325,520平方英里,并使得南方的总体势力范围达到699,023平方英里。但是,德克萨斯准州仍有一大片土地处在双方的争执当中,这就使得南方在准州的势力范围究竟是多少,变得难以确定。

这其中,我并没有将最近经由墨西哥战争而获取的准州计算在内。北方正在尝试剥夺南方在这片土地上的一切立足之处,正在竭尽所能地令这片区域整个归属北方。倘若此举获得成功,北方将为自己的势力范围增添526,078平方英里的土地(实际上南方已经在这片区域遭到了排挤),这就会令北方的准州势力范围提升到1,764,023平方英里,其中这还不包括德克萨斯那一大片争议区域,因为北方是很有可能成功地将南方势力逐出这片区域的。不妨总结一下,自独立之后,合众国已经斩获了2,373,046平方英里的准州领土,而北方正在致力于将南方势力排挤出这些准州土地;倘若北方成功地垄断了新近获取的准州,那么,整个的准州土地将有四分之三的区域归属北方,留给南方的则只有四分之一。

以上就是摧毁联邦政府当中南北均势局面的首要原因。

接下来要评述一下联邦政府采取的税收和支出体制。众所周知,联邦政府的主要财源是进口税。此处,我无意刻意地去说明此类税赋必然以各个出口州作为主要承担者,而南方作为联邦的主要出口区域,所承担的税赋额度实际上已经远远超出了恰当的程度;我在这里实际上没有必要这么做,因为这个问题人们已经说得够多也够充分了。出于同样的原因,我在这里也无意刻意地去说明,北方收获的联邦支出额度也远远超出了适当的程度;而且,这些原因的合力铸成的结果,实际上就是将大笔的资金从南方转移到北方,但倘若税收和支出体制是平等的,北方绝无可能得到此等额度的转移支付。此外,还应当补充一点,许多税收之征收,并非为了纯粹的财政考虑,而是为了实施产业保护,确切地说,许多税收实际上并没有进入国库,而是直接进了制造业主的口袋。历经六十年的时光,从南方转移到北方的支付额度之巨,人们是不难感受的。因为我手里没有资料,所以无法对此形成精确的评估;不过,无论如何都可以说,总体的转移支付额度不会少于数亿美元。即便是最保守的估计,这笔资金也足以极大地扩张北方的财富,进而极大地提升北方的人口,因为这可以吸引全世界的移民前往北方。

这项原因,连同前面的主因,足以解释为什么北方会在联邦政府当中占据全面优势地位,毕竟,相对于南方,北方无论是人口数量还是州的数量,都获得了不成比例的提升。就人口来说,在过去的五十年间,北方已经超出南方 240 万之多。在如此漫长的时间里,人口不断在提升,移民及其后代毫无疑问是主因;这些移民都来自欧洲和南方,是联邦的转移支付体系为北方赢得了巨大的优势,从而吸引了一批又一批的移民。倘若没有这样的转移支付,确切地说,倘若联邦政府从南方抽走的税源能够以资本的形式留在南方;倘若南方不曾因为 1787 年法令和《密苏里妥协案》而被排挤出俄亥俄和密西西比流域之间的区域,以及密西西比流域和落基山脉之间北纬三十六度三十分以北的区域，那么，毫无疑问，南方将和北方平分这批移民，而有了这批人口，南方在1840年人口调查中，无论如何都不会输给北方。倘若南方在准州能够保有平等权利，那么在州的数量上，南方也能同北方平分秋色，并由此保持联邦政府初创时期的那种均势局面。因此，均势的丧失应当归因于联邦政府的行动。

然而，就在这一系列的法令致力于摧毁南北双方的均势格局的同时，联邦政府也在实施一系列的举措，这些举措剧烈地改变了联邦政府自身的特性，因为这些举措将全部的权能都集中于联邦政府自身了。此时不是回顾这些举措究竟如何导向这种局面的时候。如果此事确实发生了，那么就不难表明，这个进程本身在联邦政府的早期阶段就已经萌发了；而且，这个进程几乎没有任何中断地伸展着，步步为营，直到最后在实际上吸纳了几乎全部的权能。不过，要确立这个事实，倒也用不着回顾整个进程，在这个问题上，一项简短的申述就足以说明一切。

联邦政府主张并且实际上也一直都坚持自己在自身权能范围问题上的终极决断权利，这一点是那些熟悉我国政治史的人极少否认的。联邦政府同样也主张自己有权为捍卫自身所主张的任何权能而采取武力的权利，以便压制一切的反抗，这一点也得到了差不多是同等程度的确认。实际上，我们日常的耳闻目睹似乎也都清晰地揭示出，这一点已经成了在合众国绝大多数人当中盛行且确定的观念。现在，我倒要问一问，对于此类联邦权能的实施，究竟有可能施加哪些限制呢？如果没有，单立各州将如何维持并保障宪法保留给它们的权力呢？或者说，各州人民将如何维系保留给他们的权力呢？在这些权力中，最重要的就是各州宪法和政府规定并确立的主权权力，这些主权权力也同样得到了合众国宪法和联邦政府的规定和确立。倘若各州没有宪法手段去维系自身的权利，并据此对抗联邦政府的权利主张，那么各州的主权权能也就必然任由联邦政府宰割，最终，政府体系的全部权能将在实际上聚集于联邦政府一身。由此，联邦政府自身的特性也将从一个联邦式的共和体制，演变成一个巨大的、全国性的、集权的民主体制，从而远离了立宪者们当初的设计。实际上，当前的联邦政府已经显示出全国性的集权民主体制的一切特征，尽管仍然保留着共和体制的外在形式。

所有这些因素联合起来达成的结果就是，北方已经在联邦政府各个部门中获取了决定性的霸权地位，并借助这种霸权地位，掌控了整个政府体系的全部权能。联邦的一个由数量多数所宰制的组成部分，如今却在事实上控制了联邦政府并掌握了整个政府体系的全部权能。曾经的那个宪制式的联邦共和体制，如今已经在事实上演变为一种如同俄罗斯独裁体制那样的绝对体制，其专制倾向毫不逊色于历史上曾经存在过的任何绝对体制。

既然北方已经掌握了联邦政府的绝对控制权，那也就很明显了，在一切事关南方和北方的问题上，只要产生利益分歧，南方利益都将会向北方利益作出牺牲，无论结果具有何等压迫性。毕竟，南方根本没有办法通过联邦政府来采取抵抗。不过，倘若不存在对南方来说可以引发南北双方分歧的至关重要的问题,事态就还算是可以忍受的,因此南方也就不会面临覆灭的危险。可惜事实并非如此。现在就有了这么一个对南方来说生死攸关的问题,在这个问题上,双方的情感和观点之差异与对立已经到了极端的程度。

这个问题就是黑人和白人这两个种族在南方的关系问题,这一关系实质上是南方社会组织体系当中至关重要的元素。北方的各个阶层和各个地区多多少少都分享了对南方的此种关系模式的敌对情感和观点。最为激进者将之视为一种罪,并据此认为自己肩负着最为神圣的义务,要竭尽一切努力去摧毁奴隶制。确实,既然他们自认有这种权能,当然也就有理由自认牵涉到这桩罪错当中,因此,倘若没有竭尽所能地对南方奴隶制实施镇压,他们就无法解除自己的罪愆。不那么激进的人则将南方奴隶制视为一种罪行,如他们自己所说的那样,这是一桩针对人性犯下的罪行;这些人也许没那么狂热,不过他们也自感应当竭尽所能地达成同样的目标。而那些更趋温和的人,则将之视为他们所谓的民族性格上的一项污点,因此,这些人自感绝对不能支持南方奴隶制,也不能给这种制度提供任何的支撑。相反,南方则认为奴隶体制是不能遭到破坏的,否则两个种族都将面临灭顶之灾,并且最终会令整个南方沦落到贫穷、荒废和惨淡的境况当中。因此,南方也认为,出于利益和安全方面的一切考虑,必须捍卫这一制度。

在相当长一个时期里,北方对于南方社会组织体系的对立情感,都处于蛰伏状态,不过,只需要些微的火花,就足以点燃那些感受强烈的人,毕竟这些人最为强烈地感受到自己对奴隶制的延续是负有罪责的。于是,他们便会采取行动。联邦政府权能日增,北方对联邦政府各个部门的控制力也日增,这恰恰就提供了所需要的火花。也正是这一点,令众人产生了一种印象,认为联邦政府可以做自己意愿中的任何事情,在这条道路上极少或者根本就没什么阻滞力量。仅此一点就足以令北方的狂热分子采取行动,去摧毁南方当前的种族关系。

针对南方的第一次有组织的行动发端于 1835 年。紧接其后,各种社团、媒体以及众多演说家纷纷行动起来,可谓破天荒的第一次,合力去激发北方人民的情感,煽动性的宣传品则通过邮局系统在整个南方散布开来。南方被彻底搅乱了。于是人们纷纷集会并通过种种的决议,呼吁北方采取补救措施遏制这股欺负到头上的邪恶潮流,并保证要采取自保措施,只要北方不采取遏制措施。国会开幕之时,请愿书从北方各地潮水般汹涌而至,呼吁国会取消哥伦比亚特区的奴隶制,并禁止他们所谓的各州之间的内部奴隶贸易,同时宣布,他们的目标不仅仅是取消哥伦比亚特区的奴隶制,而且要取消各州和整个联邦的奴隶制。在这段扰攘时期,参与骚动的人数并不多,而且这些人都没什么或者说根本就没有个人影响力。

这个时期,国会两党对这些人及其事业都没有任何的同情可言。两党成员都是在极不情愿的情况下呈交的请愿书。不过,尽管废奴派当时的规模很小,而且人们也不怎么看得起,但北方的两个大党却是对之敬畏有加。两个大党都觉察到,尽管废奴派人数微弱,不过他们乃是依托一个对北方心灵有着巨大且统摄性影响力的问题组织起来的。因此,两个大党都不敢怠慢,不敢反对他们的请愿,因为倘若有哪个大党敢于这么做,另一个大党就会利用这个机会对请愿书采取支持态势,从而赢得废奴派,赢得北方人心。结果就是,两个大党联合起来,坚持认为应当接收请愿书,坚持认为国会应当对请愿书诉求的问题作出裁夺。为了证成此种策略,他们采取了一种非同寻常的理据,认为国会必须接收任何问题上的请愿书,无论请愿书是多么站不住脚,也无论国会本身是否在相关的问题上有裁决权。这些观点在众议院取得了主宰地位,在参议院也部分地盛行起来;由此,废奴派便在第一轮的攻击浪潮中成功地斩获了他们希望得到的东西——在国会的立足之地,以此为依托,这场震荡就足以扩散到整个联邦。这只是这场震荡的起步阶段,此后,震荡便一直持续着,今天,大家终于见证了这场震荡开始威胁到联邦自身了。

就我自己来说,我很早就已经相信,倘若提交请愿书的这个党派成功地促成国会给出裁决,震荡就会接踵而至,如果不加以遏制的话,最终会摧毁联邦。我曾在当时的论辩中表述过这种看法,并呼吁两党采取反对裁决的立场;但一切归于徒劳。倘若当时我的发言得到倾听,倘若国会各党当时能够联合起来拒绝给出裁决,这场震荡本应当是可以压制下去的。策动了这场震荡的那种狂热使得我们陷入当前的危境当中,倘若当初能够听从我的谏言,这种狂热之火也就会因为缺乏燃料而归于熄灭。不幸的是,北方的两个大党都汲汲于获取或者维持竞争优势,其他的一切考量都遭到了忽视,要不就是干脆被忘掉了。

自那以后发生的一切便都成了顺理成章之事。第一轮攻击取得成功之后,这个人数虽少但却狂热的党派便开始提升力量;随后便成为两个大党争相讨好的对象,必然的结果就是进一步提升这个小党派的力量,并逐渐地将自己的教义渗透到两个大党当中,最终,两个大党都遭到了全面的感染。北方的绝大多数人口,不管他们对最早的废奴党持何种看法,即便废奴党仍然保留了自身的组织,一旦这个党派采取行动,北方人也都会对废奴党的举措采取合作态度。在第一轮攻击波之后不久,废奴党便斩获了足够的影响力,诱使大多数北方州的立法机构通过了一系列的法令,在实际上取消了宪法所规定的交还逃亡奴隶的条款。不久,请愿书便纷至沓来,要求在要塞、军工厂、船坞以及国会拥有排他性立法权的所有地方,都取消奴隶制。随之而来的便是北方各州立法机构提出的请愿书和决议案,要求将南方州排除在准州之外,无论是已经获得的准州还是将要获得的准州;同时,也要求禁止接纳任何其宪法没有禁止奴隶制的准州进入联邦。这一切也都得到了民众集会的支持。于是,国会便接纳了这样的召请以去完成所有这些工作,意图很明显,那就是要在这些州完全取消奴隶制。从这场震荡开始直到现在,这样的意图也正是得到一再明确的终极目标;尽管北方两个大党的绝大多数成员在对事实有了充分了解之后,都对废奴主义者抱持反对态度,不过这些人几乎对废奴派采取的所有举措都采取了合作态度。

以上就是这场震荡的简短回顾，一直到眼前这种状况。现在，我倒是要问一问各位参议员，倘若不采取决定性的举措来遏制这场震荡，还有别的办法可以阻止它达成它那自我规定的终极目标吗？废奴党在开端之时可谓卑微，但一系列的因素在提升它的力量，最终令它达成了今日的分量，请问，这些因素的能量如今是否有削弱迹象呢？废奴运动的初始动因，也就是那种认定奴隶制是一桩罪因而应当给予镇压的观念，今天是否比当初削弱了呢？或者说，废奴党的规模以及对于北方两个大党在竞选事务上的影响力或者控制力是否下降了呢？和震荡开端之际相比，南方是否拥有了更多的手段以影响或者控制联邦政府呢？所有这些问题的答案都是一样的，那就是"没有"！实情恰恰相反。同1835年开端之际相比，支持废奴运动的所有因素的能量非但没有削弱，反而日益增强，而与此同时，南方所拥有的影响力却在日益削弱之中。除非采取决定性的行动，否则我就只能再次问一问各位，还有什么东西能够阻止这场震荡，令其无法达成它那伟大的终极目标呢？倘若无法采取决定性举措进行遏制，南方将不得不在废奴和脱离之间作出抉择，这一点难道不是肯定之事吗？实际上，就目前的事态而言，并非一定要南方脱离才能让联邦解体。这场震荡本身就可以令联邦解体了。过去的历史已经对此提供了充沛的证明，这也正是我接下来要阐明的。

倘若认为一击之下便可以造成联邦解体，此乃大错。将各州维系在一个共同联邦当中的纽带，可以说是相当繁多而且也都相当强大的,一击之力恐怕不足以撼动。解体必须有时间的配合。唯有经历一个漫长且连续的过程,这些纽带才有可能陆续断裂,并最终令整个联邦肌体分崩离析。奴隶制问题引发的这场震荡已经令一些关键纽带断裂开来,并极大地削弱了所有的剩余纽带,接下来我将对此进行阐述。

维系各州的纽带不仅数量繁多,而且特性各异。有的是属灵方面的或者说是教会方面的,有的是政治上的,还有些则是社会性的。有些纽带植根于联邦体制所造就的利益,有些纽带则植根于责任和义务感。

在属灵或者教会纽带当中,最强有力者莫过于各个大教派的团结一致,各个教派开始时都是拥护联邦的;差不多所有的教派都是依据我国政治制度的原则组织起来的,唯一的例外可能就是天主教教派。这些教派的基层组织都扎根于很小的教友集会组织,并且和我国的政治层级分化体制一样,这些教派组织最终都在全国层面凝聚成为一个庞大的中央性聚合体,此种模式像极了我们政治体制中的国会。在全国性集会上,各个教派的主要圣俗人物从联邦各地赶来,在会上商议有关他们共同事业的事务。议题并非局限于教派的教义或者纪律,而是包括了布道、建立传教团、发放宣传册和创建媒体以备出版宗教论章、报纸以及期刊之用,目的是传布宗教信息并对本教派的教义和信纲形成支持。所有这些都形成了合力,极大地强化了联邦的纽带。将每个教派维系于一体的强有力纽带,同时也成了维系联邦的强大纽带;不过,尽管教派纽带相当强大,也不足以对抗围绕奴隶制问题而引发的爆炸性动荡。

第一个因此断裂的教派纽带便是强大的卫理公教会派。在这场爆炸性的动荡面前,这个教派那众多且强有力的纽带全部断裂了,教派团结也成了昨日之事。如今,这个教派各自为战,各自在小圈子里组织自己的教会组织。往日的那种针对整个教会组织的归属感以及对教会利益的忠诚感,如今则分化为两个敌对的阵营;往日里的共同财产,如今则成为双方诉讼和纷争的对象。

接下来断掉的纽带就是浸信会,浸信会可以说是合众国规模最大也最受敬重的教派之一。长老派的纽带倒是没有完全断掉,不过这纽带也已经破损不堪了。在四大新教教派中,圣公会是唯一没有破裂仍然保持完整的教派。

最强大的政治性纽带包括了两个大党各自的众多纽带,这些纽带在时间进程当中也许会有调整,不过,从联邦政府开端之时就已经存在了。两大政党所锻造出的这些纽带也都扩展到了整个联邦,并且也提供了强大的助力,将联邦的各个组成部分维系起来。不过,这一纽带尽管强大,命运也没好过宗教纽带。在很长一段时间里,这些政治纽带都在抗拒奴隶制问题引发的爆炸性震荡,不过最终也归于失败;而且在这场震荡中,这些纽带也难逃最终断裂的命运,即便不是完全断裂,残留的纽带也都被极大地削弱了,其力量也差不多丧失殆尽了。在这个意义上,可以说联邦已经被这场震荡摧毁了,这也是摧毁联邦的唯一法门;具体地说,联邦的纽带要么已经断裂为碎片,要么就是已经没什么力量了。

如我前面表明的那样，倘若这场震荡持续下去，并力度不减且日益提升，那么最终将令一些联邦纽带归于断裂，到了那个时候，除了武力之外，便再也没有什么东西能够将各州维系在一起了。倘若真的到了那一天，可以肯定的是，这个联邦无论如何也不能再称之为联邦了，在这样的情形下，唯有武力才能将弱势的一方同强势的一方维系在一起；但是这样的联系主要依托弱者对强者的屈服，而不再是自由、独立且主权各州的同盟体系。如同联邦政府早期阶段呈现的那样，也只有联邦初期阶段的那种状态才能配得上联邦这一神圣令名。

各位参议员先生，至此，我已经阐明了联邦所遭遇的危险，同时也追踪了其中的原因并解释了这种原因的性质和特征，现在的问题还是老问题：如何拯救联邦？对此，我的回答是，办法只有一个，那就是采取足以令南方各州满意的举措，令南方各州愿意留在联邦同时又不至于折损它们的荣誉和安全。同样，要达成这一目标，唯一的办法就是消除令南方心怀疑惧的那些因素。只要能做到这一点，南方的不满就会消停，南北之间的和谐和友善将会恢复，对联邦所面临危险的一切忧虑也会因此扫除净尽。因此，接下来的问题就是：具体该怎么做？不过，在回答这个问题之前，请允许我阐述一下什么样的做法是不可能拯救联邦的。

讴歌联邦是肯定于事无补的，无论这类颂歌何等华丽或者何等频繁。“联邦，联邦，光荣的联邦”，这样的嘶吼就如同医生叫喊着“健康，健康，光荣的健康”一样，毫无意义可言，是不可能拯救一个身患重病的人的。只要成员州的多数不再将联邦视为保护者，而是视为侵略工具，那么以讴歌的方式来达成和解，将是毫无前途的。

此外，对联邦的讴歌通常都来自一些并非真诚之人。或者说，这些讴歌之词通常都来自我们的攻击者。但是我们不可能相信他们是真诚的；毕竟，倘若真的热爱联邦，他们就必定会忠诚于宪法。是宪法造就了联邦，摧毁宪法就是摧毁联邦。不过，要验证对宪法是否忠诚，唯一稳靠且确定的办法，就是不侵害宪法，同时反对一切侵害宪法的企图。除非是忠诚地履行这方面的重大职责，否则宪法将无以保存，联邦也将随之一同覆灭。

然而，一旦面临考验，我们的攻击者们是如何显示他们对联邦的忠诚呢？他们避免侵害宪法了吗？北方州通过了众多的法令，借此抛弃或者干脆取消了交还逃跑奴隶的宪法条款。他们就是以此作答的。我之所以援引这个例证，不是因为这是唯一的例证，类似的例证太多了，而是因为这项例证最为显著，可以说是铁证如山，不容否认。他们忠诚地履行职责并反对对宪法的侵害图谋了吗？看一看过去的十五年间他们采取的是怎样的政策路线吧，这种政策路线公然以取消南方奴隶制为目标，而这个目标本身又是公然违宪的。这就是他们的回答。在这段漫长的时期，他们可曾有过一次的作为，对煽动家们展开谴责，或者遏制这些煽动家们意欲达成违宪目的的企图？他们可曾为捍卫宪法而采取了任何一项举措？所有这些事实都摆在我们眼前，既然如此，我们又怎能相信他们在宣示效忠联邦之时是出于真诚的呢？或者说,我们又有什么理由不相信他们之所以作此宣示,正是为了提升他们的攻击力度并削弱我们的抵抗力度呢?

即便不是我们的攻击者,我们也同样不能认为他们对联邦的效忠宣言是真诚的。这些人讴歌联邦显然是为了指控我们恶意瓦解联邦,而对于我们的攻击者,他们却只字未加谴责。倘若他们真是联邦的朋友,他们本应当联合我们,共同反抗我们的攻击者,并将这场震荡的始作俑者视为联邦的敌人。他们为什么不这么做呢?他们为什么要采取不同的策略呢?最好还是让他们自己去解释吧。

即便召唤那位南方人杰的名字,也无助于拯救联邦;此人的尸骨就安息在波托马克河的西岸。此人是南方的一员,他是个奴隶主,也是个种植园主。我们研究他的生平,从未发现他曾向错误低头。相反,他那伟大的美名乃植根于牢固的根基当中,不但极为小心地避免侵害他人,而且在抗拒错误方面,他也表现得极为迅捷且果敢。在这方面,我相信他的范例将会令我们受益良多。

在他的生平当中,还不曾揭示出任何有可能阻碍我们脱离联邦的东西;当然,前提是联邦未能达成原初的目标,而且永久且无望地从保护我们的机制转变成侵害我们的机制。相反,他确立起来的范例令我们备受鼓舞,倘若有一天,我们不得不在屈从和脱离之间作出抉择,他的范例是能提供莫大力量的。

当年的情形实际上跟现在差不多,也存在那么一个联邦体制,就是母国和殖民地之间的联邦。当时的那个联邦有很多东西对殖民地人民来说都是弥足珍贵的。在那个联邦体制的保护和治理之下,殖民地开拓出种植园体系,并陆续成长和繁荣起来,在经历了相当长的一段时期之后,各殖民地最终都富庶起来,人口也繁盛起来。殖民地的利益并非局限于自身。他们那范围广泛的农产品以及其他产品,也促成了商业的繁盛,由此便对母国形成了丰厚的回报,毕竟母国为了建立并保护殖民地,是付出了相当的辛劳和花费的。华盛顿就是在这样一个联邦体制中出生并长大成人的。他早年就因为服务于这个联邦而出类拔萃,而且我们也有着一切的理由相信,他对这个联邦是矢志忠诚的。不过,他的忠诚是出于理性的忠诚。他之持守联邦,并非将联邦本身视为目的,而是视为达成目的的手段。一旦联邦背离了这一目的,确切地说,一旦这一体制不再提供保护,而是转变为针对殖民地的压迫工具,他就毫不犹豫地拔剑出鞘,并引领了那一场伟大运动,让旧有的联邦永远地割裂开来,也让当时的各州走向独立。这正是他平生冠绝一切的伟大荣耀所在,从而也将他的美名传布于整个世界,并且将世世代代传递下去。

来自肯塔基的这位杰出的参议员先生所提的方案也无法拯救联邦,所谓的行政方案也同样于事无补。因此,我对参议员先生的方案不作任何评论,而是一笔带过,并直接就行政方案展开评述。当然,我可以向这位杰出且能干的参议员保证,我之所以这么做,完全不是对他以及他的议案有任何不敬重。我这么做,是因为在他发表演说并解释自己的议案之时,已经有如此众多能干的参议员在场。各位参议员已经对肯塔基州的参议员先生作出了回应,他们完全有能力公正对待他们自己支持的立场。

行政方案当然不可能拯救联邦,因为这样的方案不会产生任何令南方州感到满意的效果,根本不足以令任何选择留在联邦的南方州不在荣誉和安全方面遭遇损失。事实上,这项方案不过是《威尔莫特但书》的变通版而已。这项方案意欲达成的乃是同样的目标,那就是将南方排挤出墨西哥条约所赐予的准州土地。众所周知,南方乃是一致反对《威尔莫特但书》的,而且南方已经通过庄严决议,倘若《威尔莫特但书》得到采纳,就矢志反对。南方所反对的并不仅仅是这份但书的名称,也反对这份但书意在实施的东西。南方各州认定,这份但书乃是违宪的、不公正的,而且也背离了联邦成员州之间的平等原则,并且也认定,这份但书意在无可挽回地摧毁南北方之间的均势。简单地说,南方的反对意见也正适用于眼前的这份方案,我们不妨将其称之为“行政但书”。实际上,行政但书同《威尔莫特但书》没什么区别,只不过是达成目标的方式不一样罢了;而且在这个问题上,我必须指出,《威尔莫特但书》应当遭受谴责的程度要小得多。《威尔莫特但书》乃是公开地、大胆地且明确地直奔目标而去:主张国会在准州事务上的无限权能,并通过正面禁止奴隶制,以便在取自墨西哥的准州确立起这样的权能。但行政但书却不是这么干的,它采取的是迂回路线。此举是为了回避《威尔莫特但书》,避免招致南方一致且断然的抵制。行政但书在意涵上否认了国会的准州立法权,并主张这样的权利完全归属于准州居民,但是,为了达成排挤南方的目的,但书可谓是处心积虑地令北方州和所有其他地方的移民自由进入准州，唯独南方州的移民除外。倘若南方州的移民携带奴隶进入准州，墨西哥法律就完全有可能令这些奴隶获得解放。此举的必然结果就是将南方势力排除在准州之外，其效力丝毫不逊色于《威尔莫特但书》。两者唯一不同的地方就是，《威尔莫特但书》乃是采取直接且公开的手段，行政但书的手段则是迂回且隐蔽的。

而且，在另一个分量更为重大的方面，行政但书比《威尔莫特但书》更需要给予反对。《威尔莫特但书》为了达成目标，直接攻击宪法，并造成了一个危险的伤口，因为这份但书剥夺了作为准州共同合伙人和共同所有人的南方各州在准州的权利；不过，这伤口的严重程度并没有超越为达成这一目标所必须的那个限度。行政但书却是另一回事情，不仅实际上给宪法制造了同样的创伤，与此同时，它还制造出其他一些同样严重的伤口，甚至可以说是更为严重的伤口。

行政但书为准州居民而非为国会主张准州立法权，这实际上等于设定了准州主权在于准州居民，或者用来自德克萨斯的参议员霍斯顿将军（此次没有到会）在一份决议案中的话来说，准州居民"拥有和成员州人民一样的权利"。这一设定是完全没有根据的，而且也是违宪的，并且没有任何先例可言，此外，还同联邦政府历来的做法发生了抵触，从联邦政府开端之际一直到现在。这正是我接下来要阐明的东西。

最近，加利福尼亚有一批人正在酝酿着设立一部宪法和一个州政府，并指派参众两院的议员。此举就是上述邪恶假设所催生的第一个果实。倘若酝酿此项运动的这批人当初真的是作为冒险家进入加利福尼亚,倘若他们当初也真的是因此征服了这个准州并确立起自身的独立,那么他们想必已经成为一个单立且独立的共同体了,而且这片土地的主权想必也已经赋予这个共同体了。倘若情形真的是这样,那么加利福尼亚居民当然有权利设立宪法并建立政府;而且,倘若随后他们觉得时机成熟了,可以向国会提交申请,作为一个主权和独立州进入联邦,那么此举也是顺理成章之事,而且也顺应了已经确立起来的那些原则。可惜的是,实情并非如此。相反,是合众国征服了加利福尼亚,并最终通过一项条约获得了这个准州。因此,主权应在于合众国,而不在于那些尝试在没有合众国同意的情况下设立宪法并成为成员州的准州居民。这一切都是很清楚的,而且也都是无可争议的,除非有人能证明,合众国曾经在某个时候失落了或者被剥夺了这个主权。

同样清楚的是,准州立法权在于国会,而非像这些人设定的那样在于准州居民。没有人可以否认,合众国政府有权通过战争或者条约去获取准州,而且这种权力的施行权在于国会。在这个问题上,是没有任何疑问的,毕竟,宪法明确规定,国会有权"制定一切为施行上述权力(也就是赋予国会的那些权力)所必须且恰当的法律",也有权"制定一切为施行宪法赋予合众国政府或者合众国政府任何部门或者官员之权力的法律"。因此,这种权力究竟落在何处倒是无关紧要之事;毕竟,倘若确实赋予了合众国政府或者合众国政府的某个部门或者某个官员,施行权很显然都在于国会。但是这一重大条款在赋予国会以准州立法权的同时,也对此一权力的行使施加了重大限制,确切地说,这一条款规定国会的立法权仅限于为行使权力所必须且恰当的范围。这一禁令所覆盖的范围不仅仅是一切超出必要限度或者并不适合的法律,而且也包括了一切不公正、不平等或者不公平的法律,毕竟,所有这类法令都不能算是必要的和适当的,因此也就是违宪的。

至此,可以说,我已经阐明了准州主权无可争议地在于合众国,确切地说,就是在于联邦各成员州,而且准州立法权经由宪法明确地赋予了国会,由此便不难得出推论:加利福尼亚的那些试图设立宪法和政府并试图在不经国会同意的情况下行使立法权能的人,实质上是在篡夺各州的主权和国会的权威,并且其行动也公然侵犯了各州的主权和国会的权威。换言之,他们所做之事,就性质而言是革命和叛乱,就倾向而言乃是无政府主义,并且很显然是要导致极为危险的后果的。倘若他们的行动是有预谋的,那么事实上,这就是叛乱。好在这并非实情。应当谴责的主要是那些诱使准州居民采取此等违宪且危险行动的人,而非居民本身。居民们之所以会采取这样的行动,是受了言辞的蛊惑,而联邦行政部门的政策路线在其中也是提供了驱动力的。

国会两院要求行政部门解释自己在加利福尼亚事务上的政策路线以及在其中扮演的角色,但我不曾看到联邦政府行政部门就国会两院的吁求给出回应。也许相关的回复尚未刊发出来。不过,已知的情况足以证明如下断言:那些宣称代表行政部门并依据行政权威行事的人,对于加利福尼亚的这场运动是提供了建议和助力的,同时也是鼓励这场运动的。这场运动若不加以遏制,最终势必要设立他们所谓的一部宪法和一个政府。雷利将军宣称自己为州长,并召集了集会,会上决定了代表的数量和额度分配计划,并确立了开会的时间和地点。此次国会他也出席了,并且也参与了对国会议程的批准工作。倘若他根本就无权如此行事,那么他应当遭到审判,至少也应当遭到谴责,而且他的行为也应当遭到拒斥。然而,什么都没有发生。由此便不难看出,他的行为是得到了准许的。而这本身就足以证明,联邦行政部门是认同他的行为的,而且也是对他的行为负责的。雷利将军自称接受了当前政府行政部门的任命,并且是依据行政部门的指令行事的,这个行政部门有可能是上一届总统任期的行政部门,也可能是当前这届行政部门。此处,我无意在这个问题上纠缠下去。倘若是受命于上一届行政部门,那么这其中牵扯的就不仅仅是当前这个行政部门了;如果不是,那么责任就完全在于当前这届政府了。

综上所述,事情实际上已经很明显了,本届政府的行政部门是刻意的,这些行动的目的就是促成加利福尼亚的此次会议,以便设立他们所谓的宪法和政府。然而,这样的权能乃是专属国会的,国会也正是凭借这些条款才得以允许一个准州去构造自己的宪法和政府,以便获得接纳从而成为联邦的成员州。

相信我已经阐明,行政部门以及加利福尼亚的那些个体公民在整个过程中的行动所依据的假设乃是完全没有根据的,而且也是违宪和危险的,接下来有必要作一些评论,以便证明他们的所作所为同联邦政府历来的做法是相互抵触的。

从联邦政府开启一直到密歇根成为成员州,在整个这段历史时期,联邦政府的做法都是一以贯之的。首先由国会组建准州政府。合众国政府任命州长、法官、秘书、军官以及其他官员;此时的准州居民由立法机构代表,立法机构则要向国会负责。此种格局将一直持续下去,直到准州政府向国会提出申请,允许准州居民设立自己的宪法和政府,并为加入联邦做好准备。接纳程序的第一步就是要确认准州居民是否达到了成为成员州所要求的数量。这项工作是通过人口调查来完成的。这一步完成之后,倘若居民数量达到了要求,那么接下来便是给出授权。这样的授权同时也就确定了所需的一切准备工作,比如召集居民集会的时间和地点、投票人的资格问题、确立边界以及在正式加入联邦之前需要完成的其他一切工作。倘若允许加入联邦,也就相应地撤除了合众国对于准州的主权,并令新州的居民自由地设立自己的宪法和政府,就如同联邦最初的几个州在获得独立之后那样。在这个阶段,准州居民首次成为法律和宪法意义上的人民。在此之前,依据国会已有的法令,他们仍然只能称为居民,而非人民。所有这一切也都完全地应和了合众国的准州主权,而且同国会的权能以及人民的自治权也是完全一致的。

密歇根是第一个对此惯例有所偏离的案例。不过,这中间的偏离度是很小的。1787 年法令保证密歇根在居民人数达到六万的时候就可以成为成员州。可能是由于疏忽,国会延迟了进行人口调查的时间。与此同时,密歇根的人口却一直都在提升当中,直到这个准州的居民人数显然已经两倍于所要求的人数之时,才获准加入联邦。在这个阶段,密歇根设立了一部宪法和一个政府,但合众国并没有进行人口调查,国会方面对此项疏漏也不再提起,毕竟,密歇根的人口毫无疑问早就超过要求的数量了。在提出申请之后的第一个国会会期上,密歇根并未获准,原因在于她同俄亥俄之间的边界问题尚未解决。在加入联邦过程中,重大的反常规行为出现在接下来的那个国会会期上,不过,当时的具体问题同加利福尼亚案例根本扯不上关系。

自那以后,所有其他准州身上的反常做法,就性质而言都是类似的。在所有这些情形中,都是由国会设立准州政府,由合众国任命官员,而后,便是由准州政府召集居民集会,确定设立宪法及加入联邦所需的一切准备事宜。这些准州政府全部都承认合众国的准州主权以及国会的准州权能;即便有偏离常规的做法,也都是设定了国会的同意,因而也都谈不上违反国会的准州权能或者同合众国的准州主权发生抵触。在这方面,加利福尼亚可算是特立独行,没有任何惯例支撑,也没有任何先例可资借重。

到了这一步,各位参议员,面对这种没有任何前例可言的事情,该当何为,就取决于你们自己了。行政部门已经将一份文件摆放在你们面前,意在让这份文件成为加利福尼亚的宪法,并希望借此令你们批准加利福尼亚加入联邦。问题在于,你们是批准还是不批准?这是个严重问题,你们身上承担的责任重大。很多事情,甚至是太多太多的事情,都取决于你们的决定。如果你们批准,就等于认可并批准了上述的一切行为。你们准备好这么干了吗?你们是不是已准备好交出你们的准州立法权了呢?难道这项权能不正是宪法明文授予国会并且一直以来也都得到充分确认的权能吗?你们都曾誓言维护宪法,那么你们何以能够毫无悖谬地交出这种权力呢?你们是不是已经准备承认准州居民拥有准州主权并承认无论居民人数多少都可以主张这种权能呢?你们是不是已经准备承认,无论人数多少都可以设立宪法和政府并在不经你们允许的情况下就成为成员州呢?你们是不是已经准备将合众国的准州主权交给第一批涌入准州的冒险家们呢?你们是不是准备将你们此前拥有的全部准州权能在实际上都交给联邦政府的行政部门呢?倘若不是这样,你们将何以批准加利福尼亚凭借冒牌的宪法和政府加入联邦而不违反你们捍卫宪法的职责和誓言呢?此外,你们会相信他们的宪法真的有效力可言吗?你们会相信事实上真的会存在加利福尼亚这样的成员州吗?当然不会,根本就不存在这样的州。加利福尼亚不具备任何法律或者宪法意义上的存在。没有你们的批准,加利福尼亚宪法毫无效力可言。那么,你们何以能承认这样一个州呢,毕竟,依据宪法条款,批准新州不正是你们的权能所在吗?一旦获得承认,那么加利福尼亚就必定是个成员州,确切地说,就是一个现实存在的州,一个不需要你们的批准也不需要你们的认可便已经存在的一个州。若真的如此,那就只能说,在你们允许准州居民设立宪法和政府之时,他们设立的宪法和政府实际上是以准州居民而非你们作为权威来源的。倘若你们承认了加利福尼亚并因此不惜违反宪法条款和以往的惯例,那就只能说,这个州在获得你们认可之前,实际上便已经是一个州了,也就是说,一个准州是否成为成员州,并非取决于你们的认可。这就是加利福尼亚的情形。

坐在参议院大厅另一侧的各位议员肯定会允许我在这个问题上略作评说,毕竟这个问题正是他们所关切的,当然来自南方的几名参议员倒不需要这样。不到两年前,当俄勒冈问题摆在参议员面前的时候,如果我没记错的话,当时你们普遍认为,国会拥有绝对且唯一的准州立法权能。但是,只是这么一个短短的间隔期,你们今天为何抛弃了当时的立场,承认了准州立法权并不在国会而在准州居民呢?你们将凭借什么用票决去证明并批准行政部门的行动呢?毕竟,这些行动同你们当初的立场恰恰是相互抵触的。就在一年前的竞选运动中,你们谴责了那个党派的立场并在竞选中挫败了他们,时间刚刚过去这么一点,你们何以发生了如此大的转变,反而通过你们的票决支持上次竞选运动中那个党派的候选人在这个大厅里阐发过的那种立场呢?难道这样的立场同行政部门在加利福尼亚问题上采取的行动不正是一致的吗?这一切我们该作何解释?我们是不是只能得出结论,政客们的行动和言辞毫无真诚和信念可言,只不过是纯粹的造作和空洞的宣示而已呢?或者,我们是不是可以得出结论,认为将南方排除在从墨西哥手中获取的准州之外是你们眼中的至高目标,为此目标,正当、正义、宪法和真诚,这一切都应当牺牲,只要它们挡了你们的路?

然而,我要问的是,假如不认可加利福尼亚,那么又该当何为呢?我的回答很明确,那就是要求加利福尼亚回归准州地位,就如同联邦政府早些时候在田纳西案例上所做的那样。在田纳西案例中,国会依据常规程序在那里设立了准州政府,并由合众国任命了州长、法官和其他官员。依据一次让渡行动,田纳西的居民数量只要达到六万,将能够获得资格,从准州转变为成员州。准州政府在觉得人口已经达标的时候,进行了一次人口调查,结果显示居民数量已经超过了标准。于是,田纳西便设立了宪法并申请加入联邦,但国会却拒绝认可,理由是人口调查应当由合众国实施,而且国会并没有确定这个准州究竟是要成立一个州还是两个州,而国会是有权作出决定的。于是,田纳西安静地回归准州地位。之后,国会通过法令,令合众国实施人口调查,其中包含了一项条款,规定只组建一个州。随后的一切事情便依照常规展开,这个准州最终依照正当程序加入了联邦。相形之下,加利福尼亚的反常规程度则不知道高出了多少,而且同时加利福尼亚也有着大得多的理由去遵循同样的程序。当然,也许有人会说,加利福尼亚不会屈服。但这样的事情不可能发生;即便发生了这样的事情,确切地说,即便她拒绝了,我们也仍然有时间决定接下来该怎么做。

至此,我已经阐明了哪些举措是不可能拯救联邦的,接下来就回归一开始的那个问题:如何拯救联邦?唯有一种办法是确定能够拯救联邦的,那就是通过一份充分且终极性的解决方案,而且方案应当以正义为原则,毕竟,南北双方的一切争端和问题都应当依托正义原则方能获得解决。南方要求正义,完全的正义,而且南方当然也会奉行正义。除了宪法之外,南方没有妥协可言,也没有让步或者屈服可言。南方已经屈服得够了,已经没有什么剩下的东西可以交出了。倘若真的能够确立这样一套终极性的解决方案,就能够直击罪恶的根源,消除一切造成不满的因由,令南方满意,从而便可以令南方在不丧失荣誉和安全的前提下留在联邦,最终也将由此恢复《密苏里妥协案》之前南北双方之间的那种和谐和兄弟情感。可以肯定,任何其他办法都不可能使这个问题获得最终解决,也就不可能结束震荡并拯救联邦。

但是能做到这一点吗？是的,这并不难;但是南方肯定无能为力,因为作为弱势一方,南方甚至自保都难,而作为强势一方的北方是可以做到这一点的。北方只需要具备完成此事的意愿,确切地说,北方应当作出公正举动,承认南方拥有平等的准州权利,并持守职责,令有关逃跑奴隶的条款得到忠实履行,中止奴隶制问题上的这场震荡,并以修正案的形式在宪法当中添加一项条款,借此就可以在实质上恢复南方的自保权能,毕竟,当初正是联邦政府的行为摧毁了南北双方之间的均势。设计这样一项条款并非难事,因为这样一项条款最终不仅是要保护南方,而且也将会改进并强化联邦政府自身,而不是伤害或者削弱联邦政府。

北方会同意这么做吗？这个问题只能由北方来回答了。不过,我想说的是,既然北方宣示效忠联邦,那么,倘若北方对联邦的爱能够达到所宣示的一半,或者说,倘若北方不想暴露出自己对权力和扩张之爱远远胜过对联邦之爱的话,北方是不会拒绝这么做的。无论如何，拯救联邦的责任在于北方而非南方。南方自身无论采取怎样的行动都无力拯救联邦，而只要北方愿意奉行正义并履行宪法职责，则无需任何牺牲便可以拯救联邦，倘若北方认为这等于是作出了牺牲，那我们便只好承认。

各位，我们该当何为，是时候作出公开且具男子汉气概的决断了。倘若在这个时候不能令问题获得解决，那就完全有可能留憾千古。我们是联邦各州的代表，联邦各州也都有着自己的政府，因此，我们应当就彼此的观点达成明确的理解，只有这样才能使这一系列的重大争端获得解决。倘若北方的诸位同仁不能依据正义和责任这一宽广原则达成解决方案，那我们也没什么好说的，就让我们代表的各州在和平中分道扬镳吧。倘若你们不能接受和平分手，那就无妨明言，因为一旦你们将问题推进到要么屈服要么抵抗的地步，我们也就知道该怎么做了。倘若你们保持缄默，那么我们就只能从你们的行动推断你们的意图。在这方面，加利福尼亚问题无疑是一块试金石。如果你们不顾一切反对意见而接纳了加利福尼亚，我们就只能据此推断，你们意在将我们排除在一切准州土壤之外，意在没有任何余地地摧毁南北双方之间的均势。若真是这样，我们倒也不至于觉察不到你们的真正目标就是权力，就是扩张，于此，我们倒也不至于不采取相应的行动。

至此，各位议员先生，我也算是履行了自己的职责，充分、自由且坦率地在这个严肃问题上阐述了自己的看法。我之所以这么做,动机是很单纯的,自奴隶制问题引发的震荡波发端之际,我素来都秉持这样的动机。整个这段时期,我都在竭力遏制这股狂潮,我的动机就是拯救联邦,假如联邦还有救的话;倘若联邦已无可救药,我的动机同样简单,那就是竭力拯救我出生并长大的这片土地,此乃上天赋予我的使命,而且我真诚地相信,正义和宪法都是站在我们这片土地上的。可以说,在整个这场震荡中,我竭尽了我的能力和职责,无论是拯救联邦还是拯救南方,也算是可以自我宽慰了,毕竟,以后无论发生什么事情,我个人是完全没有责任的。

1811年12月12日

关于外事委员会决议案的演说

发言人先生,关于外事委员会的这份决议案,我的理解跟来自弗吉尼亚的这位绅士(兰道夫先生)是不一样的。可以肯定,在我看来,委员会提交国会的这些议案,实际上就是在备战;而这,事实上也正是国会的明确抉择,这一抉择也是除了兰道夫先生之外的所有议员都表示赞同的。我知道兰道夫先生并没有故意作出任何的错误陈述,因此我认为兰道夫先生会产生这样的看法乃是疏忽或者错误所致。委员会提交的报告只能意味着战争,要不就成了空洞的威胁。我认为没有哪个议员会支持空洞的威胁。那种纯粹威慑性的做法是毫无赞誉可言的,倒是应当大加谴责。就代价而言,纯粹的威慑姿态不啻为一场战争。这样的姿态会激起外人的蔑视,同时摧毁国内的信任。威慑乃是非常严肃的事情,诉求这样的手段,所要求的谨慎和严肃丝毫不下于战争本身;而且,倘若不能取得成功,就得毅然决然地走上战场。因此,不能说是来自田纳西的参议员(格伦迪先生)令这个问题演变成了战争问题。这份决议案蕴含了一种额外的但也是常规性的力量,确切地说,除非作为备战之举,否则这一举措便只能说是不恰当的;不过,就当前事态而言,这样的举措毫无疑问是必需的。

发言人先生,这份决议案可谓分量巨大。我们的一个好战邻居已经给我们制造了很多伤害,这份决议案志在申雪冤屈,自这份议案初次提交国会起,我便已经感受到了其中的分量。依据我的惯常思维,问题越是严重,我们越是要强力且坚定地支持这份议案。就我国而言,我们绝不会诉求战争手段,除非到了万不得已的地步;倘若真的到了这一步,我们也就无需逻辑的力量去帮助确认我们的见解,同样也无需雄辩的热力去点燃我们的激情了。有众多的理由可以令这个国家不到万不得已便不能诉求战争手段。在我国的这种政府体制之下,除非是此种万不得已的情形,否则便无法在人民面前证成战争行为,仅这一点就足够了;而且,倘若我真的觉得目前的情形尚没有到万不得已的地步,我现在也肯定不会在国会现身支持这份议案了。

所以,发言人先生,倘若战争降临,我将即刻引入来自弗吉尼亚的这位绅士的提案,以此证明这场战争是有充分理据的,而且,我也将借助一系列毫无疑问且普遍认可的事实来证明这场战争是必要的;我提出的证明将令他无可反驳。我们所受到的伤害乃是大范围的,而且也是经久且深重的,为了修补这些伤害,我们一直都在诉求和平手段,但这些手段最终都归于挫败,因此,这就是我的证据,以证明这场战争是必要的。他们扣押我们的船员,压制我们的各个商业部门,包括直接出口贸易在内——我们的直接出口贸易已经持续了数年并且都是根据国际贸易法则展开的。

我们一直都在诉求谈判手段,但最终归于无望;我们一直都在保持克制以期避免战争,但最终只是徒劳。这些都是我应当在此予以申述的。邪恶仍然在增长,年复一年地变本加厉。至此,问题已经化简到这样一个地步:我们究竟是要放弃还是要捍卫我们的商业权利和海洋权利呢?我们究竟是要放弃还是捍卫我们为施行这些权利所必需的公民自由呢?问题确实已经推进到了这个地步,即便是我们的敌人也都认可这一点。实际上,我们的这些权利已经遭到攻击,而战争是唯一的补救手段。来自弗吉尼亚的这位绅士实际上什么都没说,他的全部演说只不过是要推荐一个耐心且卑躬的顺服政策,并以之作为最佳的补救。发言人先生,不知道国会将会作何抉择;这不是我的事情,我希望国会已经凭借超出任何人的权威作出了抉择。我们不能徒逞口舌之能,这根本无助于灌输独立和荣誉意识。说白了,这是人类自身的本性要去完成的工作,人类那慨然的本性是不屑于向错误低头的。

这个问题可谓事关重大,即便是来自弗吉尼亚的这位绅士也不得不三缄其口。他没有胆量否认自己国家所遭受的伤害,他也没有胆量为敌人的行径辩护。

这位绅士所作的阐述,只有一个部分涉及这个问题,而且还只是非常勉强地同这个问题有所关联。他当然不会说我们没有充分的战争理由;不过,他坚持说,界定战争理由是我国的职责。倘若他这话的意思是说,国会应在当前这个议程或者其他议程当中,明确我们究竟有哪些权利遭到了侵害,那么这位绅士提起的办法将会是一切常理和各国惯例都不予支持的。我们为之斗争者,乃是我们的全部权利,包括默示的权利和明确的权利,边缘性的权利和本质性的权利。为整体权利而斗争,同为部分权利而斗争相比,实际上要更容易一些。在斗争结束之际,请确保我们的智慧、勇气和运数为我们赢得的一切。此乃常识的律令,也是各国的惯例。在这个问题上,也许可以提及唯一的例外,就是福克斯先生曾尝试迫使皮特先生去界定对法战争的目标何在。不过,这个事例根本不足以对弗吉尼亚这位绅士的立场形成支持。皮特先生引领的那场战争乃是一场非同寻常的战争,而且也是为着一个非同寻常的目标,非通常准则所能约束。确切地说,那场战争并非为了征服,也不是为了修补伤害,而是要将一个法国拒绝接受的政府体制强加在法国身上;这一目标极为可恶,以致没人敢对此进行宣示。

发言人先生,这个问题本可以到此为止了。可以说,议案本身已经得到了证明。不过,我禁不住要就弗吉尼亚这位绅士初次阐述这个问题之时所作的演说品评一番。这位绅士说,他发觉自己有必要在证明议案之前,为问题的反面作一个辩护。我要告诉这位绅士的是,当前的局面并不存在什么难点。并非一切的正面内容都是需要证明的。倘若让我去证明国会现在正在开会,难道这还需要证据吗?倘若真的有谁否认这一点,那他恰恰就有责任去为如此非同寻常的否认提供证明。那么,这位绅士既然承认了这一点,既然一切的事实就摆在他眼前,也摆在这个国家眼前,他又有什么可抱怨的呢?战争理由已经足够明确了,值此境况,任何国家,只要不是处于绝对的依附状态,都应当而且必须用武力来捍卫自身的权利。因此,这位绅士倒是有义务去证明为什么我们不能用武力来自我保护。证明的责任在于这位绅士:这位绅士也确实试图提出证明;他尝试为自己的反对意见提供证明。不过在专门回应这位绅士之前,我提请国会注意这样一个情况,确切地说就是,这位绅士的几乎所有申述都是在不断列举战争将会招致的一系列恶果,无论战争本身之正义性和必要性。此种做法,即便真的能够产生某种力度,也只能是令我们无限制地服从于一切的羞辱和伤害。我自觉实在是没有必要回应此类论说;倘若我触及了这类说辞,那么请原谅,我绝非有意为之,更无意给出郑重的驳斥。

这位绅士给出的一系列论说中,第一项值得注意的是,他认为我国还没有做好备战工作。倘若一场战争已经迫在眉睫,这样的申述当然会有分量,但对于备战工作而言,这样的说法基本上没有分量可言。倘若我国还没有做好备战工作,那就尽快完成备战。不妨就让这位绅士提交一份备战规划;倘若规划合理,国会当然会采纳,这一点我毫不怀疑。不过,发言人先生,即便我们承认这个事实,也承认他此项申述的全部力量,我还是要问一问:究竟是他错了,还是我们错了?在过去的多年间,这位绅士历任议员,甚至就在自己家门口亲眼见证了国家的无防卫状态,但他可曾作出任何的努力,尝试补救如此重大的恶果吗?请不要以“我是少数派”作为托词。在捍卫国家这份职责面前,没有多数派和少数派之分——我们正是为此目标而不是为了反对此一目标才来到国会的。

这位绅士接下来谈到了战争开销问题，而且他指出，人民不会为战争埋单。为什么呢？是缺钱吗？我们拥有一百万吨位的船运体系，每年一亿美元的贸易额度，制造业的年均产值为一亿五千万美元，农业的产值则三倍于制造业，那么我们是不是真的没有能力额外支付一万或者一万五千美元呢？当然不是，我们有这个能力，这一点是无可否认的。那么人民有此意愿吗？这场战争是否是正义且必要的呢？此等说法是不是对人民的诽谤呢？到哪里去寻找事实以证明如此不堪的说法呢？这位绅士前往十二或者十五年前的历史中去寻求支持。但是这两种情形是没有可比性的。自那时以来，这个国家的能力已经极大地提升了。当然，酒精税并不受欢迎。不过，对这项税收而言，如果我没记错的话，人们的反对意见并非针对税收本身，也并非针对税收的额度，人们反对的是征税的方式。税务官员的数量让人们吃惊不小，规章条例的肆虐也令人们的自由之爱备受冲击。这种税收制度实际上植根于一种恶毒的效仿精神，在税收实务上照搬了欧洲最具压迫性的法规。腐败和长期的不作为，使得年轻且富有德性的民族不得不承受一切的严厉规章。倘若税收是必要的，我也将毫不犹豫地指出，人民肯定会高兴纳税的。毕竟，这样的税收是为他们的政府和他们的事情考虑的，因此，纳税也就是他们的利益和义务所在。不过，也许有人会说，而且我相信也确实有人说过，人民不会纳税，因为我国遭遇侵害的权利不值得捍卫；或者说，捍卫遭侵害的权利所耗费的成本要大于收益。发言人先生，我在此严正抗议此种低贱且“市井小人式的贪婪”进入这座立法大厅。这类算计只适合店铺和账房;我们不应当让此种肮脏和恶劣的面相玷污了主权的基座。无论何时,只要让这样的东西沾染上我们的主权,就会毁掉这个国家。这类东西极为短视,根本没有自保的能力。这是一种靠妥协活着的精神,确切地说,时刻准备着牺牲一部分东西以挽救剩余的东西,极为怯懦,根本没有蕴含自我保存的律令。除非是在荣誉之盾的后面,否则这样的精神绝无安全可言。发言人先生,我们要成为一个伟大民族,就必须奉行一项原则,那就是要造就真实的联邦精神,而不是一个虚有其表的联邦,确切地说,就是要保障每个公民合法地追求自己的事业。由此,公民便会感觉到自己背后有政府在支撑,也就是说,政府的臂膀就是公民的武器;由此,国家的强盛和繁荣也会令公民们欢欣鼓舞。保护和爱国是相互的,这就是各民族的强盛之道。发言人先生,我对汲汲于蝇头小利的市井算计可谓一窍不通;因此,我不会用美元和美分来评估国家独立或者民族情感的价值。我也不可能用先令和便士来衡量我们被扣押海员的悲惨、囚服和奴役,甚至不会用金钱去衡量因为议事会指令和不列颠的封锁政策而使我们的船运、商业和农业造成的损失。我这么说,并不是要谴责对国家财富之损失所进行的任何谨慎评估,毕竟在进入一场战争之前,确实需要进行这样的评估。但是,这样的评估乃是一种智慧,而那种市井算法却是愚蠢。

弗吉尼亚的这位绅士不遗余力地谈论着战争导致的灾难,这确实是可资高谈阔论的源泉,足以令人类成为屈服政策的倡导者。倘若这位绅士意图通过这样的话题来压制国民的孔武之气和热情,那么我倒不妨告诉他,真正的勇气所关切者乃是正义且必要的事业,而且,真正的勇气对战争造成的痛楚和危险不屑一顾。倘若这位绅士真的想推进人性的事业,那就让他的滔滔雄辩对着威尔斯利爵士或者珀塞瓦先生发泄吧,切勿在美国国会发布此等宏论。不妨就请这位绅士去告诉英国人,如果他们执意对一个中立国实施此等的羞辱和伤害,那么无论我们多么热爱和平,也都会奋起还击,此乃荣誉和安全所系;无论我们秉持怎样的耐心和耐力,这耐心和耐力终究是会消耗殆尽的;战争的灾难当然无可避免,但是,世人皆知,对此等灾难和悲惨负责的是他们而不是我们。就让对人类利益的关切之心遏制一下非正义之手吧,我会为此拼上我的性命,如此,这位绅士将会发现,劝说自己的国家不要仓促奔向血腥的战场,这也并非难事。

接下来,这位绅士又向我们讲起战争的危险。我相信,对于战争的危险和不幸,我们都是有认识的;不过,我倒不认为我们有什么特别的危险是需要担心的,至少同我们在遭到伤害之时抱持逆来顺受的态度比较起来,这样的危险根本不算什么。相反,我相信,这场战争对我们的国内和平或者国家的安全所造成的威胁肯定是最小的。这位绅士又谈到了南方的黑人人口,然而鉴于这位绅士谈论的都是他的个人经验,所以在此我也不应当就他所作申述的正确性展开质疑。我只是为这位绅士感到遗憾,因为此种忧心忡忡的态势只出现在他生活的那个地方;至于整个南方,我倒是也不乏个人体验。我敢说,在南加利福尼亚的任何地方你都不会感受到这样的态势。不过,发言人先生,即便我们承认这位绅士的说法,同大不列颠开战会提升我们面临的危险吗?这个国家镇压叛乱的能力削弱了吗?对于这位绅士提及的那个地方,我们真的有什么可担心的吗?况且在我看来,战争期间恰恰是最为安全的时期,除非敌人在我们的国土上登陆。真要是那样的话,我们的国家也将提升至最高的防卫级别,我们的民团将进入最佳的备战状态,我们的正规军也是世界上最强大的。甚至在革命期间,这位绅士提及的那个地方也没有出现任何叛乱举动;无论这位绅士如何阐发法国原则将会招致的混乱,我都不认为我们无知的黑人人口会受到多大的毒害。我敢说,他们当中半数以上的人从未听说过法国大革命这件事情。

这位绅士认定来自奴隶人口的危险将会是巨大的,不过,他的忧虑并没有在这里停止,在他看来,常备军将会带来的危险也同样是可怕的。发言人先生,我认为,在战争期间募集的一支常规军队并不能恰当地称之为常备军。这样一支军队同那种作为和平时代恒久建制的常备军,并不是一回事情。无论所谓常备军的构成究竟是怎样的,我希望战争期间招募的正规军乃是由这个国家的优秀人口构成的。我们的年轻人富有坚定的爱国精神,军役也将以合理的土地份额作为酬劳,正是这些驱策着他们加入军团,走上战场。作为士兵,他们当然会服从军官,但他们不会忘记自己的公民身份,不会养成蔑视政府和宪法的心性。在我们的军官和士兵身上,我们将会发现丝毫不逊色于私人公民身上的那种纯粹且坚定的爱国精神;不过,倘若他们真的像这位绅士展示的那样堕落下去,两万五千或者三万人的常规军队,我们又何惧之有呢？这位绅士自己大肆鼓吹的民兵难道就没有作为吗？百万之众的民兵会被三万人的正规军压制吗？倘若真的被压制了，那么我们又怎么可能依靠他们抗击入侵之敌呢？发言人先生，我还不至于如此蔑视我们的民兵，在我看来，他们那天生的勇武就足以压制国内外一切针对我们的自由的图谋。

不过，关于战争的危险，这位绅士并未到此为止。他的想象力竟然如此丰富，甚至认为我们的宪法并不适合展开战争，并认为我们的宪法抵挡不住战争的剧烈冲击。这种看法实在是异乎寻常。假如这种看法是正确的，那么我们岂不是只好依靠他国的怜悯或者蔑视才能生存下去吗？确实，在一个关键环节上，我国宪法并未"制定出共同防卫的条款"。不过，这位绅士的看法似乎是认定，我国宪法是有能力应付一场防御战的，但不适合施展一场进攻战。我没有必要在此揭露这种观点当中的谬误。为什么要在此区分防御和进攻呢？他的意思是不是说这将是一场进攻战或者征服战呢？没错，这位绅士是敢于给出此等论断的，理由之异乎寻常并不逊色于这一论断本身。这位绅士认为，我们的权利是在海上遭到侵害的，这些侵害行径影响了我们的船运和贸易权利，加拿大与此并无牵涉。这位绅士认为，报复理论最近已经因为不合理的扩张而遭到肆意滥用，而我们现在又不得不去见证一项新的滥用。于是，这位弗吉尼亚绅士便将问题浓缩到一个环节上。依据他的准则，如果你的胸口遭到打击，你是不能在还手的时候击打对方头部的；确切地说，你应当小心测量，以便回击在对方胸口同样的位置上。倘若你没有达成此等数学上的精确性，那么这场战争也就不再是正当防卫了,而是演变成一场毫无来由的进攻了。

谈及加拿大,这位绅士提及了蒙哥马利这个名字,而且颇怀情感和兴致。发言人先生,对这位绅士所作的论说而言,这个名字是蕴含着威胁的。毕竟,这个地方是英雄主义的圣地。这个名字本身就表征着对投降主义的愤慨之情!这个名字不禁令我们的记忆回归革命年代,回归1774年至1775年间的大陆会议。设若当日的一个参会者起身发言,提出了我们今天在这个问题上所听闻的那些论说;设若这位参会者告诉大陆会议说,你们所争执者乃是一项具体的征税权;并且说,加拿大方面的举动与此事毫无关系,而这场战争的开销则是巨大的,战争造成的危险和破坏将会遍及整个国家,而大不列颠的权能是无可抗拒的。设若真的如此,请你们思忖一下,此类说法在大陆会议上将会遭遇怎样的情感呢?还好,当时的人们还没有什么国家荣誉感作为驱策力量。倘若他们真的据此行事,一个伟大民族将绝无可能在这个大厅召开会议去商讨涉及国家普遍利益的事情了,一个前景傲人,足以胜过此前一切民族的强大帝国也绝不可能在西半球崛起。绝对不会。倘若真的是这样,我们将一直都是块卑贱的、依附性的殖民地,并且将由不列颠把持着专横的权杖,统治着这些遥远的行省。

这位绅士可以说是找了一切的原因来解释备战工作,唯独将真正的原因排除在外。他试图用大麻价格的攀升来解释备战。他认为西部各州的人民是为了大麻价格上升才想着令这个国家卷入一场战争，并指出这样的动机乃是由利益诉求的，而且是卑贱的。我无意在这个问题上纠缠。我是不会在如此不堪的动机中寻找人民热情的根源的，我宁愿在他们那公认的爱国精神和无利益牵扯的动机当中，见证他们热情的缘起。

这位绅士还认为，南方在备战工作中的表现也同样唯利是图。他指出，抵制进口法案已然使棉花的价格降到了冰点，这令南方情绪躁动而且失去了耐心。发言人先生，我承认我们种植园的棉花的价格不高；不过，这倒并不在于这位绅士提出的那种原因。南方人民也没有像这位绅士那样去看待这个问题，并没有将棉花价格跌落的原因归于他们的政府意欲维持和平和国家的独立。在他们看来，棉花价格的跌落乃是他国的不正义行径所致。他们很清楚，失去了欧洲大陆的市场，他们的产品将形成一股深沉且稳定的潮流，涌向大不列颠市场，令这个市场供过于求。如今，不列颠强权正试图将我们重新削弱到殖民地状态，但是南方人民无意于此，他们秉持着强悍的精神，这种精神是不会在任何外国强权面前低头的。

在当前举措的缘起问题上，这位绅士甚至将我国人民对法国的热爱和对英国的仇视也归在其中。这位绅士认为，法国不曾公正对待我们，并据此认为，我们没有理由抵抗英国的侵略，否则我们就会陷入偏私境地。发言人先生，我很清楚，我们对法国并非没有怨愤；不过，我们对法国的抱怨同对英国的仇恨完全不是一回事情。当然，英国至今仍然表态是尊重我们的权利的，而且英国也已经将我们最为反对的那批法令撤除了，对此应该是没什么疑问的。我们也都承认了这个事实。不过,我却要反对这位先生在推理之时所奉行的原则。在这位先生看来,我们在选择敌人之时,不能有偏私。这实在是一项新奇的理论,而且还是出自我们的国会,这就更令人匪夷所思。发言人先生,倘若有两个人侵犯你的权利,那么究竟对哪个人发起抵抗或者是对两个人都予以抵抗,这完全取决于你自己。主宰这个问题的是审慎,而非正当性。我们偏爱法国,这已经成了报刊媒体上习以为常的陈旧指控了,但是在国会大厅,这样的指控实在是新鲜。

这位绅士根本不知道该如何解释他所谓的我们对英国的仇恨情绪。他也不免询问,我们怎么会仇恨曾经诞生了洛克、牛顿、汉普顿和查塔姆的国度?这个国家有着跟我们一样的语言和习惯,并且同宗同源。发言人先生,人类亲情的法则乃是稳定且一致的,倘若我们同英国真的如此亲近,那么必定是什么强大的东西压制了这种亲近感。

没错,确实存在这么一项强大因素,不过,这因素却并不在于我们对法国所秉持的那种隐秘的亲和感,尽管世人往往都是这么看的;相反,这项强大因素恰恰就在于我们所遭受的持续的且毫无来由的羞辱和伤害。这项因素极为显见,这位绅士倘若要轻描淡写,恐怕是要耗费一番功夫的。然而,这位绅士显然是对英国秉持着急切的仰慕之心,由此也让自己的论说出现了漏洞。他可曾思量过自己为何仰慕英国吗?他如此高看查塔姆,原因何在呢?实际上,正是查塔姆秉持着一种坚定的爱国精神以及英雄般的勇气,不容自己的国家遭受半点羞辱或者伤害,并认定国家的利益和荣誉是应当不惜一切代价、不惧一切危险予以捍卫的。我希望这就是我们要仰慕的东西,同时也是我们应当效仿的东西;我希望这位绅士无意让英国垄断此类伟大德性。

这位绅士还引入了势力均衡方面的考量,借此为屈服政策辩护。依据这项辩护,英国成为了一个抵御法国军事专制体系的阻滞物。发言人先生,我们的立法活动当中存在一项重大错误。从这位绅士的论说中不难看出,我们总是倾向于仔细观瞧他国的利益格局,同时却极大地忽略了我们自己的切身事务。这位绅士的势力均衡论就颇能迎合不列颠议会的心思,但完全不适合美国国会。我们当然可直截了当地告诉不列颠议会,他们面对的是一个强国,如果他们执意保持针对美国人民的羞辱和伤害政策,将会迫使美国人民投入法国阵营。我们当然也可以直接地将危险展现给不列颠议会,倘若他们不停止伤害我们,那么我个人就可以在这里回应他们,我们必将打破这均衡格局。不过,我们完全没必要谈论所谓的势力均衡,因为在我们高谈阔论此等理论之时,他们却通过他们的行动对我们这种单纯、善良的政策报以蔑视和嘲笑。然而,倘若在这场争斗中,他们真的低估了我们,我希望如此而且也相信是这样的,倘若我们真的能够影响势力均衡格局,那我们要获取我们的权利所必需的条件倒也真不是难事。

发言人先生,作为总结,请允许我就这位绅士在前一天的论辩中提出的那项论说略作评说。在前一天的论辩中,这位绅士曾问我们为什么不立刻宣战?答案是很明显的:因为我们还没有做好备战工作。于是这位绅士便认为,我们的这种战争语言会刺激大不列颠采取敌对态势。我倒不担心这些东西。不列颠完全清楚,战争政策会令美国团结一致,这恰恰是不列颠最害怕的东西。此外,这也正是我们一贯的行事方式。就让不列颠去测度我们的耐心和顺服的限度吧,战争迟早会爆发的。

1816年4月4日

关税议案演说

此前,有关这个问题(关税)的论辩一直都是围绕着究竟应该给我们的棉花和羊毛业提供多大程度的保护而展开的;所有人都认为应当善待这些初生产业,并且也都表示愿意为这些产业提供充分的激励。现在这份议案展现出一个新的面相。国会之所以引入这项议案,显然是认为这些产业不应当再接受任何支持了;并且,这项议案就其实际效果而言,等于是让我们的棉花产业暴露在来自东印度棉制品的竞争浪潮当中。所有人都明白,在这样的竞争中,我们的棉花产业是没有胜算的,除非原有的附加条款不会因为当前这份议案而遭到剔除。要不是这场论辩发生了新的转向,他本来是决定保持沉默的;毕竟,他已经历了如此漫长且操劳的会期,和大家一样,期盼着尽快返回自己家中,他通常都是这个习惯。但是,这个问题却是至关重要的,实际上关系到这个国家的安全和恒久繁荣,因此,他希望国会能容许他作一些观察。他为自己缺少准备而倍感遗憾;所谓缺少准备,并不是言辞上的准备,毕竟,他素来不屑于雄辩之类的东西,他的意思是指,任何占用议程时间展开论辩的人,都应当就问题展开适度且成熟的思考并据此组织自己的想法。不过,无论他的论辩在这方面如何准备不足,他都希望他的发言是在客观且冷静的心境中完成的。他不是制造业主,他也并非来自在这个问题上有特殊利益诉求的地方。他来自南方,同自己的选区乃是一体的,除了化育生于斯长于斯的这片土壤之外,他别无利益诉求;和那里的人民一样,他只是希望高价卖出产品,低价买进生活必需品,除了这些谈不上利益诉求的动机之外,他在这个问题上便再无其他动机了。

他曾提出论断,认为眼前这个问题关系到国家的安全。无疑,有些人会认为这个论断过于莽撞;但是他认为这项论断是能够得到最为清晰的证明的,而且他也希望在这届国会就此论题展开适度的证明,以说服国会。

国家之安全主要依托的乃是国家的精神和财富,后者则主要依托于可以盈利的资源。这个国家如今的产业格局以及我国的特殊处境和海上权能的缺乏,都使得,无论何时,倘若我们不幸卷入一场同海上霸主的战争,这个国家的可盈利资源就会遭受重创,而现在,这样的战争是完全有可能发生的。他认为,国会有责任采取一切富有明智显见的举措,以便应对这场潜在的战争。他认为,我们不能对外来的危险无动于衷,除非国会已经决心沉陷在永久和平的幻象中而不准备自拔了。确实有一些议员在做着这样的春秋大梦,缺乏共和国事务所需要的远见和坚毅。这样的国家到哪里去找呢?鉴于永久和平全然是虚幻的想象,鉴于古往今来的一切民族都难免和平与战争的循环往复,所以,未雨绸缪,在和平时期做好战争准备,这是任何民族都必须服从的智慧律令。也因此,我们应当考量的问题便是:这个国家的资源状态是怎样的,以及战争会对国家的资源产生怎样的影响。直到最近,商业和农业也仍然是我国的主要财源,甚至可以说是唯一的财源。只要商业和农业能够正常运转,这个国家就能维持繁荣状态;但是战争对二者是同样具备毁灭性影响的,如今,战争的阴云正笼罩在我们头顶。二者都依托外国市场,因此就两大产业而言,我们处于一种严格意义上的岛国位置,两边都是辽阔的大海。我国现有的资源不足以保护我国的商业体系,这也正是实际发生的事情。因此,倘若我们同一个海上强国比如英国发生战争,会产生怎样的影响呢?我们的商业将会毁灭,个人将陷入悲惨境遇,国家将落入贫困当中;我们的农业将失去原来的市场,因为无法卖出,剩余农产品只能在农民手中烂掉,农民将停止生产。在失去收入的同时,两大产业的开销将会极大地提升;并且,和所有制造品一样,生活必需品的价格也将攀升到非同寻常的地步。上一次战争就给这个国家的棉花和烟草种植户造成了巨大的压力,其他大宗产品也未能幸免;因此,倘若另一场战争降临,同样的事情将会重演,除非国会能够凭借自己的预见予以阻止。

倘若纯粹事实方面的申述尚不足以令所有人信从这一看法——像他预期的那样,那么财富的普遍性质可以提供补充论证。无论是农业、制造业还是商业,若是分开来看,各自都可以成为财富的源泉;但是,财富实际上是由三者合力而致,单单依托其中一个产业,财富是不可能存在的。虽然就单个的国家或者个人而言,其财富也许并非直接依托于三者，不过，任何财富都必然是以这三个产业的存在为前提的。没有商业，制造业将失去动力；没有制造业，也就失去了生产手段；没有农业，另外两个产业将无以维系。一旦三大产业完全并恒久地割裂开来，三大产业就会悉数灭绝。战争给这个国家制造的恰恰就是这种格局；因此，战争最终将会令这个国家落入极大的困顿当中。一旦国家的财富和资源遭遇重创，就必然招致金融和货币的毁灭。即便是最为好战的人也都承认，任何国家都不可能依托他国来获取足够的防御手段；至少，我们的枪械、刺刀、大炮和炮弹，都应当是我们自己制造的。但是，就一个国家的自我防御而言，还有什么能比货币和金融更为重要呢？我们国家的位置能够抵御战争的冲击吗？看看上一次战争的影响吧。倘若我国的制造业能够成长到一定程度上的完善地步，那我们就不会再经历这样的痛楚了。联邦政府正为此极尽关切，相信我国制造业很快就会成熟起来。由此，农民也将会为自己的剩余产品找到丰沛的市场；同样重要的是，农民还能找到足够且便宜的生活必需品。农民的繁荣会带动共同体各个阶层走向繁荣；此种境况之下，战争和商业的中断，将不会再令制造业萧条并令个人生活陷入困顿，相反，共同体的财富和活力将不再会因为战争而遭遇重创。在危急时刻，政府会给予强有力的扶助，于国家之独立至关重要的税收也许会极大地提升，由此，极为不确定且不可靠的贷款体系也将不再像以前那样受人倚重。尽管暴风雨在门外肆虐无度，但国内将会是一片平静和安全之地。

要完整地描绘此种场景，就有必要马上将内部改进体制补充进来,不管怎么说,我国海军已经扩张起来,这将令任何人都不可能阻断我们的海岸贸易。这方面的改进所带来的好处是非常显著的,因此也就无需赘述了,尤其是在经历了上一次战争之后。由此,我国政府和人民的资源将获得充分的保护,战争的冲击波已经无法对之造成实质性的伤害了。不过,也应当指出,上次战争所造成的混乱,倒也并不是因为刚刚指出的那种原因,而是因为联邦政府自身的错误和弱点。他承认,政府犯下了众多的财政错误,这方面的事务我们还是新手;政府未能及早征收足够的税款,至少税收的范围并没有达标;某些情况下的贷款也不能算是明智之举;不过他仍然认为,即便政府展现出最大程度的远见和坚毅,战争带来的困难仍然会是非常巨大的;并且,即便政府展现出最佳的管理能力,人们对于总体失序的感觉也不会推迟十八个月,也就是说,等战争结束的时候才被人们感受到。还能是别的情况吗?正如他已经证明的那样,这个国家当时卷入的那场战争,在极大程度上抽干了个人的财富;而政府的资源也不过是经由税收体系而聚合在一起的个人的盈余收入。就当时的境况,这个国家的制造业毫无疑问要造成这样一种巨大的政治恶果,确切地说,和平时期,商业正常运转,但无论此种格局将我们推向何等的繁荣境地,也无论当时的这种繁荣状况是何等地无与伦比,只要战争降临,这种繁荣境况就会整个遭到逆转。确切地说,战争时期正是我们最需要资源的时候,民族的荣誉和国家的生存都少不了这些资源,而恰恰就是在这个时候,资源反而抛弃了我们。我们的货币当然也经历了这场冲击,当时的币制已然完全混乱,竟然使得我们无法凭借货币体系来征调这个国家存留的资源。就我国目前的海军军力而言,倘若战争降临,结果就只能是海岸遭到封锁,贸易则随之遭到完全摧毁。然而,我国依托国外进口的必需品和日用品却是必须得到满足的;因此,某种程度上的进口还得要维持下去,要么是在敌军的监管之下,要么就只能经由非法走私这一渠道。而大宗商品的出口也同样会遭到遏止,于是,这个国家的货币将会大量外流,以弥补不断积累起来的贸易逆差,最终的结果就是我国货币完全陷入混乱。

此种困顿局面,存在两种补救方法,而且只有这两种方法才可以形成补救:一种方法是我们当前力所能及的,另一种方法则要求付出大量的时间和精力。不过,在他看来,这两种方法都是国家政策的本质性要素。他指的是海军和国内制造业。借助海军,我们就可以打开市场;借助制造业,我们就可以从大洋彼岸引入移民并使之归化。倘若我们拥有足够的资源可以达成即刻的海上权能,他承认,这项议案所倡导的政策将会变得非常可疑;不过,目前我们还做不到这一点,即便在相当长的一段时期里,即便付出极大的精力,也不可能做到这一点,而且,还要考虑到,当战争的必然性要求松懈下来,人们在和平时期为之付出的精力也将很自然地随之松懈,情况就更是如此,因此,国会的职责在相当程度上就只能是诉求另外那个补救办法。

不过,对此一直就有反对意见,认为国家还没有准备好,在这样的情况下,时机未到反而会造成困难,同时又无法达成预期目标。倘若真是这样,无论理由何等迫切,我们都应当予以抵制,毕竟,违反必然性法则乃是愚蠢之举。但是他根本不认同这样的论断;相反,他坚信,这个国家已经准备好了,甚至引入制造业的时机也已经成熟了。我们拥有丰富的资源,而且在这个时期,一切事情都在朝着有利于制造业的方向发展。繁盛的商业已经将大量的商业资本注入这个国家,这股资本最近都已经在商业领域找到用武之地;不过,当初那种令商业资本涌入我国并令这股商业资本获得有效运用的世界局势,已经消逝了,再也不会回来了。我们那拥有巨大吨位的船运体系如何才能充分运用起来呢?又到哪里去为我国丰富且大量的产品寻找市场呢?绝大部分流动资本一度为供应我们的市场而被充分动员起来,如今,战争以及战前采取的一系列举措已经令这个市场消磨殆尽,因此,这些资本必定要寻找新的方向。流动资本是不会闲置起来的,除了制造业,又能到哪里寻找流动渠道呢?假如事态就这么演变下去,那么制造业将成为这批流动资本的新方向。这无疑会在我国开创一个新时代,并且在很多方面都极为有利,联邦政府应当对此予以支持。此外,我们也已经克服了创办制造业所面临的最大困难。我们无需引入棉纺业和毛纺业,这两项产业在我国已经大规模地发展起来了;因此,我们也就完全可以避开一系列的危险,而且也在极大程度上避开了一个国家在资本转轨时期通常都要付出的代价。尽管一系列的限制性举措以及战争本身的初衷并不在此,不过最终也都借助事物的必然性法则令大量资本投入到这个新的产业。无论国内外,他经常听人说起,仅此一项就足以抵偿国家的一切损失,尤其是当此类产业建制的匮乏被人们真切感受到的时候,此种情感基调更是极为昂扬,令他不禁回想起战争期间人们曾围绕是否进口外国产品而争吵不休,当时有很多人都持反对态度,理由便是这会伤害到本土制造业。他当时就指出,仅仅是战争就能够提供足够的激励,甚至是过分的刺激,使得制造业的生长呈现出非正常的迅猛态势;不过,他同时也指出,一旦和平回归,就该是我们对制造业表示友好的时候了。他当时没有预见到人们对制造业的冷漠和恶感会达到今天这个地步。不过,无论如何都应当指出,假如制造业已经确立起来,假如这个国家的形势对制造业的增长极为有利,那又有什么必要为制造业提供保护呢?倘若真是这种情形,那么制造业的成长壮大将是确定无疑的事情。此外,资本还没有或者说还需要一段时间才能适应新的局面。事实上,由于一些暂时性的原因,制造业建制正在遭遇极大的压力。在上一场战争中,制造业的扩张展现出极为迅猛的态势,因此,这不免令他担心许多人都不具备足够的盈余资本或者技术去应对当前的这场危机。倘若实情真的是这样,无疑会对制造业的发展形成阻滞,并且可能会在极大程度上威胁到制造业的最终成功。倘若当前的这批企业主归于毁灭,工人们也四散而去,转入其他行业,这个国家将会因此遭受极大损失。毫无疑问,倘若不对制造业实施保护,此种境况在相当大程度上就会变成事实。此外,假如我们行事明智,环境是有利于我们从国外吸引大量的技术和劳工的。欧洲最盛产技术劳工的国土已经分崩离析,倘若这个时机能被我们善加利用,它对我们的帮助恐怕要胜过当年南特敕令之取消对英格兰产生的助力。当年的英格兰足够明智地利用了南特敕令之取消所提供的机会;因此,我们也要展现出同样的政治睿智。我们应当给聪明才智和勤劳提供即刻且充分的保护,他们也将因此而对这个自由且幸福的国家偏爱有加。

有人针对这项议案提出反对意见,认为这会伤害到航运业,并因此伤害到我们的海军力量。这样的指控究竟在多大程度上成立,他在此无意谈论。他希望并且相信这种情况不会很快就发生,至少不会很快就到令人警觉的程度;而且他坚信,倘若制造业能够经久运转下去,必定会对我国商业带来极大的好处。同东印度群岛的贸易肯定会让我们受益良多;不过也有人在论辩中提出,整个东印度贸易只雇用了六百名海员。无论东印度贸易或者其他的对外贸易遭受了怎样的损失,他都相信我国的沿岸贸易可以带来足够的补偿,毕竟沿岸贸易完全掌握在我们自己手中。任何时候,沿岸贸易的吨位都是相当巨大的;他相信,有时候甚至超过了总吨位的三分之一。来自北卡罗来纳的参议员加斯顿先生提出的指控是不成立的,他认为沿岸贸易只能造就低劣的海员,而好的海员是需要漫长且危险的航程才能锻炼出来的。倘若加斯顿先生的说法是对的,那么任何贸易部门都不可能比沿岸贸易更能锻造海员了。沿岸贸易完全掌握在我们自己手中,这一点是非常重要的,而其他的所有对外贸易部门都必定要遭遇来自他国的竞争并因此遭受折损。

针对制造业的激励举措,还存在政治上的反对意见。有人认为,制造业将摧毁人民的道德和身体力量。若是放在以往,这样的说法也许在相当程度上是正确的,毕竟那时候机器尚未完善,而且那时候制造业的成功是依托于细之又细的分工，还需要将大批人口投入其中。毫无疑问，任何的精细分工对于智识的发展都是不利的；不过，既然机器已经得到了极大的完善，这方面的指控也就站不住脚了。事实上，人们已经看出，英格兰的制造业地区提供的军役人员是最多的；而且，来自这些地区的士兵同其他地区的人相比，并无实质性的逊色之处。还有人认为制造业乃是致贫的重大因由，而且还认为英格兰就提供了这方面的决定性证明。不过他本人倒没有感觉到制造业当中的这种倾向，恰恰相反，制造业向共同体中的劳工阶层提供了新的激励和新的生存手段。我们不应当盯着大不列颠的棉纺业和毛纺业，以期在这些产业上寻找证据证明制造业将令大批人口身陷困顿。在这个问题上，存在诸多强大得多的原因。英格兰的济贫法以及其他那些规定了劳动价格的规章条例以及重税，才是真正的原因。不过，倘若真是这样的情形，或者说，倘若说真是英格兰那较之任何国家都更为庞大的制造业，解释了英格兰较之任何国家都更为庞大的乞丐人口，那么也同样有理由将英格兰的勇气、活力以及一切的勇武德性归功于制造业。在这些方面，英格兰也同样胜过其他国家；当然只有一个例外，他指的就是我国，可以毫不虚荣地说，我国在这些方面可以说是无出其右的。

此外，还有一项反对意见，对此，他必须承认，其理据更为牢靠一些；确切地说，这种反对意见认为，制造业领域的资本对劳工的依赖程度要超过商业、航运业等领域。这确实很糟糕，而且令人遗憾；不过他并不认为这一点可以构成对制造业的决定性反驳，尤其是考虑到制造业将会带来的政治益处。在他看来,这样的益处足以抵偿上述弱点,而且有余。确切地说,制造业可以造就一种严格意义上的美国利益,在这方面,制造业丝毫不逊色于农业,国家也将由此获得颇丰的收益。而且,制造业势必会将我们范围广泛的共和体制更为紧密地联结起来,将会极大地提升我们的相互依赖和交往密度;由此,便必然激发人们更加关注内部的改进运动,而这个问题无论如何都是同我们最终的国家力量以及我国政治制度的完善紧密相关的。制造业将令联邦各个部分更为团结,将会塑造一种新的且极为强大的凝结剂,他认为,这种凝结剂的分量远远胜过一切针对制造业体系的反对意见。在他看来,自由和联邦在这个国家是不可分割的。摧毁联邦,也就必定意味着自由的毁灭,同样,倘若联邦得到维系,自由也就相应地能够得到保存。这番话并非随口说说而已。在很长一段时间里,他经常在内心里默念这个观念,他也曾经批判性地考察了毁灭他国自由的原因。没有任何一个国家的情形契合我们,也没有任何一个国家的情形足以令我们引以为戒。我国这套共和体制的基础极为宽广,结构也极为强固,招致他国自由毁灭的那些因由根本不足以撼动我国的自由。制造业的扩展和组织将会提供有效的防护机制,以便克制令它们发挥出强大效能的那些因素。不过,有一点是国会和这个国家应当铭记于心的:我国的境况虽然可以对古老的威胁形成防范,不过这也令我们暴露在一种新的、可怕的威胁面前,那就是联邦之解体。可以说,这个词本身已经囊括了我们所有的政治危险;对此,我们是需要恒久地加以防范的。

1828年12月19日

解释与抗议

南加州草案演说

国会组建的这个委员会对此议题给予了足够的关注;在充分调查之后,委员会形成一致观点,认为上一个会期上,国会就此问题给出的法令连同整套的进口税立法,乃是违宪的、不平等的,而且还是压迫性的,势必会败坏公共德性并破坏自由,毕竟,这些进口税法令的目的并不是财政收入,而是要以其他产业为代价来保护特定的某个产业。委员会提议以此对相关条款展开考察,而后就事关重大的补救问题展开申述,并以此结束本报告。

本委员会无意过分纠缠此一关税体系的合宪性问题。联邦政府负有这方面的专门权能,当然,联邦政府只能恰当地行使宪法明文授予的权力,以及为施行宪法授权所必须且恰当的其他权力,其他的一切权力则都明确地保留给了各州及其人民。由此,必然的结论便是:任何主张依据宪法行使职权的人,都必须证明相关权力是得到宪法明文授予的,而且还要证明其他的权能乃是为施行宪法授权所必须的和恰当的。关税法案的推行者们并没有提供这样的证明。确实,宪法第一条第三款授权国会设立并征收进口税,不过,这一授权完全是为了财政收入方面的目的,因此,宪法授予国会的此一征税权力同制定保护性关税乃至禁止性关税的权力,是完全不同的两回事情。这两种权力的目标是无可兼容的。禁止性的关税体制必然会摧毁进口贸易领域的财源。一直有人认为,这一套关税体系侵犯了宪法的精神,但没有侵犯宪法的条文。宪法精神和宪法条文之间的区分并没有那么重要,无论是违背了宪法精神,还是违背了宪法条文,实际上都是对宪法的严重侵夺。不过,我们还是有必要对这个问题略作阐释,以便更充分地理解这类法令的真正特性,毕竟,南卡罗来纳和其他境遇类似的州因为这类法令而遭受了损失。事实并不繁多而且也都很简单。宪法的确授权国会进口税方面的立法权,然而,这一权力如今遭到了滥用,成为了一种工具,用以支持这个国家某个地区的产业并以其他地区的产业发展为代价。因此可以说,此种滥权实质上就是对宪法的侵夺,因为宪法所作授权的初衷遭到篡改,而且被用在与原初目标背离的方向上,从而牺牲了宪法的初衷。简言之,这类法令实际上是通过扭曲宪法来对宪法实施侵夺的,此种手法是一切滥权手法当中最危险的,因为它最隐蔽也最难于抵抗。其他的违宪举措都需要司法部门的援手,而这类违宪举措只需要行政部门和立法部门配合起来就行了。在这类举措上,法院当然没有能力去探查立法者们的动机,只能审查立法的程序问题以及法令公开表述的目标;倘若这些方面不存在违宪问题,法院就无法实施介入,无论这些法令对宪法构成了何等严重的事实性侵夺。上一个国会会期的议程就充分证明了众议院对此一区分是有清楚意识的,并且众议院也决心对此善加利用。

在宪法本身不能提供支持性论证的情况下,此一权能的倡导者们就会召请先例,从中借取援手。本委员会无意浪费时间来考察这些先例,即便这些先例都相当切题,也不会有什么分量。毕竟,我国政府并非一个依托先例原则的政府,在宪法解释工作中,先例是不会得到承认的,除非是在一个非常有限的程度上而且还要加上万分的小心谨慎,而且任何时候都不会因为先例而改变宪法的整体性格。唯一稳靠的准则便是宪法本身,或者说,假如宪法不能提供明确的解释,才诉求各个时期的历史。在此种情况下,假如疑问仍然存在,就只能借助制宪会议的相关文件来予以明确了。制宪会议确实提出授予国会相关的权能以鼓励制造业,不过这一授权也得到了刻意的限制,仅限于实用性新发明的专利权领域。实际上,制宪会议非但没有给予国会此种授权,相反,倒是授权各州在国会的同意下征收关税以便鼓励本州的制造业;而这恰恰应和了公正原则的真正精神,也就是所谓的受益者承担成本。即便我们认可先例拥有那些人为之主张的一切分量,本委员会也相信,在此种情况下,就当前这套关税体制而言,并不存在与之契合的先例。围绕这个关税体制而援引的一切先例,都指向了国会征收关税的正当先例,不过这些先例所指向的目标都是财政收入。当然,此类关税所涉及的征税条目只要包含了本国制造品在内,就必然会产生一个附带性质的效果,对相关的本土制造业形成鼓励,国会也就因此附带地拥有了鼓励制造业的权能。本委员会当然也承认,在通过关税议案之时,国会可以借助细节上的调整,在同财政收入目标保持一致的前提下,令议案的条款发挥出鼓励制造业的效能。在这个范围内,国会的举动并不违宪,从联邦政府开端之际,这种做法就已经展开了,而且也正是这种情形充分地解释了当前这个关税体制启动之前的所有那些先例。确切地说,在当前这套关税体制启动之前,在关税权能的施行方面,国会从未超出合宪的范围。当前这套关税体制的不平等和压迫性则正是接下来要阐述的。

在进入这个论题之际,本委员会能够感受到自己要履行的职责将是非常痛苦的。就联邦政府的行为而言,本委员会绝对不愿意在谈起国家之时,不将之视为一个有着共同的利益而各个组成部分也都应当热忱地推进这个共同利益的伟大整体。在当前的关税体制获得接纳之前,这也确实是这个国家的一致情感状态;但是,一旦谈到这套关税体制的运作,也就再无可能回避派系利益方面的问题,也再无可能回避派系语言问题。应当谴责的是这套关税体制的创作人而非我们,我们是因为遭受了不公和压迫才不得不采取自我防卫举措的。

这套体制制造的效果极具偏私性质,整套体制的负担全在共同体一边,其好处则全在共同体的另一边。确切地说,负担全部由南方的农业部门来承担,当然也包括西南地区的农业部门以及在这个国家专营商业和航运的地区。这样的负担不仅仅是要维持这套关税体制本色,而且还要承担维持联邦政府所需的成本。这话也许说得很重,不过,本委员会无意夸大。即便就问题的严重性而言,夸大一点也没什么了不起的,而且事实本身也根本不需要任何的夸大。

制造业各州实际上是不承担这一关税体制带来的负担的,这一点即便他们自己也都是承认的,这从他们的行为中就完全可以推断出来。他们都急切地要求提升这一体制,并认为每一次税率的提升都是一种赐福,而倘若提升税率的努力遭遇挫败,他们就会将之视为一种诅咒。这本身就是最为强有力的证明,说明无论这样的关税体制会造成怎样的负担,这一负担事实上都不会落在他们身上,而是落在他人身上。他们所欲求者当然不会是负担,而是好处。除了公地出售收入和少数几项附带性质的财源之外,进口税可以说是联邦政府的全部财源了。进口税方面的年均额度达到了两千三百万美元,而这个额度事实上不会成为制造业各州的税赋负担。无论对怎样的消费商品条目征收税款,这部分税款都会经过一种人为机制向制造业各州返还,并令其获得高额利息。这就是事实所在。这一点本委员会会在例外各方所作的供认之外寻求更多的证明,这样的证明同样是具有决定性的。倘若这些税款是针对出口品而非进口品征收的,那就不会有人怀疑其中的偏私,或者说,出口税造成的负担当时是由生产相关产品的人们来承担的。鉴于大米、烟草和棉花构成了我国的大宗出口品,这样税收当然也就主要由南方各州来承担了,毕竟,南方各州是此类大宗出口品的主要产地。因此,要证明当前这个关税体制的负担乃是完全由南方各州来承担的,只需要证明一点:就南方的利益而言,出口税和进口税实际上没有什么区别,或者说,根本就是一回事情。我们出口恰恰也就是为了进口。对我们来说,出口的目的就是用我们的劳动果实交换他国的劳动果实。土壤和气候决定了我们适合生产这些大宗出口品,其他那些更为古老的国家,人口稠密而且资本更是极大地集中,同样适合生产我们所需要的商品;由此,双方互利的贸易基础也就得以奠定下来。所谓税收,无论是针对出口品还是针对进口品,都将由这个交换过程来承担;而且,无论这一贸易基础是如何奠定的,实际上都将由相关产品的生产者来承担。所有税收,无论是针对出口方还是针对贸易过程本身征收的,其运作机理都在于此。实际上,负担最终都将由生产者来承担,无论税收的直接征收对象是卖方还是买方。无论是土地交易还是任何其他商品的交易,只要纳入税收条目,那么无论征税对象是卖方还是买方,实际上都没什么区别。这样的交易本身只不过是各国商品出售过程的集合而已;倘若纳入征税条目,也就必定受制于同样的法则。至于交易过程究竟是物物交易还是单纯的出售,究竟是直接交易还是经由第三方实施的交易,这一点也无关紧要,最终负担税收的都将是生产者。对棉花、大米和烟草的种植者来说,联邦政府究竟是直接拿走他们产品的三分之一并留下剩余的三分之二去自由出口,还是取走他们需要购买的铁、盐、糖、衣料以及其他商品条目的三分之一并留下剩下的三分之二允许他们自由买进,实际上都是一样的效果。在两种情形中,生产者都失去了自己应得之物的三分之一。也就是说,生产者三分之一的劳动被人拿走了,区别仅仅在于手段而已,一种是进口税,另一种则是出口税。当然,进口税通过提升进口商品的价格,可以适时地刺激相关商品的国内供应,由此给国家的贸易规定一个新的方向;不过,同样可以肯定的是,出口税也可以通过降低同一商品的国内价格来达成同样的效果,而且还不会对生产者造成更大的负担。由此带来的新贸易方向是否会令南方实质性地获益,这个问题将在后面予以考量;不过有一点可以肯定,在这个市场变换的过程中,无论南方的对外贸易实际上还有多少能够存留下来,也都将受制于同样的法则。无论为了造成贸易转向的格局而实施怎样的税收体制,负担都将由存留下来的对外贸易来承担,确切地说,差不多是由南方独力担当起来的,这跟针对南方出口品征收同样的税收没什么区别。

不妨通过一些显著的细节来追溯一下这套体制的具体机理,此举可以令我们更为精确地理解我们承担的东西,也更为精确地明白制造业各州从中得到的益处。当然,在作此探讨之时,本委员会无意达成极端的精细程度,本委员会既无时间也没有手段可以做到这一步。不过,本委员会倘若只是去估量一下如此巨大的损失或者收益,本来也用不着走到这一步。

我国的出口农产品,若以整数估算,年均额度在五千三百万美元,其中棉花、大米和烟草各州约占三千七百万美元的份额。

在过去的四年，棉花、大米和烟草的年均出口额度都超过了三千三百五十万美元，如果加上这些州的其他出口品，诸如面粉、玉米、木材等，这些州的年均出口额度不会少于三千七百万美元。以这个额度来计算，那么南方州或者大宗农产品生产州同其他州的年均农产品出口额度就呈现出三千七百万美元对一千六百万美元的态势，远远高出了二比一的比率。就各自的联邦人口而论，这个比率恐怕要颠倒过来，南方州的众议员额度为七十六人，而其他州则为一百三十七人。由此不难看出，三分之一的联邦人口造就了超过三分之二的联邦出口额度。以上就是我国同世界的年均劳动交易额度，南方在其中占据的比例就是这样。前面已经讲过，联邦政府几乎完全是靠着这个领域的税收活着的，进口税是其敛财手段，年均额度达到了两千三百万美元。在上一个会期通过这项法令之前，进口税率大约为百分之三十七点五，根据目前的资料，还很难精确推断这一税率提升了多少，不过也可以给出保守估算，进口税率的提升幅度应该在百分之七点五，由此便使得当前的进口税率达到了百分之四十五。我们的外贸额度为三千七百万美元，两者相乘便为一千六百六十五万美元，这就是我们每年给国库作出的贡献。

不妨再找一个例证，可以令我们对这个重大问题形成更为直接也更明确的看法。出口和进口既能带来盈利也会带来损失，因此，在数年时间里两者必定是均等的。这个原则是人们普遍认可的。为了说明问题，不妨设定合众国组建了两个各自单立的税务局，一个专门负责大宗农产品生产州的税务，另一个则负责其他州的税务,而且,联邦两个部分之间的商业来往也都依据对外贸易的计税方式并且税率也都是一样的,此种情形之下,将由两个部分直接展开对外贸易。依据出口和进口必然均等这一法则,南方税务局的年均进口额度将是三千七百万美元,依据百分之四十五的进口税率,南方税务局每年将为国家财政贡献一千六百六十五万美元,除此之外,这些州无需承担更多。这部分财政收入本来是对南方的对外贸易出口品征收的;但是,倘若南方州同北方州进行贸易,由此产生的税收实际上也是由南方州支付的(因为制造业产品价格的提升,作为对制造业的一种鼓励措施而展现出来并最终呈现为制造业提供的财政收入额度),这无疑令南方州负担的税收额度又提升了数百万美元。

不过,有人提出,真正为这笔税负埋单的是消费者,并据此认为,既然制造业各州也凭借自己的人口比例而承担了自己的消费额度,那么制造业各州也就为国库贡献了自己的全部份额。本委员会并不否认消费额度同人口数量是成比例的,同时也不否认消费者支付了账单;不过有个前提,就是消费者必须是纯粹的消费者。也就是说,没有办法借助关税体制来转嫁这份账单从而对自己形成抵偿。倘若这一点满足不了,那么所谓消费者埋单这一命题恐怕就再荒谬不过了。制造业各州事实上确实进行了自我补偿,而且,抵偿的额度超过了所消费物品价格的提升幅度,这一点,正如我们在前面指出的那样,是得到他们自己的供认的,而且供认的方式也绝对不可能有欺骗成分在内,确切地说,我们这里指的就是他们的行动。追溯这其中的机理倒也不是难事。国会的进口税法令将负担转嫁到消费者身上,不过同时也给予制造业各州的消费者以相应的手段,不仅对所消费进口品的价格上扬形成抵偿,而且还在极大程度上提升了制造业各州的产业控制力,以维持他们在国内制造品市场上的垄断地位。他们为这一关税体制获得采纳而提出的论证(也都取得了相当的成功)认为,制造业各州的财产和产品价格必须提升,这清楚地证明了本委员会所作的陈述恰恰就是事实所在。这部分提升的价格必定是要转嫁到南方同胞身上的,正是这样的机制使得他们的制造业获得抵偿和激励,由此,若依据公正原则,这些劳动的果实本应当是属于我们自己的,却因为这样的机制而转移给制造业各州了。消费者埋单这一所谓的公理,倘若用在我们身上,倒是有着完整的效力。我们才是纯粹的消费者,我们没有任何手段可以将负担转嫁给别人。可以确认,以进口税方式进入国库的巨额款项实际上就是我国一部分公民的劳动果实。联邦政府本身并无财源,因此,必须有人承担维持联邦政府所需的开销。而这不平等的命运就落在我们的头上,我们就是这套关税体制的奴隶,他们剥削我们的劳动,不仅令我们的劳动果实进入了国库,而且还用我们的劳动果实来对制造业者及其仆从实施丰厚的奖励。这样的奖励是以我们为代价的。进口税主要由我们的劳动来承担,这同时也令制造业各州可以向我们高价出售商品,而我们却没有任何办法以像样的价格卖出我们的产品,最终也就没有办法对此作出抵偿。一旦我们理解了这一切,便丝毫不会感到奇怪,我们南方,尽管禀有上天的恩赐,拥有适宜的阳光和肥沃的土壤,可以得到最为丰厚的产出,却仍然陷入贫困和衰败的泥潭无法自拔,与此同时,联邦的制造业各州尽管自然禀赋很是一般,却都能达成前所未有的繁荣境地。

本委员会提出论断,对制造业各州的奖励实际上是以南方州为代价的。这一论断是三思之后才提出的,是可以得到最为清晰的证明的。我们生产的大宗农产品供应了全世界的市场,而他们的制造品差不多只是供应国内市场。这一关税体制的目标就是要压制外来竞争,以便垄断国内市场,其效果只能是迫使我们以更高价格买进他们的商品,无论是从他们手中买进还是从其他地方买进,但是农产品的价格却没有相应的提升。农产品的价格必然取决于我们为购进商品而付出的价格:后者的价格越低,农产品的出售价格也就越低,由此,我们的竞争力也就能够得到相应的提升;相反,我们购进商品的价格越高,农产品的获利空间就越小,我们的竞争力也就越低。比如说,如果棉花的种植成本是每磅十美分,一旦我们所购买的商品价格能够削减百分之四十五(等值于进口税额度),我们就能够将棉花种植成本维持在每磅五点五美分而仍然能够赢利,而且赢利的空间同当前的十美分价位是一样的;同时,我们在国际市场上的竞争力也将会获得同比例的提升。倘若在当今的关税价格体系之下,我们能够成功地令我们的农产品降价百分之四十五,我们就能够在国际竞争中取得完胜,而且还会使我们的棉花销量每年增加三十到四十万包,其利润也将相应地提升起来。我们和制造业各州之间的格局就是这样,这套关税体制为制造业各州保证了一个国内市场,不过前提是同等程度地牺牲了我们在国际市场上的竞争力。他们认为,倘若没有这百分之四十五的价格优势,他们就无法在国内市场上应对外来商品的竞争。实际上,这等于让我们以这百分之四十五的价格劣势去应对国际市场上的竞争。

由此观之,我们所遭受的压迫已经够大了,不过事情还不止于此。此前,我们和欧洲的贸易一直都呈现为产品互换的格局,不过,在当前的关税体制之下,我国的欧洲纺织品进口差不多算是到头了;由此,就欧洲方面而言,我们同欧洲的贸易基本上也就演变成了现金贸易。倘若有人不明白,如此庞大的贸易只能在物物交换的基础上实施,否则便没有可能展开,而且此种现金贸易是不可能长久维持下去的,那么这样的人可算是对商业原则一无所知,并且置欧洲的商业政策尤其是英格兰的商业政策于不顾。实际上,我们已经看到了一场商业战争的种种征兆,而这样的战争一旦开启,何时才会结束,那就只有天知道了。当然,在这场战争中,我们的命运是明摆着的:这样一场战争必将令我们硕果仅存的农业体系归于毁灭。首先,我们将不得不依赖国内市场,而国内市场充其量也只能消费我们四分之一的产量。原本在自由贸易体制下,我们可以供应全世界,但是一旦商业战争到来,我们就不得不放弃四分之三的产量,而且剩余用于供应国内市场的四分之一产量只能由制造业各州的消费者规定价格,而这我们也只能接受,毕竟,在商业战争的情况下,制造业各州将完全掌控国内市场。尽管我们的土壤、气候、习惯和特有的劳动体制都契合于我们那古老而且也是我们最为偏爱的生产体系,但此种情形之下,我们将不得不放弃这一切,即便其中的财产损失是巨大的;于此,我们便不得不在没有资本、经验、技术的情况下,在我们的人口根本不曾经历相应训练的情况下,尝试扮演制造业各州的竞争者而非消费者的角色。其结果将是毫无疑问的,他们将凭借优越的资本和技术令我们不能展开成功的竞争,而我们注定要被压制在无利可图的农业部门,以一个单一且极为有限的市场所能给出的价位来出售我们的产品。不过,倘若情况发生逆转,必然性的法则胜过了他们的资本和技术,或者说,倘若我们将棉纱和棉制品而非原棉运往制造业各州销售,有头脑之人就一定会看出,这将必然导致一种不可能得到长期容忍的局面。在此种情况下,那些今天向着我们的利润发动攻击的人,就会向着我们的劳动体系发起攻击。今天的种植园体系虽然为他们提供了原料同时也为他们的制造业提供了市场,但是一旦这个种植园体系想通过产业升级的方式演变成他们的竞争者,从他们的妻儿口中夺食品,这是他们断然不会容忍的。本委员会无意纠缠这个令人痛苦的问题;不过,本委员会也清楚地看到,当前的这个关税体制倘若不加以遏制,必然会令这个国家走上危险的极端,因此,审慎和爱国精神都使得本委员会不能保持缄默而不发出警告之声,确实,危险是巨大的。

前面的讨论中已经得出,制造业各州的消费,依据人口计算,其额度跟我们是一样巨大的。然而,就他们自身的出口额度而言,他们手中的支付手段是非常有限的,而我们的出口额度则是巨大的，那他们何以能够达到同我们持平的消费额度呢？这个问题前面已经部分地解释过了；不过，问题本身还需要更为充分的考量。以整数计的话，他们的人口大约在八百万左右，我们大约在四百万左右；与此同时，他们的出口额度同我们的出口额度是一千六百万美元对三千七百万美元的格局。倘若将我们的外贸和航运利润计算在内，就会形成一个总额度，我国的年度进口消费额度就是从这个额度中支付的。这样一来，利润空间便呈现为进出口额度之间的差额，支付给进口商品的款项就是从中支取的。确切地说，一边是我们港口的结算额度，过去五年间的平均额度大约为四百万美元，而鉴于我国的对外贸易主要操控在制造业各州手中，所以我们自己港口的结算额度也就增补到他们的消费额度当中，他们的总额度也就达到了两千万美元，由此，南北双方的进口支付额度也就形成了三千七百万美元对两千万美元的格局。依据人口消费比例来计算，他们的消费额度将达到三千八百万美元，我们的消费额度则为一千九百万美元。因此，他们的消费额度也就超出了他们的消费能力，并且依据他们的出口额度和对外贸易利润来计算，这个超出的额度达到了一千八百万美元；而我们这边的情况若依据同样的方式来估算，则是消费能力超出了消费额度，其间的差额也是一千八百万美元。由此，人们自然会问：南北双方的相对境况向着不利于我们的方向发生了如此巨大的变化，会有什么影响呢？这正是本委员会接下来要阐明的问题。

这个问题很显然是因为南方双方之间的关系造成的。若让我们同他们完全分立,没有任何政治或者商业上的联系,那么很显然,制造业各州在进口商品上的消费额度不会超过两千两百万美元,毕竟,这就是他们的出口额度和外贸利润的加总额度。事实上,进口商品的消费额度要小得多;尽管我们在估算航运和对外贸易领域的利润的时候都给了他们,但这些利润差不多完全依赖南方的大宗农产品,因此,倘若像我们设定的那样,南北双方不存在任何联系,这个额度是必须抵扣掉的。另一方面,同样显见的是,在此种情形下南方的进口商品消费能力是不会受到多大影响的。因此,我们应当考察的是,南北双方的这种关系格局究竟造就了怎样的因素使得这样一场巨变得以发生。这方面的因素可以分为税务、拨款和制造业者的垄断三类;这三类因素紧密关联,可以说构成了一个完整的体制。这一体制的倡导者对语词极尽扭曲之能,将之称为"美利坚体制"。关税体制乃是此中灵魂。

前面已经证明,通过税收体系,我们对联邦财政的年度贡献达到了一千六百六十五万美元,对此,人们自然会问:关税体制将我们劳动果实当中如此巨大的额度交付国会来操控,那么它们最后流向了何方呢?有一点是可以肯定的,返回我们的额度是非常可怜的,尽管全部的额度都是从我们的劳动当中抽取的。

要精确说明这笔公共财政资金的年度分配状况,比如说每年有多少回流南方,又有多少分配给了其他州,这需要进行大量的调查。不过,本委员会完全相信,只需看一下年度拨款法令就不难明白:给予南方的年度拨款额度远远没有达到两百万美元,而即便是保守估算,我们的年度税赋额度也要超过年度拨付额度大约一千五百万美元左右。正是这个巨大额度衡量了南方各州每年所遭受的盘剥,而且这样的盘剥是持续的,是没有任何补偿的。假如将这个额度从我们的年均出口额度也就是从三千七百万美元中扣除,并增补给制造业各州的年均出口额度,也就是那个两千万美元的额度,再加上外贸和航运业的利润,我们的消费额度将削减到两千两百万美元,制造业各州的消费额度则提升到三千五百万美元,而且,还有三百万美元的额度没有计算在内。这三百万美元其实很好解释,这是这套关税体制的另一项要素发挥作用的结果,确切地说,就是制造业者对国内市场的垄断。这种垄断地位使得制造业者可以在国内市场上以不低于国外同类商品的价位向我们销售他们的商品,由此将关税收益尽收囊中,而且还凭借此种机制来交换我们的产品,最终,这一切就提升了他们的消费能力,并同比例地削减了我们的消费能力。不过,此种垄断体系给我们制造的损失并没有到此为止。我们每年有三千五百万美元的产品销往他国,除此之外,还有大量的产品销往其他州,以供他们使用和消费。仅就棉花条目而论,销往制造业各州的年均数量为十五万包左右,以每包三十美元计算,共计四百五十万美元,这个额度也就成了南北之间这个强制交换体系的一个组成部分。

我们的财产年复一年地转移给了制造业各州,而这就是其中的机理,也是相关的估算,并且还只是部分的估算,这一估算依托的假设就是:南北双方对进口商品的消费乃是同各自的人口成比例的。然而本委员会也很清楚,我们的实际消费额度要远远高出这一关税体制的推动者们所作的估算。他们中的一些人将我们的消费额度估算为年均五百万美元,这个额度实在是太低了。他们也许并未觉察到,用这样的方式来削减我们的消费额度并相应地提升他们的消费额度,实际上是明显地证明了这套关税体制对我们的压迫到了何等程度,而他们又从中获得了何等丰厚的回报。很显然,这样的估算并没有像他们预期的那样,证明这套关税体制对我们没有太大影响。我们要抗议的是,这套体制不允许我们消费我们的劳动果实,我们的劳动果实被一种机巧且复杂的体制转移给了其他人,在违反了一切公正原则的情况下。那些从我们的损失中获利的人,在竭尽所能地削减我们的消费额度的时候,为自私自利所蒙蔽,竟然从未想一想,倘若真的没有将我们的收入用于消费,那么我们那巨额的外贸收入每年都流向了哪里,又是如何流失的呢?这一点实在是令人震惊。倘若这些人在热切地追求自身利益的同时,能够在这方面有一番思考,那么,尽管他们那自私自利的诡辩极具欺骗性,也绝无可能令他们对我们所遭受的深重压迫完全视而不见,而这样的压迫正是当前这套关税体制造成的。

本委员会无意指陈当前的关税体制已经完全主宰了我们和制造业各州之间的商业交往。实际上,北方无需此种垄断地位,双方也是可以建立一种规模巨大且自然而然的赢利性商业关系的。倘若真的能够建立这样一种商业机制,那么对双方都是有利的,因为,这样的商业机制会令北方各州的商品大量销往我们这边,我们也会有大量产品销往他们那边,就如同国际贸易领域的情形那样。然而,即便是此种理所当然的商业机制,也因为当前这套关税体制而遭受了极大的影响,并对我们极为不利。这一关税体制的目的就是要提升制造业各州的劳动价格以及资本的利润空间,依据事物本身的机理,此举必定相应地提升一切产品的价格,无论这些产品是否在关税体制的保护范围之内。关税体制的效果就是这样,那些为了让制造业各州的各个阶层顺应这套关税体制而展开的论证本身就证明了这一切;而且,这一体制在这方面所取得的成功,也令我们丝毫无法怀疑他们所提论证的正确性。然而这其中蕴含着怪异的悖论,这样的悖论是不公正事业的推动者们都无法避免的,确切地说,他们致力于维持这一关税体制,为此,他们祭出了高价这一富有诱惑力的东西作为武器,然而,他们却又掉回头,郑重地告诉我们说,这一体制的倾向乃是压低价格而非提升价格。制造业各州的资本家、农民、羊毛供应者、商人和劳工,当然都愿意接受高工资和高利润,而我们作为他们商品的消费者,则当然不愿意为他们的劳动和资本出高价。尽管他们给出的论证是矛盾且荒谬的,不过他们提起的这些论证至少是决定性地确立了这样一个重要事实:推进这些论证的人并非没有意识到,倘若我们为我们的消费品支付了更高的价格,那么也就无可争议地为这一体制的偏私性和压迫性提供了部分的证明。倘若能够避开这一点并凭借其他理据来抗拒这样的结论,那么任何清醒之人都不会去直面如此昭彰的悖论。只要工资和利润仍然是价格的主要构成要素,那么无论他们对我们提起怎样的论证,或者对制造业各州提起怎样的论证,就都是虚假的,必定如此。为了在这样重大的问题上有一个清晰的认识,本委员会将更为充分地考量如下一项论断:高关税将会通过保护手段削减而非提升价格。本委员会将证明,即便不是论断者犯下了极大的错误,这样的论断本身也必将是完全错误的。

在探讨这个问题之前,为了避免发生误解,本委员会承认确实存在一个例外。倘若一个国家为制造业之路做足了准备,确切地说,工资和利息很低,自然资源丰厚,就如同资本和资源供应国那样,那么,高关税在此种境况下是可以推动本国制造业上路的,而且接下来还会促成价格方面持久下降的趋势;倘若政府具备相应的权能而人民有足够的手段确保权力不被滥用,并使之明智且公正地对待共同利益,那么在许多情形中,初生的制造业都将得到保护。但是,倘若制造业要求恒久的支持,就如同一个尚未成熟的国家必然会出现的那种情况,那么高关税必定造成价格的提升,由此造成的直接效果将会是完全不同的。这其中的原因是多种多样的。针对此种境况,有人提出论断,认为价格取决于供给和需求,确切地说,保护性关税将纯粹的消费者转变成竞争性的制造业者,由此便必然会提升供给但同时又不会强化需求,最终便会令价格归于下降轨道。倘若真是这样,我们也可以决定性地证明,此种趋势所产生的效果必然会遭遇完全的抵冲,因为,迫于当前这套关税体制的压力,资本和劳动将会从更具利润空间的部门游离而出,转入利润空间更小的部门,比如通过耗费巨大的奖励体制,而所需的资金则从整个国家的劳动收入中抽取。不过,即便承认他们的论证本身是正确的,确切地说,价格的削减必定同商品供给量的普遍提升成比例,供给量的提升幅度如此之大,即便我们的需求额度全部消散,跟高关税带来的提价效果比较起来,由此带来的降价效果也是无足轻重的。但是,这样的论证乃是依托于一项完全站不住脚的假设,确切地说,这项论证的前提是:倘若没有这一关税体制,制造业各州就不会有今天。没什么能比这项假设更为荒谬的了。实际上,他们别无选择,只能从事制造业,否则他们就只能选择移民。除此之外,他们还有别的办法获取衣料或者其他必需品的供应吗?他们哪里来的钱购买这些商品呢?他们没有任何东西可以销往欧洲市场:他们的农产品同欧洲差不多是一样的;他们只有两项产品——谷物和木材——相对于欧洲是拥有优势的,但是,针对这两项产品,欧洲要么实施了禁运,要么就征收了高关税。而我们是纯粹的农业州,他们从我们这里只能得到农产品。因此,问题并不在于这些州是否应当从事制造业,确切地说,他们只能从事制造业,而且其他国家的政策也决定了他们的这种命运,因此真正的问题在于他们是否应当获得鼓励。我们认为他们不应当获得鼓励。若如此,他们就不得不在我们的市场上同世界展开竞争,而且是自由且开放的竞争,结果必定是商品价格降到最低点,由此而使得我们可以在一个极为有利的位置上同他们交换我们的劳动,以少换多;另一方面,为了应对欧洲的竞争,他们的制造业体系便不得不以最低的工资标准和利润空间为基础运作起来。为了避免这样的局面,他们就会寻求补助,此乃他们的利益所在;然而,这样的补助体系也将我们的境况完全地翻转过来了。我们的萧条拯救了他们。正是由于这样的政治联系,同时也由于他们摧毁了宪法的权能——这类权能乃是为了保护各州充分享有自身自然资源的,他们最终便剥夺了大自然给我们的赐福,并将我们自然资源上的优势转归他们之手。因此,若要恢复我们的优势,就必须恢复自由贸易,借此,我们就能成为这个星球上最为富庶的人民;如今,他们正是以我们为代价才走上富庶道路的。然而,我们这方面的努力统统遭到了拒绝,因为有人担心,倘若我们真的恢复了优势,他们就会沦落到极为悲惨的境地,而我们则踩在他们身上重新崛起。

以上算是对他们所提论证的抽象回应,除此之外,本委员会无意对他们征引的众多事例展开考量,否则本报告会变得臃肿不堪,尽管他们援引这些事例就是为了证明当前的关税体制并未推高价格。我们都知道,假如关税负担得以清除,价位立刻就将降低近百分之五十;对我们来说,知道这一点就够了。有很多决定性的因素可以解释,为什么当前这套关税体制启动之后,价格一直都处在下降轨道上。和平的回归导致了原材料价格的跌落;我国和欧洲都将大量的法币从流通领域当中收回,机械和化学工艺得到了极大的改进;在关税体制实施前不久,一系列巨大的改进,尤其是汽船以及纺织领域,也对价格产生了持续的压制效果,这一切的因素都促成了价格的下降轨道。人们不可能即刻就意识到,价格的决定性削减必定发生在此类改进所涉及的那些商品身上。这类技术上的改进得到普遍应用之后,价格必定跌落到可以令人们对此有清晰认识的程度,不过,这应该还需要一代人的时间。

有些人声称他们比我们更懂得我们自己的利益,这些人告诉我们说,我们遭受的这类痛楚,其原因不在于这套关税体制,而在于过量生产;因此,我们的救赎之道就是削减棉花、大米和烟草的产量,而不是撤销当前这套关税体制。他们提出论断说,低价是过量供给的必然结果,唯一正确的纠正措施就是削减产量。而且,他们还用自身的例子亲身说法,这就令他们提出此类论断之时的那种精神更让人信服。偶尔,他们也会抱怨低价;但是,作为补救之策,他们提起的建议并非削减供应,而是扩大市场,办法便是排除一切竞争。但是我们的市场就是整个世界,我们不可能采取像他们那样的做法,通过排挤他们来扩大市场,因此,我们就只好拒绝他们的提议。就我们的情形而言,这样的提议非但不能缓解我们的痛楚,而且还会恶化我们的境况。我们的产品供给并不据有垄断地位,这个星球有一半的土地都可以生产我们的产品。假如我们减产,其他国家就会增产予以递补,并由此取代我们的位置。此举不但不会提升我们产品的价格,反而会令我们的市场份额萎缩。一朝失去市场,便永远失去市场,而且一旦失去市场而国际竞争的压力却没有减少,那么我们就只能贱卖我们的产品,除此之外,我们便别无他途可走;同时,高关税体制制造的压力会迫使我们高价购买消费品。我们没有能力抵御这双重的进攻。我们的覆灭命运似乎是注定了。事实上,我们唯一稳靠且经久的救赎之道,并不是提升我们自身产品的价格,毕竟,联邦政府给予我们产品的补贴只能说是聊胜于无,我们的真正救赎之道就在于降低我们所购买商品的价格;然而,联邦政府的介入使得这条道路最终受阻。倘若我们能在国内市场上展开自由且开放的竞争,我们根本就不害怕来自世界市场的竞争。倘若面对联邦政府开具的这一系列不利于我们的法令,我们仍然有能力在国内市场上击败整个世界,那么有谁还会怀疑,一旦联邦政府方面设置的障碍得以清除,我们将有能力把一切竞争挤出国内市场,并由此扩大我们的市场,而且,这并不是通过压制其他州的同胞公民,而是借助我们自身的勤劳、敬业和自然资源而达成的。然而,就在这套关税体制阻止我们开辟国际市场并威胁到我们硕果仅存的东西的时候,这一体制的推动者们却安慰我们说,我们产品的国内市场将会扩大,依据他们的估算,这足以弥补我们一切的损失;然而,事实却是,就我们的主要产品棉花而言,如今的国内市场只能负担六分之一的份额,即便构筑一个禁止性的关税体系,将棉花领域的一切国际竞争排除在外,国内市场的棉花消费额度也只不过是我们总产量的五分之一。

其他的大宗产品,比如大米和烟草,境况要更糟。但是,这些人仍然祭出明亮的前景,仿佛我们的棉花可以大批量出口并由此吸收掉我们的大量原材料,根本不思考一下我们的这些产品究竟能销往哪个国家。欧洲肯定不行,因为我们在那里将会遭遇禁止性的关税报复;美洲大陆的南部地区肯定也不行,因为那里的人们也已经学会了效仿禁止性关税政策。即便是最乐观的人也不会期望这个星球的任何地方会为我们的产品开放广阔并且有利可图的市场。即便其他的一切障碍都不存在,仅仅关税体制本身就足以遏制大规模的出口。正是为了确保国内市场而采取的那些手段令我们失去了国际市场。高工资和高利润一旦得到垄断地位的强化,就能够形成强有力的刺激,这就是我们国内市场上发生的情况,但是,这样的刺激对于世界性的自由和开放的竞争却是致命的。此外,制造业产品的出口必然也要遵循农产品出口贸易所遵循的法则。制造品的出口也是为了交换别国的产品,倘若这类产品也遭遇关税并形成一种回扣体制,那么就如同贸易体系所遭遇的任何关税一样,最终都是由商品的生产者埋单的。这其中的机理不难阐明,比如说,某国在同我们展开贸易的时候,倘若他们购进的商品是承担了关税的,那么商品生产者就必须承担百分之四十五的关税回扣,无论是棉花也好还是其他产品也好,只要是从我们这里交换的产品。这些可以说是大规模出口贸易所遭遇的不可克服的障碍。除此之外,倘若我国的一切农产品都发生了积压现象,除了不可能同我们形成竞争的产品,其他产品则根本没有进口的机会,并且也因此要借助关税体制将这些产品排挤出国内市场,那么很显然,这样的关税体制一旦完善起来,就会从根本上排除一切的出口,除非我们是出于仁慈的考虑而对匮乏地区实施出口。此种情形之下,不要期望会有相应的进口贸易发生。事实上,压制出口,并同样也对进口形成压制,必定是此套关税体制的目标所在。如果我们出口,我们就必定会进口;如果我们排挤了一切可能同我们形成竞争的进口商品,出口也就必定随之中断,除非我们能创造出新的商品或者大幅度提升我们无力生产的那些产品的消费额度。倘若出口没有中断,那么进口也不会停止。出口的延续必然会令进口也得到延续,而为了完善旨在排挤国内市场上的外来竞争的关税体制,就会触发新一轮的关税;由此,竞争的结果就是关税的不间断和无限制的增长,对此,制造业各州也是抱怨有加的。真正遭殃的是出口;关税体制虽是用以保证国内市场最为简洁也最为有效的方法,然而,这一体制实际上也遏制了出口。鉴于宪法仅仅禁止对出口品征收关税,而且也不能是禁止性的,我们势必会看到关税体制得到来自宪法的增补;确切地说,宪法解释本身会为关税体制提供理据,同样地,这种理据将证明,所谓宪法解释乃是完善关税体制不可或缺的手段。

本委员会认为,更好的做法是去展示关税体制对于各个农业大州的普遍性影响,而不是对某个特定的州的影响。事实上,本委员会即便有意阐述关税体制对某个特定农业州的影响,手里也没有足够的资料将某个农业州所受的影响同其他农业州区分开来。换言之,一个州的命运必定也是其他各州的命运。无论如何,有一点是没错的,我们都是最大的受害者。就人口规模和财富而论,这个世界上没有哪个地方能像我们这样用自己的产品展开如此庞大的对外贸易。我们凭借为数不多的几项大宗农产品的贸易所得,购买了我们全部的必需品;然而,这样的关税体制对于我们这片土地上的人民所产生的影响,无异于一场饥荒所产生的效果,足以令我们的土地沦为荒漠。针对我们如此大规模的农产品贸易,联邦政府征收了差不多百分之五十的税赋,此举就效果而论,足以令联邦的一部分人口对这块土地的残余贸易额度强加同样高的税率。

至此,本委员会已经考察了这套关税体制对于农业州和制造业各州的相对影响,所谓制造业各州,包括所有那些支持关税体制的州。至于支持关税体制的各州是否能从关税体制当中获得均等利益,这倒并不是他们自己能够决定的问题。很显然,就关税体制的影响而论,这些州的境况是各不一样的。在其中一些州,制造业利益完全占据主导地位;在另外一些州,占据主导地位的则是商业和航运利益;还有些州,农业利益则占据了极大的主宰地位,比如西部各州就是这样的情形,因此,我们也就很难设想关税体制对于西部各州究竟能产生怎样的真实利益。实际上,西部各州的制造业微乎其微,因此他们也就必须从其他地方获取供应品,要么是从国外,要么就是从真正的制造业各州。无论是从哪里获取商品,他们都因高关税而必须为提升了的价格埋单,这就必定令他们购买南方农产品的能力削弱,而且还主要是通过一个广泛的内陆贸易体系从我们这里购买农产品的。就商业关系的性质而论,我们的损失必定是在他们之前产生的;不过,倘若我们有损失,他们也就必定有损失,除非当前的这套关税体制能够为我们的贸易损失提供补偿。这套体制的创立者告诉我们说,补偿是有的,而且由两部分构成,"保护"是其中本质性的组成部分,"拨款"则是另一个组成部分。然而,无论哪个组成部分,最终结果都是令我们陷入贫困境地,而令真正的制造业各州趋于富庶。西部的各个农业州的情形则是不一样的。在当前的这套关税体制下,西部各州也是和我们一起遭受损失的,因此,他们也面临一个到哪里去寻求足够补偿的问题。运用于市政改革体系或者其他用途上的拨款是否能带来足够的补偿,这是个问题。毕竟,倘若西部各州肥沃土地上的产品能够同我们的大宗农产品展开自由贸易的话,本来是能够给他们带来稳定且丰厚回报的,当然,这种自由贸易的另一个前提就是南方各州能够完全支配自己的自然资源。

这套体制的所得和所失究竟以何种方式在社会各个阶层中间分配,其实是同这套体制的所得和所失在联邦各个组成部分中间的分配方式紧密相关的。很少有什么主题能够提出如此重大的问题供人们考量;不过,本委员会在此不可能对这些问题展开充分考察,否则报告会臃肿到不合理的地步,因此,本委员会在此只对这些问题作一些简短和一般性的评述。

这套体制的运作时间还不是很长,就眼前这个问题而言,其真正的特性尚未切实显现出来。要弄明白这套体制最终会对各个阶层的财富分配产生怎样的影响,我们就必须转而观察欧洲,毕竟,类似的体制已经在欧洲运作数个世纪了,而且,在大多数欧洲国家都盛行着财富分配极其不均等的格局,而这套体制一直是造成这种格局的强有力的原因之一。没有任何体制能比这样的关税体制更有效地培育起一个食利的贵族阶层,就其效能而言,就是令贫者更贫,富者更富。此前,就我国的境况而言,关税体制的此种倾向所产生的效果还主要是体现在联邦各个地区的分配问题上,不过有朝一日,必然也会在制造业各州的各个社会阶层中间的分配问题上展现出同样的效能。总有一天,在我们被消耗殆尽之后,争斗会在资本家和劳工阶层之间展开;无论如何,社会最终都是要分化为这两大阶层的。我国的这场终极争斗也必定是同欧洲一样的。在关税体制的作用下,工资必定要比生活必需品的价格沉降得更快,直到最后,劳工阶层的工资水准会沉降到最低点上,到了那个时候,他们的劳动果实中保留给他们的那个部分,将只够维持他们的基本生存而已。就目前而论,当前这套体制所产生的压力乃是由我们这边来承担的,大宗农产品各州因此受到的影响可以说是一种普遍性的痛苦;与此同时,制造业各州则置身相反的境况当中,除外贸和航运之外,制造业各州的所有利益可以说都处于繁盛状态——他们垄断了如此丰富且范围辽阔的市场,将整个南方囊括在内,繁荣是顺理成章之事。这种状态将会维持下去,直到有一天南方在贫困中沉沦下去——关税体制必然令南方走上迅速沉沦的轨道。到了那一天,这一体制的自然清香及其对共同体内部各个阶层的影响也必将展现出来,正如本委员会刚刚描述过的那样。

要追踪这套体制的效果,尚需考察这样一个问题:这个国家的一个组成部分因这套体制而得到的收益是否等同于另一个组成部分因这套体制而遭受的损失。倘若两者是等同的,或者说,倘若我们的全部损失都转化成了制造业各州的收益,那么我们至少可以颇为满足地说,无论这套体制是何等地不公正,何等地具有压迫性,也不过是一种财富转移机制而已,对于共同体的整体财富不会带来折损。然而,这并非实情;确切地说,这套体制造成的不幸是相当多的,其中有一点是我们必须补充进来的,那就是:它摧毁的东西要远远超出它转移的东西。人类的劳作,倘若被迫偏离了自然的轨道,就必然会造成损失,这一点,连同政府本身的不公,使得人们有足够的理由去反对政府过分地干预私人的生活,毕竟,人们要比政府更了解自身的利益。因为政府的干预而造成的损失究竟会有多大,这一点很难确认,不过,损失本身是肯定无疑的。本委员会无意对我们每年因为这套体制而遭受的数百万美元损失展开精确估算;不过,这损失的大概程度是不难看出的。毕竟,损失的具体额度无论如何都不会少于制造业的利润和为保护制造业而征收的关税之间的差额,只要这关税不是禁止性的。利润越低,关税越高(只要不是禁止性的),损失也就越大。据此,倘若人们能够对上一届会期中制造业委员会报告中提出的资料和证据展开考察,就会对损失的程度形成极为正确的评估,只要制造业者真实地申述了他们的境况。主要消费品项目的关税税率大约为百分之四十(倘若报告中的证言是可信的话),此种情形之下,一般而言制造业者获得的利润是不可能抵偿法定利率的,其中造成的损失相当于对整个国家的产品征收了远远超过百分之三十的税赋。同类进口商品所遭遇的情形则是不同的。就进口商品而言,我国至少是没有什么损失的。毕竟,进口商品缴纳的关税都直接进了国库,真正承担损失的是南方;毕竟,关税的主体部分都是直接或者间接地从南方农业劳动的果实中抽取的,就整个国家而言,则只不过是一种财富转移机制,确切地说,就是通过名目繁多的拨款,将财富转移到了其他人的腰包。这就是拨款项目负责人如此珍视这一体制的原因;同样的,这也解释了为什么这一体制的倡导者们会将这一体制视为所谓的美利坚体制的一个本质性要素。我们可以确信,倘若关闭了承载如此大规模的财富输送量的转移机制,没有一个州会忍受这样的负担,除了真正的制造业州。倘若实施一套彻底的禁止性进口税体制,由此切断国库财源并由此切断拨款资金供应链,就会在短期内摧毁这套体制。不过,一旦这套体制造成的损失超过了收益,就会导致这样一种安慰性质的想法,认为取消这一体制将会令我们的境况得到缓解,其程度要超过制造业各州因此而遭受的损失。我们已经承受了太多的东西,因而不想看到其他人遭受痛楚,即便是为了我们自身的拯救。只要能避免这样的情况发生,我们都乐于看到我们的制造业依据宪法原则并依托正义、公共和自由而繁荣起来。我们反对的并不是制造业的繁荣,我们反对的是他们为了自身的繁荣而采取的手段,这手段令我们归于毁灭。倘若关税体制是一套温和体制,而且是建基于财政收入的,那么,我们是愿意为制造业提供保护的,尽管我们并不是不明白,即便在这样一套温和体制之下,国库收入也是从我们的劳动果实中抽取的,是我们的勤劳为之埋单的。此种合宪且温和的保护体制本来是足以令制造业者满意的,而且最终的损失也不会像预期的那么巨大。倘若低关税导致了低价格,这也将会降低制造业的生产成本;并且,制造业利润空间的削减也不会超出价格的下跌幅度。倘若真是这种情形,联邦政府也无论如何都不能实施过度的保护,否则就是滥权,而且还会造成对整个国家的不公。倘若制造业各州认为需要提供进一步的保护,那么他们当然有权在自身的范围内对自己的公民提供保护以对抗外来竞争,并且究竟保护到怎样的程度也将由他们自己来判断,毕竟宪法授权各州在国会的同意下征收进口税,国会无疑是不会不批准的。倘若这还不够,各州还有另一项有效权能,那就是给予本州制造业以直接的补贴,相信即便是对这个问题最具才干的阐释者也都承认,这种方式是成本最小且最为有效的鼓励机制。由此,机制运作的成本将由机制的受益者来承担,此乃理所当然之事;而那些相信保护制造业乃是明智且公正举措的人,自然也会对此感到满意。毕竟,这样的举措当然应该让受益者而不是让其他州的公民为之承担成本,因为其他州对这种体制恰恰是秉持对立观念的。

至此,本委员会算是阐明了当前这套关税体制的偏私和压迫性的运作机理,接下来要着手讨论的问题就是这种体制是何以腐化联邦政府以及如何摧毁这个国家的自由的。

倘若这个世界真的存在一种普遍正确的政治命题,确切地说,就是直接扎根于人类本性当中并且不受境遇影响的,那肯定就是如下命题:没有责任担当的权力同自由是背反的,这样的权力必定令权力行使人归于腐化。我们的政治体制就是以这项伟大原则为根基的。我们认为一切的权力都源自人民并且应当交付给能够公正且恰当施行权力的人;我们的政府,无论是州政府还是联邦政府,不过是一套三思之后建立起来的机制,目的是将这一根本原则公正而切实地运作起来。在这一系列极为令人瞩目的机制当中,最为重要的就是代表对选区的责任担当,这样的责任担当是经由周期性的频繁选举而实现的,目的就是令代表们忠实履行人民委托给他们的权力。倘若权力缺乏这样的制约机制,那么无论权力本身界定得何等清晰,也无论规定得如何明确,我们的自由始终都只能是一场玩笑。而且此种情形之下,联邦政府将不再以公共利益为目标,相反,会迅速地转变为身负委托权力之人手中的工具,而这些人则利用手中权力实施自我扩张。另一方面,倘若法律之效能是一致且普遍的,确切地说,倘若法律对所有人都平等以待,那么仅仅代表对选区的责任担当这一项就足以防范滥权和暴政,只要人民足够懂得自身的利益,也懂得公共代理人的动机和行为。不过,倘若由于国家各个阶层和各个组成部分的利益多元性,法律无法做到等而视之,最终使得同样的法律尽管以普遍且公正的措辞予以表述,在现实中却将某个阶层或者组成部分的权力和财富转移给了另外的阶层或者组成部分,那么在此种情况下,代表对选区的责任担当便不过是迫使代表忠诚于选区的手段,根本不足以维持公共代理人的纯洁,也根本不足以保存这个国家的自由。事实上,此种责任担当根本不足以对罪恶形成救治。疾病在于共同体自身,确切地说,在于选区而非代表。共同体内部的对立利益必然会造就彼此对峙且敌对的众多党派,这些党派以截然不同的利益诉求为归宿,倘若联邦政府不能提供有效的制约,强势党派无疑会对弱势党派实施无限制且无约束的权能。宪法虽一度确立了共同体各个组成部分之间的平等关系,但在此种情形下,这种关系格局也将因此而遭到毁坏,取而代之的则是强者利益和弱者利益之间的服从关系,并且还展现为最可憎且最具压迫性的形式。社会完全有可能落入此种状态当中,即便是在代表体制占据主宰地位的情况下,对此,我们是有权威可以诉求的。汉密尔顿先生在《联邦党人文集》的第51篇曾谈起,“在共和国里极其重要的是,不仅要保护社会防止统治者的压迫,而且要保护一部分社会反对另一部分的不公。在不同阶级的公民中必然存在着不同的利益。如果多数人由一种共同利益联合起来,少数人的权利就没有保障”。在同一处地方,汉密尔顿先生还指出,“在一个其体制使得强大的党派能很容易联合起来压迫弱小党派的社会里,老实说,无政府状态会像在未开化的野蛮状态下一样占有优势,在那里弱者不能保护自己免遭强者的侵犯”。

此外,我们还可以诉求更有权重的权威,那就是当前的不幸事例,我们身在其中,并都成了受害者。倘若本委员会未能证明汉密尔顿先生以此等强有力笔触呈现的那种境况确实存在于当前的这个国家,并且还得到了“美利坚体制”这一称谓,那么本委员会所做的这些工作也就没什么意义可言了。并且,此种境况若不加以及时遏制,必定会招致无责任担当之权力必然会招致的一切后果。这个问题可谓至关重要。这个国家的人民,不管是哪个利益阶层,都在勤劳奋进,但是南北双方的利益却呈现出对立状态。我们要求的是自由贸易,他们要求的是对贸易实施限制;我们要求的是温和的税赋以及联邦政府的节俭、节约和责任担当,并且在运用公共资金偿付债务之时严格行事，将钱用在得到宪法授权的目标上。在所有这些环节上，我们都可以凭经验对他们进行评断，可以说，他们的利益观点同我们恰恰是相反的。在所有同所谓美利坚体制相关的问题上，他们的感觉和行动都不免显露出主人的态势，仿佛他们必定是从中受益的人，而别人就是活该遭受损失和承受负担的人。简言之，如同刚才所做的描述，这个国家已经分化并且组建起两个大党，一个是主宰的，另一个则是服从的，彼此之间的关系格局已经展现出敌对关系的一切特性，无论具体形态是什么。

我国事务乃操控于多人之手而非一人之手，确切地说，乃操控于国会多数之手。国会则是经由共同体的多数选举产生，而这个共同体处于对立的利益格局之中，也就是说，我国事务并非操控于世袭统治者之手，然而，这样的格局并没有对当前的罪恶有任何的缓解。实情恰恰相反，非但没有缓解反而令局面更加恶化。就我国情形而论，对立利益格局中的一方倘若不同其他利益方联合起来，便无法取得主导地位。由此，我们要承受的就不仅是单一的压迫行为，而是众多的压迫行为。羊毛法案的历史就揭示了个中真相。毛纺业者发现自身的力量过于孱弱，单凭这点力量不足以达成要求，便诉求可以令自己的要求得到接纳的手段，于是他们同其他利益集团采取联合，最终形成了一个多数，结果便是，关税的提升涵盖了包括羊毛在内的一打以上的主要消费品，而我们则只能为这一切消费品的关税埋单，而倘若他们是独力争取的话，顶多也就是提高毛纺制品的关税而已。所有社会都势必会分化成不同且对立的利益集团,而代表体制根本不足以抗拒这样的利益格局。这是事实,掩盖这样的事实乃是恶劣行径,毕竟,对这一事实有充分认识并且也充分意识到这一事实将会制造的危险,才有可能塑造相应的防范机制。法律在实施过程中根本不具备一致性,而且法律的效能也极少达成这样的一致性。因此,倘若真的要将一套以平等为诉求的法律推及全国,需要最大的智慧和最大的审慎;毕竟利益分殊乃是一切人类组织都难免的,无论是私人组织还是公共组织,这恰恰是塑造并运作自由且公正之政府所遭遇的主要难题。这个难题历来都能够为专制权能打开一扇大门,令其大大方方地进入统治体系,除非对之形成有效的障碍,否则这种情形就会一直持续下去。没有有效的遏制便寄望经久之自由,则无异于痴人说梦,就如同无需代表体制便寄望自由,其中的原因都是一样的。自由之精髓乃包含着有责任担当的权力观念,确切地说,制定并实施法律之人,应当由立法和执法行动的受众来控制,换言之,就是由被统治者实施统治。所以,要阻止统治者滥用选民的信托,选区就必须通过选举来控制代表;要阻止强势利益集团压迫弱势集团,宪法就必须提供遏制方法(本委员会也希望证明宪法确实提供了这样的手段),并且建基于同样的原则之上,其效能对任何集团都是同样的。

事实上,滥权以及强者对弱者的暴政,是两大真正的危险,而且也是唯一需要抗拒的危险;倘若能够有效地防止滥权和暴政,自由必定成为经久之事。在这两项危险当中,强者对弱者的暴政要更具分量,也是极难抗拒的,而且这种危险不那么昭彰。相反,日常生活的种种际遇都可以让我们意识到滥权的可能性。每选任一名代理人,我们都会就滥权这一事实进行提点;因此,在我们的政治制度中,滥权现象已经得到了充分的了解,而且也得到了有效的防范。但是,强者对弱者的暴政虽然更为危险,却并没有得到充分的了解和有效的防范。尽管这样的暴政在一切人类组织当中都存在,但法律、法庭以及联邦政府自身,通常都只是遏制了私人或者从属性质的组织当中的极端暴政现象,由此便也阻止了暴政之真实倾向的充分展示。不妨设想一下,一个清明的个人本来寄望诚实做事,于是同其他人联合起来组建合股公司,从而将自己的财产交付给一个不受约束的多数意志,无论这个多数意志中的多数是作为一个实体的股东还是作为其代理人的董事会,在其中不存在任何的至高权威——确切地说,没有法院,也没有政府——可以对之实施控制权能,这样的情况会发生吗?多数的利益和少数的利益迟早都会崛起,结果便是强者对一切弱者不断地实施剥夺,而且盘剥之后,强者自身也会不断重新分化为强者和弱者,如此往复不断,令整个事业最终只能围绕着一种单一的利益旋转,这一点有谁会看不出来呢?主宰着人类组织的原则历来就是如此,而政府本身正是一个巨大的合股公司。这样一个公司囊括了一切的利益,鉴于没有更高的权能去约束此类组织的自然运作机理,因此,倘若没有内部的制约机制,最终也就只能遵循同样的法则演进下去。人类的现实境遇,无论何时也无论何地,都是这项真理的明证。任何政府,倘若只是依托于多数统治这一赤裸裸的原则,那么无论这一原理就其本身而言何等正确,也无论有着何等恰当的约束,都不可能将自由维系一代人的时间。一切历史都证明了同样的真理,先是暴力、不公和无政府状态,而后便是一个人的统治或者少数人的统治,人民在这些统治当中寻求庇护,以逃避更具压迫性的多数专制。唯有那些能够提供相应的制衡措施,将多数权能限制并约束在恰当范围之内的政府,才能活得更为长久,才能在德性、爱国精神、力量和幸福等方面有出色表现。此外,还有一项特别显著的实情,那就是,在这些方面有出色表现的政府,其出色程度同制衡举措的数量和效力呈现出精确的正比例关系。倘若就制衡举措的数量和效能来排定座次,我们可以依序排列为罗马、英国、斯巴达、联合省、雅典以及古代的一些小同盟组织;倘若依据上述那些品性方面的表现来排定座次,那么这个座次也差不多是一样的。这并非巧合。罗马历史最晚近也是最为深刻的考察者尼布尔就曾决定性地表明,罗马人在驱逐王政之后,整个国家的力量便一直处在衰落当中,并且一直都身陷极为暴烈的内斗泥潭,令公共道德和私人道德皆受尽污浊,这种局面一直持续到利锡尼法通过之时——这项法令赋予人民以有效的否决权,并经由护民官来实施,对贵族霸权予以制衡。自那以后,罗马便开始在德性、爱国精神和力量上超越所有其他国家。我们能不能效仿罗马人,在事实上恢复宪法当初已经赋予了的这种制衡机制以应有的效能,并由此恢复我们那差不多已经失落了的共和国的德性和爱国精神呢?这正是接下来本委员会要去阐述的问题。无论如何,面对如此重大的危险,宪法是提供了相应的制衡机制的,而且就本委员会正在探讨的这个违宪且极具威胁的体制而言,宪法提供的制衡机制也正是唯一有效的补救机制。

本委员会已经证明,我国政治制度当前的这种混乱局面植根于这个国家当前的利益分化格局中,也植根于人们所委托的权力在州政府和联邦政府之间的分化中;当然,宪法本身是认可此种利益分化格局的,这也正是我国宪法最为突出的特征之一。在组建联邦政府之前,我们曾有一段短暂经历决定性地表明了,有些权力就其本性而言乃是地方性的,也是有着专门指向的,这样的权力不能由大家共同行使,否则必定会对特定的人群造成压迫;同样,也有一些权力就其机理而言,必然是涉及全体的,因此不能由共同体的任何组成部分来行使,否则也会对其他人群造成伤害。我国的政治制度正是建基于此种对权力之不同性格的体认之上,并且是依据地理原则对权力实施分化的。鉴于此,可以说,我国在一定程度上就是一个由种种利益组成的共同体,倘若不将各州的意志和权威相应地集中在联邦政府,就无法对这个共同体施以公正且公平的治理;不过,另一方面,各州也拥有各自的单立利益,对于这些利益,普遍性的权能是不能对之实施管控的,否则便会造成不公和压迫。由此,便造就了主权权能在实施上的分化格局,一边是联邦的权能,一边是各州的权能。在区分并界定这两种权能之时,要确定具体权力究竟应当归属何者是极为困难的。不过,这个难题可以说迄今为止都得到了完美的处理,人们也都完全默认了在两种权能之间划下的那条界线。由此,凭借着深刻的智慧,我国政治体制建基于各州地理利益的分化格局之上;然而,倘若富有此等智慧的政治体制竟然没有就自己的根基可能会遭遇的危险提供相应的防范举措,这未免也过于怪异了。立宪者们当然不会干出此等荒谬之事。只要公正看待立宪者们所做的工作,就不难发现,他们已经凭借高超的技巧,提供了最为有效的补救之道;而且,倘若这样的举措仍然不足以遏制我们的政治体制现在所遭遇的危险,那就只能说,错不在他们而在我们,是我们未能充分地运用立宪者们塑造的防范机制。在主权权力的基础划分格局当中,在主权权力的精确和公正归类格局当中,我们可以找到针对绝对多数之滥权可能性的第一批防范或者遏制举措。在宪法当中,联邦权力有专门的列举和明确的授权;一切并未得到明确让渡的权力,以及一切并非联邦权力之实施所必须且适度的权力,都明确保留给各州或者各州人民。由此,联邦政府的权能便明文限制于那些普遍性质的权力,也就是那些将会同等地影响到联邦各个组成部分的权力,剩余的一切权力则归各州人民,因为这类权力就其性质而言,也唯有各州人民才能公正且公平地施行,这一点前面已经申述过了。

因此,我国政治体制乃是由两套分立且独立的政府体系构成的。明确让渡给联邦政府的普遍权力乃专属联邦政府,由联邦政府独力控制,对此类权力,只要它们局限在恰当的范围之内,各州不得实施介入并予以遏制,也不得以任何方式抗拒这些权力,否则便是侵犯了宪法契约;同样,保留给各州的专门性和地方性的权力也由各州独自控制,联邦政府不得以任何方式实施干预,否则就是侵犯宪法。

要对我国政治体制有一个充分且明晰的概念，最好的办法就是指出，在我们的政治体制当中，政府和主权之间乃是存在明显分化的：各州的单立政府分化为各自的立法机构、行政机构和司法机构，但是主权却在于各州的人民；联邦政府也分化为立法机构、行政机构和司法机构，但是联邦主权仍在于创立了联邦的各州人民。不过，宪法也有明确条款规定，若各州能达成四分之三的多数，便可以对我们的政治体制实施修订或者变更；由此，每个州通过批准宪法的这项条款，也就对自己作为主权州的原始权利实施了调整。由此，政治境况的任何改变便无需获得所有州的同意；由此，在加入联邦之后，各个州便将自己作为主权州的这项原始权利交付到了各州中间的那个四分之三多数手中。实际上，宪法条款所申述过的最高权力便在于各州的这个四分之三多数，而且此种至高权威根本不在国会，也不在联邦政府的任何权力部门。联邦政府的所有机构不过是宪法的造物，其职责也只是履行宪法条款；因此，倘若联邦政府或者联邦政府的任何机构，行使了就其结果而言有可能改变宪法性质的权力，或者是有可能改变各州政治属性的权力，就可以视为篡权。

因此可以说，我国政治体制依托得到认可的地理利益分化这一伟大原则，在理论上已经针对可能遭遇的危险制定了极为有效的防范举措，其中展现出的睿智是令人仰慕的。鉴于这些事实，可以说，宪法已经将各州塑造成一个共同体，不过联结的程度则限制在共同利益的范围内;在一切其他利益方面,各州自身仍然保留单立且独立的身份。而且,这两种利益之间的界线划分也展现出堪称完美的技巧,这一点前面已经申述过了。很显然,只要这个堪称完美的理论在实践中能够得到信守,我国政治体制所产生的效能就能如同大气一样,对联邦各个组成部分等而视之。不过,理性和经验让我们明白,无论理论本身何等完美,都难免归于无效,除非存在有效的施行手段。这也令我们不得不考量一个至关重要的问题:我国政治体制究竟提供了怎样的手段来施行这一根本条款呢?

看一看我国政治体制的历史及其实际运作就不难发现,就各州而言,并没有这样的手段可供诉求以便保护自己的保留权利并抗拒联邦政府的侵夺;而且联邦政府也从一开始就采取了极为有效的手段,阻止各州对联邦政府的让渡权力实施侵夺。1789 年通过的司法条例第二十五款,可以说是在宪法刚刚启动之际就通过了,这项条款规定,所有有关宪法解释的案件,比如国会法令、合众国条约等,都应当由各州法院提交给合众国最高法院,由此,联邦最高法院便获得了最终的宪法解释权;同时,此举也令联邦政府获得了足够的权能,可以在任何时候撤销州立法机构指定的法令,只要他们认为各州的法令同联邦政府的让渡权力发生了冲突。倘若要防范州权对联邦权的侵夺,还有比这更为完满且充分的手段吗?而且,在这个限度内,可以认为联邦政府的这项权能是必要的而且也是合宪的。然而,恰恰在这个环节上,人们对我们的政治体制的性质发生了奇怪的误解,事实上也是对政府本身的性质发生了奇怪的误解,由此便将此种权能视为终极权能,不仅用来保护联邦政府不受各州的侵夺,而且还用来防范联邦政府对各州政府的侵夺;同时,人们还在事实上将此一体制视为宪法提供的唯一手段,可以将体制包含的种种权能限制在各自的合宪范围之内,由此便最终确定了各自的界限。此种对权力的解释,实际上等于是将联邦政府的一个特定机构提升到创立宪法契约的各州之上,并在实际上赋予了这个机构以随意改变联邦政府和州政府之相对权力格局的权能,尽管这样的权力格局乃是由宪法确立,并且我国整个的政治体制都以此为依托,尽管正如前面申述的那样,宪法明文规定此种权能在于十分之三的多数州。事情还不止于此。若公正地加以考量,此举也等于剥夺了各州人民的主权权威,并将至高权能的法袍给了联邦政府的这个机构。还有比这更为荒谬和致命的观念吗?幸运的是,麦迪逊先生在1800年提交给弗吉尼亚立法机构的报告中,已经对此进行了强有力的反驳。当时的问题涉及《外侨与煽动叛乱法案》,麦迪逊先生的反驳也就使得本委员会没必要在这个问题上赘述了。谈及各州的终极宪法解释权,麦迪逊评述说:

“决议案遭到反对,理由是司法权威是宪法最终仅有的解释者,那么制宪会议又为什么能在当下以如此严肃的方式认为自己能在理论上站得住脚呢?针对这一反对意见,首先,假设在有篡夺权力行为存在的情况下,宪法由于其形式也从未被纳入司法部门的管辖中;其次,如果司法决定可被提升至像宪法契约当事人的权威一样高的地位,那么其他部门未经过司法认可的宪法决定,也同样可以被认为是终局性并具有权威的。对这一反对意见的合理答复应该是:制宪会议的决议案关涉那些极为重大的事由,在这些事由中宪法由于其形式无法有效地对抗对当事人基本权利的威胁。决议案假设这样一点:对宪法未授予权力的篡夺和执行不仅可以由其他部门去实行,而且可以由司法部门去实行。这样的话,当事人对于是否违反宪法的终局决定权必然会扩大到由某一个经授予的权威来决定,无论是司法、行政亦或是立法部门,都有可能危险地侵犯宪法。因此,尽管司法部门有可能是关于所有宪法问题的最终裁断者,但这种最终的裁断手段必须被视为相对于政府中的其他部门而言,不能与宪法契约当事人的权利作比较。司法部门与其他政府部门一样,无论是否得到了授权,都不能获得如此大的权能。我们不妨设想一下,司法权力可能会反过来废除授予它权力的那个权威,就如同其他部门可能会篡夺权力一样,永远地颠覆宪法的存续,并使任何合法的救济归于无效。"

要防范联邦政府对保留权力的侵夺,倘若没有常规的补救之道,那么最终就只能诉求严格的宪法解释。像我国这样的分权体制,恰当的宪法解释体制必然是意义重大的。不过,大家也都清楚,任何宪法解释规则,无论何等完美,实际上都会对权力的运作作出硬性限定。实际上,所有这类规则,都不过是少数派向着多数派提出的正义和理性的诉求,倘若这样的诉求本身足以约束权力相关人的贪婪和野心,那么一套纯粹技术性的宪法解释体系就足以保障权力不受侵夺;但是,倘若这样的假设成立,那么理性和正义本身也就足够了,根本用不着任何宪法性的或者人为的约束机制。可惜的是,各个时代和各个国家的普遍经验却令人们意识到,唯有权力才能约束权力,理性和正义在其中几乎是没有作用空间的;对权力的一切限制,倘若不能获得对立且同等权能的支撑,便永远都会在实践中归于无效。我国的历史虽然不长,不过这段短暂的历史也为这一论断提供了决定性的证明。联邦政府开端之际,就有一个强大的少数派将自身的全部力量都赋予了宪法解释机制,并以之作为一种约束国会多数派的手段,使之履行自身权力范围之内的事务。尽管这个最初的少数派出于机缘的力量,获得了多数派才会有的优势,并且因此在联邦政府存续的大部分时间里管理着联邦政府,然而今天,我们却见证了在极为有利的环境当中,联邦政府的权能在经历极大的扩张,使得各州的保留权力到了微乎其微的地步。事实上,作为州权捍卫者所依托的手段,宪法解释方面的权能一直都在得到实施,然而可惜的是,恰恰就是这项权能,倘若得不到遏制,必定会摧毁各州的权利。假如少数派有权制定宪法解释规则,那么多数派也将会行使类似的权利;不过,这两种权利是存在显著差异的,确切地说,少数派的这种权利乃是针对多数派权利实施的纯粹否决权。任何技术性的宪法解释体系都不可能包含少数派的利益,因此,少数派的利益只能到各州的保留权利中去寻求保护;当然,前提是各州可以依据自身的保留权利采取相应的行动,而且,也唯有在各州的保留权利当中才能找到少数派利益的有效保护力量。各州保护自身权力的权利扎根于各州和联邦政府之间关系的性质当中,这一点是可以给出最简洁也最具演证性质的论证的。

任何对我国制度稍有了解的人都会承认,人民委托的主权权力是在联邦政府和各州政府之间分化开来的,州政府的主权权力持有期跟联邦政府的主权权力持有期是一样的,因此,也就必须承认各州有权判断自己的权力是否遭受了侵夺,也有权决定恰当的补救之策。倘若州政府的权力遭到侵夺,那么,此种判断权能就是各州主权权能的本质特性之一;倘若被剥夺了这个判断权,各州也就等同于丧失了主权,实际上也就不再是主权州,而是沉降到附属性的团体境遇当中。事实上,将权力分化同时把判断分权界线的权力仅仅交付其中一方去掌控,等于根本没有分权。倘若由联邦政府垄断此种权利(至于究竟由联邦政府的哪个部门来垄断,这其实无关紧要),这事实上等于将联邦政府转化成一个巨大的集权性质的政府,拥有无限制的权力,同时又在事实上剥夺了各州的全部权力。人们也许很难理解术语的力量,但是人们也都无法否认如此明显的结论。在各州和联邦政府关系问题上,相反的观点若要成立,就只能依托一种仓促且偏颇的观念。然而,对自身权力的判断权很显然植根于各州的主权,而且很显然也意味着,只要在自身范围之内运作,否决权或者控制权这样的权能就可以对联邦政府的行动实施否决或者控制,只要联邦政府的行动涉及双方权能的争议地带。此种控制权就是宪法提供的补救之道,用以阻止联邦政府对各州保留权利的侵夺;也正是凭借这样的控制权,联邦政府和州政府之间的权力分化格局才有可能经久地存续下去。毕竟,这一格局的基础是由宪法奠定的。少数派也就是由此才获得有效的保障,以此来对抗多数的压迫。这一重大结论并非完全建基于推理。同时代人当中的最高权威汉密尔顿先生也是支持这一结论的,在前面引述过的《联邦党人文集》中的那篇论章中,汉密尔顿评论说:"在一个单一的共和国里,人民交出的一切权力是交给一个政府执行的,而且把政府划分为不同的部门以防篡夺,在美国的复合共和国里,人民交出的权力首先分给两种不同的政府,然后把各政府分得的那部分权力再分给几个分立的部门。因此,人民的权利就有了双重保障。两种政府将互相控制,同时各政府又自己控制自己。"由此,汉密尔顿便清晰地确认了各州对于联邦政府的控制权能,并且他将此种控制权能的源泉追溯至我国政治体制当中主权权力的分化格局;并且,他将此种控制权比作否决权,就如同我国宪法规定的政府各个部门之间的否决权一样。由此,汉密尔顿便明确地表明了自己的观念,认为联邦政府和州政府之间的控制权同政府各个部门之间的控制权乃是同样的性质。麦迪逊先生在这个问题上进行了更为明确的阐述。在前面提到的那份报告中,麦迪逊在谈到这个问题时指出:"对联邦契约采取上述观点的决议案,接着推理道:'在联邦政府蓄意、明显并危险地行使该契约并未授权之权力时,各州作为当事人均有权利与义务阻止这一罪恶的发生,并在其权力范围之内,维护属于自己的权力、权利与自由。'委员会看似应用了一个平实的原则,这一原则建立在常识之上,人们平日的一举一动便是对该原则的演绎。这一原则对契约的性质来说至关重要,在它之上除了契约当事人的权威之外再无更高的裁断者。无论人们是遵守还是违背这一契约,订立契约的当事人都必须是合法的最终裁断者。美利坚合众国宪法由各州认可建成,并给予其主权国家的权能。基于它的合法性和坚实的基础,宪法将稳定与尊贵赋予这种权威。身为宪法契约当事人的各州,在其权能之下,能够最终决定什么样的行为违反了它们创制的这一契约,而不是由别的什么人来决定。所以,身为当事人,各州必须自己最终决定所遇到的问题是否足够重要以至于有必要出面干涉。"就此,在肯塔基决议案中,杰斐逊也论及了同一问题,而这份决议案通常都认为是出自杰斐逊先生之手。[1] 我们完全可以再补充上杰斐逊先生同样明确的观点:"为宪法所创制的联邦政府并不是由赋予它的广泛权力所组成,这种权力的赋予也绝不是专断或终局性的。若是联邦权力能由联邦自己裁断,那宪法就不再是其权力的标准了,反而像其他那些没有达成共识的权力契约一般,每个当事人都有同样的权力去为自己裁断,所谓的救济的方法与标准也就是一纸空谈了。"

这一系列的权威都极为明确地确认了各州的权力,这些权力也都是各州主权的题中之义,其中最重要的就是在自身权力是否遭到侵夺以及相应的补救办法上的最终决定权。在这个问题上,

---

[1] 现在,杰斐逊的作者身份已经得到最后确认。这份决议案的手稿乃是杰斐逊的手笔,并且也已刊印出来。——克拉尔

我们还可以补充两个大州立法机构的郑重决议案,也就是《弗吉尼亚决议案》和《肯塔基决议案》,这两份决议案都确认了此项权能正当地归属各州。在不久后爆发的那场重大政治革命中,这两项决议案可以说都以默示的形式得到了批准,因为正是这场政治革命将杰斐逊先生推上了总统宝座。由此可以说,我们的政治体制的这一根本原则所得到的权威支持度已经高得不能再高了。

借助决定性的推理和重大权威,本委员会也算是阐明了针对违宪的压迫行为应当采取怎样的合宪且恰当的防范举措;当然,本委员会同时也阐明了,怎样的合宪举措才能对抗如今正威胁着国家自由和幸福的那种危险。如今,南卡罗来纳和其他农业州正在遭受着此种压迫行为的折磨,而这一切则不免令人发出这样的追问:各州将如何运用这样的补救举措呢?这实际上关涉到这样一个问题:各州是否能够通过各自的立法机构实施主权介入?不过,在此,本委员会认为没有必要探讨这个问题。人们当然可以找出众多似是而非的原因来反对此种否决模式,但即便只有一个理由是不会遭到任何反对的(而且也确实存在这么一个理由)就够了。在各州立法机构是否能够充分代表各州主权这个重大问题上,人们也许会存在诸多疑虑,然而,不管在这个问题上的疑虑到了何种程度,下面这个事实都是无可置疑的:公民集会在任何问题上都可以充分代表各州主权。因此,公民集会的权威必然可以扫除一切形式问题上的反对意见,并将问题集中在如下环节上:各州是否有权实施主权介入。一旦召集了公民集会,那么公民集会也就拥有了至高权威去判定我们所抱怨的那些法令是否违宪。倘若公民集会判定相关的法令违宪,那么也将由公民集会去判定违宪行径是否刻意为之,是否足够明显且危险,从而不得不令各州实施主权介入以便保护自身权利。倘若公民集会判定应当实施主权介入,那么仍将由公民集会决定具体的介入方式,以便在各州权限范围之内,宣布相关法令无效;而据此做出的无效宣示建基于各成员州的权利,因此也就是强制性的,不仅本州公民有服从义务,而且联邦政府本身也有服从义务。正是经由此种方式,遭到侵夺的各州权利获得了宪法保护。

至此,本委员会已经确证了各州实施主权介入并据此保护自身保留权力的权利,所以,本委员会也就没有必要耗费太多时间或者精力去应对可能遭遇的种种反对意见了,尤其考虑到这些反对意见并非针对本委员会所作的论证本身,尽管这些论证支持了各州的权利,而且也都是无可争议的;相反,这些反对意见所针对的都是论证本身可能会带来的结果。这样的结果即便理据充分,也完全有可能令本委员会的结论遭到反对,还更有可能令宪法本身遭到反对。本委员会相信,无论人们提起怎样的反对意见,考察之后都不难发现,这类反对意见全是缺乏根据的。鉴于此,本委员会觉得有必要就可能提起的反对意见给出尽可能简洁的讨论。

首先,有人会提出反对意见,认为各州实施主权介入的权利乃依托于纯粹的推论,宪法当中并无任何的明文规定;而且,即便宪法默示了此种重大权能,也不可就此认定这种权能完全靠推论就行了。对这种反对意见,本委员会倒是要问一问,联邦最高法院的违宪判决权难道不是重大权能吗?不是一个政府部门可以担当的最高且最具分量的权力吗?对于这样的权力,宪法可有明文规定?同各州的主权介入权力一样,联邦最高法院的此种权能也同样依托于纯粹的推论,只不过,就各州的主权介入权力所作的推论是非常清晰的,即便是宪法本身给出了明文规定,也不过如此。法官必须依据法律进行判决,而宪法高于国会法令,只要法院认为国会法令同宪法发生了冲突,仅此一点,就足以令法院在任何时候宣示国会法令无效。州权介入实际上也是一样的。即便认定各州的此种权利依托于纯粹的推论,其理据也要比联邦最高法院的类似权能更为明确,也更为强固。在联邦政府和州政府之间的权力分化格局中,宪法明确规定和明文列举的权力乃归属联邦政府,无论权力本身最终落在联邦政府的哪个部门;剩余的权力则一般性地保留给各州,无需列举。由此,也就足以构成一项反对联邦最高法院违宪判决权的论证,毕竟这样的权能并未在宪法当中得到列举,因此联邦法院也就没有这样的权能;相反,宪法并未明文列举各州的主权介入权利,但这恰恰同立宪者们当初设立的原则是一致的,因此,对于各州的此种权利的认定是毫无争议的。如同其他保留权利一样,这项权利并未让渡出去,仅此一项简单的事实就足以推断此种权利了。实情就是如此,非常明确。

也许还有人会提出反对意见,认为各州若保留此种权能,必定同联邦政府所需要的权威发生冲突,势必会导致联邦的软弱、无政府状态,甚至最终会导致联邦解体。

事实上,针对政府权能提起的任何限制举措,都必定会遭遇政府权能支持者的此种反对意见。世人总是认为,政府一旦遭到限制,就会变得软弱,就会沦落到无政府状态;由此,我们在一切致力于建立自由体制的国家历史当中,都不难发现,围绕这个问题而对峙起来的党派,一直都处于对立格局中,一边是权力的倡导者,另一边则是自由的倡导者。罗马共和时期贵族和平民之间的争执、英格兰托利党和辉格党之间的争执、法国教权派同自由派之间的争执以及我国联邦党人同共和党人之间的争执,其要义也就在于这个问题。正如麦迪逊报告中阐述的那样,倘若俄国或者奥地利的人民能够获得代表权,这些国家也必定会围绕这个问题分裂为帝国党和人民党。实际上,这一点都不奇怪,对于一个不了解自由之性质并且也没有真正体会过自由之赐福的民族来说,对至高权能的一切限制都是同这种权能的性质无法兼容的,而且在这样的民族看来,任何的限制都将导致政府的孱弱乃至无政府状态。一切体制当中都存在一个至高权能,此乃自然之事。所有人都对此至高权能有所见证,也有所感受;不过,这样的权能倘若不受控制,就必然导致滥权。要意识到这一点,是需要一番理智思索的,而且,对此权能施以制衡不一定就会造成效能上的折损,要明白这一点,恐怕就更需要耗一番心力了。然而,我们从自身的经验以及其他自由国家的经验当中,已经对此有所体认了,确切地说,若不将权力置于恰当的约束当中,权力本身就很难是有益且安全的。确实很奇怪,竟然有颇富智识的公民会认为政府权威所遭受的任何限制都是同政府的本性无法兼容的，这些公民竟然还担心即便是恰当的约束也会带来危险，尽管这类约束举措乃是为防范篡权或者滥权所必须的，否则便无法保护这个国家的种种巨大且分殊的利益。代表这些利益的乃是各州，而且也唯有各州才有能力保障这些利益，这一点本委员会已经充分地证明过了；因此，对于这项反对意见，本委员会唯一需要做的就是去证明，为了保障这些利益，是可以放心地将主权介入权利赋予各州的。

倘若本委员会没有完全看错的话，可以说，任何国家或者任何体制，只要设置了这样的遏制性的权能或者否决性的权能，这一权能遭到滥用的可能性都是很小的。要施行这样的权能，需要数量庞大的人数，比如一个州的人民，而且程序要求也极为严肃，需要专门为此召集公民集会并由公民集会来代表一个州的主权身份，此外，此种权能的具体执行过程中当然还会有种种的商议和拖延，所有这一切都将缓解围绕否决权问题引发的震动，令人民的举止变得深沉且肃穆，最终则是形成非常有利的环境，可资展开冷静的考察并据此作出决定。此种境况之下，单纯的一个党派是没有可能在一个州里面兴风作浪的，除非州权遭受的侵夺已经到了非常明显且危险的地步，而且是刻意为之的。此种情形之下，其他州的态度、公众舆论的力量、人们对联邦政府的深深敬畏、觊觎联邦职位和荣誉的公共人物的强大影响力以及在各州都存在着的最重要的地方党派（在此种情形中，这些地方性党派必定会将自身不可小视的影响力投注到联邦政府一边），这一切都构成了针对此种重大的保护性权能的阻滞,因此可以说,此种权能之实施必定处于安全的轨道上。事实上,这一系列的阻滞机制非常强大,因此,除非真相在握而且各州人民也都深深感受到自己遭受的压迫,否则此种权能是很难得到真正实施的,而且,倘若有人刻意为之,此种权力实施机制必定会迅速地令执掌权位之人下台,并启用另一批有意平息争执的人代之,最终放弃争端。

不过,要更为充分地了解此种权能的实际运作机制,就有必要考察一下,倘若认可此种权能,会对人们的情感产生怎样的影响,这包括联邦政府和州政府在内。就联邦政府而言,这必定会令联邦政府在行使可疑权能之时,表现出极大的克制和审慎。由此,人们在谈论涉及此类权力的举措之时,在提起论证之时,都将意识到,各州也同样有权判定相关权力的合宪性,这很可能会令他们放弃某些举措,至少也会令他们做出足够的调整以便相应举措得到接纳,这种意识是具有决定性的。就各州而言,它们无疑会获得一种明确的安全感,而且这样的安全感乃是扎根于它们自身的,加之联邦政府因此种权能而变得更加审慎且更具善意,这一切都会有效地令各州的嫉恨、仇视和敌对情感平息下去,由此令各州对我们制度的天然归属感有了成长的空间,最终这样的情感会成长为完全成熟的爱国精神。倘若各州的这种保护性权能遭到抵制,那么这一切本来是美满的效果都将走向反面,对此,本委员会就不详加描述了,纷争、仇视和嫉恨这些活生生的例子就摆在眼前,无政府和解体的威胁也近在眼前,令所有观察者都印象深刻且鲜活,超越了一切的人为画面。倘若此种事态延续下去,必定会令一切的情感消散而去,到了那个时候,联邦政府所能依托的就只能是强力而非爱国精神。事实上,倘若就此问题展开恰当的反思,任何人都不难看出,只要存在重大的利益分殊格局,就必定需要相应的否决权来形成保护机制,否则多数派最终将凭借军事力量来强制执行自己的主张。

毫无疑问,本委员会所做的这些推论都是正确的。倘若各州的主权介入权利得到承认,必将造就一种审慎且安全的状态,随之而来的则是彼此间的善意,倘若真的能够走到这一步,那也就绝少有必要实施此种否决权,而且各州滥用否决权的可能性也同样难以存身。由此可以说,此种权能倘若获得承认,那么这本身就足以令此种权能没有必要真的得到实施。不过,即便本委员会的这一论断是错误的,也依然存在足够的保障。确实,面对联邦政府,各州的主权介入权利是相当有分量的,不过,宪法契约同时也提供了补救之道以防范此种权利遭到滥用。此种补救之道乃是一种更高的权能,并且各方也都同意,此种权能超越一切权能之上,确切地说,此种权能就是我国体制本身的创造权能和保存权能,这种权能由各州的四分之三多数来行使。这实质上也是一种修正权能,可以随时对整个体制实施调整,没有任何权力可以反对。因此,承认否决权归属各州,也承认否决权并非没有可能遭到滥用。不过,此种权能的最终结果是就联邦政府所实施的权力创造了一种违宪推定的可能性。倘若这一推定理据充分,就能够迫使联邦政府放弃相关的权力;倘若没有充分理据,那么也可以借助宪法修正案的形式将争议权力交付联邦政府,最终令难题获得解决。倘若在这样的问题上发起申诉,而最终的判决支持了联邦政府,那么争议中的权力也就因此转变成了给予联邦政府的明确授权;倘若最终的判决不利于联邦政府,那么拒绝授权这一行动本身实际上就等同于对联邦政府发出的禁制令。因此,无论是哪种情形,争端都将获得解决。难道作为宪法契约的订立者,作为本州公民和本州利益的捍卫者,主权各州不应当拥有此种权能吗?没有这种权能,所谓的修正权也将荡然无存,宪法也将经由一系列的解释行为而最终遭遇完全的颠覆。此种境况是需要进行检省的。问题的真正要害在于,各州的多数(多数州),可以借助联邦政府,借助宪法解释,对并没有明确让渡的权能实施篡夺,并借助这类权力的实施,以少数派为代价,提升自身的财富和权威。倘若是这样,那么受到伤害的少数州指望四分之三的多数州批准一项意在对此形成纠正的修正案,将是何等荒谬之事啊!毕竟,在此种情形中,必然存在着一个处于对立地位的多数州。同样荒谬的是指望联邦政府去提起这样的修正案,除非一个州能够实施主权介入,迫使联邦政府采取这样的行动,否则联邦政府在这方面是不会有任何动力的。联邦政府所秉持的主导型的行动意向就是借助宪法解释来获取权力。结局很清楚,无论是多数州还是少数州,都不会诉求此种修正权:对少数州来说,这么做不会有效果;对多数州来说,不必作此诉求也同样可以达成目的。由此,就我国政治制度的运作机理而言,有太多的东西都依托于宪法所提供的此种至高权能所产生的良好效力;但是在实践中,这一权能却正如本委员会所阐释的那样,最终难免归于荒废。取而代之的则是多数派的意志,此种意志借助宪法解释来发挥效能,并最终成为无限制的和至高的权能。相反,倘若各州能够拥有否决权,足以迫使联邦政府要么放弃此种宪法解释权,要么就借助宪法修正案的形式为之寻求明确授权,那么也就能够令此种至高权能在一切重大争端上发挥出应有的效能。此种至高权能的控制性权威是没有任何一方有能力反对的,而且,此种权能一旦得到实施,各州同联邦政府之间的一切争端都将得到解决,而宪法本身也将在这个过程中趋于完善。也正是由此,创造性的权能也就转变为保障性的权能;神学理论认为,唯有创造性权能才能成为保障性的权能,我们也因此可以感到宽心了,毕竟,神学王国的这项理论在政治学王国也同样是适用的,而且还可以说,保障性的权能也由此成为了恒久的创造性权能。这恰恰就是各州主权介入权能的运作机理及其效果。

有人会就此提出反对意见,认为此种权力若真的实施起来,会令多数遭到少数的操控。倘若这一反对意见理据充分,那将会是致命的。如果说多数不值得信任,那么少数也未必就值得信任;倘若将权力从多数手中转移到少数手中,那就只不过是在重演那个古老的错误,确切地说,就是试图在君主制或者贵族制当中寻求庇护,以此抗拒一个已经扭曲了的共和体制的那种更具压迫性的暴政。然而,倘若制约机制运作得恰当,多数派和少数派之间的权力位移现象并非此种机制的必然结果。确切地说,尽管权力受到制约,但也仍然是独立的,我国政治制度当中的制衡机制足以说明这一点。司法机构有权判决国会法令或者各州立法机构的法令违宪,这一权利若得到恰当运用,将形成极为有效的制衡,举凡熟悉联邦政府性质的人,有谁会认为联邦法院因此(当然,前提是权力之实施乃着意于恰当的目标)就获得了一种针对国会或者各州立法机构的至高权能呢?无论是意向还是效果,各州的此项权能都不会造成权力位移的结局。

宪法还提供了另一项制衡机制,这一机制可以说进一步揭示了各州否决权的机理。我国的复杂体制包含了众多的利益,其中,大州利益和小州利益则可以说是其中最为突出的利益,而且联邦政府的组织形态对此一利益也可以说是极尽守护之能。确立各州的相对分量并保证各州有相应的手段去捍卫自身在这个否决机制当中的政治地位,此乃立宪工作所遭遇的重大难题之一。在制宪会议的议程中,这个问题所占据的篇幅也是其他问题无法比拟的。在最终的解决方案中,大州在众议院确立起压倒性的影响力,因为众议院的权重格局是依据各州的人口额度建立起来的;为了对此形成补偿,同时也为了保障自身的权利以对抗大州在众议院的压倒性的影响力,小州在参议院获得了一个平等的份额;至于行政部门的构造,则融合了两方面的因素。为了保障各州的权重,同时也为了确保各州在立法事务中都享有恰当的权能,各州都获得了议案的否决权;但是,倘若因此就认定此种否决权乃是一种至高权能,或者同联邦政府所享有的主权权力无法兼容,这无疑是荒谬的,无论这主权权力的具体载体是众议院、参议院还是总统。

由此，我国的制度便在联邦政府各个部门间建立起恰当的制衡机制，确切地说，这也是一种否决体制，以确保宪法之于法律的至高地位和各州应有的分量，无论是大州还是小州，同时又不至于造成纷争局面，而且也不会削弱联邦政府的积极能量。就联邦政府和州政府之间的主权权威分配体制而言，也是同样的情形，确切地说，立宪者们将否决权留给各州，令各州拥有了有效的自保权能，以使少数派可以借此对抗多数派。此举乃完全遵循了整个体制的不变原则，而且，只要利益分殊的格局仍然存在，这样的原则也就应当是经久不变的。立宪者们都堪称人杰，都是富有智慧且务实的政治家，历史以及他们自身的广博经验是他们的启蒙者。他们引领这个国家经历了一场极其重大的革命，不仅从中得到了历练，同时也深刻地了解了人和政府的本性。他们都看出而且也都感受到，政府的必要性植根于我们的本性当中，在人的本性当中，自私情感主宰着社会情感，而政府是需要具备充分权力的；因此，倘若没有具备充分权能的政府，普遍的冲突和无政府状态必定会在社会各个组成部分中间盛行开来。不过，他们也同样清楚地意识到，境况的变迁根本不会改变人的本性，因此，在自私情感主宰社会情感的境况下，政府当然是必要的，但是，倘若权力不受约束或者制衡，就必然会导致负责权力之实施的人走向腐化和压迫。因此，政府之必要性和制衡之必要性乃扎根于同样的人性法则当中；自私情感驱使执掌权力之人实施扩张；不过，同样是自私情感，也在以同等的力度驱使被压迫者奋起反抗。从而，自由和幸福永恒地依托于这两种对立趋势的平衡。这一伟大法则引领着我国政治制度各个组成部分的塑造进程。在整个这套政治制度中,任何一种利益都是得到制衡的。统治者的利益难道不会同人民的利益产生分化吗?为了遏制统治者的滥权倾向,便经由周期性的选举在代表和选区之间创立了一种关系,在此种关系格局中,代表对于选区的忠诚得到了保障。各州作为联邦成员,难道不也会因为自身的规模而产生政治利益上的分化吗?对此,立宪者们颇为精细地确立了各州的相对权重,每个州都得到了恰当的代表,并且也拥有针对彼此的否决权,由此来保护各自的政治权重。难道宪法和法律之间不也有可能发生冲突并由此损害公民的权利吗?对此,法院是拥有足够的权能提供补救的,因为法院可以在自己负责的案件中给出违宪判决。各州不是也有可能形成单立且特殊的地理利益吗?为了应对这个问题,立宪者们建立了一种专门的组织,借此在各州政府和联邦政府之间实施主权分化。鉴于这样的主权分化有可能使得各州立法机构侵夺联邦政府的权力,于是,联邦最高法院便获得了足够的权威以遏制这样的侵权举动;另一方面,联邦政府也有可能侵夺各州的保留权利,于是,各州便凭借主权身份获得了相应的保留权力,并且可以借助否决权或者主权介入权,对联邦政府的侵权举动形成遏制。最后,倘若某个州滥用了此种否决权,从而不正当地干预了联邦政府手中的让渡权力,则有一种相应的权能予以应对,确切地说,这种权力甚至超越宪法,并掌控在四分之三的多数州手中,国会则有权召请这样的权威,并借此终结与此问题相关的一切争端,要么给出授权,要么撤销相关的权利。订立宪法契约的各方都是承认此种权威的;否认或者抗拒此种权威,就是对宪法契约的侵犯,由此,也就意味着联邦的解体。此种权能乃是终极且至高的权能,也是整个政治制度的基础所在。

当然存在相关的事例,可以证明南卡罗来纳州有权实施主权介入,借此来迫使联邦政府放弃一项违宪权力,否则联邦政府就只能诉求刚才所说的那种高等权威以获得明确授权,对此,本委员会丝毫都不会怀疑;而且,倘若联邦政府一意孤行,继续对各州的权力实施篡夺,那么各州的否决权以及修宪权也都同样明显地有实施的必要,这也就将最后一个问题带到了本委员会面前:究竟应当在什么时候行使此种高等权力呢?

倘若仅仅依据相关利益的分量来判断问题,那么本委员会将毫无犹疑地提议立刻召集修宪会议。不过,本委员会也深深感到有义务尊重其他成员州,而且,既然相关各方经由最为紧密也最为神圣的政治契约联结起来,也就有必要抱持极大的审慎和克制,即便这个州是在履行自己最无可争议的权利。因此,本委员会秉持着此类情感提议,在郑重宣示州立法机构的观点(当然,州立法机构是赞同本委员会的观点的)之后,容留一些时间以便展开进一步的考量和反思。此举的目的是希望多数州在思量了南卡罗来纳以及其他农业大州已经或者正在承受的苦难之后,能够恢复正义感,撤销这些有害且违宪的法令,唯有如此,方能避免各州实施否决权。

在这样一个时刻,本委员会觉得此种做法是很有必要的,毕竟,我们都希望到了明年的三月四日,可以发生一场重大的政治革命,让那些蔑视各州人民意志并由此获取权力的人放弃权位,同时让为国家做出杰出贡献的优秀公民走上权位,也令这样一个公民的正义和爱国精神得到人们的追随,最终在它的感召之下,彻底恢复联邦政府的纯洁原则。本委员会正是考虑到这一切才推荐此种政策,以便人们有更多的时间去考量,因此,本委员会特别希望相关各方都能明白,此举决不是因为本委员会对各州的正当否决权有任何疑虑,也不是因为对否决权可能造成的后果有任何担心。任何的危险,无论何等巨大,倘若使得人们畏首畏尾,不敢捍卫自身的宪法权利,那么这样的人也就根本不配称为自由人,不配成为美国人,更不配成为卡罗来纳人。不过,本委员会也认为,在我国的法律体制之下,倘若刻意地去制造危险,也同样是荒谬之举。毕竟,联邦政府借以塑造而成的乃是一项宪法契约,订立这一契约的各方都是具有主权的,在最为充分的考察之后不难发现,宪法本身保证了作为主权者的各州有权力实施否决权,而这正是各州主权的要义所在。倘若没有别的办法可循,那么本委员会认为,经由郑重的誓言是可以批准各州实施主权介入的,而且,这不仅是各州的权利,也是各州的义务。由此而得到宣示的捍卫宪法的誓言,在本委员会看来,也就不仅仅意味着一种避免侵夺他人的义务,而且也意味着一种避免遭受他人侵夺的权利。在本委员会看来,倘若人们有能力阻止侵权,却又容许宪法遭受侵夺,这根本就无异于亲手实施了侵夺。前者可以说是无法无天,后者则可以说是胆小如鼠,不过,两者同样都是缺乏责任感的。

据此,本委员会郑重宣布,在各州给予了适度的容忍之后,倘若当前的篡权行径以及当前体制的那些公开宣示的教义不加修正,仍然执意妄为,那么实施否决权就是我们的神圣职责所在。这不仅是对本州的职责,也是对联邦的职责;不仅是对当前的职责,也是对后代的职责,更是对整个世界之自由事业的职责。职此之故,我们有责任遏制此一篡权潮流,倘若不加以遏制,结果必定是腐化公共道德并摧毁这个国家的自由。

上述文字得到了作者的亲笔认可,并且作者给出了"南加州草案演说"的标题。在这份草案的结束页上,作者亲笔写道:

"结尾应当就消费税议案作一些评论,这一消费税既然涵盖了得到保护的商品条目,也就涵盖了本州对同类商品的消费。前者应当予以反对,后者则应当予以赞成。

最后应当给出相应的决议。"

这段文字里提到的"评论"并未保存下来;"相应的决议"也没有出现在报告当中。就这个议题而组建的委员会,在报告中给出了一系列的决议,这些决议都附在后文了。这些决议是否是上面那段文字中提及的决议就不得而知了。报告中提出的议案也都得到了采纳,具体如下:

抗议

南卡罗来纳州的参众两院议员在此集会,以本州的两位参议员威廉·史密斯先生和罗伯特·Y.海恩先生为召集人,以共和国善良人民的名义并且也代表共和国的善良人民,对联邦政府最近采纳的保护性关税体制提起郑重抗议,原因如下:

1.本共和州的善良人民相信,国会的权力乃是让渡权力,之所以将这些权力委托给国会,乃是为着明确的目标,这些目标限制并控制着国会的权力,倘若为着其他的目标而实施这些权力就是对宪法的侵夺,这将无异于对那些既无明确授权也没有明确撤销的实质性的独立权力实施篡夺。

2.征收进口税的权力只能是一种达成宪法所确定的目标的手段,此种权力就其性质而言,也只能如此;任何自由政府在征收税赋之时,都只能将之作为一种惩罚手段,而且这样的手段必须能够在公共必要性当中找到理据,同时也必须限定在社会性契约的范围和限度之内;此外,各州有权将公共资金之拨付限制在正当且合宪的用途上,此一权力于人民之自由至关重要,就如同未经同意便无需纳税这一无可置疑的特权一样。

3.本共和州的善良人民相信,国会在上个会期通过了关税法以及其他那些其主要意图乃在于保护制造业或者国内产业的任何其他分支的法令,倘若认为国会此举是在行使自身的正当权力,仿佛国会有权依据自身的善意和心思对人们征税并且有权将公共资金用在并未得到宪法规定的用途上,这无疑是对根本原则的触犯,同时也违背了界定清晰的权力信托,而且也是对重大的联邦权力的滥用,此类重大权力只能运用于联邦事业。

4.从商业法规角度观之,此类法令也同样是应当予以反对的,原因在于,尽管制定商业法规的权力,和其他意在保护国内制造业的权力是近似的权力,不过很显然,倘若这种权力只是假借商业法规权力之名而欲意达成别的目的,那就是另外一回事情了,无论就权力的性质而言还是就这个术语通常的意义而言,都是如此;此外,若将名实混淆,会导致极为严重的后果,毕竟,鼓励国内工业意味着对国家的全部利益、资源和各个行业都实施绝对的控制,而这也意味着一种真正意义上的单一且集权的政府体制。

5.《联邦党人文集》对宪法进行了同步解释(之所以援引《联邦党人文集》乃是因为联邦最高法院认可这部文集的权威),这些解释明确地揭示出,制宪会议并不认为商业规制权同农业和制造业领域的鼓励举措存在必然联系;在制宪会议看来,征收赋税以及进口税的权力在任何情况下都不能被理解为对进口商品实施禁制,除非是将之作为一种拓展商业的手段,目的在于迫使他国采取一种公平互惠的贸易方式,或者是将之运用于纯粹的商业目的。

6.保护制造业这一权力从未明文授予国会,而且,这一权力也绝对不是国会为实施自身授权而必须且恰当的权力,因此,依据宪法第一款第十条,这一权力乃是明确保留给各州的。

7.即便承认国会拥有宪法权利,可以通过税收或者商业规章来对制造业实施保护,而且还可以专门为此目标设置税收,但是当前这套关税体制的效能是严重不平等的,而且极具压迫性,因此也就构成了重大的滥权行为,违背了自由政府的原则,也违背了公民社会的伟大目标——正义、权利和保护方面的平等。

8.最后一点，南卡罗来纳，就其气候、境况和制度而言，都注定了是完全依托农业和商业的，而且以后也必定都是如此，这不仅决定了这个州的繁荣也决定了其作为成员州的存在本身，无论如何，这个州极具价值的农产品乃是天意的恩赐，仿佛就是专门用来补偿这个州在其他方面极为不利的境况，这些农产品也都在唯有借助奴隶劳作方有赢利空间的少数农产品行列，倘若失去了对外贸易，这些农产品便只能局限于一个根本不充分的市场，进而也将使得这个富饶的农业州不得不落入贫困和完全荒废的境地；倘若真是这样，这个州的公民将在绝望之中不得不移民到境遇更好一些的地区，最终，这一切将使得这个州公民政体的整个框架和建制都遭到伤害并归于混乱，甚至还有可能完全解体。

这一切都不免令这个共和州的善良公民之代表深为感念，我们迫切地希望与同胞公民和平相处，并且也愿意竭尽所能地去保存并延续这个联邦以及我们的自由体制，毕竟，自由乃是联邦的最佳保证，因此，揭露并抵抗宪法之精义可能遭受的一切侵夺乃是我们确定不移的职责。倘若对当前的保护关税体制示以明显的默许，此种默许就很可能会演变成一种先例，因此，我们谨代表南卡罗来纳人民，并通过参议院这个论坛向当前的关税体制提起抗议，当前的关税体制是违宪的、压迫性的，也是不公正的。

特此呈交我们的这份“解释与抗议”。

J.格雷格，南卡罗来纳参众两院联席会议主席

1831年7月26日

希尔堡演说：各州与联邦政府的关系问题

塞摩斯先生：

我不得不请求您容许我借用你的专栏，以便让人们知道我在这个重大且深刻的问题上的看法，这个问题就是各州同联邦政府的关系，今天，它已经引发了巨大的震荡。

我现在处在一个很怪异的职位上，这个职位原来必定是要对今日之政治有所担当的，但是它并没有为我提供官方机会去表达自己的看法。作为参议院议长，除非是参议院本身在某个问题上发生了均等的观念分化，我才能获得表达看法的机会，但这样的情况并不常见。因此，一个人处在这样的职位上，就得忍受自己的看法遭到误解。我本人就常常经历这样的情况。通常情况下，我认为正确的做法是保持沉默，让时间和环境去修正此类误解；不过，有时候则涉及至关重要的问题，无论是出于职责还是问题本身的考虑，保持沉默都将不再是正确做法。我认为，当前的境况就是这样。我频繁提及我的看法。不过我毫不怀疑，我的看法同样也是公众看法，而且在这样一个问题上，公众有权知道身负重大职位之人的看法。就我自己来说,我无意迎合没有价值的公众赞誉,也不愿毫无来由地遭受公众指责,我觉得我应该让公众知道我的真实情感。因此,我应当将之表达出来以便接受公众的检验,任何诚实且独立之人都会心存这种愿望。念及此,我便决定阐明我的看法,这也是我的职责;而且,经再三考虑,我认为现在采取的方式乃是最简单也是最有效的方式,可以助我达成所愿。

各州同联邦政府的关系问题可谓由来已久。从联邦政府开端之时,这个问题就一直分裂着公众情感,甚至在制宪会议上宪法命运悬而未决之际,这个问题就已经制造出两个派系,并在宪法塑造过程中制造出不小的麻烦。联邦政府运作起来之后,经验也很快就证明,宪法并未真正解决这个问题。1801 年那场政治革命之前的重大斗争,实质上就是围绕这个问题展开的。那场政治革命令杰斐逊先生成为总统。而且,双方的理论和论争在这场斗争当中得到了体现并且也得到了强有力的捍卫,一边是弗吉尼亚决议案、肯塔基决议案和麦迪逊报告,另一边则是马萨诸塞和其他一些州的立法机构给出的回应。我相信,弗吉尼亚决议案、肯塔基决议案和麦迪逊报告以及宾夕法尼亚州高等法院在同一时期作出的判决(尤其是大法官麦凯恩在科贝特案上作出的判决,这一判决得到了全体法官的附议),这一系列文件当中已经包含了有关这个问题的真知灼见。有了这些文件,我也就没有必要详述我自己的看法,也没必要详述支持这些文件的理由了。

我的目的只不过是要陈述我的观点,因此,也许提到这些文件就足够了,毕竟,这些文件已经就与这个重大且深刻的主题直接相关的各个问题作出了充分且强有力的论述;不过,考虑到很多人没有机会或者时间阅读这些文件,而且,无论文件本身给出了何等清晰的论述,不同的人也仍然会给出不同的解释,因此,要充分阐明我的看法,并避免一切可能的模糊,我还是应当以概括的方式对这些文件所包含的理论予以申述。

首要的重大原则就是,联邦政府并非植根于合众国的全体人民,而是植根于各州的人民,各州乃是单立的政治共同体并且是以分立的主权身份采取行动的;合众国的宪法乃是一项契约,每个州都是订立契约的一方,并且各州也都是凭借其单立且主权的身份参与到这项契约当中的;各州作为订立契约的一方,有权判定契约是否遭到侵夺;倘若联邦政府以刻意、明显且危险的方式行使了各州并未让渡的权力,借用弗吉尼亚决议案的语言,各州则有权"实施主权介入,对此等恶事予以遏制,并据此维护各自的权威、权利和自由",此乃各州的终极手段。实施主权介入之权利,便由此得到了弗吉尼亚州的郑重确认,无论我们怎么称谓此种权利,州权、否决权、撤销权或者别的什么名称,我都认为这是我国体制的根本原则所在。这一根本原则乃依托于确定的历史事实,比如革命,同时也有理论上的推演作为支撑,这类推演之简单明确,不下于任何的政治或者道德真理;我坚信,我国政治制度之稳定和安全取决于我们是否认可这一根本原则。

当然会有人反对这一理论。这些人一直都是用不同的眼光来看待这个问题,将这项原则视为无政府教义和革命教义,对此,我并不是不清楚。即便我相信这项原则蕴含了无政府主义乃至革命的倾向,我也无意主张予以阻击。我对我国政治制度以及联邦的持守之深刻和真诚,不逊于任何人,对此,我是有自信的。我从未对我国的政治制度以及联邦本身有过反感;相反,我素来都视之为捍卫自由的伟大工具。而且也是我们和我们后代之幸福所依赖的伟大工具。对这一切,我素来都极为珍视。我的半生都致力于服务联邦,也许我获得了一些公共声誉,不过这都是同联邦事业分不开的。确实,一直以来,民族情感过于浓重被众人视为我最大的政治缺陷,即便我的朋友们也会这么看。不过,我也正是秉持着这种强烈的忠诚感,尽可能细致地对此一理论的含义展开考察的。我完全相信,这一理论绝没有蕴含无政府倾向或者革命倾向,相反,我深信这一理论乃是我国体制唯一的稳固基础。也是联邦的唯一稳固基础。与之对立的教义否认各州有权捍卫各自的保留权力,并据此认定联邦政府有权决定让渡权力的范围,并且这种决定权是排他性和终极性的(至于这一权能究竟由联邦政府的哪个机构担当,则无关紧要),此种教义同各州主权是不能相容的,同宪法本身也是不能相容的,毕竟,各州主权以及宪法乃是我们这个联邦体制的根基所在。我的这种语气也许显得相当强悍,不过,像杰斐逊这样的人杰在谈到这个问题时所用的语言更是强悍,他指出,将终极和排他性的权力范围的评判权给予联邦政府,无疑"让联邦政府而非宪法去自由裁夺自身的权力范围";同时,"只要契约各方没有共同的判官,那么每一方就都享有平等的自主评判权,可以判定自身的权力范围,也可以判定应当采取怎样的补救方式和补救方法”。显然,话已经不能说得更清楚明确,也不可能存在更高的权威了。

有关这个问题的观点可谓纷繁复杂,我认为,此种格局恰恰构成了一项额外的证据,证明人类理智也是极为纷繁复杂的。我素来对这批干练且富有经验的爱国者极为敬重,若不是他们对此问题采取了不同的观点,我也会认定各州的这项权能是无可置疑的;不过,这个例子以及众多类似的例子也让我学会了以谦卑态度对待与我不同的观点。也许是我错了,这并非没有可能;不过,倘若真是我错了,我也只能说,我确实极为成熟且尽心地考察了这个问题,只是没有能力真正弄明白这个问题而已。然而,在极尽一切谦卑之后,我必须指出,错不在我,而在他们。他们否认了各州主权的一项本质特性,而各州主权则是得到公认的;而且他们赋予联邦政府的这项权能,同世人公认的联邦政府体制的有限且得到制衡的特性是完全不能相容的。我必须指出,之所以会出现这样的错误,主因在于未能恰当地思考我国制度的性质,也未能恰当地思考什么才是正直、理性且唯一的目标。

古时的一位智者曾说,政制的目标是约束政府,就如同法律的目标是约束个人一样。这话是正确的;确切地说,无论政府是多数人的政府还是一个人的政府抑或是少数人的政府,无论是共和体制还是君主体制抑或是贵族体制,这话都同样是正确的。没有人能比我更尊重应当由多数来统治这一政治公理,不过,前提是要对这一公理有恰当的理解,确切地说,就是多数统治应当服从宪法的约束和限制,其统治权能也应当局限于共同体的共同利益上。许多人认为多数统治权乃是天然的而非约定的权利,此乃大错特错;倘若因此而认定多数统治权乃是绝对的和没有限制的,就是错上加错。就事物的本性而言,每个人都有权自我统治;政府,无论是建基于多数还是建基于少数,其统治权利都源自被统治者的同意,无论这同意是明示的还是默示的,因此,政府应当服从被统治者所给出的限制。倘若利益并未分化,确切地说,倘若法律惠及一方等于是惠及各方,反之亦然,那么直接由多数来控制政府就是公正且恰当之举;然而,倘若利益处于分化格局,使得惠及一方的法律完全有可能造成另一方的毁灭,令政府臣服多数派的意志,那么这样的做法也就沦落到不公正且荒谬的境地。我认为,我国宪法的根基所系就在于这一理论。

毫无疑问,利益分殊的格局肯定是存在的。一切共同体都难免这样的格局,无论这共同体是多么小或者具备何等的同质性,只不过分殊的程度不同而已。任何地方都一样。这样的利益分殊格局是自由制度之塑造和维系将要遭遇的大难题。法律一旦运用到此类分化且对立的利益格局当中,往往会造成不平等的效果,这也就是宪法不可或缺的主因所在,确切地说,宪法的主要目的就是为了防范这样的不平等。在思虑宪法之时,倘若忽略了这一点,就等于忽略了决定宪法之要义的首要因素。倘若不存在利益冲撞的格局,那么塑造并维系自由制度恐怕是这个世界上再简单不过的事情了,仅仅选举权一项就足以构成充分的保障;但恰恰是对立利益之间的这种冲突格局,使之成为了人世间最为艰巨的工作。

倘若利益分殊格局存在于共同体的各个分化了的阶层之间，比如当今英格兰以及往日斯巴达、罗马以及大多数古代自由城邦的情形，那么理性的宪法条款就应当规定各个阶层都应在政府当中有代表权，并且是作为一个单立的阶层，拥有自己的权重，同时还拥有针对其他阶层所通过法令的否决权，如此方能遏制权利侵夺行为。在英格兰，宪法已经明确地采取了这样的形式。当然，斯巴达和罗马政府采取了不同的形式，不过目标都是一样的，而且效能方面也毫不逊色。从这个角度来看，他们的政府组织可以说都达到了完善状态，也正是这一点最终令这些颇富历史声望的国家的宪法获得了全部的知名度，也恰恰是这样的宪法体制保障了他们的自由延续了数个世纪的时间，并且也将他们的权势和命数提升到了极高的程度。的确，倘若宪法能够赋予共同体内部各个利益群体以自我保护的权能，那么，任何人只要对这个问题有过恰当的思考，都不难明白，对自由之保存而言，此类宪法条款的分量是毫不逊色于选举权的分量的。实际上，无论是此类宪法条款还是选举权，都是为了达成一个共同的目标，那就是确保政治生活当中的责任担当；并且，就这个目标而言，二者都是不可或缺的。确切地说，制定并执行法律之人应当对法律在事实上的受众担当责任，此乃自由之唯一稳固且经久的基础。倘若没有选举权，统治者当然就会对被统治者实施压迫；倘若没有自我保护的权利，多数同样也会对少数派的利益实施压迫。缺了选举权，政府就会沦为统治者的奴仆；缺了自我保护的权利，弱势利益就会沦为强者的猎物。

美国社会尚不存在此种人为的和分殊的阶层,可谓幸运之事。我们已经颇为明智地摧毁了所有这类阶层界限;不过,我们也并没有因此就免于利益冲突这一格局,我国目前正处于一种混乱且危险的境遇当中,这很不幸,不过也是这一点的明证。我们的问题全然在于地理上的分殊局面,而这主要是由于气候、土壤、境况、产业以及产品方面的差异造成的;尽管如此,此种局面也同样需要充分的宪法条款予以保护,其必要程度丝毫不逊色于阶层利益的分殊格局。实际上,地理上的分化格局较之阶层分化更需要得到宪法的保障,毕竟,地理上的利益分化更容易引发冲突,而且冲突一旦发生,也更为危险,这是任何其他类型的利益冲突都不能比拟的。这个国家可谓幅员辽阔,这片辽阔的国土也尚未完全分化成各自为战的独立的共同体,不过也没有全部臣服于一个专制型的单一权威,这样的情形尚属历史上的首次。希望我们最终不会沦落到如此不幸的命数当中,这将是一切爱国者的真诚祈祷。

我国的利益格局可谓纷繁复杂,单一的政府体制必定无法公正地代表这样的利益格局,必定无法赋予所有的重大利益以各自应有的权重;也许,上面提及的那些政府在各自的境遇中能够做到这一点。要应对这样的格局,就必须采纳更有效的规划,不过这一规划在性质上则是全新的。就我们的情形而言,政府权力当然也要分化开来,不过不像此前那样依照阶层框架进行分化,而是依照地理框架实施分化。联邦政府乃是为着整体的利益而塑造起来的,因此,其所承载的权能乃是各州共同利益所必需的权能,其余的权力则仍然由各州控制;并且,考虑到各州的地方性和特殊性,各州的权力是不能臣服于整个联邦的多数派的意志的,否则就必定会造成不公和压迫。因此,整个联邦的利益应当服从整体的一致,而各州的特殊的且地方性的利益则应当留待各州独立掌控,唯有如此,各州利益方能得到安全托付。权力的此种分化格局乃是经由宪法契约庄严确立的,各州都是此一宪法契约的订约方,此乃我国政治体制的特征所在,也是优越性所在。这才是真正的美利坚体制,没有先例,也无可效仿。

若要将这样的体制推进到完善境地,就必须将联邦政府和各州政府各自视为一个整体,各自都有自身的权力范围,而且各自也都是具有主权且独立的;各自也都再完美不过地契合各自的目标;各州都是单独采取行动,代表并保护各自的地方性和特殊的利益;同时,各州通过联邦政府采取协同行动,在这个过程中,各州也都秉持着宪法赋予的权能,代表并保护整体的利益。这种体制虽然简单,但也令人仰慕,由此便将代表制和责任制的伟大原则推进到完善境地,而没有这样的原则,任何政府都不可能是自由的,也不可能是公正的。此乃出自立宪者之手的原初的权力分配格局,如何迫使各个角色遵循规定好的轨道运转,并借此维系这个神圣的分配格局,乃是重大且艰难的问题。我们的宪法和联邦能否经久长存,以及自由的命数,最终都取决于这个问题能否得到解决。那么该如何达成这一目标呢?

这个问题是全新的。我国政治体制非常特殊,这个社会同样也存在分殊且冲突的利益格局,而这些利益又分别为各自独立但又彼此相联的各种政府所代表;不过,在实质上,这是个老问题,只不过换了新形式而已,而且可以说这个问题在很久之前就已经得到完满解决了。只要是单立且分殊的利益获得单立的代表,只要主权权力的实施是分化的,那么古往今来的经验和智慧也就只能设计出一种可以令政治组织得以保存的模式,那就是英格兰采取的模式。这也是古往今来一切可称之为自由体制的政府都会采用的模式,确切地说,就是赋予参与到体制当中的各个阶层以自身权力范围的判断权,并同时赋予其针对其他阶层之行动的否决权,借此来防范权利遭受侵夺,更重要的是防范自身权利所代表的利益遭受侵夺。此乃一种原则,此一原则,在各州宪法就政府各个部门之间的权力实施分化之时,也都视之为本质性的要素,没了这项原则,便无法维系各个权力机构的独立;不过,任何人倘若对这个主题展开适度的反思,便不难意识到,对于同样的目标而言,权力在各州和联邦政府之间的根本性分配格局乃是更为根本的要素。这项原则极具本质性,因此,在主权权力实施分化的情况下,无论否决权遭受哪个方向上的侵夺,实际上都等同于取消了权力分化格局,进而将全部的政府权能集中于排他性地据有否决权的那个组织身上。不管怎么说,我们在现实中是不可能将拥有全权的政府同拥有排他性否决权的政府区分开来的。至于权力分化究竟是像英格兰那样是在参与到体制当中的各个阶层之间进行的,还是像我们这样是在各自单立但也彼此联系的各个政府之间进行的,这对原则本身没有任何影响。其原因在两种分权格局中都是一样的,只不过,就我们的情形而言,分权的必要性更大一些,毕竟,在我国,社会利益的分化是沿着地理分界线展开的,因此冲突引发的危险也就更大,这一点前面已经说明了。

在我看来,这一切的真理都是无可反驳的;我不明白何以有人在颇为成熟地思考了我国制度的性质或者在饱读史书并研究了自由政府的原则之后,竟然还会对这一原则提出质疑。在我看来,这其中的原因必定在于这样一个事实:在任何自由国度,总会有人更看重维护权力的必要性而非更看重防范滥权的必要性。我无意谴责任何人,我只是要指出这个事实,因为要解释智识阶层为何会在这个问题上发生观念上的歧异,就必须认识到这个事实。毕竟,仅仅是对这个主题进行抽象思考,似乎不足以引发人们的质疑。倘若这就是真正的原因所在,那么我在此也必须指出,就我们的情形而言,过分担心政府权力遭到削弱是毫无根据可言的,不管怎么说,更大的危险是来自滥权而非削权。我并不否认各州也有可能对如此重大的权力实施滥用;不过,我们倒也不妨想一想,是各州经由一致同意而塑造了联邦政府,并赋予了联邦政府应有的全部权能,此类权力也都是各州自由让渡给联邦政府的,因为各州相信,他们共同的和平、安全和繁荣是需要联邦政府据有这些权力的;而且各州乃是经由共同的起源而联结在一起的,在那场伟大且辉煌的独立运动中,共同的苦难和共同的胜利,这一切的记忆都成了维系各州的纽带;同时,我们本性当中极为强烈的一系列情感,尤其是对于民族权力和荣誉的爱,这一切也都是有助于维持联邦的;因此,在我看来,担心各州会滥用为自身利益之和平保存所必需的那项权利,据此而剥夺各州的主权并将各州在事实上削弱到纯粹依附性团体的位置上,既违反了自然之道,也是没有任何理据的,毕竟,在创立联邦之时,各州就已经将这种权利保留给自己了,并且各州才是这种权利的专门守护者。因此,倘若不能将此种权能托付给自愿创立了联邦政府的各州,那么又有什么权能是可以托付给各州的呢?

将此一权能赋予各州根本不会带来任何极端危险,相反,我认为,任何自由国家都不曾像我们这样,将如此重大且为各方所不可或缺的一项保护性原则置于如此安全的地方。在其他的自由国家,一旦代表着分殊且彼此冲突的各种利益的各个阶层发生碰撞,那就必须在妥协、屈服或者强力这三者中间作出选择。我国的情形则不是这样的。在我国,倘若联邦政府同某个州发生冲突,会有更高一级的权威可以诉求,这个权威也就是当初创造了联邦政府的那个权威,正是它赋予了联邦政府全部权能,而且可以随时扩展、削减乃至取消联邦政府的权能,因此,在必要的时候是可以召请这个权威的。各州本身也是可以诉求的,只要四分之三的多数州就可以形成一种权能,而且这种权能的指令实际上等同于宪法,可以令所有的反对意见归于沉默。此一权能的最终极运用就是一个州可以凭借其主权身份,也就是作为宪法契约订立方的身份,迫使宪法契约所创立的联邦政府将侵权问题提交给作为联邦政府的创造者的各州。为了避免此一权能可能招致的那些假想的危险,有人提议诉求一种新颖、危险且在我看来是致命的方法,确切地说,就是由联邦政府垄断最终的宪法解释权,由此对我国的整个政治制度实施逆转性的修订,令宪法成为联邦政府之意志的造物,而非联邦政府得到创立之时施加给联邦政府的行为规则,由此而在事实上剪灭联邦政府之上的权威,尽管联邦政府本身正是此一权威创立的。

倘若将否决权赋予联邦政府,无论是由立法机构还是行政机构最终担当此项权能,结果必定就是上述的逆转性的变局。这一点是所有人都承认的。没有人会鲁莽到断言国会或者总统应当据有此项权利,也没有人会鲁莽到否认,倘若这一权利终极性地并且排他性地赋予联邦立法机构或者联邦行政机构,其结果必定如上所述。然而,这项提案的倡导者们却也能够对这一理论泰然处之,因为他们认定,联邦政府当中存在着这样一个部门,其特殊的组织形式似乎就决定了它可以成为一个独立的法庭式的机构,联邦政府可以凭借这个机构行使否决权,由此便不会给任何人带来危险。

我相信,我对司法部门的信任并不输于任何人。我充分了解司法部门的重要性,而且会竭尽所能地捍卫司法部门的宪法权利和独立性;但是,我绝不相信宪法有意让司法部门行使我们所探讨的这项权能,也绝不会相信司法部门有资格这么做。倘若真的将这一权能赋予司法部门,我也绝不相信这会是安全之所。

司法部门的权力乃是司法性质的,而非政治性质的。对于司法权能,宪法有明文规定,是局限于“因宪法、合众国法律以及经由合众国的权威而订立的或者应当订立的条约,而发生的一切法律案件和衡平案件”。于此,我也就有了足够的权威支撑,可以提出这样的论断:司法部门的权能不涵盖政治问题,而且仅仅涵盖了涉及法律事务的问题。[1] 宪法从未给予司法部门以政治上的授权,这一点也同样清晰地证明了司法部门不具备政治职能。国会完全有可能实施为数众多而且都是非常危险的侵权行为,这一点是所有人都承认的,但是对于这一切的侵权行为,作为司法机构的法院,就其性质而论,是没有资格在这类问题上实施甄别的。关税法案本身就是一个极具说服力的例证。同样的理由也同样地适用于所有国会滥权的事例,确切地说,就是国会将权力用在其他目标上,而这样的目标是没有得到宪法授权的,此乃最为恶劣且危险的侵权行为;而且,此种滥权行为完全有可能扩展到国会的一切权力尤其是税收和拨款方面的权力上。然而,倘若司法部门有权审理国会的一切侵权行为,问题仍然存在:司法部门并非此种权能的安全载体。毫无疑问,这个难题是无可克

[1] 这里援引的是首席大法官马歇尔的权威论断。马歇尔在乔纳森·鲁宾斯案上曾有一段判决意见颇值得引述。我找不到马歇尔所作申述的原文了,只能凭借记忆予以引述。下面便是卡尔霍恩先生援引的相关评论:"司法权力涵盖了所有涉及法律和衡平的案件,宪法的这项条款绝非意味着对司法部门进行任何政治性的授权。任何问题倘若进入司法轨道,就必须采纳法律形式,以便展开法庭诉讼和司法判决。必须有诉讼双方出现在法庭,而且诉讼双方都是受到司法程序和司法权能的拘束的;诉讼双方的权利是必须接受法庭的最终判决,对此,诉讼双方也都是必须服从的。'法律和衡平案件',并且适合进行司法判决,此类案件有可能因一项条约引发,因为条约所给予或者保障的个体权利是可以在法庭上予以确认或者辩护的,比如同大不列颠订立的和平条约的第四款和第六款就是这样的情况;比如说,最近同法国、普鲁士以及其他国家订立的条约中也有相应的条款是要保障这个国家的公民的财产在美国的安全的;但是,司法权能不能涵盖政治性的协约。"参见1797年就托马斯·纳什案也就是乔纳森·鲁宾斯案在众议院发表的演说。——克拉尔。

服的。

除非将保护性的权能赋予对于保护行动有利益诉求的人,或者赋予这些人的有责任担当的代理人,否则便难说是安全的,此乃一项普遍且根本的政治原则。这项公理,无论是在私人事务还是公共事务中,都是同样正确的。我国体制的危险之处便在于,代表整体利益的联邦政府完全有可能对代表地方性特殊利益的各州实施侵夺,而且各州也完全有可能对联邦政府实施侵夺。

在考察这个问题之时,切不可忘记,联邦政府乃是由身受委托且有责任担当的代理人打理的,各个部门,无论是司法部门还是其他部门,都是如此;终极的控制权并不在于这些代理人,而在于那些对代理人实施选任的人。因此,要理解联邦政府的真正性质以及在一切特定情形中联邦政府会采取怎样的行动,我们就必须关注此种高等的控制权能,而不是仅仅考察这些代理人,毕竟,最终推动联邦政府运转起来的正是这终极的控制权能。由此观之,便不难发现,联邦政府的一切权能都在多数派意志的控制之下,这里所谓的多数,乃是融合了以团体身份计的州的多数以及以联邦人口计的各州人民的多数。由此融构而成的多数,便成为了推动并引领联邦政府运转起来的那个真正且终极性的权能:州的多数形成了参议院的多数;各州人民的多数形成了众议院的多数;两个多数的融合,使总统得以最终选任;总统联合参议院的多数,便拥有了法官的任命权;法院的多数以及参众两院的多数,连同总统的权能,实际上便操控着联邦政府的全部权能,除非在一些特定情形中,宪法要求一个更大的多数。法官实质上是此种联合多数在司法部门的代表,就如同国会多数或者总统乃是此一联合多数在立法部门或者行政部门的代表一样;因此,“将让渡权力和保留权力之范围的终极且排他性的决定权,赋予司法部门,实质上就相当于将此种权能赋予了这个多数,这个多数的代理人是要接受多方面的约束的,事实上也是如此;当然,这实际上也就相当于将各州的保留权力以及这些权力旨在保护的各州的地方性特殊利益,都交托给了此种保护机制意在对抗的那种多数派意志(此举毫无疑问违背了我国制度的根本原则,也违反了一切健全的政治推理)”。尽管从别的各个方面来看,法官任期方面的条款都是极具分量的,但在这个问题上,不会带来多少改变。这方面的条款,就其最好的效果而论,也只能是延缓而非真的能够抗拒占据主宰地位的多数派意志。

实际上,在这个问题上多有赘述也没什么意义。倘若理性能够在关乎人类激情和利益的问题上实施决断权,那么这个问题想必在很久之前便已经通过弗吉尼亚决议案获得永恒解决了。弗吉尼亚立法机构提交的那份报告,在我看来已经是无可争议地解决了这个问题。在各州实施主权介入以便保护自身的保留权利这个问题上,该决议案指出:“有反对意见认为,司法权威乃是宪法的唯一阐释者。就这样的反对意见,首先应当注意到,有许多篡权行为是宪法给予司法部门的授权所不能涵盖的;其次,倘若司法判决提升到超出主权各州的位置上,那么联邦政府其他部门的决议,尽管未经宪法授权而得以进入司法轨道,也同样是可以获得类似的权威性和终极性的。不过,针对此种反对意见,真正的反驳乃在于如下原则:在面对各州的本质性权利遭受危险侵夺的情况之时,宪法条款并不一定能够发起有效抵抗,于此,参众两院联席会议的决议将被用来应对此类重大且非同寻常的情况。本决议案认为,并未得到让渡的危险权力,不仅会遭到联邦政府其他部门的篡夺和行使,而且,司法部门也完全有可能行使或者批准此类危险权力,尽管司法部门并未得到宪法的相关授权,由此,各州判定宪法契约是否遭到危险侵夺的权利,也就应当将联邦政府各个部门潜在的侵权可能性涵盖在内,无论是司法部门,还是行政机构,抑或是立法机构。”

决议案的这些论证在我看来已经是决定性的了,不过,有人对此提出反对意见,认为,倘若各州都有权判定宪法是否遭受了侵夺,那么结果就是导致在州权和联邦权发生争端的情况下,每个州都有权捍卫自己的观念,比如说,一旦在条约或者宪法契约的解释问题上,各州主权者发生歧异,就会出现这样的情况。依据这种反对意见,倘若问题真的到了这一步,那就只能依靠武力解决问题了。这项反对意见的错误,在于将联邦政府也设定为宪法契约的订立方。正如前面已经阐明的那样,塑造宪法契约者乃是各州,而且各州是以主权且独立的身份参与到宪法当中的;联邦政府不过是各州的造物。当然,联邦政府实际上也具备一个政府应当具备的一切权利和权威,这些权力也都有自身的运作轨道,尽管如此,从性质上讲联邦政府乃是源自各州订立的宪法契约,因此,就联邦政府的性质和目标而言,实际上就是一个共同委员会,授命监管并打理各州的共同利益;倘若联邦政府超越了这个权力范围,也就没有任何权力可言了。否认这一点,将无异于否认了最无可争议的事实,否认了最为明确的结论。倘若认可这一点,也就完全摧毁了上述的反对意见,确切地说,认可这一点,即便发生了上述的那种情况,也绝不会导向武力。无论如何,依据我国当前的政府体制,如果说各州都有权判定宪法是否遭到了侵夺,这实际上意味着争议权力的最终归宿应当由各州来定夺,而不应当由联邦政府来定夺。换句话说,倘若委托人和受托人之间发生争端,那么联邦政府作为受托人,应当将问题呈交委托人来定夺。这样的律令是非常明显的;无论理性还是类比,都会给出这样的律令。任何健全原则都不会将最终定夺权交付代理人,倘若代理人同委托人发生争执,代理人也根本没有理由动用武力去压制委托人,并借此来捍卫代理人对自身权力的解释权。此类情形是完全站不住脚的。这样的权利若是成真,那将无异于怪物。

这项原则适用于各州同联邦政府发生权力争端的案例,对此,我们不仅拥有理性和类比的权威支撑,而且前面提及的那个杰出政治家也是站在我们这边的。杰斐逊先生在暮年之时,可以说对此已经有了长期的经验和思考,他指出:“在各州和联邦政府的问题上,我不认为外人正确地理解了两者之间的关系。他们通常认为州是从属于联邦的。这是错误的。各州和联邦乃是一个统一整体的协从机构。不过你们也许会问,倘若州和联邦对同一权力都提出了主张,那将由谁来仲裁呢?倘若是无关紧要的事情,双方的审慎和克制就足以令双方远离争端;不过,倘若争端已然是无可避免且无可妥协,那就只能召开各州的集会,让这个集会来决定争议权力的最佳归属。”

就是这样,我国宪法对相应的修宪机制进行了授权,并且也规定了具体的修宪权威和修宪程序。这是一项简单的设置,不过也展示出标志性的智慧,由此而提供了一种权能,这种权能在必要的时候可以作为终极诉求,有效地解除一切武力方面的借口和必要性。确切地说,这项权能一旦启动,没有任何人可以提起正当反对,可以令所有人的利益都回归安全境遇,可以成为唯一有效解决一切争端的方式,因为宪法修订案这一手段本身足以将宪法本身的一切缺陷和不确定性清除掉。就我国这样的制度而言,人类智慧是不可能设计出另一套同样安全且有效,同时又不至于背离州政府和联邦政府之间的关系原则和权力原则的机制的。这一机制令我们的制度达成了一种完满且安全的境地,这是我国制度特有的,这一点倘若能够得到人们的充分认识,其福祉也将令后人永远受益;但是,倘若我们不能体认这其中的完满和安全,那么关于未来的辉煌期待最终将沦为一场黄粱美梦。在此,不妨将一切铅华洗尽,令那赤裸裸的问题凸显出来:我国政府体制究竟是联邦制还是集权制?究竟是宪政体制还是专制体制?究竟是依托各州主权这一终极性且稳固的基础,还是依托没有约束的多数派意志?倘若是后者,那么我国政府将会和一切不受约束的政府体制一样,为不公、暴力和强制所主宰。只要是多数派统治,少数派必定会沦为从属者,这一点切不可忘记;而且,倘若我们荒谬地让多数派垄断宪法解释权,那么在这样的体制之下,宪法本身也将在主权者和从属者之间消散殆尽。最起码,在这样的境况下,便不会再有什么东西配得上宪法之名,也不会再有什么东西能够致力于神圣宪法所致力的那种正当目标。

各州如何实施此种主权介入权能,这个问题事关重大,各州自身实难定夺;毕竟,主权介入权乃是各州保留权利当中本质性的要素,没有了这一权利,也就等于交出了全部的主权。我们为证明各州拥有此种权利而提起的论证,其实也同样能够证明各州"乃是补救方法和补救举措的正当评判者"——这是杰斐逊的原话。不过,克制精神以及这种权能本身的性质,也决定了不到万不得已,是不能诉求这一权能的,除非宪法已经遭受了危险的侵夺,而且,除非是一切可以遏制联邦政府侵夺行为的合理希望均告破灭;确切地说,到了这个地步,倘若不存在主权介入权,那么各州就只能选择屈服并接受压迫,要不就只能武力抵抗。在此种极端情形中,我国制度提供了一种可以避免作出如此可憎的抉择的中间方式。这种中间方式可以令联邦政府暂停运转,借此获得一段间歇期以便调解纷争;如果未能达成调解,则迫使联邦政府诉求修宪手段,实际上也就是诉求各州自身作出终极决断。这再一次证明了此种机制的卓越智慧。确切地说,此种权利要素并不像一些人认为的那样,是我国体制中的一项弱点,相反,这恰恰是我国体制的强大之处;其所蕴含的并非无政府倾向或者革命倾向,相反,这其中蕴含着的乃是和平与安全。倘若这一权利能够得到各方认同,这本身就足以在极大程度上消解实施这一权利的必要性,毕竟,普遍认可本身就能够令联邦政府在运转之时极尽克制和公正,而这对于和谐与和平乃是至关重要的,尤其是在我们这样一个幅员辽阔且利益格局纷繁复杂的国家;同时,此一机制倘若遭遇争端局面,也将会令冤屈者的恨意不再针对体制本身而是转向滥权之人(这一点可谓极端重要),最终也因此令冤屈者不会在革命或者颠覆行动中寻求补救之策,而是在改革中寻求补救之策。实质上,此一机制,若能得到恰当理解,实乃武力的替代机制;确切地说,此一机制意在阻止任何政治制度都难免的错误,并且倘若阻止不了,此一机制也能够用和平方式予以修正。倘若这样的错误没有得到遏制而是不断累积起来,最终就会引发普遍灾难。

关于各州同联邦政府的关系问题,在抽象层面上,我至此也算说出了我想说的话。也许到了该总结的时候了,不过我相信,倘若只是在抽象层面上作一个一般性的申述,并不涉及引发当前震荡的问题,这会令许多人感到不满意,而且也令申述本身有欠缺。我觉得实情也确实是这样的,因此,尽管不情愿,我还是要谈一谈关税问题,毕竟这个问题有助于阐明我刚才提出的那些看法。不过,我不希望引发过高的公众关注度,因此,我将尽可能地简短一些,鉴于此,在同我的目标保持一致的前提下,我将避开一切的争议环节。

当前这套保护性关税体制或者任何别的保护性关税体制,当然会引发有关原则以及效果问题上的争论,但无论人们在其中秉持何等歧异的观点,当前关税体制造成的政治后果都是确定无疑的,没人可以否认,而且,所有人也都必定会对这样的后果感到遗憾。当前的关税体制已然将这个国家分裂为地理上的两个部分,并将南北双方置于对峙格局当中,尤其是在一些至关重要的政治问题上,即便不说双方处于利益上的对立格局,至少在观念上,双方肯定是抱持敌对态势的。比如金融、商业和工业,同其他问题相比,这些问题即便在和平时期也能令人激奋,而关税体制则更是在这些问题上令南北双方陷入深刻且危险的冲突当中。如果说弱势一方(我本来是可以说南方的,不过为了尽可能避免此类讨论完全有可能激起的情绪,我还是选择弱势一方这个用词)势必会在某个问题上达成全体一致,那么他们毫无疑问会一致认定:弱势一方的繁荣在极大程度上依托于自由贸易和轻薄税赋,同时也要求公共资金的使用和分配要尽可能地节约且平等,此外,就是让我国产业自由发展,确切地说,就是将尽可能多的自由发展空间留给各个产业,让各个产业自己去决定究竟怎么发展才最契合自身的利益。从波托马克到密西西比,即便人们在其他问题上众说纷纭,但在这个问题上,倘若让人们自由决断,倘若让人们重新考虑南方的利益,便不会有人不希望去除自己的产业所遭受的一切束缚和将税赋削减到联邦政府正当要求的范围内,并将公共支出限制在最温和的规模上,只要能满足和平、安全和公共事业的要求即可;同时,也不会有谁不相信与此相反的体制势必会令南方遭受不平等的负担,压制南方的繁荣并侵夺南方的劳动果实。

关于这些重大举措,北方作为强势一方,秉持的乃是同南方相反的观念,即便这样的观念并非全体一致,至少也是占据压倒性的多数地位的。实际上可以说,即便是任何两个不同的国家,也不可能在政策问题上秉持如此截然对立的观点,而且政策所涉及的问题都是我刚才提及的那些重大问题。同样可以肯定的是,这场不幸的冲突乃起自当前的这个关税体制,而且冲突本身已经覆盖了参众两院,已经将国会的审议程序转变成了南北双方之间的年度斗争;强势一方力图维系并提升已经获得的优势地位,弱势一方则力图解除或者削减压在身上的负担;这场斗争令一切高贵且慷慨的爱国情感逐渐沦落到派性和自私的境地。[1] 这场危险冲突的后果还不止于此。它不仅仅是在刚才提及的那些重大问题上造成南北双方的分裂,而且在一些更为深重也更为危险的问题上也将造成南北双方的分裂,比如保护性关税体制的合宪性问题以及宪法本身的普遍原则和理论问题。确切地说,强势一方为了维持自己的优势地位会借助宪法解释,而这样的宪法解释在弱势一方看来则是要将联邦政府转化成集权且没有责任担当的政府体制,自由将因此遭到完全摧毁;此等权力篡夺令弱势一方感到救赎无望,于是便转而诉求各州的保留权能,作为唯一可以逃避压迫的策略。我无意对这些评论实施扩展,尽管我完全可以指出,这一关税体制将致力于联邦的一个组成部分急速疏离,同时也将同样迅速地将联邦的另一个组成部分导入歧途并使之归

[1] 当前的关税体制倘若延续下去,不仅会令弱势一方的产业和财产尽归强势一方,而且还会导致权利剥夺和政治选举权的丧失。最终,选举和职位任命也将遭受操控,立法也难免不被操控,并由此极大地强化双方之间的敌对情绪,双方的彻底疏离也许就成了注定之事。

于腐化,而居于两者之间的联邦政府,则会经历一场暴力且突然的变革,并由此完全失落了对于国家事务的稳定掌控和智慧。实际上,我们已经见证到了这方面的可怕征兆。同样,我也不觉得有必要去追问这场不幸的冲突,究竟是出自双方对自身利益的正确看法还是错误看法。无论这冲突是源自何方,冲突本身都应当警醒我们,我们的制度正暴露在极端危险的境地,除非是凭借极大的克制和智慧,否则我们将难以闯过这个难关。倘若这场冲突起自错误的利益观点,确切地说,倘若错误地认为南北双方的利益就关税体制造成的影响而论,实质上是一样的。而关税体制本身并没有不平等的,相反,关税体制对利益的分配乃是平等的,各方也平等地承担着这一体制带来的负担,那么这场冲突也应当让我们明白,处于不同境遇且从不同角度看待自身利益的人们,是多么容易得出不同的结论,即便他们的利益实际上是一样的。因此,在我们这样一个幅员如此辽阔且如此多元的国家,在采纳任何一项政策之时,都应当极尽谨慎,在执行政策之时,也都应当极尽克制。不过,倘若这场冲突乃是源自利益上的冲撞,确切地说,关税体制让一方承担了所有的负担,让另一方尽享好处,那么我们也应当从中学到一个同样重要的教训,那就是我们在追逐自身利益之时,对他人利益的考量是何等地少,而且我们是何等轻易地将自己的利益等同于别人的利益;当然,我们更应当从中明白,在我们这样一个利益如此分殊的国家,强者利益若是压迫弱者利益,并因此造成极其致命的派系冲突,那么结果会是何等危险。无论真正的原因是什么,无论是真实的利益分殊还是假想的利益分殊,有一点都是无可怀疑的,禁止性关税体制的政治后果就是我刚才所说的那样,尽管在其他方面也许会有良性的效果;而且,同样也不能否认,南北双方之间的冲突既然是围绕如此关键的问题展开的,也就表明这个国家已经处于一种极度失序且危险的境遇,必须对此种局面给予极为严肃且毫不懈怠的关注。除非是对我所关注问题的补救之道展开考量,那些真正了解情况且富于深思的人们,才不至于产生观念上的分化;至于上述的事实,实际上都是无可质疑的。

当然也有些人并没有对问题的危险和顽固进行恰当的反思。这些人认为,疾病有自我治疗的功能;认为最好的办法是任凭事件自己去发展;并且还认为,经验很快就会证明,在关税问题上,整个共同体的利益都是一样的,或者最起码来说,即便现在存在利益分歧,时间也会将这些分歧尽数消除。这些人从一开始就秉持此类论调,不过不幸的是,事件的进程恰恰呈现出相反的走向。这个国家如今的分裂状况较之1824年更为深重了;1824年较之1816年也是如此。多数派的权重一直都在提升,不过,少数派也毫无疑问地变得更为坚决和更为激奋了。以前的时候,人们在反对这一体制的时候,主要还是说这一体制造成了诸多不便;但是现在,人们反对这一体制的理由都是违宪、不平等、不公正和压迫。以前的时候,人们都是向联邦政府求助;但是现在,许多人都被逼入绝望境地,于是开始抬眼望向各州保留的主权权能,将之视为唯一的庇护手段。倘若我们把眼光从过去和现在转向未来,我们会发现,情况非但没有好转,而且还会极大地恶化。主要的农业州日益陷入困顿局面当中,经验令他们的信念日益强化,据此信念,造成他们困顿局面的元凶就是禁止性的关税体制,倘若这一体制延续下去,他们目前的产品将无利可图;而且他们也都日益坚定了另外一项信念,他们那大规模且特殊的农业资本倘若脱离了古老且世袭的产业轨道,就会招致毁灭性的损失。所有这一切都强化而非驱散了笼罩在未来上空的阴霾。事实上,对那些恰当反思过这个问题的人来说,寄望于疾病的自我治疗功能,无异于痴人说梦。真正的问题乃在这个国家的出口利益和非出口利益之间。没有出口,也就不会有关税。这一体制是毫无益处可言的。相反,只要仍然存在生产大宗农产品的州,只要这些州仍然希望获得自己的供给品,并且大宗农产品的销售依然要依托世界市场,只要这一体制存续下去,那么这样的冲突也就会相应地存续下去,于此,疾病非但没有自我治疗的功能,反而会日趋根深蒂固。他们的利益以及那些因为高关税而不得不在国内市场购买所需供给品的人群的利益,也就必定会因为这套关税体制而处于冲突之中,此乃事情的本性所注定了的。除非我们不再为世界市场生产大宗农产品,比如棉花、大米和烟草,除非当前投注于大宗农产品的巨额资本和劳动能够找到其他有利可图的出路,否则,当前这场不幸且危险的冲突就不会有终结之日,除非与此一禁止性关税体制本身同归于尽。

与此同时,正当人们在毫无作为地被动等待这场冲突自动终结的时候,事件的进程却正在迅速地将一个迫切且关键性的问题提上了斗争日程。我们正在急速迫近一个世界史的新时代,这样的时代对我们当前讨论的问题是有着直接且深重的影响的,确切地说,这个问题就是长期债务的最终清算问题。这样一个时刻的到来是不可能长期推迟的,其天然后果也是无可回避的,倘若真的有人想着延迟或者回避,那只能招致自身的灾难甚至是整个国家的灾难。当最终清算的时刻到来之时,倘若联邦政府并未实施过先期偿债,那么联邦政府会发现自己手中握有一千万到一千两百万美元的财政盈余,这就提起了一个重大问题,联邦政府本应当安排怎样的先期偿债呢?这个问题已经迫在眉睫,不容拖延,国会需要在下一个会期给出决议,否则就会招致极为混乱且危险的后果。

诚实且显见的办法就是通过适时且审慎的减税举措避免财政盈余积压在国库,由此便可以将资金留给那些能够赚钱的人;而且,将资金从这些人手中抽离既不诚实也不合宪,除非是出自适度且正当的联邦需求。倘若联邦政府忽略了如此显见且公正的处理办法,并试图维持当前的高关税,那么一旦联邦政府不再需要钱了,或者不得不在资金拨付方面开拓取道来处理这笔巨大的财政盈余,或者在此类渠道无法拓展的情况下,不得不采取历来的政府曾经设计出的那种最为危险同时也是违宪且荒谬的举措,在各州中间直接分配这笔盈余,令各州同联邦政府在一切拨款问题上都陷于对立格局,并最终令联邦政府沦落为纯粹的收钱和分钱的机构,那么,无论联邦政府采取哪种模式,在当前高关税体制下遭受苦难的那一方,都会将联邦政府采取的行动视为联邦政府之决心的展现,确切地说,联邦政府的任何举动都表明了要将当前压到南方身上的不平等、违宪且压迫性的负担作永久化处理;由此,受压迫的一方将再也不会向联邦政府寻求帮助。这样一个时期可谓意义深重,倘若走上了错误的方向,必定会带来巨大灾难;倘若选择了正确的方向,将会迎来幸福且荣耀的结局。这样一个时期已然近在眼前了。正如我已经申述的那样,下一个会期必须着手这方面的工作了,否则很可能会一无所成,也很可能会陷入糟糕境地。下一个会期非常短暂,而且还会被总统竞选运动搞得群情激荡,因此,不足以提供解决问题所需的时间和冷静;倘若真是这样,那么再接下来的会期就难免会发现这个国家已经置身危机当中,到那时候,想要遏制财政盈余的累积,恐怕已经为时太晚了。在这个问题上,我必须指出,就人和政府的本性而言,一旦此种累积态势延续下去,就必定会创造出一种利益,这种利益有足够的力量让自己永久化,并且这种利益完全有可能会得到为数众多且也都强大的其他利益的支持;由此,一个如此珍贵的时机便会被活活错过,而这个时机若利用得当,是可以缓解公众负担的,是可以令联邦政府的行动效果归于平等化的,是可以恢复联邦的和谐与和平的,是可以向这个世界提供辉煌典范的。这样的典范对全世界的自由大业也是可以提供莫大帮助的,是可以展示出我们这个民族是最为自由并且治理得也是最好且最为平顺的民族,也是可以展示出我们这个民族有能力以最小的代价来获取至高的尘世福祉的。倘若我们错过这个时机,那么未来的人们在回忆当年的时候,心情又怎么可能是平静的呢?

既然疾病没有自我治愈的功能,我们便不得不面对这样一个问题:有补救办法吗?如果有,该怎么补救呢?

倘若答案是否定的,那么联邦也就注定了彻底失败的命运,倘若真是这样,那么宪法采纳之前一度极为盛行的那种认为自由政府在大国不具备可能性的观点,也就应验了;确切地说,我们的政府因为包容了不仅是分殊的而且还是无可调和的巨大利益而归于毁灭。我不愿意承认这样的结论,毕竟这样的结论会给我们的未来蒙上深重的阴影,同时也令先辈的殷切期待归于流散,并且令先人凭借自身智慧而赢得的高度声誉大为失色。若非最为明确并且建基于现实的经验之上的证明,我是不会接受这么一个令我极为憎恶的结论的。我深刻地感受到我国利益格局正处在一种高度的分殊状态,此外,真相也迫使我将此种利益格局所饱含着的冲突也考虑进来;造成这种冲突的乃是前面提及的那些原因,冲突的程度之高使得这样的利益格局不能置于多数派绝对一致的统摄之下,否则就会令政府无法达成自身的伟大目标,那就是正义,同时还令政府自身转变成一场诅咒。不过,在我国的联邦体制当中,我也看到了宪法提供的相应手段,这种手段若加以明智运用,不仅能够协调分殊的利益格局,而且是唯一有效的手段,可以保证我们在国内外的正义、和平和安全,同时也就确保了国家的力量和声望——对国家力量和声望的热爱,天意已经为着明智的目的而深深植根于人类的内心了。有了这些伟大目标,即便像我国这样幅员辽阔且利益极为分殊的境况,联邦的各个组成部分也能够拥有共同且一致的利益。倘若我们拥有足够的智慧,能够恰当地就这些更为高尚且经久的赐福作出相对的评估,那么当前在其他方面的一切冲突也就不足为论了;不过,倘若我们给出了相反的评估,各个组成部分都将自己眼前的特殊利益置于更高的位置上,并据此采取行动,汲汲于推进对自身最有力的政策,沦为纯粹的政策推手,而不考虑和平、和谐和正义,那么当前的派系冲突必定会冲破宪法约束,永无休止之日,最终只能令联邦解体。我们事实上已经作出了此种相反的评估,这一点是无可怀疑的,而结果也正是当前这种感觉混乱且危险的局面。所谓救治之道必定肇始于对错误的纠正;不承认错误,这本身就是最糟糕的症状,同时也证明通常的立法手段已经对此种疾病失去效力了。倘若如此,我们最终便只能诉求非常手段,不过,即便如此,我也仍然相信,此种非常手段仍然是合宪且安全的救治之道。

倘若真的能够由联邦当中最有能力也最应该实施此种救治之道的组织机构来实施救治,那么恐怕没有人会比我更感欣慰了。倘若人们认为合宪举措只能由此诞生,那么这也是唯一可以令秉持此种看法的人维持自身信念的方法;倘若联邦政府忽略了此种方法,那么,即便是这些仍然保持信念的人,也不得不承认敌对观念才是正确的,于是,他们便只能在绝望中抛弃我们的政治制度。不过,所有那些开明且富有爱国精神的敌对者们势必会对联邦政府的此种克制和智慧之举感到高兴,因为他们认为联邦政府的此种举动实际上令人们无需再去诉求更高的权能了,这也就相应地表明了公众情感处于一种此前任何国家都没有达到过的健全状态;最终,我们这套荣耀的制度也就获得了最强有力的保证,足以垂诸后世。随着知识的增进,一个民族也就可以相应地放弃一些政府体制方面纯粹人为的限制,此种态势之下,我们也许可以想象(但我们不敢指望真的能看到)一种普遍且卓越的智识状态,在这样的状态中,自由的一切防护机制也就没有用场了,剩下的只是已经得到启蒙的公共舆论,并且是经由选举权发挥效能;然而,要达成这样的状态,前提就是共同体的各个阶层和各个组成部分都有能力对一切政策举措的影响形成正确评估,不仅是评估自身利益将会受到的影响,也评估所有其他阶层和组成部分的利益将会受到的影响,而且,还需要所有人都充分意识到如下一项崇高真理:最卓越也最富有智慧的政策乃是那种维持正义并推进和平、和谐的政策;同这样的政策相比,纯粹出于得失考量的政策是不值一提的。我担心经验已经证明,我们早已远离了这样的状态;因此,我们恐怕不得不倚靠古老且笨重的权力制衡模式,毕竟,这样的模式是已经得到认可了的,否则便不足以阻止或者纠正滥权。不过,我确实相信,尽管我们已经远离了此等完美状态,我们仍然有足够的能力通过常规方式来纠正当前的混乱;并由此证明,我们的公共舆论已经经历了足够的启蒙,我们的政治机制也足够完善,因此为了联邦的保存,基本上无需诉求联邦的创制权能实施介入。那么,该如何做到这一点呢?

我设想的救治之道,施行起来是会令人倍感痛苦的,不过,举措本身则是确定和简单的。实际上,这也是唯一有效的救治办法,确切地说,就是实实在在地将税赋削减到正常的财政水准上,同联邦政府公正且合宪的需求形成配合。唯有这样,才能恢复这个国家的和平、和谐和相互间的情感纽带。实际上,很多人内心已经深深地抱持这样一种信念,认为,即便是作为一种财政机制,当前的税收体制也是极端不平等的,因为税收的主体负担落在了那些能够为对外贸易提供支付手段的群体身上,而且,无论是由生产者还是消费者直接埋单,都不会改变这套税收体制的受益者。这是体制本身的运作机理决定了的。

这个问题极为复杂同时也极具争议,因此,我在此无意对此展开正式探讨;不过,税收体制对于我们眼前的这个问题乃是有着强大的现实影响的,无论从哪个角度看都是如此,因此,我仍然有必要给出一些普遍性的简短评述。

倘若最终是由生产者埋单,那么毫无疑问,税收的主体负担将会落在规划中的征税对象身上。倘若是由消费者直接埋单,那么问题就会变得更为复杂,而且在此种情况下,要想搞清楚税收负担最终由哪个群体承担,就必须对这套保护性的关税体制展开考察,也就是这一体制的支持者们所谓的"美利坚体制"。确切地说,就是要对这一体制的三个方面展开考察,即税收、保护和分配。这三个方面对应着不同的功能,所谓税收就是将收入集中在联邦政府手中,所谓保护就是为国内的特定产业部门提供保护,所谓分配就是授权国会以拨款方式对大规模的财政资金实施分配。所有这些功能就效果而言,乃是融合为一体的,因此,倘若不从总体上实施考察,就不可能弄明白真正的运作机理。

有人认为,最终是消费者为税负引发的价格上涨埋单,并据此认定税收负担最终完全是由消费者承担的,对于作为一个阶层的生产者不会有任何影响(实情绝对不是这样的,除非是这样一种情形,生产者完全垄断了某种商品,而这种商品又是生活必需品,以至于价格的任何提升都不会影响到消费量),同时还据此认定,从税收角度来看,进口税的负担必定是由各州平等分担的,并且是同各州人口成比例的。即便我们承认上述的这种看法,一旦考虑到其他的影响,税收负担最终也是要从联邦的一个组成部分转移到另一个组成部分身上,最终使得后面这一方承担了全部的负担。不妨首先就此对保护性关税体制的运作机理展开探讨。

进口税的效能不仅仅是提升进口商品的价格,而且也同比例地提升了国内同类产品的价格,实际上,进口税的目的就是要为这类商品提供保护;因此,在确定关税负担最终由谁来承担的时候,这方面的影响也是必须考量在内的。倘若一方垄断了应税商品的生产和供应,而另一方不得不从垄断者手中购买所需商品,那就很显然,进口税引发的价格上涨所造成的负担将会从生产一方转移到消费一方,除非消费一方也能够令自己的产品价格获得提升,从而形成抵偿;可惜的是,没有人会认为大宗农产品各州能够获得这样的抵偿,因为大宗农产品乃是我国出口贸易的基础所在,其价格取决于国际市场而非国内市场。对大宗农产品的生产者来说,应税商品因为进口税而获得了价格的提升,这种提升实际上就构成了一项税赋,而且是严格意义上的税赋,同时,国内生产的应税商品的价格所获取的提升空间实质上形成了对制造业各州的一种扶持政策。同进口税率相比较,应税商品价格提升的幅度若是超越了进口税率,就自动发挥出扶持效应;若是低于进口税率,则相应地形成一种税负。这就是当前关税体制的运作机理。

然而,即便此种机制的效果在其他方面是平等的,拨款或者分配机制也同样会令关税体制对双方造成的压力变得极为不平等。倘若平等格局已经存在,那么南北双方按照各自的财政贡献获得资金拨付,此一格局无疑就会延续下去;不过,倘若有一方所获财政拨付少了一截而另一方相应地提升了一截,那么就会造成前者的损失和后者的收益。从这个方面看,关税体制实质上等于将由此造成的资金差额从前者手中拿走并转移给了后者。毫无疑问,综合各个方面的情况,这就是当前这套关税体制所造成的无可争议的普遍效果,即便有理论认为是消费者直接为进口税埋单,即便这种理论极其有助于证明关税体制的均等化效果。

不妨暂且接纳消费者埋单这一理论,据此理论,倘若要说明负担和收益在南北双方之间的实际分配机制,就有必要在细节方面推进得非常深远才行。在充分且详尽的考察之后,我完全可以确信,这些细节足以解释一些难以解释的情况,确切地说就是,为什么一方会认为撤销当前的关税体制会是一场灾难,而另一方则认为撤销这一体制乃是一项赐福,并且此种对立观点为何竟然会令双方在重大的财政和商业问题上处于决绝的敌对状态。确实,即便没有完满的解释,双方就这套体制之效果所秉持的对立观点本身,也足以令人信服这一体制之不平等。此种局面之下,恐怕最稳靠也最确定的规则莫过于认定双方拥有平等的能力,可以理解各自的利益,并且认定,在一切体制或者举措于自身利益所产生影响这个问题上,每一方较之另一方都是更好的评判者。

当前的关税体制是不平等的,无论这种观点是否正确,如下观念都已经广为散布了:这一体制无论经历怎样的调整,本质上都是不平等的;倘若这一体制获得增补,那么如下信念也将变得更加深重且普遍,即任何为着保护目的而征收的税目不仅是不平等的,而且也是违宪的。因此,在这样的情况下,倘若认为除了刚才所说的补救办法,还会有其他的办法可以对当前的政治混乱形成救治,那将是致命的错误。

依据任何别的办法来对这场不幸的冲突进行调整,都将是非常困难的。要更为充分地理解这个困难,就有必要提起人们对宪法否决权所持的一种普遍看法,这种看法认为,指望既得利益者放弃已经到手的东西无异于缘木求鱼。

秉持上述看法的人相信,宪法授予国会的所有权力,不仅受到宪法本身的明文限制,而且也受制于这些权力本身的性质和目标。因此,尽管宪法以一般性的语言授予了国会征税权,并没有对之施加明确的限制,但是税收体制应当是平等的,不应当偏袒任何一个州的港口,而且,关税体制乃是国会税收权能的一部分,目的是为了财政收入,因此就其性质而言,关税体制应当限制于财政目标之上,就如同制宪会议已经给出了明文限制一样。将此种权力用于财政收入之外的目标上,确切地说,就是运用于并未得到宪法确认的目标上,实际上是对宪法极为危险的侵夺。这样的侵夺构成了滥权,而且这样的行径实施起来虽然很容易,却是很难抵抗的,在这方面,任何其他侵夺行径都比不上。这些人相信,这样的观念同样也适用于商业规制权以及一切其他的权力。

倘若牺牲了这一重大原则,就等于交出了所有的权力,并令联邦政府转变成为绝对且专制的政府;尤其是在当前这个权力问题上,倘若放弃了这一原则,也就等于将全部产业和资本的控制权都交给了联邦政府,并最终令弱势一方沦落到殖民地的从属状态。不同类别的劳动和财产之间的利益分殊程度,就其本性而言恐怕是再大不过了。而且同样的法律对不同类别的劳动和财产所产生的影响之不平等程度,恐怕也是再大不过了。事实上,税收体制仅仅通过提升额度并在方向上作出调整,就可以遭到扭曲,从而转化为一种奖惩机制,由此便等于形成了足够的权能,可以令少数派的劳动和财产尽归多数派意志来摆布,并据此作出相应的规定,在无需考虑少数派利益的情况下,任意地迎合多数派意志。若真是如此,便没有理由指望任何的调整会令弱势一方感到满意,只要这样的调整以那种认可了多数派权能的宪法解释为基础,尤其是要考虑到少数派是有着自身的特殊产业和财产的。经验已经证明,多数派的此种权能势必要对少数派的产业和财产造成伤害。这是问题的一方面。

另一方面,多数派的正当要求也是应当得到平等尊重的。毫无疑问,当前的这套关税体制已经令这个国家的某些部分陷于群情激奋的境况当中,这也都是有根据的,不过,无论这样的激奋到了怎样的程度,我都希望并且相信所有人都同意应当作出变革,以便将相关各方的利益损失削减到最低的程度,同时也应当给予其他人应得的东西,而且也不能违背宪法原则。要达成这个目标,就必须秉持最为友善的和解精神,而且还要具备至高的技巧;

然而,即便有了这一切,变革的过程也不可能不引发动荡,问题只在于程度大小而已;尽管我相信,倘若谨慎行事,必然会带来众多的补偿性利益。这样的利益毫无疑问是存在的。至少,这样的变革会带来更大的稳定,并且也倾向于在制造业各州的利益和其他重大利益之间达成和解,并用彼此间的情感纽带将联邦维系起来。不过这还不是全部。对于我国制造业的最终繁荣来说,另外一项好处也是至关重要的,确切地说,就是这样的变革可以降低生产成本。由是观之,任何产业部门因这样的变革而遭受的损失同减税所带来的收益比较起来,都将是形同无物的。事实上,任何的减税举措都能够对除了减税商品之外的所有其他生产部门形成一种扶持,由此,普遍的减税举措就会普遍地削减生产成本。毕竟,普遍减税意味着生活成本、工资以及原材料成本的普遍降低,这就制造出了比减税空间更大的利润空间,尽管这样的利润空间不一定会平等分配给各个产业,但这样的效果就其对国际市场的影响而言,是有着至高分量的。只需稍作思考,便不难看出,为确保本国制造业的国内市场所采取的手段同国际市场之获取或者维持所需的手段,乃是背道而驰的。就前者而言,保护性关税体制当然会提升生产成本,不过这种提升会因为国内市场上相关商品价格的提升而获得补偿,而且还绰绰有余;但是就后者的情况而论,不具备这样的优势,而且,由于不存在相应的补偿机制,提升了的生产成本必将转变成为国际竞争中的净负担。无论这些优势或者众多其他可以提及的优势,最终是否能够对制造业者因削减关税而承受的损失形成充分的抵偿,有一点是可以肯定的,一场巨大的变革已经势在必行了,并且已经不可能拖延下去了:变革来得越早,所造成的震荡也就越小,我们也就能够获得更多的时间和更多的冷静去审慎且娴熟地引领这场变迁,而那些利益相关者也就越是能够对问题本身形成恰当的考量。在考量这个问题之时,也不应当忽视南北双方所提主张的性质乃是有差异的。确切地说,南方所要求于联邦政府的,并非什么好处,只是希望能够不受干扰地享有自身的自然资源,并且希望在不违背其他宪法目标的前提下,确保这种状态,这也正是南方加入联邦的首要动机;相反,北方乃是为了增进自身的繁荣而要求联邦政府实施积极干预。这样的境况下,依据一切的公平和公正原则,联邦政府的干预都应当约束在适度的范围内,不能对南方的自然优势产生侵害。倘若考虑到所有正在发挥效能的原因,比如公债的最后偿债期限正在逼近,这个国家的整个南方地区对于关税体制的恶感和抗拒日益提升,而且抗拒的原因也正在向着更深的层面拓展,那么任何人都不至于傻到看不到一场剧变已然无可避免。倘若试图回避或者拖延这场必然到来的变革,最终都只能是令变革的后果造成更大的震荡和更大的灾难。

我之所以确立起上述的看法,完全不是因为我对制造业利益抱有不友好的情感。我过去一直都对制造业利益秉持友好态度,现在也是,而且这种友好态度是毅然决然的,尽管我无法认同为了增进制造业利益而采取的所有手段。我相信,倘若相关的人们能考虑到单纯金钱利益之外的更高层面的因素,就足以禁止他们采取那样的手段。不过,即便我素来信从此类更高层面的政策考量,也仍然以真正的热情看待机械和化学工艺领域的改进。在我看来,这些领域的改进不仅是国家和个体的丰富财源,而且也可以成为伟大的手段,用以扩大人类对物质世界的支配范围,由此就能够为一种得到高度改进的社会状态奠定牢固的基础,无论是道德领域还是政治领域,都是如此。我从来不担心,在面对大自然的伟大机制之时,人类力量会变得过于强大;相反,我认为人类力量的此种拓展肯定能够强有力地改善人类的境况,这是当前正在发挥效能的众多其他因素都做不到的。因此,我不仅对当今世界工艺技术领域发生的普遍进步感到高兴,而且对我国在这个领域取得的进步也同样感到高兴;保护政策倒也可以偶尔为之,并不算违背宪政权力的公正且诚实的运用之道,鉴于此,我历来都认为,健全的政策乃是同国家的安全、独立以及和平关联在一起的,在这样的政策体系当中,保护性关税制度当然也是题中之意;不过我同时也认为,我们在采取这样的保护制度之时万不可越雷池一步,以免危及我们的和平、和谐和自由。对我们而言,这方面的考虑要比纯粹政策上的考虑重要得多,两者的分量是不可同日而语的。

由此,我也算是将自己的看法呈现在公众眼前了,不过,我倒并不指望借此来改变公众情感。长久以来,我所探讨的这个问题可以说令各方激奋不已,而且这个问题的四周一直都包裹着厚厚的偏见和利益。对我来说,倘若在这个问题上我抱持着改变公众情感的动机,那只能招致难以承受的虚荣,实际上也是对人心的深深无知。因此,为了尽可能地避开虚荣或者无知之类的谴责,尽管有许多重大环节是我不得不触及的,我还是将我的申述局限于单纯阐明我的看法,除非是为了让人们完整地理解我的观点,否则我不会在原因层面进行过多的展示。倘若在某些问题上我的观点阐述得不够清晰或者不够明确,那么我相信这都是因为我急切地想避免上述的指责,因此,我根本无意掩饰我的情感,我也不缺乏为捍卫立场所需的论证和证明,事实上,我能给出的论证和证明是相当丰沛的,没有一本书是不足以涵盖的。我确信,有诸多真理都在本质上关系到我们本应当极为珍视的东西,在此,我只是希望这些真理不要因为我有缺陷的阐述方式而降低了在公众心目中的位置,毕竟就我要达成的目标而言,我是不得不用这样的方式来阐述这些真理的。

尽管极尽谨慎,我仍然不敢希冀避开动机不纯的指责,毕竟我确实走出了这一步,尽管我只是想毫无保留且自由地表达我的观点,而不考虑这些观点是不是受欢迎。我根本没有理由去相信我的这些观点会迎合公众而不是令公众厌恶,这正是我最感遗憾的地方,毕竟我一度对同胞的良善观念是有很高评价的。不过即便是这样,我至少也能够得到那些清醒的刚正情感的支撑。我是在最为细致且审慎的考察之后才形成这些观点的,我的理智和经验也在这个过程中提供了全部的帮助;我在表达自己观点之时,也算是做到了诚实且无畏,丝毫没有顾及到会对我个人带来怎样的影响,无论这些影响对我个人而言有着怎样的意义,最终都将是不足为论的。毕竟,从根本上来说,这些问题关涉到这个国家的自由和幸福。

约翰·卡尔霍恩

1837年2月6日

关于废奴请愿书的演说

最初的报告

1837年2月6日,来自印第安纳的约翰·提普顿提交了两份请愿书,呼吁国会取消哥伦比亚特区的奴隶制。这两份请愿书均来自他所在的选区。提普顿先生承认,他相信这两份请愿书并非明智也并不合宪,而且也不能代表自己选区的普遍意见,尽管如此,提普顿先生仍然认为有必要接纳这两份请愿书并提请国会委员会考虑,因为这有助于安抚公众情绪。卡尔霍恩先生立刻起身并要求主席首先作出程序方面的裁定,方可在参议院宣读这些请愿书。

卡尔霍恩先生认为,是否应当接受请愿书乃是个有待决定的问题,因此,卡尔霍恩希望首先就这个问题展开讨论。他坚持认为,倘若有人反对接受请愿书,那么参议院就应当对此实施票决,而无需另提议案,这是规则,而且四十年来参议院一直都奉行这样的规则。他宣读了相关的规则,其中规定,倘若会场上有人呼吁接受请愿书并且没人表示反对,或者会场保持沉默,那就应当接受请愿书。否则,必须就是否接受请愿书实施票决。卡尔霍恩先生指出,他在上个会期上就曾提出要信守这项规则,但归于徒劳。他希望主席先生这次能支持这项规则,否则他就不得不提出动议,反对接受请愿书。

主席遂作出裁决:只要有任何参议员反对接受请愿书,无论起身与否,那么参议院就应当实施票决,以决定是否接受请愿书。

卡尔霍恩先生对主席的裁决表示认可。他希望此次会期能遵循已有的程序模式,毕竟这个模式一直沿用到最近五六年。

参议院接着便对接下来该采用怎样的议程展开了充分的讨论。最终,一致同意对全部请愿书同时展开评议。于是便由多名参议员将多份请愿书引入了参议院,这其中包括来自俄亥俄的埃文先生和莫里斯先生,来自佛蒙特的斯威夫特先生和普伦提斯先生,来自宾夕法尼亚的布坎南先生以及来自罗德岛的奈特先生。在评议过程中,卡尔霍恩先生发表了下面的评论。

卡尔霍恩先生在演说中指出,他认为参议院和南方有必要知道请愿者们是怎么谈论南方人民的。为此,卡尔霍恩从众多的请愿书中随机挑选了两份,并希望会议秘书予以宣读。

于是,这两份请愿书便在参议院得到了宣读,并且最终表明请愿书的语气要比通常的那种语气温和一些。

卡尔霍恩先生指出,请愿书就是用这样的语式来刻画我们和我们的制度。南方制度的基础是不能去除的,否则必然会招致鲜血和屠杀。然而,请愿书却对南方制度发起攻击,认为我们的制度乃是一桩罪恶,而且是对人类权利的侵夺。所有这类言词都已经在合众国参议院得到宣示,我国的联邦体制乃是各州之间的联合,目的是用更完善的方式捍卫各州的制度。难道南方议员就这么安静地坐着,听凭别人用这种方式谴责自己吗?倘若他们在这样的环境下起身发言,难道不会有人指责他们是在搞煽动吗?宪法订立之时,南方制度就已经存在了,我们的参议员也不会坐以待毙,听凭他们的指责,相反,我们已经做好了准备去回击那些发起谴责的人。

卡尔霍恩先生指出,他并不像有些人,他不相信通过不断的让步就可以平息此类鼓噪;相反,他坚持认为一切的篡权行径必须在初露端倪之时便予以回击。那些不愿意这么做的人,就只能做好准备接受奴役了。卡尔霍恩先生很清楚而且也确实提出过预言,倘若请愿书获得接纳,请愿者就会得寸进尺,他们会立刻展开下一步的布局,迫使国会就请愿书实施票决。卡尔霍恩先生由此便向南方议员发出问询,他们是不是真的没有预见到请愿者们接下来的布局,确切地说,一旦请愿书得到接纳,接下来就会在国会得到审议。

去年的时候,卡尔霍恩先生曾告诉布坎南先生及其支持者,他们采取的这种立场是不会有立足之地的;并且同时指出,请愿者们在这届会期上会采取行动迫使国会就请愿书展开审议。现在,有谁能告诉我们,这再一次的让步会令请愿书煽起的火焰平息吗?然而,这不正是众议院在上一届会期上采取的立场(或者说是决议)吗?此举对废奴派的意气形成任何的安抚之势了吗?

当然没有，相反，此举令废奴精神传布得更广了，而且根系也扎得更深了。接下来，请愿者们就会采取措施令国会就废奴问题展开讨论和论证。卡尔霍恩先生坚持认为，南方实质上已经投降了，因为他们竟然容许了国会接纳请愿书。他指出，南方是时候亮明立场并拒绝请愿书了。他完全相信，国会一旦接受了请愿书，就会顺势而下就废奴问题采取立法行动；而且，国会由此也将顺理成章地获得一种权利去取消哥伦比亚特区的奴隶制。

卡尔霍恩先生指出，主席团的程序裁定实际上已经确认了参议院是有权拒绝接收这些请愿书的；毕竟，参议院如果有权就这个问题实施票决，当然也就有权对这个问题实施否决。因此，倘若在这个环节上让步，就等于是向废奴派表示屈服，代价便是牺牲了参议院。但是，在这个问题上多纠缠实属无益。卡尔霍恩先生警告南方参议员，不要在这个问题上采取让步立场。三年前，卡尔霍恩就已经预见并且预言了那项强制议案必然会造成今天的这种事态。目前，参议院对请愿书的诉求是秉持反对态度的。卡尔霍恩先生也清楚地看出，所有这方面的诉求都扎根于社会底层，确切地说，就是植根于社会最低和最无知的阶层当中；不过，这火焰会继续燃烧下去并呈现出燎原之势，向着社会上层攀升，最终会登堂入室，进入圣坛和学校。实际上，他们已经做到这一点了。接下来，这火焰就会烧到议会两院。唯一的抗拒办法就是将其拒之门外。议会的大门一旦开启，实际上就等于投降了。卡尔霍恩先生指出，时代的精神就是金钱和投机，这种精神已经弥漫南北大地。他指出，除非南方采取一致的联合行动，否则便无法抵御废奴精神。今天,无论北方还是南方,大多数人在这个问题上所持的观念都还是健全的;但是,狂热精神会感染正在崛起的一代人,这将令北方和南方分裂为两个民族,在情感上秉持截然对立的态势。因此,南方必须采取决绝行动了,只要是在宪法范围内。

此时,提普顿先生对卡尔霍恩先生的这些评说表现得相当吃惊,提普顿先生指出,他本以为眼前的这些请愿书不会激起这样强烈的反应。来自特拉华的巴亚德先生于是提议将是否接受请愿书这个问题列入议程。参议院的票决支持了巴亚德先生的动议,不过,这并没有令论辩终止,因为来自马萨诸塞的戴维斯先生接着便又引入了四十份请愿书。于是,问题重新回归程序方面。来自佐治亚的金先生宣称,他认为卡尔霍恩先生错误地解释了当前会期和上一个会期参议院程序上的这种差异。

对此,卡尔霍恩先生回应说,他对于主席团的程序裁定是完全认可的,确切地说,依据主席团的程序裁定,拒绝接受请愿书是需要实施一次票决的。不过,卡尔霍恩先生更进了一步,他认为,无论请愿书最终能否得到接纳,依据规则,都应当由那些呈交请愿书的人提出接纳请愿书的动议。卡尔霍恩先生此前已经两次就这个问题向主席团施压,不过都遭到了驳回。问题在于,宪法是否规定参议院必须接收这些请愿书。在这个问题上,主席团现在可以说是让步了,主席团承认,参议院自身有权力决定是否接纳请愿书。

对此,卡尔霍恩先生再次指出,倘若国会有义务接纳请愿书,那就意味着同样有义务对请愿书展开审议和决议程序。

接着便是一场激烈的论辩。在论辩过程中,来自弗吉尼亚的里弗斯先生发言指出,整个这场论辩令他倍感痛苦和心疼。里弗斯先生指出,他并不反对呈交废奴派的请愿书,不过他确实反对请愿书中对那些悲惨场景的无谓展示,这样的场景毫无事实根据。里弗斯先生强调指出,他在抽象层面上并不认同奴隶制,在这一点上,他同来自南卡罗来纳的这位绅士是持不同立场的。

对此,卡尔霍恩先生给出了解释,并否认自己曾在抽象层面上表达过对奴隶制的任何看法。卡尔霍恩先生指出,他历来都只是就事实问题展开申述,而这个事实就是:共同体的一个部分必然要依托另一部分的劳动而存活,因而也就不可避免地要拥有对另一组成部分的控制权,这是任何社会都无可避免的法则。因此,他从未谈论过什么抽象意义上的奴隶制,他从来都是只谈论当前存在于两个人种、两种肤色并且身体构造、习惯以及众多其他方面都迥然不同的两个群体之间的奴隶制,毕竟这两个群体共存于同一个共同体当中。此种情形之下,奴隶制对双方而言都是一种善。难道来自弗吉尼亚的这位参议员先生不这么认为吗?

里弗斯先生说,他不这么认为。他认为奴隶制在任何情况下都是一桩不幸、一种罪恶;只不过在某些情形中,不幸和罪恶的程度没那么严重而已。

卡尔霍恩先生坚持对立观点,并宣示了自己的一项看法,认为就事实而论,中非人(他没有谈到北非或者东部非洲的情况,只是谈到了中部非洲地区)的境况,无论是舒适度、受尊重度还是文明程度而言,都不能同南方黑人相提并论。而且,南方黑人的人口也已经翻番了,可以说跟白人保持着同样的人口增幅,这一点足以证明南方黑人生活的舒适和丰裕。至于文明程度,黑人差不多跟他们的主人保持着齐头并进的态势。就这一切对白人的影响而论,谁又能说南方白人在爱国精神、理智程度、人性程度以及勇敢程度等方面比不上非蓄奴州的白人呢?卡尔霍恩先生指出,他并不知道有谁曾提起过这方面的看法。因此可以说,南方制度的实际效果是令两个种族在其中都臻于繁盛境地。这场实验毫无疑问仍然在进展当中,而且尚未达到完善境地。这个世界还未曾见证过任何现代社会完整地经历过这样一个进程,因此,卡尔霍恩先生认为,对南方制度的最终评判应当再延迟十年。如今,南北双方都在展开一场社会实验,就北方而言,乃是一场纯粹且无限制的民主制实验,在南方则是一场种族融合体制的实验。迄今,实验的结果是有利于南方的,南方社会要比北方平和得多。而且卡尔霍恩还预言说,南方的社会状态最终将证明比北方要稳定得多,也更有利于保存自由。事实上,在南方体制中,捍卫人类自由并对抗专制权力的侵袭一直都进展得极为有效。卡尔霍恩先生不承认奴隶制是一桩罪恶。他认为根本不是这样的。南方制度乃是一种善,而且是一种极大的善。在这个问题上,来自弗吉尼亚的参议员先生同卡尔霍恩发生了直接的争执。

里弗斯先生发言指出,他无意在这件事情上同卡尔霍恩先生陷入口水战。不过,他无论如何不会相信奴隶制是一种善,无论从道德上讲,还是从政治或者经济角度讲,他都坚持这个看法。

当然，他无论如何都会捍卫南方的宪法权利，但是对南方宪法权利的这种信守绝不会令他回归罗伯特·费尔默爵士那已经覆灭的教义，并借此为抽象的奴隶制度提供辩护。

卡尔霍恩先生抱怨说自己遭到了误解。他在此指出，自己从未在抽象层面上宣布奴隶制是一种善。他在奴隶制问题上所说的一切都是就当前的境况而言的。他谈论的奴隶制乃是当前现实中的奴隶制，他从未从抽象的角度看待过奴隶制问题。只要是一个文明种族同一个完全不同的种族寻求共存，南方制度就是一种善。凡是文明存在的地方，也都伴随着死亡和奢侈；然而，他会认为死亡和奢华就其本身而论是好事吗？他相信奴隶制是一种善，乃是因为两个不同的种族要寻求共存。来自弗吉尼亚的参议员先生则坚持认为奴隶制是一桩罪恶。不过卡尔霍恩先生认为自己是能够为这种制度辩护的。可以肯定，倘若奴隶制是一桩罪恶——道德的、社会的和政治的罪恶，那么来自弗吉尼亚的这位参议员先生，作为富有智慧和德行之人，则必定应当竭尽一切地推翻奴隶制。认为奴隶制乃是道德上的罪恶，正是此种信念构成整个反奴隶制体系的力量源泉。一切废奴运动都是从这个源头奔涌而出的，由此造成的后果即便是这位参议员先生也不免为之感到震动。

卡尔霍恩先生阐述了南方在这场实验中迄今所取得的成功，并坚持认为，南方奴隶主在这场实验中没什么可惋惜的，也没什么可以自责的。他完全否认自己的理论同罗伯特·费尔默爵士的信条有任何瓜葛，他本人对费尔默的信条也倍感厌恶。相反，他非但绝对不信从费尔默的教义，而且从一开始就是众所周知的、公开的自由倡导者。卡尔霍恩先生指出，他所倡导的理论，同最卓越、最纯洁的自由原则没有任何抵触。

修正版报告

倘若参议院的时间允许，我觉得还是有必要把桌子上的这堆请愿书宣读一下，这样，我们就能够明白他们对蓄奴州以及蓄奴州的制度是怎样的态度了。不过，鉴于议程紧迫，我随机选取了两份请愿书，一份是从手稿里面选取的，另一份是从印刷文稿中选取的。在选取之时我并不知道内容，在此提请会议秘书宣读这两份文件，借此我们就可以判断所有这些文件的总体态度了。

（会议秘书遂应卡尔霍恩先生请求，宣读了这两份请愿书。宣读完毕之后，卡尔霍恩先生继续了自己的演说，他指出，）这就是针对我们和我们制度的态度。南方的特殊制度乃是蓄奴州存活之关键，但是这些请愿书却宣称其是罪恶和可憎的，可谓人神共鉴。此举乃是出于一种系统性的图谋，意图令我们遭受全世界的敌视，同时也心怀叵测地试图针对我们和我们的制度发起一场普遍性的讨伐。参众两院似乎也展现出同样的情状。实际上，参众两院不正是各州协同创立的吗？难道不正是为了捍卫各州的和平、安全和制度吗？然而，看来是有十二个主权州要承受这场生死战争了，我们，作为这些州的代表，却要在沉默中端坐在这议会大厅里,听凭我们自己以及我们的选区遭受日复一日的谴责,而一声不吭。这是因为,只要我们开口,煽动的罪名就会从四面八方扣将过来,世人会认定我们是在刻意地令我们实质上意欲抵抗的罪恶趋于恶化。任何人只要加以反思,就不难看出这样的境况已经变得极为病态,而且也变得相当危险了。

(卡尔霍恩先生接下来申述说)有那么一派人认为通过让步就可以遏制这场侵略行动。我并不属于这一派人。我坚持相反的信念。我相信,必须在萌芽阶段就将此类侵略行径悉数剪灭;我相信,任何人若是依托相反的原则采取行动,那就只能等着做奴隶了。尤其是在当前的情形中,我认为让步或者妥协都将是致命的。只要我们让步一寸,就得寸寸后退,就得不断妥协下去,最终将会令我们的阵营破碎不堪,根本无法组织有效抵抗。我们必须正面迎击敌人,并且必须不惧一切危险,坚决捍卫我们的阵地。一旦接受了这些请愿书,他们接下来就会要求将这些请愿书提交给相关的委员会进行审议并展开相应的立法活动。在上一个会期上他们颇为恭顺地请求我们接受这些请愿书,那时候他们还只是想着将这些请愿书引入国会,尚且无意采取最终的行动。当时,我就告诉来自宾夕法尼亚的参议员布坎南先生,这样的立场是无以自持的。布坎南先生当时强烈敦促参议员接受请愿书,倘若我们一定要接受请愿书,那也就难以抗拒国会依据这些请愿书展开立法行动。我当时就指出,接下来国会就会将请愿书提交给国会的某个委员会,而且我已经看到,有迹象表明这正是他们此次会期的意向所在。倘若我们这次屈服了,就会一再屈服下去,由此,我们便会一步一步屈服下去,直到这些请愿书达成最终的目标。如今,有人告诉我们说,若要遏制废奴潮流,最有效的办法便是以理服人,据此,有人便提议将请愿书呈交相关的委员会。这正是上一个会期上众议院所持的立场,但是,此举非但没有遏制废奴潮流,反而加速了这一潮流。只要国会接纳了一个尚且存有争议的问题,那么即便是最无可争议的权利也将遭受质疑。这个问题完全不在国会的裁决权范围之内,确切地说,国会无权以任何方式触及这个问题,也没有任何权利就这个问题展开审议或者论辩。

为了反对这种观点,遂有人提出,宪法已经指令接受请愿书,无论是何种情形,也无论是怎样的问题,当然,也无论国会是否具备相应的宪法权能。我认为这样的教义实在是荒谬,而且我完全相信,倘若能够轻易地证明国会有义务接受请愿书,那么也就同样能够轻易地证明国会有权废除奴隶制。毕竟,国会接受请愿书的目的就在于此。议会规则要求首先就是否接受请愿书这个问题给出决议,这一规则本身就决定性地表明,国会并没有义务接受请愿书。自联邦政府开启之际,这一直都是国会奉行的规则,并且这一规则也清晰地表明了立宪者们在这个问题上的看法。倘若像一些人认定的那样,国会有义务接受请愿书,那么国会首先应当就是否接受请愿书给出决议。这样的程序是荒谬的;不过,我无意在这个问题上继续纠缠。在上一个会期上,我已经充分阐述过这个问题,记得当时没有人回应我提出的申述,我相信也没有人能够作出回应。

废奴之火可谓传布甚广,不过,这火焰尚未烧进参议院,也没有令北方绝大部分的智识阶层和商业阶层受到感染。但是,除非予以迅速地遏制,否则这火焰势必会展现出燎原之势并向着社会上层蹿升,最终将令南北两方处于生死对峙的格局当中。此种印象于我而言可谓由来已久。多年前,我曾同来自马萨诸塞的参议员韦伯斯特先生有过一次谈话,当时此种蛮横的精神尚未显山露水。我当时就预言,废奴宣言以及强制法案令联邦政府有权决定自身的权力范围,并在必要时候可以动用武力强制实施自己的决议,这势必会在不远的将来唤醒一直蛰伏着的废奴潮流。记得当时韦伯斯特参议员是强烈支持强制法案的。我当时告诉韦伯斯特先生,这样的教义等于令联邦政府获取了无限制的权能,而且也会令联邦的大批公众都秉持同样的看法。若是如此,那么结果将是无可避免的,确切地说,北方各州的大批公众因此会认定奴隶制乃是一桩罪恶,并且,倘若公众因为奴隶制的延续而产生任何程度上的良心自责,就会认定废除奴隶制乃是良知的职责所在,由此,此种理论将必然导致此种责任信念。因此,我当时就预测,废奴潮流将从社会的狂热阶层发端。事实也正是如此。而且,我当时还预测,废奴潮流将首先对无知、软弱、年轻且缺乏思考力的人群发挥效能,而后便会逐渐向着社会上层扩张,最后会变得足以获取政治控制权能,到了那个时候,任何像韦伯斯特这样占据社会顶层位置的人,无论多么不情愿,都不得不向这一教义表示屈从,否则就只能让自己沦落为籍籍无名之辈。自那之后已经过去了四年的光阴,在这四年当中,我的预言都得到了应验,而且还展现出按部就班的态势。

站在当前这个时间节点上,要追踪未来的事件潮流,较之以往似乎要来得更容易一些。有人认为,目前在北方横行无阻的废奴火焰将会无疾而终,不会引发任何的震动或者动荡。这些人实际上根本没有充分了解废奴火焰的真正性质;这火焰将会持续蹿升并扩张开来,除非采取即刻且有效的举措对之加以遏制。这火焰已经吞噬了圣坛、学校,并且也在相当程度上占据了媒体,一代新人正在崛起,而他们的心灵正经由这些机构塑造起来。

无论当前北方的绝大多数公众心灵处于何等健全的状态,不出几年时间,一代新人将会取代他们,而新的一代人是在仇视南方人民和制度的氛围中成长起来的,这种仇恨较之两个敌对国家的仇恨更为深重。此种情形之下,最终的结局便不难料定了。倘若放任事件自行推进,那么美利坚最终必然变成两个民族。倘若任凭当前的种种因素自行发挥效能,那么南北方之间就会陷入生死对峙的格局当中,此种局面之下我们绝无可能在同一套政治制度之中共存。冲突的力量将会把联邦撕裂为碎片,无论往日里的纽带何等强大。废奴是无法同联邦共存的。我是联邦的朋友,所以我公开宣示这一点,而且我认为,这一点知道得越早越好。现在,废奴火焰尚在可控范围,不过很快,它就会强大到超出一切人力的控制范围。我们这些南方人不会也不能交出我们的制度。对南北双方的和平与幸福而言,捍卫两个种族的当前关系格局都是不可或缺的条件。倘若这一关系格局遭到颠覆,那么整个国家就会陷入一片血海,并以其中一个种族的灭绝为代价。无论这样的关系格局是好是坏,这一格局本身都是同我们的社会和制度一同生长起来的,并且也同我们的社会和制度交织在一起,若摧毁了这一格局,也就意味着我们将不再成为一个民族。不过,请千万不要误解我这话的意思,我绝对不会认为甚至也绝对没有暗示,当前蓄奴州的两个种族之间的关系乃是一桩罪恶。绝对不是这样的。我认为,我们的南方制度乃是一种善。迄今,于南北方而言,南方制度都证明了是一种善,而且,倘若不遭受废奴火焰的灼烧的话,这一点还将得到继续的证明。我的这个观点是以事实为依托的。中非黑人,从历史的黎明期直到现在都不曾像南方黑人那样,达到此等的文明和舒适程度,无论是从物质角度看还是从道德和理智角度看,都是如此。黑人初来乍到之时,境况可谓低贱、堕落且野蛮,但是仅仅几代人时间,他们就在南方制度的悉心照料之下成长起来,尽管一直以来都有人对南方黑人的此种相对文明状态极尽谴责之能。这一切,连同黑人人口的迅速增长,都决定性地证明了这个种族的普遍幸福状态,尽管有人一直都在夸张地讲述着相反的故事。

与此同时,白人或者欧洲人也并未因此堕落下去。实际上,南方白人同北方非蓄奴州的白人同胞保持着齐头并进的进步趋势。做这样的比较也许令人厌恶;不过,我还是要提请各方反思一下,南方白人是否在德行、理智、爱国精神、勇气、超脱以及所有那些装点了人类本性的重大品性方面有任何逊色之处。我要问一问诸位,难道在我国政治体制的塑造和维系过程中,我们就没有贡献出应有的才干和政治智慧吗？难道我们历来不都是极为强力地支持着自由事业并且最早发现、最早抵制侵权行径的吗?我们只有一件事情逊色于北方,那就是赚钱的技艺。我们承认我们比不上北方那么富有,不过,我认为造成这种局面的主因在于联邦政府的财政行为,这样的财政举措从我们身上抽取甚多而又几乎谈不上回报。倘若局面颠倒过来,确切地说,对北方实施盘剥,对我们予以拨付,那么今天的优势一方毫无疑问是我们这边,就如同联邦政府起步之时的那种状况一样。

不过,我现在采取更高的立场。我认为,就当前的文明状态而言,两个起源、肤色以及身体构造和理智程度都迥然不同的种族,乃是要寻求共存的,因此,当前蓄奴州两大种族之间的这种关系格局非但不是一桩罪恶,相反,是一种积极的善。在此,我自感有责任在这个问题上坦率立言,毕竟,这个问题关涉我所代表的那些人的荣誉和利益。而且我相信,迄今不曾有任何一个富裕且文明的社会,不是在事实上分化为两个组成部分,且其中一个部分乃是靠着另一个部分的劳动才得以令整个共同体存续下去的。这项论断也许显得过于宽泛,不过,历史充分证明了这一论断。这里不是恰当的场合,不过倘若机会合适,倒也不难历数在一切文明共同体当中都发挥着效能的众多机制,正是通过这类机制而使得这些共同体的财富归于极其不平等的分配格局,而且也不难表明,究竟是通过怎样的手段使得那些负责劳作和生产之人只能得到如此之少的劳作果实,而非生产性阶层却能够尽享如此巨大的份额。这样的机制可以说是数不胜数的,从古时的野蛮武力和赤裸裸的迷信,到今天的那些精微且巧妙的财政技术。我在此完全可以在现代式的财政技术同我们南方的这种直接、简单且家长式的财富分配模式之间展开对比，在我们这里，欧洲移民正是凭借后面的那种模式来掌控黑人的劳动果实的。据此，我可以切实地指出，极少有哪个国家能够给劳动者留下如此大的财富份额，而非劳动阶层剥削的财富又是如此之少，或者说，极少有哪个国家能够像我们这样，在劳动者患病或者衰落之时给予如此的宽怀和照料。倘若将南方黑人的境况同欧洲文明国度的贫穷佃农做一个比较：一边是病患和衰老的奴隶，处于家庭和亲朋之中，男女主人也对之悉心照料；另一边则是身处破败住所的穷苦佃农的凄凉和悲惨境遇。不过，我无意对问题的这个方面详加考问，我要转向问题的政治方面。就这个方面来说，我在此无所畏惧地提出如下论断：南方两个种族的当前关系格局，乃是自由且稳定的政治制度的最为牢固且经久的根基所在，尽管那些盲目的狂热分子力图对这一根基发起攻击。掩盖事实是毫无意义的。在高等的文明和财富阶段上，历来都存在劳动和资本之间的冲突。南方的社会状况却幸免于此种冲突造成的混乱和危险，这也解释了为什么蓄奴州的政治境况要比北方稳定得多也平和得多。倘若南方能避免外来干扰，那么这方面的优势将会随着财富和人口的提升而变得越来越明显。事实上，我们刚刚进入到一种令我们的政治制度的力量和经久性接受考验的社会状态当中。而且，我有充分理由提出这样的预言：接下来一代人的经验将会充分证明我们的社会状态比北方更有助于自由且稳定的制度，而且这样的有利局面是北方无法比拟的。当然，前提是我们的政治制度不受外力干扰,而且我们自身也有足够的智慧和能力对此类干扰发起迅速且有效的抵抗。迎击并驱逐这样的外来干扰,乃是我们自身的职责。在这件事情上,不可指望联邦政府或者其他州的帮助;当然,非蓄奴州的绝大多数人对我们尚怀有友善情感,不过,即便是这样,我们也一定要记住一点,非蓄奴州的各个党派是不可能为了我们的安全而让自身的党派优势遭受折损的。倘若我们不能捍卫自己,那就不会有人捍卫我们;倘若我们屈服,那么在后退过程中就会遭受越来越沉重的压迫;倘若我们低头,就会被踩在脚下。我们一定要记住,解放奴隶不会令狂热分子感到满足。倘若我们解放奴隶,那么他们接下来就会尝试将黑人的社会和政治地位提升到同白人平起平坐的位置上;倘若局面演变到这一步,我们很快就会发现,两个种族的当前境况就会发生逆转。到了那时,黑人和他们的北方同盟集团将会成为主人,而我们将会成为奴隶;英属西印度群岛的白人尽管境况不佳,但是比起做稳了奴隶的我们,也必定是幸福天堂。无论如何,在人家那里,母国一直都是致力于捍卫欧洲种族的霸权的。虽然昔日主人的权威被摧毁了,不过,那里的非洲种族也仍然是奴隶,只不过不再是家奴而是共同体的奴隶,他们仍然要负责劳动,不是因为农场监工的权威,而是因为士兵的刺刀和民事官员的棍棒。

如今,种种危险已经在蓄奴各州四围呈现出环伺之势,不过,一想到我们的抵御手段也并不在少,我就有了些许安慰,只要我们证明自己有智慧也有意志去寻找并运用这些手段,以防事态发展到无可挽回的地步。我们所缺的只是协作,确切地说,就是抛开一切党派分歧并联合起来，竭尽一切的热忱和能量驱散正在迫近的危险。让我们协同行动吧，若如此，我们就能找到足够的防御手段，而不必非得脱离联邦或者令联邦解体。我之所以这么说，乃是对整个问题进行了彻底的考察并且也有了充分的了解。我唯一担心的就是那种亟不可待的赢利之心，此种情感已经渗透了整个这片土地，并大有令一切心灵机能和情感归附之势。在所有这些激情当中，贪婪是最为盲目而且也是最容易妥协的，令人难以察觉危险同时又随时准备屈服。我不敢指望我所说的这一切能够唤醒南方人适度的危机感；如今的南方已经陷入此种致命的安稳感所制造的幻象当中，恐怕任何尘世的呼声都已经不足以及时唤醒他们了，这正是我担心的地方。

1837年11月3日

致约翰·鲍斯科特及诸友人的公开信

各位先生：

尽管很不情愿，不过我不得不拒绝你们的宴会邀请。这样的盛情之邀，当然是应当应邀而至的，可惜下一个国会会期马上就要到来，家中有太多的事情需要料理，否则我就无法长时间离家，所以我只好婉拒各位的盛情。

各位的信任无疑令我却之不恭，这绝对不是什么客套话。在我漫长的公共生涯中，我们从未遭遇过当前这等重大危机，尽管我素来都不推卸职责，不过我也从未承受过当前这般重大的责任。在刚刚过去的这个特别会期开启之时，一抵达华盛顿我就清楚地意识到，事态已经演进到关键地步，到了这一步，我们必须有所行动。长期以来，我们一直都在同联邦政府的侵权和滥权行为进行着艰苦斗争，在这样的时刻，我们要么收获全部的斗争果实，要么就失去一切的果实。我清楚地觉察到，我们过去采取的那些富有胆略且决绝的攻击行动已经制造出一种深刻且成功的态势。州的主权介入已经推翻了保护性关税体制，整套的“美利坚体制”

也随之一同覆灭,并且也终止了国会的篡权进程;我们的政党和我们的宿敌国民共和党采取协同行动,对联邦政府的行政权能形成了有效的压制,并且暂时遏制了联邦行政机构的侵权行为。说实在的,两个政党就是为着这个目的采取联合行动的。我们反对侵权,这是我们的原则,无论这侵权行径来自何方。为了遏制联邦行政机构的侵权,在刚刚推翻保护性关税体制并遏制了相应的立法侵权之后,我们便毫不犹豫地同这一体制的创立者们联合起来,尽管我们和他们在其他一切问题上都秉持极端的对立观点,尽管我们认定我们新盟友的原则和政策乃是此类篡权行为的必然原因。在采取联合行动之时,我们并不是不清楚我们自身的困顿处境。同这样一个党派联盟,成功是很难的,而且,他们若不在原则和政策上寻求改变,即便这个联盟取得胜利,这胜利也是靠不住的;因此,我们同他们联合起来反对行政篡权,但是我们同时也拒绝在总统竞选中同他们有任何的联合。这确实是相当困顿的境况,不过这却是我们手中唯一切实可行的策略了,否则我们就只能完全退出这场斗争,进而放弃我们的原则也放弃这个国家。我们就是在这样的困顿境遇中静观事态的进展,同时我们也抱定决心,该来的就让他来吧,在原则问题上我们必定是咬定青山不放松的。倘若我们的事业要取得成功,这是必须要做到的一点。

这就是我们 1833 年之后直到今天的境遇。1833 年,我们同联邦政府的争斗告一段落,现在,国会则启动了特别会期,很显然,一场剧变将要到来,而这场变革将会对我们的未来政策路线产生强有力的影响。此次特别会期结束之后,事态很快便明朗了,我们和我们新近的盟友对事态实施了协同跟进,在货币问题上发起了一场联合的抵制行动。此举已经令联邦行政机构的那些高傲主张归于臣服。这种联邦政府和货币力量的联盟机制,已经极大地提升了在位者的权能,不过现在,这一机制在我们的联合打击之下已经停止运作,而且他们还不得不采取相应的立场,防止两种权能的再次结盟。此外,我们还对相关的银行展开了攻击,这些银行一直以来都是他们获取权能并实施扩张的工具。他们被迫采取了这样的立场,国库既已耗尽,他们的裙带资源和影响力也便遭遇了极大的折损,于是他们不得不撤退,以此作为唯一的自保手段。我们是凭借 1827 年的原则行事的,当时,我们就是依凭这些原则将国民共和党逐出权位的,对于这些原则,1827 年的那个古老政党,我们至今仍然是其中的一个组成部分,而且我们至今也对当年那个老党的原则持守不渝,然而我们的那个盟友却执着于行政权能,如今已经在实际上远离了这些原则。看到这样的事态,我立刻就清楚地意识到,一个重大问题已然浮现出来等待我们的决断,而且我们必须立刻作出决断。我们是不是要继续同国民共和党采取联合,对那些在位者发起进一步的攻击,尽管他们已经退守到一个新的位置上了。很明显,倘若采取联合行动,我们可以完全推翻并摧毁他们,不过,胜利果实究竟是归他们还是归我们,这一点可就难说了。国民共和党人多势众,而且所选择的攻击点也正在于联邦政府同银行体系的联结环节上,这将极大地强化国民共和党已有的原则和政策,并且对我们形成同等程度的削弱。他们一直都是而且现在仍然是全国性银行体制的倡导者,现在正致力于创建这么一种全国性银行体制:资本之雄厚足以控制各州的制度,并对货币制度和商业制度发号施令。同他们采取联合,攻击目标当然是那些在位者,鉴于这些在位者对全国性银行体系是持反对态度的,因此,这场攻击不仅会将联邦政府和整个国家置于国民共和党的绝对操控之下,而且还会令我们身陷此种银行体系当中无法自拔,从而将我们党派的力量悉数收拢到国民共和党的阵营当中。第一个胜利果实就是一个压倒性的全国性银行,拥有巨大资本,不下于五千万美元,甚至会达到一亿美元,足以完成货币和贸易领域的集权化,而这个国家的商业和资本也将随之走向集权化,到那时,无论哪股势力统领这项制度就都不重要了。接下来便是政治和金钱权能之间无可拆解的联盟,并且集中在我们的政治宿敌手中,他们的原则和政策完全对立于我们,这会对我们的制度形成极大威胁,当然也会给我们带来极大的压迫。

很显然,倘若我们同国民共和党采取联合行动攻击在位者,这就是必然的结局,尽管在位者已经采取退守姿态了。若是有谁还看不出如此昏聩的政策对我们以及我们制度的影响将会是致命的,那就只能说他瞎了眼,只能说他完全不顾过去的经验教训。联邦政府和全国性银行的联合力量,在国民共和党的操控之下,必然会导致不平等且压迫性立法体制的复兴。这一体制已经将大宗农产品各州置于贫困境地,我们也只是在经历千辛万险之后,才得以从中脱身。全国性银行体系,一旦同联邦政府联手,就会成为高关税和高财政支出体制的天然同盟者。财政收入越高,财政开支越是铺张,货币的流通速度就越高,银行的资金也就越雄厚。这是此种制度必然会有的倾向,而且,国民共和党的原则和政策观点也是路人皆知之事,这两项因素若是联合起来,就会形成一股无可抗拒的力量,让我们千辛万苦推翻的制度重新焕发生机,而且还会令其压迫性的力量达到前所未有的程度,最终,我们历经无数斗争之后才取得的胜利果实,也将归于消散,而且是永远地归于消散。

倘若我们能够采取相反的行动路线,那么结果就必定会逆转过来,确切地说,只要我们这些州权派的党派力量联合起来并持守自己的原则,就能够达成目标。不管是以前还是以后,相信都不会有这么好的机会去充分实施我们的原则和政策,并且同时去收获我们长期且卓绝的斗争之后应得的果实。倘若能够将全国性的银行体系同联邦政府隔离开来,我们就能够在一切环节上阻止货币和贸易的集权化,当然,这也就阻止了商业和资本的集中化,由此,各州就能够自由且充分地享有自身的自然资源以及勤劳和实业赋予它们的劳动果实。倘若我们能够拒绝这个新近的同盟者,拒绝对当前的在位者发起联合打击,我们就能够阻止国民共和党及其原则取得霸权地位,毕竟,国民共和党就是要依托这个联盟来寻求庇护的;倘若真的能够这样,那么我们也就能够把握住唯一的一次机会,将 1827 年那个古老州权派的力量重新集结起来,对我们的宿敌国民共和党形成遏制。对我们来说,我们借此得到了将整个南方团结起来的机会,这无疑是更重要的事情。由此,当前执政党的南方分支就必定会重拾古老州权派的立场。此种情形之下,除重归州权派立场之外,他们将别无选择,而我们,尽管历经磨难,但长久以来一直都持守着州权立场;因此,除非我们现在放弃了自己的立场,否则南方就必定会团结起来。一旦南方团结起来,我们就能够以州权派为核心,将联邦各地的支持者力量联合起来,毕竟,联邦各地都存在着反对集权、反对联邦政府篡权的力量;由此,联邦各个政党将会再次依托州权派和国权派这个古老且自然的界线分化开来。联邦政府开启之际,政党分野就是依据这条界线展开的,而且经验也已经表明,这样的党派分野乃是最契合我国体制的,也是最有利于我国体制成功发挥自身效能的。

上述这一切的情形实际上已经非常明朗了,尽管如此,要让这样的政策路线得到采纳,我仍感肩头责任非常沉重。我现在所采取的行动,既依托外在的境遇和内在的动机,这一切是不可能在一时之间得到公众的普遍理解的,而且,我在这个过程中不得不扮演的角色也是非常容易被人扭曲并遭受严重误解的。长久以来,我们一直都在同联邦行政机构的滥权和篡权行为斗争着,使得我们忘记了联邦行政机构的此类篡权和滥权举动乃缘起于国会的滥权和篡权行为,并且因此使得我们的全部注意力都在于将那些以此等危险方式获取并行使权力的行政官员逐离职位,却未能同时反思这一权力将流向谁的手中,也未能反思最终是什么样的原则和政策赢得霸权。我们的朋友既秉持此等心境,我也就觉察出已经没有可能采取那种就效果而言会对当前在位者形成袒护的立场,无论这其中的理据何等紧迫。若采取这样的立场,首先就会引发一场震荡,接着便会有无数的人起来谴责这样的立场背后肯定隐藏着猥琐的动机。无论这样的误解是何等短暂,要应对这样的局面也是需要刚毅和坚定的。不过,我之所以自感肩头责任重大,还有另外一些沉重得多的原因,和这些原因相比,刚才的那种顾虑实在算不上什么。在这个共同体当前的所有利益中,无论就影响力还是就权势而言,银行体系都是其他利益无可比拟的,其利益诉求也是最为活跃、最为集中和最具渗透力的;而且,在这个庞大的银行体系中,银行利益集团最为敏感也最为执着的环节,莫过于同联邦政治权能结盟。这样的联盟乃是庞大的银行业利润之源,而且,他们之所以能够受到尊重并获取影响力,主要原因也正在于此。倘若我们直击这个要害环节,将无异于令他们将全部的力量凝结为一个团结且狂热的敌对派系。也许只有南方的某些地方会是例外,因为在这些地方,两种权力之间的联合是不利于银行利益的,同时对北方的商业利益集团和其他的大利益集团也是不利的。要对抗一个如此强大的敌对集团,并且这个集团背后还有一个强大的政党作为支撑,即便就最好的情况而论,也无疑要去承担巨大的责任。尽管在过去的数年间,我一直都在和这个政党协同行动对抗当前的整个权力体系,但他们毕竟认定了政府和银行的联盟于他们自己那些州的团结而言,乃是至关重要的因素;因此,不妨回过头来想一想,倘若去支持并维系这个敌对集团,而他们的智慧、坚定和爱国精神是我无论如何都信不过的,我对他们也毫无控制力可言,这难道不是令肩头的责任加重了一倍吗？然而，尽管是如此沉重的责任，我一直都自愿地承担着。我不求职位，不求权力，也无意求取什么个人的好处。无论如何，倘若采取除此之外的任何别的举措，都将对这个国家、对整个这套制度，尤其是对我们自身，造成灾难性的政治后果。我对此有清晰的预见，正是这样的政治后果以及深深的责任意识，令我采取了这样一种政策路线，除此之外，我没有别的任何动机。对此，我的选民群体和老朋友们是给予了赞许的，长久以来，都是他们坚决的支持帮我渡过了一切的考验和难关，我对此深怀谢意，我也将会把这份感激之情长留心间。在此，谨致谢意。

约翰·C.卡尔霍恩

附　录

美国内战及其历史地位

[英]阿克顿

内战爆发之前很多年,合众国就已经成为很多人焦虑或者嫉妒的对象,并且令全人类吃惊和好奇。合众国的繁荣,经由无数的良性环节同英格兰的繁荣联结起来,不过合众国的繁荣似乎来得更辉煌也更稳固。人口的急速提升,令合众国将兰开夏的盛况和澳大利亚的盛况汇聚一身,由此而创造出巨大的城市,人群在辽阔的领土上四处涌动着。财富之积聚丝毫不逊色于整个欧洲,不过,合众国的财富散布范围要广泛得多,美国人甚至都不知道贫困和懒惰为何物。旧世界所享用的农业和矿产资源,到了新世界要翻上十倍,同时,合众国的土地上并不存在那些令欧洲商业备受掣肘的政治因素,在欧洲,这些政治因素令人民的资源徒然消耗在没有足够回报的事情上。在合众国,从此类非生产性的资源耗费当中节省下来的钱财便得以拓展教育,并使得教育趋于均等化。

在英格兰那样的社会组织形态中，教育，无论在性质上和层级上，都相对应于各个等级的特殊性格和职业，每个人也都有自己的等级归属，但是像合众国这样的国家并不存在等级区分，小孩生下来不必囿于父母的地位，相反，他们的头脑和劳作将为他们拓展无限的未来。平等理论当然要遏制那些有可能干扰平等的因素，并且要尽可能地给予每个年轻人以平等的起点。每个美国人都是自为之人，倘若有任何人在童年时期被剥夺了平等竞争的手段，这肯定是令美国反感的事情。因此，很多州的教育体系也使得学生可以从最基础的知识体系进展到大学课程，并为智识职业做好准备。整个过程是不需要个人支付一分钱的。而且，税负相当轻微，人们几乎感觉不到；没有常备军；海军的预算份额也极为轻微；公债则可以说是微不足道；没有邻国可以威胁到这个国家的安全；不存在内部嫌隙可以打破法治的宁静。此等物质进步尽管偶尔也会遭遇重大挫折，但在达成之时并没有伤害到文明的高等元素。

至少就文学而言，我完全不赞同那种认为美国人不配享有同欧洲平起平坐之地位的观点。美国人也许没有一流的诗人或者画家，也可以说美国人于纯粹的学术研究和古典研究没有做出什么贡献。但是在我看来，不能不说美国人在政治修辞和哲学方面毫不逊色于我们，他们甚至还造就了超越我们的欧洲史学家和政治作家。在现实政治领域，美国人解决了迄今仍然令最富启蒙性格的国家备受挫折的两个问题，而且其间所取得的成功令人震惊、史无前例。确切地说,他们创设了一套联邦体制,此一体制极大地提升了国家权力,同时也尊重了地方的自由和权威;他们将这一体制奠基于平等原则之上,同时又确保了财产和自由。之所以说美国人在这两方面取得的成功是史无前例的,倒并不是因为这样的成功是强取而来的,而是因为这样的成功本身恰恰表明了美国宪政特有的历史性格;这于我们而言是有着特殊意义的。

这也提醒我遵循明智且有益的规则,避免在此触及那些有可能引发争议的问题。为了评估我们面前这个问题的性质和起因,必须遵从那种寓居于宁静堤外并远离党派喧嚣的政治科学之光的指引;这样的政治科学,其原则应当是清晰、明确的,而且其适用程度并不逊色于道德原则。我希望依凭这样的精神来阐述美国所发生的这些事件的典范价值。范例在政治当中拥有头等分量,这是因为政治考量历来都极为复杂,因此不能信靠任何的理论,即便无法得到经验的支持。

可以说,美国的经验必定给英格兰上了令人难忘的一课。我们的制度,当然还有我们的民族性格,乃同出一源,美国人所经历的命运必定也是引领我们的一座灯塔,同样也能构成对我们的一种警示。今天的世界从未见识过一种民主体制能够将如此高等的文明同如此辽阔的领土结合起来。历史上,民主体制当然也有同极高的社会和知识修养共存的时代;不过,那些时代的民主体制是不需要克服空间难题的。在那些时代,民主体制一旦扩张起来,就必定要在无政府状态和专制主义这两种危险的夹击下归于灭亡,而且这两种危险也是同宗同源的。最重要的是,此前的任何民主都不曾采纳代议体制,甚至连想都没有想过,这一体制乃是英国君主体制之下最伟大也最经典的发明创造。由此,如下情形几乎演变成了政治科学当中的一项公理:古罗马和现代法国努力达成但终归失败的事情,是不可能实现的;确切地说,民主体制若要同自由协同起来,就必须同另外一些限制性原则熔铸起来,完全的平等等于是毁灭自由,并且必定会对社会、文明以及宗教领域的重大利益造成极大伤害。此一公理直到一代人之前,一直都是历史的判决;然而,美国人致力于推翻的正是此一判决。在此之前,人类尚不曾有此等尝试。倘若美国人在这场宏伟的历史申诉中取得成功,确切地说,倘若美国人最终以自己的实验证明了,一个巨大的共同体,其富庶、智识水准和文明程度并不逊色于欧洲,拥有旧世界积聚起来的经验的指引同时又避开了旧世界的重重难题、偏见和危险,这样一个共同体乃是能够依托纯粹民主体制展开统治的,不会对政治制度所服务的那些高等日标造成任何伤害,那么,这样一个共同体就必定会对欧洲的古老社会造成巨大压力。如果美国人能够证明本来被认定为幻象的东西乃是可能之事,尽管无数时代的经验都印证了此乃不可能之事;确切地说,如果美国人能够向我们表明,我们的政治和社会体制所致力的那些目标可以更为充分地达成,同时又不会像欧洲那样,总是要为此付出代价,造成沉重的罪恶和苦难,令一切不负责任的政府、血腥的战争、肆意的伤害都难辞其咎,制造出阶级压迫、种族压迫和宗教压迫,因国家利益、宗教狂热、血统上的傲慢或者权贵阶层那盲目且无可抗拒的行为而精心阴毒地残害弱者;或者说,如果美国人能够向全世界展示出这样一个国度,这个国度如同俄罗斯那般辽阔、如同法国那般安全、如同德意志那般富有高等智识、如同不列颠那般自由且顺从法律,不存在对个人自由的种种诅咒,没有舰队和陆军,没有贫穷也没有国债,或者简言之,如果美国人能够展示出政治生活的光芒而没有政治生活的阴暗,那么我相信,欧洲体制的种种可敬制度都将在此一无可抗拒的论证面前,俯首称臣。

欧洲制度已经变老了,不过,仍未完全衰老,这是因为我们相信这些制度完全能够经得起效能和正当性的双重考验,同样也是因为我们相信这些制度于普遍福祉而言,要么是必须的,要么就是有帮助的。不过,假如美国摧毁了此一信心的效能,那么要令人类仍然容忍这些社会制度必然会造成的邪恶和不正义,也就只剩下人间的强力这一因素可资依靠了。许多人相信此一重大问题已经解决,并且相信美国已经完成了这项工作;此一信念已经对欧洲事务发挥出令人不安的影响力。历史学家们确认,法国大革命乃是部分地植根于合众国发生的那场成功革命。假如考虑到美洲革命当时所成就的功业还仅仅是独立而已,美国宪政体制也只是刚刚展开其辉煌生涯,那就不难估量出美国的持久成功将会把自身的影响力提升到何等程度。同样道理,美国对欧洲自然也会产生极大的吸引力,大规模移民只不过是个附带产生的现象而已。已经有数百万人跨越了大洋,除了这批人,难道不应当算上另外的数百万心意和希望皆归属合众国的人吗?对他们来说,太阳是在西方升起的,而太阳运行的轨迹是操控于一个遥远的磁场的,尽管这批人还没有真正地选择移民。

然而,当接下来这个时刻到来的时候,所有人都感觉到上述的判断似乎为时过早了。五年的时光已然造就了一场巨变,以致当初我就皮尔斯总统任期之内的美国所作的忠实描述,在五年后今天的严酷现实当中已经完全不再适用了。今日美国的债务之沉重,已经超越了英格兰在拿破仑战争中欠下的债务,而且债务沉重至此,并不是为了抗击入侵或者击败敌国,而是为了屠杀自己的兄弟并令战火和刀剑在自家后院和庭帏肆虐。内战集结并丧失的军队,就人口比例而言,要超过当年的皇帝拿破仑或者沙皇亚历山大的行为。监狱里面满是被判定为不忠诚的公民。部分领土已经陷于荒废状态,因为土地的耕作者都被吸纳到战争当中了;还有部分领土则是因军队践踏而撂荒的。一度依托人民之忠诚而建立并维系的联邦,如今则是由武力来恢复。宪法曾经是美国人的偶像,如今只是得到了数百万遭到践踏且义愤满怀的美国人的服从而已;这些美国人的家庭遭到宪法摧残,财产也同样遭到破坏,他们的前景也是永远都无从谈起了。

毫无疑问,在美国这一政治存在所经历的这场危机中,这个民族也确实展示出众多的高贵品质,比如爱国精神、逆境中的坚韧、对权威的尊重,也在某种程度上展现出服从和纪律这样的艰难艺术。一个民众领袖发起的抵抗,并没有威胁或者削弱国家的民事权能;社会的层级分化不曾干扰到军队的组织;军事上的等级之分也不曾扰乱日常生活的平等格局,军官和士兵在和平公民这一身份当中是取得了融合的。在领导阶层当中,崛起了一批极富才干之人,其中至少有一个人是可以确立起不朽声名的。然而,席卷美国的这场审判倒也并非没有来由。冰冻三尺非一日之寒,此等的震荡乃植根于同等分量的因由当中,而且不可能是个别人在短期内可以造成的。美国人自己当然会承认这一点,但是他们就此所作的解释却也是众说纷纭,彼此冲撞。有人说罪责在于奴隶制,也有人说罪责在于北方实施的暴政。要解决这个问题,就要首先弄明白美国内战在世界史上的地位。

特别有意思的是,宪法并没有得到建国者当中最为睿智也最为有名的那个人物的信任或者敬重,而且,宪法最严厉也最尖刻的批评者恰恰就是美国人奉为国父的那批人。杰斐逊曾记载了同华盛顿的一次谈话,在这次谈话中,华盛顿表露出自己对新政治体制之持久性的担忧。华盛顿指出,在会商宪法之时,有那么一段时间宪法毫无疑问是令他满意的,但是,他为之斗争的那些重大原则在制宪会议的最后阶段却遭到更改。华盛顿此处所指的当然是那项要求三分之二多数方能通过涉及各州利益之法案的规定。毫无疑问,三分之二多数这一条款将会对少数派形成保护,可惜的是在最后阶段,南方州和东部州联手撤销了这项条款,这当然是为了南方奴隶主的利益以及东部各州的商业和制造业利益。杰斐逊说:“他并不喜欢将太多的东西交付民主之手;如果民主派并没有履行宪法义务,政府就会完蛋,若如此,体制就会改变。”杰斐逊记载说,华盛顿说到此处便沉默不语了。“我也没有说话,想看看他是否会就这个话题延续下去,或者他是不是会给出一番有限的论说来缓和他刚才说的那些话,但他没有继续说什么。”在华盛顿身边的那批政治家当中,有一个人的才干是在华盛顿之上的,此人就是亚历山大·汉密尔顿。汉密尔顿的宪法诊断则更为悲观。他说:“依我浅见,当前的政府并不是那种能够对社会目标形成回应的政府,因为这样的政府是不会将稳定和保障赋予权利体系的,倘若将当前的政府体制转化为英国那种模式,想必是有好处的。无论如何,联邦解体将会是最有可能的结果。”华盛顿之后的总统便是约翰·亚当斯,这位总统也曾经谈起“他看不到合众国有任何持续下去的可能性,解体是必然之事”。在另一个场合,约翰·亚当斯还指明了他所预见的危险植根于何处。他说:“倘若没有一个根基深厚且强壮的参议院,一个拥有足够力量来抗拒民众风暴和激情的参议院,任何共和国都不可能持久。信靠一个民众性质的集会来保存我们的自由,此乃再纯粹不过的痴人说梦;除了自身的意志,他们绝不会有别的任何决策规则。”

类似的摘引完全可以继续下去,而且能够更为清晰地表明,历史上这个最为有名的民主体制的创立者们都认为对他们这项作品的最大危险恰恰就是民主体制之原则本身。依据这些原则,创建一个共和体制并非理论上的推演而是必然性所致。美国没有贵族阶层,没有国王,但是从其他方面来看,美国倒是承袭了英格兰的法律,并尽可能忠实地运用于一个完全不同的社会构造,而民主原则正是植根于这个社会之中。宪法和相关法律的最早一批阐释者致力于以英格兰先例为指引,并尽可能地向着英格兰范例靠拢。汉密尔顿是此类观念的首要阐释者:“纯粹的民主体制如若现实可行,无疑会是最为完善的政府体制。但是经验也证明了,没有什么比这样的政治立场更为虚浮的。古代的民主体制,人民亲身参政议政,但也从未拥有良好政府的任何一种特性。此种民主体制的特性就是暴政,那是完全畸形的东西。如果我们过分地倾向于民主体制,很快就会滑落到君主体制当中。那些意图塑造一个稳固的共和体制的人们,势必会走向另一种政府体制。总有一些关键时刻是需要摒弃多数人的看法的,此举也是应当的。政府自身应当包含一种原则,一种可以抗拒民众潮流的原则。这一原则就是:政府自身必须蕴含一种恒常意志。"

这些也都并非个人观念。这些观念拥有一个强大的党派,这个党派见证了美利坚共和国的摇篮期,并且引领了共和体制蹒跚学步的阶段,他们展示出那种节制、睿智的英格兰精神,令这样一种精神灌注于早期的大陆会议当中。然而,其中也酝酿着一种变化无常的因素,而这却是时间必然会催生的。英格兰法律并非导源于单一的原则,反而是众多力量源泉合成的结果。英格兰法律认可权威和传统,在不同利益之间穿行以形成平衡,同时也致力为截然不同的权利效力,当然也受制于众多的功利考量。于英格兰法律精神而言,最为陌生的东西莫过于为了满足模糊的抽象而牺牲任何明显的利益或者具体的权利。然而,要让诺曼诸王和封建议会以一种能够应和美国社会需要的方式展开立法工作,这显然是极为困难之事。调整是必须有的,而且是一项新因素要求作出调整,自然也就需要以这项新因素为向导展开调整;这项新因素就是纯粹的民主制原则。

此一原则最为有名的倡导者就是杰斐逊,托克维尔称他为最强有力的民主使徒。从他的作品中随便摘引一两句话，就能够极为有力地展现出当时并存着的一系列对立，双方的主导权之争也将主宰美国宪法的历史并决定这一宪法的命运。杰斐逊曾说："他的目标就是要将这套体制约束在共和形式和原则之上，不允许任何人将宪法向着君主体制的方向解释，同时也不允许任何人在实践中扭曲共和体制，使之染上那些人所推崇的英格兰模式的任何原则和污秽。每个民族都可以建立他们意愿中的政府形式；民族的意志乃是唯一的本质要素。未经扭曲的多数意志应当执掌立法权能，我是信从这一原则的。这个星球属于生者，死者在其中既无权力也没有权利，我认为这些都是自明的。任何社会都不可能一劳永逸地制定一部永恒的宪法或者一项永恒的法律。世界历来都归属活着的一代人。一切的宪法，一切的法律，每过三十四年便会自行消亡。"毫无疑问，此乃革命教义，同英格兰观念之间存在无可化解的敌意。对杰斐逊来说，一代人约束另一代人是不可容忍的；同样不可容忍的是，有什么权利竟然会神圣到多数意志无法否决的地步。他的意愿所在乃是法律处于恒久的流变状态，每一次的变化都在更大的程度上回应着人民的即时愿望。因此，任何人，任何利益，都不应当享有不受民众情感支配的安全感，世人必须永恒地斗争下去，这不仅仅是为了斩获影响力，也是为了获取安全。

然而，杰斐逊本人也不对联邦抱持希望。当奴隶制拓展问题初次惹起巨大争议之时，他就致信友人说："我立刻便意识到此乃联邦的关键所在。暂时的安静确实不难，不过这只是缓刑而已，并非最终宣判。一条地理分界线同判然可见的道德和政治原则分界线发生重合,并且植根于人们的暴烈激情,由此种激情来维系的一条分界线是绝不会被抹去的,每一次的争斗都只能令其更加深刻。”

有一点在我看来是非常清楚的,即便不存在奴隶制,在杰斐逊—汉密尔顿式的原则对立当中,一个共同体撕裂至此,定然会天下大乱,除非有一方胜出;而且,一种理论将自由等同于一项单一权利,那就是做任何有实际能力去做之事的权利,另一种理论则依托不可移易的多项权利来捍卫自由,并将自由建基于那些并非人为发明也不可以人为弃绝的真理之上,这样的两种理论是绝无可能作为塑造原则共存于同一部宪法当中的。绝对权力和对权力施展之约束也是不可能共存的。可以说,这场斗争不过是真正的自由精神和专制精神之间的古老斗争的延续,只不过是新瓶装旧酒,以极为精巧的方式掩饰起来而已。有一个场景是我常常回望的,因为在我看来这个场景包含了随后历史的钥匙。我时常让自己置身于当年波士顿制宪会议的现场,虽然时过境迁,三十年时光已经黯然逝去。那次会议的目的是就这个最富启蒙色彩的国家的宪法实施修订。此次论辩涉及诸多第一性的政治原则,其中一个问题则涉及法官任命。法官应当是独立的,不受宫廷或者人民意见的影响,此乃基础真理。然而,就是在此次辩论中,一个极富名望和素养的演说家却发言支持短期任命体制。我相信他指的是年度任命体制,同时也支持法官选举制。现在,此人被认为是美国的头号政治家,很可能也被认为是最富欧洲名望的政治家。独立法官可以更有尊严感更为忠诚地执行法律，这一点他并不否认；不过，他同时也认为，前后一致要好过正义，人民乃一切权威之源泉，因此，应当由人民来控制接受人民权力委托之人，任何效用和功利方面的考量都不可干扰民主原则的实施。此一论说令我不禁想起在这个世界上也存在一项绝对君主制的原则，依据此一原则，王权乃是一切权威之源泉，法官乃宫廷之代理人。现代文明曾认为此种绝对君主体制已经被瓦解，并且被经验证明了的最为有利于正义的原则取而代之，现在看来，此论实乃吹嘘之词。实际上，无论是民主制绝对论者还是君主制绝对论者，都将自身的统治原则置于社会和文明目标之上，并据此创造出一种偶像；为了这个偶像，他们是乐于牺牲财产的安全保障的，也乐于牺牲对德性的保护以及私人生活的神圣性。任何政府体制，倘若单一原则称霸，都将因为滥权而腐坏。君主体制之一致性向着单一意志之独断体制堕落，少数人负责统治之能的贵族体制，势必倾向于将这个少数之治幻化为寡头体制；纯粹民主体制也会追随同样的进程，多数之治将会不断拓展自身的权能范围并且将演变得越来越无可抗拒。自由在于免除控制，这一点我们都明白；然而在美国，自由已经逐渐开始转变为实施控制的权利。

要描述此种非自由和暴政原则的入侵之路，就有必要回溯一下过去七十年间的整段历史。在此，我只能借助一批杰出美国人自己的论说来阐明我的意思。麦迪逊总统曾写道："倘若某个派系占据多数派地位，那么这个多数就能够依据自身的多数派位置来放任自身的激情和利益，并为此毫不顾及公共利益和其他公民的权利。倘若多数派是由公共利益熔铸而成,那么少数派的权利就会失去保障。”斯托里法官也曾指出,共和体制当中的人民切切不可忘记如下基本真理:“少数派拥有无可争议且无可让渡之权利;多数派并非一切,少数派也非一无所是;人民也不可以肆意作为。”坎宁也有如下论说:“多数统治这一教义已经获得民众的认同并成为一项制度,但是民众从未想过实践将会把这种制度扭曲到何种程度,也不曾想过应当在多大程度上由其他的原则对此施以约束。”最后则不妨引述最近一部作品中的话,此人乃是谢尔曼的首席幕僚,因此其可信度是无可否认的,他写道:“一个依托普选体制的政府怎么可能支持革命呢?就我来说,我宁愿这么说:富于头脑之人怎么可能在如此长的时间里容忍这样一种极具压迫性且又极为愚蠢的体制呢?”

必须记得,欧洲和美国之间存在一项决定性的反差,确切地说,美国社会乃是挣脱了古代文明的传统和影响力的。西欧各国因为起源、密切往来以及社会利益和社会性格方面的相似性而彼此绑缚在一起,足以使得一项大范围的公共观念越过国家的边界,而且各个国家也都涵养着在整个西欧都是共识的习惯、观念和体制。倘若有任何欧洲国家拒斥这些习惯和观念,就会激起欧洲舆论对这样的国家发起的强有力的抵制。但是美国人并不享受此等保护性的影响力,民众不予支持的东西也就得不到安全保障。在美国,过往世代的观念以及文明化的同时代观念是不会得到允许去介入或者约束当下时刻的绝对权威的。杰斐逊引入的革命原则将各个时代隔离开来,就如同大西洋将美国和欧洲隔离开来一样,于美国人而言,欧洲文明的声音以及过去的声音皆来自另外一个世界。美国历史当中满载了因滥权而激发抵抗的记载。不过,在旧世界,人们是在制造药方;而在美国,人们则是在制造病因。在人民面前,不存在更高级的权威可供上诉。多年间,世事已经让美国人意识到人民的意志就是法律,不可能指望人民学会自我否决这一课程,因此,在美国,人民是不可能不充分施展自己所享有的权力的。政治作家们也正是据此而奠定了一项普遍规则:腐坏的共和体制必将以自由的完全丧失而终结。也有许多人预言说,这同样也将会是美利坚共和国的命运。

不过邦联体制拥有一种足以对抗此灾难的手段,而这样的手段是单个州无法独立行使的。各州政府乃是集权化倾向的天然障碍。于此,汉密尔顿指出:“全国政府和州政府之间的这种平衡是至关重要的,此种平衡于人民形成了双重保护,假如一方侵夺了人民的权利,人民还可以到另一方那里寻求保护。”这确实是美国制度的特殊点;但这只是转换了问题,并没有解决问题。当然,此种平衡体系在自由同集权的斗争中,给予自由以一种封建式的辅助手段,而且这一手段的分量也不可小视,但是,单凭这一点还不足以最终解决问题。侵略性的专制精神乃是纯粹民主体制的内在问题,此种精神在某些州取得的胜利势头要迅速得多,而且也更具压倒性,因此这些州则反过来将此种精神灌注到中央政府当中,令其在中央政府占据主导地位。这些州纷纷选择了服从此种权力,也并不希望其他州可以挣脱此种权力,因此,一旦其他州选择了支持与之相反的统治原则,那么这个联邦就危险了。

如今,一条相当宽广的分界线已经在各州之间展开,分界线两边奉行的是不同的政治原则和财政利益,而且这条分界线也应和着气候和农业模式的分界线,当然,这其中也包含着那条种族分界线。我这里所谓的种族分界线,当然指的就是最近这场革命的直接起因,就我而言,我已经忽略了这个问题太长时间了,准确地说,所谓种族分界线指的就是蓄奴州和北方之间的分界线。

假如本文的主题就是一般意义上的奴隶制,那么我当然应当标明,所谓奴隶制乃是一种强有力的工具,这种工具不单单是用来作恶的,也可以用来为善,而无论善恶也都是在尘世的神意秩序中展开的。全能的上帝,自有其神秘之道,甚至可以通过奴役向人间抛洒祝福,因为所谓奴役,一方面可以唤醒牺牲精神,另一方面也能激发仁慈。但是,美国的奴隶制乃是黑人奴隶制,这种制度有自身的强烈特征,使得普遍性的观察分析很难同这种特殊制度产生契合。世人已经纷纷要求对此种特殊制度予以疏解,各种作品也是纷纷问世,以图证明这一制度造成了何等沉重的苦难。就本文目的而言,我希望读者接受的评判并非建基于这一制度当中存在着的巨大扭曲,亦非建基于奴隶主们的善良和仁慈,相反,我希望任何的评判都建基于奴隶制的法律条款之上。于此,我将提起我认为最能说明问题的条款,以此来揭示有关黑奴的人格观念。这项条款规定,如果奴隶因为犯法而被剥夺了生命,那么他主人的损失将由州财政予以弥补;奴隶不能订立有效契约,因此,奴隶群体是不存在合法婚姻的,即便得到了主人的同意;德性方面的一切保障、因违犯婚姻法以及高级法而应当承受的一切刑罚,对黑奴家庭都是不适用的。有一点我是可以肯定的,自然和人性的声音历来就是倾向于缓解人类立法的;不过同样可以肯定的是,南方法律是否认黑奴可以受到和我们一样的道德法典的约束的,而且此一信念恰恰也是分离派领袖们秉持的信念。

在这场巨大运动开启之际,时任邦联副总统的斯蒂芬斯先生曾发表了一份重要演说,里面作了如下陈述:“我国新政府的基石乃在于如下重要真理:黑人和白人是不平等的;奴隶应当服从优越种族,奴隶制乃是一种自然且正常的人类境况。我国新政府可以说是历史上第一个建基于此一伟大的物理学、哲学和道德真理之上的政府。”因此也就可以说,这样一个社会乃是一个接纳了不平等的社会,这样的不平等并非财产、血统和能力等因素造就的自然产品,相反,不平等恰恰就是这个社会的根基所在,确切地说,这样一个社会较之封建时代更具贵族品性。有两项原则是北方民主体制的生命力所在,而南方奴隶主恰恰是反对这两项原则的。确切地说,南方奴隶主否认一切人在民事权利方面的绝对且本质性的平等;同时也否认如下教义——少数派完全不可以挣脱多数派的控制。这其中的原因很简单,南方奴隶主非常清楚,这样的原则同南方的内部制度是无法共存的,而南方的内部制度在奴隶主眼中乃是神圣的,且其神圣性并不逊色于财产权。恰恰就是这样的缺陷,使得南方的社会体制避免了犯下北方共和各州的那些政治错误——那样的政治错误正在改变北方共和各州的原初品性。确切地说,奴隶制的间接影响力使得民主体制的瓦解进程在南方得到了遏制。

因此可以说,南方在自保过程中寻求制约中央权力,而北方则希望中央权力不受任何约束。对南方来说,中央权力乃是一把剑;对北方来说,中央权力乃是一副盾。也正是因此,南方政治得以在华盛顿维持长期统治地位,一直延续到1860年,其间并未激起任何的分裂,毕竟,南方所希望的是自治而不是帝国;而当林肯获选总统之时,北方的胜利立刻就被视为联邦解体的信号。很显然,性格、物质利益和政治精神之间一旦发生相当的歧异,足以置多个州于游离状态,由此势必会造成的后果是宪法所不能提供相应举措予以防范和抵御的。有多个州在接纳宪法之时并非出于情愿,而且正是由于这种担心,这些州加入联邦是有条件的——这些条件不免揭示出他们的担忧:这桩买卖很可能会败掉。弗吉尼亚在批准宪法之时宣布:“宪法授予的权力来自合众国人民,倘若宪法遭到滥用,对合众国人民造成了伤害或者压迫,人民随时可以收回出让的权力。”纽约州和罗德岛也给出了同样的申述。诸如此类的担忧时常会爆发出来,已经有多个州考虑过撤销对宪法的批准。最终,东部制造业集团采取的保护体制激起了农业州的联合反对,因为依据此种保护体制,农业州是要为他人的利益埋单的。这可以说是暴风雨的第一个征兆,只不过风雨压城之势持续了三十年,并未真正爆发出来。

两个伟大人物此时挺身而出,分别成为双方事业的支持者,而这场斗争也因两人都拥有超拔才干从而展现出极强的个性。南方的哲学家卡尔霍恩先生——曾有人说过,要形容他的影响力，那就是，通常他吸一撮鼻烟，整个南卡罗来纳州都会打喷嚏——提出了他的否决权理论。他认为，如果任何有利害关系的大多数州通过了一条对任何州的既定利益有伤害的法律，那么那个州有权提出否决。丹尼尔·韦伯斯特对此作出了回应，这个最具辩才的美国人主张，一个依托正当代表体制的立法机构乃是拥有针对所有州的绝对立法权的。但是卡尔霍恩坚持：如果一个州不能阻止一项确实违宪且会造成伤害的法律的执行，就有权退出那个它曾经有条件地加入的联邦。

北方则没有走这样的极端而是选择了让步，以此来平息南方人民的怒气。不过，与此同时，韦伯斯特也发表了一系列称得上不朽的演说，宣称联邦并非各州之间的契约，而是一种根本大法，由不得人们自由选择。韦伯斯特同时也指出，各州之间乃是经由种种纽带联结在一起的，这样的纽带是任何法律手段都不能阻断的。此后，韦伯斯特的观点便在美国法学家群体当中占据了主导地位。由此，南方便失去了实施修补的权利，而北方共和派则利用此次宪法胜利的机会，展开了一系列极具冲击力的举措，最终令那些本来就对联邦持有敌意的人再也无法忍受这个联邦了。恰在此时，废奴主义者发起了讨伐运动——这场讨伐运动当然是针对奴隶制的，不过在同等的程度上也是针对联邦的，他们将联邦斥为“同地狱的协议，同死神的约定”。废奴派对事态是抱有定见的，他们认定北方和南方不可能共存下去了，于是他们便致力于在公众当中传布解体观念。《论坛报》的编辑霍拉旭·格莱利先生宣称：“如果还留着南方，就不值得再支持这个联邦了。”但是共和党的主体力量决心令自己成为联邦政府的主人,目的是强制南方顺从自己的政治观点。马萨诸塞州总督承认:“目标显而易见,那就是要令自由各州操控联邦政府。”

他们行使中央权力所依托的那种精神,也由马萨诸塞州的一名众议员表述出来,其中鼓荡着典型的美国式的力量和坦率:“要是选举总统,就应当像我们希望的那样,不是选举一个党派或者派系的总统,而是要选举一名护民官。我们已经排除了一些令人生厌的北方人士,此种情形之下,如若蓄奴州把控的参议院还不让路的话,那就动用我们的力量,让参议院尝尽苦头。”当时有一本广为流传的小册子在国会得到宣读,其中写道:“要教会奴隶们焚毁主人的住宅,杀死牲畜,藏匿并破坏农具,播种和收割时节罢工,就让庄稼烂在地里。”蔡斯在1859年的时候则宣称:“我之所以要解放奴隶,不是因为我爱奴隶,而是因为我恨奴隶主。”俄亥俄州的一名参议员说得倒也坦率:“如今,南北双方实际上已经没有联合可言了,它们已经成了共和国的两个国中之国,而且还从不曾有任何两个国家彼此间怀有如此深切的仇恨。”

也就是在此种公众情绪和政治分裂格局当中,废奴派和共和党的候选人当选总统。四年之前,前任总统菲尔莫尔先生就已经预言了日后将会降临的这场灾难:“我们在此看到的是由一个政党提名总统和副总统候选人,候选人也是破天荒第一次全部来自自由州,并且此次选举也有着公开且明确的目标,那就是完全凭借联邦某个组成部分的票仓来令两位候选人获选,最终对整个合众国形成裁夺之势。沉溺于此种举措当中的人们,可曾严肃地考虑过此举一旦获得成功会造成怎样的后果呢？难不成他们真的疯狂或者愚蠢到相信，南方同胞会向如此选举出来的第一行政官俯首称臣吗？”

要评判这场革命，就应当依托引发这场革命的那一系列事件，而不是依托时局领袖人物的动机。在事实问题上，这些领袖人物可谓各执一词，如同联邦一样，奴隶制问题已然在他们当中铸就了分裂。在其中一派看来，战争的真实目标就是奴隶制；他们相信，无论联邦政府给出何等的暴政，奴隶制本身都不足以抵御北方政客群体的攻击。另外一派当然也希望脱离联邦，目的是依托北方已然弃绝了的古老原则建立一个新的联邦。两派为之斗争的核心问题就是武装奴隶问题。有人认为，为了独立而武装奴隶显然是过于高昂的代价，这批人凭借一个微弱的多数成功地阻止了这一举措，直到里士满陷落前夜。最终，南方通过了一项法令，令黑奴获得一定的福利但不至于触及解放问题，但这项法令为时已晚，奴隶制的终结已然近在眼前了。

奴隶制并非导致南方脱离联邦的原因，但奴隶制却是南方失败的原因。在那样一个时代，可以说各个国家和各个地区都迎来了铲除奴隶制的时刻，同样的问题迟早会令许多政府不得不去直面。几乎所有国家的政府都已经在这个问题上施展了最大的立法技巧，毕竟这其中的罪错不过是强制劳动，劳动量倒也没有到残忍程度，但在救治过程中若稍有不慎，就有可能造成另一种无可挽回的罪恶。突然且绝对的变革必然会带来诸多影响，他们无论如何都要竭力予以缓和，并由此来拯救那些他们从毁灭命运中抢夺过来的人口以及那些从贫困当中解脱出来的人口。但是在合众国,并无诸如此类的规划来统摄奴隶解放问题。确切地说,在美国,解放奴隶乃是战争行为而不是政治家行为或者人性行为。北方将奴隶主视为敌人,并将奴隶用作摧毁敌人的工具——人们并没有保护白人免遭野蛮人复仇,也没有保护黑人免遭一个自私文明的无情对待。

据此可以认为,倘若以奴隶制作为定夺这场内战之意义的标尺,那么我认为给出的判决将会是:这个国家的一方极尽邪恶地捍卫奴隶制,而另一方则是用邪恶手段铲除奴隶制。倘若我们将脱离运动作为政治理论史上的一个阶段,并据此来评判脱离运动的意义,那么相应的判决也就是另一回事了。当邦联依托脱离权利成立之时,承认这一权利的同时也暗示了此一权利绝不应当有施展的空间。当然,人们会说,特定情形之下是可以选择脱离的,但这实际上等于说,邦联政府是有一定限度的,受制于一定的条件和一定的法律。这实际上就是明确拒斥了如下教义:少数派不能行使任何权利,多数派不可能犯错。此种情形也就如同一个国家从一种能干的专制体制转换为宪政体制。

进言之,这等于是提供了一系列明确的保障措施,来抵制将会瓦解联邦当中自由之元气的滥权行径。其中一项滥权举措就是为着联邦某些成员的利益来制定税收,并令其他成员为之付出代价。因此,便诞生了这样的条款:“不应当有财政袒护措施,不应当为了推动或者养育特定的产业部门而征收任何的进口税费。”联邦政府汇聚权能的重大手段之一就是市政运动。本来,邦联条例有条款规定邦联政府不得展开此类工程,但最终裙带体系遭到滥用,为总统提供了腐败机会。据我所知,每届任期终止之时都会有多达六万个公共职位易手。还有条款规定,除总统班子之外,其余的任何职位若发生解职现象,都必须将解职理由提交参议院。这些都是邦联体制的政治观念,我认为这些可以使我确信,共和党人在补救联邦政府形式的缺陷方面所做的巨大努力是史无前例的。

倘若美国采纳了此种本来是可以确保并证明成功的手段,倘若美国召唤奴隶一同分担战争的危险并分享胜利的果实,那么我相信,此一气度宽宏的决议是能够因无限的赐福永垂后世的。

他们本来是可以为后世的自由倡导者们树立起无与伦比的范例的,是可以实现自由之支持者们的理想并解除自由之敌人的武装的。然而,这场战争催生的胜利者也获得了新的力量,并确认了一系列的原则,这些原则必将对这个世界上的其他国家产生危险的影响。美国的虚假自由于是遭受了双重的诅咒,因为这样的自由既欺骗了向往美国的人,也欺骗了拒斥美国的人。人民要求自由,美国也确实展现出一个要求自由的民族的壮观场景,但是在美国,人民对自由的爱意味着对不平等的仇视,对权力约束机制的嫉恨,同时也意味着将国家作为控制并塑造社会的工具。也正是因此,美国式的自由实质上乃召请自由的崇拜者们仇恨贵族体制,并教导自由的敌对者们畏惧人民。北方运用民主教义摧毁了自治;南方则试图运用有限的联邦原则来救治罪恶并纠正民主的虚假解释所造就的错误。

在作出结论之前,应当向李将军表示敬意,而本文的结论就是:这名强有力的士兵,这名华盛顿的最伟大同胞,奉劝自己的人民服从征服者,并亲身树立起和平退隐和服从的范例,这一切实在是高贵。不过,那个强大且胜利一方的领袖,其伟大也并非刻意的训练所致,相反,此人崛起于裁缝店,当令人迷醉的胜利和可怕的罪行点燃了这个民族的激情之时,他走上权位,竭力遏制复仇的激情,中止惩罚行动并解散了军队;他将李将军视为平等之人,这也是同样的高贵,尽管李将军直到最后都是他最可怕的敌人,而且曾凭借其出类拔萃的才干令联邦人民的财产、鲜血和声名都遭受了巨大的折损。一个民族,拥有这样一群人作为领袖群体,要对之绝望,当然是为时过早了。

论新帝国

[美]布鲁克斯·亚当斯

过去的这个十年,世界一直跋涉在一场危机当中,这样的危机是周期性的,而且是社会平衡体系所发生的变迁的一个组成部分。能量的基座已经从欧洲迁移到美国。这样的现象并不新鲜,毕竟,类似的变动从久远的年代开始就一直没有断过,而这场变迁的特点却在于速度和比例。一直以来,社会平衡体系的变动至少也要消耗一代人毕生的时间,这意味新一代人要逐渐习惯新环境。就此而论,革命往往是突然到来的,在人们意识到革命降临之前,革命便已经结束了。不过,革命一直都在酝酿当中,而且也是根本性的,因为它是人类精神进程发生变革的结果,这一精神历程,我们称之为科学的进展。

美国的霸权完全是因为应用科学才成为可能。科学界经历了数代人的劳作,终于建立起对自然的控制权能,足以使美国建构起新型的工业体系,其运作也展现出令人无可挑剔的完美。在管理方面,规模巨大的美国公司则展现出无可匹及的节约和活力。这一切都是科学思维的产物。而在一切科学批判和科学方法尚未渗透的地区,古老的运作方式虽仍然占据主导地位,但这一切则展现出腐朽的迹象。联邦政府就是这方面的一个例子。

英格兰人最早是作为拓荒者前往这片大陆定居的,因而他们发展出一种极端的个性。拓荒者们稀稀疏疏地散落在辽阔的海岸地带,于是便形成了小而独立的共同体,彼此间几乎没有共同利益可言。彼此间的联合是后来的事情,并且采取的形式也不完善。当时的状况就是这样。此种状况相应地催生了一种特殊的行政机制。革命之后达成的组织形态毋宁说是消极的,而非积极的。此种分权体制确实给商业往来带来了诸多不便,当时的人民则必须对此有所承受。人们确实对此尝试了补救举措,但是当时的人们对于集体的能量甚是轻视。的确,当时的人们反对贸易歧视,反对违反契约,反对劣币以及诸如此类的东西,而且也就共同防卫做出了规定,不过,人们对联合权力还是显示出嫉恨。

各个州都担心别人介入自身的地方事务,为此,不惜牺牲州际事务上可能得到的援助。与此相应,立宪者们也可尽可能地让此类联合行动变得迟缓且困难重重。他们设置了三个相互协调的部门,其中每个部门都有能力阻止其他两个部门的行动,没有一个部门可以独自行动。他们这么做是出于一种信念,即他们认为,自己已然获得了统治艺术的终极真理,为此他们没有顾忌这样一种法则:重量越大,摩擦力也就越大。

即便对传统做出了此等让步,若要克服此种原初社会状态的惰性,仍然是需要巨大能量的,不管怎么说,传统对于此种社会是拥有压倒性影响力的。帕特里克·亨利十分典型地代表了弗吉尼亚的保守思维,他从未停止过对宪法的谴责,认为宪法是"能够设想出的最要命的计划,目的是奴役自由人民"。亨利未能理解周遭生活境遇所发生的变迁,这是因为他是在如下信念中获得教养并成长起来的:他所熟悉的那套体制是拥有内在的善的。他敬畏这套制度,就如同敬畏启示宗教一样;在他看来,这套制度本身就是目的,而非达成某种目的的手段。政治上的一切重大革新必定影响到一部分的人口,毕竟人类的生活就是如此,一旦他们在自身教养中一直尊重的东西发生变动,在他们看来就等同于亵渎神圣。人类心灵的此种脾性就是保守主义。保守主义之抗拒变迁乃是出于本能,而非源自理智,在很大程度上,也正是这样的保守主义引爆了潜藏能量,这就是我们所谓的革命。不管怎么说,变革,无论是和平的还是血腥的,都必然会到来,每一代人都应当为此秉持严肃认真的态度。革命必然要改变一些事情,对此不必大惊小怪。智识上的僵硬乃是首要危险,毕竟,智识上的僵硬程度越高,对必然之事的抗拒也就越剧烈。

在这方面,罗马人的心灵态势是僵硬的。罗马社会的历次重新调整都伴随着大屠杀,这一切都令人难忘。谋杀格拉古兄弟、放逐马略和苏拉以及一系列的三头政治名单,都是这方面的例子。另一方面,恺撒之所以最终失败,是因为他过于高昂的理智。恺撒对环境的考量极为精确,正因为如此,他在识人方面出现错误。假如他了解布鲁图斯的愚蠢,势必会杀了布鲁图斯。对于秉持着保守倾向的人群,杀戮乃是自然给出的救治之道。奥古斯都使用了这样的办法。他实际上将反对势力斩草除根了,而后新的组织便得以发挥效能。

与之类似,法国人在遭遇危机状况之时,也往往诉诸大屠杀来克服障碍,从13世纪针对亚尔比派的讨伐行动直到19世纪的巴黎公社。最终造就1793年恐怖体制的与其说是圣巴托罗缪大屠杀以及因《南特敕令》撤销而引发的一系列迫害行动,毋宁说,在路易十四统治时期,就有上千次类似的屠杀行动。法国人没有能力改善财政体制,由此铸就了不平等的税负,因而触发了叛乱,而叛乱则引起残忍程度臻于恐怖的镇压。1675年的雷恩,作为对叛乱的惩罚,整座城市遭遇了被任意洗劫的命运,作为主要街道的瑞华特大街沦为废墟,城中居民,包括老人、妇女和儿童在内,都被驱赶到旷野之中,“风吹日晒,没有食物,也没有睡觉的地方”。他们都因为没有遮挡和饥饿而死去。

罗马和法国是保守主义的极端例子,不过,两者都再好不过地揭示出一项法则的效能:所有的行政体制都倾向于僵化,尤其是政治体制,毕竟政治体制是最为笨重的。相反,自然则处于永恒的运动当中。因此,一种政治体系距离上一次活跃变动期的时间跨度越大,政府和环境之间的错位程度也就越高。倘若一个群体富有灵活性,那么调整过程将会是平和的,比如我国宪法得到采纳之时,或者英格兰第一份议会改革法案获得通过之时。倘若一个群体趋于僵化,灾难就会接踵而至,比如罗马的历次内战以及1793年法国的恐怖体制。

不妨用这个标准衡量美国。自1789年宪法付诸实施以来，所有的文明民族都经历了重组，一些民族，比如法兰西和德意志，经历的重组还不止一次，然而，没有哪个地区的民族像北美那样，生活境遇经历了如此根本的变迁。

1789年的时候，美国还是一片旷野，自居基督教世界的边缘位置；如今美国已成为文明的心脏地带，同时也是能量的核心所在。联邦体制造就出一个巨人般的帝国，而且这个已经覆盖了半个地球的帝国还在拓展当中。这是一个拥有庞大财富的帝国，还拥有最为完善的交通网络、最为精细同时也最为强大的工业体系，世人见所未见。这个工业体系的产品必将同地球另一端的对手们陷入竞争格局当中。这样一个依托其团体身份的民族，必须去应对内部和外部问题，这些问题比历史上一切民族面对的问题都更为庞大且复杂。简言之，20世纪的境况差不多就是18世纪的反面，但是民族组织形态不仅没有发生什么改变，而且还受制于一部成文宪法而无力进行自我调整，毕竟这样一部成文宪法在实际上是无法加以修正的。

对当前这一代人来说，变革最终所采取的方式只不过是一个供人挥洒哲学兴趣的问题，不管怎么说，在当前这个结构坍塌之前，美国社会当前的中产阶级人口估计也都逝去了。对于未来一代人来说，这个问题的分量却是无以复加的，因为运动中的力量是巨大的，而且这场运动的速度也是惊人的。

人不能塑造自己身处其中的境遇，但是在一切生灵当中，唯有人有能力有意识地调整以适应自然提出的要求。人是通过教育做到这一点的。在生存斗争中,人在这方面的能力使自己具备了无可限量的优势,因为正是借助教育,年轻人接受了训练,从而精通了几乎一切的劳动事务和精神事务。智识上的灵活性不难培育起来,但智识上的僵化也同样容易降临。科学正是通过这样的训练赢得了历次的胜利。科学界很好地履行了自身的职能。科学训练造就出开放的心灵;科学的思维方式如今在我们的工业当中拥有了至高地位,在相当大的程度上,也正是此种能力让美国获取了工业上的成功。

实业家们乃是最不受传统拘束的一批人。在同等境遇下,实业家们就是那些最终取得成功的人,这一点已经成了公理。那些能够超越生命当中的种种藩篱之人,同样会抛弃那些古老的装备并采纳最新的装备,这就是人们所谓的启蒙。所谓教义将被化解为一种行为规则。铁路管理者们明白,机车能够完成一定数量的工作。他们会以尽可能快的速度完成此类工作,因为他们可以用更好的机器取代旧机器。英国管理者们却是依托相反的原则而行动。他们依靠机器,修理机器,照料机器,而且还喜欢展示斯蒂芬森时代的遗迹,并以此为荣。

倘若目光能够穿透英国社会的幽深之处,就不难发现此种保守主义的一项重大因由。英格兰这个民族在智识上是没有灵活性的,他们将教育职能交付教士阶层,由此造成了智识上的僵化,因为教士阶层本身就是以僵化出名的。结果就是英格兰的落伍。他们拥有南非的金矿,但是他们却没有很好地利用这笔财富,这足以说明一切。

在英格兰,所谓的自由思想的古老进程仍然占据主导地位。但是在美国,这类进程已经在科学领域以及依托科学方法规范起来的生活领域当中遭到了取代。当然,自由思想仍然存活在学院当中,这类学院不同于技术学校,也正是这类学院在相当大的程度上塑造了美国的观念——不仅仅是政治观念,还包括众多其他领域的观念。美国人对待历史的态度再好不过地揭示出了此种趋势。

历史于是展现出双重面相:其一是商业和文学性质的;其二是教育和科学性质的。一个人书写历史,要么是将其作为一种社会性的或者政治性的投机活动,要么就是为了卖书。就此而论,历史作家同其他领域的冒险家们没有不同。他为市场写作,就如同实业家们为市场而制造产品一样,绝大多数的一流历史作品都是在此种境况下写就的。修昔底德、塔西佗、恺撒、吉本和麦考莱之所以书写历史,要么是出于私人目的,要么就是为了出售,无论哪种情形,结果都是一样的。没有人会去购买自己无意阅读的书,没有人会阅读自己没有兴趣的东西。这实际上就是一种奢侈品生意,如同香料生意那样。

现代的教育和科学性质的史学栖身于截然不同的基础之上。此种史学的前提设定,在于过去留下来的事实当中包含着全世界都应当知晓的东西,因此人们便在这上面花费了大量的金钱和时间进行开采。这么多年来,政府、公司和个人都在争相编纂并出版档案和卷宗材料,各色主题上的专题论文更是层出不穷;但是,人们却没有做出任何努力去消化这些堆积起来的东西。与此同时,历史材料正在迅速堆积起来。面对市面上出现的这些东西,图书馆系统如今也因为无力编目而只得放弃购买了,理智一点的读者首先必须学会删减。很显然,人们一度认为,为了事实而积累事实这本身就是自足的目的,但是未经消化的事实可能是最无助于达成任何目的的。一项事实,就其本身而论是没有意义可言的;即便是上千的事实,倘若未经消化也同样是枉然。赋予事实以价值的东西,乃是事实之间的关联;毕竟,倘若足够的事实累积起来,并揭示出一种因果序列,那么科学就能够对之实施归纳,这也就是我们所谓的"规律"。因此,所谓规律,无非就是说某些现象彼此相继出现并展现出足够的常规性,从而使得人们建立起合理的确定性,认为这些现象会依照一种确定的顺序重复出现。

科学就是从此种近似的规律当中建立起来的。我们学院当中教授(学院派的教授们)的历史无疑是忽视了归纳的优势,并且还对一切的规划工作给予打击。然而,纯粹的史料积累是否能给人们带来优势,这一点是颇值得怀疑的。除非能够化约为某种秩序,以便为历史比较提供基础,否则过去的事实对当前的事件就不会有什么意义可言。境遇的变迁无疑损害了此种关联性。可以肯定,在记忆中塞满事实是毫无意义的,无论如何,一份简报要比一切的人类记忆都更充分也更精确,而且找到一份简报也并非难事。

对此,学院派会提出反对,他们认为自身的职业同其他一切职业都是不同的,因为历史所应对的乃是人类的行动。人类行动并不受自然界法则的规约，即便受到类似法则的规约，行动的原因也是极为复杂的，令人们难以了解，除非能够继续搜集多得多的材料，才能够从中得出归纳结果。当前这些材料是不够的，即便不远的将来会拥有更多的材料，也很可能是不足敷用的。由此，便出现了困境：要么，人类经验是无法得到形塑的；要么，就最好的情形而论，也只能通过事实的累积来完成形塑工作，尽管事实的累积已经超越了心灵所能掌控的程度。在任何一种情形当中，结论都是一样的。必须放弃归纳，必须将“史料”的累积本身视为目的并予以接纳，为此花费再多的金钱和时间都不为过。若情形真的如此，就不要指望耗费在历史研究和学院薪酬上的钱财能够带来赢利性的回报。

然而，职业史学家们很可能错误地估计了历史归纳工作领域的困难；而且，他们之所以反对归纳，其中的原因很可能不是那些对他们影响最大的因素。不过，既然他们已经将这些原因郑重提出，就必须予以郑重考量。

光从表面上看，这类反对意见没有什么说服力，因为它们的前提就是错误的。他们首先设定人类行动扎根于特别复杂的因素当中，其次设定一项不完整的归纳是没有价值的。这两项假设都是错误的。一粒沙子落在海滩上，这其中的原因可以说是无限的，而且此种无限性可以说是到了无以复加的地步，令人们无法完全理解。我们根本无法搞清楚这粒沙子是什么以及何以到了现在所在的位置，然而，这并不能否认地质学的效用。况且，科学的原理正在于：结果乃是经由错误而不断获得进步的，一代人眼里的真理到了下一代人那里可能就成了谬误。

科学界人士承认自己的局限,并不指望达成绝对的真理。他会观察,而且一旦观察所得足以开启归纳工作的时候,他就会塑造观念,并将其作为一种假设,以之为基础继续前进,直到最后有人提出更好的归纳。任何的普遍化科学命题都会遭到质疑,不过,正是通过这样的质疑,知识才得以化约为可以发挥效用的形态。

比如说,最为珍贵的科学命题之一就是:"一个东西不可能在它不存在的地方发挥作用。"这一命题是牛顿本人也曾赞同过的,不过重力对这个命题构成了直接的驳斥。没有人能猜测重力是什么以及如何发挥作用,然而这却并不妨碍人们据此构筑法则,从而使得我们将之付诸众多用途。

原子理论一度得到普遍认可,但是今天的化学家们却正在讨论这一理论究竟是障碍还是帮助。康德和拉普拉斯的星云理论也曾在天文学领域扮演过重大角色,如今却应当承认,这一理论在解释星体形成方面已经遭遇了致命的反对意见。天文学家的作品依托于虚构。"在计算一个同质球体对一个质点的引力之时……天文学家是从两项虚构入手的,其一是质点(这一虚构实际上就术语本身而论就是矛盾的)……其二就是假设了球体分子结构的有限差异。"能量守恒理论一度也被视为"化学和物理现象的伟大解释理论",然而,在星系问题上,凯尔文勋爵却得出如下结论:

1.当前,物质世界当中存在一种普遍趋势,那就是机械能量的消散。

2.在无机的物质进程中,机械能量的任何恢复,都必将造成同等的或者更多的能量消散。任何物质,无论是植物性生命还是具有动物性生命之意志的物质,都不可能恢复已经消散了的机械能量。

3.过去有一段时期而且将来也必定还会有一段时期,地球是不适合当前身体构造的人类居住的,除非发生一些变化;但是,当前物质世界尚不为人所知的运动法则是不可能造成这类变化的。

数学领域的原理也遭到了质疑。有一派几何学家如今开始将空间设想为弯曲的,由此,一度被认为是笔直的线条最终将被证明是一个封闭的曲线,而平行线最终也是要产生交叉的。"因此,经由同一点可以划出无数条最短直线,从而形成一个光线锥。"此外,数学家们也开始认为空间拥有多重维度,由此,太阳系在宇宙间运动,并最终会切近一个四维空间。

类似的例子可以继续列举下去,不过意思不大,毕竟原则本身是无可争议的。所有科学界人士都同意归纳工作置身其中的那种试错环境,而科学依然会得到推进,证据就是对自然力量所获得的越来越大的控制力。假如在诸多领域中都可以通过运用此种完备的观察和归纳的方法而达成令人满意的结果,那么初看之下,也就找不到任何理由不将同样的方法运用于人性领域,儿其是在达尔文就人类进化得出自己的一系列推论之后。然而,倘若更细致地考量一下此类调查研究工作所揭示出的这种可能性空间,那么学院派的犹疑也就不那么难于理解了。可以肯定,今天没有任何根本性的宗教教义遭遇威胁,毕竟无论是灵魂的属性还是心灵的属性,都没有遭到质疑;但是,假如将人类共同体视同蚂蚁共同体,并据此进行研究,那么学院派的境遇便很有可能遭到改变,使得他们无法据守当前得到默认的原则纲领。

服从传统乃是最为强大的本能之一。在原始时代,这样的本能拥有绝对权能。生命就是由仪式规定起来的。利未人的法典就规定了人如何吃饭、洗澡、刮胡子以及如何收割,而且,这样的法律是不变的,利未人要一直信守下去,“子子孙孙,无穷尽也”。

确实,宗教真理是不能发生变动的,毕竟真理是不变且永恒的,举凡信奉启示教会的信徒,没有任何人能够容忍教会的法典如同我们审视人类法律那样遭到审视,但是,传统执掌权能的领域又岂止是宗教领域。在政治领域,传统往往也是占据主导地位的,政治原则如同信仰条款一般得到宣讲,这也是司空见惯之事。就在不久之前,安立甘宗的教士们仍然将神圣王权视为正统教义,不妨举一个家门口的例子,《独立宣言》所运用的语言同天主教公会议的口吻比较起来,也没什么区别——“我们认为如下真理乃是自明的”。天主教会在阐发真理方面所用语式也许会稍有不同,不过口吻也同样专断——“本会议宣布”。即便在科学领域,传统之权能也没有拔除净尽。几年前,朗利教授借从美国科学促进会主席位置上退下来的机会对科学界中同样的倾向提出了抗议：

“最终的结论是无可抗拒的，在如此简单的事情上，对此种众所周知的事实进行归纳性的陈述乃是同经验直接抵触的。我不禁好奇大家何以知道这是一桩事实的；不过，研究已经表明同样的说法（地球的大气层如同玻璃一样吸收了暗红热）在各处都得到了回响，但是人们绝对没有进行任何的观察，也没有给出任何的证据来证明这一点，每个作者都在引用上一位作者，最终，人们几乎将之视为一种超乎理性的信条予以信奉，并栖身于那众所周知的格言‘quod semper, quod ubique, quod ab omnibus, creditum est’（真理唯一且普适），而高枕无忧。”

朗利教授接着说：“事实问题当然重要，不过我认为，更重要的是因事实问题而激发起来的探询欲望，这一欲望所针对的对象就是科学领域中一度不曾遭受怀疑的纯粹传统，尤其是在我们并没有将之视为纯粹传统的情况下。任何教会的成员都信奉传统，这没什么好说的，毕竟他们相信这些传统乃是由一名不会犯错的引路人传递下来的；但是，我们这些人并没有这样的引路人，难道我们可以高枕无忧地相信我们所做的一切，而远离我们一直珍爱有加的那项信念——传统于科学毫无分量可言吗？”

科学训练同博雅教育之间的差别就在于此。朗利教授坚持认为，没有什么东西可以被视为确定不变，随着人类观察范围的扩张，归纳工作也会前赴后继地到来，对此，心灵应该保持开放状态。而学院派的行事原则差不多是恰恰相反的。

学院派设定了一些伦理前提，研究所得的结论是必须同这些前提保持一致的。站在演绎的立场上,情形应当是这样的,毕竟学院乃是教会的子嗣和中世纪女修道院的女儿。然而,这样的前提设定将博雅教育置于同科学方法对立的位置上,尤其是演绎历史和伦理历史之间的鸿沟也将因此而无法得到弥合。

如果以科学方法观察人类,那么用以衡量习惯和制度的标准就不能是抽象的道德原则,而是成败。这样的本能对于身处生存竞争中的动物而言是有优势的,那些不利于生存竞争的本能则是有害的。这一切都是达成某种目的的手段。野兽身上的防护色如果能提供保护就是好的,倘若身上的颜色让敌人很容易发现就是糟糕的。于人而言也是同样的。能在竞争当中导向胜利的制度就是好的,如果阻碍了成功,那就是糟糕的。没有任何制度体系先天地优于其他制度体系,成败就是实用的判定标准。

同样的规则也适用于人类本身。最优秀的人就是能够最完美地同自然的要求保持一致的人,换言之,就是最有能力取得成功的人。自然将淘汰那些未能满足自然之要求的人,自然的令谕是无可上诉的。

此类归纳行动是很难同任何固定的伦理原则体系取得协调的。很明显,此类归纳活动造就的是一种实用理论,以必然性为基础。这一理论认为,两种情形最终都会殊途同归达成同样的目的,而且只有灵活性才能使得它们避免遭受磨难。事实上,对环境所造成的紧急状况,最为敏感的莫过于道德律令了。一方面,依据时代和地域状况的不同,谋杀、残忍、海盗行径、奴役、一夫多妻制、独身制、欺骗以及诸如此类的东西,都曾得到升华,进入德性行列;另一方面,教会宣布用科学方式救治疾病以及收取利息乃是上帝眼中的罪过,这样的事情距离我们还不是特别遥远。随着环境变化,那些能够适应环境的人最终会得到拣选,其余的人则遭到淘汰,当然悲惨程度会有不同。科学教育则有助于削减适应过程所造成的痛苦。

倘若追根究底地看待问题,那么这两种思想体系的对立不仅仅体现在各自所宣扬的心灵脾性方面,也体现在各自所运用的实际方法方面。科学思想体系乃是分析性的、富有管理性的,博雅思想体系则是理想主义的、怠惰的。仅举几个例子就足以解释二者之间的不同。

人们都承认,巨大的公共图书馆如今的状况并不能令人满意。当然可以将图书馆用于收藏文物,或者用于愉悦,不过我们在此仅仅将其视为教育机构或者工作间。从这个角度观之,没有任何图书馆可称得上完善,因为印刷出来的书籍总是超过图书馆的购买能力、编目能力和收藏能力。图书管理工作已经破落不堪,之所以出现这种情况,是因为图书管理工作并不科学。负责管理工作的是从博雅教育体系中训练出来的人,这些人从未在归纳能力方面受过训练。这类人往往将一本书视为一个独立的单位,这就如同在史学领域他们往往将事实视为一个独立单位一样。只要一本书具备某种程度上的优点,那么管理员就会认定具备购买价值,他们几乎不会就主题进行考量,整个知识序列便由此处于一种全然敞开的状态,结果便是造成一片混乱。

依据归纳原则,任何一本书都不可能成其为一个独立单位,除了日常参考书。一个主题才能成其为一个独立单位,一本书只有在同一个主题有关联的时候才具备价值。单独一本书就如同单独一个章节、一个词语或者一件事实一样,都是需要语境才能给予解释的;因此,一座图书馆的收藏工作若是建基于一本本的书籍,就肯定会变成一个残缺不全且没有秩序的车间,毕竟,凭借这样一座图书馆,没有任何人能将工作做好。为了找到自己所需的工具,人们就必须到其他的图书馆想办法,但是所有的图书馆都将遭遇同样的困难,因为所有的公共图书馆都是依据同样的体系展开收藏工作的,可以说,所有的图书馆都是彼此复制的。

不过,假设博雅教育如同科学一样,建基于一个归纳系列之上,结果就会不一样。如此,一本书将不再成为一个独立单位,本身也不再构成价值,而是只有在联系到相应的收藏序列之时才具备价值。知识门类因此也就成为独立单位;图书馆之扩张也不再是书籍的增多,而是知识门类的增多。接下来的归纳工作就是将多个图书馆联合起来,涵盖众多的知识门类,并置于统一的管理体系之下,由此,这些图书馆的书籍就能够形成一个统一的借阅网络,复制的成分基本上就不会出现了。这样的归纳过程还可以无限制地延伸下去,最终在众多图书馆之间普及一个图书交换网络,使得所有重大知识门类都可以得到完整的收集,而且这其中的运作成本也非常之低。

同样的现象在专司高雅艺术的博物馆也展现出来。和图书馆一样,博物馆当然也可以用于古玩投机活动,但是,艺术博物馆的本质功能也是教育。塑造此类博物馆所依凭的理论也是一种先天的博雅理论。在这方面,人们一直以来得到的教导就是,有些东西本身就是美的,因为它们符合某种约定俗成的审美标准,因此,这类东西因其自身的内在价值而拥有购买价值,至于博物馆的收藏内容是可以不予考虑的。这样的理论同归纳法乃是矛盾的。

倘若将艺术视为环境的造物,那么艺术就如同语言一样是一种表达形式;因此,将绘画、饰品、雕像、陶瓷以及钱币杂乱搜集起来是不会有什么意义的,就如同将用上千种语言写就的无数诗篇随机排列并一一印刷一样。沙特尔大教堂的雕刻和玻璃向中世纪农民讲述的东西,较之任何一本书能够向我们讲述的东西都更为清晰,更为明确,除非我们能够理解 12 世纪时候的教会是如何向人民讲述事情的,否则我们便没有能力鉴赏这样一座教堂。一枚古币对于希腊人的意义也是一样的。我们不可能仅仅通过展出几枚钱币,就能够揭示其原本的意义,毕竟这些钱币如今已经不用了,除非将这些钱币置于希腊经济文明的背景当中,否则这些钱币是不可能向我们传递任何意义的。

我们的建筑物,若是从钢铁材料角度观之,若是将之作为工厂、火车站以及仓库,则可以说是令人仰慕的;但是这样的建筑物若是奋力追逐某种审美典范,无疑就是一场失败。从逻辑上讲,这样的建筑物只能是一场失败,因为它违反了理智标准。

一堆材料,历经数个时代而产生出来,被武断地认定是有价值的,建筑师们因此也被认为有充分理由从这些材料当中随意选取任何能够迎合其目的或者刺激其怪异想法的材料,而用不着考虑前人借此讲述的是何种语言或者传达的是怎样的观念。于是，一座新英格兰的图书馆可以用某个教皇的手臂来装饰正门,或者也可以用圣母的坟墓来装饰国际商业博览会的某个展位。

假如人们想要翻译或者改编一首诗歌,就必须首先自我浸染于诗人的语言和脾性当中,艺术家们若要进行有效的借取,就必须首先变成一个考古学家和历史研究者。由此观之,对艺术作品进行杂乱搜集,最终就只能成为一个障碍。一座博物馆越是完善地展示出文明在艺术领域的进展,并且越是能够为自身致力于解释的表达形式提供一把智识上的钥匙,那么这座博物馆的价值也就会获得相应的提升,二者之间乃是成比例的。这就是归纳。

不完善的归纳在大学也导致了同样有缺陷的管理体制。直到最近这一代人,美国的大学在实质上仍然维持着神学院时代的方法和课程。大约在1870年的时候,美国大学发生了一次扩张，这次扩张所依凭的理论乃认定事实是有内在价值的,就如同图书馆体系依凭书籍的内在价值理论而寻求扩张一样。新型大学的目标逐渐演变为传授一切,基本上没有考虑到各个知识门类之间的协调。结果只能是浪费,并造成散乱局面。不妨设想一下,有两所大学,每所大学的教学范围都覆盖了上百个专业,两个学校的专业差不多都是一样的,这很明显就是在彼此复制。相反,倘若将原来的一百个专业平均分配给两所大学,每所大学负责五十个专业,这样两所大学的教学能力就会提升一倍,且提供给公众的知识范围跟以前是一样的。由此,就不会造成浪费,而且还提升了效能。

现代大学体制所依托的理论基础是错误的。大学的价值并不在于专业数量,而在于各个组成部分之间的协调以及大学资深的效能。我们的文明所要求的是最大限度的能量,倘若将用于提升某个专业的钱财分散在两个专业上,就不可能将能量最大化。假如没有浪费的话,美国大学如今拥有足够的资金来完成为达成一流水准所必须的一切工作。美国大学之所以还缺钱,原因就在于糟糕的管理体制。

确实,大学之间的这种复制现象层出不穷,其中最糟糕的例子乃是那种教权式先验思维造成的结果,但是,即便考虑到教派性质的狭隘,事实仍然是,各个大学并未做出努力来提升自身的效能,也没有通过理智的协作来停止浪费,这就如同实业家们之间必须进行协作,否则就会灭亡一样。美国大学甚至未能在自身内部系、科之间的教学工作上实施协作,前来上课的学生们实际上根本就不知道一门课程在人类知识体系中究竟处在哪个位置上。然而,这方面的规划工作,至少就大学内部的系科而言,其实是很容易的事情。每一门科学都已经得到了归纳,因此每个专家在任何时候都很清楚自己在整体当中的角色。假如他需要通过考察其他科学分支来扩展自己的知识范围,他可以非常迅速且非常确定地做出最具优势的选择。大学生们却是悬置在一片陌生的汪洋当中,如同失去了航海图或者罗盘的海员一样,无从确认究竟哪个院系是他真正需要的。在这方面,他没有任何向导在前。甚至历史课程通常也都是依据教授的品味制定的,同历史本身的序列根本就扯不上关系。

不妨以经济学为例。18 世纪的时候,亚当·斯密颇为详尽地考察了欧洲尤其是不列颠的主流状况,之后便写就了一部作品,以令人仰慕的形态同时代境遇匹配起来,这部作品遂即获得了成功。而后,人们便致力于将这部作品所阐述的原则确立为普遍法则,但没有顾及时代境遇的变迁。再往后,就是更多的人对这些评注家们实施理论化,他们的后继者们再对他们实施理论化,一个往复循环的过程便由此建立起来,直到最后,本来是极富实用意图的商业问题完全迷失在形而上学的迷雾当中。

如今的人们在讲授政治经济学之时,都习惯于将其阐发为一种教义,颇类似于中世纪学院当中的唯名论者和唯实论者传授经学一样。然而,先验理论在经验舞台上几乎是不会发挥什么效用的。

作为一门教义的政治经济学实际上是荒谬的,这就如同人们尝试以一种永无谬误的方式来传授一门如何操控股票市场的教义一样。若要在竞争中取得成功,唯一的道路就是要了解当前的境况,同时还必须具备把握机会的能力。一个共同体,比如罗马,可以通过抢劫而兴旺发达;另一个共同体,比如大不列颠,在享有矿产和实业领域的垄断地位之时,可以通过自由贸易而繁盛起来;像德意志这样的共同体,也可以通过实施出口补贴制度对竞争对手形成打击,从而获得竞争优势,蔗糖业就是如此;还有类似日本这样的共同体,则可以通过闭关锁国而获得繁荣之道,当然,只要环境倾向于这种政策路线。没有谁能够先验地确认具体哪条道路会取得成功,因为成功本身就是成功。

由此便不难得出推论，假如一个人研究经济学乃是为着特定的目的，那么他就必须从实用角度进行研究。在其他领域也都是如此。他必须学习贸易和金融的种种原则，并以之作为入门，但是这样的入门学习必须以现实的日常经验为基础，就如同士兵、海员、律师和医生在各自的职业领域所做的那样。接下来，假如他希望进行一些归纳工作的话，不妨考察其他国家在过去和当前的经验，观察这些国家的胜负之道。换言之，他可以去读一读地理、历史、考古、钱币学以及其他相关学科的东西，并根据自己的兴趣拓展知识视野。那些希望借此在现实生活中赚取面包的人本应当是这么干的，但是大学并没有进行相关的知识分类。

历史学、地理学和经济学乃是相互关联的学科，并形成相互解释的格局，若单独加以理解是不够的。这些学科也可以形成相互协助的态势，毕竟，正是因果序列支撑着人们的记忆。然而，这三门学科却从未结合在一起进行传授，尽管将三门学科结合起来学习并不会多花时间，而且对学生的消耗也不会那样大。博雅教学方法有一种很怪异的观念，认为地理学显然是实用性质的学科，因此只能在军事院校或者某些技术学校得到传授。美国的任何公共图书馆恐怕都不曾依据科学原则对地图进行过搜集整理。

最后要考察的问题就是，在社会事务当中引入归纳法，将何以通过摧毁理想而对共同体产生广泛影响；毕竟，在这个过程中，理想势必是会遭受折损的。

受传统宰制之人通常都会高扬过去之事。具体到一个美国人而言，他或多或少都会暗自认定，华盛顿和杰斐逊时代的人所达成的政治真理应当作为最终真理予以接受,至少就他个人而言是这样的。以归纳方法思考问题的人,则会以不同的眼光看待华盛顿和杰斐逊的工作。这样的人会将他们的工作视为18世纪时代境遇的产物,而且他们的工作同20世纪事务并无必然关联,就如同富兰克林的电力学方法同运作一台现代发动机没有必然关联一样。如今,美国据有了一个力量非凡的位置。无论是地理位置、矿藏、气候还是人民的性格,都构成了有利条件,这些使得美国无论在和平时期还是战争时期,都不必担心竞争对手,只要美国自身的能量不会因为物质运动所造成的摩擦而消耗殆尽。

大资本在美国积聚起来,这是因为经由大资本来实施管理要比分散的管理模式的成本更小。大资本采取了公司这一形式,那些晋升到公司管理阶层的人之所以能够崛起,乃是适者生存的结果。这个过程本身是一种自然淘汰。这个共同体的生命就在于这些MASSES当中。若这些MASSES丧失秩序,就会立刻招致同等的能量损失。它们之所以存在,是因为我们文明的状况有了它们就不会支付那么高的成本。假如我们的政治制度不适合它们的扩张和发展,那就必须对政治制度进行重新调整,否则社会的整体架构就会因为经济体系的错位而遭到粉碎性打击。美国若要维持自身的繁荣,就必须对竞争对手实施低价竞争策略,但是如果美国的行政机制产生了过度的摩擦,美国就无法做到这一点。

政治制度和政治原则只不过是常用的表盘,指针在上面旋转,标示出内部机制的运动。大多数的政府以及众多的法典都会被装点得如同出自神灵。所有这一切都是转瞬即逝的,那达成目的之后仍然存活下来的则成为后世子孙的笑柄或者诅咒;这些都是应当弃之如敝屣的。

无论如何,像美国这种庞大的有机体必然会产生摩擦。在美国,资本和劳动之间是必定会存在产业摩擦的,但是保守主义则完全有可能无限制地强化此种必然的摩擦。历史当中充满这方面的例子,文明因为缺乏头脑的怠惰而遭到摧毁,比如布鲁图斯的怠惰、法国特权阶层的怠惰以及帕特里克·亨利等。一场不完善的机制调整往往会略微地提升相对生产成本,而这就足以让竞争对手获得一个优势地位。一旦国家在低价竞争中遭遇失败,悲惨境况就会随之而来。无法赚得日常生存所需面包的人们会走向革命,暴力催生混乱,混乱则催生一系列的灾难,首当其冲者就是贸易的扭曲。这也就是一些伟大城市的最终命运,比如弗兰德斯、布鲁日、根特以及伊普尔。

可资替换的其他办法是很显见的。人们可以珍视理想,而且也还可以重大利益为代价来实现理想。这也就是所谓的情感本能。或者,人们也可以冷漠态度对待政府,如同对待其他任何事物一样。

以往几代美国人都过着一种简朴的农业生活。这样的生活很可能比我们今天的生活更为幸福。而剧烈的竞争则未必就是一种赐福。我们无法改变我们的境遇。自然已经让美国置身于极为剧烈的斗争漩涡当中,程度空前。美国已经成为这个时代的经济体系的心脏,必须通过自己的睿智和力量维持自己的霸权,否则就只能去分享被抛弃的命运。这究竟会是怎样一种命运,后文会进行阐述。

博雅教育意图向人们灌输对确定标准的敬畏情感;因此,若是奉行此种方法,就必定对僵化形成鼓励,并相应地使得创新变得艰难,尤其是像美国这样一个巨大、复杂且以前所未见的速度运动着的社会。倘若科学训练能够渗透到迄今仍然为保守主义操控的领域当中,就会改变道德标准,因为人们会就此预期,只需几年时间,一场势在必然的智识变革就会到来。倘若我们为这样的调整提供便利并第一个达成预定目标,从而将竞争对手甩开,那我们就能建立优势。

接下来,本文将尝试借助归纳法来考察我们称之为帝国的行政集群的巩固和解体。同样的方法可以运用于文明的任何阶段,无论是艺术领域、文学领域还是军事领域,都可以。我所做的观察引导我做出这样的前提设定:一种环境所接受的智识激励乃是以极具统一性的方式发挥效用的,一个共同体只要在一个方向上运动起来,也就会在自己有能力获得成功的任何方向上,或者说在一切拥有成功机会的方向上,都展开运动。

本文纯粹是尝试性的,并且只是为了提供一种假设,使之成为达至更好境况的台阶。任何人,若是借助归纳法进行工作,就都不能指望自己的工作是完善的,也不能指望可以达成最终结果。这中间的原因在于,他面对的是一个无限的因果序列,而他的心灵却是有限的。如同其他的一切归纳活动一样,如果我的这项归纳工作运用得恰当且能够给其他人带来启发,也就算是达到目的了。那些随后跟进并给予改善的人,将会抛开我的这个目标并寻求更高的目标。

从罗杰尔·培根时代到达尔文时代,科学方法和科学理论一直都不受保守派的待见。这是很自然的事情,毕竟,科学方法和科学理论是要摧毁传统的。保守派抗拒革新这方面的例子不胜枚举。在此仅举一个例子就够了,这个例子很可能也是最令人难忘的。1633 年 6 月 22 日,宗教法庭在对伽利略实施异端审判之时,曾发布如下令谕:

> 1.太阳是宇宙的中心并且是不动的。这一命题乃是荒谬且虚假的哲学之论,由于这一命题明显违背了《圣经》,所以就是正式的异端教义。
>
> 2. 地球并非宇宙中心也并非不动,相反,地球乃处于周日运动的状态当中。这一命题同样也是荒谬且虚假的哲学之论,并且从神学角度或者至少从信仰角度来看,是错误的。

为了躲避刑罚,伽利略收回了自己的说法,不过他仍然低声说:“但它毕竟是运动的。”